Cemetery Inscriptions

Atchison County Kansas

Compiled by

Don Ford

HERITAGE BOOKS
2012

HERITAGE BOOKS
AN IMPRINT OF HERITAGE BOOKS, INC.

Books, CDs, and more—Worldwide

For our listing of thousands of titles see our website at
www.HeritageBooks.com

Published 2012 by
HERITAGE BOOKS, INC.
Publishing Division
100 Railroad Ave. #104
Westminster, Maryland 21157

Copyright © 1987 Don Ford

Other Heritage Books by the author:
Cemetery Inscriptions, Cherokee County, Kansas

All rights reserved. No part of this book may be reproduced or transmitted in any form or by any means, electronic or mechanical, including photocopying, recording or by any information storage and retrieval system without written permission from the author, except for the inclusion of brief quotations in a review.

International Standard Book Numbers
Paperbound: 978-1-55613-062-5
Clothbound: 978-0-7884-9415-4

INTRODUCTION

This compilation includes all cemeteries in Atchison County, Kansas, except for Oak Hill Cemetery and Mount Calvary Cemetery, north of Atchison. Records for destroyed cemeteries, such as the Wills Cemetery, have been garnered from a variety of sources.

Names are arranged alphabetically. Each entry has a birth and/or death date. Some relationships and military service notations are given. A cemetery code at the end of each entry identifies the cemetery where the deceased was buried. The list of codes follows on page v.

The earliest birth date is 1796 and the latest death date is 1986.

CEMETERY CODES

AC1 - Armstrong Cemetery - old cemetery located in SW/4 Section 7 T5 R20. (Hamme, Liebseh, Lottie, Moss, Nielson, Nigh, Ross, Underwood, Vanliew, Wittman)

AC2 - Armstrong Cemetery - located in SW/4 Section 7 5 R20, Shannon.

ACC - Ashcroft/Ashcraft Cemetery - old cemetery located SE/4 Section s T7 R20. (Ashcraft, Fenton, Holder, Kimsey, King, Kinsey, McCrary, Moriah, Pease, Shields, Trimble, Waddell, Ward)

ASC - Alderson Cemetery - located about 6 miles northwest of Atchison in SE/4 Section 24 T5 R19.

BCC - Brush Creek Cemetery - located 3 miles south of Horton and 3 miles east on a gravel road.

BS - Burial Site - old burial site located just outside Farmington. W. A. Snodgrass is the only person buried here; he wrote his own epitaph.

CBC - Campbell Cemetery - abandoned cemetery is or was located just west of Farmington about 1/4 mile. When the creek began to encroach, it was abandoned. It was started in 1855 by Daniel Campbell on his claim. People in Farmington say it had about a dozen or more buried there at one time. (Campbell)

CC - Chain Cemetery - Harrison Perry owned this farm at the time of his death in 1864 and was the first person to be buried here. The title to the farm is now vested in the probate court in trust and can never be sold or disposed of. There are 10 graves here and probably never will be more: it is abandoned. (Barry, Chain, Parry)

CCC1 - Camp Creek Cemetery - semi-active cemetery located near the Camp Creek Church in NW/4 Section 19 T6 R20. It is maintained. (Armstrong, Askew, Barry, Bodenhousen, Case, Comer, Cummings, Detrick, Draper, Fuhrman, Furhman, Furman, Hamme, Meeder, Meyer, Peter, Pike, Puttman, Repstine, Rovers, Rovkwood, Schrader, Schwindt, Wohlyemuth, Wolk)

CCC2 - Camp Creek Cemetery - located in NW/4 Section 19 R20 in Mount Pleasant Township.

CSHC - Cline-Spring Hill Cemetery - located NE/4 Section 20 R20 in Mount Pleasant Township.

CWC - Cummings (Woodview) Cemetery - located just outside of Cummings, NE/4 Section 12 R19.

EC - Ernest Cemetery - abandoned, private cemetery located in SW/4 Section 12 T7 R17. (Ernest)

EEC - Evergreen Cemetery - located in southern area of Effingham.

FGC - Forest Grove Cemetery - located in Grasshopper Township SE/4 Section 29 T5 R1. (Allee, Armstrong, Blankenship, Bishoup, Bartlow, Brown, Smith, Thomas, Whillington)
FPC - Fairview-Potter Cemetery - located at Potter SE/4 Section 22 R20 in Mount Plesant Township.
HC - Hays Cemetery - abandoned cemetery located in Walnut Township. (Hays)
HKC - Hiway K 116 Cemetery - burial site located in Center Township NW/4 Section 8 R19 T7 on south side of highway. (Davison, Murley, Sanders, Stillman)
HLC - Heatherly Cemetery - abandoned cemetery located on NW/4 Section 33 T6 R21. It is about a quarter acre in size. (Alcorn, Cain, Heatherly, Wallace)
HMC - Hamon Cemetery - abandoned cemetery located at the Coal Creek Church in Kapioma Township, SW/4 Section 12 T6 R17. It is not maintained. (Bramfield, Hamon, Merrill)
HTC - Hottle Cemetery - abandoned cemetery located about a mile south of Oak Mills, south of Atchison. (Adamson, Boten, Grinter, Groff, Hottle, King)
LC - Lancaster Cemetery - located at the southwestern edge of Lancaster.
MC - Myers Cemetery - located in Shannon Township, NW/4 Section 7 R20. (Keley, Myers)
MCC - Muscotah Cemetery - no location provided.
MGC - Mount Gillen Cemetery - old cemetery located in NE/4 Section 9 R21, Walnut Township. (Buchanan, Dickey, Farmer, Ferguson, Ingram, Lee, Mayhall, Richardson, Sloan, Smith, Wallingford)
MLC - Miller Cemetery - abandoned cemetery located in the center of section 33 T6 R17. (Bowser, Carpoo, Dailey, Dening, Gentry, Hale, Hilvoik, Hubble, Johnstone, Larkin, Larking, McCalla, Mentry, Miller, Robertson, Senn, Stepp, Wagner, Zenter)
MMC - Morman Grove Cemetery - located in Shannon Township, NE/4 Section 5 R20. (Gubler, Harrock, Parkes, Twigg)
MPC - Maple Grove Cemetery - located one mile west of Monrovia, 1 1/2 miles north, 1/2 mile east on south side of road. (Beoimralt, Boatwright, Bohannon, Brock, Cotter, Gravatt, Landrum, Law, Madison, McLenon, Potter, Smith, Stutz, Terry, Tucker, Wellnourn)
MTPC - Mount Pleasant Cemetery - located in SW/4 Section 12 R20 in Mount Pleasant Township. Three graves have unmarked limestone head & foot stones.
MSSCC - Mount St. Scholastica Convent Cemetery - located near the convent, NE/4 Section 12 R20, in the southern area of Atchison.
MVC - Mount Vernon Cemetery - located in Atchison; it is the largest cemetery in this collection. Lot numbers are included.
NC - Neil Cemetery - abandoned cemetery located in NW/4 Section 16 T7 R18. (Bailey, Neil)
NSC - Noffsinger Cemetery - located in Benton, NW/4 Section 36 T6 R1. (Berger, Bonnel, Fetter, Finney, Holliday, Ishell, Lee, Myer, Myers, Noffsinger, Shell, Stanna, Wallace)
OHC - Old Huron Cemetery - semi-active cemetery located southwest of Huron in NE/4 Section 23 T5 R18E.

OYC - Old Young Cemetery - abandoned cemetery located in Mount Pleasant Township. (Carson, Jesse, Morris, Potter, Womach, Young)

PC - Parry Cemetery - Also known as the Chain Cemetery; located in SE/4 S 9 TS R18. It is fenced and is about 30'x60'. Names are inscribed on a cement monument which is about 3'x5'x4'. (Chain, Parry, Lawrence)

PDC - Pardee Cemetery - located in NW/4 Section 4 T6 R19.

PGC - Pleasant Grove Cemetery - old cemetery located in Benton Township southwest of Effingham in SE/4 Section 34 T6 R1. Serval graves are unmarked. (Burk, Edison, Freeland, Cowley, Davis, Freeland, Graves, Hamon, Harton, Hawley, Henry, Henderson, Hosketh, Iles, Keill, Keirn, Kelley, Kelsey, Lambert, Landrum, Leighton, Meyer, Morvan, Mosher, Mohan, Noffsinger, Ryan, Stephens, Stockwell, Thompson, Watson, Willard, Wilson)

RMC - Round Mound Cemetery - located in Mount Pleasant Township, SW/4 Section 4 R20.

SACC - St. Ann's Catholic Cemetery - located in Effingham.

SBAC - St. Benedict's Abbey Cemetery - located in the northern area of Atchison, SW/4 Section 30 R20.

SC - Sapp Cemetery - abandoned cemetery located near Oak Mills in Section 13, Walnut Township. Twelve graves have limestone markers. One grave has a Sawin-Douglass marker but it is not readable. (Sapp, Sprague)

SDLC - Seven Day Lane Cemetery - abandoned cemetery started in winter of 1860 on a farm owned by Isaac Maris. When the Nortonville Cemetery started this one ceased to operate. (Ball, Bell, Buthe, Davison, Hoster, Maris, Perry, Pretty, Sanders, Stillman, Truman)

SFC - Sacks Family Cemetery - located just north of Oak Mills in Section 13 R21, Walnut Township. (Sacks)

SLC - St. Louis Cemetery - located in Shannon Township, SW/4 Section 7 R20.

SMGC - Sunset Memory Gardens Cemetery - located one mile north of Atchison on K7.

SNC - Sumner Cemetery - located in Walnut Township, NE/4 S19 T6 R21.

SPC - St. Patrick's Cemetery - located in SE/4 Section 1 R20, Shannon Township. Lot numbers are included.

TC1 - Taylor Cemetery - abandoned cemetery located one mile northwest of Old Orphans Home in Shannon Township, SW/4 Section 30 R20. (Frame, Henderson, Robinson, Taylor)

TC2 - Taylor Cemetery - located in Shannon Township, SE/4 Section 30 R20. (Frame, Hendrickson, Robinson, Taylor)

VWC - Van Winkle Cemetery - abandoned cemetery located just outside and to the north of Arrington, in Kapioma Township SW/4 Section 6 R17. There are about 20 stones with no dates and many graves identified with a rock or marker of decayed wood. (Heneka, Sweaney, Van Winkle)

WC - Wills Cemetery - abandoned cemetery located on the Mike Wilson Farm northeast of Muscotah. The cemetery is about 500 yards south of the road back in a field. No markers were found and

WC - Wills Cemetery (continued)
   those buried there furnished by reference to booklet entitled *Muscotah History*. There were 31 graves at one time. (Lawrence, Wills)
WLC - Wheatland Cemetery - located in southwest area of Atchison County, SW/4 Section 6 T5 R1.
YC - Yoakum Cemetery - located in Shannon Township, SW/4 Section 1 R20. (Yoakum)

CEMETERY INSCRIPTIONS

Unmarked adult grave next to Lewis W Priest 1907 - 1924 (WLC)
One grave marked with I O O F #476 & O E S (EEC)
AARON, Leo 27 Apr 1883 - 11 May 1927 (SBAC)
ABBOTT, Amelia Pottinger 1860 - 7 June 1935 RD-BL12-BK3-2 (MVC)
Julia no date - 4 Mar 1891 R12-BL188 (MVC)
R F 1922 - 20 June 1922 RD BL12-BK1-2 (MVC)
ABBREHL, Lillian Helen 1891 - 29 Jan 1979 RG-BL24-BK10-4 (MVC)
ABBUEHL, Ross 1891 - 21 Apr 1943 RG-BL24-BK9-4 (MVC)
ABDILL, Elizabeth 10 Apr 1816 - 31 Mar 1903 (SNC)
James Wilmer 1858 - 1930 (SNC)
Lawrence M 20 June 1850 - 20 June 1897 (SNC)
Mitchell L 15 May 1817 - 28 July 1892 (SNC)
ABELL, Emily 1818 - 11 Dec 1884 no lot (MVC)
Col P T 1814 - 16 Jan 1874 no lot (MVC)
ABRAHAM, Charles no dates (RMC)
Joseph no dates (RMC)
Lorenzo no dates (RMC)
William no dates (RMC)
ABRAMS, Eleanor no date - 13 Feb 1924 RD-BL1-BK10-1 (MVC)
Stork no date - 13 Aug 1908 RB-BL22 (MVC)

ABRAMSON, Letita no date - 18 Apr 1984 RJ-L41 (MVC)
Lloyd no date - 24 Nov 1959 RK-BL33-BK6-1 (MVC)
ACHE, Frankline 1893 - 1893 (son) (WLC)
James R 1878 - 1884 (WLC)
Jas P 15 Apr 1840 - 16 Jan 1915 "Father" (WLC)
Leanna C w/o Jas P 17 May 1850 - 19 May 1915 "Mother" (WLC)
Martha A 1878 - 1884 (dau) (WLC)
ACHESON, A 22 Sept 1936 - 28 Jan 1925 (EEC)
A A no dates (EEC)
Alex s/o J W & M E 27 Nov 1886 - 27 Oct 1893 (EEC)
Mrs Annie no dates (EEC)
Daniel E 1866 - 14 Nov 1885 19y 7m 14d (EEC)
Elizabeth 1895 - 1944 (EEC)
Howard A b 1919 (LC)
Hunter 12 May 1839 - 7 Dec 1919 (EEC)
inf s/o J W & M E 4 Dec 1891 - 26 Jan 1892 (EEC)
Ira s/o J W & M E 1 Nov 1882 - 4 Oct 1883 (EEC)
J W no dates (EEC)
Mrs Jamie no dates (EEC)
Jennie Neill 1876 1944 (EEC)
Jessie Pearl d/o H & A d 1 Sept 1879 1y 9m 6d (EEC)
John R 1891 - 1978 (EEC)
John W 19 Apr 1861 - 25 OCt 1941 (EEC)
Joseph H d 13 Sept 1886 18y 3m 26d (EEC)
M F w/o A 12 Dec 1836 - 26 Oct

1

ACHESON (continued)
1913 (EEC)
Mrs Margaret no dates (EEC)
Mary E 3 Mar 1862 26 Apr 1917 (EEC)
Mary E w/o A 1842 - 23 Dec 1884 42y 10m 12d (EEC)
Ruth M 1924 - 1924 (LC)
Sunnie 1844 - 1928 (EEC)
ACKLEY, Edward 1866 - 25 Oct 1895 RA-BL22 (MVC)
Emma 1868 - 27 Jan 1940 RA-BL22-BK8-4 (MVC)
George M 1870 - 5 Apr 1905 RA-BL22 (MVC)
Lucy 1870 - 11 Jan 1916 RA-BL22-BK5-4 (MVC)
ACKLING, Elizabeth w/o P R Moore 1848 - 1932 (EEC)
ACKMEY, Robert no date - 8 Sept 1976 RJ-BL22-BK7-2 (MVC)
ADAIR, Ella May no date - 18 May 1914 RE-BL2-BK6-1 (MVC)
Jane 4 Oct 1916 - 12 Oct 1959 RJ-BL15-BK11-4 (MVC)
John 18 Aug 1913 - 2 July 1980 RJ-BL15-BK12-4 (MVC)
ADAMS, Albert Rufus 1858 - 1959 (BCC)
Augusta Jennette 22 June 1837 - 12 Mar 1929 RB-BL22-BK4-2 (MVC)
Bur no date - 21 Apr 1896 R66-BL84 (MVC)
Chandler no date - 7 Nov 1951 RD-BL3-BK2-1 (MVC)
Charles H no date - 5 Nov 1955 RA-BL26-BK3-3 (MVC)
Charles no date - 15 June 1890 R66-BL84 (MVC)
Fanny 1911 - 1911 (BCC)
Frank O 22 Aug 1894 - 1 July 1963 (SMGC)
George Earl 1891 - 1911 (BCC)
George Lort 1903 - 18 Dec 1965 R#?-BL20-BK2-2 (MVC)
Grace B no date - 8 July 1966 RF-BL8-BK11-3 (MVC)
Grace no date - 5 July 1968 no lot (MVC)

ADAMS (continued)
Granville 1 Mar 1893 - 14 Apr 1975 (SNC)
Henry J no date - 1 June 1870 51y (1st Mayor of Leavenworth) no lot (MVC)
Mrs J P 1857 - 5 Sept 1932 RA-BL21-BK9-3 (MVC)
James Otis 30 June 1862 - 30 Sept 1932 RG-BL10-BK5-4 (MVC)
Jay D 20 June 1872 - 1 Dec 1953 RF-BL8-BK-12-3 (MVC)
Jennie B no date - 15 Aug 1917 RD-BL3-BK3-1 (MVC)
Joe Randolph no date - 21 Sept 1959 RK-BL7-BK6-4 (MVC)
John Peter no date - 19 July 1927 RA-BL21 (MVC)
Joseph B 5 Jan 1884 - 1966 no lot (MVC)
Katherine Zishka 1901 - 1972 (SACC)
L L d 3 Apr 1920 (EEC)
Letha 1895 - 3 Dec 1967 RK-BL4-BK10-1 (MVC)
Margaret Klostermeir no date - 27 Apr 1953 R22-BL32 (MVC)
Margaret L 1946 - 23 Nov 1946 RB-BL22 (MVC)
Margeretta no date - 23 Oct 1946 RB-BL22-BK9-2 (MVC)
Marvin C 1828 - 1895 (Sgt 2nd Michigan Inf) (EEC)
Mary A 1825 - 1895 (BCC)
Mary C no date - 13 Mar 1924 B-BL22-BK6-2 (MVC)
Mary C no date - 29 Jan 1954 RA-BL26-BK-2-3 (MVC)
Mary Ellen no date - 28 Feb 1938 RG-BL10-BK6-4 (MVC)
Nina Lucille no date - 8 Oct 1957 RK-BL7-BK5-4 (MVC)
Opal A 1895 - 1982 (BCC)
Mrs Ophelia R d 26 May 1925 (EEC)
Ruth Mary no date - 18 Apr 1970 RD-BL3-BK4-3 (MVC)
S H Jr 1921 - 1921 (BCC)
Samuel H 1855 - 1921 (BCC)
Stork 14 Oct 1827 - 13 Aug 1909 RB-BL22-BK5-2 (MVC)

ADAMS (continued)
Ulysses s/o T J & Sarah d 19 Feb 1864 1y 1m (PDC)
Wilbur C no date - 2 Jan 1941 RG-BL19-BK10-3 (MVC)
William 1821 - 1888 (BCC)
ADAMSON, baby d/o D E & M b 11 Aug 1900 no other date (MVC)
ADCOCK, Albert Leo 8 Oct 1879 - 7 July 1964 (LC)
Arthur 1883 - 1961 (LC)
Aurea Mabel 15 Jan 1881 - 19 June 1948 (LC)
Chester 1894 - 1981 (LC)
E no dates (EEC)
inf son d 17 Oct 1907 20d (LC)
Janice no dates (EEC)
John 1914 - 1960 (LC)
Lilah 1899 - 1980 (LC)
Mary b 1897 (LC)
Mary E 1853 - 1947 "Mother" (LC)
Thomas 1843 - 1922 "Father" (LC)
Vera b 1915 (LC)
ADKINS, Alice Van Dyke no date - 14 Jan 1961 RF-BL16-BK11-2 (MVC)
ADKINSON, Guy no date - 28 Aug 1890 R50-BL155 (MVC)
AFFLECK, Edith Elsie 1882 - 18 Mar 1961 RK-BL29-BK8-4 (MVC)
Howard 1884 - 29 Nov 1966 RK-BL29-BK7-4 (MVC)
AFFLEY, Edward 1866 - 1961 no lot (MVC)
AGEE, Ellen 1922 - 1949 (EEC)
AHOLTZ, Margaret 1835 - 23 Jan 1917 R64-BL46 (MVC)
AHRENS, Henry no date - 19 Apr 1897 R16-BL256 (MVC)
AIDNICH, Wm B no date - 1853 no lot (MVC)
AINSWORTH, Anna Briggs 1856 - 16 June 1926 R26-BL91-BK4 (MVC)
Arthur E 1857 - 29 Sept 1924 RB-BL11 (MVC)
Edward E 1847 - 20 May 1954 R26-BL91-BK5 (MVC)

AINSWORTH (continued)
Elizabeth 1858 - 9 May 1914 RB-BL11-BK7-2 (MVC)
Mrs Dorothy 1848 - 20 Apr 1927 R16-BL271 (MVC)
AKERS, Charles 1896 - 17 Dec 1963 RJ-BL15-BK1-1 (MVC)
Eliza J 1869 - 1908 (WLC)
Henry C 1864 - 30 Apr 1934 70y 3m 28d (WLC)
Jesse 1876 - 26 Nov 1971 RF-BL#?-BK6-4 (MVC)
Louis A 1870 - 26 Apr 1971 RA-BL3-BK5-4 (MVC)
Martha no date - 1904 no lot (MVC)
Michael Wayne no date - 20 June 1949 RF-BL3-BK4-4 (MVC)
Wilbert 1889 - 1941 (WLC)
AKRIGHT, Rachel w/o Jacob 1802 - 14 Dec 1893 91y 1m (EEC)
ALBERS, Marie 4 Jan 1896 - 27 Apr 1980 (MSSCC)
ALBERTSON, Mary sis/o W F Durkin 1861 - 19 Sept 1945 84y Sec2-L26-#5 (SPC)
ALBRIGHT, C A no dates (ASC)
Elmer 7 Aug 1861 - 30 Jan 1922 (ASC)
ALBY, Julia (PDC)
ALCORN, A no date - 23 Dec 1893 R44-BL63 (MVC)
John A 10 Aug 1829 - 13 Aug 1871 (HLC)
Malissa consort of J G 19 Nov 1862 - no date (HLC)
Malissa Jane 31 Jan 1870 - 9 May 1871 (HLC)
Mary Elizabeth 18 Feb 1829 - stone buried in ground (HLC)
ALDEE, Charity 28 Nov 1805 - 17 Mar 1882 (BCC)
Wilson 9 Nov 1810 - 20 Mar 1865 (BCC)
ALDERSON, Carey 1853 - 26 Aug 1907 RB-BL10 (MVC)
Mary B 1857 - 12 Feb 1901 RB-BL10 (MVC)
ALDRICH, Aaron J no date - 1882 no lot (MVC)

ALDRICH (continued)
Alice 1859 - 3 Aug 1942 R65-BL66-BK1 (MVC)
Alice no date - 4 July 1935 RF-BL14-BK10-1 (MVC)
infant 1879 - 26 July 1891 R37-BL279 (MVC)
Jolene H - John no date - 17 May 1928 RF-BL14 (MVC)
Wm B no date - 23 Jan 1932 (removed 18 Apr 1932) R63-BL66-BK1-3 (MVC)
ALEE, Sarah Ann 1864 - 4 Dec 1936 RG-BL20-BK7-4 (MVC)
ALEXANDER, Emma no date - 29 Nov 1901 R30-BL161 (MVC)
Hattie no date - 25 July 1952 RE-BL12-BK12-2 (MVC)
infant no date - 2 Jan 1940 RG-BL30-BK12-1 (MVC)
John no date - 23 Nov 1907 R39-BL321 (MVC)
Joseph M no date - 23 June 1945 RE-BL12-BK7-3 (MVC)
Lovey no date - 26 Jan 1901 R30-BL161 (MVC)
ALFRED, Frank 5 June 1884 - 1918 no lot (MVC)
ALLAMAN, Dr D W 1904 - 26 Sept 1937 RD-BL18-BK10-1 (MVC)
Emily 1888 - 1955 no lot (MVC)
Ida J no date - 23 Mar 1907 RD-BL18 (MVC)
Mrs Olive Simpson 3 July 1883 - 14 Feb 1947 RA-BL7-BK5-4 (MVC)
ALLBRIGHT, C S no dates (ASC)
Charles d 22 Dec 1892 (ASC)
Martha 1826 - 1912 (ASC)
ALLEE, Charity 1895 - 1882 (FGC)
Jamica s/o J F & E J 1871 - 4 Sept 1872 1y 5m 4d (RMC)
Silas 29 Oct 1814 - 12 Sept 1887 (RMC)
Susannah w/o Silas 7 Oct 1827 - 9 May 1891 (RMC)
Wilson 1810 - 1865 (FGC)
ALLEN, ---- 1890 - 1894 (LC)
Albert F 1878 - 1953 (LC)

ALLEN (continued)
Alnerine no date - 26 Aug 1911 RE-BL2-BK4-3 (MVC)
Alonzo B no date - 11 Sept 1918 RF-BL19-BK10-2 (MVC)
Alonzo Jerre no date - 9 June 1950 RE-BL1-BK11-2 (MVC)
Anna Margaret no date - 8 Oct 1964 RK-BL16-BK8-1 (MVC)
Anthony no date - 13 Dec 1904 RE-BL6 (MVC)
Arthur Casey no date - 25 Feb 1966 RE-BL21-BK2-2 (MVC)
Burt Bert no date - 25 July 1919 RB-BL26-BK2-4 (MVC)
Clara Irene 1886 - 1972 "Mother" (CWC)
Cora no date - 31 Aug 1922 RE-BL2-BK6-2 (MVC)
Duane 1924 - 13 Mar 1975 RF-BL19-BK6-2 (MVC)
Elnora Jane no date - Sept 1947 RF-BL17-BK8-2 (MVC)
Emma M no date - 18 Feb 1982 RF-BL19-BK11-2 (MVC)
Esther A 1835 - 1871 (PDC)
Fannie no date - 27 Feb 1962 RF-BL19-BK9-2 (MVC)
Frank H no date - 1881 no lot (MVC)
Frank Pierce 22 Mar 1852 - 23 Nov 1901 (LC)
Gale Hetherington 1868 - 29 Mar 1961 RB-BL26 (MVC)
Georgia J no date - 13 Sept 1912 RE-BL2-BK3-3 (MVC)
Glenn no date - 15 Nov 1983 RF-BL19 (MVC)
Grace B 1886 - 13 Mar 1974 no lot (MVC)
Grace no date - 20 Oct 1974 RF-BL19-BK-7-2 (MVC)
Harry 1887 - 27 Jan 1968 RF-BL19-BK8-3 (MVC)
Hattie 1896 - 1971 (PDC)
Henry 17 Mar 1861 - 7 Dec 1896 R39-BL313 (MVC)
Hollis 1864 - 22 Sept 1872 no lot (MVC)
Hugh no date - 9 July 1873 no lot (MVC)
inf/o James no date - 6 Sept

ALLEN (continued)
1906 RE-BL7 (MVC)
inf/o James no date - 2 Oct 1905 RE-BL7 (MVC)
J C 2 Aug 1826 - 13 Dec 1889 4m 16d (LC)
J Roy no date - 17 Sept 1888 R19-BL323 (MVC)
James E no date - 25 Mar 1913 RE-BL2-BK2-2 (MVC)
James L 1888 - 1916 (PDC)
Jane 1807 - 1880 no lot (MVC)
Jane no date - 25 Sept 1880 no lot (MVC)
Jennie Reed 18 Aug 1856 - 5 Feb 1928 (LC)
John 1847 - 1911 no lot (MVC)
John C no date - 1957 no lot (MVC)
John E no date - 23 June 1951 RG-BL39-BK5-3 (MVC)
Mrs John W no date - 6 Dec 1919 R20-BL334 (MVC)
Joseph no date - 15 Nov 1911 R20-BL334-BK4 (MVC)
Joseph W 1840 - 1903 no lot (MVC)
Joseph W no date - 15 Mar 1930 R62-BL10-BK4 (MVC)
Miss Katherine M 1879 - 23 Jan 1928 RA-BL22-BK7-2 (MVC)
L B 1866 - 11 Sept 1911 RF-BL19 (MVC)
Larana no date - 9 Nov 1887 R20-BL335 (MVC)
Laura no date - 9 Mar 1887 R2-BL333 (MVC)
Lauretta w/o Wilbur 1847 - 21 Nov 1901 54y 7m 21d (WLC)
Mrs Lear no date - 15 May 1921 RE-BL14-BK9-1 (MVC)
Lettie C 1878 - 1966 (LC)
Luther C no date - 1 July 1883 no lot (MVC)
Margaret no date - 18 Mar 1961 RE-BL2-BK3-2 (MVC)
Martha Ida no date - no date no lot (MVC)
Mary E w/o J C 5 June 1843 - 8 Feb 1900 (LC)
Mary F w/o S A 1834 - 1896 (MCC)

ALLEN (continued)
Matilda no date - 18 Dec 1917 RE-BL11-BK6-11 (MVC)
Mattie d/o Viola & H d 1886 (ASC)
Mild D no date - 6 Feb 1886 no lot (MVC)
Milton A no date - 18 Mar 1934 RE-BL15-BK2-3 (MVC)
Missouri 8 May 1828 - 25 June 1907 RE-BL7 (MVC)
Myra no date - 4 Aug 1952 RE-BL19-BK12-2 (MVC)
Nellie S no date - 29 Sept 1917 R62-BL10-BK2 (MVC)
Phily Newton 1855 - 24 Sept 1906 R25-BL333 (MVC)
Rachel no date - 4 Apr 1904 RE-BL6 (MVC)
Ralph 1891 - 1929 no lot (MVC)
Ralph Leon 1891 - 27 Sept 1960 RF-BL19-BK12-1 (MVC)
Robert 1835 - 1904 (PDC)
Robert no date - 11 Jan 1892 R19-BL323 (MVC)
Rosina 1868 - 21 Apr 1949 RF-BL14-BK4-4 (MVC)
S A 1828 - 1899 (MCC)
Sara Jane Davis no date - 24 Oct 1950 RF-BL17 (MVC)
Sarah 1854 - 6 Dec 1919 R20-BL334-BK3-1 (MVC)
Sophia 1814 - 3 July 1885 no lot (MVC)
Susan no date - 16 June 1923 RE-BL2-BK5-2 (MVC)
T Bell Lear no date - 16 Aug 1975 RG-BL39-BK4-3 (MVC)
Tilda Reedora d/o Mr & Mrs Andrew Allen no dates (EEC)
Walter 1873 - 24 Oct 1952 RE-BL20-BK6-4 (MVC)
Warren 1859 - 28 Aug 1930 RF-BL14-BK5-4 (MVC)
Wm M 1855 - 24 Apr 1933 RE-BL17-BK9-2 (MVC)
ALLENSWORTH, J T 1854 - 18 July 1911 R44-BL53-BK3 (MVC)
Maria no date - 20 Jan 1890 R44-BL53 (MVC)
Mary L no date - 25 May 1893

ALLENSWORTH (continued) R44-BL53 (MVC)
ALLERMAN, Andrew 12 Sept 1841 - 1 Dec 1914 (SBAC)
ALRECHT, Alfred F 1874 - 1876 (MCC)
 Ellen 1819 - 1875 (MCC)
 Harriet 1862 - 1881 (MCC)
ALSBAUGH, Bessie Hicks 1880 - 1911 (MCC
ALTMAN, Rev Frank D 1885 - 26 May 1929 (reinterred) RF-BL27 (MVC)
 Grace 1891 - 1929 no lot (MVC)
 Guys no date - 1890 no lot (MVC)
 Josephine 1861 - 17 May 1950 RF-BL27 (MVC)
 Stanislaus 4 Aug 1866 - 29 March 1937 (SBAC)
ALVADORA, Holland 1862 - 1920 (ASC)
ALYEA, David no date - 30 Oct 1921 no lot (MVC)
 Mrs Muriel Good 15 July 1895 - 31 Jan 1941 RJ-BL4-BK4-3 (MVC)
 Wm S no date - 7 Apr 1922 RG-BL36-BK12-1 (MVC)
AMANN, ---- no dates (EEC)
 Annettie w/o Lewis 1875 - 26 Feb 1901 26y 5m 10d (EEC)
 Jolene 25 Oct 1818 - 20 Oct 1889 (LC)
AMEBURG, Levi no date - 18 Mar 1887 R3-BL278 (MVC)
AMEND, Bryan no date - 1 Feb 1918 Kansas Pvt 140 Inf 135 Div (CWC)
 Darius 21 Oct 1848 - 1 Apr 1918 (CWC)
 Elizabeth 1886 - 1955 (CWC)
 Kate 4 July 1843 - 26 Feb 1912 (CWC)
 Kate M Wise (w/o Mitchell Amend) 23 Dec 1856 - 1 June 1913 (CWC)
 Marcus Mitchell 1877 - 20 Aug 1942 RG-BL25-BK1-2 (MVC)
 Mitchell 19 Dec 1853 - 8 March 1941 (CWC)
 Mrs Anna A 1882 - 20 Dec 1949

AMEND (continued) RG-BL25-BK2-2 (MVC)
 Oda 1891 - 1969 (CWC)
 Ruth M no date - 12 Mar 1908 no lot (MVC)
 S S 1886 - 1923 (CWC)
ANDERSON, Alatie B 17 Dec 1871 - 14 Nov 1891 no lot (MVC)
 Atlantic no date - 8 Nov 1892 R16-BL271 (MVC)
 Ben 1871 - 1902 (MCC)
 C A 1882 - 18 Jan 1967 RK-BL40-BK3-4 (MVC)
 Catherine w/o R B 1844 - 1899 (LC)
 Clayton C 1880 - 1943 (EEC)
 Mrs Clement Fay 1899 - 14 Sept 1925 RD-BL1-BK3-3 (MVC)
 Dora Rosalie 1878 - 1951 (LC)
 Mrs Dorothy 27 May 1848 - 20 Apr 1927 R16-BL271 (MVC)
 Emma H 1848 - 1928 no lot (MVC)
 Ernest H (Bootsie) 15 Mar 1882 - 21 Apr 1953 RB-BL8-BK2-3 (MVC)
 Ernest H Bossie no date - 15 Sept 1882 no lot (MVC)
 Etta Emma 1857 - 13 Apr 1949 R67-BL95-BK3 (MVC)
 Mrs Frances 1855 - 24 Feb 1941 R67-BL97-BK5 (MVC)
 Frank 30 Nov 1911 - 15 May 1956 RB-BL8-BK8-3 (MVC)
 Frank J 1876 - 1964 (LC)
 George no date - 24 Sept 1947 RG-BL35-BK11-3 (MVC)
 Mrs H B Eva 9 Dec 1864 - 2 Feb 1920 RD-BL5-BK8-4 (MVC)
 H R no date - 2 Feb 1920 RD-BL5 (MVC)
 Herman 1905 - 30 Apr 1981 (SMGC)
 Huberta 21 Feb 1906 - 8 Feb 1981 (MSSCC)
 Ida 1904 - 1976 (SLC)
 Isabelle 1867 - 1948 no lot (MVC)
 Isabelle 1883 - 20 June 1967 RK-BL40-BK3-4 (MVC)
 James no date - 25 Feb 1907

ANDERSON (continued)
(inf) RE-BL7 (MVC)
John 1835 - 1904 (PDC)
Joseph H 1846 - 1893 no lot (MVC)
Josephine May 25 June 1890 - 3 May 1954 RG-BL22-BK5-4 (MVC)
Julius Gerti 8 July 1876 - 27 Aug 1901 no lot (MVC)
Kenneth C 1903 - 1922 (EEC)
Martin "Mike" s/o Martin & Ann Larson 23 Apr 1903 - 30 Jan 1978 (SMGC)
Mary 1852 - 1916 (PDC)
Mary E 1870 - 1955 (EEC)
Maude 1890 - 1916 "Mother" (CWC)
Mildred P 1901 - 1924 (EEC)
Millicent d/o T W & M A d 19 July 1882 (PDC)
Myrtle 1881 - 20 Dec 1959 RG-BL35-BK12-3 (MVC)
N P 5 Sept 1838 - 3 Aug 1916 R16-BL271-BK3 (MVC)
Pauline 12 Jan 1868 - 1 Dec 1947 (MSSCC)
Robert Bruce 1837 - 1901 (LC)
Ronald no date - no date no lot (MVC)
Rose H 14 Jan 1887 - 6 Feb 1971 RB-BL8-BK1-3 (MVC)
Sophia no date - 2 Jan 1889 R67-BL95 (MVC)
Susie no date - 27 July 1888 R37-BL285 (MVC)
Velma 1914 - 1917 "Daughter" (CWC)
Vincent 1859 - 1890 (MCC)
W R no date - 15 June 1919 RD-BL5-BK7-4 (MVC)
W S no date - 12 Oct 1893 R67-BL95 (MVC)
Willard 31 Jan 1854 - 2 Sept 1899 no lot (MVC)
ANDRE, Amariah 1849 - 1931 "Father" (CWC)
Charles A 1872 - 1955 (CWC)
Darius 21 Oct 1848 - 1 Apr 1918 (CWC)
Edna 1903 - 1954 (CWC)
John 1877 - 1926 (CWC)

ANDRE (continued)
Kate 1843 - 1912 (CWC)
Katie H 1882 - 1914 (CWC)
Lloyde C 1908 - 1940 (CWC)
Margaret 1853 - 1922 "Mother" (CWC)
Marie 1904 - 1920 (CWC)
Patricia d 28 Nov 1934 (CWC)
Vinton M 1906 - 1967 Pvt WWII Army (CWC)
William A 1904 - 1970 (CWC)
ANDREAS, Dorothea 26 Apr 1813 - 12 Dec 1884 no lot (MVC)
ANDRES, Minnie 1884 - 1965 (LC)
ANDREWS, Amanda 1858 -- 1963 (ASC)
Andy 1875 - 1956 (ASC)
Barbara Marie no date - 17 Aug 1953 (inf) RK-BL11-BK12-2 (MVC)
Benjamin W 1874 - 18 June 1949 R12-BL188-BK2 (MVC)
Christina 15 Apr 1825 - 8 June 1909 (LC)
Edith 1883 - 1951 (LC)
Eileene Morgan no date - 8 Mar 1983 RK-BL11 (MVC)
Elizabeth w/o James d 31 Dec 1888 33y 19d (LC)
Emma Graves 1863 - 1946 (ASC)
Ennis 1904 - 1930 (ASC)
George 1862 - 1949 (LC)
George 1888 - 1894 (LC)
George A 1889 - 1963 (LC)
Gilbert 1881 - 1948 (LC)
Mrs Hiram no dates (ASC)
Hiram Irvin 1862 - 1946 (ASC)
James 5 July 1851 - 2 Mar 1938 (LC)
Jessie 1887 - 1910 (LC)
Kannie F 1867 - 1956 (LC)
L B 1882 - 1924 (CWC)
Leona Lincoln 1878 - 17 Dec 1946 R12-BL188-BK5 (MVC)
Leroy Ennis 4 Feb 1904 - 24 Dec 1934 (ASC)
Lessie 24 Sept 1877 - 12 May 1899 (ASC)
Lincoln R 1902 - 21 Oct 1962 RK-BL11-BK2-2 (MVC)
Lizzie E 1877 - 1889 (ASC)

ANDREWS (continued)
Mary C 1880 - 1964 (ASC)
Mary Schaefer 6 Feb 1892 - 28 Dec 1917 RD-BL5-BK3-3 (MVC)
Maude 1890 - 1890 (LC)
Melinda 1 Nov 1864 - 20 Dec 1943 (LC)
Robert 19 June 1867 - 10 May 1901 (LC)
Mrs Ruth 1891 - 1958 (EEC)
William B 1883 - 1916 (ASC)
William J 1833 - 1916 (ASC)
ANGERMEIER, Boniface 12 Jan 1897 - 27 Jan 1983 (MSSCC)
ANKRUM, Mrs Abbie Gertrude no date - 20 Oct 1936 RA-BL7-BK12-1 (MVC)
David Will no date - 15 Apr 1944 RA-BL7-BK7-4 (MVC)
ANSLINGER, Arthur W 1904 - 10 June 1959 RJ-BL18-BK12-3 (MVC)
Frances w/o Wendell 1 Oct 1895 - 22 Nov 1981 (SMGC)
Henry 1867 - 15 Oct 1948 RK-BL4-BK7-4 (MVC)
Rosalia 1874 - 10 Aug 1950 RK-BL4-BK8-4 (MVC)
Wendell 28 Dec 1878 - 9 Jan 1974 (SMGC)
ANTHONY, Frank L 10 May 1931 - 27 Aug 1969 RE-BL13-BK11-3 (MVC)
ANTLE, Carl Jr no date - 5 Nov 1977 RK-BL24-BK8-3 (MVC)
Carl L no date - 5 July 1964 RK-BL24-BK11-4 (MVC)
Mona Christina 9 Aug 1890 - 16 Dec 1960 RK-BL24-BK12-4 (MVC)
Robert J 1 Nov 1894 - 19 Mar 1948 RK-BL4-BK7-1 (MVC)
ANTONE, Frank 1886 - 1887 (SACC)
ANTRINI, Cornelius 1835 - 24 Sept 1921 RD-BL13-BK1-3 (MVC)
Frances no date - 18 Sept 1911 RD-BL13-BK2-1 (moved D3 in 1921) (MVC)
Lora E no date - 14 Sept 1907

ANTRINI (continued)
RD-BL13 (MVC)
ARABELL, Marion 1887 - 1890 no lot (MVC)
ARCHIBALD, John Little 1868 - 1926 (MCC)
ARENZ, Adelsind 15 March 1860 - 21 July 1934 (MSSCC)
AREY, Hannah 20 July 1842 - 26 Apr 1926 (FPC)
William 1 Feb 1832 - 6 Oct 1913 (FPC)
ARIE, Stone no date - 30 May 1916 RE-BL4-BK11-1 (moved from 38 301) (MVC)
ARKFELD, Madeline 3 May 1897 - 1 Sept 1941 (MSSCC)
ARLVON, George no date - 16 July 1909 no lot (MVC)
ARMENTROUT, J H no dates (inf) (EEC)
ARMFIELD, Hannah Iddings 1811 - 1907 (RMC)
ARMOR, Albert A 1853 - 1925 (LC)
Maggie w/o Albert b 1860 (LC)
ARMOUR, Charles Webster 1841 - 1917 (LC)
ARMSBY, C T no date - 24 May 1888 RB-BL6 (MVC)
Charles Loring 25 Nov 1823 - 23 May 1887 RB-BL6 (MVC)
Charles Willard 18 Nov 1857 - 28 Sept 1880 no lot (MVC)
Effie Grant 3 June 1828 - 8 Jan 1888 RB-BL6 (MVC)
ARMSTRONG, Albert N 1879 - 1958 (CCC1)
Albert N b/o John 1879 - 1958 (AC2)
Carrie 1870 - 1921 (MCC)
Charles R 1898 - 1927 (CCC1)
Charles R c/o Wm R 1898 - 1927 (AC2)
Charles Underwood 1932 - 1937 (CCC1)
Chas E 1900 - 1927 (MCC)
Doris Helen 1929 - 1937 (LC)
Estella M 13 Feb 1876 - 9 Jan 1947 "Mother" (AC2)
Estella M 1876 - 1947 mother (CCC1)

8

ARMSTRONG (continued)
Ester Wolfley 29 Oct 1900 - no date (AC2)
Frank no date - 1 July 1956 RD-BL13-BK10-1 (MVC)
Fred Lee no date - 3 Jan 1933 RD-BL13-BK11-1 (MVC)
Grace 1904 - 1977 (LC)
Rev H Parr 1898 - 1966 (CCC1)
Rev H Parr h/o Esther 25 Mar 1898 - 1 July 1966 (AC2)
Housen P 1875 - 1977 (CCC1)
Housen P b/o John 1875 - 1977 (AC2)
James A 1880 - 1914 (FGC)
James A 1880 - 1914 (BCC)
John 1861 - 1920 (CCC1)
John Graham 1882 - 14 June 1952 RJ-BL17-BK1-2 (MVC)
John W 1861 - 1920 (AC2)
Joseph 1893 - 1893 (Apr 11-14) (CCC1)
Joseph c/o Wm R 11 Apr 1893 - 14 Apr 1893 (AC2)
Josie no date - 19 Feb 1923 RD-BL2-BK2-1 (MVC)
Kate c/o Wm R 5 July 1896 - 5 July 1896 (AC2)
Laura no date - 29 Nov 1950 RE-BL20-BK2-1 (MVC)
Lerene Rogers 1873 - 1952 (CCC1)
Lerene Rogers w/o Hausen 1873 - 1952 (AC2)
Letha M 1889 - 23 Apr 1969 RJ-BL17-BK2-2 (MVC)
Lydia M 1881 - 1965 (CCC1)
Lydia M w/o Albert 1881 - 1965 (AC2)
Marth Evaline d/o Wm Underwood 1889 - 1958 (AC2)
Martha w/o Wm 1861 - 1928 "Mother" (AC2)
Martha 1836 - 1901 (CCC1)
Martha E 3 Feb 1836 - 5 Aug 1901 "grandmother" (AC2)
Martha Evaline Underwood 1889 - 1958 (CCC1)
Martha 1861 - 1928 mother (CCC1)
Myrtle E no date - 23 Jan 1952 RD-BL13-BK9-1 (MVC)

ARMSTRONG (continued)
Perelia S 1863 - 1933 (CCC1)
Permelia S w/o John 1863 - 1933 (AC2)
Robert no date - 12 July 1955 RF-BL27-BK2-4 (MVC)
Roy E F 1897 - 22 Aug 1973 RG-BL35-BK9-2 (MVC)
Thomas 1861 - 1939 (MCC)
Thomas P 20 Nov 1881 - 10 Nov 1953 "Dad" (AC2)
Thomas P 1861 - 1953 dad (CCC1)
Toni 1899 - 1980 (LC)
Underwood Chas c/o Wm R 22 Jan 1932 - 30 Jan 1937 (AC2)
William 1831 - 1913 (CCC1)
William 1887 - 1888 (CCC1)
William Peter c/o Wm R 21 Dec 1887 - 20 July 1888 (AC2)
William R 1861 - 1940 "Father" (AC2)
William R 1861 - 1940 father (CCC1)
Willis 15 Oct 1908 - 4 July 1976 (AC2)
Willis 1908 - 1976 (CCC1)
Willma Eva no date - 9 Dec 1901 RD-BL20 (MVC)
Wm 11 Mar 1831 - 8 Jan 1913 "Grandpa" (AC2)
Wm H no date - 26 May 1911 RD-BL13-BK12-1 (MVC)
ARN, John W no date - 15 Apr 1888 R49-BL144 (MVC)
ARNETT, Leona no date - 30 Apr 1919 RE-BL11-BK9-4 (MVC)
Leona no date - 5 May 1919 RE-BL26-BK9-4 (MVC)
ARNOLD, Bryan James 5 Aug 1976 - 3 Sept 1976 (SNC)
Frederick E 6 Jan 1923 - 16 Sept 1969 (SMGC)
ARRAS, Helen no date - 5 Mar 1916 RC-BL3-BK4-4 (MVC)
Louise 1830 - 1 May 1904 RC-BL3 (MVC)
ARTHUR, Chester A 1903 - 1911 (EEC)
J W no date - 1 Jan 1915 R12-BL191-BK4 (MVC)
Joe H no dates (EEC)

ARTHUR (continued)
  Joseph N 3 June 1869 - 1 Nov 1939 "Father" (EEC)
  Lenora 1862 - 25 Apr 1945 R12-BL191-BK2 (MVC)
  Leroy N 1905 - 1925 (EEC)
  Lillie Margaret 14 Jan 1873 - 9 Apr 1935 "Mother" (EEC)
  Milton F 1907 - 1909 (EEC)
  Samuel 1826 - 1918 (PDC)
  Sarah 1834 - 1916 (PDC)
ARTUR, Ber s/o Daniel & Phebe d 31 July 1883 (PDC)
  Joseph 1802 - 1889 (PDC)
  Walter 1871 - 1965 father (PDC)
ASCHAUER, Josepha 28 March 1891 - 22 Dec 1963 (MSSCC)
ASH, Anna G Bechtel d/o G 1847 - 1932 (PDC)
  Capt Roger 1884 - 1949 (PDC)
  Gregory G 1825 - 1893 (PDC)
  Rachel A w/o G 1835 - 1872 (PDC)
  William H 1876 - 1958 (PDC)
ASHBORN, Mrs no dates (EEC)
ASHCRAFT, Barbara 1817 - 15 Jan 1894 77y 11m 11d (ACC)
  Eliza Jennie Saggs no date - 13 Feb 1951 RK-BL5-BK11-2 (MVC)
  Jane no date - 15 Mar 1896 R13-BL218 (MVC)
  Jeddy Jr 20 Jan 1810 - 30 Sept 1856 (ACC)
  Joel 16 May 1842 - 30 Jan 1860 17y 7m 14d (ACC)
  John J 1838 - 22 Oct 1902 64y 6m 6d (ACC)
  Miss Anna 5 Apr 1857 - 5 Oct 1931 R13-BL208-BK4 (MVC)
  Samuel W 9 Sept 1854 - 20 Apr 1874 19y 3m 11d (ACC)
  Thomas s/o Abraham & Georgia 1872 - 29 May 1873 1y 5m 20d (ACC)
  Wm C no date - 28 Sept 1949 RK-BL5-BK10-2 (MVC)
ASHE, Fred 1887 - 1966 (SACC)
  Irwin no dates (SACC)
ASHER, A C no dates (EEC)
  Archie d 20 Feb 1974 (EEC)
  Mrs Lois d 3 June 1971 (EEC)

ASHLEY, Brooke Foster 26 Sept 1982 (stillborn) (EEC)
ASHMUN, Donald 1876 - 15 Dec 1960 RB-BL2-BK6-1 (MVC)
  Ethel Richardson 1879 - 15 Feb 1969 RB-BL2-BK7-1 (MVC)
  Jesse 1854 - 1938 no lot (MVC)
  Marie Frances 1907 - 15 Feb 1908 RB-BL2 (MVC)
  Marvin 1907 - 1908 no lot (MVC)
  Samuel 1849 - 2 June 1889 RB-BL2 (MVC)
  Wm 1874 - 1949 no lot (MVC)
ASHTON, Emma 1876 - 7 May 1930 RD-BL11-BK8-1 (MVC)
  Ethel 1897 - 16 Mar 1899 R50-BL161 (MVC)
  Harry 19 Aug 1900 - 4 Aug 1902 R50-BL161 (MVC)
  Henry Vincent 1870 - 26 May 1941 RD-BL11-BK9-1 (MVC)
ASKREN, Annie Nettie 1875 - 7 Oct 1963 RA-BL7-BK10-1 (MVC)
  Charles no date - 23 Aug 1894 R37-BL281 (MVC)
  E H 1855 - 10 Dec 1928 R48-BL131 (MVC)
  Elizabeth no date - 18 Sept 1933 R48-BL131-BK2 (MVC)
  Ester 1888 - 19 Apr 1966 RJ-BL13-BK5-2 (MVC)
  Fredric M Jr 1903 - 1960 (CCC1)
  Fredric W Jr 1903 - 1960 (AC2)
  Grace no date - 14 May 1891 R48-BL131 moved to 47 115 1885 (MVC)
  inf/o E H no date - 15 Apr 1902 R48-BL131 (MVC)
  infant no date - 27 Mar 1899 R48-BL131 (MVC)
  Isabel no date - 18 Sept 1923 R48-BL131 (MVC)
  John C no date - 15 May 1936 RA-BL7-BK11-1 (MVC)
  Martha 1859 - 9 Mar 1899 R48-BL131 (MVC)
  Paul 1912 - 9 Aug 1913 RD-BL4-BK10-2 (MVC)
  Paul no date - 3 Apr 1954 infant RJ-BL13 moved (MVC)
  Paul Barnabas 1886 - 23 Oct

ASKREN (continued) 1959 RJ-BL13-BK4-2 (MVC)
Ruth no date - 10 June 1897 R48-BL131 (MVC)
ASQUITH, Loutishie G 1868 - 1937 (MCC)
ATCHISON, Blanche 1886 - 24 June 1888 R16-BL258 (MVC)
Cecil 1 Aug 1888 - 3 Aug 1888 R16-BL258 (MVC)
Elizabeth 1895 - 1944 (EEC)
infant no date - Mar 1892 R16-BL258 (MVC)
John E 1856 - 3 June 1907 R16-BL258 (MVC)
Myrtle 1889 - 25 Apr 1891 R16-BL258 (MVC)
Willie 1892 - 9 Nov 1898 R10-BL258 (MVC)
ATKIN, Brown F 16 Jan 1876 - 25 Sept 1913 (EEC)
Contence Nadine d 2 Sept 1929 (EEC)
Cora M Higley w/o Brown F 17 Mar 1877 only date (EEC)
ATKINE, Addie 1876 - 16 Nov 1960 RF-BL23-BK6-4 (MVC)
ATKINS, Helen no dates no lot (MVC)
Lucy S no date - 1890 no lot (MVC)
ATKINSON, Belle 1852 - 20 Dec 1916 RB-BL19-BK2-1 (MVC)
George W 1879 - 14 Feb 1969 RB-BL19-BK2-1 (MVC)
Roger 1902 - 31 May 1960 RJ-BL18-BK12-2 (MVC)
Wm 11 July 1860 - 12 July 1885 no lot (MVC)
ATLAKSON, Hannah M 1876 - 1952 (LC)
Inez no date - 12 Jan 1984 RK-BL21 (MVC)
Ole M 1867 - 1945 (LC)
Oscar no date - 22 May 1952 RK-BL21-BK6-3 (MVC)
ATLAND, Tilda 1896 - 1897 (EEC)
ATZENWEILER, John 13 May 1857 - 18 Oct 1927 (LC)
Selina 3 Apr 1870 - 16 July 1948 (LC)

ATZENWEITER, Fay A 1902 - 1970 (CWC)
Ferdinand 1893 - 1959 (CWC)
Thomas L 1939 - 1963 (CWC)
AUCHARD, Lena M 1899 - 12 Apr 1977 RJ-BL18-BK2-3 (MVC)
Mary Lou 1929 - 1981 no lot (MVC)
Oliver 1892 - 5 Sept 1967 RJ-BL18-BK2-3 (MVC)
Oliver C Jr no date - 28 Oct 1981 RJ-BL18-BK11-4 (MVC)
AUDUORSON, Sophia no date - 2 Jan 1889 R67-BL95 (MVC)
Susie no date - 27 July 1888 R38-BL285 (MVC)
AUGIR, Almira T 17 Sept 1820 - 26 Aug 1894 (WLC)
AUGUST, Everett no date - 28 Apr 1984 RK-BL25 (MVC)
Lloyd Eugene no date - 2 Dec 1964 RK-BL25-BK1-4 (MVC)
Luke no date 25 Oct 1911 RD-BL16-BK8-1 (MVC)
Minnie 1 May 1878 - 2 Dec 1894 no lot (MVC)
AULD, Charles no date - 1874 no lot (MVC)
David Sr 1826 - 8 Oct 1904 RA-BL27 (MVC)
Edw 1870 - 1870 no lot (inf) (MVC)
Elizabeth 1820 - 1883 no lot (MVC)
Elizabeth no date 25 Oct 1898 RA-BL27 (MVC)
Fannie 1866 - 1896 no lot (MVC)
inf boys no date - 7 Nov 1904 RA-BL27 (MVC)
James 1817 - 21 Jan 1899 RA-BL27 (MVC)
Mrs James Covert 1820 - 21 Feb 1903 RA-BL27 (MVC)
John 1869 - 30 July 1898 RA-BL27 (MVC)
John T W 1896 - 1895? no lot (MVC)
Louise Anna 1841 - 31 May 1930 RA-BL27-BK12-4 (MVC)
Ralh 1877 - 1879 no lot (MVC)
Sarah 1813 - 1859 no lot (MVC)

AULD (continued)
Sarah W 1841 - 8 Dec 1907 RA-BL27 (MVC)
Wm H 1852 - 1862 no lot (MVC)
AUSTIN, Elizabeth 1865 - 6 May 1954 RA-BL12-BK2-1 (MVC)
Michael 21 Mar 1981 - 21 Mar 1981 inf (ASC)
Pearl 1899 - 28 Nov 1923 RA-BL12-BK1-1 (MVC)
Susan no dates no lot (MVC)
AYERS, Daniel W no date - 30 Jan 1933 RA-BL11-BK12-4 (MVC)
Ellen L 21 Mar 1847 - 18 May 1917 RD-BL3-BK12-1 (MVC)
Laura 20 Nov 1898 - 9 Sept 1937 RA-BL11 (MVC)
Lucina 19 Feb 1874 - 11 Apr 1962 (MSSCC)
Mrs D W no date - 9 Sept 1937 RA-BL11-BK11-4 (MVC)
Nona Cain 17 Feb 1853 - 6 Jan 1967 RB-BL15-BK6-3 (MVC)
AYLOR, Charles M 28 Jan 1859 - 4 Apr 1895 R15-BL242 (MVC)
AZELIN, Bettie 1856 - 16 Oct 1922 (EEC)
John P 1844 - 1922 (EEC)
AZLEIN, A A no dates (EEC)
Andred A 17 Feb 1848 - 29 Nov 1907 (EEC)
Andrew 17 Feb 1843 - 16 Nov 1932 (EEC)
Chas no dates (EEC)
Samuel F 1 July 1849 - 26 Jan 1911 (EEC)
BAAR, Anthony no date - 27 Sept 1922 (SBAC)
BABCOCK, Mrs O M 6 Nov 1877 - 9 Nov 1935 R24-BL59-BK3 (MVC)
BABINON, Polly O 11 June 1879 - 20 Apr 1921 RE-BL14-BK8-1 (MVC)
BACHE, Christian 1857 - 27 July 1934 RJ-BL3-BK8-3 (MVC)
Johanna 1861 - 11 Oct 1948 RJ-BL3-BK7-3 (MVC)
BACHELLER, Minnie Moore no date - 1 Mar 1923 moved 22 Nov 1938 RD-BL3-BK4-3

BACHELLER (continued) (MVC)
BACHER, L A no dates (RMC)
BACK, Caroline 1866 - 14 Aug 1946 R46-BL101-BK4 (MVC)
Clarence no date - 26 Aug 1968 RK-BL33-BK3-4 (MVC)
Edward F 1888 - 6 Jan 1947 RK-BL11-BK6-2 (MVC)
Galena 1892 - 11 Apr 1977 RK-BL11-BK5-2 (MVC)
Johanna F 1830 - 1886 no lot (MVC)
Mrs Catherine 1836 - 26 Oct 1914 R46-BL101-BK5-1 (MVC)
BACKUS, Charles no date - 4 Mar 1901 R19-BL317 (MVC)
Ruth Alice no date - 18 Feb 1901 R19-BL317 (MVC)
BACON, Alice L 1862 - 1941 (MCC)
Claude 23 Oct 1964 RK-BL30-BK3-4 (MVC)
Eliza N 1834 - 30 Nov 1906 RD-BL21 (MVC)
Eva Hortense 24 Jan 1870 - 26 Jan 1918 RA-BL33 (MVC)
Helen 1891 - 5 Mar 1976 RK-BL30-BK2-4 (MVC)
Horace 1860 - 1936 (MCC)
Levi 1836 - 25 Jan 1906 RD-BL21 (MVC)
BADER, Golda Elem 1890 - 26 Feb 1981 RG-BL28-BK2-4 (MVC)
Rev James 1886 - 23 Aug 1963 RG-BL28-BK2-4 (MVC)
BADGER, John C Co D 2nd KS (MCC)
Lt William P 13th PAD KS (MCC)
BAGBY, Basil A 1861 - 1939 (EEC)
Basil A 1861 - 3 June 1939 78y 3d (RMC)
Susan A 1868 - 1950 (EEC)
BAHNSON, Jessica no date 26 Nov 1982 R29-BL139 (MVC)
BAHR, Alena Schaap 1885 - 6 Aug 1970 RD-BL9-BK2-1 (MVC)

BAHR (continued)
Birdie Bell 16 Apr - 11 Nov 1903 RA-BL3 (MVC)
Birdie no date - 7 Feb 1920 RA-BL3-BK4-3 (MVC)
Herman A no date - 23 June 1919 RA-BL3-BK1-3 (MVC)
inf/o Fred no date - 2 Sept 1902 RA-BL19 (MVC)
Mannie no date - 6 Nov 1909 RA-BL3 (MVC)
Mrs Elizabeth no date - 3 Sept 1925 RA-BL3-BK2-3 (MVC)
Stacy Diane (baby) b 26 July 1963 (SMGC)
BAILEY, Bobbie no date 9 Apr 1928 R27-BL105-BK3 (MVC)
Boffle 1880 - 10 Apr 1908 no lot (MVC)
Corenia 27 May 1885 - 13 Apr 1901 (LC)
Daniel E 4 Dec 1856 - 1 May 1911 R48-BL127-BK4 (MVC)
Ernestine Lederle no date - 24 Sept 1932 R43-BL37-BK3 (MVC)
Eunia 1896 - 1900 (LC)
Farrell 4 Dec 1852 - 25 Jan 1911 no lot (MVC)
Farrell no date - 18 Nov 1912 RD-BL21-BK1-4 (MVC)
Florence Myrtle no date - 24 Jan 1913 RD-BL4-BK1-4 (MVC)
Frank Leroy 23 June 1888 - 23 June 1888 no lot (MVC)
Frank no date - 24 Nov 1887 R23-BL36 (MVC)
Frank P no date - 10 Oct 1922 R13-BL219-BK4-1 from 23 36 (MVC)
Hannah 1838 - 1918 (EEC)
Hannah A no dates (EEC)
Harriet 4 Nov 1842 - 19 June 1906 RD-BL18 (MVC)
Ida 1865 - 6 May 1950 RF-BL27-BK7-2 (MVC)
inf/o W C no date - 5 May 1925 R28-BL134-BK1 removed (MVC)
infant no date - 5 May 1924 R28-BL134 (MVC)
infant no date - 5 Oct 1910 R27-

BAILEY (continued)
BL105 (MVC)
Isabella 1827 - 10 Dec 1863 (NC)
Joe L 1927 (MCC)
John A no date - 23 Jan 1903 R27-BL105 (MVC)
John A no date - 6 May 1925 R28-BL134 (MVC)
John no date - 5 May 1925 R28-BL134 (MVC)
Joseph L no date - 26 Jan 1901 R28-BL132 (MVC)
Julia A 31 Dec 1864 - 9 Mar 1911 R48-BL127-BK4 (MVC)
L no date - 23 Oct 1888 R62-BL16 (MVC)
Laura no date - 26 Sept 1972 R27-BL105 (MVC)
Louisa no date - 7 Dec 1911 R28-BL134 (MVC)
Louran 1888 - 26 Sept 1972 R22-BL105 (MVC)
Lucy F no date - 9 June 1931 RA-BL18-BK1-1 (MVC)
Phoebe no date - 5 Nov 1954 no lot (MVC)
Thelma no date - 5 Sept 1910 R27-BL105-BK2 (MVC)
W D 1832 - 1913 (EEC)
W E no date - 14 Aug 1900 R28-BL134 (MVC)
W L no date - 6 Nov 1899 RB-BL16 (MVC)
William J 12 Dec 1833 - 3 Oct 1912 no lot (MVC)
William no date - 25 Sept 1912 RD-BL18-BK4-2 (MVC)
Willis 1854 - 21 May 1932 RF-BL27-BK8-2 Gov of KS (MVC)
Wm E 1878 - 1 Mar 1950 R27-BL105-BK4 (MVC)
BAILIFF, Almea Galene 1869 - 1947 (LC)
Clarence 1896 - 1901 (LC)
Horace Oscar 1865 - 1934 (LC)
Margaret 22 Aug 1826 - 27 Feb 1912 (LC)
Orrin 11 Sept 1829 - 23 July 1904 (LC)
Pearl 1900 - 1981 (LC)
BAKER, A M h/o S A d 14 Sept 1889 36y 8m 4d (drowned)

BAKER (continued)
(EEC)
Adane 25 Mar 1851 - 14 Mar 1934 R15-BL252 (MVC)
Adena M no date - 28 May 1966 RK-BL23 (MVC)
Alfred M 21 Oct 1897 - 31 Mar 1929 RF-BL6-BK7-4 (MVC)
Amelea 7 Dec 1862 - 4 May 1936 RA-BL7-BK4-4 (MVC)
Anna Eilhelmina 27 Jan 1878 - 4 Apr 1956 RD-BL22-BK5-2 (MVC)
Anna Martha 12 Nov 1885 - 12 Aug 1980 no lot (MVC)
Anna w/o James 8 June 1873 - 30 Apr 1909 (FPC)
Benjamin 1890 - 27 Nov 1957 RG-BL38-BK2-3 (MVC)
Bennie 1911 - 17 Jan 1929 RD-BL22-BK3-2 (MVC)
Bessie 1888 - 21 Nov 1954 RG-BL38-BK1-3 (MVC)
Bessie Mattock 1885 - 5 Nov 1967 RF-BL27 (MVC)
Caroline 1874 - 22 Apr 1930 RF-BL6-BK6-6 (MVC)
Cecil H 1898 - 1942 (BCC)
Charles 1897 - 10 June 1965 RA-BL10-BK5-2 (MVC)
Charles E 1842 - 1920 (MCC)
Charles E no date - 11 Dec 1915 RB-BL12 (MVC)
Christian 11 Apr 1816 - 12 Feb 1896 no lot (MVC)
Christian 15 Dec 1853 - 20 July 1951 R12-BL204-BK3 (MVC)
Clarence 22 July 1878 - 3 Mar 1945 (SNC)
David Capt 1833 - 7 Mar 1908 RA-BL31-BK8-4 (MVC)
Edward D 17 Nov 1876 - 15 Apr 1964 RJ-BL4-BK7-1 (MVC)
Ethel May 1885 - 1948 (EEC)
Fannie 1880 - 1880 (MCC)
Francis 1918 - 1926 (FPC)
Francis Marion 10 May 1845 - 12 June 1904 RF-BL4 (MVC)
Franklin 1 Feb 1883 - 25 Jan 1900 R12-BL204 (MVC)
Gary (inf) 13 Nov 1965 - 13 Nov 1965 RK-BL14-BK8-3 (MVC)

BAKER (continued)
George Oscar 8 Nov 1906 - 1 Mar 1935 (RMC)
Gladys M 1898 - 16 May 1964 RA-BL10 BK6-2 (MVC)
Harold 19 Sept 1906 - 18 Aug 1925 (SNC)
Harriet Crowell 19 Sept 1867 - 3 July 1913 RF-BL4-BK9-3 (MVC)
Harry N no date - 30 Aug 1977 RF-BL14 (MVC)
Harry no date - 20 July 1970 RK-BL14-BK11-12 (MVC)
Hattie 26 Dec 1856 - 26 Oct 1928 (SNC)
Helen 6 Dec 1885 - 21 Mar 1909 (SNC)
Henry 15 Oct 1840 - 1 May 1895 Co F 15th KS Cavalry (SNC)
Hope Irene no date - 14 Sept 1967 RK-BL4-BK6-4 (MVC)
inf/o C C & A H d 31 Aug 1895 (BCC)
J L no date - 19 June 1922 RB-BL12-BK2-2 (MVC)
Mrs J L no date - 15 Apr 1938 RB-BL12-BK1-2 (MVC)
James 26 Sept 1865 - 22 Aug 1940 (FPC)
John 29 Mar 1849 - 8 Mar 1909 R17-BL278-BK2 (MVC)
John A 1904 - 20 Oct 1979 RD-BL3-BK701 (MVC)
Mrs Joseph no date -24 Dec 1914 R12-BL204-BK4 (MVC)
Joseph Earl no date - 29 Oct 1888 R38-BL298 (MVC)
Josephine 29 Apr 1860 - 24 Dec 1914 R12-BL204-BK4 (MVC)
Kate 16 Nov 1880 - 20 Jan 1959 (SNC)
Leona 16 June 1837 - 27 Feb 1879 (BCC)
Leonard H no date - 18 Apr 1939 RD-BL22-BK4-2 (MVC)
Lizzie 3 Jan 1890 - no date (SNC)
Lucy 1841 - 1917 (BCC)
Lucy M 29 Apr 1860 - 15 Aug 1937 R12-BL204 (MVC)
M A no date - 7 Nov 1909 RA-

BAKER (continued)
BL3-BK5-3 (MVC)
Maggie 6 Jan 1887 - no date (SNC)
Margaret 1879 - 2 June 1962 RK-BL17-BK3-4 (MVC)
Marie Crowell no date - 7 Sept 1906 RF-BL4 (MVC)
Marion Crowell 10 Nov 1893 - 25 Oct 1894 RB-BL16 (MVC)
Mary E 1844 - 1928 (MCC)
Mary E Coffey 16 May 1865 - 21 Jan 1933 R16-BL257-BK3 (MVC)
Mary P 21 Aug 1880 - 24 Apr 1950 RJ-BL4-BK8-1 (MVC)
Michael 1835 - 5 Aug 1889 (WLC)
Dr O O 1885 - 1949 (EEC)
Orea 19 Oct 1876 10y 11m 27d (ASC)
Rebecca F 7 Jan 1839 - 12 June 1903 RA-BL31 (MVC)
Ruby Searles 1918 - 20 July 1946 RG-BL39-BK12-3 (MVC)
S A w/o A M d 14 Sept 1889 35y 6m 12d (drowned) (EEC)
Sarah 12 Nov 1840 - 28 Jan 1900 (WLC)
Solore Byrd 8 Sept 1960 - 25 June 1913 RF-BL6-BK8-4 (MVC)
Vern R 1890 - 8 Nov 1975 RK-BL23-BK10-4 (MVC)
---- no dates Sec4-L95-#4 (SPC)
BALANCE, Elsie no date - 15 Jan 1918 RE-BL11 (MVC)
BALCOLM, George Elmer 1866 - 4 July 1908 RF-BL12 (MVC)
BALDWIN, Alice 1906 - 1 July 1966 RG-BL32-BK9-4 (MVC)
Amanda M no date - 21 Nov 1921 R66-BL77-BK5 (MVC)
Bernadette no date - 14 Apr 1890 R23-BL36 (MVC)
Frankie no date - 7 Aug 1910 RB-BL5 (MVC)
George W 14 May 1857 - 14 Dec 1931 RF-BL25-BK9-4 (MVC)
Harriet H no date - 21 Nov 1869 no lot (MVC)

BALDWIN (continued)
inf/o L W 1 Feb 1928 - 3 Feb 1928 RF-BL25-BK6-4 (MVC)
James W no date - 16 Nov 1884 no lot (MVC)
Leonard W 1905 - 18 Nov 1956 RG-BL32-BK8-4 (MVC)
Luther W 1873 - 10 Feb 1945 RG-BK32-BK5-3 (MVC)
Manda 1886 - 2 Jan 1951 RG-BL32-BK4-3 (MVC)
Mary E no date - 8 July 1885 no lot (MVC)
Milton no date - 7 Nov 1890 R66-BL77 9MVC)
Mrs Marion no date - 9 July 1934 no lot (MVC)
Ruth Anna no date - 23 Sept 1921 R66-BL77 (MVC)
Sarah E 13 Apr 1860 - 13 July 1936 RF-BL25-BK8-4 (MVC)
Walter S no date - 23 Mar 1904 RB-BL5 (MVC)
William Co C 1st Colorado Cavalry (MCC)
William J no date - 18 Feb 1943 RB-BL5-BK9-2 (MVC)
BALES, Sarah E 1871 - 5 Apr 1958 RJ-BL13-BK9-1 (MVC)
Wm 1886 - 16 May 1968 RG-BL20-BK8-2 (MVC)
Wm O no date - 17 July 1957 RJ-BL13-BK10-1 (MVC)
BALL, Anna E 1884 - 1949 (SNC)
Barney F 29 Dec 1854 - 2 Aug 1913 (SNC)
Benjamin 10 Feb 1808 - 8 Sept 1870 (SDLC)
Bernard 16 Dec 1858 - 25 Apr 1882 (SBAC)
Bert 26 Dec 1889 - 30 Dec 1932 Missouri Pvt 28 Fld Div (SNC)
Cheryl Renee 10 June 1964 - 17 Jan 1965 RK-BL14-BK1 (MVC)
Earl Barnett 13 Jan 1893 - 21 Aug 1960 (SNC)
Edna M 28 July 1866 - 16 May 1962 RJ-BL24-BK2-2 (MVC)
Eliza Jane no date - 26 Nov 1908 RD-BL21 (MVC)
Elizabeth no date - 27 Nov 1908

BALL (continued)
 RD-BL21-BK2-4 (MVC)
 Elmer B 28 Dec 1906 - 7 May 1963 (SNC)
 George 1829 - 2 May 1884 54y 10m 4d (RMC)
 George 1831 - 1884 (RMC)
 Helen Gore 1902 - 22 Mar 1927 RG-BL19-BK16-1 (MVC)
 Ida Mable 13 July 1899 - 15 Aug 1962 (SNC)
 James Albert Jr 1 Oct 1924 - 26 Jan 1944 Missouri Pvt 133 Inf 34 Inf Div WWII (SNC)
 James Albert no date - 1932 (SNC)
 Leonard 4 June 1911 - 6 May 1977 (SNC)
 Mable C 19 Mar 1896 - 22 Jan 1903 (SNC)
 Mary C 1 Aug 1876 - 19 May 1958 RJ-BL27-BK7-1 (MVC)
 Mary R 23 Jan 1891 - 14 Mar 1923 (SNC)
 Max 5 July 1910 - 2 Mar 1977 RJ-BL23-BK5-3 (MVC)
 Merle 24 Oct 1909 - 24 Apr 1971 RJ-BL25-BK12-4 (MVC)
 Mont O 1888 - 26 Nov 1955 (SNC)
 Nadine 13 May 1909 - 3 May 1974 RG-BL25-BK11-4 (MVC)
 Steadman 20 Sept 1904 - 16 May 1977 RG-BL29-BK12-4 (MVC)
 Thomas 5 Feb 1883 - 15 Mar 1955 RJ-BL24-BK12-2 (MVC)
 Thomas no date - 8 Apr 1970 RG-BL19 (MVC)
 William H 21 Feb 1887 - 25 May 1953 (SNC)
 Wm S 4 Nov 1874 - 8 Dec 1953 RJ-BL24-BK8-1 (MVC)
 Zelylia Mielma no date - 8 May 1913 no lot (MVC)
BALLARD, Charles no date - 17 May 1976 RK-BL39-BK13-4 (MVC)
 Virginia A no date - 13 Apr 1976 RK-BL39-BK12-4 (MVC)
BALLENTINE, Charles Arthur 1883 - 30 Dec 1968 RF-BL10-BK2-2 (MVC)

BALLENTINE (continued)
 Ella F no date - 8 Apr 1931 RB-BL29 (MVC)
 Esther Hull 1887 - 19 June 1964 RF-BL10-BK1-2 (MVC)
BALLINGER, John 1914 - 1982 (ASC)
 Dr John R 1875 - 2 Jan 1944 RF-BL9-BK7-2 (MVC)
 Julia H no date - 24 June 1917 RF-BL9-BK8-2 (MVC)
 Louise Jane 1844 - 1923 (ASC)
 Nell 1893 - 2 June 1965 (SLC)
 S E 1843 - 1909 (ASC)
 Samuel E 1843 - 1933 (ASC)
 Thomas (s/o Tom) 1889 - 5 Jan 1961 (SLC)
 Thomas 1845 - 26 Mar 1925 RF-BL9 (MVC)
BALLOW, H E no dates (EEC)
BALSINGER, G W no dates (EEC)
BALSOM, George Elmer no date - 5 July 1908 RF-BL12-BK11-3 (MVC)
BANKS, Bradley J 12 - 18 March 1974 inf (SACC)
 Elmer no date - 3 Jan 1923 RD-BL2-BK11-1 (inf) (MVC)
 Elmer no date - 18 Oct 1973 RD-BL14-BK1-2 (MVC)
 Felicitas 25 June 1901 - 17 Feb 1963 (MSSCC)
 Freida no date - 26 Oct 1948 RF-BL7-BK10-3 (ashes under headstone) (MVC)
 Jane w/o Thomas 1832 - 1884 (MCC)
 John 1882 - 1974 (SACC)
 Lucy no date - 4 June 1891 R38-BL296 (MVC)
 Lulu 1899 - 10 Mar 1982 RJ-BL14-BK2-2 (MVC)
 Minnie 1885 - 1977 (SACC)
 Paul Joseph 1921 - 1937 (SACC)
 Paul no date - 20 Apr 1921 RE-BL14 (MVC)
BANTLE, Boniface 10 June 1939 - 4 March 1897 (MSSCC)
BARBER, Addie Bagby nod ates (EEC)
 Amy Briggs w/o John W 14 Apr

BARBER (continued)
1861 - 14 Dec 1898 "Mother" (RMC)
Annie w/o C W no dates (CWC)
Bertrice 12 June 1906 - 7 July 1975 "Mother" (RMC)
Betty Jo no dates (child) (RMC)
---- c/o Jesse no date - 18 May 1912 RD-BL20-BK1-3 (MVC)
Chas W 1854 - 1899 (CWC)
David no dates (child) (RMC)
Denison P 1951 - 3 June 1934 RG-BL10 (MVC)
Earl A 1884 - 13 Oct 1964 RJ-BL13-BK11-1 (MVC)
Edwin B no date - 6 Aug 1929 RD-BL9-BK16-3 (MVC)
Elizabeth Louise 6 Jan 1918 - 21 Feb 1921 (RMC)
Eva Wertz 1878 - 30 July 1945 RA-BL8-BK11-3 (MVC)
Fannie Clinton 1892 - 1916 (CWC)
Harley M 1887 - 1959 (RMC)
Hazel Mae 1892 - 1978 (RMC)
Herbert J 1871 - 7 Mar 1943 RA-BL8-BK12-3 (MVC)
Hervert H 1896 - 1975 (EEC)
inf d/o Herbert & Addie d 27 Jan 1920 (RMC)
James F no date - 6 Apr 1912 RD-BL8-BK1-2 (MVC)
Jerry W (child) no dates (RMC)
John J (child) no dates (RMC)
John W Oct 1858 - 16 Mar 1943 (RMC)
Joyce Ann (inf) d 29 Mar 1939 (RMC)
Laura E 1890 - 1965 (RMC)
Laura L 1859 - 9 Nov 1931 RG-BL10-BK8-2 (MVC)
Leslie S 1885 - 1966 (RMC)
Margaret 1843 - 21 Feb 1927 RA-BL8-BK9-3 (MVC)
Marian Edith 1 Aug 1914 - 6 Nov 1922 (RMC)
Martha 1868 - 1945 no lot (MVC)
Martha no date - 2 Feb 1949 no lot (MVC)
Mary Anna (child) no dates (RMC)
Mary Edith 23 Sept 1889 - 7 Dec

BARBER (continued)
1918 (RMC)
Mayme Havens w/o Leslie S 31 Aug 1889 - 4 Feb 1930 (RMC)
Moses H 23 Apr 1833 - 3 July 1897 RA-BL8 (MVC)
Roxie 1877 - 18 Mar 1967 RJ-BL13-BK12-11 (MVC)
Ruth no dates (child) (RMC)
Vincent no dates "Father" (RMC)
BARDY, Dr George no date - 24 Jan 1932 RG-BL5-BK8-1 (MVC)
BARE, Maggie 8 Apr 1870 - 17 Nov 1905 (EEC)
BAREIS, Ronald Lee 29 Dec 1957 - 29 May 1974 (SMGC)
BARGO, Willis no date - 24 May 1887 R34-BL233 (MVC)
BARKER, Alice 11 Sept 1895 - 7 July 1982 RK-BL12 (MVC)
George no dte - 5 Mar 1906 RD-BL7 (MVC)
James Sidney no date - 9 Feb 1950 RK-BL6-BK7-2 (MVC)
Minnie 31 Mar 1878 - 1942 (BCC)
BARKOW, Herman W 16 Oct 1850 - 3 Jan 1926 R26-BL92-BK3 (MVC)
Katie Sutter 2 Feb 1858 - 13 Nov 1891 R2-BL92 (MVC)
Minnie Augusta 1 May 1878 - 29 June 1894 R26-BL92 (MVC)
BARLEY, W D 1832 - 1913 (EEC)
BARLOW, A Lemyle 1889 - 1957 (OHC)
Beverly d 17 July 1883 (OHC)
Catherine 1836 - 1 Feb 1914 RF-BL12-BK9-2 (MVC)
Helen Scofield 1869 - 8 Jan 1958 RF-BL12-BK6-2 (MVC)
Josephine Wheeler 1871 - 8 July 1941 RF-BL12-BK4-2 (MVC)
Sadie B 1899 - 1970 (OHC)
BARNES, Abbie no date - 7 Nov 1949 RB-BL11-BK4-4 (MVC)
Alfred F no date - 12 Apr 1896 R35-BL249 (MVC)
Alice 1912 - 1 Nov 1951 RK-BL7-BK10-3 (MVC)

BARNES (continued)
Amos Chatman 1891 - 31 Aug 1908 R45-BL81-BK3 (MVC)
Anna M 96y 29 Sept 1889 - 17 Dec 1985 9-2-22-G (MVC)
Asa 1825 - 1888 (CSHC)
Asa 23 Jan 1854 - 23 Jan 1932 (RMC)
Charles 1845 - 14 Nov 1933 R45-BL81-BK1 (MVC)
Charles 1860 - 14 Apr 1905 RB-BL11 (MVC)
Delia Ester no date - 12 Dec 1931 R45-BL81-BK2 (MVC)
Earnest 1885 - 1966 (CWC)
Edith no date - 1 Oct 1894 R45-BL81 (MVC)
Ella M d 2 May 1895 (CWC)
Fannie no dates inf (RMC)
Frank Wright 1902 - 24 Sept 1905 7y 2m 11d (CWC)
Harriett w/o Asa 1828 - 1910 (CSHC)
Herbert 5 Jan 1877 - 16 Mar 1943 (RMC)
inf/o Charles no date - 24 Sept 1896 R45-BL81 (MVC)
Lulu 12 May 1871 - 26 July 1964 RG-BL16-BK8-2 (MVC)
Marjorie 1900 - 23 July 1982 RG-BL20 (MVC)
Mary C 2 Oct 1854 - 5 Jan 1937 (RMC)
Mary no date - 1887 R35-BL149 (MVC)
Mildred 1898 - 3 Apr 1934 RG-BL22-BK7-1 (MVC)
R C no date - 7 Feb 1903 R27-BL111 (MVC)
Mrs R C no date - 17 July 1887 R27-BL111 (MVC)
Reuben Curtis 8 Aug 1865 - 28 Sept 1878 (CSHC)
Thaddeus S 26 Sept 1860 - 22 Oct 1932 RG-BL16-BK7-2 (MVC)
Thomas J 15 Sept 1863 - 30 Mar 1890 R45-BL81 (MVC)
Wm N no date 14 Dec 1966 RG-BL20 (MVC)
BARNETT, Benigna 1 Apr 1867 - 6 June 1944 (MSSCC)

BARNETT (continued)
Bertha 1880 - 25 Dec 1974 RE-BL12-BK10-1 (MVC)
Ellsworth 17 Jan 1888 - 27 Aug 1985 97y 5-203-69 (MVC)
Florence no date - 31 May 1975 RE-BL21-BK8-2 (MVC)
Henrietta no date - 21 Feb 1897 R69-BL203 (MVC)
James H 1889 - 28 May 1974 RE-BL13-BK2-2 (MVC)
Lewis 1873 - 1 Aug 1955 RK-BL7-BK11-3 (MVC)
Louise R no date - 1 Aug 1955 RK-BL7-BK11-3 (MVC)
Luke 20 Oct 1919 - 26 Oct 1918? R70-BL206-BK1 (MVC)
Martha 1 July 1848 - 9 Oct 1930 R70-BL206-BK2-1 (MVC)
Mary Belle no date - 4 Jan 1917 R69-BL203 (MVC)
Mary E 1867 - 13 May 1921 R69-BL203-BK5 (MVC)
Mary E no date - 23 July 1931 R12-BL198-BK3-0 (MVC)
May Belle 24 Dec 1888 - 4 June 1917 R69-BL203 (MVC)
Mollie no date - 26 Jan 1903 R69-BL203 (MVC)
Octavia 1919 - 30 June 1939 RE-BL12 (MVC)
Orngle 1874 - 26 Nov 1969 RE-BL12-BK12 -1 (MVC)
Peter no date - 19 June 1898 R69-BL203 (MVC)
Peter William 1861 - 8 June 1945 RE-BL13-BK4-2 (MVC)
Regina no date - 2 Jan 1949 RK-BL27 (MVC)
Regina no date - 21 Jan 1950 RK-BL7-BK12-3 (MVC)
Robert no dates (EEC)
BARNTHSON, John Earl 23 May 1890 23 June 1975 (SMGC)
Olive Pearl w/o John Earl no dates (SMGC)
BARREN, Bernice Elizabeth 1905 - 1969 (BCC)
BARRET, H A 1840 - 1901 (MCC)
Katherine 1842 - 1930 (MCC)
Susannah 1878 - 1956 (MCC)
BARRETT, Bessie Maud 1866 -

BARRETT (continued)
1909 (MCC)
Bonnie Ruth 1881 - 1 Apr 1960 R15-BL244-BK1 (MVC)
Charles E 20 May 1852 - 8 Aug 1895 RB-BL9 (MVC)
Charles P no date - 8 Jan 1975 RB-BL9-BK10-1 (MVC)
Clara 1895 - 11 Nov 1980 RA-BL20-BK11-3 (MVC)
Fred P 1849 - 12 Dec 1928 RB-BL9-BK2-1 (MVC)
Hazel Duncan 1892 - 7 June 1916 RB-BL9-BK17-1 (MVC)
Lucy 1 Mar 1857 - 29 Aug 1944 - RB-BL9-BK3-1 (MVC)
Milton 1836 - 23 Aug 1898 RA-BL20 (MVC)
Milton 1893 - 17 Feb 1972 RA-BL20-BK11-3 (MVC)
Norman 1865 - 27 Sept 1902 RA-BL20 (MVC)
BARROW, Harold 18 Mar 1886 - 29 Apr 1887 RB-BL16 (MVC)
BARROWS, Millie no date - 26 Feb 1889 R50-BL165 (MVC)
BARRY, Agnes 1864 - 1942 (SACC)
Anna M 1895 - 16 Jan 1913 18y 2m 20d (AC2)
Anna W 1895 - 1913 (CCC1)
Catherine 1863 - 28 May 1884 no lot (SPC)
Catherine d 8 Feb 1892 92y Sec1-L8-#2 (SPC)
Catherine w/o James d 7 June 1899 60y Sec1-L66-#3 (SPC)
Dorothy M 1908 - no date BK5-1 (MVC)
Ellen 1868 - 1875 7y Sec1-L66-#6 (SPC)
Eugene 21 Dec 1838 - 29 Nov 1909 (SBAC)
Honeora d 20 Jan 1906 76y Sec1-L8-#4 (SPC)
Honora 1875 - 13 Aug 1893 18y Sec1-L66-#5 (SPC)
inf/o L no date - 24 Aug 1911 no lot (MVC)
Jacob d 22 Jan 1911 86y Sec1-L66-#1 (SPC)
James s/o T & H no dates no lot

BARRY (continued)
(SPC)
Jennie 1870 - 1 Aug 1929 RF-BL14-BK1-1 (MVC)
John 1865 - 1949 (SACC)
Katherine M 1861 - 1 Jan 1940 RG-BL17-BK5-4 (MVC)
Katie d 17 Feb 1900 30y Sec1-L66-#2 (SPC)
Margaretta M 1832 - 1921 (CC)
Mary d 29 Nov 1924 56y Sec1-L8-#5 (SPC)
Nicolas 1815 - 20 Mar 1895 80y Sec4-L10-#2 (SPC)
Pat w/o Nick no dates no lot (SPC)
Ralph M 1908 - 9 Feb 1982 RJ-BL43 (MVC)
Thomas "Hank" 1862 - 8 Nov 1940 78y Sec1-L8-#6 (SPC)
Thomas 1829 - 10 Jan 1899 70y Sec1-L8-#3 (SPC)
Thomas Jr 1870 - 10 Dec 1894 24y Sec1-L66-#4 (SPC)
Wilson 13 Oct 1847 - 9 Jul 1848 (CC)
BARTENSON, James no date - 11 May 1894 R65-BL64 (MVC)
BARTH, Florence 10 May 1882 - 5 May 1959 RD-BL9-BK12-2 (MVC)
BARTHEL, Travis William 22 Dec 1972 - 21 Mar 1980 (SMGC)
BARTHOLOMEW, David Harold 1894 - 24 Oct 1934 RG-BL13-BK2-1 (MVC)
Edmonia 1837 - 12 Sept 1927 RC-BL2-BK18-1 (MVC)
Jane Ellen 1919 - 28 Oct 1940 RG-BL13-BK11-1 (MVC)
Janet M 1888 - 11 May 1961 RG-BL13-BK3-1 (MVC)
Rolla 1857 - 21 Apr 1909 RC-BL2-BK12-1 (MVC)
Russell 1865 - 13 Jan 1932 RC-BL2-BK15-1 (MVC)
Theodore 1828 - 21 June 1908 RC-BL2-BK1-2 (MVC)
Thomas J 1861 - 2 Dec 1919 RC-BL2-BK11-1 (MVC)
BARTL, Thomas 12 Dec 1830 -

BARTL (continued)
30 Nov 1885 (SBAC)
BARTLETT, Clarence inf/o Wm & Mary 1880 - 23 Apr 1881 (FPC)
Coprinna d/o Wm & Mary 11 Apr 1887 - 27 Nov 1887 (FPC)
Earl I 19 Dec 1912 - 9 Apr 1974 (SMGC)
Mary Catherine McBride w/o WB 28 Mar 1862- 25 Dec 1902 40y 8m 27d (FPC)
William B 9 Nov 1852 - 9 Nov 1918 (FPC)
BARTLOW, C M 1846 - 1914 (FGC)
BARTON, Charlie no date - 6 July 1893 64y no lot (MVC)
George no date - 8 Oct 1909 R18-BL303-BK11 (MVC)
Mary no date - 6 Dec 1957 R18-BL303-BK3 (MVC)
Pearl 6 Mar 1889 - 10 Feb 1899 R18-BL303 (MVC)
BASKA, Louis Martin 24 Oct 1888 - 13 Nov 1973 (SBAC)
Regina 14 Apr 1897 - 27 Feb 1962 (MSSCC)
BASTELL, John C 1868 - 1874 (EEC)
BASTER, Sanford no date - 7 Dec 1954 RE-BL13-BK3-4 (MVC)
BASTGREE, Joseph no date - 8 Aug 1901 RB-BL4 (MVC)
BATEMAN, Albert 22 Mar 1843 - 22 May 1950 no lot (MVC)
Charles A d 4 Sept 1885 14y (ASC)
Deliah 26 Mar 1852 - 24 Dec 1920 RD-BL9-BK10-2 (MVC)
Henry 4 Sept 1885 (ASC)
inf/o A H & E N 1884 (ASC)
infant d 26 Feb 1896 (ASC)
Ingel L 1895 - 1896 (ASC)
Wm no date - 23 May 1915 RD-BL9-BK11-2 (MVC)
---- d 7 May 1895 (ASC)
BATES, Mary Leona 26 Dec 1908 - 15 May 1924 (WLC)
BATSELL, Dr John C 1818 - 1904 (EEC)
Lee 1858 - 1922 (EEC)

BATSELL (continued)
Rhoda M w/o Dr John C 1823 - 1903 (EEC)
BATTY, Mrs Ann Louise 1857 - 11 May 1938 RG-BL30-BK6-2 (MVC)
George C 1852 - 28 Jan 1941 RG-BL30-BK5-4 (MVC)
BAUDER, John no date - 7 July 1894 R23-BL50 (MVC)
BAUDRY, Clara no date - 18 June 1946 RG-BL5-BK10-1 (MVC)
Dr Geroge no date - 24 Jan 1932 RG-BL5-BK8-1 (MVC)
Maurice no date - 17 Oct 1907 no lot (MVC)
BAULAR, Wm E 1920 - 6 Jan 1953 RD-BL3-BK1-1 (MVC)
BAUMENER, Albert (Bert) 1883 - 11 Jan 1958 RG-BL21-BK11-- (MVC)
Alfred Wm no date - 14 May 1935 RG-BL22-BK11-1 (MVC)
Burma no date - 10 Sept 1933 RG-BL21-BK9-1 (MVC)
Mrs Ida 12 May 1864 - 6 Jan 1940 RG-BL22-BK10-1 (MVC)
BAUMER, William d 1916 (ASC)
BAUMGARTNER, Charlotte 1901 - 24 Jan 1970 RK-BL29-BK3-4 (MVC)
Everlida 3 Oct 1894 - 7 July 1974 (MSSCC)
George 1891 - 1906 (SBAC)
Rosina 10 May 1888 4 March 1932 (MSSCC)
BAUR, ---- no dates (LC)
BAXTER, Frank no date - 8 Nov 1947 RE-BL13-BK1-4 (MVC)
Marion C 1873 - 15 Mar 1963 RE-BL13-BK5-4 (MVC)
Marion C 1896 - 16 Nov 1927 RE-BL10-BK5-3 (MVC)
Marion C no date - 8 Apr 1943 RE-BL13 (moved to) (MVC)
Matilda 1871 - 30 Nov 1942 RE-BL13-BK6-4 (MVC)
Violet no date - 28 June 1983 RE-BL13 (MVC)
BAYER, Cyril 10 Dec 1879 - 23 Feb 1966 (SBAC)
Vaban 8 Aug 1841 - 15 Aug 1903

BAYER (continued) (SBAC)
BAYLE, Frank no date - 26 July 1912 RF-BL2 (MVC)
BAYLEY, Hale 29 Aug 1887 - 1 July 1927 RB-BL23-BK5-1 (MVC)
Hollis Hammond 14 June 1849 - 12 June 1896 no lot (MVC)
Maybelle 18 May 1876 - 22 July 1951 RB-BL23-BK10-1 (MVC)
BAYLIS, Dave no date - 24 Apr 1954 RE-BL14-BK6-3 (MVC)
David no date - 26 Jan 1912 RE-BL14 (MVC)
John no date - 21 Dec 1944 RE-BL14-BK5-3 (MVC)
Reuben no date - 26 Sept 1921 RE-BL14-BK3-3 (MVC)
Mrs Sarah E no date - 11 Feb 1931 RE-BL14-BK4-3 (MVC)
BAYMON, Abbie 1868 - 19 June 1921 RA-BL8-BK8-3 (MVC)
BEACHAM, Jane 1824 - 1876 (MPC)
BEADLES, Edward George 27 Nov 1913 - 28 Mar 1980 RE-BL22-BK3-2 (MVC)
BEADLEY, Buell no dates (EEC)
BEAGLE, Beulah no date - 2 July RK-BL19-BK5-3 (MVC)
Cecil L no date - 24 Sept 1948 RK-BL2-BK7-2 (MVC)
Glenn 1907 - 24 Feb 1956 RK-BL19-BK6-3 (MVC)
Mary Elizabeth 1912 - 12 Dec 1962 RK-BL2-BK6-3 (MVC)
Ruth Anna 1889 - 12 Jan 1951 no lot (MVC)
Woodrow W 1917 - 6 May 1948 RK-BL2-BK9-2 WWII (MVC)
BEALE, Laura Parker 1889 - 29 Feb 1975 RA-BL6-BK17-1 (MVC)
Louis Selby 1889 - 14 Nov 1960 RA-BL6-BK17 (MVC)
Roger Parker 1914 - 9 Oct 1916 RA-BL6 (MVC)
BEAMADERFER, John 1854 - 19 Jan 1942 RD-BL4-BK7-3 (MVC)
Mary L 28 Dec 1848 - 4 Jan 1919

BEAMADERFER (continued) RD-BL4-BK12-2 (MVC)
BEAMON, Fred no dates (EEC)
BEAN, Alice Louise 1898 - 21 Feb 1970 RF-BL8 (MVC)
ch/o William no dates (RMC)
Elizabeth d/o M M & Rebecca 10 May 1866 - 19 SEpt 1869 (RMC)
James Michael 1898 - 21 July 1955 RF-BL8 (MVC)
Louise no date - 21 Feb 1970 RF-BL8-BK11-4 (MVC)
M M 27 Aug 1828 - 9 Dec 1893 65y 3m 12d (RMC)
Mary F d/o M M 7 Apr 1856 - 16 Mar 1873 (RMC)
Rebecca A 2 Feb 1833 - 3 Aug 1909 78y 6m 3d (RMC)
BEARD, Bee H 20 Feb 1865 - 10 Aug 1944 (FPC)
Frank 14 Apr 1858 - 19 Jan 1931 (FPC)
inf s/o B & F d 19 Oct 1901 (FPC)
BEARHARD, John 1820 - 1822 (OHC)
BEARS, Hiram 1867 - 16 Sept 1925 RD-BL6-BK8-2 (MVC)
Mrs Mary 1857 - 23 Jan 1933 RD-BL6-BK7-2 (MVC)
BEASAMON, baby no dates (EEC)
Mrs Fred no dates (EEC)
BEATLEY, Elizabeth 1855 - 1922 (EEC)
Irona May 1891 - 1898 (EEC)
J W no dates (EEC)
Lloyd d 18 Dec 1937 (Kansas Pvt 310 Inf 78 Div) (EEC)
William James 1856 - 1936 (EEC)
BEATTIE, Annie F 1840 - 20 Aug 1968 RJ-BL17-BK6-3 (MVC)
Arthur Gordon 1886 - 3 Apr 1965 RJ-BL17-BK5-3 (MVC)
Thomas A no date - 24 May 1971 RJ-BH18-BK5-3 (MVC)
Thomas Albert 1899 - 2 Oct 1980 RJ-BL18-BK6-3 (MVC)
BEAUCHAMP, Mrs Alice no date - 11 July 1932 (moved from

21

BEAUCHAMP (continued)
  Oak Hill RG-BL10-BK3-1 (MVC)
  Alice Jane no date - 1898 no lot (MVC)
  Miss Anna 27 Sept 1874 - 6 Nov 1935 RF-BL6-BK3-4 (MVC)
  Blanche 1873 - 24 Aug 1963 RB-BL14-BK5-3 (MVC)
  David M 28 Dec 1851 - 28 July 1930 RB-BL4-BK9-3 (MVC)
  Emma 16 Feb 1868 - 11 Feb 1911 RB-BL4-BK8-3 (MVC)
  Frank J 1872 - 16 Sept 1920 RB-BL14-BK6-3 (MVC)
  Jane E Baughman 1826 - 12 June 1869 43y (MPC)
  Letila no date - 18 Mar 1904 RD-BL20 (MVC)
  Melinda no date - 7 Nov 1956 RF-BL17-BK7-1 (MVC)
  Milton 1850 - 30 Apr 1932 RG-BL10-BK2-1 (MVC)
  Pearl Edith no date - 24 Jan 1961 RG-BL10-BK10-1 (MVC)
  Sophia 1856 - 12 Feb 1936 RB-BL4-BK10-3 (MVC)
  Ward A 1797 - 11 J{n 1879 (MPC)
  Wm no date - 25 Apr 1901 RD-BL20 (MVC)

BEAVER, Carl B 1893 - 1956 (MCC)
  Charles 1916 - 1975 (MCC)
  William A Capt 1919 - 1956 (MCC)

BECHER, Auxilia 25 May 1889 - 28 March 1935 (MSSCC)

BECHLER, Annette 2 Apr 1902 - 8 Feb 1963 (MSSCC)

BECHTEL, Floyd A 1882 - 14 June 1922 RA-BL1 (MVC)
  Mabel Cecilia 1884 - 2 Dec 1954 RA-BL1-BK9-4 (MVC)

BECHTOLD, Bertha 1887 - 1954 (SACC)

BECK, Elizabeth 2 Apr 1823 - 10 Mar 1892 (LC)
  Emma d 17 Apr 1872 1y (LC)
  Eugene 29 Oct 1889 - 3 Oct 1894 (LC)
  Jacob 20 Aug 816 - 19 June 1902

BECK (continued) (LC)
  Jacob d 18 Nov 1860 2y (LC)
  Mrs Lonia Jane no date - 2 June 1928 RE-BL4-BK5-4 (MVC)
  Lucille d 25 Apr 1971 (SMGC)
  Ruben no date - 1 May 1953 RE-BL4-BK4-4 (MVC)

BECKER, Albert 1921 - 1950 (LC)
  Albert no dates no lot (MVC)
  Albert W 1894 - 1973 (LC)
  August 1865 - 1944 (LC)
  Catherine 1899 - 1925 (LC)
  Charles Albert no date - 3 Oct 1912 RA-BL4-BK8-4 (MVC)
  Chris no date - 14 Sept 1893 R25-BL73 (MVC)
  Christian no date - 12 Feb 1896 R25-BL73 (MVC)
  Dora no date - 21 May 1963 RA-BL21-BK11-4 (MVC)
  Louisa no dates no lot (MVC)
  Peter no date - 22 Nov 1914 RA-BL21-BK10-4 (MVC)
  Mrs Peter no date - 20 Aug 1901 RA-BL21 (MVC)
  Wilhelmia 1867 - 1945 (LC)
  Wm C 1894 - 1973 (LC)

BECKMAN, Anna 1859 - 1934 (LC)
  Arthur 1909 - 14 Apr 1977 RJ-BL13-BK7 (MVC)
  Carl L 2 Apr 1861 - 22 May 1942 (EEC)
  Lebelinda 28 Mar 1863 - 16 Feb 1835 (EEC)
  Minnie L 1878 - 2 Feb 1965 RJ-BL13-BK8-2 (MVC)
  Wm 1853 - 1941 (LC)
  Wm A 1883 - 9 Mar 1964 RJ-BL13-BK9-2 (MVC)

BEDFORD, Amanda S no date - 14 May 1944 RE-BL8-BK12-2 (MVC)

BEDICK, Oldah d 1876 (LC)
  Sarah d 5 Jan 1871 (LC)

BEDWELL, Albert twin s/o James W & Nancy 28 Apr 1872 - 28 Sept 1872 (FPC)
  Alfred twin s/o James W & Nancy 28 Apr 1872 - 5 Oct

BEDWELL (continued)
1872 (FPC)
Christina 1816 - 13 Feb 1890 79y 11m 12d (FPC)
Della d/o W H 14 Feb 1889 - 5 May 1890 (FPC)
Margaret 1860 - 12 Aug 1888 (FPC)
Mary 1854 - 1933 78y (FPC)
Mary Catherine w/o W H 1852 - 12 Aug 1880 28y 9m 9d (FPC)
Stephen 1808 - 7 Jan 1884 76y 11m 8d (FPC)
BEEBE, Lula DeLong 22 Dec 1877 - 20 Feb 1963 RF-BL13-BK12-4 (MVC)
Sheldon R 1 Jan 1861 - 29 Jan 1916 RF-BL13-BK11-4 (MVC)
BEEDO, Adela 2 June 1865 - 23 June 1925 (MSSCC)
Irmengard, 25 March 1866 - 22 Nov 1953 (MSSCC)
BEEHEE, Minnie H 6 Sept 1894 - 23 Mar 1979 (SMGC)
BEESE, Alice 1 Jan 1873 - 5 Nov 1914 (CWC)
Frank 5 March 1857 - 15 Aug 1945 (CWC)
Herman R 22 Jan 1905 - 21 July 1940 (CWC)
Horace W 20 Nov 1902 - 24 Apr 1969 (CWC)
BEESON, Charity b Wayne Co KY 2 Apr 1803 - 9 Feb 1880 Atchison KS (CSHC)
Henrietta Minerva d 18 Aug 1925 (CSHC)
BEGLEY, Bell w/o Dennis 1859 - 1916 (SACC)
Bridget (Co Galaway, Ireland) w/o Peter 5 Aug 1843 - 15 Aug 1925 82y Sec1-L89-#3 (SPC)
Denis Andrew 1856 - 1901 (SACC)
Dennis A 1892 - 1945 (SACC)
Jamaca d Feb 1904 no lot (SPC)
James s/o Rose & Michael 1886 - 3 Dec 1965 79y Sec1-L88-#5 (SPC)
John d Feb 1904 82y Sec4-L10-#6 (SPC)
Johnny 1884 - 1897 (SACC)

BEGLEY (continued)
Leo M s/o Rose & Michael 1890 - 24 Apr 1951 61y Sec1-L88-#3 (SPC)
Michael d 15 June 1896 55y Sec1-L88-#2 (SPC)
Michael s/o R & M 1895 - 11 Nov 1953 58y Sec1-L88-#4 (SPC)
Patrick 17 Mar 1844 - 24 Feb 1923 79y Sec2-L57-#5 (SPC)
Peter b Co Armagh, Ireland 17 June 1838 - 17 Jan 1912 73y Sec1-L89-#2 (SPC)
R 1883 - 1961 (SACC)
Rosa McCoy 1862 - 22 July 1930 68y Sec1-L88-#2 (SPC)
Thomas 1870 - 2 July 1894 24y Sec1-L89-#1 (SPC)
BEHRENSMEIER, Gerhard no dates (EEC)
BEIL, Pancratia 24 Jan 1897 - 11 July 1979 (MSSCC)
BEIMIER, Gaudentia 5 Sept 1889 - 26 March 1957 (MSSCC)
BEIN, Elizabeth w/o Peter, d/o Nicholas Brown 1852 - 1 Sept 1929 77y "Mother" Sec2-L18-#2 (SPC)
John s/o John & Lizzie d 2 June 1878 5y 6m 6d Sec2-L78-#5 (SPC)
Matthew 1886 - 21 Jan 1963 77y Sec2-L78-#3 (SPC)
Matthias 7 Feb ? - 5 Nov 1927 79y "Father" Sec2-L78-#1 (SPC)
Mrs Peter 1893 - 16 Aug 1925 no lot (SPC)
BEIRICH, Anna Maria 1829 - 12 Nov 1893 64y Sec2-L57-#1 (SPC)
Clements Peter 1894 - 22 Jan 1895 1m Sec2-L57-#2 (SPC)
BEITZEL, Annie E Hay 1840 - 1906 no lot (MVC)
Clifton B 1838 - 16 Dec 1914 RA-BL3-BK4-1 (MVC)
Louise P 1873 - 10 Nov 1953 RC-BL2-BK6-1 (MVC)
Dr Walter Glen 1871 - 7 Nov 1943 RC-BL2-BK7-1 (MVC)

BELDEN, Alice R 1867 - 1959 (WLC)
Bonnie D 11 Dec 1882 32y 1m 4d (WLC)
Charles C b 25 Apr 1848 (WLC)
Charles D d 20 Jan 1877 3m 4d (WLC)
Corbon 23 Dec 1885 - 5 July 1896 "Gone but not forgotten" (WLC)
F H 23 July 1872 - 3 Mar 1941 (WLC)
Fannie M d 11 Dec 1882 32y 1m 4d (WLC)
George E 1889 - 1902 (WLC)
Harlan Ross 1891 - 1968 (WLC)
Harlen A 1937 - 2 Oct 1882 43y 4m 9d (WLC)
Hayden Henry d 21 Dec 1893 Marine S2 United States NRF WWI (WLC)
Henry O 1868 - 1940 (WLC)
Hortense w/o S P 1824 - 11 Sept 1902 78y 5m 8d (WLC)
Jennie 1851 - 1915 (WLC)
Jennie C 12 Mar 1864 - 6 May 1942 (WLC)
Jennie E 1851 - 1915 (WLC)
Mary 29 Dec 1849 - 11 Mar 1928 (WLC)
Mrs no dates (WLC)
Rev Orion S s/o S P d 9 July 1889 32y 3m 17d (WLC)
S P 13 Jan 1822 - 15 Aug 1902 86y 7m 20d (WLC)
Squire C 1845 - 1916 83rd WI Volunteer (WLC)
Sylvester S 8 July 1878 - 18 Aug 1884 (WLC)
Walter G s/o H A & G J 1854 - 10 Jan 1878 9y 10m 15d (WLC)
Wilbur G 16 Jan 1872 - 21 Aug 1884 (WLC)
BELL, Ada 19 July 1898 - 21 July 1898 (WLC)
Adda w/o Ada d 11 June 1936 69y (WLC)
Anabell 1887 - 1956 (EEC)
Anna E 1852 - 24 June 1908 R24-BL53-BK4 (MVC)
Anna no date - 4 June 1914 RE-

BELL (continued)
BL2-BK12-4 (MVC)
Bessie G no date - 18 July 1973 RE-BL3-BK1-4 (MVC)
Charles no date - 15 Jan 1891 R24-BL53 (MVC)
Edith no date - 6 May 1951 RC-BL3-BK2-4 (MVC)
Effie Ora no date - 12 Aug 1944 RE-BL12-BK5-2 (MVC)
Elijah 1890 - 21 Feb 1881 no lot (MVC)
Ethel G 1878 - 15 Feb 1963 RJ-BL27-BK11-3 (MVC)
Everett no date 28 Aug 1982 RE-BL12 (MVC)
Glen G 1892 - 18 Apr 1923 RF-BL18-BK12-1 (MVC)
Glenn 13 Aug 1892 - 16 Apr 1923 (MPC)
Guy no date - 8 Jan 1961 RJ-BL27-BK12-3 (MVC)
Guy R 1875 - 8 Jan 1961 RJ-BL27-BK12-3 (MVC)
Haddie no date - 6 June 1888 10y no lot (MVC)
James L no date - 19 Jan 1888 R24-BL67 (MVC)
John Gregory 1910 - 1973 no lot (not in place) (MVC)
John no date - 29 May 1976 RJ-BL27-BK10-3 (MVC)
Josephine 16 Sept 1875 - 31 May 1914 no lot (MVC)
Josephine Lowe 13 July 1850 - 7 Nov 1932 (MPC)
Leila B d/o S T & M A 27 Jan 1881 2m 9d (MCC)
Mrs Martha no date - 17 Jan 1914 R53-BL208-BK2 (MVC)
Mary E 30 Jan 1857 - 20 July 1905 (EEC)
Mont E 20 Sept 1878 - 23 Mar 1891 (MPC)
Oscar J 23 Nov 1871 - 21 Mar 1916 (MPC)
Pleasant H 1878 - 2 Sept 1961 RE-BL12 (MVC)
Samuel C 9 May 1845 - 2 Nov 1866 (SDLC)
Sophia T 11 Apr 1853 - 12 Mar 1864 (SDLC)

BELL (continued)
William M 3 Jan 1849 - 18 Jan 1908 (MPC)
Willie A s/o S T & M A 8 Feb 1879 2y 11m 5d (MCC)
Willis K 1882 - 1965 (EEC)
BELLENGE, Albert 1889 - 1890 1y 7m 18d (BCC)
BELLVILLE, Charles 4 Aug 1876 - 15 Sept 1910 RB-BL18-BK4-3 (MVC)
George H 7 Sept 1881 - Sept 1905 R27-BL115 (MVC)
J H no date - 13 July 1918 R27-BL115-BK4 (MVC)
Jodie Edwin 16 June 1887 - 11 Mar 1914 RB-BL18-BK5-3 (MVC)
Joseph 19 June 1842 - 22 Mar 1916 no lot (MVC)
Joseph A 7 Oct 1878 - 22 July 1879 no lot (MVC)
Marie E 29 Mar 1885 - 23 Aug 1903 R27-BL115 (MVC)
Mrs Mary F 16 Apr 1849 - 30 June 1930 R27-BL115-BK3 (MVC)
Posha 22 July 1880 - 14 Nov 1880 no lot (MVC)
BELT, Elmer 1883 - 4 June 1908 RD-BL13-BK7-2 (MVC)
BELTER, Zitta 23 Oct 1875 - 28 Feb 1950 (MSSCC)
BELVEAL, Harrison L s/o F M & E E d 30 Apr 1897 7y 1m 18d (WLC)
BELZ, George no date - 27 Nov 1872 no lot (MVC)
John 1833 - 12 Sept 1895 R45-BL71 (MVC)
Sophia D 1836 - 10 Oct 1921 R45-BL71-BK4 (MVC)
BEMER, Margaret no date - 25 Feb 1872 no lot (MVC)
Mary E no date - 20 July 1917 R23-BL50-BK2 (MVC)
BENDAIRE, Thomas 25 June 1908 - 14 Sept 1910 (inf) RB-BL22-BK6-3 (MVC)
BENDER, Ella M 21 Feb 1865 - 5 Apr 1888 (SNC)
Mitchel 15 Nov 1881 - 3 May

BENDER (continued)
1902 (SNC)
BENEDICT, Eliza A 6 Nov 1833 - 23 Mar 1902 R68-BL11 (MVC)
Emmett H 1880 - 1 Apr 1907 RD-BL21 (MVC)
Fay 1904 - 24 May 1969 RD-BL21-BK10-11 (MVC)
George C 26 Dec 1827 - 4 June 1904 R68-BL111 (MVC)
J W no date - 29 May 1895 R16-BL256 (MVC)
Leonard no date - 15 June 1901 R16-BL256 (MVC)
Little May 26 Nov 1889 - 11 July 1890 no lot (MVC)
Lizze E no date - 10 May 1877 no lot (MVC)
Mary no date - 22 May 1887 R16-BL256 (MVC)
May Hosier 2 Apr 1862 - 6 Dec 1889 R68-BL111 (MVC)
May no date - 15 July 1889 R68-BL111 (MVC)
Mrs Edna 27 Aug 1950 - 16 Oct 1935 R16-BL256-BK5 (MVC)
BENELEY, Clarence Raymond no date - 16 Jan 1940 RA-BL1-BK12-2 (MVC)
BENJAMIN, Almeda 18 Nov 1846 - 2 Feb 1933 RB-BL10-BK9-1 (MVC)
Arthur J h/o Susan R d 26 Sept 1888 30y 9m 23d (EEC)
Bobby Chester 1927 - 1930 (SACC)
Chester 1889 - 1973 (SACC)
Daniel A 18 June 1854 - 5 Apr 1905 (EEC)
Ed 26 June 1841 - 16 July 1892 no lot (MVC)
Elmer R s/o Arthur & Susan d 29 Mar 1888 1y 5m 8d (EEC)
inf s/o Arthur & Susan d 9 Dec 1880 (EEC)
Mary 1896 - 1980 (SACC)
Mary J 16 Aug 1838 - 23 Mar 1926 (EEC)
Miller J 1 Oct 1841 - 31 Aug 1905 (EEC)
Myra 1886 - 23 June 1908 RB-BL10 (MVC)

BENJAMIN (continued)
Sarah w/o James W 1822 - 18 Aug 1871 49y 1m 25d (EEC)
Seth L 2 Feb 1844 - 18 Nov 1906 RB-BL10 (MVC)
Susan R 1828 - 26 Sept 1858 (EEC)
Willie J 16 Aug 1867 - 1 Aug 1884 (EEC)
BENNETT, Alice 6 Aug 1858 - 28 Mar 1899 Cosgrove Circle (MVC)
Caroline 8 Sept 1801 - 13 May 1887 Cosgrove Circle (MVC)
Courtland 19 Apr 1845 - 5 Feb 1916 Cosgrove Circle (MVC)
Mrs Eliza Alice 2 Jan 1860 - 1 Apr 1940 (EEC)
Francis 1840 - 13 Sept 1932 92y 12d (EEC)
infant s/o N E & Ida M d 20 June 1890 (OHC)
Jacob 12 July 1799 - 9 Apr 1891 Cosgrove Circle (MVC)
John 1805 - 17 Jan 1890 R19-BL309 (MVC)
John Merill 1895 - 1958 (EEC)
Robert s/o N E & Ida M 1893 - 1895 (OHC)
William 1882 - 1955 (EEC)
BENNIE, B O no dates (EEC)
M J 1841 - 1910 (EEC)
T G 1830 - 1915 (EEC)
BENNING, Anna M 1 Oct 1858 - 4 Aug 1938 RF-BL15-BK7-2 (MVC)
B F no date - 8 May 1881 19y no lot (MVC)
Charles W 12 May 1851 - 27 Nov 1918 RF-BL19-BK11-3 (MVC)
Christina 1831 - 20 June 1901 R25-BL78 (MVC)
Eliza L 6 Apr 1860 - 12 Feb 1946 RF-BL19-BK12-3 (MVC)
Florence D 2 Jan 1890 - 4 Oct 1952 RF-BL15-BK9-2 (MVC)
George H no date - 22 Dec 1916 RF-BL15-BK8-2 (MVC)
J P no date - 29 Feb 1880 25y no lot (MVC)
John H 25 Feb 1865 - 8 Feb 1905 R25-BL78 (MVC)

BENNING (continued)
Martha Rose 24 Mar 1867 - 8 Mar 1952 RF-BL19-BK1-3 (MVC)
Philip 1822 - 21 July 1889 R25-BL78 (MVC)
Wilhelmina 18 Nov 1874 - 6 May 1945 RF-BL19-BK2-3 (MVC)
BENNINGTON, David 18 Jan 1827 - 20 Dec 1913 RB-BL4-BK3-2 (MVC)
inf/o D C no date - 3 Sept 1903 RD-BL12 (MVC)
Mirana 22 Sept 1833 - 12 Feb 1910 RB-BL4 (MVC)
Misan J no date - 12 Feb 1910 RB-BL11-BK2-2 (MVC)
BENNINSTONT, Barbara Ann 1935 - 1935 (MCC)
Harriet O 1902 - 1945 (MCC)
BENSHOOF, Elvin L 1895 - 1977 (LC)
Marie b 1897 (LC)
BENSLEY, Agnes no date - 28 Aug 1898 R11-BL178 (MVC)
BENSON, Carl A 1885 - 3 Jan 1951 RK-BL12 (MVC)
Edythe 1893 - 17 Oct 1979 RK-BL12-BK12-4 (MVC)
Lena Mae 1924 - 9 Dec 1968 RE-BL21-BK5-1 (MVC)
Nels no date - 23 Sept 1888 R45-BL77 (MVC)
BENTLEY, Clara M 23 Apr 1896 - 23 Apr 1968 no lot (MVC)
George 1921 - 1923 no lot (MVC)
Washington d 13 Aug 1872 29y (PDC)
BENTON, C M 18 Apr 1841 - 5 May 1906 (EEC)
Lovina E 3 June 1809 - 12 Jan 1899 (CWC)
Mable 5 Aug 1879 - 14 Apr 1895 (EEC)
Milton R d 15 Feb 1886 70y 9m 20d (EEC)
Susan Belle w/o C M 24 July 1853 - 16 June 1893 (EEC)
BEOIMRALT, Joseph Co D Kansas Cavalry (MPC)
BEREMAN, Danari 1846 - 26 Aug 1937 RB-BL9 (MVC)

BEREMAN (continued)
Fay M 1881 - 13 Nov 1969 RB-BL9-BK8 (MVC)
Samuel Oliver 1842 - 27 Mar 1904 RB-BK8 (MVC)
Samuel Ray 1876 - 3 Dec 1918 RB-BL9-BK4-2 (MVC)
Theorea 1871 - 16 Sept 1944 RB-BL9-BK7-2 (MVC)
BERENS, Paul 3 Jan 1890 - 25 Jan 1958 (SBAC)
BERFENSHAW, Mary L no date - 27 Jan 1900 R65-BL64 (MVC)
BERGER, Albert G 25 Oct 1885 - 1 Apr 1966 R-BL33-BK9-1 (MVC)
Dorthea (w/o F A Berger) 1806 - 1 Nov 1872 66y (NSC)
F A 1790 - 3 Apr 1866 76y (NSC)
Captain F A 9 Sept 1834 Berlin, Prussia - 10 Jan 1879 35y (NSC)
Herman 1889 - 19 May 1949 RG-BL39-BK10-3 (MVC)
Irene 1908 - 27 July 1976 RK-BL26-BK3-1 (MVC)
Minnie 17 July 1880 - 13 Mar 1960 RK-BL33 (MVC)
Walter E 1908 - 10 Nov 1977 RK-BL26-BK2-1 (MVC)
BERGIN, Mother 1886 (only date on stone) (SACC)
Patrick 1811 - 1886 Father (SACC)
Richard s/o Patrick 1856 - 6 June 1906 50y Brother (SACC)
BERGSETH, Olive w/o Palmer M b 13 July 1916 (SMGC)
Palmer M d 31 Oct 1964 (SMGC)
BERKSON, Meyer 1870 - 31 Oct 1932 R38-BL304-BK4 (MVC)
Mrs Rebecca 24 Dec 1887 - 18 Nov 1918 R38-BL303-BK2 (MVC)
BERLIN, Emily M no date - 14 Sept 1896 R14-BL22 (MVC)
Gaynor no date - 14 Oct 1892 3m R48-BL125 (MVC)
Harriett F 1820 - 27 Oct 1896 RF-BL5 from R15-BL183 (MVC)

BERLIN (continued)
J H no date - 2 Apr 1908 RF-BL5-BK8-1 (MVC)
John Henry 1885 - 26 Jan 1934 RF-BL13-BK4-1 (MVC)
Joseph 1841 - 1909 no lot (MVC)
Julia 1868 - 13 July 1961 RF-BL13-BK8-1 (MVC)
Samuel E 1858 - 12 Dec 1915 RF-BL13-BK9-1 (MVC)
Sarah 1840 - 29 June 1911 RF-BL5-BK7-1 (MVC)
BERNSTEIN, Elias no date - 27 June 1876 6m no lot (MVC)
Rachel no date - 19 June 1877 25y no lot (MVC)
BERRIDGE, Earl 10 Jan 1891 - 29 Dec 1979 RK-BL40-BK8-3 (MVC)
Ester Irene 23 Dec 1896 - 28 Apr 1973 RJ-BL36-BK4-3 (MVC)
Fay 1903 - 6 Dec 1978 RA=BL29-BK12-4 (MVC)
John T 1867 - 13 Mar 1931 RF-BL27-BK4-4 (MVC)
Nettie 1867 - 14 Nov 1950 RF-BL27-BK5-4 (MVC)
BERRY, Alice 1838 - 8 Aug 1907 RB-BL22 (MVC)
Alice 1857 - 1892 (MCC)
Alonza 1870 - 1934 (MCC)
Amelia T 1841 - 1886 no lot (MVC)
Benjamin 1 Jan 1819 - 23 Jan 1903 RB-BL5 (MVC)
Bertha A 1886 - 1960 (MCC)
Blanch 1875 - 1951 (MCC)
Claudine no date - 5 Dec 1981 RE-BL22-BK2-2 (MVC)
Ed H no date - 19 June 1940 RB-BL22-BK1-1 (MVC)
Edgar 1864 - 20 June 1940 RB-BL22-BK1-1 (MVC)
Elmer 28 June 1909 - 23 Mar 1975 RK-BL6-BK3-4 (MVC)
Emma O w/o Ernest L 2 Sept 1892 - 28 Aug 1966 (SMGC)
Ernest L 25 Mar 1890 - 6 Sept 1977 (SMGC)
Frank 1875 - 8 May 1933 RA-BL11-BK11-1 (MVC)
Grace no date - 21 May 1946

BERRY (continued)
R68-BL115 (MVC)
Hershell 1854 - 1928 (LC)
Howard 1907 - 31 Jan 1950 RG-BL10-BK6-2 (MVC)
inf/o E L no date 3 Sept 1920 RB-BL21-BK3-2 (MVC)
inf/o H B no date- 24 Aug 1911 RB-BL22-BK5-1 (MVC)
inf/o Mary Irene no date - 17 Aug 1942 RG-BL13-BK4-1 (MVC)
inf/o W no date - 22 Mar 1905 R68-BL114 (MVC)
Irene 16 Feb 1905 - 20 Feb 1920 (LC)
James L 1838 - 24 Dec 1928 RB-BL22-BK6-1 (MVC)
Jenny no date - 1 Aug 1929 RF-BL14-BK1-1 (MVC)
John L no date - 27 Feb 1892 R68-BL115 (MVC)
Joseph Earl 1904 - 1907 (MCC)
Josephine Emma 1887 - 15 May 1942 RA-BL11-BK10-1 (MVC)
Mrs Mary no date - 20 Dec 1909 RB-BL5-BK6-3 (MVC)
Mary 1864 - 1909 (LC)
Mary E Johnson 22 Aug 1839 - 2 Sept 1920 R65-BL60-BK1 (MVC)
Mildred no date - 5 Feb 1981 RF-BL28-BK5-2 (MVC)
Mildred no date - 6 July 1967 BK5-6 (MVC)
Minnie 1872 - 5 May 1934 RB-BL22 (MVC)
Susan no dates RB-BL22 (MVC)
Thomas L 1891 - 28 Apr 1910 RB-BL22-BK2-1 (MVC)
Verle Ray 1837 - 1873 (MCC)
William 1870 - 10 Apr 1921 R68-BL115 (MVC)
BERSMER, inf/o Harry no date - 29 Oct 1918 RD-BL2-BK7-4 (MVC)
BERTIN, Julia no date - 13 July 1961 RF-BL13-BL8-1 (MVC)
BERTZEL, Anna Elizabeth no date - 29 Jan 1906 RA-BL3 (MVC)
Cifton no date - 16 Dec 1914

BERTZEL (continued)
RA-BL3-BK4-1 (MVC)
BESANCON, Clara B d 11 Jan 1932 38y (EEC)
BESCANSON, Virginia b 1920 (LC)
BESCHER, Cunnigund 2 Feb 1860 - 6 March 1916 (MSSCC)
BESINGER, Harold Max 30 Aug 1927 - 6 Apr 1984 RJ-BL37 (MVC)
Mary Ruth 5 Aug 1901 - 28 May 197- RJ-BL37-BK9-3 (MVC)
Rose M no dates no lot (MVC)
Wm Gerald 16 May 1896 - 21 Feb 1974 RJ-BL37-BK10-3 (MVC)
BEST, Mathias h/o Maria Best 1823 - 1881 (SACC)
BETHAM, Mother 1877 - 1920 (LC)
BETTS, Helen Ruth 1898 - 23 Aug 1960 RB-BL2-BK11-2 (MVC)
Susan Belle 1865 - 9 Nov 1953 RB-BL2-BK10-2 (MVC)
Thomas R no date - 23 Feb 1963 RB-BL2-BK12-2 (MVC)
BEULER, John E (Capt) 13 Sept 1910 - 22 Apr 1963 RK-BL40-BK3-2 (MVC)
BEVAN, Alfred James h/o Susan Terry 16 Nov 1864 - 14 Sept 1924 (MCC)
Alice M w/o W E 6 Oct 1869 - no date mother (MCC)
inf s/o W D & W d 12 Dec 1905 (MCC)
Morris E 16 Jun 1868 - 25 Apr 1927 father (MCC)
William David 1840 - 1882 42y (MCC)
BEVEN, Bessie Beryl d/o A & S 29 Dec 1890 - 28 Mar 1891 (BCC)
Clyde A s/o Alfred & Susan 26 May 1894 - 8 Mar 1901 (BCC)
George Thomas 17 May 1862 - 7 Jan 1908 (BCC)
Henry h/o Jane Maria Gurnett May 1825 - 20 Oct 1889 64y 4m 21d (BCC)

BEVEN (continued)
Jane Maria Gurnett w/o Henry b England Jan 1828 - 25 Sept 1914 86y 9m 25d (BCC)
Louis W twin/o Celie, s/o H & J b & d 15 Apr 1873 (BCC)
Lucinda A d/o H & J 18 Oct 1862 inf (BCC)
Paul Lincoln s/o A & S 25 Sept 1896 - 16 Mar 1901 (BCC)
Susan Mary Terry w/o Alfred James 12 Dec 1856 - 25 Feb 1917 (MCC)
William David h/o Winnetta Dunks 2 Mar 1870 (MCC)
Winnetta Dunkel 22 July 1878 - (MCC)
BEVINS, Kate no date - 11 July 1896 R54-BL237 (MVC)
Susan no date - 30 Aug 1901 R54-BL237 (MVC)
BEWLEY, Anna Lee 1865 - 26 July 1933 R11-BL178-BK3 (MVC)
Clarence Raymond 1895 - 15 Jan 1940 RA-BL1-BK12-2 (MVC)
Elsie May 1909 - 11 Oct 1957 RK-BL14-BK5-1 (MVC)
Helen Marieline 11d no date - 18 July 1934 R11-BL178-BK1 (MVC)
Joseph Scott 1865 - 13 Dec 1930 R11-BL178-BK2-1 (MVC)
Robert Cline no date - 10 May 1936 R11-BL178-BK4 (MVC)
BEY, Alene Payne 1913 - 20 Dec 1980 RE-BL20-BK5-3 (MVC)
Gertrude Williams 1888 - 22 Sept 1944 RE-BL13-BK6-2 (MVC)
Julia Elt no date - 11 June 1965 RJ-BL13-BK6-3 (MVC)
Mary W no date - 10 Dec 1965 RE-BL21-BK9-4 (MVC)
Samuel no date - 8 Aug 1954 RE-BL20-BK4-3 (MVC)
Wm W no date - 10 June 1967 RE-BL21-BK10-4 (MVC)
BEYER, A d 11 Jan 1932 (EEC)
Anna M 1861 - 1941 (SACC)
Asa 1836 - 1899 (EEC)
David 1866 - 1950 (SACC)

BEYER (continued)
Earl d 1895 4m 20d (baby) (EEC)
Hubert no dates (EEC)
Jane 1867 - 1942 (EEC)
Lettie Smith 1872 - 1895 (EEC)
Lina 1867 - 1955 (EEC)
O Eulalie 1904 - 1963 (EEC)
Roscoe A b 1901 (EEC)
Samuel 1863 - 1933 (EEC)
Susan P 1839 - 1921 (EEC)
---- s/o Ralph S 1909 - 1915 (EEC)
BEYING, Frances 1908 - 10 May 1910 1y 6m Sec2-L29-#6 (SPC)
BIBY, Andrew 1850 - 1935 84y (WLC)
Anna M w/o A 9 Nov 1861 - 8 Jan 1915 (WLC)
Wesley d 16 Apr 1935 75y 11m 20d (WLC)
Wilbert F 1892 - 1967 (WLC)
BICHENSTEIN, Maria no date - 19 Mar 1897 R23-BL51 (MVC)
BIDDING, Carl E 13 July 1909 - 17 May 1973 (SMGC)
Charles 1855 - 1888 R37-BL286 (MVC)
Julius H 27 Jan 1880 - 1 Feb 1932 R14-BL224-BK2-1 (MVC)
Mary no date - 12 Apr 1928 RD-BL14-BK5-3 (MVC)
Rose 1884 - 1960 (LC)
BIDDLE, Anna Cotter 1 Feb 1876 - 10 Jan 1960 RG-BL16-BK2-2 (MVC)
Dora Guilder 1858 - 27 Feb 1928 RA-BL19-BK11-3 (MVC)
Eliza no date - 17 Feb 1892 RA-BL19 (MVC)
Elizabeth 1822 - 17 June 1892 RA-BL19 (MVC)
Joseph 1825 - 31 Jan 1892 RA-BL19 (MVC)
Joseph H 1861 - 9 Oct 1940 RA-BL19-BK12-3 (MVC)
BIDELL, Nellie d 12 Jan 1873 2y (LC)
BIELMAN, Ameliana 13 July 1883 - 14 Jan 1961 (MSSCC)
BIEN, Elizabeth 1883 - 6 Sept

BEIN (continued)
1954 61y Sec1-L50-#2 (SPC)
Henricus M d 9 Sept 1909 1m Sec1-L50-#1 (Driveway) (SPC)
Peter A 1876 - 18 May 1941 65y Sec1-L50-#1 (SPC)
BIERBAUM, Elizabeth no date - 17 Nov 1974 RG-BL19-BK2-4 (MVC)
Fred M 1914 - 31 Jan 1973 RG-BL19-BK10-4 (MVC)
Fred P 1870 - 7 Feb 1947 RG-BL19-BK1-4 (MVC)
inf/o Fred no date - 23 June 1945 RG-BL41-BK9-4 (MVC)
BIERNACKI, Artemia 2 Aug 1887 - 30 Jan 1951 (MSSCC)
BIFFINGER, Alvin G no date - 3 May 1904 R51-BL185 (MVC)
Bly Opal no date - 2 Apr 1964 RG-BL25-BK6-2 (MVC)
Corine no date - 12 Sept 1893 R51-BL185 (MVC)
Edwin 1901 - 3 Jan 1948 RG-BL30-BK11-3 (MVC)
Franklin H 1898 - 7 Nov 1956 RG-BL31-BK2-3 (MVC)
George F no date - 20 July 1938 R41-BL5-BK3 (MVC)
Harry H 1856 - 19 Oct 1926 R51-BL185-BK5 (MVC)
Harry no date - 14 Dec 1953 RK-BL7-BK3-3 (MVC)
Hewy L 1889 - 14 Dec 1953 no lot (MVC)
Ida Mae 1904 - 23 July 1942 RG-BL30-BK12-3 (MVC)
inf no date - 31 Jan 1908 R51-BL185 (MVC)
John Milton 1894 - 28 July 1948 RG-BL25-BK5-2 (MVC)
Katie Geyee no date - 10 June 1922 R51-BL185-BK12-4 (MVC)
Lottie 1894 - 10 June 1982 RK-BL7-BK2-3 (MVC)
Mable 14 Oct 1900 - 30 Jan 1963 (SMGC)
Theodore 1906 - 7 Nov 1944 RG-BL31-BK1-3 (MVC)
Walter E no date - 27 Mar 1940 RG-BL30-BK2-3 (MVC)

BIFFINGER (continued)
William Kirk no date - 14 Apr 1943 RG-BL31-BK12-4 (MVC)
BIGENWALT, inf b&d 27 Mar 1924 (SNC)
John J 1915 - 12 Mar 1925 (SNC)
Lois L 1909 - 23 Oct 1913 (SNC)
BIGHSENSTEIN, John 2 Dec 1826 - 7 Jan 1875 no lot (MVC)
BIGLOW, Chester no date - 4 Oct 1984 RK-BL24 (MVC)
Clarence 20 Aug 1904 - 21 June 1979 RJ-BL37-BK12-4 (MVC)
Clarence no date - 25 Feb 1973 RJ-BL37 (MVC)
Ella 5 Oct 1878 - 5 Sept 1933 RD-BL21-BK1-1 (MVC)
Lois no date - 17 Dec 1984 RK-BL24 (MVC)
Mrs Catherine Mary 1886 - 26 June 1908 RD-BL16-BK5-4 (MVC)
William S 10 Feb 1876 - 20 Apr 1938 RG-BL21-BK6-4 (MVC)
BILDERBACH, Judy 1854 - 17 June 1940 R44-BL55-BK5 (MVC)
BILDERBACK, A B 17 Sept 1843 - 30 Sept 1890 47y 13d (RMC)
A B 1855 - 1885 30y (RMC)
A C 11 Apr 1852 - 2 June 1928 (CWC)
Anna Lee no date - 30 Aug 1931 "Mother" (CWC)
Betty E no date - 17 Sept 1925 (CWC)
Cora 1862 - 6 May 1890 (CWC)
Cora L (d/o Louisa Bilderback) 1862 - 6 May 1890 18y 9m 2d (CWC)
Edward L 1874 - 1947 (CWC)
Elizabeth Ann no dates (CWC)
Ellie 1878 - 191? "Daughter" (CWC)
Emily E d/o J N 1849 - 1878 (PDC)
G T 15 Oct 1841 - 5 Feb 1900 "Father" (CWC)
Isaac 1851 - 1934 (CWC)
James C 15 May 1921 - 29 Feb 1976 "Father" (CWC)
Kate E (d/o A C & E A Bilder-

BILDERBACK (continued)
back) 10 Aug 1885 - 19 Jan 1909 (CWC)
Lillie (d/o G T & Louisa Bilderback) 1873 - 15 Nov 1891 18y 9m 2d (CWC)
Louisa (w/o G T Bilderback) 1841 - 1923 (CWC)
Lounevada d/o J N & E L 1876 (PDC)
Michael Todd 31 Mar 1969 - 17 Aug 1981 (SMGC)
Nelson T 1875 - 1935 (PDC)
Ota May (d/o A C & E A Bilderback) 8 Oct 1879 - 6 Dec 1899 (CWC)
Robert L 28 Nov 1923 - 7 Apr 1973 (CWC)
Sarah A w/o A B 1855 - 19 Sept 1885 30y 6m 5d (RMC)
T W 1 March 1878 - 10 June 1905 (CWC)
BILIMEK, Adolph 1872 - 8 Dec 1952 RK-BL19 (MVC)
Cecil no date - 16 Aug 1907 no lot (MVC)
Edmund no date - 6 May 1884 46y no lot (MVC)
Elizabeth 1876 - 8 Oct 1968 RK-BL19-BK2-4 (MVC)
Eva B 1869 - 14 Sept 1946 RG-BL41-BK2-2 (MVC)
Hugo 1868 - 9 Jan 1945 RG-BL41-BK3-2 (MVC)
Julia no date - 8 June 1867 no lot (MVC)
Lizzie no date - 8 Jan 1920 71y R36-BL257-BK5-1 (MVC)
BILLINGSLEA, Frank 12 Nov 1885 - 7 June 1952 (OHC)
James P 1855 - 1909 (OHC)
Missouri 1848 - 1929 (OHC)
Rebecca J 1844 - 1919 (OHC)
BINDEWALD, Edna Ruth no date - 3 Jan 1903 R12-BL191 (MVC)
BINDEWALD, inf no date - 18 July 1887 R36-BL260 (MVC)
BINGEMAN, James no date - 18 Apr 1908 RE-BL7-BK1-2 (MVC)
James no date - 25 June 1908

BINGEMAN (continued)
RB-BL10-BK11-1 (MVC)
Julia no date - 20 Jan 1906 RE-BL7 (MVC)
Richard H no date - 30 Mar 1899 R40-BL329 (MVC)
Thelma no date - 21 Feb 1910 R66-BL83-BK1 (MVC)
BINKLEY, Alice Latham 17 Jan 1856 - 7 July 1942 (RMC)
Charlotte no date - 29 Apr 1965 RK-BL33-BK8-2 (MVC)
Cora E w/o Robt A 1863 - 1926 (FPC)
Elizabeth w/o Frederick 10 May 1835 - 16 Jan 1916 (FPC)
Frank 3 Nov 1881 - 16 June 1882 (RMC)
Frederick 8 Apr 1832 - 2 Aug 1911 (FPC)
George 1870 - 1910 (FPC)
George E 30 Aug 1870 - 23 Feb 1910 (FPC)
Glen L no date - 21 June 1965 RK-BL34-BK6-1 (MVC)
inf d 1 May 1882 (RMC)
James 1827 - 1902 (RMC)
John Silas 26 July 1855 - 29 Apr 1935 (RMC)
Josephine no date - 1971 no lot (MVC)
Lewis F s/o Frederick & Elizabeth 26 Oct 1863 - 4 Oct 1899 (FPC)
Lou E 1874 - 1942 (FPC)
Mary Jane w/o James 1832 - 1891 (RMC)
Maude E 1877 - 1942 (FPC)
May 1891 - 1965 (EEC)
Mildred 1906 - 10 Jan 1966 RK-BL20 (MVC)
Robert A 1855 - 1949 (FPC)
Robert M no date - 10 Dec 1973 RK-BL33-BK7-2 (MVC)
Rose 1877 - 1978 (FPC)
BIRCH, Anna 8 Apr 1906 - 7 Aug 1983 RE-BL22 (MVC)
Charles 1933 - 1984 RE-BL22 (MVC)
Elmer no date - 20 May 1959 R?-BL19 (MVC)
Mrs Ora no date - 24 May 1940

BIRCH (continued)
 RE-BL13 (MVC)
 Roy Sr no date - 8 July 1985 9-1-22-E (MVC)
BIRD, Fred L no date - 4 Feb 1918 RB-BL16 (MVC)
 Jane no date - 6 Oct 1894 R40-BL327 (MVC)
 Miss Margaret no date - 9 May 1927 RB-BL16-BK3-1 (MVC)
 Ruth A d 1885 28y (OHC)
 W S no date - 6 Sept 1941 RB-BL12 (MVC)
BIRDE, Cora no date - 24 May 1940 RE-BL13-BK7-1 (MVC)
BIRTSELL, Racheal no date - 11 Apr 1938 RD-BL12 (MVC)
 Richard no date - 11 Apr 1938 RD-BL12 (urn) (MVC)
BISEL, Clarence E 6 Sept 1878 - 27 June 1901 no lot (MVC)
 Clay Kirk no date - 29 Nov 1952 R11-BL181-BK4 (MVC)
 Joshua M 14 Dec 1842 - 16 Oct 1930 R11-BL181-BK2 (MVC)
 Lawrence no date - 19 Jan 1934 RB-BL12-BK8-4 (MVC)
 Margaret J 4 Oct 1841 - 12 Nov 1931 R11-BL181-BK3 (MVC)
 Minnie 1874 - 27 Nov 1914 RB-BL12-BK5-4 (MVC)
 Wilburn 1869 - 6 Sept 1941 RB-BL12-BK4-4 (MVC)
BISHOP, Albert W 1902 - 1965 (MCC)
 Alfred 1877 - 1965 (MCC)
 Amelia w/o J J 29 Apr 1858 - 21 Sept 1890 (BCC)
 Anna M w/o Freeman 22 Nov 1810 - 12 Sept 1882 (FPC)
 Claude 1886 - 1953 (FPC)
 Curtis 1887 - 23 Nov 1960 RK-BL33-BK4-1 (MVC)
 Emma v 1886 - 1961 (EEC)
 Freeman 6 Apr 1835 - 1 Feb 1901 (FPC)
 George A no dates (EEC)
 J A no dates (EEC)
 Jessie A 1887 - 1979 (FPC)
 John Wm 1859 - 23 July 1944 RG-BL30-BK4-3 (MVC)
 Lela 1877 - 1938 (MCC)

BISHOP (continued)
 Lizzie w/o Robt 16 Jan 1868 - 25 May 1920 (FPC)
 Louise 1888 - 10 Feb 1981 RK-BL33-BK3-1 (MVC)
 Mabel E 3 Oct 1892 - 30 Sept 1917 (EEC)
 Maude C 1882 - 15 Feb 1977 RG-BL3-BK10-3 (MVC)
 Rebecca A 5 May 1846 - 18 July 1890 R35-BL254 (MVC)
 Robert E 1889 - 1968 (EEC)
 Robert F 16 Aug 1861 - 7 Sept 1940 (FPC)
 Ruth 1914 - 1962 (MCC)
 Sarah A no date - 21 Mar 1940 RG-BL30-BK3-3 (MVC)
BISHOUP, Amelia Ann 1858 - 1898 (FGC)
BISIG, Franciscus d 20 Nov 1901 81y Sec4-L9-#3 (SPC)
BITTRON, Louis Andrew 18 Dec 1889 - 10 Oct 1939 (LC)
BIXLEY, Flo no dates (EEC)
BKURROW, Wm Frederick no date - 7 Jan 1925 RF-BL25-BK9-2 (MVC)
BLACK, Beuhla no date - 12 Feb 1894 R38-BL291 (MVC)
 E P no date - 18 Aug 1930 RD-BL2-BK3-1 (MVC)
 Fabiola 4 Oct 1883 - 16 Oct 1914 (MSSCC)
 Fannie no date - 29 Oct 1940 R?-BL15-BK1-2 (MVC)
 John L no date - 3 May 1933 RE-BL15-BK2-2 (MVC)
 Lillie no date - 29 Dec 1897 R38-BL291 (MVC)
 Lucy A no date - 8 Mar 1923 R33-BL210-BK3-0 (MVC)
BLACKBURN, Anthony G 1843 - 9 July 1899 R65-BL58 (MVC)
 Eliza Anna no date - 18 July 1916 R17-BL276-BK2 (MVC)
 Lessie Z 1886 - 17 Sept 1931 R65-BL58-BK5 (MVC)
 Lovenia 1851 - 14 June 1932 R65-BL58-BK4 (MVC)
 Mary 1871 - 1899 (SACC)
 Walter W 1882 - 1884 no lot (MVC)

BLACKETER, Georgia Ann 26 May 1884 - 4 May 1966 (LC)
Oscar L 1882 - 1947 (LC)
BLACKMAN, Doris 1916 - 8 Mar 1974 RE-BL19-7-1 (MVC)
Edith T no date - 11 May 1963 RA-BL8-BK12-1 (MVC)
BLACKMORE, Mae E 1882 - 1928 (EEC)
BLAGG, George 10 Oct 1897 - 15 Apr 1973 (SMGC)
Sally Ham 1930 - 14 Nov 1949 RK-BL12-BK1-2 (MVC)
BLAHNIK, Adalbert 12 July 1867 - 15 Oct 1922 (SBAC)
BLAIR, Albert H 1860 - 1923 (LC)
Alex S 22 Mar 1867 - 30 Dec 1940 (WLC)
Barbara 8 Apr 1842 - 6 Apr 1924 RA-BL30-BK9-1 (MVC)
Beva Amanda 1902 - 18 Apr 1981 RK-BL28-BK1-12 (MVC)
Charles Scott no date - 19 Apr 1975 RG-BL14 (MVC)
Claude P 1890 - 1937 (EEC)
D Wilson h/o Rella d 18 Oct 1890 26y 9m 23d (EEC)
David Wilson 21 July 1825 - 27 May 1885 (EEC)
Dr Edward Giles 1866 - 23 May 1938 RA-BL30-BK1-2 (MVC)
Edward K 21 Nov 1831 - 6 Apr 1898 RA-BL30 (MVC)
Ella c/o Alex S & Ella 16 Jan 1896 - 2 Feb 1899 (WLC)
Ella S w/o Alex S 25 May 1868 - 3 Jan 1903 (WLC)
Ellevene 29 Mar 1858 - 21 Sept 1882 (EEC)
Ellsworth Ingalls 5 Feb 1896 - 6 Feb 1896 R30-BL166 (MVC)
Elsie Jane 1895 - 1952 (LC)
Elwyn no date - 28 June 1934 RA-BL30 (MVC)
Ethel c/o Alex S & Ella 16 Oct 1897 - 22 Oct 1897 (WLC)
Ethel Ingalls 1868 - 28 Dec 1958 R30-BL166-BK1-0 (MVC)
Frances E 2 Apr 1896 - 3 Aug 1888 R37-BL287 (MVC)
Grace 1886 - 26 Oct 1968 RG-

BLAIR (continued)
BL27-BK6-1 (MVC)
James d 1980 (LC)
Jessie no date - 20 May 1891 R38-BL292 (MVC)
John Wesley 18 Sept 1868 - 23 Apr 1929 RA-BL30-BK5-1 (MVC)
Orlo 1904 - 10 Apr 1980 RK-BL28-BK11-1 (MVC)
Richard E 16 Feb 1919 - 13 Sept 1944 (LC)
Ruth 31 July 1827 - 16 Dec 1904 (EEC)
Sarah J 1869 - 1915 (LC)
Thomas A 1909 - 1955 (EEC)
W A 16 Feb 1863 - 7 Mar 1922 RA-BL30-BK2-1 (MVC)
William 4 Aug 1907 - 24 May 1975 RG-BL27-BK7-2 (MVC)
William Edward 3 Mar 1872 - 15 Jan 1898 (EEC)
Willis B 1886 - 1904 (MCC)
Wm b d 6 May 1890 21y (LC)
Wm C 1892 - 1947 (LC)
BLAKENSHIP, Fred Roscoe 1904 - 20 Aug 1947 RK-BL4-BK5-4 (MVC)
Wm no date - 19 June 1887 R66-BL81 (MVC)
BLAKER, William H 1841 - 1899 (MCC)
BLAKESLEE, Clara Bentley 23 Apr 1896 - 28 Apr 1968 RG-BL5-BK2-3 (MVC)
George Bentley no date - 21 Apr 1924 RD-BL1-BK1-1 (MVC)
Georgeanna no date - 17 Sept 1937 RG-BL5-BK3 (MVC)
Milton S 1899 - 1914 (PDC)
BLAKLEY, Clarence Ray 18 June 1908 - 18 May 1974 (SMGC)
BLANKE, Clarence no date - 11 Nov 1962 RK-BL20 (MVC)
Maude no date - 21 Feb 1950 RK-BL20-BK5-4 (MVC)
BLANKENSHIP, Lucy 1887 - 1895 (FGC)
Margaret 1889 - 14 Feb 1965 75y Sec1-L68-#6 (SPC)
Meranda 1852 - 1891 (FGC)
BLANKES, Lila 6 June 117 - 8

BLANKES (continued)
Sept 1958 RJ-BL27-BK4-2 (MVC)
Wayne no date - 14 June 1977 RF-BL19-BK1-2 (MVC)
BLANSTON, Julia 16 Mar 1878 - 24 May 1901 R40-BL332 (MVC)
BLANTON, Lila no date - 10 Sept 1958 RJ-BL27 (MVC)
Wayne C no date - 14 June 1977 RF-BL19 (MVC)
BLASDEL, Jeremiah V 1912 - 15 May 1925 RD-BL1-BK8-3 (MVC)
BLEAZARD, Harry H 1898 - 2 Jan 1936 RG-BL22-BK1-1 (MVC)
BLESSING, Jane 1818 - 1882 (PDC)
BLIDE, Ross K 1905 - 1969 (EEC)
Ruth Irene 1910 - 1977 (EEC)
BLILES, Charles 1862 - 24 Oct 1932 RF-BL11-BK3-3 (MVC)
BLINKLEY, Leona F 1903 - 1973 (CWC)
BLISH, Catherine 1836 - 1914 no lot (MVC)
David 1836 - 1907 no lot (MVC)
Lucinda 1838 - 7 Feb 1914 RF-BL12-BK7-2 (MVC)
Minnie 1879 - 1903 no lot (MVC)
BLISS, Caroline Pierce 18 Oct 1850 - 8 Sept 1939 RB-BL26-BK3-3 (MVC)
Harriett 1881 - 16 Apr 1920 RF-BL8-BK2-1 (MVC)
Lyman J L 16 Oct 1835 - 5 Apr 1895 RB-BL26 (MVC)
Mrs R L no date - 31 Dec 1926 RF-BL8-BK10-1 (moved from Oak Hill) (MVC)
BLOCKER, Hubert William 28 Sept 1895 - 18 Oct 1972 (SBAC)
BLODGET, 7 children (all d young) (CSHC)
Ella w/o T L Aug 1862 - 6 Nov 1934 (CSHC)
Elmer 1893 - 1920 (CSHC)
Frank H 20 June 1866 - 31 May

BLODGET (continued)
1942 (CSHC)
George 1885 - 1956 (CSHC)
Lucy d 30 May 1878 (CSHC)
Mary E 1840 - 1915 (CSHC)
Robert 1882 - 1960 (CSHC)
Robert Verne 1909 - 1969 (CSHC)
T L 27 July 1861 - 8 May 1906 (CSHC)
---- d/o Thomas 1 Sept 1887 - 1 Sept 1887 (CSHC)
BLODGETT, Ella 1884 - 4 June 1963 RJ-BL7-BK3-3 (MVC)
G M 1833 - 1904 (CSHC)
Luther 1882 - 1 Dec 1975 RJ-BL7-BK2-1 (MVC)
BLOMBERG, John C 1865 - 1901 (PDC)
Wm A 1889 - 14 Apr 1954 RK-BL29-BK11-1 (MVC)
BLOOMER, Arthur 8 Sept 1902 - 23 Nov 1961 (LC)
John F 1876 - 1942 (LC)
Mary C 1880 - 1972 (LC)
BLOUNT, Bertha M 1891 - 5 Aug 1891 R47-BL114 (MVC)
BLUE, Helen no date - 27 July 1968 R57-BL279-BK5-2 (MVC)
Henry 17 Mar 1842 - 24 Jan 1912 RE-BL3-BK8-4 (MVC)
James no date - 5 Feb 1928 RE-BL3-BK10-4 (MVC)
John no date - 18 July 1932 RE-BL3-BK11-4 (MVC)
Mary Eliza 16 July 1875 - 1 Aug 1906 RE-BL3 from E-6 (MVC)
Mary Eliza no date - 29 Mar 1912 RE-BL3-BK9-4 (MVC)
BLUMA, Bettie E 1887 - 24 June 1929 RG-BL9-BK5-3 (MVC)
Joseph 22 Oct 1898 - 13 Jan 1955 RG-BL9-BK4-3 (MVC)
Nellie Gilliland 19 Sept 1890 - 30 Mar 1972 (SNC)
BLUNT, Cora Elizabeth no date - 5 July 1939 RD-BL1-BK6-3 (MVC)
Delvar no date - 22 Feb 1903 RB-BL3 (MVC)
Thurman Shepard no date - 10 Jan 1931 RB-BL3-BK8-4

BLUNT (continued) (MVC)
BLUR, Mary no date - 7 Feb 1902 RB-BL4 from 40-328 (MVC)
BLY, Alice Payne no date - 20 Dec 1980 R?-BL20-BK5-3 (MVC)
  Everet Ernest 1898 - 20 Dec 1962 RG-BL25-BK4-2 (MVC)
  Julia A d 9 Mar 1887 70y 9m (PDC)
  Opal Biffinger 1893 - 2 Apr 1964 RG-BL25-BK6-2 (MVC)
BLYTHE, Arnold Duncan 1880 - 7 May 1963 RK-BL11-BK4-4 (MVC)
  Bertha 1881 - 18 Aug 1956 RK-BL11-BK5-4 (MVC)
  Jessie 1897 - 24 July 1968 RK-BL20-BK1 (MVC)
  Lucy Crawford 1900 - 27 Aug 1944 RG-BL38-BK4-4 (MVC)
  Nellie 1892 - 23 Feb 1976 RK-BL11-BK9-3 (MVC)
  Samuel J 1889 - 11 Dec 1979 RG-BL38 (MVC)
  Vern 1899 - 1975 no lot (MVC)
BOAKLEY, W E no dates (EEC)
BOATWRIGHT, Alice 1869 - 1960 (LC)
  Daniel B 17 Feb 1829 - 23 Mar 1911 (LC)
  Martha w/o Daniel B 5 Feb 1892 51y 8m (MPC)
BOCK, Alick Dodge no date - 12 Jan 1973 RK-BL33-BK3-4 (MVC)
  Clarence no date - 26 Aug 1968 RK-BL33-BK3-4 (MVC)
BODAM, William 1861 - 1946 (WLC)
BODE, Eugene 19 Nov 1848 - 8 Nov 1933 (SBAC)
BODEN, Crleunda no date - 24 Dec 1897 RB-BL5 (MVC)
BODENDOERFER, Henry 1863 - 1925 (LC)
  inf s/o Minnie no dates (LC)
  Minnie 1872 - 1964 (LC)
  Otto A 1900 - 1923 (LC)
BODENHAUSEN, Anna 15 Oct 1893 - 4 Jan 1975 14-So 1/2-

BODENHAUSEN (continued) #4 (CCC2)
  August 1 Feb 1884 - 13 Jan 1981 14-So 1/2-#5 (CCC2)
  Beulah 21 July 1900 - 29 July 1982 1-E 1/2-#6 (CCC2)
  Carl 4 Oct 1896 - 2 May 1980 2-E 1/2-#1 (CCC2)
  Erwin 1914 - 1926 (LC)
  Glenn 27 Feb 1921 - 14 Sept 1936 1-E 1/2-#4 (CCC2)
  Henry 31 July 1857 - 27 Nov 1938 2-W 1/2-#6 (CCC2)
  Henry F 18 Mar 1899 - 11 Feb 1965 1-E 1/2-#5 (CCC2)
  Mary 11 Sept 1860 - 11 Nov 1903 2-W 1/2-#5 (CCC2)
  Rosemary 22 July 1930 - 6 Dec 1921 2-# 1/2-#3 (CCC2)
  Ruby 1892 - 1943 (LC)
  Warren no dates 1-E 1/2-#3 (CCC2)
  William H 11 Mar 1888 - 1 Dec 1982 25-SE 1/3-#6 (CCC2)
BODENHOUSEN, Glen 1921 - 1935 (CCC1)
  Henry 1857 - 1938 (CCC1)
  Mary w/o Henry 1860 - 1903 (CCC1)
  Rose Mary 1857 - 1938 (CCC1)
  Rose Mary 1930 - 1931 (CCC1)
BODKINS, James A no date - 1 Dec 1911 RD-BL21 (MVC)
BOES, Louis no date - 3 Sept 1934 RB-BL23-BK12-2 (MVC)
BOGARD, Robert Owen no date - 6 May 1925 RD-BL1-BK15-2 (MVC)
BOGGS, Lorene Mae 1926 - 15 July 1963 RJ-BL28-BK10-2 (MVC)
BOGLE, Dr W H 1859 - 2 Dec 1915 RF-BL12-BK11-4 (MVC)
BOHANNON, Alice E 2 Mar 1852 - 21 Feb 1901 (EEC)
  Anna no dates (EEC)
  Iva 19 Dec 1871 - 1 Apr 1883 (EEC)
  John F 5 Apr 1835 - 21 May 1858 (MPC)
  Katie E w/o R G 26 July 1879 - 4 June 1915 (EEC)

BOHANNON (continued)
Leroy 31 Dec 1861 - 29 Mar 1883 (EEC)
R G 28 July 1877 - 4 June 1915 (EEC)
Thomas J 29 May 1846 - 29 Aug 1915 (EEC)
BOHIGHNEY, J C no date - 22 Apr 1913 RA-BL11-BK8-7 (MVC)
BOHMAN, E c/o W no date - 22 Jan 1907 R34-BL223 (MVC)
BOKANKO, James no date - 2 June 1918 R65-BL57 (MVC)
BOLDRIDGE, Adrian 1907 - 28 Aug 1976 RE-BL21-BK11-1 (MVC)
Doris 1904 - 2 Sept 1965 RE-BL21-BK10-1 (MVC)
Mrs Floyd 1943 - 22 Nov 1967 RE-BL21-BK2-1 (MVC)
Irvin 1880 - 29 Nov 1932 RE-BL5-BK8-1 (MVC)
Irving Jr 1915 - 23 May 1962 RE-BL22-BK1-2 (MVC)
Laverne 1935 - 29 July 1970 RE-BL21-BK4-1 (MVC)
Lawrence 1936 - 21 Aug 1971 RE-BL28 (MVC)
Lulu 1960 - 16 May 1957 RE-BL5-BK6-1 (MVC)
Mary B 1915 - 9 Apr 1984 RE-BL22 (MVC)
Melvin 1904 - 9 Sept 1984 RE-BL28 (MVC)
Sheffield 1910 - 10 Feb 941 RE-BL12-BK11-4 (MVC)
BOLINGER, George E 1886 - 1967 (EEC)
Henery Emerson 1851 - 1933 (EEC)
Louis no dates (EEC)
Mary E 1887 - 1890 (EEC)
William 23 Dec 1863 - 10 Feb 1912 (EEC)
BOLLEN, C I 1866 - 1937 (MCC)
BOLLS, Bertha Lila no date - 7 July 1981 RG-BL33-BK3-7 (MVC)
C C no date - 4 Oct 1937 R47-BL110-BK4 (MVC)
Ida M 1890 - 4 Feb 1965 RG-

BOLLS (continued)
BL33-BK8-3 (MVC)
Johnnie no date - 14 June 1888 no lot (MVC)
Lila no date - June 1888 R47-BL110 (MVC)
Louise H no date 25 Nov 1917 R47-BL110-BK2 (MVC)
BOLMAN, G F no date - 26 Feb 1926 RF-BL13-BK9-3 (MVC)
Marie 1892 - 27 Mar 1957 RF-BL13-BK2-3 (MVC)
Minnie 1867 - 9 Jan 1958 RF-BL13-BK8-3 (MVC)
Searles T no date - 28 Dec 1967 RF-BL13 (MVC)
BOLO, Henrietta 1868 - 1933 (EEC)
BOLSINGER, Belle Benjamin 1870 - 1931 "Mother" (EEC)
George E 8 Jan 1871 - 9 Jan 1892 (EEC)
Sarah E Sept 1881 - Jan 1937 (EEC)
Susan M w/o W G 25 Aug 1839 - 15 Aug 1887 (EEC)
BOMAN, Rolla F 1885 - 1937 (EEC)
BOMAR, inf s/o T J & N 26 - 29 March 1913 (SLC)
Robert H 1889 - 1967 (LC)
Rose d/o Louis & Elizabeth 1886 - 3 May 1924 (SLC)
T 5 - 7 June 1900 (SLC)
Willena 18891 - 1932 (LC)
BOMBERGER, Tom P F 13 Sept 1894 - 27 Feb 1967 (Medical Dept WWI) (CWC)
BONAWITZ, C M 1866 - 20 Oct 1900 (SNC)
BOND, Alfred 1908 - 2 Aug 1967 RG-BL40-BK3-3 (MVC)
Jeffette Lloyd no date - 5 Dec 1943 RG-BL40-BK3-2 (MVC)
Patricia M 1882 - 3 Nov 1965 RG-BL40-BK6-3 (MVC)
Walter 1872 - 26 Aug 1959 RG-BL40-BK1-2 (MVC)
BONNEL, Anna May 1885 - 1937 (EEC)
Bnjamin E 1862 - 1926 "Father" (EEC)

BONNEL (continued)
Bobbie no dates (EEC)
Charles F 1833 - 1919 (NSC)
Claude E 1897 - 1982 (EEC)
Dorothy May 1913 - 1915 (EEC)
Earl E 1907 - 1938 (EEC)
F C 1844 - 1932 (EEC)
Henry E 1882 - 1921 (EEC)
John R 1880 - 1961 (EEC)
Kelma J 1936 - 1964 (EEC)
Leroy H 1910 - 1965 (EEC)
Maggie C (d/o C F & M C Bonnel) 1863 - 21 July 1872 9y 4m 11d (NSC)
Mary C 1862 - 1938 "Mother" (EEC)
Mary Shouse (w/o Chas Bonnel) 1841 - 1903 (NSC)
Minnie 1887 - 1963 (EEC)
Myrtle (d/o C F & M C Bonnel) 1886 - 27 Jan 1893 6y 9m 26d (NSC)
Nellie E no dates (EEC)
Thomas b&d 1880 (NSC)
Wm F (s/o C F & M C Bonnel) 1866 - 28 Aug 1886 (NSC)
Wm F b&d 1869 (NSC)
BONNELL, Edna 1889 - 20 Sept 1956 RJ-BL17-BK1-4 (MVC)
Mamie no date - 23 May 1973 RJ-BL17-BK2-4 (MVC)
Marjorie Ann no date - 7 Oct 1981 RJ-BL28 (MVC)
N no dates (SACC)
Veol 1856 - 1933 (ASC)
Viola J 1856 - 1933 (ASC)
Wm G 1908 - 1969 (LC)
BONO, James D 8 Nov 1943 - 20 Nov 1982 (LC)
BOOKER, inf/o W S no date - 27 Jan 1903 RE-BL6 (MVC)
Mamie no date - 11 Feb 1913 RE-BL3-BK10-3 (MVC)
Walter S no date - 22 May 1911 RE-BL2-BK9-2 (MVC)
BOOMERSHINE, Levi no date - 27 Feb 1911 RD-BL13-BK6-4 (MVC)
BOONE, Daniel J 1862 - 5 May 1887 R86-BL81 (MVC)
Eddie no date - 5 June 1891 R66-BL81 (MVC)

BOONE (continued)
Marcia A 1853 - no date (SACC)
William 1853 - 1920 (SACC)
BOOS, Hilda 11 Aug 1861 - 7 Sept 1934 (MSSCC)
Joan d/o Ed 1935 - 25 June 1947 12y (SLC)
BORDERS, Velma E 22 Mar 1901 - 20 May 1982 (SMGC)
BORECHULTA, Francis d 18 Jan 1893 50y Sec4-L10-#4 (SPC)
BORNHOFF, Ettam 1878 - 1949 (MCC)
Fred A 1874 - 1950 (MCC)
BOROOKMAN, Louis d 11 Apr 1861 58y 2, 19d (PDC)
BORST, Carl 1912 - 11 Dec 1972 RK-BL27-BK6-2 (MVC)
Charles 1879 - 10 Sept 1966 RF-BL18-BK10-2 (MVC)
Ida E 1887 - 16 Dec 1963 RF-BL18-BK10-2 (MVC)
Letha 1914 - 8 Feb 1981 RK-BL27-BK5-2 (MVC)
Lyman F 1906 - 17 Apr 1922 RF-BL18-BK12-2 (MVC)
BOSANKO, Charles Henry 1888 - 16 Nov 1893 R65-BL57 (MVC)
Emma no date - 9 July 1905 R30-BL161 (MVC)
Frank 1884 - 14 Dec 1918 R65-BL57 (MVC)
Harry 1890 - 8 Mar 1941 R30-BL161-BK1 (MVC)
James 1845 - 31 May 1918 R65-BL57 (MVC)
Mary Livella 1853 - 22 Nov 1919 R65-BL57 (MVC)
BOSCH, Vicki Diane 1943 - 5 Jan 1982 RJ-BL23-BK9-3 (MVC)
BOSSHAMMER, Charlie no dates no lot (MVC)
BOSSHAMMER, Christina no date - 27 July 1916 R17-BL285-BK3 (MVC)
Edwin James Sr 20 Mar 1897 - 1 Mar 1956 R17-BL285 (MVC)
Eliza Jane no date - 16 Feb 1899 R24-BL60 (MVC)
George Henry no date - 16 Oct 1924 R17-BL285-BK4 (MVC)
John no date - 26 May 1893 R24-

BOSSHAMMER (continued) BL60 (MVC)
Letty Margaret 17 Oct 1891 - 27 Dec 1983 R17-BL285-BK10-4 (MVC)
BOSTINICH, Lizzie May no date - 3 July 1963 RA-BL10 (MVC)
BOSTON, Mary no date - 20 July 1887 R49-BL142 (MVC)
BOSTSELL, Rachel no date - 12 Apr 1938 RD-BL12-BK11-4 (MVC)
BOSTWICK, Charles W 1873 - 9 Mar 1903 RA-BL10 (MVC)
Ella H 1846 - 29 Apr 1895 R17-BL274 (MVC)
George L no date - 12 Mar 1942 RA-BL10-BK12-4 (MVC)
Henry R 1839 - 8 Mar 1902 R17-BL274 (MVC)
inf/o C no date - 2 Feb 1908 RA-BL10 (MVC)
inf/o Homer no date - 28 Apr 1899 R49-BL149 (MVC)
Lillian G 1863 - 3 Nov 1905 RA-BL11 (MVC)
Lillie G no date - 3 Apr 1945 RA-BL10-BK3-3 (MVC)
Liza Mae no date - 3 July 1963 RA-BL10-BK10-4 (MVC)
Mary E 1838 - 26 Feb 1903 RA-BL10 (MVC)
O F 1835 - 2 Nov 1913 RA-BL10 (MVC)
BOTEN, Elizabeth 1834 - 1900 (HTC)
James 1817 - 1892 (HTC)
BOTKIN, A J 1844 - 25 Feb 1918 R11-BL73-BK1 (MVC)
James A no date - 1 Dec 1911 RD-BL21-BK2-1 (MVC)
Marcell 1838 - 1923 (LC)
Martha 1858 - 1939 (LC)
Mary E no date - 24 Nov 1924 R11-BL173-BK2 (MVC)
Pearl 1882 - 7 June 1901 R11-BL173 (MVC)
Uldene M no date - 9 Apr 1976 R67-BL91-BK5 (MVC)
BOULAR, Mollie 1851 - 24 July 1917 RD-BL3-BK6-4 (MVC)
William M "Deafy" 1869 - 6 Jan

BOULAR (continued) 1953 RD-BL3-BK1-1 (MVC)
BOUND, Frank S 1883 - 18 Nov 1903 RA-BL22 (MVC)
BOURG, Elizabeth 1848 - 24 Jan 1920 72y Sec2-L56-#5 (SPC)
BOURKE, Cassilda 19 March 1874 - 20 Oct 1897 (MSSCC)
Eliza no date - 16 Sept 1935 R13-BL207-BK5-1 (MVC)
Joseph P 1875 - 16 Feb 1899 R13-BL207 (MVC)
Peter no date - 3 Nov 1933 R13-BL207 (MVC)
BOWEN, Amanda E 1868 - 4 Feb 1961 R51-BL172-BK1 (MVC)
Asa no date - 2 Oct 1889 R37-BL281 (MVC)
Charles no date - 15 Sept 1945 R58-BL305-BK4 (MVC)
Cora T no date - 8 Mar 1906 RB-BL13 (MVC)
Dorinda 1867 - 1958 (RMC)
Edward S 1870 - 22 Apr 1921 RF-BL1-BK4-4 (MVC)
Ernest E 1851 - 4 Feb 1922 R51-BL172-BK2-1 (MVC)
Harriett W 1821 - 16 Oct 1915 R51-BL172 (MVC)
Harry S 1866 - 15 Mar 1940 RF-BL1-BK8-4 (MVC)
Henry W 1857 - 1940 (RMC)
Ivah Elizabeth 1897 - 31 Jan 1902 no lot (MVC)
John Emery 1899 - 1917 (RMC)
Joseph no date - 11 May 1924 R58-BL305-BK2 (MVC)
Laura E 1839 - 2 Feb 1929 RF-BL1 (MVC)
Mamie 1872 - 1946 no lot (MVC)
Tina no date - 20 Feb 1939 R58-BL305-BK3 (MVC)
William J 1903 - 10 May 1954 RJ-BL17-BK5-4 (MVC)
Wills Hatch 1812 - 26 Nov 1881 no lot (MVC)
BOWER, Guy M 1872 - 1927 (WLC)
BOWERS, Alexander S 1832 - 12 May 1914 RF-BL1-BK5-4 (MVC)
BOWKETT, James b Hereford-

BOWKETT (continued)
  shire, England 28 Oct 1803 - 1 Aug 1881 (LC)
Marsh Ann 31 Oct 1806 - 26 Feb 1882 (LC)
Sarah Ann w/o James b Burlington Co, NY 31 Oct 1806 - 26 Feb 1882 (LC)
BOWLES, Catherine no dates (EEC)
Charles 1892 - 1979 (EEC)
D Katherine 1905 - 1973 (EEC)
inf/o Rev no date - 22 Dec 1938 R29-BL143-BK2 (MVC)
BOWMAN, Andrew d 1889 (LC)
Charles 1830 - 13 Mar 1916 R35-BL244-BK3 (MVC)
Clinton E d 5 Oct 1876 (inf) (WLC)
Frank W 1859 - 30 Mar 1931 RF-BL20-BK7-1 (MVC)
George no date - 13 Jan 1867 11y no lot (MVC)
George no date - 7 Aug 1869 66y no lot (MVC)
Harriet no date - 17 July 1864 46y no lot (MVC)
James no date - 20 Feb 1862 28y no lot (MVC)
June E 18 Jan 1921 - 2 Feb 1948 (EEC)
Kate 1830 - 11 Aug 1873 no lot (MVC)
Mary no date - 6 May 1872 34y no lot (MVC)
Rolla F b Virginia Jan 1876 - May 1926 (EEC)
Sarah E b Kansas Sept 1881 - Jan 1937 (EEC)
Searles 1889 - 28 Dec 1967 RF-BL13-BK1-3 (MVC)
Willie no date - 27 Dec 1893 R37-BL281 (MVC)
BOWSER, G W 1883 - 1890 (MLC)
Margaret J 1864 - 1884 38y (MLC)
Mary E d/o G W & Margaret 1868 - 1871 3y 4d (MLC)
Samuel Harris s/o G W & Margaret 1871 - 1878 (MLC)
BOYD, Elizabeth no date - 23 Oct

BOYD (continued)
  1922 R17-BL287-BK2 (MVC)
Flora 1844 - 7 Mar 1903 RA-BL13 (MVC)
Hugh 1857 - 18 Mar 1921 RA-BL13-BK7-2 (MVC)
J J 1826 - 3 Feb 1889 R17-BL287 (MVC)
Leah Creetz no date - 6 Sept 1959 RF-BL2-BK12-1 (MVC)
Mrs M C no date - 3 Apr 1892 R17-BL287 (MVC)
P no date - 1 Nov 1891 R41-BL7 (MVC)
Percy L no date - 7 Mar 1949 RB-BL12-BK12-4 (MVC)
Ralph 1881 - 1882 no lot (MVC)
BOYER, Mary A 1813 - 26 Jan 1899 R65-BL61 (MVC)
Peter 1811 - 14 Dec 1882 no lot (MVC)
BOYINGTON, Edwin Charles 1876 - 21 Mar 1945 RF-BL24-BK12-2 (MVC)
Emogene Evans 1881 - 2 June 1960 RF-BL24-BK11-2 (MVC)
Etta May w/o E C 1875 - 1901 (MCC)
BOYLE, Arthur 1860 - 26 Oct 1938 RD-BL15-BK5-3 (MVC)
Mrs B F (Cecilia) 1879 - 16 Dec 1918 RF-BL2-BK10-3 (MVC)
Rev B F 1884 - 26 July 1912 RF-BL2-BK11-2 (MVC)
Cecilia G no date - 22 Dec 1918 RF-BL2-BK10-2 (MVC)
E no date - 11 Dec 1902 RB-BL7 (MVC)
Eliza no date - 9 Apr 1900 RB-BL4 (MVC)
Emma Eldora 1859 - 11 Dec 1928 RD-BL22-BK6-3 (MVC)
Herbert John no date - 15 June 1913 RB-BL4-BK5-4 (MVC)
James L no date - 20 Feb 1893 R36-BL264 (MVC)
James no date - 23 Apr 1894 R36-BL264 (MVC)
John no date - 7 Aug 1906 RB-BL4 (MVC)
Joseph K 1855 - 6 Jan 1947 RD-BL22-BK10-2 (MVC)

BOYLE (continued)
Marie Bell 1853 - 5 Aug 1931 RD-BL13-BK12-4 (MVC)
Mary May 1880 - 7 Aug 1968 RD-BL3-BK10-3 (MVC)
May no date - 16 Nov 1902 R51-BL180 (MVC)
Mildred 1897 - 24 Dec 1982 R62-BL17 (MVC)
Myrtle 1889 - 10 May 1895 R36-BL264 (MVC)
Mrs Peter 1820 - 22 July 1895 R44-BL61 (MVC)
Peter H 1820 - 29 Oct 1891 no lot (MVC)
W (Florence) no date - 31 Jan 1911 RD-BL13-BK11-4 (MVC)
W no date - 11 Feb 1903 RB-BL7 (MVC)
Walter no date - 27 Aug 1926 RB-BL4-BK10-4 (MVC)
Winifred 1903 - 15 Oct 1956 RJ-BL3-BK9-4 (MVC)
BRACK, Elmer 1899 - 1962 (EEC)
BRACKE, Mrs Frances 1886 - 10 June 1963 RG-BL20-BK10-2 (MVC)
Frank 1880 - 23 June 1969 RG-BL20-BK9-2 (MVC)
Louise no date - 7 Apr 1956 RA-BL16-BK7-2 (MVC)
Thayer no date - 14 Aug 1936 RG-BL20-BK7-2 (MVC)
William B no date - 16 May 1968 RG-BL20-BK8-2 (MVC)
BRADEN, George Francis 1927 - 1930 (MCC)
Richard Carl 1857 - 1933 (MCC)
BRADFORD, Eliza w/o John d 31 Dec 1883 67y 10d (LC)
James 1857 - 1930 (EEC)
Mary M 1857 - 1917 (EEC)
Nellie M 1893 - 1980 (EEC)
Stella A 1883 - 1948 (EEC)
Wm G d 25 Oct 1875 34y (LC)
BRADLEY, Alfred 1880 - 1956 (MCC)
Anderson 1833 - 13 Feb 1920 RF-BL6 (MVC)
Bede 27 Dec 1909 - 15 Jan 1971 (SBAC)

BRADLEY (continued)
Buckman Floud 1920 - 1946 (MCC)
Charles 1898 - 1911 (CSHC)
Clara 15 March 1841 - 17 Feb 1913 (MSSCC)
Edward 1865 - 4 Mar 1913 RF-BL6-BK11-1 (MVC)
Florentine 31 May 1860 - 31 Oct 1936 (MSSCC)
Harol 1884 - 1954 (MCC)
Herman 1875 - 1953 (MCC)
Leona E 1910 - 1936 (MCC)
Leonard K 1824 - 1894 (CWC)
Lewis 1857 - 1924 (MCC)
Mrs Mabel 1880 - 27 July 1929 RG-BL14-BK3-1 (MVC)
Mary (w/o Leonard Bradley) 1837 - 1910 (CWC)
Mary 1843 - 11 Dec 1917 RF-BL6-BK12-1 (MVC)
Matthew July 1850 - 23 May 1923 (SBAC)
Mina 1881 - 2 Mar 1961 R61-BL48-BK1 (MVC)
Minnie 1865 - 1929 (MCC)
Norma Morton 17 Feb 1904 - 24 Mar 1976 (SMGC)
Mrs S 1839 - 21 June 1916 RE-BL11-BK7-2 (MVC)
W E no dates (EEC)
BRADLL, Lewis 1857 - 1924 (MCC)
Minnie 1865 - 1929 (MCC)
BRADNER, Anne 1833 - 4 May 1896 RB-BL8 (MVC)
Bertha 1873 - 27 Sept 1902 RB-BL8 (MVC)
Charles Gustav 1832 - 7 Feb 1892 RA-BL16 (MVC)
Edw 1871 - 9 June 1931 RB-BL8-BK7-1 (MVC)
Henry 1834 - 6 Sept 1892 RB-BL8 (MVC)
Henry 1865 - 1 Feb 1952 RB-BL8-BK11-1 (MVC)
Mrs Henry 1868 - 31 Sept 1951 RB-BL8 (MVC)
Julius 1866 - 15 Dec 1912 RB-BL8-BK1-1 (MVC)
Margaretta 1846 - 21 May 1928 RA-BL16-BK9-3 (MVC)

BRADSAW, Cloe no date - 7 Mar 1896 R40-BL324 (MVC)
BRADWIG, Helen Virginia 1922 - 3 Apr 1981 RA-BL21-BK2-1 (MVC)
Kenneth 1916 - 15 Mar 1949 RG-BL34-BK7-1 (MVC)
Moma Florence 1895 - 1 Apr 1960 RG-BL34 (MVC)
Thomas no date - 5 May 1944 RG-BL34-BK6-1 (MVC)
Thomas S 1892 - 5 May 1944 RG-BL34 (MVC)
Thomas Wendell 1919 - 13 Sept 1979 RA-BL1-BK1-2 (MVC)
BRADY, Arthur Lee s/o H H & Sarah A d 9 Oct 1897 34y 6m (WLC)
Ella M d/o H H & Sarah A d 14 June 1880 (WLC)
Florence Emma d/o H H & Sarah A d 28 June 1898 16y 4m (WLC)
H H 30 Sept 1838 - 12 Mar 1927 (WLC)
Lorey M d/o H H & Sarah A d 14 June 1880 (WLC)
Nona V d/o H H & Sarah A 17 Dec 1859 - 22 Aug 1913 (WLC)
Sarah A w/o H H Brady 10 Sept 1842 - 15 Jan 1913 (WLC)
BRAMBLE, Cathy no date - 30 Sept 1955 (inf) RK-BL5-BK20-3 (MVC)
Charles Dennis no date - 26 Oct 1952 RK-BL5-BK19-3 (MVC)
inf no date - 18 Nov 1967 RK-BL5-BK21-3 (MVC)
Joseph no date - 29 Aug 1961 (inf) RK-BL5 (MVC)
Julie Louise no date - 24 Apr 1960 RK-BL5 (MVC)
BRAMFIELD, Jessie 1806 - 1888 (HMC)
BRANBLE, Kenneth no date - 3 Aug 1949 RK-BL5-BK19 (MVC)
BRAND, G D no date - 19 Oct 1891 R64-BL36 (MVC)
Henry no date - 12 Feb 1888 R24-BL67 (MVC)

BRANDMEIER, Helena 12 Oct 1878 - 2 Dec 1923 (MSSCC)
BRANDNER, Adolph 1861 - 26 May 1886 RB-BL8 (MVC)
BRANDON, Elizabeth (w/o John Brandon) 6 July 1832 - no date (CWC)
John 13 Aug 1825 - 18 Aug 1888 (CWC)
BRANDT, Anna 1885 - 3 Nov 1918 RD-BL5-BK6-3 (C)
August 1828 - 7 Dec 1907 RD-BL13 (MVC)
BRANEADERFER, Mary L no date - 2 Jan 1919 RD-BL4-BK12-2 (MVC)
BRANNAN, Anna 1870 - 31 Mar 1950 RA-BL11-BK6-1 (MVC)
Anna B 1839 - 7 Sept 1913 RA-BL11-BK8-2 (MVC)
Cornelius 1871 - 26 Nov 1946 RA-BL11-BK7-1 (MVC)
Henry 1868 - 18 Apr 1946 RA-BL11-BK9-1 (MVC)
BRANOM, Jack 23 June 1902 - 8 Apr 19799 (SMGC)
Ruby w/o Jack 1901 - 7 Sept 1972 (SMGC)
BRANSON, Nancy 1845 - 22 Nov 1915 RB-BL18-BK7-2 (MVC)
Wm H 1847 - 27 July 1907 RB-BL18 (MVC)
BRASHAY, Jessie 1885 - 14 Mar 1962 RK-BL39-BK9-2 (MVC)
BRATTON, A no date - 28 Nov 1910 RE-BL7-BK8-4 (MVC)
Bertha 1898 - 1909 (PDC)
Charles no date - 8 Jan 1911 RE-BL7-BK9-4 (MVC)
Edgar W 1893 - 1937 father (PDC)
Hanna no date - 12 June 1903 R40-BL6 (MVC)
Kelley mother (PDC)
Mrs Renna no date - 25 Mar 1919 RE-BL11-BK8-5 (MVC)
Sarah Lee 1880 - 1890 (PDC)
Sarah Lee 1889 - 1890 (PDC)
Warner no date - 17 Aug 1898 R40-BL334 (MVC)
Zaydock (PDC)
BRAUN, Ann Margaret 1862 - 24

BRAUN (continued)
  Jan 1938 RF-BL18 (MVC)
  Augusta Ida 1892 - 17 Feb 1956 RK-BL32-BK10-4 (MVC)
  Clothilda w/o Walter Sr 7 Dec 1899 - 7 June 1969 (SMGC)
  Henry 1859 - 20 June 1948 RF-BL18-BK4-3 (MVC)
  Laura 1886 - 24 Aug 1948 RF-BL20-BK7-3 (MVC)
  Martin 1890 - 22 Oct 1962 RK-BL32-BK9-4 (MVC)
  Sarah 1842 - 20 July 1920 RE-BL3-BK6-3 (MVC)
  Walter Sr 1888 - 16 June 1961 (first buried in cemetery) (SMGC)
  Walter Jr s/o W & C 13 Jan 1924 - 27 Oct 1979 (SMGC)
  Wm H no date - 19 Mar 1951 RF-BL20-BK8-3 (MVC)
BRAYMAN, Mrs B L 1868 - 19 June 1921 RA-BL8-BK8-3 (MVC)
BREAN, John R 1898 - 12 June 1952 RJ-BL16-BK1-4 (MVC)
BREE, Roy Francis 8 Dec 1906 - 2 Apr 1968 (SBAC)
BRENEN, Caroline no date - 19 Dec 1913 RD-BL9 (MVC)
  Lillian no date - 20 Mar 1923 RD-BL2-BK4-1 (MVC)
BRENNAN, Elfrida 3 Sept 1890 - 28 Jan 1954 (MSSCC)
BRENNER, Adam 1834 - 1908 (MCC)
BRENTANO, Bernarda 6 May 1891 - 25 Feb 1960 (MSSCC)
BRETANO, Margaret Grace 1853 - 1920 (SACC)
BREU, Rufina 6 Oct 1886 - 15 May 1969 (MSSCC)
BREUEL, Franz no date - 19 Dec 1912 RD-BL9-BK4-1 (MVC)
BREWER, Amanda M w/o Setpehen 25 Mar 1843 - 30 Aug 1891 48y 5m 5d (WLC)
  Leon J 1867 - 1928 (WLC)
  Lou H w/o Leon J 1870 - 19__ (WLC)
  Setpehen 27 Jan 1840 - 19 June 1896 56y 5m 12d (WLC)

BRIAN, F no dates (EEC)
BRIBACH, Dr Eugene no date - 17 Dec 1984 (also father's ashes) 5-6-1-28-F (MVC)
BRICKELL, c/o A M no date - 1 Nov 1896 R12-BL192 (MVC)
BRIDACK, Dr E S no date - 19 June 1976 RG-BL28 (MVC)
BRIDGES, Mary Carlisle 1882 - 17 Oct 1932 RA-BL30-BL11-4 (MVC)
BRIDGMAN, Ruth no date - 28 Dec 1921 RE-BL6-BK4-1 (MVC)
BRIGGS, Ann 1856 - 1926 no lot (MVC)
  Annie 1874 - 1874 (MCC)
  Bivena no date - 20 July 1888 R49-BL147 (MVC)
  Camille W no date - 14 Jan 1952 RE-BL4-BK13-4 (MVC)
  Clyde no date - 2 May 1969 RE-BL4-BK14-4 (MVC)
  Elizabeth 1832 - 19 Jan 1911 R26-BL91-BK3 (MVC)
  Emma Gould 1841 - 21 July 1905 RF-BL3 (MVC)
  Emma no date - 30 Nov 1928 RE-BL4-BK8-4 (MVC)
  Euphora 1882 - 23 Dec 1955 RF-BL3-BK11-2 (MVC)
  Frank no date - 18 Mar 1939 RE-BL4-BK9-4 (MVC)
  Geno Thos 1878 - 19 Aug 1935 RF-BL3-BK10-2 (MVC)
  Joseph 1885 - 27 Nov 1957 RF-BL3-BK10-2 (MVC)
  Lewis Moore no date - 18 Oct 1905 RF-BL3 (MVC)
  Luta Emma 1871 - 7 Jan 1937 RF-BL3-BK9-2 (MVC)
  William S 1816 - 25 Oct 1900 R26-BL91 (MVC)
BRINGMAN, Thelma no date - 21 Feb 1910 R66-BL83-BK1 (MVC)
BRINK, Bertha G 1903 - 1975 (LC)
  Leroy 1903 - 1977 (LC)
  Lydea no date - 23 Sept 1892 R48-BL125 (MVC)
BRISTON, J W 1887 - 1933

BRISTON (continued) (EEC)
BRITTAIN, Catherine Irene no date - 29 June 1977 RG-BL20-BK4-2 (MVC)
Donner no date - 3 Aug 1975 RA-BL41-BK5-2 (MVC)
Grace 1892 - 30 Nov 1954 RG-BL41-BK1-3 (MVC)
James Osear 1884 - 2 Feb 1977 RG-BL41-BK2-3 (MVC)
Laura no date - 10 Apr 1980 RK-BL27-BK8-4 (MVC)
Susie Delorice 1897 - 20 Aug 1936 RG-BL20-BK6-2 (MVC)
BROADBENT, Henry no date - 18 Apr 1953 RJ-BL13-BK12-2 (MVC)
Wm no date - 19 Nov 1889 R36-BL258 (MVC)
BROADWOLF, John B no date - 5 Oct 1887 R25-BL81 (MVC)
Mary no date - 9 Aug 1897 R25-BL81 (MVC)
BROC, Bertha no date - 2 July 1974 RF-BL13 (MVC)
BROCK, G P no dates Co D Kansas Infantry (MPC)
BROCKE, Frances no date - 10 June 1963 RG-BL20-BK10-2 (MVC)
BROCKETT, Benton L 1864 - 17 July 1948 RA-BL16-BK1-4 (MVC)
Daisy Denton 1865 - 16 July 1898 RA-BL16 (MVC)
Ida & Belle c/o B C no date - 16 Nov 1906 RA-BL16 (MVC)
Isabelle no date - 17 Feb 1969 RA-BL27 (MVC)
Louis D 1889 - 21 Aug 1979 RA-BL27-BK12-3 (MVC)
Margaret C no date - 4 May 1942 RB-BL16-BK3-4 (MVC)
Mayme (Marjorie) no date - 11 Sept 1964 RA-BL16-BK9-4 (MVC)
Wallace J 1895 - 28 May 1939 RC-BL16 (MVC)
Wallace J no date - 11 Sept 1964 RA-BL16 (MVC)
Wallace J no date - 17 May 1947

BROCKETT (continued) RA-BL16-BK8-4 WWII (MVC)
BROCKMAN, Alice Elliott 1857 - 1938 (PDC)
Edith L 1870 - 11 May 1963 RA-BL8-BK12-1 (MVC)
Kelester Ann Moore w/o Job 1848 - 1901 (PDC)
Thomas S 1876 - 1945 (PDC)
Walton Herbert 1868 - 4 Nov 1930 RA-BL8-BK7-4 (MVC)
BROCS, Lewis d 11 Apr 1861 58y 2m 10d (PDC)
BROM, David A no date - 18 Sept 1911 RD-BL13 (MVC)
J P no date - 24 Aug 1909 no lot (MVC)
BROMLEY, F J 1858 - 28 Mar 1932 RG-BL36-BK3-2 (MVC)
Frances Charety 1864 - 7 June 1955 RG-BL36-BK2-2 (MVC)
Guy 1885 - 14 May 1972 RG-BL36-BK1-2 (MVC)
Mona 1885 - 15 Nov 1961 RF-BL2-BK8-2 (MVC)
BRONSON, Beulah 1913 - 12 Jan 1970 RE-BL21-BK6-4 (MVC)
Edward no date - 25 July 1926 RB-BL16-BK10-2 (MVC)
BROOKS, Frankie E inf s/o H T & S A 26 July 1880 1m 13d (MCC)
Jacob no date - 4 Dec 1897 RE-BL13-BK10-2 (moved from 39-319 in 1947) (MVC)
Katie 13 Feb 1884 - 6 Nov 1892 (WLC)
Martha 1883 - 3 Jan 1978 RK-BL27-BK1-4 (MVC)
Paul Edgar 1880 - 25 June 1964 RK-BL27-BK2-4 (MVC)
Wm Lewis no date - 6 Nov 1894 R34-BL231 (MVC)
BROOMHALL, ---- 1885 - 1886 (SACC)
Elsie Delle d 27 mar 1883 29y (LC)
BROSHAUS, Adeline no date - 12 Jan 1911 RD-BL1-BK9-7 (MVC)
Alice Brown 1884 - 18 Feb 1960 RG-BL24-BK10-1 (MVC)

BROSHAUS (continued)
Clara Ellen 1883 - 3 Apr 1937 RG-BL20-BK7-3 (MVC)
Ed C no date - 8 Dec 1942 RG-BL24-BK11-1 (MVC)
Florence 1896 - 9 July 1974 RG-BL20-BK8-3 (MVC)
Florence no date - 11 May 1924 RD-BL1 (MVC)
George no date - 11 May 1925 RD-BL9-BK10-4 (MVC)
Stella 1881 - 17 Feb 1957 RK-BL32-BK8-4 (MVC)
Walter E 1881 - 31 Jan 1955 RK-BL32-BK7-4 (MVC)
BROTHERS, Kittie 1867 - 30 July 1929 R29-BL149-BK3 (MVC)
BROUGHER, Martha d/o J H 1850 - 1885 (MCC)
Nelson 1846 - 1894 (MCC)
BROW, Missourie 1848 - 1929 (OHC)
B, J N marker in BROWN plot (WLC)
BROWN, Abe 1855 - 17 May 1895 R29-BL313 (MVC)
Abe no date - 3 Mar 1951 RE-BL1-BK11-3 (MVC)
Agnes Alidrita no date - 8 Dec 1959 RK-BL3 (MVC)
Albert s/o G T & Anna 1881 - 1882 (SACC)
Alex 1889 - 14 Aug 1953 R?-BL20-BK11-1 (MVC)
Alex S no date - 12 May 1914 RF-BL1 (MVC)
Alexander 1848 - 1933 (BCC)
Alexander M no date - 24 Apr 1896 RB-BL1 (MVC)
Alfred 1859 - 5 Feb 1931 RD-BL19-BK1-4 (MVC)
Alfred 1885 - 1890 (SNC)
Alfred A no dates (SNC)
Alfred Lewis 1906 - 23 Nov 1977 RK-BL24-BK8-4 (MVC)
Alfred M no date - 21 Mar 1887 R49-BL141 (MVC)
Alma 4 Nov 1883 - 22 Jan 1972 (MSSCC)
Amanda J 1864 - 18 Apr 1945 RD-BL19-BK2-4 (MVC)

BROWN (continued)
Amos 1876 - 1914 (BCC)
Andrew 14 Apr 1843 - 28 Dec 1915 (SNC)
Andrew J 1851 - 1928 (MCC)
Anna 1849 - 1925 (SACC)
Anne twin 31 Aug 1887 - 1 Oct 1887 1m Sec2-L103-#3 (SPC)
Annie (d/o Jacob?) 28 Sept 1869 - 15 Aug 1872 3y Sec2-L103-#1 (SPC)
Arthur Monroe 4 June 1908 - 22 July 1967 (SMGC)
Austin 1877 - 12 July 1960 RK-BL24 (MVC)
Benjamin N no dates Sgt Co A 7th Infantry Cavalry (OHC)
Bertram Bird no date - 20 June 1953 RJ-BL13-BK6-2 (MVC)
Beulah 1904 - 25 Mar 1916 (SNC)
Birdie Hazlett 1890 - 5 Jan 1923 RF-BL17-BK12-4 (MVC)
c/o J P no date - Feb 1888 RB-BL1 (MVC)
Carl John George 1886 - 14 Feb 1943 RG-BL28-BK10-2 (MVC)
Carrie no date - 6 May 1953 R30-BL168 (MVC)
Carrie w/o Robt 1865 - 1932 (FPC)
Catherine w/o Michael d 5 Aur 1889 54y 2m 26d (WLC)
Cha G 1870 - 1935 (PDC)
Charles 1903 - 14 July 1971 RK-BL24-BK1-2 (MVC)
Charles E s/o M & Kate d 15 May 1871 3y 7m 21d (WLC)
Charles Leo no date - 2 Nov 1923 RD-BL2-BK1-3 (MVC)
Charles no date - 15 Oct 1949 RB-BL1-BK1-1 (MVC)
Charley s/o Th & E R d 2 May 1882 25y 2m 11d (PDC)
Charlotte 1844 - 1 Jan 1904 RE-BL4 (MVC)
Clara 1902 - 18 Nov 1967 RJ-BL24-BK4-1 (MVC)
Clara E d 7 May 1907 66y (WLC)
Clarence E no date - 16 Nov 1908 R29-BL152-BK4 (MVC)
Clarence Harrison no date - 12 Dec 1959 RK-BL19-BK5-2

BROWN (continued)
(MVC)
Corder 1915 - 15 Dec 1955 RF-BL16-BK12-1 (MVC)
David A 1851 - 16 Sept 1911 RD-BL13-BK3-4 (MVC)
David Lee no date - 3 Jan 1959 (inf) RK-BL30-BK1-3 (MVC)
Della Corder 1883 - 13 Feb 1921 RF-BL16-BK3-1 (MVC)
Donald 1910 - 10 Dec 1981 RK-BL38-BK10-4 (MVC)
Dora 1910 - 1981 (ASC)
Dora no date - 17 June 1961 RJ-BL24-BK4-1 (MVC)
Douglas no date - 5 July 1894 R14-BL225 (MVC)
Earl 1887 - 22 Dec 191 RF-BL26-BK5-1 (MVC)
Earl Amos 1940 - 1956 (MCC)
Edna 1886 - 11 Mar 1972 RF-BL10 (MVC)
Effie no date - 14 July 1955 RE-BL13-BK7-3 (MVC)
Effie no date - 8 Apr 1947 RD-BL9-BK7-1 (MVC)
Eliza William no date - 4 Mar 1913 RE-BL2-BK11-3 (MVC)
Ella 1880 - 3 July 1960 RK-BL24 (MVC)
Ella no date - 11 Feb 1949 RB-BL1-BK1-1 (MVC)
Ellen no date - 8 Apr 1891 R57-BL274 (MVC)
Elmer 1905 - 10 May 1929 RF-BL23-BK2-4 (MVC)
Emma 1870 - 19 Nov 1959 RF-BL23 (MVC)
Emma Bell d 29 Jan 1881 "daughter" (WLC)
Etta E w/o Chas G 1877 - 1947 (PDC)
Filix Wm no date - 14 Oct 1912 RE-BL2-BK12-3 (MVC)
Flora no date - 21 Dec 1916 RE-BL11-BK12-2 (MVC)
Frances E 9 Nov 1850 - 22 Dec 1930 (SNC)
Frances no date - 14 Feb 1959 RD-BL15-BK6-3 (MVC)
Frank 1877 - 1962 (SACC)
Frank Parker 1887 - 1939 (ASC)

BROWN (continued)
Fred E 1885 - 1947 (OHC)
Freidah w/o Herbert N 22 Apr 1897 - 15 Jan 1981 (SMGC)
Geo Edgar 30 Apr 1884 - 6 May 1895 (WLC)
George 1868 - 1935 (FPC)
George H no date - 10 Feb 1933 RE-BL15-BK12-3 (MVC)
George no date - 22 May 1926 RD-BL7-BK6-2 (MVC)
Gertrude 1885 - 8 June 1956 RG-BL28-BK11-2 (MVC)
Gladys N 1899 - 1944 (EEC)
Gladys Seever no dates (EEC)
Grace w/o Geo 1875 - 1964 (FPC)
Harley no date - 20 Dec 1947 RK-BL3-BK11-2 (MVC)
Havey no date - 13 July 1939 RE-BL12-BK7-4 (MVC)
Henry 1848 - 1933 (BCC)
Herbert N 17 Nov 1894 - 27 June 1980 (SMGC)
Herman Luther no date - 16 June 1953 RF-BL23 (MVC)
Hilda no date - 6 July 1960 RK-BL24-BK12-1 (MVC)
Ina Ruth no date - 14 Aug 1912 RC-BL3 (MVC)
Iva Elizabeth no date - 1 Feb 1902 R57-BL172 (MVC)
J C 1855 - 27 Apr 1911 RC-BL2-BK1-2 (MVC)
J J 27 Nov 1840 - 5 Feb 1909 (WLC)
J R s/o T M & R G 1888 - 1894 (PDC)
Jacob 7 Apr 1874 - 28 Feb 1875 10m Sec2-L103-#2 (SPC)
Jacob A 1858 - 1947 (ASC)
James 6 June 1806 - 3 Dec 1898 (BCC)
Jennie F d 9 Apr 1976 (SMGC)
John 1806 - 1891 (FGC)
John 6 June 1806 - 3 Feb 1891 (BCC)
John H no date - 11 Sept 1944 RG-BL17-BK12-3 (MVC)
Joseph no date - 11 May 1924 R50-BL305 (MVC)
Judith Ann 4 Apr 1941 - 10 Feb

BROWN (continued)
1976 (SMGC)
Karl Walter no date - 28 Dec 1940 RC-BL13-BK8 (MVC)
Katherine no date - 12 Sept 1959 RE-BL19-BK6-2 (MVC)
Kenneth 1883 - 1887 (MCC)
Laura 1870 - 1975 no lot (MVC)
Laura no date - 24 Aug 1948 RF-BL20-BK7-3 (MVC)
Lillian May no date - 14 Aug 1943 RG-BL14-BK10-3 (MVC)
Lillie A no dates (EEC)
Lillie no dates (EEC)
Louis no date - 27 Nov 1953 RG-BL34-BK9-3 (MVC)
Mabel L d/o M & Kate d 11 Feb 1881 2m (WLC)
Mabel no date - 27 July 1925 RF-BL23-BK3-4 (MVC)
Majesta d 16 May 1874 (FGC)
Mamie T 1891 - 1971 (OHC)
Margaret twin 31 Aug 1887 - 1 Oct 1887 1m Sec2-L103-#3 (SPC)
Marie no date - 4 Oct 1903 RE-BL6 (MVC)
Martha C no date - 10 Maay 1921 R44-BL67-BK1 (MVC)
Martha Ethel d/o R E & Carrie 21 Dec 1897 - 10 Apr 1900 (FPC)
Mary 1885 - 1973 (SACC)
Mary C 1858 - 1945 (ASC)
Mary Eliza 1829 - 29 Feb 1909 RA-BL29-BK12-3 (MVC)
Mary no date - 11 Dec 1975 RG-BL34-BK12-1 (MVC)
Mary Stockwell 1856 23 Feb 1923 RC-BL2-BK2-2 (MVC)
Maurine E 1910 - 1910 (FPC)
Maxine w/o Arthur Monroe 1913 - 11 Jan 1981 (SMGC)
Mayesta w/o Harvey L d 16 Mar 1874 (BCC)
Memory 1848 - 1933 (BCC)
Michael d 6 Aug 1910 80y 5m 11d (WLC)
Mrs Ethel May 1887 - 1933 (EEC)
Mrs F no date - 1888 RB-BL1 (MVC)

BROWN (continued)
Norman 1902 - 29 Sept 1979 RF-BL23 (MVC)
Ollie 1881 - 4 Sept 1953 RF-BL16 (MVC)
Orphana no date - 18 July 1977 RJ-BL34-BK9-2 (MVC)
Pearl no date - 27 Aug 1949 R30-BL157-BK3 (MVC)
Peter A 1899 - 16 Mar 1961 RK-BL30-BK10-3 (MVC)
Rebecca 1878 - 23 July 1901 (SNC)
Rev Robert B 1884 - 7 Jan 1970 RJ-BL34 (MVC)
Rhoda Ann 1866 - 1952 (MCC)
Robert 1854 - 1926 (FPC)
Robert Leroy 4 Feb 1943 - 29 Sept 1977 (SMGC)
Rosa G w/o J M d 4 Apr 1892 (PDC)
Rose Augusta 1891 - 21 Dec 1943 RG-BL34-BK10-3 (MVC)
Roy M 27 Oct 1887 - 30 Sept 1934 (SNC)
Ruth C 1884 - 1945 (MCC)
Salina no date - 3 Mar 1933 RD-BL13 (MVC)
Salmea S no date -3 Mar 1933 RD-BL13-BK4-4 (MVC)
Salrea no date - 7 Aug 1892 R44-BL141 (MVC)
Samuel 1846 - 20 Feb 1912 RE-BL3-BK5-3 (MVC)
Sarah 1836 - 6 Dec 1915 RB-BL1-BK2-1 (MVC)
Sarah R w/o J J B 12 Nov 1846 - 28 Jan 1906 (WLC)
Stella no date - 2 Mar 1982 RK-BL24-BK7-4 (MVC)
Stella w/o J H no date - 20 May 1891 R42-BL23 (MVC)
Thomas 1851 - 1922 (SACC)
Thomas no date - 22 Aug 1924 RE-BL10-BK6-2 (MVC)
Victor H 1903 - 1964 (MCC)
Vida May no date - 6 Dec 1924 RD-BL1-BK9-2 (MVC)
Virginia S 1867 - 19 Nov 1927 RF-BL26 (MVC)
W E "Bird" 1899 - 23 Aug 1957 RJ-BL24-BK3-1 (MVC)

BROWN (continued)
W F 1866 - 24 Apr 1915 RB-BL1-BK10-1 (MVC)
W H no dates Co H 38th Wisconsin N F (PDC)
W H no date - 12 Dec 1913 RE-BL4 (MVC)
Walter W no date - 9 Nov 1940 RE-BL13-BK5-1 (MVC)
William English 1866 - 11 Oct 1935 RF-BL26-BK12-4 (MVC)
Willie 6 Mar 1889 - 20 Aug 1907 (WLC)
Wm Edward no date - 9 Oct 1946 WWII RG-BL34-BK11-1 (MVC)
Wm H 25 Apr 1914 - 8 Feb 1981 (SMGC)
---- father 1828 - 1885 (PDC)
---- mother 1843 - 1906 (PDC)
BROWNE, Edwin no date - 7 Feb 1934 RE-BL5-BK7-2 (MVC)
J C no date - 24 Aug 1909 RB-BL1-BK3-1 (MVC)
Josephine Pearl 1878 - 20 Oct 1959 RE-BL4-BK9-7 (MVC)
BROWNFIELD, Benjamin H 1840 - 1920 (OHC)
Benjamin J 10 Feb 1914 - 20 June 1976 Pvt (OHC)
Elizabeth E 1841 - 1908 (OHC)
infant Moore 31 Jan 1896 (OHC)
Jess R 1877 - 1958 (OHC)
Maude 1875 - 1953 (OHC)
Pearl M 6 Apr 1892 - 4 Dec 1964 (LC)
Walter I d 11 Feb 1897 31y (OHC)
BROWNING, Gene Connaway 1886 - 31 Jan 1975 RB-BL4-BK1-2 (MVC)
BROWSON, Anna (Mrs W S) 1863 - 3 July 1938 RF-BL12-BK11-2 (MVC)
Edward A no date - 25 Aug 1926 RB-BL16-BK10-2 (MVC)
Gershin E no date - 23 Jan 1908 RF-BL12 (MVC)
Laura E no date - 3 Feb 1979 no lot (MVC)
W J no date - 25 Jan 1929 RF-BL12-BK12-2 (MVC)

BROX, ---- twins/o George no date - 19 July 1942 (SLC)
Anna 1878 - 6 June 1913 74y (SLC)
Anton Paul 1874 - 20 Apr 1955 81y (SLC)
Barbara no date - 1982 90y (SLC)
Bertha 1881 - 2 July 1974 RF-BL13-BK6-1 (MVC)
Charles no date - 1973 (SLC)
Elizabeth w/o John 1874 - 4 Dec 1951 77y (SLC)
Frank 1876 - 2 Dec 1948 RF-BL13-BK7-1 (MVC)
inf s/o John & Elizabeth 5 - 7 July 1900 (SLC)
John 1864 - 8 Aug 1954 (SLC)
John no date 1910 77y (SLC)
Marie 1903 - 1976 73y (SLC)
BROYLES, Mary A no dates (EEC)
Raymond W 9 June 1881 - 11 Aug 1964 (EEC)
BROZ, Methodia 3 July 1883 - 29 July 1926 (MSSCC)
BRUCE, Anna E 1870 - 13 Sept 1956 RD-BL3-BK9-2 (MVC)
Clyde E 1913 - 7 May 1952 RJ-BL2-BK6-3 (MVC)
Henry Hartman 1910 - 21 June 1934 RJ-BL2 (MVC)
Lee Elmer 1874 - 11 Aug 1932 RJ-BL2-BK8-3 (MVC)
Mary A 1844 - 9 Oct 1916 RD-BL3-BK11-2 (MVC)
Roberta 1876 - 10 Apr 1972 RJ-BL2-BK7-3 (MVC)
Rose Belle 1872 - 7 June 1926 RD-BL3-BL10-2 (MVC)
Sam C no date - 26 Mar 1931 RD-BL3-BL12-2 (MVC)
BRUECHER, Anna d 11 July 1883 inf few days no lot (SPC)
Barbara d 14 Apr 1888 1y 6m inf no lot (SPC)
Elizabeth 1864 - 18 Sept 1926 71y Sec1-L16-#1 (SPC)
Peter 3 Apr 1886 - 26 Dec 1929 43y Sec1-L16-#4 (SPC)
Peter J 1843 - 12 Sept 1897 53y Sec1-L16-#2 (SPC)
Wm Benedict 1889 - 18 Aug

BRUECHER (continued) 1926 28y Sec1-L16-#3 (SPC)
BRUEL, Caroline 1897 - 19 Dec 1913 RD-BL9-BK5-1 (MVC)
Franz 1944 - 19 Dec 1912 RD-BL9-BK4-1 (MVC)
Minnie no date - 3 Sept 1889 R49-BL151 (MVC)
Robert no date - 26 Oct 1918 RD-BL3-BK1-2 (MVC)
BRUGGEMAN, Louis 12 March 1919 - 6 Apr 1980 (SBAC)
BRUMFIELD, Catherine 1841 - 16 Nov 1908 R45-BL84-BK3 (MVC)
Clara no date - 18 Mar 1890 22y no lot (MVC)
Dolores Nass 1911 - 26 Dec 1944 RG-BL35 (MVC)
Frances 1877 - 17 Oct 1938 R45-BL84-BK2 (MVC)
John S 1870 - 26 Apr 1943 RG-BL35-BK6-2 (MVC)
Lillie 1880 - 15 May 1961 RG-BL35-BK5-2 (MVC)
M A 1832 - 30 Dec 1929 R45-BL84 (MVC)
Ralph B 1901 - 30 Nov 1979 RB-BL18-BK9-4 (MVC)
Samuel J 1876 - 16 Mar 1924 R45-BL84-BK14 (MVC)
BRUMMER, Abundantia 8 Aug 1885 - 20 Oct 1938 (MSSCC)
BRUN, Adolph s/o C & D 1876 - 1880 (MCC)
Anna S 1875 - 1896 (MCC)
Bertha d/o C & D 1879 - 1897 (MCC)
Chris 1839 - 1908 (MCC)
Dorothy no dates (MCC)
Emily 1870 - 1960 (MCC)
Frank 1892 - 1918 (MCC)
J no dates (EEC)
John 1867 - 1944 (MCC)
William 1871 - 1894 (MCC)
BRUNA, Henry 1818 - 1 Dec 1889 R41-BL13 (MVC)
Rebecca 1821 - 1877 no lot (MVC)
BRUNEMAUN, Henry 1840 - 26 June 1890 R47-BL112 (MVC)
BRUNK, J C no dates (EEC)

BRUNS, Dollie Helen no date - 18 Feb 1947 RG-BL29-BK4-2 (MVC)
William Albert 1909 - 1959 Kansas S/Sgt 67 CM 1 Smoke Gen WWII (PDC)
BRUSHWOOD, Bernice 1899 - no date no lot (MVC)
Luther 1898 - 28 Sept 1928 RD-BL15-BK1-2 (MVC)
BRYAN, Arthur no date - 11 Dec 1928 (inf) RD-BL22 (MVC)
Charlotte 1897 - 12 Sept 1920 RF-BL5-BK8-2 (MVC)
Della 1879 - 15 Aug 1969 RG-BL31-BK4-4 (MVC)
E J no date - 16 Sept 1894 R38-BL294 (MVC)
Elizabeth 1854 - 1937 (EEC)
Elizabeth no date - 26 Feb 1940 RD-BL22-BK9-2 (MVC)
Elmer 1882 - 20 Aug 1967 RG-BL31-BK5-1 (MVC)
Eva 1899 - 17 July 1951 RG-BL29-BK4-2 (MVC)
Eva Belle 1877 - 3 Dec 1962 RG-BL29-BK12-2 (MVC)
"Father" 1829 - 1924 (EEC)
Hannah no date - 4 Jan 1896 R55-BL250 (MVC)
Henry 1875 - 30 May 1943 RG-BL29-BK11-2 (MVC)
Hugo 1881 -12 Feb 1964 RB-BL18-BK8-3 (MVC)
Joseph no date - 19 Mar 1904 RD-BL17 (MVC)
Mrs L W no dates (EEC)
Leroy no date - 11 Dec 1928 (inf) RD-BL22-BK7-11 (MVC)
Lola B 1882 - 2 Feb 1959 RB-BL18-BK9-3 (MVC)
"Mother" 1830 - 1921 (EEC)
Myrtle Blanch 1879 - 8 Mar 1938 R29-BL151 (MVC)
Nellie S 1868 - 27 Aug 1902 no lot (MVC)
Raymond 1898 - 11 Sept 1945 RG-BL29-BK2-2 (MVC)
Robert E no date - 12 Sept 1942 RG-BL31-BK8-4 (MVC)
Rolla D no date - 29 Sept 1947 RG-BL29-BK6-3 (MVC)

BRYAN (continued)
Ruby no date - 11 Dec 1928 (inf) RD-BL22 (MVC)
BRYANT, Chas d 19 Apr 1973 (EEC)
BRYNES, Andrew s/o Francis & Winifred 1829 - 3 Dec 1913 (SLC)
BRYNING, Howard no date - 29 Sept 1919 R26-BL102-BK4 (MVC)
Joseph 1835 - 16 July 1912 R26-BL102-BK1 (MVC)
Mrs J V no date - 5 May 1923 R26-BL102-BK2-0 (MVC)
BUBB, Anton 1820 - 10 Mar 1903 RA-BL22 (MVC)
Catherine 1832 - 22 Sept 1917 RA-BL22-BK4-2 (MVC)
George 1862 - 23 Aug 1948 RA-BL22-BK1-2 (MVC)
Herman 1888 - 21 Aug 1967 RF-BL19-BK9-3 (MVC)
Katie 1860 - 6 May 1916 RA-BL22-BK2-2 (MVC)
Rose no date - 27 Aug 1943 RF-BL19-BK8-3 (MVC)
Sophia no date - 2 Apr 1912 RA-BL14 (MVC)
Theordore no date - 1 Feb 1919 RF-BL19-BK7-3 (MVC)
BUCHANAN, Andrew J 1863 - 1936 (LC)
Anna 1890 - 12 Dec 1919 RE-BL14-BK9-2 (MVC)
Anna no date - 19 Dec 1919 R67-BL92 (MVC)
Belle 10 July 1899 44y (MGC)
Cynthia s 1865 - 1959 (LC)
Dee An gd/o L F L d 1977 (MGC)
Elizabeth 1881 - 1957 (MGC)
Eugene F 22 May 1902 - 10 Nov 1977 (SMGC)
Flossie no date - 10 Dec 1932 RE-BL5-BK9-1 (MVC)
Henry C 5 Apr 1847 - 8 Jan 1931 (MGC)
Isabel 1887 - 1966 (MGC)
John R 8 May 1891 - 3 Aug 1936 (MGC)
Lincoln W 1894 - 1977 (MGC)

BUCHANAN (continued)
Lloyd C 8 Oct 1923 - 3 Dec 1974 (LC)
Louis L 1896 - 1981 (LC)
Lucille W 1900 - no date (MGC)
Luella 11 Oct 1899 19y (MGC)
Sarah A 1895 - 1969 (LC)
W H 9 July 1880 - 2 May 1953 (MGC)
BUCHERT, Peter s/o Thos & Anna Honra d 19 Apr 1888 80y Sec1-L4-#3 (SPC)
BUCK, Anna no date - 12 Apr 1954 RA-BL26-BK7-2 (MVC)
Bessie 1879 - 3 Aug 1913 RF-BL14-BK10-2 (MVC)
David 1835 - 28 Oct 1922 RF-BL18-BK8-1 (MVC)
Edith Jane 1877 - 8 Dec 1917 R26-BL93-BK3 (MVC)
Ellen G no date - 9 July 1906 RA-BL12 (MVC)
Genieve 1875 - 29 Oct 1906 (inf) RA-BL12 (MVC)
Glen no date - 20 Aug 1968 RK-BL11-BK5-2 (MVC)
Glen no date - 20 Aug 1968 RK-BL11-BK5-2 (MVC)
J A no date - 30 Dec 1920 RA-BL26-BK10-2 (MVC)
James no date - 20 Dec 1929 RK-BL11-BK5-2 (MVC)
Minnie 1876 - 8 July 1929 RA-BL26-BK8-2 (MVC)
Nelllie no date - 17 Dec 1899 RA-BL26 (MVC)
Robert 1877 - 15 Feb 1919 R26-BL93-BK5-1 (MVC)
Robert Lee 1909 - 6 June 1961 RF-BL14-BK11-2 (MVC)
Rosa no date - 30 Apr 1900 RA-BL26 (MVC)
S A b 11 Aug 1901 72y 9-SE 1/4 (CCC2)
Mrs Sarah 1852 - 10 Nov 1923 RA-BL26-BK9-9 (MVC)
Theresa no date - 19 June 1912 RD-BL8-BK4-4 (MVC)
BUCKER, William 1889 - 1982 (SNC)
BUCKHOLTZ, Gustave no date - 9 Sept 1920 (moved to Oak

BUCKHOLTZ (continued)
Hill) RG-BL16 (MVC)
BUCKLES, Doris 1909 - 1 Aug
1981 RK-BL20-BK3-6 (MVC)
Dorothy 1915 - 1 June 1968 RJ-
BL23-BK4-3 (MVC)
Elizabeth 1890 - 6 Feb 1963 RJ-
BL23-BK2-3 (MVC)
Fernando 1857 - 16 May 1934
RF-BL26 (MVC)
Henrietta 1862 - 16 Aug 1926
RF-BL26-BK7-1 (MVC)
Hugh 1883 - 22 Sept 1967 RJ-
BL23-BK1-3 (MVC)
Josephine no date - 24 Dec 1971
RK-BL34-BK5-1 (MVC)
BUCKMAN, Alice L 1916 - 19--
(MCC)
Clayton J 1915 - 1968 (MCC)
Marie A 1843 - 1914 (MCC)
Velma B 1907 (MCC)
BUDDENBOHM, Alice Irene 18
Feb 1911 - 3 Dec 1945 (LC)
Anna 1886 - 1943 (LC)
Fred 1864 - 1946 (LC)
Fred Wm 1888 - 17 Sept 1962
(SMGC)
Henry W 1887 - 1963 (LC)
Leroy no dates (EEC)
Lodena no dates (LC)
Mary F no dates (EEC)
Rose A 1906 - 1982 (LC)
Wilhelminia J 1878 - 1968 (LC)
Wm no dates (LC)
BUEHLER, John no date - 25 Apr
1963 RK-BL40-BK2-2 (MVC)
BUFLING, Mark 1908 - 1910 no
lot (SPC)
BUFORD, Arizona B 24 May 1917
- 31 Jan 1974 (SNC)
Henry no date - 12 Aug 1893
R56-BL266 (MVC)
Ida no date - 21 May 1894 R56-
BL266 (MVC)
Julia no date - 22 Aug 1893 R56-
BL266 (MVC)
Laura no date - 12 May 1894
R56-BL266 (MVC)
Thomas no date - 19 Jan 1901
R56-BL267 (MVC)
Violet no date - 10 Feb 1936
RE-BL12-BK6-4 (MVC)

BUHMAN, Augusta 1879 - 8 Sept
1954 RF-BL21-BK7-4 (MVC)
Wm A 1878 - 13 Nov 1925 - RF-
BL21-BK8-4 (MVC)
BUHMESTER, Charles 15 Dec
1877 - 30 Dec 1952 (EEC)
BUHRMESTER, F no dates
(EEC)
Fredeick 22 June 1848 - 25 Mar
1915 (EEC)
Hannah 9 Oct 1857 - 26 Dec 1925
(EEC)
Iva F d 11 May 1897 (EEC)
Lewis 1881 - 1948 (EEC)
Lulu 15 May 1890 - 30 Nov 1968
(EEC)
Mitchell William 1892 - 1967
(EEC)
Ralph L 9 Dec 1929 - 29 Jan
1987 (EEC)
Sarah Martha 1895 - 1962 (EEC)
BUIDEWALD, infant no date - 18
Oct 1887 - R36-BL260 (MVC)
BUIE, Betty Lou 1939 - 16 Aug
1970 RJ-BL24-BK7-2 (MVC)
BUIS, L Sandy 1889 - 5 June 1949
RG-BL16-BK7-1 (MVC)
Maud 1876 - 27 Sept 1907 RB-
BL18 (MVC)
Rose 1894 - 31 Dec 1967 RG-
BL16-BK8-1 (MVC)
BULLCOCK, Mark M 1801 - 1887
(MCC)
BULLE, Theodore no date - 1
Feb 1919 RF-BL19-BK7-3
(MVC)
BULLOCK, Edmund 1838 - 1902
(MCC)
Mary 1811 - 1875 (MCC)
BUMGARTNER, Gerald A 22 Jan
1921 - 8 Sept 1980 (SMGC)
BUNCH, Gaylon no date - 18 Aug
1948 RK-BL3-BK6-3 (MVC)
Jess no date - 18 Sept 1954 RK-
BL32-BK6-1 (MVC)
BUNDENTHAL, Rev E S no date
- 1 Oct 1915 RA-BL9-BK7-3
(MVC)
BUNETT, O J no date - 26 Nov
1969 RE-BL12-BK12-1 (MVC)
BUNNELL, Alice 1876 - 1916
(LC)

BUNNELL (continued)
Marjorie no date - 7 Nov 1961 RJ-BL28-BK5-2 (MVC)
Ralph 12 May 1876 - 26 Mar 1938 (LC)
Ralph 1870 - 1938 (LC)
Sharon d 1942 (LC)
Wm 1908 - 1969 (LC)
BURBANK, George S 1826 - 1954 (MCC)
Henry N 1854 - 1912 (MCC)
Mina S 1861 - 1928 (MCC)
BURBAUM, Fred no date - 31 Jan 1973 RG-BL19-BK10-4 (MVC)
inf no date - 23 June 1945 RG-BL41-BK9-4 (MVC)
BURCH, Alfred Riley no date - 28 Oct 1925 RD-BL6-BK6-2 (MVC)
James no date - 10 June 1934 RB-BL5 (MVC)
Johnnie no date - 23 Oct 1949 R44-BL64-BK5 (MVC)
BURCHETT, Isabelle W 1836 - 17 Mar 1969 RA-BL27-BK1-1 (MVC)
Sanda Kay no date - 26 Mar 1951 RJ-BL25-BK6-3 (MVC)
BURDEN, Walter H 28 Aug 1893 - 21 Oct 1977 (SMGC)
BURDETT, Bennie 1863 - 1913 (EEC)
"Mother" 1864 - 1916 (EEC)
BURDETTE, John Henry no date - 13 Oct 1960 RJ-BL27-BK1-1 (MVC)
BURDINE, Theodore no date - 14 Sept 1910 RB-BL22-BK6-3 (MVC)
BURG, Carrie 1871 - 1938 (SACC)
John E 1894 - 1972 (SACC)
Joseph 1857 - 1944 (SACC)
Joseph 1902 - 1977 (SACC)
Lawrence 1912 - 1925 (SACC)
Lena 1870 - 1938 (SACC)
Myrtle d 3 Dec 1983 69y (SACC)
Nina Roman 1904 -1971 (SACC)
Roman W 1899 - 1940 (SACC)
BURGESS, Clara 1854 - 2 Feb 1932 RF-BL1-BK10-4 (MVC)
David 1849 - 20 Oct 1913 RF-

BURGESS (continued)
BL1-BK11-4 (MVC)
E G no date - 19 Dec 1914 RB-BL9-BK1-2 (MVC)
Guy 1879 - 27 July 1920 RF-BL1-BK12-4 (MVC)
Jennie no date - 6 Jan 1913 RB-BL7-BK2-2 (MVC)
Johnie no date - 18 Jan 1888 R49-BL143 (MVC)
BURGIN, Candice Ann 11 Nov 1947 - 1970 (SMGC)
BURK, J 1842 - 31 May 1901 RA-BL14 (MVC)
Russell 1889 - 1972 (PGC)
Thomas 2 Oct 1865 - 23 Aug 1926 (SBAC)
BURKE, Gervase 19 Dec 1901 - 9 Jan 1965 (SBAC)
Peter no date - 3 Nov 1934 R13-BL207-BK4 (MVC)
BURKHARD, Claudine 1883 - 23 Apr 1969 RG-BL22-BK4-1 (MVC)
BURKHART, Charles Bird 1878 - 2 Dec 1934 RG-BL22-BK3-1 (MVC)
Mary no date - 5 Apr 1943 R64-BL38-BK2-3 (MVC)
BURKLE, George no date - 26 Jan 1905 RD-BL12 (MVC)
BURL, Betty Irene no date - 28 Oct 1952 RE-BL20-BK5-4 (MVC)
Clarence no date - 27 July 1901 R11-BL181 (MVC)
BURNETT, Marion Baldwin no date - 9 July 1934 RB-BL5 (MVC)
BURNS, Annie d/o John & Anna 1864 - 1892 (SACC)
Bernadette 25 March 1894 - 1 March 1982 (MSSCC)
Catherine inf d/o Chas b&d 1929 (SACC)
Charles H 1882 - 1962 (SACC)
Daniel J 1876 - 1959 (SACC)
Homer 1892 - 1973 (MCC)
Homer 1897 - 1973 (MCC)
inf d1916 (SACC)
J E no dates (EEC)
James d 1878 84y Sec1-L42-#1

BURNS (continued) (SPC)
John 1828 - 1913 (SACC)
John 1856 - 1937 (PDC)
John 1871 - 1951 (SACC)
Leonilla 3 July 1895 - 17 March 1980 (MSSCC)
Loe 1905 - 1980 (SACC)
Lois Ruth 1911 - 1913 (EEC)
Louise C w/o Charles 1886 - 1968 (SACC)
Maria 1842 - 19 June 1889 75y Sec1-L42-#2 (SPC)
Mary 1871 - 1916 Mother (SACC)
Michael 1905 - 1905 no lot (SPC)
Milburn Bob 1897 - 1970 (MCC)
Modesta 11 Oct 1892 - 2 Dec 1946 (MSSCC)
Pearl Mae 26 Dec 1895 - 11 May 1978 (SMGC)
Richard 20 June 1890 - 10 Sept 1950 (SBAC)
Rosella 1892 - 19-- (MCC)
Russell 1905 - no date (MCC)
Vincentia 14 March 1890 - 18 Feb 1977 (MSSCC)
William 1880 - 1954 (MCC)
BURR, Paul no date - 8 June 1949 RG-BL39-BK11-4 (MVC)
BURRIS, Mrs George no date - 7 Jan 1892 R38-BL293 (MVC)
BURROW, Minnie no date - 3 Mar 1970 RF-BL25-BK8-2 (MVC)
BURTON, Frank no date - 8 Sept 1965 RE-BL21-BK3-3 (MVC)
George no date - 10 Oct 1908 RD-BL3-BK11-3 (MVC)
George no date - 11 Aug 1975 RE-BL21-BK12-4 (MVC)
Mary E no date - 25 Mar 1963 RE-BL21-BK5-3 (MVC)
Mattie Elizabeth no date - 19 Oct 1961 RE-BL21-BK8-3 (MVC)
Oliver no date - 9 Feb 1964 RE-BL21-BK4-3 (MVC)
BUSCH, Cecil Edward 1892 - 31 May 1960 RD-BL8 (MVC)
James no date - 10 June 1934 R44-BL64 (MVC)
Theresa no date - 19 June 1912

BUSCH (continued) RD-BL8 (MVC)
BUSCHWELL, Mrs H K no date - 2 Feb 1894 (moved from 34-232) R48-BL130 (MVC)
BUSENBARK, Margaret no date - 4 Mar 1889 no lot (MVC)
Peter 1813 - 6 Jan 1894 R28-BL297 (MVC)
BUSEY, Carrie 1872 - 1949 (OHC)
Martin 1861 - 1949 (OHC)
Nellie May 1893 - 1976 (OHC)
BUSH, Amy no date - 12 July 1960 RK-BL12-BK3-2 (MVC)
Andrew K no date - 24 Jan 1950 RK-BL12-BK4-2 (MVC)
Cecil 8 Jan 1893 - 8 June 1952 (LC)
Chas Freeman 1865 - 1946 (LC)
Edwin no date - 31 May 1960 RD-BL8-BK3-4 (MVC)
Elias D 1834 - 1920 (LC)
Elnea May 1894 - 1895 (LC)
Frederick 1900 - 1917 (LC)
George no date - 24 Nov 1925 RA-BL11-BK10-3 (MVC)
Harry 14 July 1883 24 May 1968 (LC)
Harry Jr d 11 Mar 1921 (LC)
Ina S 1890 - 1899 (LC)
John G no date - 17 July 1910 RA-BL11-BK12-3 (MVC)
Kenneth 1893 - 13 Apr 1982 (SNC)
Marguerite F 14 July 1901 - 20 Dec 1976 (SNC)
Mary Ellen 1869 - 1953 (LC)
Mertie F 1870 - 1956 (LC)
Minnie M 1867 - 1954 (LC)
Rose Koenis 1872 - 1916 (LC)
Sarah C no date - 19 June 1940 RA-BL11-BK11-3 (MVC)
Sarah w/o Elias D 1834 - 1889 (LC)
Tanear Milie 1870 - 1902 (LC)
Wilma 1916 - 1981 (LC)
Wm Henry 16 Jan 1856 - 15 May 1939 (LC)
BUSHEY, Agnes 11 May 1901 69y 8m 3d (OHC)
BUSHLEY, Casteen D 1876 - 1925 (MCC)

BUSHLEY (continued)
Eva 1842 - 1923 (MCC)
Maybelle 1880 - (MCC)
Paul E 1903 - 1936 (MCC)
BUSHNELL, Frank 1886 - 1972 (EEC)
Mollie M 1888 - 1967 (EEC)
Walter L 21 June 1909 - 24 June 1909 "Baby" (EEC)
BUSHONG, Grace A 1896 - 1978 (LC)
Henry 1893 - 1976 (LC)
BUSINGER, H M no date - 20 July 1970 RJ-BL37-BK11-3 (MVC)
BUSSEFIELD, Carrie no date - 20 Mar 1890 R45-BL84 (MVC)
BUSTER, Andrew C no date - 23 Mar 1928 RF-BL24-BK3-1 (MVC)
Clara B no date - 29 Dec 1971 R17-BL280-BK5-2 (MVC)
Elwyn no date - 11 Apr 1982 RJ-BL12 (MVC)
Walter no date - 4 Jan 1950 RF-BL24-BK8-12 (MVC)
BUSWELL, Emma 1853 - 1931 (WLC)
Father 1824 - 1900 (WLC)
Mother 1823 - 1900 (WLC)
William 1851 - 1926 (WLC)
BUTCHER, America no date - 13 Oct 1906 10m R66-BL83 (MVC)
Henry no date - 22 June 1911 R55-BL240-BK5 (MVC)
inf no date - 12 Feb 1891 R55-BL240 (MVC)
Mary E no date - 18 Feb 1929 R55-BL240-BK4 (MVC)
Reynold no date - 10 Sept 1955 R55-BL240-BK2 (MVC)
Ulric no date - 6 July 1950 R55-BL240 (MVC)
BUTHE, Anna w/o Horace 21 Oct 1806 - 29 Dec 1860 (SDLC)
BUTIN, Charles T 1831 - 1899 (PDC)
Marcie E w/o Chas T d 5 Jan 1893 66y (PDC)
BUTINLBUTEN, Charles T 1831 - 1899 (PDC)

BUTINLBUTEN (continued)
Maria T w/o Charles T d 5 Jan 1893 (PDC)
BUTLER, Charels Pardee 1858 - 1947 father (PDC)
Ernest s/o L P & S 23 May 1865 - stone broken off (PDC)
Howard A 1908 - 1952 Kansas cic 26th Infantry (PDC)
Mary Wright 1873 - 1964 mother (PDC)
Nannie A 1855 - 1919 (PDC)
Oliver B 1899 - 1957 (PDC)
Pardee 1816 - 1888 (PDC)
Roth P 1913 - 1968 (PDC)
Summer 1893 - 1946 (PDC)
Sybil S 1823 - 1898 (PDC)
Vivian 1901 - 1971 (PDC)
BUTMAN, Charles 27 Sept 1868 - 19 May 1919 (EEC)
J C 19 Jan 1884 - 28 May 1895 61y 4m 9d (EEC)
John W c/o J C & S E 1876 - 11 Sept 1876 3m (BCC)
Robert O c/o J C & S E 1873 - 18 Aug 1873 5m (BCC)
Sarah E w/o J C 28 Aug 1849 - 30 Oct 1914 (EEC)
BUTNAN, Ada no date - 10 May 1906 RB-BL11 (MVC)
BUTNEAU, Robert O d 18 Aug 1873 (FGC)
BUTNIAN, John W d 11 Sept 1867 (FGC)
BUTT, Alice 1886 - 1 Oct 1957 RA-BL14-BK5-4 (MVC)
Chris 1847 - 17 June 1901 RA-BL14 (MVC)
Fred C no date - 8 Nov 1911 RA-BL14-BK2-4 (MVC)
Sophia 1858 - 2 Mar 1912 RA-BL14-BK4-4 (MVC)
BUTTENBOHMER, Sophia 18 Nov 1875 - 3 March 1941 (MSSCC)
BUTTRON, Anna 1888 - 1983 (LC)
Bertha 1877 - 1920 (LC)
Clarence 12 Feb 1902 - 19 May 1966 (LC)
Clarence A Jr 19 July 1935 - 5 Jan 1971 (SMGC)

BUTTRON (continued)
 Edna 1891 - 1980 (LC)
 Emma C 1882 - 1957 (LC)
 George J 1885 - 1970 (LC)
 Henry 12 Oct 1821 - 1913 (LC)
 Henry 12 Oct 1831 - 8 Feb 1913 (LC)
 Henry G 1873 - 1944 (LC)
 Jacob 1872 - 1939 (LC)
 Karl b 1916 (LC)
 Karl C 1879 - 1957 (LC)
 Karl H 1900 - 1901 (LC)
 Laverne b 1919 (LC)
 Odelea 9 Apr 1903 - 23 Sept 1969 (LC)
 Rosena 23 May 1845 - 18 Dec 1933 (LC)
 Ruth 1910 - 1983 (LC)
 Wm 21 June 1882 - 14 Aug 1970 (LC)
BUTTS, Chas W 1873 - 1948 (LC)
 Sarah Iva 7 May 1877 - 28 Aug 1925 (LC)
BUTZER, Rolla no date - 15 Feb 1945 RG-BL14-BK9-2 (MVC)
BYRNE, Elizabeth 20 Sept 1880 - 20 Aug 1907 29y Sec1-L7-#6 (SPC)
BYDD, Majorie no date - 14 June 1979 R5-BL45-BK7-1 (MVC)
BYERS, Charles 1871 - 1 Apr 1955 RJ-BL13-BK5-3 (MVC)
 Julia Ett 1881 - 11 June 1965 RJ-BL13-BK6-3 (MVC)
BYRAM, Alice no date - 28 Jan 1954 R29-BL151-BK2-1 (MVC)
 Charlotte Seaton 1897 - 15 Sept 1920 RF-BL5 (MVC)
 Edward no date - 29 Mar 1949 R29-BL151-BK4 (MVC)
 Myrtle Blanche no date - 9 Mar 1939 R29-BL151-BK2 (MVC)
 Nellie no date - 1 Mar 1909 (moved to F-5) R29-BL152-BK7-2 (MVC)
 Nellie Tabor 1868 - 28 Aug 1902? or 1909? R29-BL152 (MVC)
 Paul no date - 18 Jan 1958 R29-BL151-BK1 (MVC)

BYRAM (continued)
 Peter no date - 4 July 1891 R29-BL152 (MVC)
 Virgil Parker no date - 7 Oct 1936 R29-BL152 (MVC)
 Warren Peter no date - 7 Jan 1937 R29-BL151-BK1 (MVC)
BYRAN, Alice Perkins no date - 27 Apr 1945 R29-BL152-BK3 (MVC)
BYRD, Marjorie 1921 - 14 June 1979 RJ-BL45-BK7-1 (MVC)
 Paul 1901 - 12 June 1961 RJ-BL25-BK9-3 (MVC)
CABLE, Fred 1939 - 1 May 1971 RK-BL13-BK9-3 (MVC)
 Fred no date - 24 Sept 1971 RA-BL1-BK6-4 (MVC)
 Marjory no date - 8 Dec 1984 2-3-13-K
CAHILL, Catherine 1853 - 1914 Mother (SACC)
 Nicholas 1844 - 1914 Father Co M 6th Iowa Cavalry (SACC)
 Nora 1875 - 1961 (SACC)
CAHOON, J A no dates (EEC)
CAIGN, John 1882 - 10 Oct 1902 no lot (MVC)
CAIN, James no date - 26 Nov 1886 R26-BL95 (MVC)
 John no date - 5 Nov 1954 RB-BL15-BK5-3 (MVC)
 John W no date - 11 Aug 1905 RB-BL6 (MVC)
 Margarete no date - 4 Oct 1876 (HLC)
 Mary A no date - 31 May 1921 RB-BL15-BK7-3 (MVC)
CAINE, Addie no date - 18 Sept 1888 R24-BL52 (MVC)
 Alfred 1895 - 21 Feb 1913 RA-BL15-BKJ-2 (MVC)
 Alfred David 1845 - 27 Jan 1898 RB-BL15 (MVC)
 Anna 1888 - 1 Dec 1972 RB-BL115-BK3-3 (MVC)
 Anna no date - 17 Nov 1910 RA-BL25-BK1-1 (MVC)
 Cora no date - 23 June 1953 RB-BL6-BL11-4 (MVC)
 Douglas no dates no lot (MVC)
 Edna Perkins 1881 - 4 Oct 1919

CAINE (continued)
  RA-BL4-BK12-2 (MVC)
  Elizabeth 1854 - 1 March 1923 R26-BL95-BK5-1 (MVC)
  Elizabeth no date - 17 Aug 1949 RB-BL6-BK12-4 (MVC)
  Emma 1870 - 9 May 1960 RB-BL15-BK12-3 (MVC)
  Gerald no date - 23 July 1887 R32-BL193 (MVC)
  James 1869 - 26 Nov 1886 R26-BL95 (MVC)
  John 1888 - 8 Nov 1954 RB-BL15-BKJ-3 (MVC)
  John M 1808 - 24 Feb 1888 R26-BL95 (MVC)
  John M 1839 - 5 Dec 1897 RB-BL15 (MVC)
  Lucy A 1859 - 27 Sept 1935 RB-BL15-BK7-2 (MVC)
  Lucy no date - 1 Mar 1910 RA-BL29-BK2-4 (MVC)
  Mary Ann 1846 - 30 May 1922 RB-BL15-BK7-3 (MVC)
  Mylchrest 1872 - 10 Mar 1921 RB-BL15-BK11-3 (MVC)
  Perle Raymond 1913 - 4 Jan 1973 RK-BL26-BK6-1 (MVC)
  Sarah A 1894 - 12 Aug 1922 no lot (MVC)
  Susan no date - 13 Oct 1927 RB-BL6-BK2-4 (MVC)
  Capt W S no date - 18 Sept 1874 no lot (MVC)
  Wm S no date - 7 Apr 1920 RB-BL16-BK1-4 (MVC)
CAINSWORTH, Edward 1847 - 1937 no lot (MVC)
CAIRAS, Ann 1882 - 1910 no lot (MVC)
CALAHAN, Arvilla 14 Apr 1826 - 8 Dec 1875 (EEC)
  James 1898 - 1970 (LC)
CALDWELL, Arthur Lee 1892 - 1 June 1962 (SMGC)
  Ralph M 1895 - 1897 (MCC)
  Regina W w/o Arthur Lee 26 Oct 1897 - 22 Dec 1968 (SMGC)
  Willie no date - 17 Apr 1899 R37-BL283 (MVC)
CALHOUN, Adaline w/o J F 22 Mar 1865 - 16 Mar 1900 (FPC)

CALHOUN (continued)
  David 7 Feb 1824 - 28 Dec 1901 "Father" (PC)
  Gertrude 1892 - 1965 (LC)
  inf no date - 7 Nov 1888 R34-BL223 (MVC)
  Isaac 1854 - 1983 (LC)
  James F 5 Apr 1851 - 20 Sept 1928 (FPC)
  Jane 1865 - 1942 (LC)
  Leon 1858 - 1952 (FPC)
  Mae 1894 - 1973 (LC)
  Margret M 10 July 1829 - 2 Mar 1911 "Mother" (FPC)
  Thomas 1850 - 1917 (LC)
  William D 4 June 1865 - 24 Nov 1916 (FPC)
CALKINS, A W 1850 - 1874 (PDC)
  Elizabeth w/o D R 8 Jan 1881 (PDC)
CALLAHAN, Rita 19 Oct 1877 - 14 May 1959 (MSSCC)
  Sylvia 14 Jan 1880 - 1 June 1971 (MSSCC)
CALLIGAN, Thomas 1863 - 1868 5y Sec1-L55-#4 (SPC)
CALVERT, A H 1857 - 1918 (MCC)
  Alma 1882 - 1934 (MCC)
  Cora A 1862 - 1925 (MCC)
  Ella 1853 - 1889 (MCC)
  Ella 1883 - 1889 (MCC)
  Felda 1845 - 1920 (MCC)
  H H 1868 - 1940 (MCC)
  J H 1838 - 1904 (MCC)
  John 1849 - 1913 (MCC)
  Nora 1856 - 1883 (MCC)
  P H 1850 - 1911 (MCC)
CAMBERT, Josephine 1915 - 27 Mar 1969 RG-BL35-BK3-3 (MVC)
CAMBY, Janet no date - 21 Mar 1985 (cremated) 7-3-26-J (MVC)
CAMERON, A no dates (EEC)
  Alexander 9 Sept 1826 - 10 Aug 1893 (EEC)
  Donald d 26 Mar 1885 77y (EEC)
  Harriet 1820 - 29 Aug 1917 RB-BL4-BK12-4 (MVC)
  inf no date - 4 Mar 1898 R27-

CAMERON (continued)
BL1-4 (MVC)
Jennie Emma w/o John, d/o William & Celia Stirton 24 July 1906 - 23 Mar 1964 (BCC)
John Lloyd h/o Jennie 18 Aug 1898 - 9 Oct 1964 35th Div (BCC)
May L 1878 - 1903 (LC)
CAMILLI, Thelma 1928 - 17 Nov 1972 RK-BL27-BK6-4 (MVC)
CAMPBELL, Ann Lucy 1836 - 18 Sept 1919 R66-BL71-BK2 (MVC)
Anna Eliza 1841 - 1903 (MCC)
Chas s/o J F & R C 1 Aug 1887 2y 6m 16d (MCC)
Dr Don 1856 - 20 Jan 1923 RA-BL29-BK5-4 (MVC)
Ellen Dairs (Ella) 1859 - 17 Mar 1928 R28-BL131-BK1 (MVC)
Fannie 9 Nov 1839 - 5 Dec 1916 (EEC)
Fannie Lee 22 July 1870 - 25 Jan 1902 (FPC)
Frank L no date - 13 Mar 1945 RG-BL29-BK1-4 (MVC)
Glenn G 13 Aug 1892 - 16 Apr 1923 (MPC)
Glenna d/o H N & L B 1883 - 1886 (MCC)
Grace d/o Austin & Ann 31 Jan 1897 - 6 July 1900 (FPC)
inf no date - 9 Oct 1893 R48-BL121 (MVC)
Jeff 24 Apr 1897 - 18 Mar 1909 (EEC)
John W 1851 - 1874 (PDC)
Lola 1885 - 1899 (MCC)
Louella B w/o H N 1868 - 1918 (MCC)
Malcolm 1863 - 1 July 1952 RG-BL20-BK10-3 (MVC)
Margaret O no date - 14 Nov 1885 79y 1m 29d (MCC)
Mrs Mary no dates (EEC)
Melissa 1869 - 1954 no lot (MVC)
Molly J 13 Dec 1877 - 31 Jan 1910 (EEC)
Nancy 1814 - 1869 (PDC)
Nellie no date - 22 Apr 1958 RG-

CAMPBELL (continued)
BL29-BK2-4 (MVC)
R M 1822 - 18 Nov 1879 57y 10m 27d (MPC)
Samuel 1834 - 7 Jan 1900 R66-BL71 (MVC)
Sarah J 23 Jan 1845 - 29 July 1921 (EEC)
Sophia 1864 - 10 Feb 1940 RG-BL20-BK11-3 (MVC)
Sophronia (w/o Wm Campbell) 1819 - 25 March 1888 68y (CWC)
Stanley F 27 Aug 187? - 20 May 1903 (EEC)
W 1831 - 1901 (MCC)
Walter W no date - 5 July 1925 R66-BL71-BK4 (MVC)
William 1820 - 30 Apr 1901 82y (CWC)
---- d/o E E & Fannie 10 May 1895 - 26 Nov 1895 5m 11d (FPC)
---- s/o Daniel no dates (CBC)
---- s/o Daniel no dates (CBC)
---- w/o Daniel no dates (CBC)
---- w/o Daniel no dates (CBC)
CAMPION, John C 1867 - 1933 (SACC)
Lillian 1876 - 1967 (SACC)
T 1877 - 1956 (SACC)
William no date - 7 Apr 1878 45y 4m 10d (SACC)
William S 1884 - 1975 (SACC)
CANCER, J d1891 (SACC)
CANDREIA, Charles 1862 - 1944 (SACC)
Charles 1906 - 1910 (SACC)
Charles L 1916 - 1971 (SACC)
Esther 1898 - 1974 (SACC)
Frank 1893 - 1957 (SACC)
Frank Sr 1877 - 1939 (SACC)
John A 1896 - 1965 (SACC)
John A 1896 - 1965 Pvt Battery D 30 FA WWI (SACC)
Louie J d 10 Sept 1976 (SACC)
Mabel w/o C d 1918 (SACC)
Theresa Cecelia 1881 - 1916 (SACC)
CANRIGHT, Francis A 1837 - 1906 (EEC)
Josephine M 1848 - 1928 (EEC)

CANTER, Harold 1922 - 1970 (BCC)
James 1862 - 1942 (BCC)
Nora R no date - 14 Mar 1881 (FGC)
Norar w/o J M 1884 18y (BCC)
Rebecca 1880 - 1924 (BCC)
Zipha 1874 - 1906 (BCC)
CANTERBERRY, Susie A 1914 - 1971 (LC)
Willie 1911 - no date (LC)
CAPESIUS, Leon no date - 10 May 1929 Sec2-L46-#2 (SPC)
CAPLES, Cornelius 2 Oct 1899 - 24 May 1966 (SBAC)
CAPPER, Janet Sue no date - 2 Jan 1950 (inf) RK-BL14-BK12-2 (MVC)
CARAWAY, Flora no date - 3 June 1955 RB-BL17-BK1-1 (MVC)
CARBRAY, Bessie no date - 31 Aug 1895 R39-BL315-BK6-2 (MVC)
Christine 1880 - 12 Feb 1957 RK-BL22-BK5-3 (MVC)
John no date - 3 Apr 1908 RD-BL16-BK6-2 (MVC)
Samuel 1881 - 13 Oct 1953 RK-BL22-BK6-3 (MVC)
CARD, Blanche no date - 14 Jan 1948 RE-BL13-BK11-2 (MVC)
CARDIFF, Asa 1877 - 22 Aug 1878 no lot (MVC)
Ella 1850 - 24 Dec 1917 R66-BL71-BK2 (MVC)
inf no date - 3 June 1884 no lot (MVC)
Lillie no date - 24 Aug 1878 no lot (MVC)
Mary 1825 - 7 Feb 911 R66-BL91-BK4 (MVC)
Wm 1847 - 29 Apr 1926 R66-BL71 (MVC)
CARDWELL, Demareus 22 Sept 1849 - 23 Sept 1927 (SNC)
CAREY, Sister Mary Ann 1805 - 25 Nov 1892 (MSSCC)
CARL, Hildalita 16 July 1884 - 29 Sept 1964 (MSSCC)
N 1887 - 1908 (OHC)
Tharsilla 11 Nov 1887 - 6 Oct

CARL (continued)
1964 (MSSCC)
CARLIN, Jennie Ohio 1868 - 13 July 1935 RB-BL4-BK2-4 (MVC)
John 1861 - 6 Oct 1931 RB-BL4-BK3-4 (MVC)
W J no date - 12 Apr 1888 R59-BL308 (MVC)
CARLISLE, Addie 1859 - 18 May 1927 RA-BL30-BK8-4 (MVC)
Alex 1858 - 26 Apr 1886 no lot (MVC)
Alex no date - 2 June 1927 RA-BL30 (MVC)
Bessie 1886 - 12 Apr 1897 RA-BL30 (MVC)
Jerry Lee 193- - 1937 (MCC)
Wm 1848 - 17 June 1924 RA-BL30-BK4-4 (MVC)
Wm no date - 16 Nov 1892 R53-BL206 (MVC)
CARLTON, Dolly 3 Jan 1790 - 19 Nov 1882 92y 10m 16d (PDC)
Harriett G w/o Milo 1816 - 1889 (PDC)
Milo 1814 - 1894 (PDC)
Wm C 1899 - 1910 (LC)
CARMAN, E S no date - 23 Nov 1894 76y 10m 1d (WLC)
Mary w/o E S no date - 1 Nov 1890 70y (WLC)
CARPENTER, Adeline 1827 - 5 Oct 1911 R11-BL175 (MVC)
Armelda 1846 - 1880 no lot (MVC)
Charles 1887 - 6 June 1968 RJ-BL25-BK5-2 (MVC)
Edwin C 1851 - 18 Mar 1918 R11-BL175-BK3 (MVC)
Elizabeth 1850 - 8 Jan 1929 RB-BL2-BK5-4 (MVC)
Florence 1890 - 1913 no lot (MVC)
Geoerge W 1858 - 19-- (WLC)
George 1839 - 25 Feb 1901 RB-BL5 (MVC)
John Daniel no date - 18 Jan 1907 RD-BL12 (MVC)
Joseph no date - 21 Oct 1897 76y 10m Co 133 Wisconsin Vol Inf Battery A1, Illinois Light Ar-

CARPENTER (continued)
tillery (WLC)
Julia Platt 1851 - 1934 (WLC)
L P s/o J & W no date - 11 May 1885 23y 9m 15d (WLC)
M F no date - 15 Mar 1897 46y 9m (WLC)
Millie 1889 41y 2m 18d (OHC)
Nancy 1809 - 1903 93y (OHC)
Richard 1819 - 26 Dec 1900 R11-BL175 (MVC)
Ruth J 30 Nov 1877 37y 8m 27d (OHC)
S P 14 Aug 1814 - 23 Dec 1893 79y (OHC)
Sarah 1848 - 25 Jan 1938 RD-BL21-BK3-4 (MVC)
Sarah 1858 - 2 Sept 1910 RF-BL1-BK8-3 (MVC)
Urzelina no date - 5 Oct 1901 77y 5m 2d (WLC)
Wm F 1854 - 12 May 1925 RF-BL1-BK9-3 (MVC)
CARPOO, Joseph b Saratoga, New York 1804 - 1873 (MLC)
CARR, Albert L 28 Sept 1892 - 1 Apr 1965 (SMGC)
Cora Hoffman 1873 - 26 July 1958 RJ-BL17-BK9-2 (MVC)
Marie w/o Albert L 26 Sept 1897 - 6 Jan 1972 (SMGC)
Wm Allen 1872 - 12 Mar 1953 RJ-BL17-BK10-2 (MVC)
Wm Allen no date - 15 Jan 1898 R40-BL327 (MVC)
CARRICO, Charles Burton s/o J R & M F no dates (MCC)
George s/o J R & M F no dates (MCC)
John R 1841 - 1902 (MCC)
Lydia A w/o C B 1896 37y (MCC)
Minnie B d/o J R & M 1874 - 1890 (MCC)
CARRIGO, John 1841 - 1912 (MCC)
CARROL, Charles H 1826 - 1891 (PDC)
inf no date - 27 Jan 1888 R40-BL336 (MVC)
CARROLL, John no date - 11 Jan 1903 Sec1-L30-#1 (SPC)

CARROLL (continued)
Michael B 18 July 1903 - 19 Apr 1971 (SBAC)
CARSON, Charlie 1880 - 1955 (OHC)
Clifford Jr 23 June 1894 - 8 Oct 1969 (LC)
Ella M 1882 - 1981 (CWC)
Francis M 26 Nov 1908 - 21 Apr 1972 (SMGC)
Frank 1883 - 1968 (OHC)
James L s/o F & M 30 Sept 1944 - 5 Aug 1973 (SMGC)
Louisa 1858 - 1937 (CWC)
Lulu Y 1868 - 7 Apr 1888 (OYC)
Mary E w/o Francis M 18 May 1915 - 31 Dec 1981 (SMGC)
Oral 27 Feb 1889 - 12 July 1972 (LC)
Peter K 1852 - 1944 (CWC)
Riley W 1880 - 1937 (CWC)
Virginia A 1920 - 1960 (LC)
CARSTENSEN, Martha no date - 22 Jan 1981 RD-BL13-BK1-2 (MVC)
CARTENSEN, Anna Handke 1893 - 26 May 1939 RF-BL2 (MVC)
Anna Louise no date - 9 Feb 1920 RD-BL13-BK3-2 (MVC)
Aura Carol no date - 27 May 1938 RF-BL2-BK7-1 (MVC)
Dora no date - 9 Feb 1922 RD-BL13-BK2-2 (MVC)
Helen no date - 22 Mar 1908 RD-BL13 (MVC)
Marie no date - 18 Mar 1890 R42-BL152 (MVC)
Mary no date - 13 Mar 1890 R49-BL152 (MVC)
Mary Pauline no date - 17 Dec 1910 RD-BL13-BK9-2 (MVC)
Minnie no date - 30 Sept 1953 RD-BL14-BK7-2 (MVC)
Otto no date - 18 Jan 1919 RD-BL13-BK4-2 (MVC)
Soni no date - 24 June 1949 RD-BL14-BK8-2 (MVC)
Walter Henry 1894 - 3 Oct 1967 RF-BL2-BK6-1 (MVC)
CARTER, Angelina no date - 7 Oct 1891 R57-BL282 (MVC)
Angie Beulah 1862 - 6 Feb 1937

CARTER (continued)
RA-BL25-BK8-4 (MVC)
Catherine 6 Mar 1822 - 13 Mar 1901 (LC)
Catherine Hale 1861 - 25 Feb 1938 76y 6m 20d (EEC)
Chas W no dates Co 1, 32 Illinois Inf (WLC)
Clay 1893 - 16 Dec 1950 RJ-BL14-BK5-4 (MVC)
Clifford 20 June 1908 - 6 Oct 1963 (SMGC)
Edith 1889 - 17 Apr 1970 RA-BL25-BK4-4 (MVC)
Elizabeth 1840 - 17 July 1901 RD-BL17 (MVC)
Florence no date - 23 July 1973 RJ-BL14-BK1-1 (MVC)
G G no dates (EEC)
George W 1859 - 1922 (EEC)
Hattie no date - 7 Jan 1893 R59-BL309 (MVC)
inf no date - 11 July 1890 R59-BL308 (MVC)
inf no date - 3 Jan 1906 RD-BL17 (MVC)
Jess no date - 12 Apr 1888 R54-BL308 (MVC)
Jesse C no date - 1872 14y (LC)
John 1850 - 17 Feb 1936 RA-BL25-BK9-4 (MVC)
Joseph no date - 9 Nov 1890 R59-BL308 (MVC)
Katie 1862 - 1938 (EEC)
Margaret E 1849 - 1926 (EEC)
Nancy E no date - 18 Oct 1877 29y (LC)
Sarah Hinks 1886 - 14 Nov 1934 RA-BL13-BK7-3 (MVC)
Susan d/o T J & Mittie 1 Dec 1902 - 15 Dec 1903 (WLC)
Tommie 1891 - 1 Aug 1896 R15-BL245 (MVC)
W P 1813 - 10 Feb 1895 (LC)
---- 1838 - 28 Mar 1912 RD-BL17-BK1-2 (MVC)
---- 1880 - 23 Nov 1954 RA-BL25-BK5-4 (MVC)
CARTWELL, Jennie 1859 - 1941 (LC)
R N 1828 - 1897 (LC)
Sabrina no date - 1889 33y (LC)

CARTWELL (continued)
Susan no date - 1885 51y (LC)
CARUTHERS, Helen B no date - 27 June 1967 R58-BL301 (MVC)
CASE, Abbie 1836 - 1928 (EEC)
Charlotte 1921 - 1972 (CCC1)
Charlotte May 7 Oct 1921 - 20 Feb 1972 (AC2)
Christina 1860 - 1912 (EEC)
Clara E 19 Oct 1856 - 10 July 1937 (EEC)
Daisy D 1896 - 1952 (EEC)
Delbert 1887 - 13 May 1954 RJ-BL17-BK12-2 (MVC)
E J no date - 14 Aug 1898 16y 5m 17d (EEC)
Emily d/o Howard & Abbie 4 Nov 1872 - 15 Aug 1886 (EEC)
Emmet 1900 - 1959 (AC2)
Emmet 1900 - 1959 (CCC1)
Frank 1895 - 16 Nov 1933 RG-BL21-BK3-4 (MVC)
Fred L 1860 - 1925 (EEC)
Freddie 1887 - 1906 (EEC)
Herbert F 1891 - 1952 (EEC)
Howard J 1827 - 1906 (EEC)
J H no dates (EEC)
James H 1856 - 1940 "Father" (AC2)
James H 1856 - 1940 father (CCC1)
John N Jr 17 Oct 1915 - 25 Sept 1976 (SMGC)
John N R Sr 1 Mar 1885 - 28 Nov 1966 (AC2)
John N R Sr 1885 - 1966 (CCC1)
Joseph W 1881 - 1940 (AC2)
Joseph W 1881 - 1940 (CCC1)
Mabel H 1883 - 1933 (EEC)
Margaret 1891 - 19 Apr 1967 RG-BL21-BK4-4 (MVC)
Mary Grace 1885 - 1962 (CCC1)
Mary Grace 30 Jan 1885 - 10 Apr 1962 (AC2)
Nellie 1883 - 5 Apr 1951 RJ-BL17-BK11-2 (MVC)
Sarah d/o W Armstrong 1860 - 1941 "Mother" (AC2)
Sarah 1860 - 1941 mother (CCC1)
Ted L 1860 - 1925 (EEC)
CASEY, Clara no date - 28 July

CASEY (continued)
  1961 RB-BL3-BK12-1 (MVC)
  Dorothy no date - 20 Dec 1962
    RD-BL2-BK12-4 (MVC)
  Frank no date - 25 May 1953
    RB-BL3-BK11-1 (MVC)
  Harry no date - 13 Oct 1898 RD-
    BL2 (MVC)
  Hattie 1850 - 12 Oct 1918 RB-
    BL3-BK10 (MVC)
  inf/o W D no date - 22 Apr 1898
    R36-BL258 (MVC)
  Ira 1880 - 9 Sept 1898 RB-BL3
    (MVC)
  Warren 1849 - 20 Dec 1962 RD-
    BL2-BK12-4 (MVC)
  Warren no date - 28 May 1916
    RB-BL3-BK9-1 (MVC)
  ---- 1873 - 21 Mar 1896 R32-
    BL204 (MVC)
CASH, Mrs Wm no date - 1 Aug
  1969 RK-BL3 (MVC)
  Wm E no date - 22 Oct 1956
    RK-BL3 (MVC)
CASLE, Beulah Ebner 1891 - 1
  Aug 1969 RK-BL3-BK2-2
  (MVC)
  William E 1890 - 22 Oct 1956
    RK-BL3-BK3-2 (MVC)
CASPER, Theresia 1839 - 1926
  (SACC)
CASS, Adelaide 24 March 1856 -
  21 Dec 1927 (MSSCC)
CASSETT, Arthur 1892 - 12 Oct
  1956 RK-BL32-BK11-3 (MVC)
CASSIDY, Dr Joseph 14 June 1854
  - 1 May 1901 (CWC)
  Joseph Edgar 18 Aug 1895 - 20
    Dec 1981 (CWC)
  Rosa A 23 Feb 1869 - 12 Feb
    1960 (CWC)
CASSIE, Wallace 1898 - 1931 no
  lot (MVC)
CASTELLINE, Alma w/o Charles
  1885 - 1965 (FPC)
  Charles 1869 - 1966 (FPC)
CASTLE, Florence no date - 7
  Apr 1947 RB-BL21-BK7-1
  (MVC)
  Mable 1886 - 15 Dec 1970 RJ-
    BL14-BK6-4 (MVC)
  Roy 1886 - 28 Aug 1968 RJ-

CASTLE (continued)
    BL14-BK6-4 (MVC)
CATER, Anna 1867 - 1941 (EEC)
CATLETT, Martha N 17 June
  1899 - 11 Oct 1975 (SMGC)
CATON, John no date - 11 Oct
  1902 10y no lot (MVC)
CAVANAUGH, Elizabeth d 1865
  3y Sec1-L9-#6 (SPC)
  John 1834 - 11 Nov 1909 69y
    Sec1-L9-#3 (SPC)
  John 1871 - 2 Oct 1884 Sec1-L9-
    #2 (SPC)
  Joseph no date - 5 Jan 1893 24y
    Sec1-L9-#5 (SPC)
  Julia d 1904 45y Sec1-L9-#6
    (SPC)
  Mary 1834 - 17 Apr 1912 75y
    Sec1-L9-#4 (SPC)
CAVE, Clarence 1906 - 28 Dec
  1978 RK-BL2 (MVC)
  Edith 1902 - 14 July 1984 RK-
    BL2-BK4-2 (MVC)
  Lloyd 1901 - 22 Sept 1952 RK-
    BL2-BK5-2 (MVC)
  Mildred 1906 - 17 July 1983 RK-
    BL2-BK12-3 (MVC)
CAVERT, J H 1838 - 1904 (MCC)
CAVINS, Anna no date - 16 Nov
  1910 RA-BL25 (MVC)
CAWLEY, Agnes 1870 - 1974
  (SACC)
  James A 1873 - 1926 (SACC)
  John 28 Jun ---- - 8 Feb 1901
    (SACC)
  John J 1863 - 1937 (SACC)
  Margaret 1833 - 1920 (SACC)
  Margaret Elizabeth 1839 - 16 Jan
    1892 R68-BL113 (MVC)
  Peter 1866 - 1945 (SACC)
CAWTHORNE, Amelia no date -
  1923 no lot (MVC)
CECIL, Delores Jane 1932 - 7
  Jan 1933 RG-BL12-BK3-3
  (MVC)
  James Clifford no date - 1 Sept
    1941 RG-BL12-BK3-3 (MVC)
  Mary 1851 - 1928 mother (MCC)
  Zacariah T 1830 - 1900 father
    (MCC)
CERARBY, Frank d 17 Mar 1976
  RK-BL4-BK2-3 (MVC)

CERRE, Arthur H 17 Nov 1906 - 17 June 1968 (SMGC)
CHAIN, E P 1835 - 1920 (CC)
E P 1835 - 1920 (PC)
Elizabeth 1842 - 1923 (PC)
Elizabeth 1842 - 1923 (CC)
Fatherine E 1875 - 1955 (LC)
Frances 23 May 1872 - 25 Nov 1936 (LC)
Guy P 1871 - 1952 (LC)
Hugh C 1837 - 1901 (CC)
Hugh C 1837 - 1901 (PC)
Lloyd L 1873 - 1944 (LC)
Mary Elizabeth 27 Jan 1901 - 4 Aug 1902 (LC)
Maud Mary 4 Mar 1878 - 17 Sept 1913 (LC)
Morgan 1881 - 1884 (CC)
Ralph no date - 11 July 1907 (LC)
Ralph M no date - 11 July 1905 (LC)
CHALFANT, Belle 1854 - 1936 (EEC)
Benjamin 13 Jan 1875 2y 9m (OHC)
Benjamin M 1893 - 1954 (ASC)
Carl N 12 Dec 1887 - 10 June 1906 (OHC)
Elizabeth R 1864 - 1906 (OHC)
Jane 1836 - 1928 (EEC)
Lester Lee Sr 1899 - 1963 (OHC)
Lois M 1899 - 1920 (OHC)
Mary Catherine Mann 1867 - 1932 (ASC)
Mary no date - 1819? (OHC)
Mary E Manning 1904 - 15 Jan 1933 28y 9m 4d (ASC)
Mary F w/o N S 22 Sept 1849 - 15 Oct 1884 (OHC)
Nelson S 1849 - 1932 (OHC)
William D 1862 - 1935 (ASC)
CHALLISS, Arthur 1865 - 1882 no lot (MVC)
George 1833 - 30 Apr 1896 R19-BL309 (MVC)
Imogene Bennett 1839 - 24 March 1927 R19-BL309-BK3 (MVC)
Irene no date - 15 June 1896 - R18-BL304 (MVC)
James Milbank 1870 - 6 Dec

CHALLISS (continued)
1937 R68-BL104-BK3 (MVC)
Lucy V 1873 - 13 Aug 1970 R68-BL104-BK4 (MVC)
Luther C 1829 - 28 July 1894 R68-BL102 (MVC)
Mary 1830 - 30 Apr 1909 R68-BL104-BK2 (MVC)
Rella Peggy no date - 12 May 1964 R68BL104-BK2-0 (MVC)
Rilla Van Helsen 1873 - 1 July 1962 R68-BL104-BK4 (MVC)
Walter 1833 - 5 Oct 1893 R19-BL309 (MVC)
William 1826 - 23 Apr 1909 R68-BL104-BK1 (MVC)
CHAMBERLIN, Kenneth 1947 - 20 May 1970 (SMGC)
---- 1835 - 1920 (BCC)
CHAMBERLING, Catherine 1893 - no date (LC)
Frank 17 July 1859 - 4 May 1904 (LC)
CHAMBERS, Carrie no date - 5 June 1905 R17-BL284 (MVC)
Morris no date - 27 Feb 1912 RD-BL9-BK7-4 (MVC)
CHAMPION, Charles B 1865 - 1933 (WLC)
Edna Mae 14 Feb 1918 - 23 Dec 1919 (WLC)
Inez I no dates (WLC)
John 26 Jan 1867 - 25 Apr 1933 (SACC)
John F 2 Feb 1897 - 25 Feb 1981 (WLC)
William d 1878 48y (SACC)
CHANDLEE, James L no date - 14 Feb 1975 RK-BL1 (MVC)
CHANDLER, Audrey Ballon 1899 - 2 Feb 1972 RG-BL26-BK10-4 (MVC)
Carroll d 27 Jan 1978 31y (SACC)
Charles 1860 - 14 Apr 1951 RG-BL26-BK2-4 (MVC)
Effie Emma 1867 - 8 June 1951 RG-BL26-BK3-4 (MVC)
Francis 1834 - 1912 (OHC)
Horace F 1896 - 23 Apr 1981 RG-BL26-BK4-11 (MVC)
James 1899 - 9 Apr 1975 RK-BL23-BK12-1 (MVC)

CHANDLER (continued)
Richard 1951 - 27 Aug 1952 RK-BL22-BK3-1 (MVC)
CHANEY, Katherine no date - 6 June 1946 R30-BL164-BK2 (MVC)
CHANNON, Carl S 1907 - 1979 (EEC)
Hazel M b 1909 (EEC)
W F 27 Jan 1840 - 23 Sept 1917 (EEC)
CHAPMAN, Claude 1896 - 17 Aug 1967 RB-BL19-BK9-1 (MVC)
Eliza 1861 - 1932 (MCC)
John 1861 - 1896 (MCC)
John Lane 1892 - 1910 (MCC)
John no date - 14 Apr 1895 R66-BL85 (MVC)
John W Mar 1879 - 20 Apr 1879 (WLC)
Johnny 1894 - 1894 (MCC)
Josephine no date - 16 Nov 1900 R11-BL180 (MVC)
Margaret 1906 - 20 Jan 1981 RB-BL19-BK7-1 (MVC)
Marks J R no dates (MCC)
Sylvia Fowler 1844 - 27 Dec 1924 RC-BL2-BK8-2 (MVC)
CHARLES, Alice A Dean w/o R E 26 Feb 1892 - 16 Aug 1917 (LC)
Alice M Keeney w/o A L 4 Oct 1861 - 15 Jan 1915 (LC)
Hugh 1891 - 1945 (LC)
Lester no dates (inf) (LC)
Margaret 22 Jan 1900 - 20 Aug 1900 (LC)
CHARLESTON, William no date - 21 March 1970 RE-BL28-BK8-2 (MVC)
William no date - 2 Aug 1951 RE-BL1-BK10-3 (MVC)
CHASE, M A d 1 July 1883 52y (OHC)
Morrill 1925 - 1965 (MCC)
Olive R d 13 Oct 1973 (MCC)
William no date - 2 Aug 1951 RE-BL1-BK10-3
William Oben 1895 - 1973 (MCC)
CHAVES, Gregory 1862 - 28 Sept

CHAVES (continued)
1915 RB-BL12-BK12-4 (MVC)
Lillean 1862 - 1 May 1943 RF-BL6-BK7-1 (MVC)
Wm no date - 9 May 1914 RF-BL6-BK8-1 (MVC)
CHEESEMAN, Agnes 1858 - 9 June 1905 R24-BL67 (MVC)
CHENEY, Heim no date - 9 Oct 1888 R67-BL94 (MVC)
CHESBROUGH, Anna Kearney 1836 - 13 Jan 1886 no lot (MVC)
Ellsworth 1816 - 24 Oct 1896 no lot (MVC)
Robert 1904 - 10 Oct 1904 no lot (MVC)
CHESS, George F no dates (EEC)
CHESTER, Della 1872 - 1969 (EEC)
Homer 1874 - 1953 (EEC)
CHEW, Edward 1883 - 1 Feb 1934 RG-BL21-BK7-4 (MVC)
Effie 1883 - 8 Dec 1953 RG-BL21-BK12 -1 (MVC)
Elisa 1877 - 31 May 1961 RG-BL40-BK7-1 (MVC)
Ethel Louise 1907 - 11 Jan 1979 RG-BL21-BK1-2 (MVC)
Evelyn 1883 - 16 Apr 1982 RK-BL33-BK12-1 (MVC)
Evelyn Mae 1923 - 1957 (LC)
Harry Henry 1877 - 4 May 1942 RG-BL40-BK8-1 (MVC)
Henry no date - 23 Dec 1908 RD-BL9-BK1-2 (MVC)
Louie A 20 Feb 1900 - 5 July 1978 (SMGC)
Mary Jane no date - 28 Dec 1928 RD-BL9-BK2-2 (MVC)
Maynard 1917 - 16 Feb 1982 RK-BL33-BK9-3 (MVC)
Pamela Sue d 1 Oct 1961 (LC)
Robert 1910 - 19 March 1919 RD-BL3-BK11-1 (MVC)
Robert Arthur 1922 - no date (LC)
Roland 1908 - 29 Dec 1930 RD-BL1-BK6-2 (MVC)
CHILCOTE, D B no date - Jan 1933 RG-BL12 (MVC)
Dayton 1901 - 4 Dec 1932 RG-

CHILCOTE (continued)
BL12 (MVC)
CHILDS, Alonzo 1881 – 7 July 1966 RA-BL1-BK2-3 (MVC)
Dora 1895 – 9 Jan 1965 RA-BL1-BK3-3 (MVC)
CHILES, C no dates (EEC)
Fannie A 1863 – 1945 (EEC)
Thomas 1814 – 16 July 1881 no lot (MVC)
CHILO, Lavina 14 Jan 1888 14d inf (OHC)
CHISHAM, Florence 1881 – 8 Dec 1949 RG-BL36-BK1-3 (MVC)
James 1859 – 18 June 1931 RG-BL36-BK2-3 (MVC)
James A 19 Sept 1834 – 30 Mar 1909 (FPC)
Martha w/o James A 15 July 1843 – 30 July 1917 (FPC)
CHISM, inf/o J A & M A no date – 7 Mar 1881 (RMC)
Wayne M 1901 – 1962 (MCC)
CHITTENDEN, Emma J 1845 – 16 Sept 1914 RD-BL21-BK5-4 (MVC)
Mary A no date – 17 Jan 1909 RD-BL21-BK4-4 (MVC)
Morris no date – 16 Jan 1909 RD-BL21 (MVC)
CHMIDLING, Frances A 1901 – 29 July 1950 RK-BL4-BK6-3 (MVC)
CHOATE, Martha 1910 – 13 July 1969 RK-BL17-BK2-3 (MVC)
CHRIST, Carolyn 1845 – 1930 (BCC)
Charles 1871 – 1909 (BCC)
Eliza 1876 – 1947 (MCC)
Ella 1887 – 1966 (MCC)
Frank F 1889 – 1959 (MCC)
Freddy 1802 – 1884 (BCC)
George 1878 – 1953 (MCC)
Harold 1903 – 1978 (MCC)
John 1840 – 1914 (BCC)
John G 1868 – 1934 (MCC)
Pearl 1902 – 1980 (MCC)
Raymond 1899 – 1981 (MCC)
Willen 1856 – 10 Jan 1886 (BCC)
CHRISTENSEN, Lula 1875 – 4 Aug 1910 RD-BL9-BK3-3

CHRISTENSEN (continued)
(MVC)
CHRISTI, Dorothy 30 July 1907 (MCC)
Harold 1903 – 1979 (MCC)
CHRISTIAN, Alice no dates (RMC)
Charles 1823 – 30 Oct 1889 R19-BL308 (MVC)
Charlotte Rose 1894 – 1 Apr 1974 RJ-BL28-BK4-9 (MVC)
Dorothy Matthias 1917 – 1973 (LC)
Edward 1870 – 30 Jan 1939 RG-BL30LBK7-3 (MVC)
Effie 1888 – 20 Aug 1977 RG-BL38-BK2-2 (MVC)
Ethel no date – 23 Apr 1890 R-19-BL308 (MVC)
Florence 1883 – 8 June 1951 RG-BL30-BL8-3 (MVC)
John 16 Aug 1804 – 25 Jan 1866 (RMC)
John 1878 – 1952 (CWC)
Leslie E 1914 – 1979 (LC)
Lucy J 3 Apr 1867 – 8 Jan 1880 (RMC)
Mary 1822 – 24 Jan 1888 R19-BL308 (MVC)
Mary 1863 – 12 June 1938 RB-BL12-BK10-2 (MVC)
Robert 1898 – 2 May 1968 RJ-BL28-BK3-2 (MVC)
Ruth A 1917 – 1961 (LC)
William A b 2 Feb 1833 (RMC)
Wm 1847 – 2 Dec 1919 RB-BL12-BK11-2 (MVC)
Wm 1888 – 9 March 1952 RG-BL38-BK3-2 (MVC)
CHRISTIE, Alex no date – 20 June 1927 R64-BL50-BK5 (MVC)
Alexander 1830 – 22 Feb 1905 R64-BL50 (MVC)
Anna 1878 – 18 Feb 1908 (no lot) (MVC)
Clarence 1910 – no date (OHC)
Elsie 1913 – 1949 (OHC)
Enos C 1909 – 1974 (MCC)
Evelyn 23 Aug 1919 – (MCC)
Jesse 1837 – 31 July 1890 R64-BL50 (MVC)

CHRISTIE (continued)
Loren Dale 1940 4d (OHC)
Ray F 1905 - 1929 (SACC)
CHRISTL, Leonharda 4 May 1900 - 29 Aug 1984 (MSSCC)
Wendelin 5 May 1896 - 9 Apr 1982 (MSSCC)
CHRISTOPHER, Mary 1809 - 25 Nov 1901 R29-BL146 (MVC)
Thomas 1801 - 31 March 1887 R29-BL146 (MVC)
Wm 1848 - 29 March 1868 no lot (MVC)
CHURCH, Charles 1914 - 1984 (LC)
Eudora no date - 7 July 1891 R41-BL14 (MVC)
John Stephan s/o Ennis B & Mary no date - 16 Apr 1875 22y 6m 23d (LC)
Rose no date - 21 July 1898 R41-BL15 (MVC)
CHURCHILL, Anna no date - 19 May 1961 RE-BL21-BK11-2 (MVC)
Mable 1889 - 5 March 1947 RE-BL12-BK10-3 (MVC)
Mary no date - 18 Jan 1901 R59-BL308 (MVC)
Nadine no date - 21 May 1925 RE-BL10-BK5-2 (MVC)
Roberta no date - 6 Jan 1930 RE-BL15-BK6-2 (MVC)
CIBERN, inf no date - 21 Nov 1888 R49-BL149 (MVC)
CILTZ, Grandma 24 Oct 1809 - 8 June 1892 (WLC)
CIRTWELL, Emma M w/o R N d 31 Jan 1889 33y 29d (LC)
R N 20 Feb 1828 - 5 Apr 1897 Co E 186 New York Inf (LC)
Susan w/o R N no date - 3 Oct 1885 52y 5d (LC)
CLAGGETT, Aellie H no date - 23 Aug 1943 RE-BL10-BL5-3 (MVC)
Darrell no date - 25 June 1906 RE-BL7 (MVC)
Henry no date - 26 Jan 1918 RE-BL11-BK10-3 (MVC)
inf no date - 2 June 1914 RE-BL2-BK5-1 (MVC)

CLAGGETT (continued)
James no date - 22 Nov 1902 R40-BL333 (MVC)
Mary no date - 6 Aug 1890 R38-BL298 (MVC)
CLAIBORNE, Flossie no date - 8 Oct 1890 R38-BL298 (MVC)
CLARE, Annie no date - 30 Jan 1888 16y Sec1-L76-#4 (SPC)
CLARK, Aborn no date - 26 March 1891 R67-BL88 (MVC)
Abram 1840 - 19 Nov 1918 RA-BL23-BK11-3 (MVC)
Albeon 1872 - 28 Nov 1875 no lot (MVC)
Anna no date - 4 Feb 1908 R64-BL50 (MVC)
Beatrice 1870 - 20 Apr 1957 RD-BL5-BK10-2 (MVC)
Bessie 1871 - 25 May 1930 RD-BL6-BK5-3 (MVC)
Mrs C B no date - 7 Apr 1920 RB-BL22-BK10-4 (MVC)
Catherine 1839 - 14 Apr 1899 60y (SLC)
Charles 1858 - 3 Oct 1923 RB-BL22-BK11-4 (MVC)
Clarence no date - 28 July 1901 R13-BL215 (MVC)
Edmund 1870 - 19 June 1929 R15-BL250-BK2 (MVC)
Edna no date - 22 Oct 1946 (Downs Crypt) no lot (MVC)
Effie 1875 - 1957 (ASC)
Elizabeth 1868 - 2 July 1947 R13-BL212-BK5 (MVC)
Eugene 1891 - 21 May 1954 RK-BL29-BK9-4 (MVC)
Fannie no date - 2 Dec 1899 R57-BL275 (MVC)
Florence 1871 - 29 Jan 1952 RB-BL17-BL2-2 (MVC)
Fred 8 Jan 1891 - 2 Mar 1970 (SMGC)
Georgia H no date - 13 Sept 1967 RA-BL11 (MVC)
Gerald B no dates (EEC)
Harry 13 Sept 1905 - 11 July 1974 (SMGC)
Harry 1873 - 29 July 1949 RA-BL23-BK2-3 (MVC)
Mrs Harry C no date - 26 Apr

CLARK (continued)
1967 RA-BL23-BK1-3 (MVC)
Harry L 1865 - 5 Sept 1917 RD-BL5-BK11-2 (MVC)
Henry no date - 7 Aug 1943 R22-BL32LBK5-1 (MVC)
Hugh no date - 28 Jan 1929 RA-BL23-BK3-3 (MVC)
Hugh Beck no date - 8 Apr 1970 (moved to Mt. Calvary) RA-BL23 (MVC)
inf 14 Jan 1913 - 26 Jan 1913 (SNC)
inf no date - 10 July 1906 R15-BL250 (MVC)
inf no date - 2 Feb 1895 R18-BL293 (MVC)
James Ed s/o Mathias 1869 - 31 Dec 1949 80y (SLC)
Joseph 1874 - 20 Feb 1942 68y (SLC)
Julia Elphia 1893 - 30 Mar 1983 (EEC)
Katherine 1840 - 13 Jan 1920 R15-BL250-BK6-9 (MVC)
L W 1865 - 30 June 1897 R13-BL212 (MVC)
Letita no date - 27 July 1917 R67-BL88-BK1 (MVC)
Lillian 1860 - 24 Oct 1953 R22-BL32-BK4 (MVC)
Margaret A (Mrs. Otis) 1845 - 30 Apr 1931 R67-BL88-BK2 (MVC)
Margaret w/o Harry 23 July 1909 - 26 June 1973 (SMGC)
Martin L 1869 - 1951 (ASC)
Mary C no date - 19 Aug 1903 RA-BL23 (MVC)
Mary Jane no date-38 March 1908 (removed 29 Nov 1909) RB-BL17-BK7-2 (MVC)
Matthias 1831 - 1885 54y (SLC)
Mildred Thayer 1900 - 12 Jan 1977 RK-BL29-BK10-4 (MVC)
Mrs N C no date - 2 May 1893 R48-BL123 (MVC)
Norval 1870 - 26 Sept 1928 RA-BL24-BK12-3 (MVC)
Otis no date - 17 March 1889 R67-BL88 (MVC)
Ray no date - 25 May 1905 (inf)

CLARK (continued)
R54-BL227 (MVC)
Reson no date - 13 May 1891 R38-BL296 (MVC)
Robert E 1884 - 15 Apr 1917 RD-BL4-BK6-4 (MVC)
Robert M 1876 - 1980 (ASC)
Rueben 1822 - 23 June 1894 R15-BL250 (MVC)
Sarah D 1884 - 1936 (WLC)
Thomas 1855 - 10 June 1941 RB-BL17-BK3-2 (MVC)
Thomas Newton 1858 - 7 Oct 1937 79y 1m 8d (WLC)
William H 1880 - 1940 (WLC)
Wm no date - 22 Oct 1920 (removed from Oak Hill) R15-BL250-BK5 (MVC)
Wm L no date - 31 Dec 1953 RJ-BL15-BK12-2 (MVC)
---- 1851 - 8 July 1934 R15-BL250 (MVC)
CLARKSON, Rolland F d 26? Sept 1979 (SMGC)
CLATTFELDER, Henry 1825 - 23 Jan 1871 RJ-BL15-BK12-2 (MVC)
Margaret 1830 - 10 Oct 1904 no lot (MVC)
CLAUSE, Wayne F 1905 - 1961 (BCC)
CLAUSEN, E W no date - 3 Apr 1954 RA-BL30 (MVC)
Erwin 1899 - 16 Jan 1944 RK-BL11-BK1-4 (MVC)
Helen 1899 - 23 Oct 1961 RA-BL30-BK8-2 (MVC)
CLAY, Henry no date - 16 Jan 1887 R53-BL207 (MVC)
CLAYTER, Alvin no date - 11 June 1966 RE-BL1-BK10-3 (MVC)
Amanda no date - 15 July 1941 RE-BL13-BK9-1 (MVC)
Harry L no date - 15 Feb 1923 RE-BL14 (MVC)
Homer no date - 10 Oct 1938 RE-BL12-BK3-4 (MVC)
Loree Allen no date - 5 May 1959 RE-BL19-BK11-2 (MVC)
Maurice no date - 12 Feb 1936 RE-BL15-BK1-3 (MVC)

CLAYTER (continued)
Merlene no date – 30 July 1960 RE-BL19-BK7-3 (MVC)
Norma 1927 – 26 May 1950 RE-BL19-BK10-2 (MVC)
Richard P no date – 2 Feb 1951 RE-BL1-BK12-3 (MVC)
Russell no date – 20 Oct 1933 RE-BL15-BK1-3 (MVC)
Thomas E no date – 3 Jan 1938 RE-BL12-BK4-4 (MVC)
Vernon no date – 12 June 1930 RE-BL14-BK2-3 (MVC)
CLEARY, Clarence 1890 – 5 June 1964 74y (SLC)
Frances 1892 – 9 Feb 1897 5y (SLC)
Helen Nell 1887 – 1 Oct 1967 80y (SLC)
John 1875 – 20 Dec 1948 (SLC)
John no date – 1952 73y (SLC)
Juanita 1876 – 14 March 1918 42y (SLC)
Leo 1893 – 6 Dec 1963 70y (SLC)
Margaret 1883 – 11 Feb 1897 14y (SLC)
Mary no date – 1977 84y (SLC)
Mary w/o Robert 1856 – 17 Aug 1940 84y (SLC)
Robert 11 March 1836 – 6 Dec 1963 (SLC)
Robert no date – 1887 62y (SLC)
Robert C 17 March 1836 (Co Wexford, Ireland) – 29 Aug 1898 (SLC)
William s/o Robert & Mary 1878 – 10 June 1917 (SLC)
CLEM, Charlotte 1905 – 1935 (LC)
Ernest E Jan 1891 1y (FGC)
G E 9 Feb 1890 1y (FGC)
Harry 1894 – 28 Apr 1909 BK12-3 (MVC)
Henry C no date – 15 May 1909 RD-BL9 (MVC)
Jesse R 1903 – 1959 (LC)
Mary Darlene no date – 1923 (LC)
William Albert 1 Dec 1890 – 28 Oct 1961 (SMGC)
CLEMENTS, Adda 1871 – 8 Aug 1955 RG-BL13-BK9-1 (MVC)

CLEMENTS (continued)
Albert G no date – 9 Nov 1914 R14-BL226-BK3-4 (MVC)
Barbara no date – 12 Feb 1926 RD-BL2-BK2-4 (MVC)
Claude 1902 – 14 Oct 1934 RG-BL13-BK5-1 (MVC)
Jacob no dates (RMC)
Maywood Jr 1872 – 14 Oct 1937 RG-BL13 (MVC)
Otto no date – 14 Sept 1922 RD-BL2-BK3-4 (MVC)
Sholes Hurdle 1882 – 12 July 1911 R17-BL235-BK1 (MVC)
Zone F 1871 – 3 July 1957 RD-BL2-BK9-1 (MVC)
CLENDENNEN, Jennie 1888 – 25 June 1953 RG-BL29-BK4-3 (MVC)
Robert no date – 3 Apr 1918 RD-BL3 (MVC)
CLEVELAND, M 1868 – 1896 (MCC)
R B 1830 – 1917 (MCC)
Rhoda 1830 – 1907 (MCC)
Truman 1917 – 1982 (MCC)
Violet 1899 – 1975 (MCC)
CLINCH, Columban Verni 18 Apr 1903 – 14 Sept 1968 (SBAC)
CLINE, Anne V 1827 – 12 June 1911 R67-BL93-BK3 (MVC)
Arche B no date – 22 Sept 1898 R67-BL93 (MVC)
Bathsheba Eads (w/o Peter J Cline) 5 May 1848 – 10 Sept 1910 (CWC)
Benjamin F 1850 – 1919 (CWC)
Charles C 7 Sept 1881 – 20 Feb 1927 (CSHC)
Clara Belle 1874 – 1948 (CWC)
Clarinda J 15 March 1849 – 9 June 1929 (CWC)
Conrad 1820 – 16 Oct 1899 R67-BL93 (MVC)
Conrad no date – 1 Feb 1888 R67-BL93 (MVC)
Dorothy 10 Aug 1906 – 10 Aug 1936 (CSHC)
Elenor w/o Henry 8 June 1813 – 18 Sept 1900 (CSHC)
Elizabeth 1820 – 1891 (PDC)
Elizabeth 8 Oct 1883 – 6 Jan

CLINE (continued)
1965 (CSHC)
Eva Ella 18-9 - 1887 (FGC)
Harry no date - 3 Apr 1890 R67-BL93 (MVC)
Henry 18 Dec 1809 - 26 Jan 1875 (CSHC)
Ida Jane 1873 - 29 March 1948 RF-BL22-BK9-4 (MVC)
inf b&d 1895 (CWC)
inf d/o TL & SM no date - 28 Dec 1880 (CSHC)
John H 1871 - 1941 (CWC)
John Thomas 1909 - 1910 (CSHC)
John W 6 Feb 1844 - 14 Oct 1907 (CWC)
Laura A 1857 - 1931 (CWC)
Leonidas 1869 - 21 Nov 1932 63y 6m "Father" (CWC)
Luther D 1868 - 23 July 1963 RF-BL22-BK8-4 (MVC)
Oram 1880 - 1965 "Mother" (CWC)
Philip 1811 - 1882 (PDC)
Robert 1860 - 7 Apr 1927 RF-BL22-BK7-4 (MVC)
Robert no date - 6 Apr 1925 RF-BL22 (MVC)
Ruth May 1896 - 1896 (CSHC)
Sara H 1905 - 1909 (CWC)
Susan M Vandiver 1854 - 1938 (CSHC)
Sylva no date - 4 Nov 1892 R67-BL93 (MVC)
Thomas 1845 - 1930 (CSHC)
Thomas Leonard 1845 - 1930 (CSHC)
Wm H 16 Mar 1875 - 19 Mar 1875 (CSHC)
CLINGAN, Janice no date - 26 Jan 1920 RF-BL16-BL6-2 (MVC)
John 1894 - 16 March 1968 RG-BL23-BK3-4 (MVC)
Marian Glen 1899 - 24 March 1977 RG-BL23-BK4-4 (MVC)
CLINTON, Dorothy no dates (EEC)
John no dates (EEC)
CLITER, Julie no date - 2 Dec 1910 R17-BL284-BK1 (MVC)

CLITES, Alice 1842 - 23 Feb 1903 R17-BL284 (MVC)
James no date - 18 Aug 1898 R17-BL284 (MVC)
James no date - 5 Aug 1869 no lot (MVC)
Jannie no date - 1883 no lot (MVC)
Josephine no date - 6 Apr 1869 no lot (MVC)
Nonan 1851 - 11 Oct 1888 R17-BL284 (MVC)
CLITHERS, Louise B 1875 - 9 Oct 1928 RB-BL18-BK9-2 (MVC)
CLORA, Henrietta no date - 12 May 1923 RE-BL14-BK11-4 (MVC)
CLOUGH, Belle D 1882 - 1968 (EEC)
Horace B 9 July 1870 - 2 Oct 1959 (EEC)
inf d/o J B & Belle D no date - 1921 (EEC)
Victor W 21 May 1906 - 15 Mar 1973 (EEC)
Virgil E 28 May 1901 - 2 Apr 1966 (SMGC)
CLOUSE, Clara S 1956 - 1982 (BCC)
CLOVES, Florence M 18 Apr 1907 - 13 Aug 1973 (SMGC)
CLOYES, Betsey 9 May 1825 - 1 Dec 1893 (LC)
Marshall 24 Oct 1826 - 5 May 1915 (LC)
Matilda F 1855 - 30 June 1928 R63-BL22-BK4 (MVC)
CLUCK, Georgia no date - 13 Sept 1967 RA-BL1-BK12-3 (MVC)
CLUSK, Hugh no date - 8 Apr 1970 (moved to Mt. Calvary) no lot (MVC)
CLUTE, Edith Nesbitt 1882 - 6 July 1934 RF-BL22 (MVC)
Helen 1879 - 27 Dec 1933 RA-BL5-BK11-4 (MVC)
Paul 1879 - 6 Nov 1921 RA-BL5-BK10-4 (MVC)
CLUTZ, Claude B 1878 - 18 Nov 1959 RF-BL22-BK12-1 (MVC)

CLUTZ (continued)
 Flora Lee no date - 9 Nov 1926
  no lot (MVC)
 Gertrude 1878 - 6 June 1966 RF-
  BL22-BK10-1 (MVC)
 Joel no date - 13 Sept 1879 no
  lot (MVC)
 Dr Ralph 1877 - 2 Dec 1955 RF-
  BL22-BK11-1 (MVC)
CLY, Amy 1897 - 1980 no lot
  (MVC)
CMMELUAIN, J C no dates
  (PDC)
COACH, Henry no date - 27 Nov
  1973 RJ-BL34-BK12-2 (MVC)
COATELOW, Minnie no date - 2
  Apr 1902 R51-BL180 (MVC)
COATES, Bettie no date - 30 Aug
  1896 R39-BL315 (MVC)
 Fred no date - 23 June 1888
  R49-BL146 (MVC)
 inf no date - 23 Nov 1888 R49-
  BL146 (MVC)
COATS, Albert L 1853 - 1887
  (BCC)
 Alice 1853 - 1933 (BCC)
 Edwin J 1879 - 1961 (BCC)
 William P no dates (MCC)
COBB, Alozo no date - 8 Nov
  1905 RD-BL16 (MVC)
 Elizabeth no date - 19 Jan 1890
  R19-BL311 (MVC)
 Nancy no date - 23 Oct 1912 RD-
  BL16-BK11-3 (MVC)
 Wm no date - 30 March 1938
  RD-BL16-BK9-3 (MVC)
COBLE, Fred 1939 - 24 Sept 1971
  RA-BL1-BK6-4 (MVC)
 Marjory no date - 8 Dec 1984
  RK-BL13 (MVC)
COCHRAN, Cathran 1 Aug 1815 -
  30 Aug 1890 (WLC)
 Charles F 1846 - 1906 no lot
  (MVC)
 Charles no date - 16 Oct 1939
  RG-BL8-BK1-2 (MVC)
 Elizabeth 1862 - 21 March 1906
  R17-BL277 (MVC)
 inf/o H M no date - 26 March
  1896 R67-BL88 (MVC)
 Sgt J S no dates Co H 82 Indiana
  Inf (EEC)

COCHRAN (continued)
 John no date - 10 Feb 1889 R67-
  BL88 (MVC)
 Louise M no date - 21 Aug 1930
  RG-BL8-BK10-2 (MVC)
COCHRANE, Amy St John 1880 -
  8 May 1973 RD-BL12-BK3-3
  (MVC)
 inf no date - 20 May 1890 R33-
  BL206 (MVC)
 Mary no date - 27 May 1919
  R28-BL12-BK3-3 (MVC)
 Millie no date - 3 March 1870
  no lot (MVC)
 Nellie no date - 27 Sept 1890
  R67-BL88 (MVC)
 W W (Dr) 1820 - 1890 no lot
  (MVC)
 W W 1872 - 8 June 1951 RK-
  BL12-BK4-3 (MVC)
 W W no date - 16 Jan 1899 R28-
  BL121 (MVC)
 Wm no date - 14 March 1898
  R67-BL88 (MVC)
COCHRON, Mary H no date - 22
  March 1909 R28-BL121-BK4
  (MVC)
COCKLER, Russell P 1954 -
  1982 (WLC)
COCKRAN, Mary no dates (EEC)
COCKS, Marin Louise 1881 -
  1954 (MCC)
CODD, Rufus no date - 16 Apr
  1911 RD-BL3-BK11-2 (MVC)
CODER, C C no dates (EEC)
 Earl no dates (EEC)
 Jess M no date - 3 Apr 1890
  (EEC)
 Patricia A 1941 - 1947 (EEC)
 Pearl 1898 - 1978 (EEC)
 Ralph C 1928 - 1967 (SACC)
COE, N B no date - 7 Apr 1934
  R17-BL287-BK4 (MVC)
COEN, Caroline 1860 - 2 Jan
  1916 RB-BL12-BK7-2 (MVC)
 Ernest Otto 1888 - 13 Feb 1892
  R48-BL122 (MVC)
 Lydia 1901 - 19 Dec 1981 RB-
  BL12-BK9-2 (MVC)
 Oscar E 1893 - 31 Jan 1967 RB-

COEN (continued)
BL12-BK8-2 (MVC)
COFFEE, Mary L no date - 7 apr 1933 72y Sec1-L55-#5 (SPC)
Sarah 1838 - 30 Oct 1908 R11-BL180-BK2 (MVC)
COFFEY, Alma Alberta 1888 - 14 Jan 1981 RK-BL28-BK1-2 (MVC)
Clarence 1916 - 29 Aug 1945 R16-BL257-BK1 WWII (MVC)
David 1866 - 28 Nov 1912 RD-BL9-BK4-3 (MVC)
Fiedlen 1827 - 25 Aug 1900 R11-BL180 (MVC)
inf no date - 18 Nov 1895 R16-BL257 (MVC)
inf no date - 18 Sept 1894 R16-BL257 (MVC)
inf no date - 10 Jan 1891 R16-BL257 (MVC)
Jasper 1885 - 3 Jan 1957 R16-BL257-BK2 (MVC)
Mary Ann no date - 21 July 1936 RG-BL22-BK2-2 (MVC)
COFFMAN, Barbara 1868 - 30 Dec 1950 RD-BL20-BK2-2 (MVC)
COGAN, David Allen no date - 23 Apr 1962 (removed to Weston 1979) no lot (MVC)
COHEN, Horace no date - 31 Jan 1935 RE-BL12-BK1-1 (MVC)
Susan no date - 11 May 1955 RE-BL20-BK2-2 (MVC)
COHNES, Roy no date - 19 Aug 1911 RE-BL5-BK6-4 (MVC)
COHOON, Barhabas 1816 - 1895 (FGC)
Helen J 4 Aug 1860 1m 10d (BCC)
Henry 4 Aug 1860 1m (FGC)
Inez 1871 - 1945 (EEC)
J A 1842 - 1900 (FGC)
Jacob no date - 26 Aug 1892 Co D Kansas Inf (FGC)
James 1859 - 11 Oct 1863 4y 10m 23d (BCC)
James H 1 Feb 1879 - 23 Aug 1911 (EEC)
James H no date - 11 Feb 1886 1y (FGC)

COHOON (continued)
Lucy 1 Oct 1820 - 2 Nov 1909 (BCC)
Lucy 1820 - 1909 (FGC)
Lucy E no date - 25 Jan 1902 1y 9m 12d (EEC)
Mary J 22 Mar 1850 - 19 Mar 1931 (EEC)
Nancy 1849 - 1897 (FGC)
Orvice no dates inf (FGC)
T Alvin 1865 - 1935 (EEC)
Wm R 27 Jan 1840 - 23 Sept 1917 (EEC)
Zetta A 1871 - 1933 (EEC)
COLE, ---- no date - 1948 (buried in Potters Field) (SLC)
Arthur 1908 - 24 June 1960 RK-BL24-BK2-4 (MVC)
B no date - 22 Mar 1895 85y 8m 15d (WLC)
Elizabeth 1872 - 21 Feb 1906 RD-BL18 (MVC)
Ellen 1855 - 1973 (WLC)
Emma O 1881 _ 14 Apr 1971 RD-BL18-BK1-3 (MVC)
Floyd 1889 - 11 June 1959 RD-BL18-BK10-3 (MVC)
George W 1850 - 1923 (WLC)
Gladys 1903 - 12 Nov 1959 RJ-BL27-BK7-4 (MVC)
L C 1847 - 12 Oct 1926 RD-BL18-BK1-3 (MVC)
Paul 1906 - 11 March 1922 RD-BL18-BK3-3 (MVC)
Phiness E w/o Arvy, d/o W F Sylfind 1852 - 1870 (MCC)
Rob s/o George & Nellie no dates 8y 18d (WLC)
Sarah no date - 30 Oct 1917 RD-BL18-BK2-3 (MVC)
Terrence s/o Lester & Mary Dec 1947 - 16 Feb 1948 (SLC)
COLEMAN, Amanda 5 Jan 1838 - 10 Mar 1923 "Mother" (SNC)
Bridget 1868 - 18 June 1937 68y Sec2-L82-#1 (SPC)
Eva Elaine 1885 - 17 June 1963 RF-BL25-BK2-1 (MVC)
Frank N 1860 - 4 Jan 1942 81y Sec2-L82-#2 (SPC)
Frank no date - 15 Dec 1913 RD-BL8-BK6-4 (MVC)

COLEMAN (continued)
Gean H 1915 - 25 Feb 1977 RK-BL17-BK2-1 (MVC)
Grace B 1911 - 17 Apr 1973 RJ-BL40-BK2-2 (MVC)
Harvey inf s/o J H & L d 4 Nov 1894 (WLC)
Jacob no date - 21 Jan 1909 Sec2-L93-#4 (SPC)
James Henry s/o John W & Martha 3 Mar - 3 Aug 1910 (EEC)
James T 2 Dec 1863 - 5 Sept 1871 "Son" (SNC)
Jeremiah no date - 17 May 1879 16y Sec2-L93-#5 (SPC)
John H 1871 - 15 Nov 1916 RF-BL8-BK11-3 (MVC)
John H no date - 12 Nov 1918 45y Sec2-L93-#3 (SPC)
Jordan no date - 25 Apr 1899 R40-BL331 (MVC)
Julia 6 Jan 1878 - 1 May 1902 (MSSCC)
Marie no date - 28 Jan 1908 Sec2-L93-#1 (SPC)
Marilee 1922 - 12 Nov 1939 RF-BL25-BK3-1 (MVC)
Mary 1870 - 20 Apr 1942 72y Sec2-L82-#3 (SPC)
Orphelia 1904 - 4 March 1958 RD-BL9-BK4-4 (MVC)
Robert 1875 - 10 Jan 1943 RF-BL25-BK1-1 (MVC)
Trignal J 27 Mar 1829 - 25 Nov 1878 "Father" (SNC)
Walker no date - 17 Oct 1932 RF-BL8 (MVC)
Wm M no date - 16 Jan 1923 41y Sec2-L93-#2 (SPC)
COLES, Yvonne no dates (EEC)
COLLETT, Anne 1855 - 7 Feb 1937 R66-BL82-BK2 (MVC)
inf no date - 16 Sept 1887 R66-BL82 (MVC)
Mary 1888 - 29 July 1970 R66-BL82-BK4 (MVC)
W Barrow 1860 - 3 Sept 1930 R66-BL82-BK3 (MVC)
COLLIER, Blanche no date - 7 March 1906 R39-BL312 (MVC)
Corbet no date - 28 March 1923 RE-BL14-BK10-4 (MVC)

COLLIER (continued)
Florsie no date - 17 Apr 1899 R40-BL330 (MVC)
John no date - 12 Nov 1902 R40-BL332 (MVC)
COLLINGS, Douglas no date - 1822 (inf) (CWC)
COLLINS, Charles 1875 - 27 May 1945 RF-BL16-BK4-4 (MVC)
Clair no dates (EEC)
D W 1875 - 1942 (EEC)
Donald no date - 27 Aug 1975 RF-BL15-BK1-4 (MVC)
Flora 1888 - 2 July 1974 RF-BL9-BK11-1 (MVC)
George 1860 - 18 Nov 1917 RA-BL1-BK11-3 (MVC)
Hattie 1869 - 3 May 1955 RA-BL1-BK10-1 (MVC)
Highly no date - 2 June 1912 RF-BL6 (MVC)
James C 1907 - 1975 (EEC)
John B 1860 - 12 July 1919 RF-BL16-BK4-3 (MVC)
John E 1906 - 16 March 1929 RF-BL6-BK3-2 (MVC)
John Jerry no date - 3 May 1959 RK-BL5-BK10-4 (MVC)
Mary & inf no date - 10 Jan 1921 RF-BL16-BK5-4 (MVC)
Mary H 1878 - 2 June 1919 RF-BL6-BK10-2 (MVC)
Mary M 1893 - 22 Apr 1919 RF-BL16-BK4-3 (MVC)
Minnie 1879 - 1963 (EEC)
Ovella Faye no dates (EEC)
COLMAN, Euphrasia 12 Dec 1873 - 14 May 1931 (MSSCC)
COLON, Ruth E no date - 19 Dec 1974 RG-BL23-BK9-4 (MVC)
COLSON, Dice 1882 - 1 Jan 1975 RJ-BL1-BK7-4 (MVC)
Susie Lorene 1892 - 15 Nov 1972 RJ-BL1-BK8-4 (MVC)
COLVILLE, Sarah E 1846 - 1875 (MCC)
COLVIN, Eva no date - 14 May 1873 no lot (MVC)
COLYER, Jessie no date - 1 May 1914 RE-BL5-BK12-4 (MVC)
COMBS, Anna Louise 1897 - 31 Nov 1948 RB-BL15-BK10-1

COMBS (continued) (MVC)
Nellie no date - 22 Nov 1917 R44-BL55-BK2 (MVC)
COMER, Allen s/o S & H 23 Feb 1875 - 20 Aug 1875 (AC2)
Allen s/o S H & H 22 Feb - 20 Aug 1875 (CCC1)
Ella d/o S & H 19 Aug 1880 - 23 Nov 1881 (AC2)
Ella d/o S H & H 1880 - 1881 (CCC1)
S H 12 Nov 1849 - 2 Jan 1911 (AC2)
S H 1849 - 1911 (CCC1)
COMMER, Hannah 10 Dec 1852 - 2 Feb 1924 (AC2)
Hannah 1852 - 1924 (CCC1)
COMOS, Mary J no date - 14 June 1926 RF-BL24 (MVC)
COMPTON, Emma 1861 - 4 Dec 1932 RG-BL26-BK6-2 (MVC)
Estella Mary 1888 - 15 Sept 1909 R36-BL256-BK5 (MVC)
Isabelle 1839 - 1 Dec 1914 R36-BL256-BK4 (MVC)
James no date - 25 Oct 1888 R36-BL256 (MVC)
John 1859 - 13 Apr 1924 RG-BL26-BK5-2 (MVC)
William no date - 6 Aug 1929 R36-BL256-BK5-1 (MVC)
CONDIT, Mary 1859 - 12 Sept 1942 RF-BL5-BK11-2 (MVC)
Dr Wm 1847 - 13 Oct 1921 RF-BL5-BK12-2 (MVC)
CONDON, Kevin Daniel 19 Nov 1903 - 18 March 1970 (SBAC)
CONGAVE, Earnest no dates (EEC)
Leona no dates (EEC)
CONGHRAN, Adlyn no date - 16 Sept 1920 RA-BL22-BK8-2 (MVC)
Henry 1849 - 25 March 1924 RA-BL22-BK10-2 (MVC)
CONGROVE, Arthur 1880 - 1922 (ASC)
Bessie 1922 - 1936 (ASC)
Charles Alvin d 19 Sept 1935 (ASC)
Kenneth 1907 - 1919 (ASC)

CONGROVE (continued)
Maggie 1884 - 1958 (ASC)
Mary Alice no date - 1917 (ASC)
Ruth no dates (RMC)
CONITELL, Belle no date - 11 Aug 1972 RG-BL23-BK2-4 (MVC)
CONLOW, James W 1892 - 25 Jan 1938 RG-BL23-BK10-4 (MVC)
CONNAWAY, Boyd 1883 - 26 June 1922 RB-BL4-BK11-2 (MVC)
C W no date - 3 Aug 1881 no lot (MVC)
Ella 1877 - 27 Aug 1931 RG-BL10-BK6-1 (MVC)
Eugene 1875 - 20 Feb 1887 no lot (MVC)
G W no date - 22 Jan 1920 R35-BL247-BK4 (MVC)
George N 1861 - 21 Feb 1931 RB-BL4-BK10-2 (MVC)
George W no date - 20 Apr 1872 no lot (MVC)
Harry no date - 1 May 1946 R35-BL247-BK3 (MVC)
Mary 1886 - 15 July 1935 RB-BL4-BK12-2 (MVC)
Miles R 17 Jan 1914 - 19 Oct 1964 (SMGC)
Mrs R no date - 3 Jan 1906 R35-BL247 (MVC)
CONNELL, Catherine 1865 - 1924 (MCC)
Sarra J no dates 81y (MCC)
CONNELY, Arthur 27 Sept 1829 - 11 Aug 1906 (EEC)
Emily w/o Arthur 29 Aug 1831 - 26 June 1898 (EEC)
CONNER, Emma 5 Nov 1860 - 3 Oct 1909 (BCC)
CONNERS, Arthur 1897 - 10 Oct 1976 RJ-BL18-BK5-2 (MVC)
CONNOR, Emily 1826 - 1902 (MCC)
John N 1830 - 1900 (MCC)
John Small 1859 - 1924 (MCC)
Lawrence no date - 15 Nov 1897 Sec1-L85-#1 (SPC)
Mary Jane 1914 - 12 June 1926 RF-BL20-BK4-4 (MVC)

CONNOR (continued)
Verna Eva 1900 - 18 June 1980 RJ-BL18-BK6-2 (MVC)
CONROY, Ellen no date - 13 Nov 1900 82y Sec2-L106-#4 (SPC)
Patrick no date - 13 Jan 1901 68y Sec2-L106-#5 (SPC)
CONSER, Charles no date - 19 May 1916 RA-BL22-BK7-3 (MVC)
CONSOR, Jessie 1916 - 1971 (MCC)
Kenneth 1909 - 1949 (MCC)
Richard 1942 - 1964 (MCC)
CONTRELL, Charles A no date - 24 July 1964 RD-BL4-BK7-2 (MVC)
Wm S no date - 4 May 1938 RG-BL23-BK1-4 (MVC)
CONWAY, Ambrose 25 Sept 1887 - 5 Oct 1961 (MSSCC)
CONWELL, E S no date - 16 Aug 1903 RB-BL10-BK6-2 (MVC)
Jennie 1893 - 12 Nov 1926 (SNC)
Louise no date - 29 July 1921 RB-BL10-BK6-2 (MVC)
COOK, Corinne 1908 - 26 May 1981 RJ-BL34-BK2-11 (MVC)
Edward 1856 - 26 Apr 1917 RC-BL3-BK7-4 (MVC)
Edward no date - 1895 R14-BL228 (MVC)
Emma Bell 1868 - 14 Dec 1925 R14-BL228-BK3 (MVC)
F F no dates (EEC)
Henry 1909 - 6 Apr 1984 RJ-BL34 (MVC)
Lillian no date - 2 March 1918 RC-BL11-BK11-3 (MVC)
Margaret 4 Sept 1836 - 22 July 1917 (EEC)
Mary Anne 1912 - 1934 (EEC)
Mary Ellen no date - 29 Oct 1936 RC-BL3-BK6-4 (MVC)
Theodore 1864 - 8 Sept 1947 R14-BL288-BK1 (MVC)
Thomas A 1872 10m (OHC)
Thomas F 31 Dec 1833 - 23 Jan 1933 (Co D 13th Regiment Kansas Vol Inf) (EEC)
COOLEY, Dorothy 1895 - 28 Jan 1978 (SMGC)

COOLEY (continued)
James no date - 1857 13y (MPC)
COOPER, Albert A 1856 - 1932 "Father" (EEC)
Charles 1884 - 10 Aug 1943 RA-BL20-BK10-1 (MVC)
Elizabeth no date - 10 Aug 1894 R36-BL259 (MVC)
Elizabeth S 3 Mar 1890 - 31 Aug 1913 (EEC)
Ernestine 1886 - 12 Oct 1966 RA-BL20-BK3-1 (MVC)
Geneva 1887 - 1 Feb 1978 RF-BL13-BK2-1 (MVC)
George 1885 - 1942 (MCC)
Gilbert 1877 - 1942 no lot (MVC)
Guy 1887 - 1953 (EEC)
Hattie A 1862 - 1928 "Mother" (EEC)
Hazel 1893 - 9 July 1908 FA-BL21-BK2-2 (MVC)
Hersel no date - 12 June 1888 (inf) R49-BL145 (MVC)
inf/o C C no date - 8 May 1912 RA-BL20-BK11-1 (MVC)
Iva 1884 - 1977 (MCC)
John 1909 - 11 Aug 1969 R28-BL136-BK5 (MVC)
Lawrence 1906 - 1957 no lot (MVC)
Mark 1885 - 1966 (EEC)
Michael 1852 - 10 Jan 1901 RA-BL21 (MVC)
Olive no date - 2 Sept 1936 RA-BL21-BK4-2 (MVC)
Oliver no date - 30 Aug 1919 no lot (MVC)
Theodore 1874 - 1951 no lot (MVC)
Vera 1896 - 1977 (EEC)
Vera Needham 1925 - 1977 (LC)
William 1912 - 9 July 1972 RK-BL41-BK12-2 (MVC)
Wimo 1903 - 1904 (MCC)
COOTS, Jeremy 1972 - 18 Feb 1977 (child never found after death) no lot (MVC)
Richard no date - 10 Apr 1977 RK-BL15-BK2-1 (MVC)
COPLAN, Lottie no date - 9 March 1928 R42-BL19-BK3 (MVC)

COPLAN (continued)
  Mary Louise 1859 - 4 Feb 1886
    no lot (MVC)
COPPER, Hersel no date - 12
  June 1888 (inf) R49-BL149
  (MCV)
CORBETT, Gertrude no date - 28
  Feb 1943 RF-BL6-BK10-4
  (MVC)
CORBIN, Lee 1871 - 4 Feb 1936
  RA-BL12-BK2-2 (MVC)
  Mrs Lee no date - 4 Dec 1954
  RA-BL12-BK3-2 (MVC)
CORBON, William 1861 - 1900
  (LC)
CORBY, Bessy no date - 31 Aug
  1895 R39-BL315 (MVC)
CORCORAN, Michael 1856 - 1881
  (SACC)
  P no date - 1890 (SACC)
CORDON, Jessie no dates C Co B
  137 United States Inf (MCC)
COREY, Augustine Paul 1 Jan
  1906 - 8 Nov 1963 (SBAC)
CORMODE, Elizabeth 1830 -
  1911 (LC)
  Francis Burton Sr 27 July 1897 -
    31 May 1978 (LC)
  Howard 1865 - 1944 (LC)
  inf no date - 1904 (LC)
  Jennie 1872 - 1968 (LC)
  John 1867 - 1941 (LC)
  Lulie 1875 - 1973 (LC)
  Nola Jane 16 Mar 1863 - 22 Mar
    1881 (LC)
  Pearl M b 24 June 1899 (LC)
  Ralph 1905 - 1911 (LC)
  Roger Gordon 31 Dec 1951 - 1
    Jan 1952 (inf) (LC)
  Thomas E 1 July 1870 - 3 Aug
    1944 (LC)
  William 6 Nov 1863 - 11 Aug
    1895 (LC)
  Wm 1836 - 1912 (LC)
  Wm Grant 1895 - 1969 (LC)
CORPSTEIN, Andres 1915 - 27
  Jan 1962 46y Sec2-L29-#3
  (SPC)
  Andrew b Flocheid, Luxemburg
    14 Sept 1827 - 20 Mar 1908
    81y Sec2-L104 #2 (SPC)
  Anthony 1910 - 16 July 1943 33y

CORPSTEIN (continued)
  Sec2-L6-#1 (SPC)
  Dorothy no date - 5 Sept 1916
    34y Sec2-L5-#3 (SPC)
  Felix no date - 18 Feb 1934 66y
    Sec2-L5-#3 (SPC)
  Henry 6 May 1906 - 23 Nov 1876
    70y Sec2-L5-#1 (SPC)
  Lavine d 26 July 1976 Sec2-L8-
    #1 (from lot 79) (SPC)
  Margareta w/o Andrew b Flo-
    cheid, Luxemburg 4 Dec 1831
    - 7 Sept 1893 62y Sec2-L104-
    #1 (SPC)
  Matthew no date - 21 Feb 1911
    2d Sec2-L5-#4 (SPC)
  Thomas 1911 - 6 Aug 1913 2y
    Sec2-L5-#5 (SPC)
CORRIGAN, Edward 1868 - 1943
  (SACC)
  John 1821 - 1905 (SACC)
  John no dates (SACC)
  Margaret 1870 - 1948 (EEC)
  Margaret w/o John 1827 - 1902
    (SACC)
  Michael s/o John & M 1856 -
    1881 (SACC)
  Thomas 1856 - 1881 (SACC)
CORTELYOU, Alice 23 Mar 193-
  77y 7m (MCC)
  Asa 1872 - 1910 son (MCC)
  Gertrude F 1857 - 1905 (MCC)
  Luther 1951 - 1938 (MCC)
  Malinda Routh 1847 - 1914
    (MCC)
  Peter 1857 - 14 Apr 1902 RB-
    BL10 (MVC)
  Stella 1883 - 1905 (MCC)
  William 1847 - 1933 husband
    (MCC)
CORTET, Mollie 1862 - 4 Aug
  1910 R69-BL14-BK5 (MVC)
COSGROVE, Amanda M 1839 - 17
  July 1935 RB-BL29 Cosgrove
  Circle (MVC)
  Caroline no date - Sept 1959 RB-
    BL29 (MVC)
  Cornelius 1840 - 12 Feb 1889 no
    lot (MVC)
  Cornelius B 1875 - 25 Oct 1936
    RB-BL29 Cosgrove Circle
    (MVC)

COSGROVE (continued)
  Harriet 1877 - 10 July 1970 RB-
    BL29 Cosgrove Circle (MVC)
  Kitty no date - 2 Sept 1959
    Cosgrove Circle (MVC)
  Mildred no date - 26 May 1972
    Cosgrove Circle (MVC)
  Minnie H 1878 - 2 Apr 1903 R51-
    BL180 (MVC)
  Mr no date - 1891 Cosgrove
    Circle (MVC)
COTT, Harry 1871 - 1936 (WLC)
COTTER, Anna 1876 - 10 Jan
    1960 no lot (MVC)
  Bertha 15 Oct 1859 - 9 Sept 1882
    (MSSCC)
  Isabell d/o J & E M 21 Oct 1864
    11y 20d (MPC)
  Iyval P 1907 - 8 Mar 1979
    (SMGC)
COTTON, Harry L 1871 - 1936
    (WLC)
  Jane 1835 - 1903 (WLC)
  Mary 1874 - 1951 (WLC)
  William 1830 - 1907 (WLC)
COUGHRAN, Abbie 1855 - 4 July
    1902 RA-BL22 (MVC)
COUNER, John 1889 - 1925
    (MCC)
COUPE, Anna J 1863 - 1932
    (SACC)
  Gladys C 1899 - 1945 (SACC)
  James M 1892 - 1959 (SACC)
  James no date - 28 Nov 1910
    RD-BL19-BK5-4 (MVC)
  Joseph E 1803 - 1908 (SACC)
  Loretta C no dates (SACC)
  Mary 1898 - 1979 (SACC)
  Richard V 1894 - 1962 WWII Cpl
    Inf Kansas (SACC)
COURTNEY, Henry 30 Dec 1888 -
    1 Dec 1955 (SBAC)
COUSINS, Nellie 1866 - 15 March
    1943 RE-BL4-BK7-4 (MVC)
COVELL, Esther 1827 - 1889
    (EEC)
  Fannie 1877 - 27 Dec 1893 R51-
    BL184 (MVC)
  George 1833 - 1887 (EEC)
  William no dates (EEC)
COVERT, Caroline 1833 - 23 Feb
    1923 RA-BL17-BK9-2 (MVC)

COVERT (continued)
  Jessie 1832 - 12 Dec 1905 FA-
    BL17 (MVC)
  Mary no date - 15 Feb 1878 no
    lot (MVC)
COVINGTON, Adlyn 1884 - 16
    Sept 1920 RA-BL22-BK8-2
    (MVC)
  Allen 1872 - 30 May 1903 RE-
    BL6 (MVC)
  Ed no date - 17 July 1894 R39-
    BL322 (MVC)
  Ed no date - 18 March 1920 RE-
    BL3-BK3-3 (MVC)
  Emma 1867 - 24 Sept 1935 R40-
    BL328-BK2 (MVC)
  Henry 1899 - 24 March 1924 RA-
    BL24-BK10-2 (MVC)
  Nils 1866 - 17 July 1936 RE-
    BL3-BK2-3 (MVC)
  Rachel 1886 - 8 Apr 1918 RE-
    BL6-BK2-3 (MVC)
  W D no date - 17 Apr 1892 R39-
    BL319 (MVC)
COWAN, Dwight L 28 Dec 1929 -
    27 May 1975 (SMGC)
  Georgia 1874 - 12 Jan 1963 RB-
    BL15-BK13-4 (MVC)
  Dr Harold 1911 - 3 Feb 1981 RJ-
    BL36-BK7-3 (MVC)
  Ludella no date - 4 Feb 1915 (no
    lot) (MVC)
COWGER, Mabel 1904 - 1982
    (MCC)
  Marth 1856 - 1975 (MCC)
  Robert 1850 - 1937 (MCC)
COWICK, Sylvia 1887 - 1967
    (LC)
  Wm 1886 - 1967 (LC)
COWLEY, Grace b 1921 (LC)
  John R 1898 - 1970 (PGC)
  Lois L 1898 - 1970 (PGC)
  Willie 7 Nov 1905 - 29 Oct 1978
    (LC)
COX, Allen 1902 - 1965 (MCC)
  Anne no date - 13 June 1930 RF-
    BL25-BK6-3 (MVC)
  Annie no date - 27 Aug 1941 78y
    Sec1-L21-#4 (SPC)
  Bernice F 1903 - 19 Apr 1967
    RJ-BL1-BK2-1 (MVC)
  Betty 1925 - 13 Nov 1969 RK-

COX (continued)
BL19-BK8-3 (MVC)
Blanche 1915 - 14 Oct 1980 RJ-BL36-BK12-3 (MVC)
C L no date - 3 March 1970 RK-BL19-BK9-3 (MVC)
Catherine no date - 30 Apr 1909 85y Sec1-L21-#2 (SPC)
Earl S 1889 - 1958 (LC)
Ellen no date - 14 Sept 1945 78y Sec1-L21-#5 (SPC)
Eva May 1862 - 20 March 1931 RJ-BL1-BK11-1 (MVC)
George 10 July 1889 - 28 Oct 1918 (Co A Machine Gun Battalion USA) (CWC)
George P 1859 - 19 Feb 1948 RJ-BL1-BK12-1 (MVC)
J D 1827 - 1901 (RMC)
J F 1868 - 1870 (RMC)
Jessie 1883 - 1960 (MCC)
Julia 1888 - 14 Oct 1980 RF-BL36 (MVC)
Leslie D 1888 - 18 Feb 1961 RJ-BL34-BK10-2 (MVC)
Leslie D Jr 1917 - 5 June 1971 RJ-BL36-BK11-3 (MVC)
Mary E no date - 3 Dec 1948 (inf) RK-BL4-BK9-3 (MVC)
Mary Emma 1932 1m 18d (OHC)
Orville 1898 - 12 May 1962 RK-BL28-BK2-1 (MVC)
Patrick no date - 1900 90y Sec1-L21-#3 (SPC)
Virgie Edith 1897 - 17 Oct 1958 RJ-BL7-BK6-4 (MVC)
Wm 1855 - 25 July 1891 35y Sec1-L21-#1 (SPC)
COXADDRE, Margin 1911 - 1968 (MCC)
May 1880 - 1946 (MCC)
Tilford 1862 - 1952 (MCC)
CRACIE, Grace no date - 7 June 1888 no lot (MVC)
CRAFT, Brition S 1848 - 3 Aug 1882 no lot (MVC)
Florence no date - 11 Oct 1902 R30-BL157 (MVC)
Julie no date - 10 Apr 1888 R30-BL157 (MVC)
Sarah 1850 - 30 Oct 1923 R30-BL157-BK5 (MVC)

CRAIN, M E no dates (EEC)
CRALL, Jessie no date - 28 Apr 1894 R20-BL238 (MVC)
CRAWFORD, Carrie 1857 - 2 Jan 1905 RB-BL3 (MVC)
Daniel 1890 - 2 Sept 1973 RG-BL6-BL4-1 (MVC)
David E 1862 - 28 May 1910 RB-BL4-BK4-3 (MVC)
Elijah 1825 - 10 March 1905 RB-BL3 (MVC)
Elizabeth no date - 27 Feb 1911 R14-BL231 (MVC)
Elmer no date - 10 March 1905 RB-BL3 (MVC)
Elnora 1874 - 27 Aug 1956 RE-BL1-BK10-2 (MVC)
Emma 1873 - 29 May 1959 RG-BL26-BK6-3 (MVC)
Fred 1888 - 28 July 1936 RG-BL22 (MVC)
George 1820 - 5 Nov 1895 R14-BL233 (MVC)
Henry 1864 - 26 Apr 1927 RG-BL26-BK4-3 (MVC)
Horace no date - 5 Dec 1899 RC-BL22 (MVC)
Howard E 1905 - 26 Aug 1977 RG-BL26-BK9-4 (MVC)
inf 1909 - 20 July 1909 no lot (MVC)
inf no date - 15 Nov 1960 RG-BL26-BK3-1 (MVC)
inf no date - 23 Sept 1918 RB-BL4-BK3-3 (MVC)
Isabell no date - 18 Aug 1895 RA-BL35 (MVC)
Jerry F 1938 - 12 June 1979 (SMGC)
Lewis 1852 - 12 Aug 1905 R14-BL233 (MVC)
Lucy no date - 10 March 1905 RB-BL3 (MVC)
Lydia 1863 - 24 Nov 1948 R14-BL233-BK5 (MVC)
Mary A 1918 - 1958 no lot (MVC)
Mary Jane 5 Aug 1925 - 26 Jan 1983 (LC)
Romona H 1908 - 21 March 1975 RJ-BL25-BK9-4 (MVC)
Sarah no date - 10 March 1905 RB-BL3 (MVC)

CRAWFORD (continued)
Stella 1861 - 26 Aug 1924 RB-BL3-BK1-4 (MVC)
Wm A no date - 22 May 1980 R25-BL4-BK10-4 (MVC)
Mrs Wm A no date - 23 March 1975 RJ-BL25-BK9-4 (MVC)
Wm A Jr 1908 - 5 June 1953 (Korean War) RJ-BL53-BK8-4 (MVC)
CRAWLEY, Claudine no dates (EEC)
Dorothy no dates (EEC)
Edna 1889 - 1978 (LC)
Jean W no dates (LC)
John S 1886 - 1956 (LC)
Junior no dates (EEC)
Sada 1889 - 1971 (EEC)
Wm 1914 - 1983 (LC)
CRAY, Cloud 1895 - 26 June 1979 RK-BL31-BK10-4 (MVC)
Edna 1895 - 15 Nov 1957 RK-BL31-BK9-4 (MVC)
Kenneth no date - 19 May 1958 (removed from Oak Hill 18 Apr 1984) RK-BL31-BK8-4 (MVC)
CREAMER, Lillian D no date - 6 March 1899 no lot (MVC)
CREATHERS, Beulah no date - 9 Apr 1962 RE-BL3-BK12-2 (MVC)
CREIDLER, Sarah no date - 29 Jan 1899 R30-BL159 (MVC)
CREITZ, Cora no date - 17 March 1921 RA-BL4 (MVC)
Cora no date - 5 July 1955 RK-BL3 (MVC)
Horace no date - 15 Sept 1900 no lot (MVC)
Rebecca no date - 5 Aug 1909 R20-BL338-BK2 (MVC)
Wm H 1864 - 26 March 1948 RK-BL3-BK11-3 (MVC)
CREMER, B no date - 26 Sept 1893 R44-BL63 (MVC)
CRENSHAW, Eliza no date - 2 Aug 1889 R38-BL290 (MVC)
CRESS, Eliza 1861 - 1957 (MCC)
Elsie Ruth 1898 - 1980 (MCC)
Faney w/o G W 17 Aug 1874 - 26 Dec 1908 (WLC)
George Pascal 1897 - 16 Apr

CRESS (continued)
1934 36y 10m 18d (WLC)
George Wesley 1867 - 3 Feb 1932 64y 5m 2d (WLC)
James C 1884 - 1899 (MCC)
John 1889 - 1976 (MCC)
Lela 1897 - 1976 (MCC)
Nancy 17 Apr 1874 - 26 Dec 1908 (WLC)
R S 1861 - 1924 (MCC)
Ramona May no date - 13 Dec 1903 1y 4m (EEC)
Rhoda 1896 - 1897 (MCC)
Robert Moses (MCC)
CRESSE, Lillian Frances b 1914 (LC)
CRETCHER, Diana no date - 29 Dec 1886 R56-BL171 (MVC)
CRICK, Anna no date - 24 July 1905 R11-BL184 (MVC)
Joseph 1821 - 1888 brother (PDC)
Joseph 1821 - 1888 father (PDC)
June 1883 - 1884 sister (PDC)
Thomas no date - 17 Jan 1905 R18-BL290 (MC)
Thomas no date - 25 Oct 1907 R11-BL184 (MVC)
CRICKLEN, Dorothy Peal Aug 1946 - 23 Oct 1946 (inf) (WLC)
CRIDER, Ralph 1871 - 1 July 1961 RG-BL34-BK2-4 (MVC)
Rosetta 1871 - 20 Dec 1957 RG-BL34-BK1-4 (MVC)
CRIETZ, Albert no date - 3 March 1887 R20-BL338 (MVC)
CRIGGER, Clare 1901 - 1960 (MCC)
CRISP, Dolores 1934 - 14 Jan 1935 RG-BL11-BK11-4 (MVC)
CRISS, Clark H 31 Aug 1899 - 17 Mar 1973 (SMGC)
Margaret w/o Clark 1905 - 9 Feb 1965 (SMGC)
CRITCHFIELD, Cora B 1870 - 1939 (LC)
Lucy Mae 1891 - 1981 (LC)
N James 1886 - 1968 (EEC)
Thomas W 1892 - 1920 (LC)
William F no dates (EEC)
Wm 1865 - 1953 (LC)

CRITCHLOW, Edward no date -
23 June 1958 RK-BL7-BK6-3
(MVC)
Nora 1885 - 10 Jan 1955 RK-
BL7-BK5-3 (MVC)
CRITES, Adam 1840 - 30 Dec
1925 (SNC)
Gerti Lee 18 May 1884 - 22 Feb
1885 (SNC)
John Claudis 20 Mar 1876 - 28
Aug 1880 (SNC)
Mary 1810 - 19 June 1897 (SNC)
CRIZER, Dorothy May d 10 Oct
1905 (RMC)
CROMLEY, Anna 11 Nov 1857 -
14 Apr 1920 (SLC)
Patrick 15 Jan 1842 - 11 June
1928 (SLC)
CROMWELL, Ely Andrew 1876 -
21 Sept 1909 R62-BL11-BK3
(MVC)
Kate Lee 1848 - 4 June 1914
R62-BL12-BK2 (MVC)
Nellie C 1871 - 13 Sept 1879 no
lot (MVC)
CROSBY, Rev Glenn 1901 - 30
Sept 1968 RF-BL17-BK9-3
(MVC)
Tillie no date - 18 Nov 1906 RE-
BL7 (MVC)
CROSS, Pearl no date - 27 Jan
1890 R38-BL299 (MVC)
CROSSLAND, Sarah K 10 Jan
1870 16y 6m 11d (OHC)
CROSSLEY, Ruth C no dates
(EEC)
CROSSWHITE, Elizabeth 1857 -
24 July 1924 RD-BL1-BK7-2
(MVC)
James W 1858 - 16 Dec 1936
RD-BL1-BK8-2 (MVC)
CROUCH, Alexander 1840 - 21
Aug 1909 RA-BL2-BK12-2
(MVC)
Charles 1908 - 1 July 1915 RA-
BL2-BK1-2 (MVC)
Gertie 1879 - 17 Feb 1971 RG-
BL33-BK3-2 (MVC)
Harry 1877 - 4 March 1939 (re-
moved to G-33-2-2-10-27-
1942) RF-BL10 (MVC)
James 1892 - 26 July 1954 RG-

CROUCH (continued)
BL9-BK12-4 (MVC)
Lee 1875 - 2 May 1956 RA-BL2-
BK1-2 (MVC)
Melissa 1851 - 4 May 1921 RA-
BL2-BK11-2 (MVC)
Mildred 1897 18 Dec 1965 RG-
BL6-BK11-4 (MVC)
Sarah 1882 - 22 July 1931 RA-
BL2 (MVC)
CROWE, Jennifer 1950 - 17
March 1975 RG-BL21-BK5-1
(MVC)
CROWELL, John 1820 - 10 Oct
1902 RB-BL16 (MVC)
Sarah G 1840 - 18 Dec 1905 RB-
BL16 (MVC)
CROWLEY, James Andrew 1883
- 1937 (EEC)
CRUFT, Ruth Marie d/o C & G
Hegarety 1925 - 1953 (SACC)
CRUISE, C 1868 - 1936 (SACC)
Eleanora 1841 - 1908 (SACC)
Ellen no date - 1897 inf (SACC)
Ellen Nora 1841 - 1908 (SACC)
Ida 1875 - 1903 (SACC)
John Joseph 1867 - 1936 (SACC)
Katherine E 1868 - 1936 (SACC)
Richard 1829 - 1907 (SACC)
Viola no date - 1903 1y inf
(SACC)
CRUM, James no date - 7 Nov
1904 RD-BL12 (MVC)
CRUMB, Gladys Olive d/o Alfred
& Minnie 2 June 1907 - 17
June 1907 (WLC)
Minnie J 27 Feb 1889 - 7 June
1910 "Mother" (WLC)
Rufus K no date - 24 Apr 1874
49y 19d (WLC)
CRUMPACKER, Nellie 1878 - 16
May 1957 RJ-BL13-BK7-1
(MVC)
Wm 1879 - 18 Oct 1959 RJ-
BL31-BK8-1 (MVC)
CRUNER, Ed no date - 10 Mar
1871 (LC)
CRUSHAM, Elizabeth no date - 2
Aug 1889 (removed K3-7-5 in
1955) R38-BL290 (MVC)
CUDNEY, Frances no date - 18
July 1894 6m Sec2-L23-#1

CUDNEY (continued) (SPC)
CUE, Charles E 1885 - 26 Aug 1929 RG-BL11-BK3-1 (MVC)
Gladys 1892 - 1971 no lot (MVC)
CUESWELL, Nannie H 1872 - 1898 no lot (MVC)
CUIRE, Ida no date - 8 June 1970 RJ-BL17-BK1-3 (MVC)
CULBERTSON, Faye Bella 9 Nov 1889 - 6 July 1975 (SMGC)
CULLEN, Ann w/o F 1827 - 1890 (SACC)
Francis 1827 - 1888 (SACC)
Helena d 1889 27y (SACC)
CULLINAN, Anna no date - 14 Jan 1897 1m Sec1-L45-#2 (SPC)
inf s/o Wm no date - 17 Nov 1901 3m Sec1-L45-#3 (SPC)
Mary 1827 - 4 Jan 1897 Sec1-L45-#4 (SPC)
Wm no date - 31 Dec 1896 74y Sec1-L45-#1 (SPC)
CULLOCK, Della no date - 25 July 1910 RB-BL22-BK3-3 (MVC)
CULP, Audrey Mae 1912 - 11 Aug 1955 RK-BL32-BK5-3 (MVC)
Roy Allen 1907 - 14 Dec 1964 RK-BL32-BK6-3 (MVC)
CUMLEY, Addie no date - 23 Dec 1925 (removed to Topeka 18 Oct 1926) RD-BL6-BK9-3 (MVC)
CUMMINGS, Alvilda d 3 Dec 1961 82y Sec2-L83-#2 (SPC)
Anna Maude no dates (EEC)
Arthur 13 Apr 1905 - 6 Nov 1979 (SMGC)
Austin 1823 - 1902 (CCC1)
Austin 21 Mar 1823 - 21 Nov 1902 (AC2)
Beatrice E no date - 10 Apr 1980 R14-BL224-BK5 (MVC)
Bernard 1855 - 1 Feb 1938 78y Sec1-L31-#5 (SPC)
Bert 17 May 1874 - 22 Dec 1934 50y 7m 5d (SNC)
Bertha I 15 Oct 1903 - 5 Dec 1972 (SMGC)
Charles 1800 - 1880 (CCC1)

CUMMINGS (continued)
Charles 5 Oct 1800 - 7 July 1880 (AC2)
Charles A 1867 - 1942 (CCC1)
Charles A 1867 - 1942 (AC2)
Clarence no dates (EEC)
Clifford S 1891 - 18 June 1948 RK-BL11-BK5-3 (MVC)
"Daughter" 1971 - 28 Apr 1979 (CWC)
Ella May 1877 - 1962 no lot (MVC)
Gerhard 1869 - 1949 no lot (MVC)
Goldie Mae 1886 - 29 Nov 1964 RF-BL14-BK7-2 (MVC)
Harriet 1891 - 29 May 1979 RK-BL11-BK4-3 (MVC)
inf no date - 16 Aug 1900 Sec4-L95-#1 (SPC)
James E 1871 - 1933 (ASC)
James Lewis 1915 - 1918 (SNC)
Janie May 1883 - 1917 (SNC)
John D 1870 - 1881 (CCC1)
John D 26 May 1870 - 31 May 1881 (AC2)
John no date - 4 Nov 1929 64y Sec2-L83-#1 (SPC)
Joseph 1855 - 19 July 1923 68y (AC2)
Joseph 1855 - 1923 (CCC1)
Laura 1868 - 1938 (ASC)
Lucy E w/o Peter 1838 - 1904 (CCC1)
Lucy Evelyn w/o Peter 22 Dec 1838 - 11 Nov 1904 (AC2)
Marie J 1888 - 1969 (CCC1)
Martha J 4 Mar 1875 - 11 July 1901 (SNC)
Mary no date - 17 Apr 1925 85y Sec1-L31-#2 (SPC)
Nellie 1892 - 1976 no lot (MVC)
Nora 1871 - 1941 "Mother" (AC2)
Nora 1871 - 1941 mother (CCC1)
Oliver 1866 - 1947 father (CCC1)
Oliver 1866 - 1947 "Father" (AC2)
Patrick no dates (evidently died at birth) Sec1-L31-#1 (SPC)
Peter 14 Aug 1835 - 11 Dec 1906 (AC2)
Peter 1835 - 1906 (CCC1)

CUMMINGS (continued)
Sarah 1862 - 16 Apr 1946 81y Sec1-L31-#4 (SPC)
Sarah 22 Feb 1829 - 26 Apr 1919 (CWC)
Sarah w/o Charles 1800 - 1871 (CCC1)
Sarah w/o Charles 7 May 1800 - 18 Aug 1871 (AC2)
Susie A 1881 - 1881 (CCC1)
Susie A 21 June 1881 - 21 June 1881 (AC2)
William 10 Nov 1812 - 25 July 1900 (CWC)
William R 4 Jan 1876 - 28 Dec 1954 (AC2)
William T 1876 - 1954 (CCC1)
Wm Riley 1922 - 2 Oct 1979 RF-BL14-BK12-2 (MVC)
CUMMINS, Agnes 1900 - 27 Dec 1959 RJ-BL27-BK9-4 (MVC)
Charles no date - 14 Apr 1941 79y Sec1-L52-#3 (SPC)
Charley no date - 14 Apr 1941 Sec1-L41-#5 (SPC)
Joseph 1891 - 31 Dec 1962 RJ-BL27-BK10-4 (MVC)
Katie no date - 5 May 1950 Sec1-L41-#4 (SPC)
CUNNINGHAM, A D no date - 8 Dec 1908 R45-BL32-BK4 (MVC)
Alice no date - 1981 79y (SACC)
Daniel 1830 - 21 Jan 1891 R47-BL115 (MVC)
Ellen 1858 - 1 May 1940 RF-BL22-BK10-3 (MVC)
Frank 1871 - 10 Nov 1945 RF-BL22-BK2-3 (MVC)
Jennie M 1879 - 16 Aug 1936 RF-BL22-BK3-4 (MVC)
John 1861 - 24 Dec 1915 RD-BL5-BK8-2 (MVC)
Joseph W 1845 - 5 March 1923 RF-BL22-BK11-3 (MVC)
Marie J 1 Feb 1888 - 21 July 1969 (AC2)
Mary B 1885 - 28 Apr 1946 RF-BL22-BK12-3 (MVC)
Mary no dates (SACC)
Thomas 1875 - 1955 (SACC)
CURE, Albert 1855 - 20 Dec 1922

CURE (continued)
RD-BL19-BK8-3 (MVC)
Mrs Albert 1860 - 16 May 1927 RD-BL19-BK9-3 (MVC)
Harry 1886 - 11 Nov 1952 RJ-BL17-BK2-3 (MVC)
Harry no date - 1950 no lot (MVC)
Ida 1888 - 8 June 1970 RJ-BL17-BK1-3 (MVC)
CURLY, Clarence 1906 - 1978 no lot (MVC)
CURRAN, inf no date - 6 May 1887 R34-BL230 (MVC)
CURTIS, Annunciata 13 May 1892 - 26 Feb 1976 (MSSCC)
Arthur no date - 9 Oct 1937 RE-BL10-BK2-1 (MVC)
Fred 1869 - 13 Apr 1896 R50-BL161 (MVC)
Louise no date - 30 Apr 1942 RF-BL24-BK3-3 (MVC)
CUSHINGBERRY, Dorothy 1941 - 17 Dec 1982 R59-BL311 (MVC)
CUSHMAN, Abiah 1796 - 1891 (PDC)
Celia w/o Abiah no date - 8 Jan 1884 81y 8m 10d (PDC)
CUTLER, Alice M 1868 - 1873 (BCC)
CUTTER, Wm J 1874 - 15 Oct 1910 RG-BL16-BK3-2 (MVC)
CZERWIN, Florence J no date - 26 Feb 1980 RJ-BL17-BK4-4 (MVC)
DABNEY, Isham D 1845 - 20 Apr 1912 RD-BL8-BK1-4 (MVC)
DACEY, Lautinda no date - 26 June 1971 RF-BL9-BK2-1 (MVC)
DAENGELI, Francis 15 Oct 1837 - 3 Feb 1924 (SBAC)
DAGENAIS, Frank J 1879 - 20 May 1969 RB-BL21-BK6-1 (MVC)
Ida 1888 - 27 Dec 1910 RB-BL21-BK5-1 (MVC)
Lowell no date - 31 July 1985 4-2-28-K
Lydia 1886 - 14 Nov 1956 RB-BL21-BK4-1 (MVC)

DAHLKE, Emma no date - 24 Aug 1899 R42-BL21 (MVC)
Emma no date - 26 March 1898 R42-BL21 (MVC)
Fred no date - 19 Dec 1896 R42-BL21 (MVC)
Herman 1851 - 24 Dec 1948 RG-BL25-BK12-4 (MVC)
Mrs Herman 1854 - 25 Nov 1939 RG-BL25-BK11-4 (MVC)
Otto no date - 13 Dec 1887 R42-BL21 (MVC)
DAHM, Mary Louise 14 June 1923 - 29 Jan 1972 (MSSCC)
DAILEY, Charles 1818 - 1866 48y 2m 11d (MLC)
Charles 1848 - 1866 (MLC)
John no date - 23 Sept 1901 RB-BL4 (MVC)
John W 1865 - 1872 (MLC)
DAIS, Nicholas M 1874 - 2 Apr 1966 (SMGC)
DALE, Albert M no date - 24 Dec 1940 RB-BL12-BK4-3 (MVC)
H E b Rutland VT 1821 - 1893 (MCC)
Harold no date - 16 May 1904 RE-BL6 (MVC)
Lewis no date - 14 Apr 1916 RE-BL2-BK8-1 (MVC)
Lorenzo 1867 - 17 July 1948 RE-BL13-BK3-4 (MVC)
Mrs Lorenzo no date - 22 Feb 1908 RE-BL7 (MVC)
Marie Jane 1849 - 2 Sept 1930 RE-BL10-BK3-2 (MVC)
Minnie M 1855 - 6 Nov 1935 R44-BL64-BK2 (MVC)
Nora no date - 24 Apr 1912 RE-BL2-BK7-1 (MVC)
Raymond no date - 30 July 1904 RE-BL6 (MVC)
Roy 1885 - 1904 (MCC)
DALTON, E Ellie no dates (EEC)
Herbert s/o N I & H C 19 Sept 1880 - 2 Jan 1881 (CSHC)
M Edna no dates (EEC)
Richard 1858 - 14 Nov 1914 (SNC)
DAME, Doris Lee 1933 - 10 May 1970 RK-BL14-BK10-4 (MVC)
Joseph 1892 - 5 Dec 1972

DAME (continued) (SMGC)
DANA, Mary A b Liverpool, England 1823 - 1901 (MCC)
Mrs no date - 30 Aug 1907 R40-BL340 (MVC)
DANFORTH, Charles no date - 4 Jan 1904 R67-BL94 (MVC)
Mrs Georgia no date - 24 Dec 1923 R67-BL94 (MVC)
Gordon no date - 13 March 1899 R67- BL94 (MVC)
DANI, Temple no date - 22 Apr 1904 RD-BL17 (MVC)
DANIEL, Matthew 1885 - 1977 (MCC)
Wm no dates (Co E 23rd Missouri Inf) (WLC)
DANIELS, Alice A (w/o J W Daniels) 15 Sept 1864 - 10 Dec 1918 (CWC)
Charles E 1873 - 29 Sept 1967 RG-BL13-BK9-3 (MVC)
Elsie Clark 1880 - 24 June 1948 R67-BL87-BK3 (MVC)
J W 24 Aug 1863 - 12 July 1930 (CWC)
James 1873 - 9 Jan 1942 R67-BL87-BK2 (MVC)
Martha 1852 - 28 Feb 1901 RD-BL12-BK7-7 (MVC)
Ollie B 1877 - 31 March 1962 RG-BL13-BK8-3 (MVC)
DANST, John Wm no date - 6 July 1904 RA-BL3 (MVC)
DARLING, Mrs Frances 1874 - 13 July 1935 RA-BL27-BK3-4 (MVC)
DARRAH, David 1793 - 1 May 1881 no lot (MVC)
Elizabeth 1804 - 8 Nov 1876 no lot (MVC)
Frederick M 1848 - 17 Sept 1910 RG-BL17-BK4 (MVC)
Stephen 1844 - 1 Sept 1882 no lot (MVC)
DARROW, Elmer L no dates (EEC)
DASSER, Nicholaus no date - 11 Dec 1964 R42-BL22 (MVC)
DAU, Ida 1861 - 3 Jan 1862 no lot (MVC)

DAU (continued)
Mary no date - 1896 13y (SLC)
DAUBER, inf no date - 30 Dec 1901 R49-BL151 (MVC)
DAUGHERTY, Clifton no date - 2 May 1974 RJ-BL29-BK11-3 (MVC)
Hilda no date - 29 Aug 1910 RE-BL7-BK10-4 (MVC)
Kate 1889 - 10 July 1976 R40-BL3-BK3-3 (MVC)
DAUM, Ann Eve w/o John Sr 1826 - 1890 (PDC)
George W s/o J & Ann 1848 - 1911 (PDC)
John 1860 - 1932 father (PDC)
John Sr 1812 - 1876 (PDC)
Sarah M 1871 - 1963 mother (PDC)
DAVENPORT, Ben no date - 27 Jan 1904 RB-BL14 (MVC)
Blanche 1910 - 3 July 1984 no lot (MVC)
C B no date - 30 Nov 1916 R11-BL177-BK2-1 (MVC)
Clayton no date - 1982 RJ-BL29 (MVC)
Clifton 1907 - 22 Jan 1982 RJ-BL29-BK12-3 (MVC)
D B 1860 - 17 Apr 1933 R41-BL4-BK1 (MVC)
Dolly Rosa 1893 - 7 Feb 1955 RG-BL29-BK5-2 (MVC)
Doris Kate no date - 24 Dec 1916 RA-BL2 (MVC)
Dorothy F 15 Sept 1910 - 17 July 1980 (SMGC)
Edith L 1907 - 2 Dec 1973 RK-BL8-BK1-4 (MVC)
Edmund (inf twin) no date - 15 Jan 1927 R11-BL174-BK5 (MVC)
Edna L no date - 24 March 1926 R11-BL174-BK1 (MVC)
Edwin (inf twin) no date - 25 March 1926 R11-BL174-BK1 (MVC)
Edwin 19 June 1903 - 4 Jan 1985 81 yrs RK-BL27 (MVC)
Edwin L no date - 1 Apr 1929 R11-BL174-BK5 (MVC)
Elizabeth 1867 - 28 Nov 1938

DAVENPORT (continued)
R11-BL177-BK3 (MVC)
Mrs Eva no date - 15 Apr 1926 RD-BL7-BK8-2 (MVC)
Frances no date - 27 Apr 1919 R11-BL174-BK3 (MVC)
Mrs Frances 1896 - 17 Aug 1963 R50-BL162 (MVC)
George no date - 30 Nov 1945 RD-BL7-BK9-2 (MVC)
James no date - 5 Jan 1968 RJ-BL33 (MVC)
Louis 1867 - 18 Apr 1943 R11-BL174-BK2 (MVC)
Martha no date - 17 Aug 1963 R50-BL162 (MVC)
Mary R no date - 25 Feb 1978 RJ-BL23 (MVC)
O N 1858 - 16 Feb 1943 RB-BL14-BK6-1 (MVC)
Richard 1900 - 29 Jan 1905 no lot (MVC)
Richard E 85yrs 7 June 1900 - 28 Feb 1986 no lot (MVC)
Robert 1894 - 19 Sept 1969 RG-BL29-BK6-2 (MVC)
Romona no date - 21 Sept 1976 RK-BL27-BK1-3 (MVC)
Sarah no date - 24 Jan 1901 R11-BL174 (MVC)
Tryphena no date - 26 Dec 1964 R41-BL4-BK2 (MVC)
Verta C 1912 - 31 Jan 1931 RG-BL12-BK4-1 (MVC)
Virginia 1835 - 2 Feb 1920 RB-BL14-BK4-1 (MVC)
Willie 1893 - 27 Aug 1898 R11-BL177 (MVC)
Wm A 1856 - 4 Apr 1938 RB-BL14-BK5-1 (MVC)
DAVES, Aaron no date - 19 Sept 1918 RE-BL11-BK12-3 (MVC)
Wm no date - 23 Jan 1920 RA-BL14-BK9-3 (MVC)
DAVIDSON, E L no date - 18 July 1930 RD-BL20-BK5-4 (MVC)
Floyd E 1916 - 30 June 1960 RJ-BL12-BK7-2 (MVC)
John Wm no date - 6 July 1903 RD-BL20 (MVC)
Mrs Loren no date - 16 Apr 1912 RD-BL20-BK4-4 (MVC)

DAVIDSON (continued)
R M d 21 May 1889 73y (LC)
DAVIES, Charles 1878 - 8 Apr 1959 RA-BL14-BK12-3 (MVC)
Charles no date - 14 Apr 1967 R57-BL279 (MVC)
Ed Morris 1861 - 29 May 1946 RA-BL14-BK10-3 (MVC)
Frank Ebert 1878 - 15 June 1898 RA-BL14 (MVC)
Lucy d/o J W & T 1899 - 1903 (PDC)
Mabel Clair 1876 - 19 Sept 1947 RA-BL14-BK11-3 (MVC)
Mary no date - 9 Aug 1913 RA-BL14-BK8-3 (MVC)
Wm 1886 - 21 Jan 1920 RA-BL14 (MVC)
DAVIS, Aaron no date - 18 Sept 1918 RE-BL11 (MVC)
Adrin 1875 - 1897 no lot (MVC)
Alden no date - 27 Oct 1903 RA-BL15 (MVC)
Arthur B s/o J A & J E 27 May 1869 3y (PGC)
Blanche 1877 - 2 Oct 1925 RG-BL19-BK6-4 (MVC)
Caroline no date - 16 Nov 1895 R40-BL324 (MVC)
Charles 1911 - 4 Apr 1967 R57-BL279-BK2 (MVC)
Dolly 1827 - 19 July 1903 R34-BL235 (MVC)
Dorinda 1837 - 1917 no lot (MVC)
E S no date - 6 May 1895 R51-BL182 (MVC)
Edwards C 21 June 1893 - 4 Feb 1970 (WLC)
Elekan S no date - 9 Apr 1890 (removed 1905) R38-BL299 (MVC)
Elizabeth M 6 Nov 1871 - 5 Apr 1908 (EEC)
Frances E 1848 - 29 Jan 1919 RA-BL15-BK1-1 (MVC)
Frank no date - 21 Aug 1922 RA-BL15-BK4-1 (MVC)
Fred 1899 - 4 Feb 1951 RE-BL13 (MVC)
G R no date - 7 Nov 1939 (EEC)
George 1891 - 28 Apr 1965 RK-

DAVIS (continued)
BL22-BK11-4 (MVC)
George R 19 Aug 1845 - 4 Nov 1939 (EEC)
Herman 1874 - 25 Oct 1957 RG-BL19-BK5-4 (MVC)
Hermina R 2 Feb 1895 - 25 July 1976 (SMGC)
Hugh 1854 - 13 Jan 1889 no lot (MVC)
Hugh no date - 15 Sept 1919 RA-BL15 (MVC)
Hugh no date - 27 Oct 1903 RA-BL15 (MVC)
Ida no date - 15 Aug 1930 RA-BL3-BK12-4 (MVC)
inf/o C E no date - 18 June 1891 R35-BL242 (MVC)
inf/o W J no date - 17 May 1894 R28-BL131 (MVC)
James Walker 1862 - 6 Jan 1941 RA-BL21-BK11-1 (MVC)
Jess H no date - 28 May 1955 RA-BL15 (MVC)
Jessie 22 Nov 1860 - 12 Aug 1910 "Mother" (WLC)
John A 1841 - 1926 (PGC)
John no date - 18 Jan 1938 (EEC)
Joseph 1881 - 4 March 1967 RJ-BL27-BK8-1 (MVC)
Joseph no date - 4 Feb 1918 R40-BL340-BK2 (MVC)
Julia 1862 - 3 Nov 1941 RA-BL21-BK10-4 (MVC)
Louis 1819 - 13 Oct 1885 no lot (MVC)
Lucy Lanler w/o M F 1837 - 1908 (WLC)
M F 1833 - 1913 "Father" (WLC)
Mrs M J no date - 9 Dec 1893 R20-BL331 (MVC)
Maggie no date - 28 Dec 1944 RD-BL17-BK5-4 (MVC)
Margaret 1895 - 11 Jan 1978 RK-BL22-BK12-4 (MVC)
Martha 1894 - 23 March 1982 RJ-BL27-BK8-1 (MVC)
Mary A 5 May 1846 - 25 Feb 1917 (EEC)
Mary Jane 1895 - 8 Dec 1924 no

DAVIS (continued)
lot (MVC)
Mary Louise 1856 - 30 Aug 1944 RD-BL11 (MVC)
Mary Margaret 1849 - 25 Dec 1944 no lot (MVC)
Marzella 1909 - 4 Nov 1961 RK-BL13-BK5-4 (MVC)
Mollie no date - 6 Dec 1943 RE-BL12-BK2-4 (MVC)
Rebecca no date - 28 Aug 1907 no lot (MVC)
Reuben S 1860 - 7 Sept 1929 RD-BL11-BK12-4 (MVC)
Reynold 1895 - 22 Jan 1962 RK-BL33-BK6-2 (MVC)
Ruth Clare 1890 - 23 Oct 1918 RF-BL20-BK12-4 (MVC)
Sam no date - 17 Dec 1876 no lot (MVC)
Sarah Jane 1918 - 24 Oct 1950 RF-BL17-BK4-2 (MVC)
Dr Temple 1843 - 20 Apr 1904 no lot (MVC)
Tom 1863 - 19?? (EEC)
W E s/o J W & T 1907 - 1909 (PDC)
W S 5 Feb 1824 - 6 Nov 1906 (EEC)
Wend no date - 1 Sept 1887 R28-BL131 (MVC)
William 1873 - 1943 (MCC)
Wm L 1827 - 1865 no lot (MVC)
DAVISON, Clayton 1881 - 1956 (EEC)
E W Samuel 15 Jan 1862 - 5 June 1881 (SDLC)
Emma S w/o J W no date - 26 June 1901 30y 4m 30d (EEC)
John no date - 16 Jan 1938 81y (EEC)
Joy W no date - 1 Apr 1901 (EEC)
Leah no date - 21 July 1890 (SDLC)
Leah Olnug 10 Sept 1802 - 21 July 1880 (HKC)
Luella 1882 - 1966 (EEC)
Minnie E no date - 17 Sept 1876 inf (SDLC)
Roy L no date - 24 Mar 1904 (EEC)

DAVISON (continued)
William S no date - 10 Aug 1877 inf (SDLC)
DAVISSON, Richard Harvey 1874 - 4 Nov 1881 7y 22d (RMC)
DAVITT, Grace 1881 - 27 June 1909 RD-BL9-BK11-4 (MVC)
DAVY, Birdie Bertha no date - 2 Sept 1963 R66-BL84-BK4 (MVC)
H W 1855 - 14 March 1901 RA-BL9 (MVC)
Lavinda 1879 - 26 June 1971 RF-BL9 (MVC)
Wm 1879 - 2 Jan 1962 RF-BL9-BK1-1 (MVC)
DAWDY, Brennan L 1869 - 4 June 1950 RK-BL21-BK4-2 (MVC)
Nellie Belle 1883 - 6 Sept 1950 RK-BL218-BK5-2 (MVC)
DAWSON, Robert no date - 18 Nov 1897 RA-BL15 (MVC)
DAY, Golda c 29 Jan 1900 - 1 June 1964 (SMGC)
Lawrence 1901 - 17 Dec 1955 RJ-BL7-BK8-3 (MVC)
Martha Ellen 1861 - 13 July 1945 RJ-BL7-BK9-3 (MVC)
Sarah no date - 1 July 1903 R67-BL87 (MVC)
Rev Wm C no date - 5 Nov 1892 R67-BL87 (MVC)
DAYTON, John no dates (EEC)
DEAN, Edward 1825 - 9 Jan 1864 R27-BL107 (MVC)
Susan no date - 4 Jan 1904 R27-BL107 (MVC)
W T 1879 - 1948 (WLC)
Wm 1811 - 13 July 1884 R27-BL107 (MVC)
DEANA, Henry C c/o Henry & Mary no date - 15 Apr 1879 25y 10m 12d (LC)
Roy c/o Henry & Mary no date - 15 Nov 1876 (LC)
Sallie s/o Henry & Mary no date - 1 May 1879 11m 23d (LC)
DEAREN, Asan no date - 13 Oct 1890 R17-BL279 (MVC)
George no date - 22 Feb 1915 R17-BL279-BK2 (MVC)

DEAREN (continued)
  Wm Thomas no date - 17 Aug 1925 R17-BL279-BK3-0 (MVC)
DEARING, Mary Ellen no date - 20 Oct 1930 RD-BL14-BK6-2 (MVC)
DeBORD, Elsie 1904 - 1976 (BCC)
  Jerome 1897 - 1959 (BCC)
DEBUSK, John 1888 - 20 Sept 1969 no lot (MVC)
  Julie no date - 24 Sept 1969 RA-BL1-BK8-3 (MVC)
DECKARD, Elsa Marie 23 Sept 1905 - 9 Jan 1975 (SMGC)
DECKER, A B 1846 - 29 Aug 1910 - R29-BL147-BK1 (MVC)
  Emma F no date - 14 May 1902 R29-BL147 (MVC)
  Grace Elva w/o Martin L 12 Jan 1923 - 6 Aug 1967 (SMGC)
  Mabel 12 July 1901 - 12 July 1917 (CSHC)
  Martin L 1910 - 2 July 1969 (SMGC)
  Nellie E 1878 - 1970 (CSHC)
DEFREES, Edna 1893 - no date no lot (MVC)
  Eitson 1892 - 8 Jan 1974 RF-BL18-BK7-4 (MVC)
  Warren 1929 - 2 Dec 1930 RF-BL18 (MVC)
DeFROEST, Romeroy Rose 1870 - 1914 (MCC)
DEGELOW, Herman 1855 - 18 March 1910 RF-BL2 (MVC)
  Laura 1867 - 20 Feb 1920 RF-BL2-BK10-1 (MVC)
  Laura no date - 17 Feb 1925 no lot (MVC)
DeGRAFF, Louise 1866 - 11 Aug 1950 R17-BL287-BK1 (MVC)
  M no date - 1 Apr 1899 R34-BL232 (MVC)
  Mary no date - 29 Jan 1876 no lot (MVC)
  Mrs 1833 - 15 Nov 1899 R34-BL232 (MVC)
DEHAM, Bertha 1908 - 30 July 1965 RK-BL19-BK1-2 (MVC)
  Charles 1883 - 27 July 1916 RB-

DEHAM (continued)
  BL19 (MVC)
DEHAVEN, Elma 1885 - 16 Dec 1948 R45-BL79-BK1 (MVC)
  Kate B 1853 - 7 Oct 1922 R45-BL79-BK2 (MVC)
  Millard T 5 Oct 1848 - 11 Apr 1918 (EEC)
  Susan E no dates (EEC)
DEHN, Alfred 1895 - 24 Sept 1949 RJ-BL8-BK5-3 (MVC)
DEHNER, Ernestine 3 March 1894 - 5 March 1932 (MSSCC)
DEKAT, Sebastian 10 Feb 1905 - 4 July 1983 (MSSCC)
DELANEY, Ann E 1866 - 10 Sept 1952 86y Sec2-L2-#3 (SPC)
  Catherine no date - 20 May 1887 16y Sec2-L2-#1 (SPC)
  Edward no date - 14 Sept 1940 73y Sec2-L3-#5 (SPC)
  John no date - 27 Dec 1914 83y Sec2-L3-#4 (SPC)
  John T 1879 - 29 Nov 1955 76y Sec2-L2-#4 (SPC)
  Marie no date - 7 Jan 1902 64y Sec2-L3-#3 (SPC)
  Mary 1873 - 1950 77y Sec2-L2-#5 (SPC)
DeLAUNO, Carrie no date - 3 May 1889 R51-BL174 (MVC)
  James no date - 31 Feb 1890 R51-BL174 (MVC)
DELEHANT, Dunstan 30 July 1918 - 17 Sept 1971 (MSSCC)
DELFELDE, John F 1911 - 1933 (EEC)
DELFELDER, George 1865 - 1953 (EEC)
  Leslie 18 Nov 1907 - 15 Oct 1980 (EEC)
  Lillie 1873 - 1934 (EEC)
  Millie 1843 - 1942 (EEC)
DELFELTER, Anna 1845 - 14 Jan 1926 RG-BL9-BK3-3 (MVC)
  Fred 1830 - 9 Apr 1927 RG-BL9-BK2-3 (MVC)
DELONG, Jane no date - 7 May 1929 RB-BL26-BL2-2 (MVC)
  John no date - 17 June 1915 - RB-BL26 (MVC)

DELONG (continued)
Lulu 1877 - 20 Feb 1963 no lot (MVC)
DeMARTEAN, Suitbert 1 Sept 1834 - 16 Jan 1901 (SBAC)
DEMMER, Florian 12 March 1897 - 12 July 1980 (SBAC)
DEMMING, Mr & Mrs no dates (RMC)
DEMOND, Bertha no date - 26 Sept 1926 RF-BL26-BK7-3 (MVC)
Frances 1878 - 1 Apr 1940 RA-BL19-BK2-2 (MVC)
DEMOREST, Laura no date - 29 Jan 1902 R66-BL76 (MVC)
Nelson 1858 - 31 Aug 1886 no lot (MVC)
DENEKE, Fred no date - 18 Dec 1900 R68-BL117 (MVC)
DENIEFFE, Arthura 1858 - 9 March 1910 R12-BK189 (MVC)
Keturah 1858 - 1 Nov 1927 R12-BL189-BK5 (MVC)
DENING, Mary Ann w/o H M 1858 - 1881 23y (MLC)
Mary Ann w/o H M 1858 - 1881 23y (MLC)
DENNIS, Mrs D B 1901 - 28 July 1931 RA-BL5 (MVC)
Delbert Wm no date - 30 Jan 1976 RF-BL22-BK1-4 (MVC)
Grace Louise no date - 25 March 1937 RF-BL22-BK2-4 (MVC)
DENNISON, Basil F 1840 - 18 March 1922 RA-BL20-BK5-3 (MVC)
Jennie R 1846 - 3 May 1911 RA-BL20-BK6-3 (MVC)
DENNY, Ann 1940 - 19 Nov 1979 RA-BL15-BK3-4 (MVC)
Caroline T no date - 5 Oct 1898 (EEC)
James no date - 30 Oct 1893 R39-BL323 (MVC)
DENT, Bertha May 1881 - 22 July 1926 RF-BL26-BK8-1 (MVC)
Elsie Thomas no date - 1907 no lot (MVC)
Leo no date - 17 Jan 1901 RD-BL17 (MVC)
Richard M no date - 22 May 1894

DENT (continued)
R67-BL99 (MVC)
Wm Earl 1904 - 26 May 1974 RF-BL26-BK5-2 (MVC)
Wm Green 1875 - 1 July 1934 RF-BL26 (MVC)
DENTON, Albert D 1874 - 13 Apr 1901 RA-BL16 (MVC)
Alice 1844 - 4 Jan 1929 RA-BL16-BK5-4 (MVC)
Henry 1838 - 15 Aug 1911 RA-BL16-BK6-4 (MVC)
Kenneth E 6 July 1929 - 26 Dec 1975 (SMGC)
DENVER, D 1908 - 1 Aug 1975 no lot (MVC)
DEOMIS, Denise no date - 29 July 1931 RG-BL5-BK9-1 (MVC)
DERBY, Caroline T w/o John D d 5 Oct 1898 59y 26d (EEC)
Edna Ruth 1897 - 1942 (EEC)
Frankie J w/o James Lester 1863 - 1916 (EEC)
James Lester 30 Sept 1873 - 4 Dec 1906 (EEC)
John 1832 - 1922 (EEC)
Lydia d/o J & C 28 Dec 1880 - 19 July 1881 (EEC)
DERICKS, Albert 1858 - 8 Aug 1946 RB-BL4-BK1-3 (MVC)
Regina 1865 - 28 Apr 1910 RB-BL4-BK2-3 (MVC)
DeROINE, Charles 20 Feb 1906 - 29 Jan 1972 (SMGC)
DERRECHS, Albert no date - 6 Aug 1946 82yrs no lot (MVC)
DESANO, Carrie 1862 - 1889 no lot (MVC)
Edwin no date - 1882 no lot (MVC)
James L 1830 - 1890 no lot (MVC)
DESKINDS, Marion 24 Jan 1889 - 6 Jan 1955 WWI (OHC)
DETRICK, Lorene (Knowles) d/o James Case 20 Sept 1897 - 6 Feb 1969 (AC2)
Lorene Knowles 1897 - 1969 (CCC1)
DEUHN, Cezilia 24 Feb 1825 - 17 Mar 1904 (OHC)

DEUHN (continued)
Christian 2 Mar 1905 4y (OHC)
DEUTSCH, inf no date - 12 Jan 1941 R37-BL273 (MVC)
Nathan no date - 27 Oct 1944 R37-BL273-BK2 (MVC)
Sadie no date - 14 July 1914 R37-BL273 (MVC)
DEUTSHER, Albert no date - 17 May 1892 R50-BL158 (MVC)
DEVENPORT, Eva 1881 - 4 Apr 1926 no lot (MVC)
George 1884 - 27 Nov 1945 no lot (MVC)
DEVER, Eleanor 1894 - 17 March 1928 no lot (MVC)
Ella no date - 20 March 1926 R13-BL208-BK2 (MVC)
H W 1845 - 11 Jan 1909 R13-BL208-BK1 (MVC)
DEVERE, Julius no date - 11 July 1892 28y 9m (EEC)
DEVINE, Elfleda 8 Nov 1861 - 9 Nov 1930 (MSSCC)
DEVINEY, Annabelle 1873 - 31 March 1953 R28-BL125 (MVC)
DEWARD, Lawrence no date - 19 Jan 1915 RD-BL16-BK5-2 (MVC)
DEWEESE, Beverly W 1904 - 1949 (OHC)
c/o L F dc1862 (ASC)
J H 30 Jan 1862 23y Co D 2nd Kansas Cavalry (OHC)
DEWITT, Nester A no date - 25 Apr 1970 RK-BL15-BK10-4 (MVC)
Sarah no date - 9 March 1927 (moved 11 Oct 1928 to N4) RA-BL13-BK2-3 (MVC)
DEYSLOW, T H no date - 18 March 1910 RF-BL2-BK11-1 (MVC)
DICKENS, Albert B 1840 - 7 March 1928 RG-BL9-BK2-4 (MVC)
Aurlene no date - 12 Sept 1928 no lot (MVC)
Helen 1890 - 21 Aug 1935 RG-BL9-BK1-4 (MVC)
Mamie 1864 - 16 Feb 1913 RG-BL9-BK3-4 (MVC)

DICKERSON, Alice no date - 1 Apr 1907 RD-BL16 (MVC)
Alice M no date - 12 Oct 1905 RD-BL16 (MVC)
Eureline no date - 11 Sept 1928 RD-BL16-BK10-2 (MVC)
Frederick 29 July 1885 18m (OHC)
Isabella no date - 19 May 1906 RD-BL16 (MVC)
Joseph no date - 3 March 1909 RD-BL16-BK8-2 (MVC)
Lawrence M 25 Sept 1882 9m (OHC)
Luther 1825 - 14 Dec 1910 RD-BL16-BK4-1 (MVC)
Marvin no date - 23 May 1903 R38-BL291 (MVC)
Mrs Robert 1854 - 6 July 1910 (SNC)
Sam no date - 2 July 1905 R38-BL291 (MVC)
Sarah 1863 - 26 Feb 1923 RD-BL16-BK5-1 (MVC)
DICKESON, Chester O 31 May 1909 - 5 June 1977 (SMGC)
DICKEY, Alice d/o J & E 12 Aug 1883 27y (MGC)
Annabelle no date - 22 May 1953 R39-BL320-BK1 (MVC)
Bertha no date - 5 Jan 1953 RD-BL19-BK4-3 (MVC)
Cecilia K no date - 20 Dec 1949 RE-BL4-BK3-4 (MVC)
Edith 29 Mar 1911 85y (MGC)
Edith E no date - 24 Apr 1922 RE-BL14-BK1-2 (MVC)
Henry 1852 - 9 July 1929 RE-BL4-BK2-4 (MVC)
inf no date - 2 Apr 1891 R47-BL115 (MVC)
Jackson 9 Sept 1855 65y (MGC)
Jessie no date - 12 Sept 1939 RD-BL19-BK3-3 (MVC)
Laura Jane no date - 8 July 1922 RD-BL19-BK2-3 (MVC)
Pryor no date - 1 May 1937 RE-BL14 (MVC)
Robert no date - 18 March 1919 RD-BL19-BK1-3 (MVC)
Theapolis no date - 13 Jan 1923 RE-BL14-BK9-4 (MVC)

DICKEY (continued)
  Wm no date - 5 Dec 1929 R40-BL333-BK5 (MVC)
DICKMAN, R no dates (EEC)
DICKS, Honor no dates (OHC)
DICKSON, Alice 1859 - 23 Jan 1945 R16-BL268-BK1 (MVC)
  Ella E 1909 - 6 Nov 1956 R64-BL44-BK2 (MVC)
  Frank 1865 - 20 March 1943 R16-BL268-BK5 (MVC)
  Harry no date - 18 May 1888 R38-BL291 (MVC)
  John no date - 23 June 1971 RJ-BL27-BK3-4 (MVC)
  Joseph 1826 - 21 Oct 1883 no lot (MVC)
  Louis C 1873 - 1 Aug 1963 R63-BL44-BK1 (MVC)
  Mary 1839 - 21 March 1895 R16-BL268 (MVC)
  Nancy no date - 11 Feb 1889 R40-BL23 (MVC)
  Robert 1868 - 3 Aug 1928 R16-BL268-BK4 (MVC)
  Samuel 1813 - 22 March 1896 R16-BL268 (MVC)
DIEBOLT, Dwight no dates (SACC)
  Edward 1888 - 1922 (SACC)
  Edward J 1918 - 1969 (SACC)
  Frank Antone s/o J & M 1886 - 1887 (SACC)
  Frank J s/o J & M b&d 1885 (SACC)
  John 1858 - 1908 (SACC)
  John A 1882 - 1963 (SACC)
  Julia 1895 - 1979 (SACC)
  Magdalena 1858 - 1908 (SACC)
  Margaret w/o John 1858 - 1908 (SACC)
  Robert L 1921 - 1944 WWII Pfc 137th Inf 35 Div (SACC)
DIEGEL, Anne M 1883 - 15 Apr 1955 RA-BL7 (MVC)
  Claude 1875 - 2 May 1938 RA-BL7-BK5-1 (MVC)
  Everett 1887 - 20 March 1934 RA-BL7-BL4-1 (MVC)
  Fanny 1870 - 24 Jan 1907 RA-BL4 (MVC)
  G Albert 1913 - 28 Aug 1913

DIEGEL (continued)
  (removed 20 Sept 1924) R49-BL138-BK5-0 (MVC)
  George 1850 - 24 Jan 1933 RA-BL7-BK9-1 (MVC)
  George 1922 - 25 March 1937 RA-BL5-BK3-4 (MVC)
  Henry 1858 - 27 Apr 1939 RA-BL5-BK1-4 (MVC)
  Henry P 1902 - 10 July 1910 RA-BL4-BK6-2 (MVC)
  Minervia 1851 - 21 Jan 1924 RA-BL7 (MVC)
  Nettie C 1881 - 27 Sept 1933 RA-BL5-BK2-4 (MVC)
DIERKING, Andrew 1922 - 27 Jan 1971 RK-BL8 (MVC)
  F E no date - 21 Oct 1981 RK-BL8-BK10-4 (MVC)
  Flavius 1895 - 6 Oct 1978 RK-BL8-BK10-4 (MVC)
  Madeline 1898 - 16 Nov 1983 RK-BL6 (MVC)
  Martha 1868 - 12 Jan 1953 RK-BL6-BK6-3 (MVC)
  Otis L 1889 - 30 Apr 1964 RK-BL6-BK7-4 (MVC)
DIESBOCH, Mrs E L 1831 - 2 March 1911 RA-BL18-BK4-2 (MVC)
  Henry 1819 - 8 Apr 1893 no lot (MVC)
DIETRICH, Danel Albert 1902 - 1973 (WLC)
  Elizabeth F 10 Mar 1889 - 24 Dec 1952 (WLC)
  Samuel I 29 Aug 1870 - 22 Oct 1955 (WLC)
DIETZEL, Frances L 27 Mar 1909 - 18 June 1980 (SMGC)
DIFFLEY, Stephanie Dec 1978 - 20 July 1978 (EEC)
DIGNAN, Marcella 24 May 1885 - 18 Jan 1908 (MSSCC)
  Sennorina 15 Sept 1879 - 19 Apr 1966 (MSSCC)
DIKEMIN, G W no date - 31 July 1894 R36-BL258 (MVC)
DILGERT, Adam 1839 - 2 Apr 1894 R48-BL133 (MVC)
  Adam 1869 - 8 Aug 1949 RG-BL15-BK2-2 (MVC)

87

DILGERT (continued)
Barbara 1866 - 13 March 1884 no lot (MVC)
Bertha 1867 - 1960 no lot (MVC)
Bessie 1881 - 17 June 1950 RG-BL15-BK1-2 (MVC)
Bryant no date - 20 Feb 1920 RA-BL15 (MVC)
Ferdinand 1836 - 1880 (removed in 1917 to B19) R35-BL244-BK11-3 (MVC)
Frances 1904 - 24 Nov 1926 RB-BL19-BK3-2 (MVC)
Frank 1878 - 31 Oct 1962 RB-BL19-BK1-2 (MVC)
Fred no date - 5 May 1938 RB-BL19-BK9-3 (MVC)
Gustan 1892 - 8 Apr 1930 RG-BL15-BK11-2 (MVC)
Ida 1878 - 29 Feb 1963 RB-BL19-BK2-2 (MVC)
Julius 1890 - 24 June 1951 RG-BL7-BK6-2 (MVC)
Lulu G 1880 - 23 Aug 1979 RG-BL7-BK8-2 (MVC)
Martin 1864 - 17 May 1910 RG-BL7-BK3-2 (MVC)
Martin F 1888 - 20 July 1958 RG-BL7-BK5-2 (MVC)
Mary 1848 - 28 Dec 1913 R48-BL133-BK4 (MVC)
Mary 1865 - 27 May 1915 no lot (MVC)
Mary L 1865 - 22 March 1954 RG-BL7-BK4-2 (MVC)
Mary no date - 14 June 1915 RF-BL15-BK3-2 (MVC)
Mary no date - 15 Sept 1947 RB-BL19-BK8-3 (MVC)
Rose 1843 - 2 Oct 1927 no lot (MVC)
Ruby 1896 - 13 Feb 1920 RG-BL15-BK10-2 (MVC)
W A 1862 - 19 July 1926 RB-BL19-BK12-1 (MVC)
DILLING, Christine 1831 - 1901 no lot (MVC)
DILLON, Adda 1878 - 8 Feb 1969 RF-BL1-BK5-2 (MVC)
Bertha no date - 24 Sept 1926 RF-BK26 (MVC)
James 1875 - 1937 no lot (MVC)

DILLON (continued)
James no date - 20 Aug 1932 RF-BL1-BK4-3 (MVC)
DIMOND, Bertha 1888 - 24 Sept 1926 RF-BL26 (MVC)
Emma 1861 - 6 Sept 1930 no lot (MVC)
Wm 1854 - 7 June 1931 no lot (MVC)
DINGESS, Carl 1849 - 22 Nov 1957 RK-BL11-BK2-1 (MVC)
Mrs Carl W no date - 10 June 1969 RK-BL11-BK1-1 (MVC)
Carl Jr 1922 - 19 Oct 1978 RK-BL11-BK8-1 (MVC)
Louise W 1876 - 30 Apr 1956 RK-BL11-BK3-1 (MVC)
Dr Matthew 1866 - 11 Jan 1944 RK-BL11-BK9-1 (MVC)
DIRK, Ida M 14 May 1906 - 10 Apr 1978 (SMGC)
DITCH, D no date - 11 Jan 1901 RD-BL20 (MVC)
Julia no date - 23 Oct 1936 RD-BL20-BK6-2 (MVC)
DITTEMORE, Earl C 14 Apr 1899 - 3 Apr 1981 (SMGC)
Marvin 1970 - 21 June 1970 (SMGC)
DITTMAR, Carrie 1885 - 27 Feb 1958 RB-BL8-BK4-3 (MVC)
Margaret no date - 10 May 1907 R12-BL190 (MVC)
DIVINEY, Annabel no date - 31 March 1953 R28-BL125-BK3 (MVC)
Helena M 1906 - 20 Aug 1923 17y Sec1-L35-#1 (SPC)
John 1834 - 22 Dec 1914 86y Sec1-L35-#3 (SPC)
John Paul 1908 - 18 May 1957 48y Sec1-L63-#2 (SPC)
Joseph 1865 - 24 Jan 1951 85y Sec1-L35-#4 (SPC)
Mary no date - 11 Apr 1917 93y Sec1-L35-#2 (SPC)
Mollie 1861 - 22 Apr 1939 77y Sec1-L35-#5 (SPC)
Peter no date - 13 June 1916 80y Sec1-L63-#5 (SPC)
Wm no date - 13 Dec 1865 4y Sec1-L63-#1 (SPC)

DIX, Milton no date - 16 Jan 1899 R14-BL234 (MVC)
W Arthur no date - 16 Jan 1899 R14-BL234 (MVC)
DO, Kate no date - 29 Dec 1916 RA-BL2-BK11-3 (MVC)
DOBBIN, Anne 1911 - 16 Nov 1981 RK-BL42-BK5-2 (MVC)
John 1915 - 13 Nov 1981 RK-BL42-BK6-2 (MVC)
DOBBS, Ella 1852 - 12 March 1927 RF-BL16-BK2-2 (MVC)
Emmaline 1886 - 14 March 1981 RK-BL27-BK1-2 (MVC)
James 1845 - 26 Jan 1925 RF-BL16-BK1-2 (MVC)
James 1880 - 11 July 1960 RK-BL27-BK3-1 (MVC)
John no date - 15 June 1981 R43-BL38-BK5 (MVC)
Louella 1871 - 7 Aug 1936 RB-BL14-BK11-3 (MVC)
Sarah no date - 23 Oct 1964 no lot (MVC)
Stephan 1884 - 28 Nov 1907 RB-BL14 (MVC)
Stephen 1939 - 8 July 1939 RB-BL14-BK10-3 (MVC)
DOBLER, Maurus 19 Apr 1855 - 8 Nov 1889 (SBAC)
DOBSON, Kate 1896 - 7 Mar 1907 11y Sec1-L64-#1 (SPC)
Maria Stauffer no date - 20 May 1912 20y Sec1-L64-#2 (SPC)
Mary 1862 - 2 July 1945 83y Sec1-L64-#6 (SPC)
DOCKWEILER, Frank no date - 27 May 1977 (EEC)
Laverne 1 Mar 1923 - 13 Dec 1947 (LC)
Lawrence Dick 5 May 1921 - 15 Dec 1947 (LC)
DODSON, Ellen Tinker 1846 - 1935 (EEC)
J Seymour 1839 - 1919 (EEC)
DOHERTY, inf 9 Apr ---- - 9 Apr 1934 (SNC)
Jennie Low 25 Mar 1934 - 25 June 1934 (SNC)
DOKTER, Elizabeth Ann 1963 - 1964 (SACC)
DOLAN, Daisy E no date - 24 Apr

DOLAN (continued) 1946 RB-BL16-BK3-3 (MVC)
DOLL, Beata 11 May 1875 - 22 Apr 1945 (MSSCC)
DOMEN, Leonard 7 Sept 1851 - 21 Dec 1931 (SBAC)
DONAHUE, Bridget 1844 - 1905 (SACC)
Charles 1872 - 29 Dec 1951 RJ-BL13-BK3-1 (MVC)
Mary E no date - 8 Sept 1882 6y Sec1-L11-#1 (SPC)
Rose no date - 22 July 1927 RD-BL14-BK9-3 (MVC)
Thomas 1804 - 1887 (SACC)
Thomas 1876 - 17 July 1962 RJ-BL13-BK2-1 (MVC)
DONALD, Ashunus no date - 2 June 1889 RB (MVC)
Christine 1891 - 30 June 1967 no lot (MVC)
inf no date - 25 Apr 1888 RB-BL1 (MVC)
James 1823 - 6 Dec 1897 RB-BL2 (MVC)
N S 1869 - 4 Apr 1922 RB-BL2-BK1-1 (MVC)
Susan 1831 - 9 May 1899 RB-BL2 (MVC)
Walter 1854 - 15 June 1931 RB-BL2-BK12-1 (MVC)
DONALDSON, Bert 1878 - 3 Apr 1959 RJ-BL27-BK5-1 (MVC)
George F 6 Nov 1900 - 27 Feb 1968 (SMGC)
Marjorie M 1922 - 1965 (LC)
Mary 1880 - 31 Aug 1962 RJ-BL27-BK6-1 (MVC)
Max L 1921 - no date (LC)
Mrs W 1856 - 21 Aug 1926 RD-BL7-BK2-2 (MVC)
W W no date - 30 Nov 1926 RD-BL7-BK1-2 (MVC)
DONAVAN, Mary E 1856 - 1922 (LC)
DONELLY, M 1890 - 1892 (LC)
R E 1858 - 1890 (LC)
DONGAN, Louisa 1880 - 1957 (LC)
P B 1858 - 1947 (LC)
William 1879 - 1957 (LC)
DONNELAN, Emma 1870 - 1954

DONNELAN (continued) (LC)
John 16 Sept 1828 - 12 Aug 1893 (LC)
Lillie no date - 1944 (LC)
Mary J 24 Jan 1839 - 2 Nov 1892 (LC)
William R 1868 - 1944 (LC)
DONNELLY, Ellen w/o James 1828 - 6 July 1886 48y Sec1-L84-#3 (SPC)
James 1833 - 15 Nov 1911 78y Sec1-L84-#4 (SPC)
Thomas no date - 1875 6y Sec1-L84-#2 (SPC)
Wm no date - 1865 5y Sec1-L84-#1 (SPC)
DONOHUE, M Victor 27 July 1921 - 14 Nov 1966 (MSSCC)
DONOVAN, Andy 1854 - 1941 (LC)
Stella 1878 - 1898 (LC)
DOOLEY, Catherine d/o Hurley 28 Apr 1847 Co Claire, Ireland - 6 Apr 1926 78y (SLC)
Dorothy 15 May 1878 - 10 Apr 1928 (MSSCC)
Edward s/o James 1890 - 15 Apr 1956 (SLC)
Henrietta (Hatty) w/o Ed Dooley 1890 - 26 July 1938 (SLC)
Irene no date - 1973 (SLC)
James 8 Jan 1835 Co Claire, Ireland - 18 Apr 1907 72y (SLC)
John no date - 1976 63y (SLC)
John T s/o James 12 Jan 1875 - 7 May 1902 27y (SLC)
Joseph S s/o James 10 March 1890 - 9 July 1890 (SLC)
Mother Lucy 8 Sept 1871 - 19 Apr 1951 (MSSCC)
Martha no date - 30 Aug 1983 89y (SLC)
Mary d/o James 1873 - 9 July 1892 19y (SLC)
William 1877 - 17 March 1938 (SLC)
William no date - 1967 90y (SLC)
DOOLSON, Ellen Tinken 1846 - 1935 (EEC)

DOOLSON (continued)
Mrs J S no dates (EEC)
J Seymour no dates (EEC)
DORE, Patricia 29 June 1854 - 28 Aug 1896 (MSSCC)
DORGAIN, Daniel no date - 20 Apr 1869 32y Sec1-L87-#1 (SPC)
Nancy w/o Daniel no date - 15 July 1895 65y see McGinnis no lot (SPC)
DORIS, Mrs Kate no date - 29 Dec 1916 RA-BL2 (MVC)
DOROTHY, F 1904 - 1920 (EEC)
DORSSOM, Adam J 1869 - 1938 (LC)
Albert Emil 1889 - 1974 (LC)
Berda A 1920 - no date (LC)
Dessa 1890 - 1962 (LC)
Edward 1898 - 1982 (LC)
Elmer E 3 Jan 1911 - 15 Sept 1982 (LC)
Emma 1966 - 1959 (LC)
Florence 1892 - 1963 (LC)
George 1864 - 1927 (LC)
George 8 Jan 1820 - 4 Jan 1895 (LC)
George 1894 - no date (LC)
Henry J 10 Jan 1905 - 1942 (LC)
Henry L 15 Jan 1955 - 8 June 1942 (LC)
inf no date - 1870 (LC)
inf no date - 1878 (LC)
inf no date - 19 Jan 1874 son (LC)
John 1858 - 1950 (LC)
Julia 1876 - 22 Jan 1847 RG-BL23-BK10-1 (MVC)
Katherine 1868 - 1948 (LC)
Lucille 20 June 1909 - 1932 (LC)
Minnie L 1883 - 1928 (LC)
Sophia 3 Aug 1836 - 1 May 1921 (LC)
Steven McCleam 27 Nov 1974 - 1 Feb 1975 (LC)
William H 1888 - 1979 (LC)
William R 1884 - 1879 (LC)
William R 1919 - 1975 (LC)
Willie d 1893 2y (LC)
DOSSER, Anna L 1880 - 15 Oct 1966 R42-BL22-BK4 (MVC)
Anna S no date - 15 Oct 1961 no

DOSSER (continued)
lot (MVC)
Nicholas 1873 - 11 Dec 1946 R42-BL22-BK5 (MVC)
DOTSON, Arnette no date - 25 Apr 1949 RE-BL15-BK12-1 (MVC)
Minnie no date - 18 Sept 1937 RE-BL3-BK12-1 (MVC)
DOTY, Edward no date - 8 May 1896 R39-BL320 (MVC)
Jacob no date - 23 Nov 1894 R39-BL323 (MVC)
Mattie no date - 19 Oct 1890 R39-BL322 (MVC)
Wm no date - 12 Aug 1895 R39-BL323 (MVC)
DOUGAN, Hannah no date - 1857 13y (MPC)
James 12 Mar 1808 - 6 Nov 1900 (MPC)
James N 21 July 1849 - 25 Jan 1880 30y 6m 4d (MPC)
Marla 1820 - 1892 (MPC)
Naviah w/o James 15 May 1820 - 2 Oct 1892 (MPC)
Susan 1841 - 1871 30y (MPC)
DOUGHERTY, Cornelia 6 Jan 1836 - 28 March 1908 (MSSCC)
James no date - 9 March 1883 96y 1m 20d (SACC)
Jas 1880 - 1900 (SACC)
DOUGLASS, Edith 1872 - 26 March 1958 RK-BL2-BK6-2 (MVC)
Ellen 1806 - 11 Aug 1864 no lot (MVC)
Elmer 1846 - 1883 no lot (MVC)
Grace no date - 11 March 1925 RD-BL1-BK10-2 (MVC)
Grace no date - 11 Feb 1976 no lot (MVC)
Laura 1872 - 26 March 1958 RK-BL2 (MVC)
Lillian no date - 6 March 1912 RF-BL6 (MVC)
Mary M 1906 - 19 Jan 1920 RF-BL6 (MVC)
Wm 1852 - 6 March 1912 RF-BL6-BK11-3 (MVC)
Wm 1879 - 1961 no lot (MVC)
DOVE, Trey Lee 1976 - 11 Feb

DOVE (continued)
1976 (inf) RK-BL18-BK8-3 (MVC)
DOWD, Marion no date - 27 July 1882 no lot (MVC)
DOWLING, Mary D no date - 14 Dec 1921 82y (SACC)
Patrick 1837 - 1910 (SACC)
DOWNER, Ida Irene w/o Leon 18 Mar 1896 - 12 Sept 1975 (SMGC)
Leon 8 Mar 1896 - 12 Sept 1975 (SMGC)
DOWNEY, Barbara Crites 1841 - 1893 (SNC)
Brendan 26 Jan 1918 - 4 Sept 1980 (SBAC)
Dora no date - 1893 baby (SACC)
Eliza 1878 - 24 Nov 1896 (SNC)
Elvin no date - 18 Nov 1913 RE-BL3-BK4-4 (MVC)
Ezekiel 1832 - 1881 (SNC)
Grace L 1900 - 14 Oct 1978 RE-BL12-BK3-2 (MVC)
inf b&d 16 May 1902 (SNC)
inf no date - 16 Feb 1903 (SNC)
John 1875 - 1965 (SNC)
Joseph Francis s/o J & M 1880 - 1881 (SACC)
Katherine no date - 1918 (SACC)
Polly 1936 - 11 Feb 1936 R16-BL264-BK4 (MVC)
William 1866 - 27 Sept 1893 (SNC)
Winfield 1875 - 29 Apr 1927 (SNC)
DOWNING, Alvin no date - 18 Nov 1913 RE-BL3 (MVC)
Thomas no date - 25 Sept 1894 R38-BL294 (MVC)
DOWNS, Cora May no date - 27 Apr 1887 R49-BL141 (MVC)
Etta no date - 29 May 1925 R32-BL191-BK5-1 (MVC)
J P no date - 16 June 1921 Downs Vault (MVC)
Louise no date - 19 Apt 1899 no lot (MVC)
Wilfred no date - 1875 no lot (MVC)
Wm F 1837 - 1883 no lot (MVC)
DOYLE, Agatha 10 Jan 1909 - 7

DOYLE (continued)
Dec 1948 (MSSCC)
Albert no date - 25 Feb 1904 RE-BL6 (MVC)
E J 1841 - 1921 (SACC)
Edward J 1823 - 1896 (SACC)
Edwin B 22 Sept 1841 - 28 Sept 1915 (LC)
Emma S d/o J S & Sarah E no date - 10 Feb 1880 35y 2m 5d (LC)
Harry no date - 27 Feb 1929 RA-BL14-BK1-2 (MVC)
Herbert 1896 - 4 Aug 1953 RA-BL14-BK3-2 (MVC)
John J 1873 - 1902 (SACC)
John S 6 Aug 1808 - 7 Mar 1895 (LC)
Mary A 1873 - 1902 (SACC)
Mary no date - 18 Apr 1955 RE-BL20-BK11-4 (MVC)
Ruby K no date - 26 Nov 1956 RA-BL14-BK2-2 (MVC)
Sarah 30 Aug 1815 - 3 Mar 1896 (LC)
Theresa Ann 8 July 1905 - 17 July 1979 (MSSCC)
DOZER, Frances 1870 - 8 Feb 1944 R28-BL124-BK2 (MVC)
Henry A 1865 - 11 Jan 1944 R28-BL124-BK1 (MVC)
DRAKE, Margaret 1861 - 9 Jan 1932 RF-BL27-BK7-1 (MVC)
Morell 1858 - 14 Nov 1928 RF-BL27-BK9-1 (MVC)
DRAKELEY, Charles no date - 7 May 1934 RD-BL19 (MVC)
Florence no date - 20 Dec 1915 RD-BL19-BK1-2 (MVC)
Julia no date - 12 Dec 1912 RD-BL19 (MVC)
Lillian no date - 10 Oct 1907 RD-BL19 (MVC)
Sam no date - 22 June 1907 RD-BL19 (MVC)
DRAPER, Betsy no date - 24 July 1888 R18-BL299 (MVC)
Earl 1890 - 17 Sept 1965 RK-BL13-BK1-2 (MVC)
Edwin 1853 - 25 June 1928 (WWII) R18-BL299-BK4 (MVC)

DRAPER (continued)
inf no date - 3 Aug 1911 R18-BL299-BK3 (MVC)
inf no date - 3 July 1913 RD-BL8 (MVC)
John no date - 15 July 1888 R18-BL299 (MVC)
Mary 1892 - 13 March 1964 RK-BL13-BK2-2 (MVC)
Melissa 1858 - 28 Aug 1944 R18-BL299-BK5 (MVC)
Roy Francis 1827 - 1959 H N US Navy WWII (CCC1)
Roy Francis 6 May 1827 - 5 Feb 1959 (H N B U S Navy WWII) (AC2)
DRIFFILL, Ruth 1872 - 6 Feb 1953 RD-BL8-BK3-2 (MVC)
DRIGEL, Minerva no date - 22 Jan 1924 RA-BL7-BK8-1 (MVC)
DRISLIN, George J 1887 - 28 Oct 1959 RG-BL20-BK11-4 (MVC)
Louise 1889 - 13 Feb 1937 RG-BL20-BK12-4 (MVC)
DROLINGER, M S 1867 - 1898 (PDC)
DRURY, Agnes 1869 - 25 July 1963 RA-BL15-BK2-4 (MVC)
Anna 1845 - 24 July 1926 R28-BL122-BK2 (MVC)
Arthur 1869 - 21 Feb 1942 RA-BL15-BK1-4 (MVC)
Charles J 1837 - 17 Nov 1906 RC-BL2 (MVC)
Lizzie no date - 17 Apr 1872 (no lot) (MVC)
Mary 1895 - 2 Oct 1895 R28-BL122 (MVC)
Mary no date - 22 Nov 1871 (no lot) (MVC)
Richard B 1844 - 17 Apr 1900 R28-BL122 (MVC)
Richard B Jr 1877 - 23 Apr 1901 RA-BL15 (MVC)
Virginia 1855 - 24 June 1938 BK1-4 (MVC)
DUBOIS, Anna 1879 - 27 March 1963 RK-BL2-BK1-2 (MVC)
Dorothy Ann no date - 8 Nov 1934 (moved from Omaha, Nebraska) RB-BL23 (MVC)

DUBOIS (continued)
Jane 1930 - 8 Nov 1933 no lot (MVC)
L P 1834 - 4 June 1918 RB-BL23-BK1-2 (MVC)
Lewis no date - 3 Sept 1934 RB-BL23 (MVC)
Lewis no date - 8 Dec 1915 RB-BL23-BK3-2 (MVC)
Norma Jean no date - 8 Nov 1934 (moved from Omaha, Nebraska) RB-BL23 (MVC)
Samuel 1876 - 28 Apr 1948 RK-BL2-BK2-2 (MVC)
Sarah 1835 - 12 Oct 1926 RB-BL23-BK2-2 (MVC)
DuBOISE, Adaline w/o Sam 1829 - 1902 (ASC)
Sam no dates (ASC)
DUCKLING, Andy no date - 27 Jan 1971 RK-BL8-BK4-4 (MVC)
DUDLEY, Andrew Irwin no date - 9 Apr 1904 R54-BL235 (MVC)
Florida no date - 28 May 1902 R54-BL235 (MVC)
Gail no date - 29 Sept 1937 RE-BL10-BK3-1 (MVC)
Joseph no date - 22 March 1939 RE-BL7-BK4-3 (MVC)
Mary no date - 25 March 1907 RE-BL7 (MVC)
DUDSON, Davis no dates (EEC)
DUEHREN, Frank Carl no date - 4 March 1976 RA-BL12-BK6-1 (MVC)
Richard 1895 - 10 Apr 1896 R50-BL159 (MVC)
DUFF, Mary Elizabeth 1873 - 1 Oct 1878 (BCC)
DUGEL, Anne 1883 - 15 Apr 1955 RA-BL7-BK7-1 (MVC)
DUGGER, Lillian R w/o Martin 16 Oct 1918 - 9 Apr 1977 (SMGC)
Martin 21 Feb 1916 - 3 Dec 1973 (SMGC)
DUHREN, Elizabeth 1857 - 21 Aug 1936 RG-BL22-BK11-4 (MVC)
Fred 1856 - 9 July 1935 RG-

DUHREN (continued)
BL22-BK12-4 (MVC)
Oscar 1859 - 14 Feb 1914 RA-BL12-BK9-1 (MVC)
Oscar no date - 23 July 1959 RA-BL12-BK7-1 (MVC)
DUKER, Harold E 1909 - 3 Sept 1901 RD-BL13-BK5-2 (MVC)
DUNAN, Edward 1857 - 1942 (EEC)
DUNAVAN, Clayton 1918 - 20 Aug 1983 RK-BL13 (MVC)
DUNBAR, Irwin 1896 - 23 July 1946 RG-BL32-BK2-3 (MVC)
Mattie 1894 - 24 Apr 1944 RG-BL32-BK1-4 (MVC)
DUNCAN, Alice 1858 - 12 June 1928 RD-BL14-BK2-3 (MVC)
Alice no date - 6 Jan 1916 no lot (MVC)
Cleo no date - 2 Aug 1927 RD-BL14 (MVC)
Dale N no date - 26 May 1931 RD-BL20 (MVC)
Edward no date - 1 Aug 1935 RD-BL14 (MVC)
Elmer 1886 - 3 Aug 1940 RG-BL24-BK3-1 (MVC)
Geo A no date - 21 Aug 1927 RD-BL14 (MVC)
James 1865 - 23 Apr 1934 RA-BL21 (MVC)
Janette McI 1871 - 6 May 1942 RG-BL21-BK9-4 (MVC)
John 1862 - 1 June 1922 (SLC)
John 1894 - 1972 (LC)
John 22 June 1924 - 23 June 1924 1d (SLC)
Mrs John no dates (SLC)
Louisa J d/o T J & S Y no date - 20 Jan 1862 7y (PDC)
Margaret no date - 4 July 1884 no lot (MVC)
Nancy E d/o J D & S Y no date - 27 Oct 1865 9y 7m 23d (PDC)
Phillip no date - 6 Apr 1916 RD-BL3-BK1-3 (MVC)
DUNHAM, Beatrice 1901 - 1980 no lot (MVC)
Charles R no date - 19 Apr 1935 R14-BL224-BK4 (MVC)
E H no date - 6 Oct 1889 R51-

DUNHAM (continued)
BL174 (MVC)
Elmer 1866 - 5 Aug 1940 no lot (MVC)
Julieth 1871 36y (OHC)
DUNHANCE, Juliet T 8 Nov 1871 36y (OHC)
DUNKEL, Bird 1871 - 1945 (MCC)
Leroy K 1850 - 1888 (MCC)
William 1857 - 1928 (MCC)
DUNKIN, Clarence no date - 14 Nov 1903 RD-BL20 (MVC)
Dale no date - 26 May 1931 RD-BL20-BK8-1 (MVC)
Dora no date - 3 Oct 1901 R63-BL30 (MVC)
Earl no date - 12 Apr 1905 RD-BL20 (MVC)
Grace no date - 9 May 1898 R19-BL311 (MVC)
Irma no date - 26 Dec 1891 (moved Dec 1905) R63-BL30 (MVC)
John no date - 8 Nov 1943 RD-BL20-BK7-1 (MVC)
Phillip no date - 6 Apr 1916 RD-BL3 (MVC)
Ralph no date - 8 Aug 1933 RD-BL20-BK9-1 (MVC)
Sarah no date - 1 Apr 1907 R63-BL30 (MVC)
Willard no date - 4 March 1908 RD-BL16-BK5-2 (MVC)
DUNN, Alice L 1859 - 1933 (EEC)
Catherine no date - 15 March 1958 RD-BL9-BK12-1 (MVC)
Cora Ethel 1902 - 11 July 1959 RG-BL23-BK3-2 (MVC)
Debra Renee 1852 - 1977 (ASC)
Harold 1886 - 23 Jan 1964 RG-BL23-BK2-2 (MVC)
John 1902 - 1982 (RMC)
DUNNING, Bertha S w/o Thomas J 4 July 1897 - 26 Mar 1970 (SMGC)
Marjorie O 21 Mar 1921 - 24 Oct 1967 (SMGC)
Thomas J 21 July 1898 - 11 Oct 1976 (SMGC)
DUNSTER, Charles H 17 July

DUNSTER (continued)
1886 - 11 Nov 1968 (SMGC)
Joann 1932 - 28 Jan 1933 RG-BL21-BK6-2 (MVC)
Nancy G w/o Charles H 11 Apr 1980 - 16 Feb 1980 (SMGC)
Ralph Neal 1939 - 19 Apr 1939 RG-BL21-BK6-2 (MVC)
Stephan no date - 24 March 1960 RK-BL14-BK9-2 (MVC)
Walter H 7 Oct 1912 - 28 Jan 1968 (SMGC)
DUNTON, Catherine no date - 30 June 1915 RD-BL1-BK7-2 (MVC)
Mrs Charles no date - 11 Oct 1895 R14-BL228 (MVC)
Sam no date - 29 Oct 1905 RD-BL19 (MVC)
DURBORROW, Rev Chas T 1855 - 15 Aug 1918 RD-BL3-BK11-3 (MVC)
Ida 1856 - 29 May 1954 RD-BL3-BK10-3 (MVC)
Ida no date - 23 Apr 1965 RD-BL3-BK9-3 (MVC)
Margaret no date - 12 Jan 1916 RD-BL3-BK12-3 (MVC)
DURHAM, Bede 22 May 1849 - 26 Jan 1916 (SBAC)
DURHREN, Minnie no date - 28 Jan 1972 RA-BL12-BK8-1 (MVC)
DURKIN, Boyd c/o J A & Kate 1891 - 12 Dec 1895 4y Sec2-L24-#4 (SPC)
Catherine 1837 - 18 Jan 1920 81y Sec2-L25-#3 (SPC)
Catherine no date - 8 May 1922 61y Sec2-L24-#1 (SPC)
Edward F no date - 10 Jan 1937 22y Sec2-L26-#1 (SPC)
Gertie c/o J A & Kate 1889 - 16 Dec 1895 6y Sec2-L24-#3 (SPC)
Harriet Ann no date - 28 Oct 1944 49y Sec2-L26-#3 (SPC)
John no date - 11 Feb 1932 72y Sec2-L24-#2 (SPC)
Marie c/o J A & Kate 1893 - 15 Dec 1895 2y Sec2-L24-#5 (SPC)

DURKIN (continued)
  Patrick 1838 - 12 Sept 1921 85y Sec2-L25-#4 (SPC)
  Thomas 1915 - 26 Dec 1939 24y Sec2-L26-#2 (SPC)
  Wm no date - 5 Nov 1965 91y Sec2-L26-#4 (SPC)
  Wm F 1900 - 12 Jan 1919 20y Sec2-L25-#2 (SPC)
DURR, Scholastica 22 Oct 1941 - 20 Jan 1892 (MSSCC)
DURST, Charles 1844 - 26 Oct 1910 R24-BL54-BK4 (MVC)
  Charles no date - 23 Nov 1916 no lot (MVC)
  Edward 1878 - 11 Nov 1953 RA-BL2-BK7-4 (MVC)
  Elizabeth 1846 - 21 July 1906 R24-BL54 (MVC)
  Fred no date - 18 Oct 1877 no lot (MVC)
  George 1866 - 27 May 1915 R24-BL54-BK5 (MVC)
  Harry 1888 - 6 May 1916 RA-BL2-BK9-4 (MVC)
  John 1847 - 23 March 1911 RA-BL3-BK10-3 (MVC)
  John 1874 - 11 Aug 1951 RA-BL3-BK3-2 (MVC)
  John no date - 3 Apr 1874 no lot (MVC)
  John Wm 1900 - 5 Aug 1904 no lot (MVC)
  Mary 1875 - 27 May 1929 RA-BL3-BK2-2 (MVC)
  Nellie Florence w/o Albert 1 Sept 1874 - 28 Aug 1901 (EEC)
DUTCH, Sadie no date - 14 July 1914 R37-BL273-BK1 (MVC)
DUTCHER, Clifford no date - 26 Oct 1905 R50-BL159 (MVC)
DUTTSWEILER, Henry Fredrick no date - 4 June 1982 (SMGC)
DUVALL, Evans 1852 - 1865 (ASC)
DYE, Hannah 1884 - 25 Jan 1911 RA-BL23 (MVC)
  Johanna no date - 20 June 1932 RA-BL23-BK5-1 (MVC)
  John no date - 9 May 1911 (inf) RA-BL23-BK6-1 (MVC)
DYER, Frank A 1876 - 22 Nov

DYER (continued)
  1924 (SNC)
  inf/o Jay no date - 29 Dec 1938 RD-BL13-BK8-2 (MVC)
  James 1858 - 1 Aug 1952 94y Sec2-L95-#2 (SPC)
  Janorah w/o Wm 22 Dec 1825 - 26 Nov 1889 Sec2-L94-#2 (SPC)
  John M 1849 - 11 July 1925 (SNC)
  Joseph M 11 Nov 1878 - 11 July 1951 (SNC)
  Josephine H 29 Sept 1859 - 14 Oct 1930 (SNC)
  Margaret no date - 20 July 1859 45y Sec2-L94-#3 (SPC)
  Marie Ruth 1946 - 10 June 1964 RK-BL31-BK2-2 (MVC)
  Mary 1887 - 7 Apr 1944 66y Sec2-L95-#1 (SPC)
  Mary Jane no date - 16 Oct 1877 14y Sec2-L94-#5 (SPC)
  Wm 23 June 1823 - 16 Jan 60y Sec2-L94-#1 (SPC)
DYKEMAN, Caroline w/o John S 13 Feb 1839 - 10 May 1881 (EEC)
DYSART, Bertie no date - 31 Oct 1901 R40-BL330 (MVC)
  Mrs Dora no date - 25 July 1945 RE-BL4-BK7-1 (MVC)
  Hattie Redd no date - 22 June 1963 RE-BL21 (MVC)
  Helen no date - 21 Feb 1904 R40-BL328 (MVC)
  John Green no date - 12 Jan 1906 RE-BL4 (MVC)
  Oscar no date - 11 Jan 1910 RE-BL3-BK12-3 (MVC)
  Wm E no date - 27 March 1915 RE-BL7-BK6-4 (MVC)
DYSON, Mrs Ben no date - 24 July 1899 R40-BL334 (MVC)
EADS, Earl 1893 - 1973 "Father" (CWC)
  Emarae 1866 - 1920 (CWC)
  John A 5 Aug 1866 - 10 June 1906 (CWC)
  Mary C w/o T 1854 - 1896 (PDC)
  Thomas 1861 - 1934 (CWC)
EARHART, Alice no date - 3 Aug

EARHART (continued)
1942 RB-BL23-BK7-3 (MVC)
Rev David 1818 - 14 Aug 1903 R68-BL108 (MVC)
Edora no date - 26 Jan 1958 RB-BL23-BK4-4 (MVC)
Edward 1885 - 5 Jan 1931 R68-BL108-BK4-1 (MVC)
Mrs Elan no date - 9 March 1917 RB-BL23-BK9-3 (MVC)
Ella no date - 3 Dec 1907 RB-BL23 (MVC)
Enid 1888 - 15 Jan 1889 R68-BL108 (MVC)
Etta no date - 14 July 1952 RB-BL23-BK6-3 (MVC)
Frank 1885 - 9 Nov 1910 R68-BL108-BK5 (MVC)
John no date - 9 Jan 1910 RB-BL23 (MVC)
M L no date - 21 Oct 1925 R68-BL108-BK3 (MVC)
Mary W 1821 - 19 May 1893 R68-BL108 (MVC)
Nellie 1889 - 27 Nov 1943 R68-BL108-BK2 (MVC)

EARL, Clinton Jr no date - 6 Feb 1967 (SMGC)
Dell D w/o Clinton Jr 3 Mar 1896 - 16 June 1978 (SMGC)
Donald Sr 13 Mar 1914 - 3 Aug 1972 (SMGC)

EARLY, Ben no date - 16 Nov 1927 R26-BL100-BK5 (MVC)
Elizabeth 1829 - 30 Dec 1912 R26-BL100-BK4 (MVC)
Laura no date - 7 May 1901 R26-BL100 (MVC)
Susie no date - 22 Feb 1898 R26-BL100 (MVC)

EASTER, Eurer Belle no date - 23 Jan 1914 RE-BL7-BK3-1 (MVC)
Maxwell 1913 - 9 March 1977 RG-BL4-BK12-2 (MVC)

EASTERDAY, Alorezo no date - 2 Apr 1923 RD-BL5-BK11-1 (MVC)
Bertrand 29 Feb 1899 - 28 Feb 1945 (SBAC)
Fred 1893 - 20 June 1976 R16-BL270-BK1 (MVC)

EASTERDAY (continued)
Mildred B 1896 - 20 March 1967 R16-BL270-BK1 (MVC)
Rose no date - 1 June 1919 RD-BL5-BK10-1 (MVC)

EASTMAN, Sarah Mariah w/o N B no date - 30 Sept 1890 65y 7m (PDC)

EATON, Eddie no date - 4 July 1874 (PDC)
Emmie d/o A & N no date - 13 Sept 1868 7m 24d (PDC)

EAVES, Mrs Belle no date - 23 Jan 1913 RE-BL7 (MVC)

EBBRECHT, Alice S 1876 - 2 March 1939 RD-BL16-BK4-3 (MVC)
Charlie 23 Dec 1905 - 5 Sept 1966 (SMGC)
Irma B w/o Charlie 18 Feb 1913 - no date (SMGC)
Janice Loree d/o Charlie & Irma 10 May 1968 - no date transfered from Downs, Kansas (GMSC)

EBBS, Charles Wm 1889 - 17 June 1962 (GMSC)
Minnie E w/o Charles Wm 1891 - 22 Mar 1965 (SMGC)

EBELING, Frank no date - 2 Jan 1891 R47-BL115 (MVC)

EBERLY, Ella 17 Oct 1876 - 29 Dec 1946 (LC)
Harry H 1901 - 1953 (LC)
Harvey 7 Apr 1872 - 31 Jan 1936 (LC)
Herbert 1907 - 1970 (LC)
J B 17 Jan 1826 - 3 July 1877 (LC)
Mary 17 Jan 1877 - 31 Jan 1936 (LC)
Sarah w/o B E 24 July 1830 - 17 May 1897 (LC)

EBNER, Barbara E 1900 - 19 Oct 1966 RK-BL3-BK9-1 (MVC)
Mrs Emil 1863 - 3 Aug 1957 RK-BL3 (MVC)
Herman S no date - 16 May 1903 R12-BL192 (MVC)

ECCHER, Humiliata 13 May 1890 - 1 Jan 1968 (MSSCC)

ECHERT, Julia 1841 - 1931 (MCC)
ECK, Joseph 1896 - 1982 (SACC)
ECKART, Bertha 1879 - 1974 (SACC)
 Francis L 1913 - 1932 (SACC)
 Frank J 1877 - 1957 (SACC)
ECKEET, Marcelene no date - 14 Dec 1919 2d (SACC)
ECKERT, Andrew 1906 - 1982 (SACC)
 Catherine E 1875 - 1951 (SACC)
 Catherine N 1917 - 1957 (SACC)
 Dennis 1947 - 1964 (SACC)
 Evelyn Maria d 1936 (SACC)
 Herman 1910 - 1925 (SACC)
 Honora 1877 - 1938 (SACC)
 Jacob 1830 - 1905 (MCC)
 Jacob W 1869 - 1942 (SACC)
 John S 1866 - 1940 (SACC)
 Otis W 1903 - 1979 USNR (SACC)
ECKHART, H no date - 11 Jan 1890 R37-BL289 (MVC)
ECKS, Frieda no date - 24 Apr 1896 R51-BL178 (MVC)
 H no date - 11 Jan 1890 R37-BL289 (MVC)
ECKSTALLER, Anthony 24 Apr 1885 - 9 Jan 1946 (SBAC)
EDDS, Hobart H 1928 - 1965 (SACC)
 Hobart V 1905 - 1978 (SACC)
EDGAR, Gale 1895 - 1972 (BCC)
EDISON, Thomas H 1866 - 1929 (PGC)
EDLIN, Claude 1877 - 13 March 1911 RA-BL9-BK2-1 (MVC)
EDLINGER, John no date - 23 Jan 1959 RF-BL9-BK2-2 (MVC)
EDLIS, Richard no date - 1906 no lot (MVC)
EDMINSTON, James M 1848 - 5 Feb 1913 RA-BL23-BK5-4 (MVC)
 Loretta 1852 - 29 Oct 1932 RA-BL28-BK4-4 (MVC)
EDMONS, Shadrick no date - 9 Aug 1877 R50-BL166 (MVC)
EDSON, Walter A 12 Feb 1843 - 14 May 1897 (LC)

EDWARD, Oakes 26 Nov 1914 - 8 May 1916 (LC)
EDWARDS, Anna Carr 1892 - 29 Feb 1956 RJ-BL2-BK5-4 (MVC)
 Anna May 23 Mar 1889 - 5 July 1912 (OHC)
 Anna no date - 3 May 1903 RE-BL6 (MVC)
 Arthur L 27 Dec 1891 - (OHC)
 Emmett 1914 - 16 July 1971 RK-BL23-BK2-3 (MVC)
 Fred C 1888 - 1963 (SNC)
 Georgia no date - 2 June 1971 RJ-BL19-BK9-3 (MVC)
 J Grace 7 Sept 1920 - 30 Dec 1981 (WLC)
 James L 1863 - 29 Sept 1908 (SNC)
 Jane 1898 - 21 Jan 1967 RB-BL13-BK2-1 (MVC)
 John 1897 - 13 June 1959 RJ-BL18-BK10-3 (MVC)
 Laura E 1868 - 1941 (SNC)
 Martha A 1870 - 1961 (SNC)
 Mary Ellen b&d 26 Feb 1948 (SNC)
 Mattie 1864 - 15 May 1906 RE-BL6 (MVC)
 Noel no date - 20 Apr 1968 R57-BL280 (MVC)
 Ola 1890 - 7 Dec 1972 RJ-BL18-BK9-3 (MVC)
 Sarra Helen b&d 26 Feb 1948 (SNC)
 Sherman no date - 18 March 1912 RE-BL5-BK1-4 (MVC)
 Thomas B 1855 - 1925 (SNC)
 William H 1888 - 1981 (SNC)
 Winnie no date - 1 Sept 1911 RE-BL2-BK1-3 (MVC)
EDWIN, Dale 1910 - 1910 (MCC)
 Elsie 1888 - 1975 (MCC)
 Lee 1881 - 1956 (MCC)
 ---- 1917 - 1918 (MCC)
EGAN, Lawrance 18 June 1843 - 27 Nov 1919 (SBAC)
EGE, Abbie 1881 - 30 Apr 1969 RD-BL3-BK7-2 (MVC)
 Henrietta 1874 - 27 June 1955 RD-BL4-BK10-2 (MVC)
 John 1881 - 23 Jan 1917 RD-BL3

EGE (continued) (MVC)
EGGERT, Marietta 1 Jan 1901 - 9 Sept 1972 (MSSCC)
Mary Mark 18 Feb 1907 - 17 Oct 1983 (MSSCC)
EGGLESTON, Florence no date - 7 Dec 1894 R24-BL64 (MVC)
Kate no date - 19 Oct 1887 R24-BL64 (MVC)
EGLINGER, Barbara 1884 - 18 Jan 1917 RF-BL9-BK12-2 (MVC)
Emma 1877 - 17 Oct 1945 RF-BL9-BK8-3 (MVC)
Ida 1880 - 23 June 1960 RF-BL9-BK1-2 (MVC)
John 1870 - 23 Jan 1959 RF-BL9 (MVC)
Mathias 1843 - 19 May 1917 RF-BL9-BK11-2 (MVC)
Mathilda 1843 - 28 Oct 1884 no lot (MVC)
Thomas 1875 - 3 Jan 1935 RF-BL9-BK7-3 (MVC)
EHART, Matilda C 29 Nov 1847 - 24 July 1886 (FPC)
EHL, Hegler no date - 1877 (LC)
EHRIGHT, Samuel no date - 1924 (ASC)
EHRET, Ernest J no date - 17 Aug 1896 RA-BL29 (MVC)
Fred 1886 - 4 Apr 1955 RJ-BL24-BK11-3 (MVC)
John 1827 - 2 March 1914 RB-BL21-BK12-4 (MVC)
John 1877 - 13 Sept 1956 RB-BL21-BK12-4 (MVC)
Otillee 1848 - 17 Sept 1931 RB-BL21-BK10-4 (MVC)
EICH, Charles W 1858 - 28 Dec 1920 RB-BL18-BK6-2 (MVC)
Clara Belle 1887 - 5 Apr 1965 RG-BL10-BK11-1 (MVC)
John Wm 1888 - 23 Sept 1918 (WWI) RB-BL18-BK4-2 (MVC)
EICHE, Bruce E 20 Oct 1910 - 30 Apr 1979 (SNC)
Edward 1 July 1870 - 6 Oct 1916 (SNC)
Ferdinand 30 Mar 1822 - 14 Feb

EICHE (continued) 1903 (SNC)
Fred 1857 - 9 Dec 1932 (SNC)
Henry 22 Apr 1861 - 28 Aug 1946 (SNC)
John 9 Feb 1859 - 1 Feb 1943 (SNC)
Margaret 21 Feb 1832 - 31 Dec 1906 (SNC)
Nettie Sanford 16 July 1874 - 30 Aug 1965 (SNC)
William 26 May 1865 - 26 Apr 1951 (SNC)
EICHTEDT, Willie 1885 - 3 July 1895 R50-BL162 (MVC)
EIDSON, Bus no date - 15 Oct 1889 R58-BL303 (MVC)
Fannie no date - 15 Oct 1897 R58-BL303 (MVC)
EINFELDT, Caroline no date - 17 May 1916 R46-BL98-BK4 (MVC)
John no date - 1 Apr 1917 R46-BL98-BK3 (MVC)
EISELE, Dya Emma 1825 - 31 July 1902 no lot (MVC)
Fritz Frederick 1859 - 3 Nov 1913 RA-BL2-BK2-3 (MVC)
Julia Ann 1882 - 24 Apr 1957 RA-BL2-BK3-3 (MVC)
Lottie 1900 - 16 Nov 1910 RA-BL2-BK1-3 (MVC)
Olga 1902 - 9 Jan 1925 RA-BL2-BK4-3 (MVC)
EISO, Albert no date - 7 Nov 1913 R67-BL91 (MVC)
EISTLER, Oliver R s/o L D & Ellen 10 June 1880 - 1 Dec 1882 (OHC)
Oliver R s/o L D & Ellen 10 June 1880 - 1 Dec 1882 (OHC)
ELAM, Bessie 1883 - 14 Jan 1964 RG-BL11-BK10-4 (MVC)
Ed 186- - 5 March 1949 RG-BL28-BK12-4 (MVC)
Lilly 1865 - 2 Oct 1937 RG-BL28-BK1-4 (MVC)
ELBERT, Charles 1871 - 9 Feb 1887 no lot (MVC)
ELDER, Elva May 1871 - 8 May 1951 R63-BL20-BK2 (MVC)

ELIAS, Leo no date - 11 May 1970 RK-BL14-BK1-4 (MVC)
Mary E no date - 3 March 1971 RA-BL3-BK3-2 (MVC)
Sharon Lee no date - 30 July 1969 RK-BL14-BK3-4 (MVC)
ELLEGAN, Henry 1817 - 12 Jan 1912 (SNC)
ELLERS, Mary Elizabeth no date - 3 March 1971 RA-BL3 (MVC)
ELLIGAN, Florence 1872 - 19 Aug 1935 RG-BL6-BK3-3 (MVC)
ELLIOT, Alice 1857 - 1939 (PDC)
Anna Bell 1865 - 7 Sept 1925 RD-BL7-BK12-3 (MVC)
Catherine 1839 - 1918 (PDC)
Catherine 1879 - 1932 no lot (MVC)
David R 1941 - 26 Oct 1942 RD-BL9-BK8-1 (MVC)
Frank H 1889 - 1959 (OHC)
Hazel 1901 - 5 Feb 1959 RK-BL17-BK4-4 (MVC)
Helen 1893 - 13 Nov 1982 RJ-BL13 (MVC)
Ida no dates (OHC)
J W 1835 - 1914 (PDC)
Jacob K 1861 - 21 Jan 1946 RD-BL7-BK11-3 (MVC)
Louise no date - 21 Jan 1967 RD-BL2 (MVC)
Nannie w/o J W 1841 - 1877 (PDC)
Robert no date - 28 Mar 1900 (PDC)
Robert E 1889 - 6 July 1970 RJ-BL13-BK5-1 (MVC)
Robert W 1915 - 28 July 1951 RJ-BL13-BK6-1 (MVC)
Sarah K no date - 30 June 1932 RD-BL2-BK5-4 (MVC)
Thomas 1831 - 1903 (PDC)
---- 1913 - 7 May 1952 no lot (MVC)
ELLIS, Carrie no date - 17 Sept 1896 (inf) R18-BL297 (MVC)
Charles no date - 20 Nov 1895 R16-BL263 (MVC)
Emily Maria w/o Richard 3 July

ELLIS (continued)
1859 - 3 Dec 1929 (BCC)
George 1840 - 1919 "Father" (EEC)
inf no date - 28 Feb 1889 R18-BL297 (MVC)
J M no dates (EEC)
Lauren P 1896 - 1922 "Son" (EEC)
Luella M 1918 - 1920 (baby) (EEC)
Janet Pearl no date - 26 Aug 1934 RE-BL10-BK6-10 (MVC)
M F no date - 2 June 1916 RG-BL14-BK2-1 (MVC)
Mary E no date - 10 Mar 1908 (CSHC)
Mary E no date - 10 Mar 1908 (CSHC)
Mathew no date - 6 July 1881 (ASC)
Mathilda 1857 - 21 Aug 1934 RG-BL14-BK1-1 (MVC)
Nellie May w/o William Jan 1885 - 1958 (BCC)
Ollie 1889 - 11 Oct 1967 RD-BL13-BK9-4 (MVC)
Ricard Aaron b Canada 12 Dec 1843 - 8 Sept 1929 (BCC)
Richard "Dick" 29 Oct 1906 - 13 Nov 1985 79y no lot (MVC)
Richard E 1844 - 1906 no lot (MVC)
Rosaline d 1934 67y 2m (EEC)
s/o C H & R M no dates (ASC)
Sally 1889 - 1918 "Daughter" (EEC)
Sally 1889 - 1916 (EEC)
Vernon F 1888 - 24 Apr 1931 RD-BL13-BK9-4 (MVC)
William M h/o Nellie 1879 - 1960 (BCC)
ELLISON, Augusta 1869 - 1957 (MCC)
Charles 1867 - 1957 (MCC)
Charles J no date - 2 March 1984 RK-BL38 (MVC)
Margaret w/o O A 1850 - 3 June 1892 42y 1m 7d (BCC)
ELLISTON, Ada 21 Apr 1893 - 27 Oct 1933 (LC)
Adrain no dates (inf) (LC)

ELLISTON (continued)
Bessie F 1891 - 1969 (LC)
Charles J 1906 - 2 March 1984 RK-BL38 (MVC)
Cora 1923 - 5 March 1980 RB-BL9-BK7-3 (MVC)
Edna no date - 5 Apr 195 RB-BL9 (MVC)
Edward E 1890 - 1974 (LC)
George 1837 - 1922 (LC)
George c/o Geo & Mary no date - 22 Oct 1888 (LC)
Henrietta 1858 - 11 Jan 1933 RB-BL9-BK6-3 (MVC)
Henrietta 1880 - 23 May 1959 RB-BL9-BK9-3 (MVC)
Henry 1851 - 27 May 1909 no lot (MVC)
Henry c/o Geo & Mary d 22 Oct 1888 8y (LC)
Margaret 1883 - 3 July 1973 R43-BL43-BK5 (MVC)
Mary 26 Feb 1889 - 28 Jan 1964 (LC)
Mary c/o Geo & Mary d 22 Oct 1888 (LC)
Mary J w/o George 1856 - 1933 (LC)
Samuel K 1882 - 20 Feb 1936 RB-BL9-BK8-3 (MVC)
Samuel no date - 14 Oct 1980 RK-BL28-BK10-3 (MVC)
ELLITHORPE, Estella Armstrong 1913 - 1965 (LC)
ELLSWORTH, C H (Charles) no dates Sgt Co G 10 Michigan Inf (EEC)
Charles no dates Co GI Michigan Inf (EEC)
ELMORE, Diana no date - 5 Feb 1889 R49-BL150 (MVC)
ELNER, Emil 1863 - 1 Oct 1947 RK-BL3-BK10-1 (MVC)
Mary no date - 3 Aug 1957 RK-BL3-BK11-1 (MVC)
ELVRECHT, Alice S no date - 2 March 1938 RD-BL16 (MVC)
ELWELL, Emily E no date - 24 Aug 1955 RD-BL18-BK1-2 (MVC)
Guy Dunlap 1888 - 10 Sept 1946 R28-BL33-BK1 (MVC)

ELWELL (continued)
Isaac no date - 29 Sept 1915 RD-BL18-BK11-2 (MVC)
Margarite 1832 - 13 Nov 1906 no lot (MVC)
Mervine 1892 - 21 July 1977 R28-BL133-BK2 (MVC)
ELWOOD, Alice Carrie no date - 9 Nov 1938 R29-BL147-BK14 (MVC)
Lillian 1866 - 20 May 1934 RA-BL14 (MVC)
Lynian 1834 - 2 June 1899 RA-BL14 (MVC)
Martha 1841 - 6 Nov 1905 RA-BL14 (MVC)
ELY, Claude B no dates no lot (MVC)
EMEBUTH, Justis no date - 27 Sept 1891 R66-BL73 (MVC)
EMERSON, Harvey 1851 - 1933 (EEC)
Harvey 1867 - 1933 (EEC)
Henrietta 1860 - 1933 (EEC)
EMERY, Dr Edmund 1877 - 15 Feb 1983 RG-BL26-BK11-2 (MVC)
Ella 1876 - 24 June 1920 RA-BL26 (MVC)
Emma 1854 - 1943 no lot (MVC)
James 1851 - 1929 no lot (MVC)
EMLEN, Emma 1846 - 23 Nov 1901 RB-BL6 (MVC)
T S 1841 - 17 March 1914 RB-BL6-BK9-2 (MVC)
EMMETT, Addis 1861 - 1927 (CWC)
EMONS, Edna 1902 - 15 June 1949 RK-BL3-BK11-4 (MVC)
Edward 1899 - 20 Sept 1976 RK-BL3-BK12-4 (MVC)
EMRUTH, Helen no date - 24 Aug 1892 R66-BL73 (MVC)
ENGELHARDT, Ella no date - 17 June 1981 RF-BL20-BK4-10 (MVC)
Opal Priest 13 Sept 1889 - 7 May 1920 (WLC)
ENGEMAN, Charles T 23 July 1902 - 19 Oct 1971 (SMGC)
ENGLAND, Athlone "Peggy" 17 Feb 1913 - 29 Oct 1985 72y

ENGLAND (continued)
12-2-27-K (MVC)
Gettie no date - 16 Oct 1926 RD-BL6-BK1-2 (MVC)
ENGLE, Donald 1953 - 17 Apr 1954 (inf) RD-BL1-BK10-2 (MVC)
ENGLEMAN, Jennie 1851 - 1921 (PDC)
Jennie 1851 - 1921 (PDC)
ENGLERT, ---- no date - 1916 (SLC)
Albert 1912 - 3 Dec 1983 RK-BL23 (MVC)
James s/o Adam 1837 - 30 Dec 1905 (SLC)
Lillie 1885 - 4 June 1957 RG-BL12-BK12-4 (MVC)
May no date - 1888 (SLC)
ENGLISH, Alexander 1839 - 1904 Co Q 2nd Kansas (FGC)
Alexander h/o Susan 20 July 1839 - 9 Apr 1904 Co D 2 Kansas (BCC)
Fannie M 24 Feb 1878 1y (FGC)
Flora 1884 - 10 Jan 1978 RJ-BL12-BK12-2 (MVC)
inf d/o ---- 24 Feb 1878 1d (FGC)
John Thomas 26 Feb 1870 - 8 May 1965 (EEC)
Mildred 1910 - 10 Nov 1971 no lot (MVC)
Riley A 7 May 1872 - 28 Dec 1966 (EEC)
Robert no date - 10 Nov 1971 RJ-BL12-BK7-3 (MVC)
Susan 1844 - 1928 (FGC)
Susan w/o A 22 Mar 1844 - 13 Dec 1904 (BCC)
Viola w/o Riley 1877 - 1957 (EEC)
ENICH, Dan no date - 10 Feb 1970 RJ-BL13-BK10-3 (MVC)
Dan no date - 20 Nov 1980 RJ-BL13-BK2-3 (MVC)
Kate no date - 5 Feb 1889 R17-BL286 (MVC)
Sarah 1840 - 1908 no lot (MVC)
ENIDCOTT, Rose M 1909 - 1963 (SACC)
ENNEKING, Radegund 23 Sept

ENNEKING (continued)
1886 - 13 Sept 1970 (MSSCC)
ENNIE, Elmer no date - 1883 (ASC)
Henrietta no date - 30 March 1896 R13-BL215 (MVC)
ENNIS, Kate no date - 5 Feb 1889 R17-BL286 (MVC)
ENRIGHT, Gertrude 1894 - 7 Aug 1971 RA-BL15-BK3-2 (MVC)
inf no date - 1 Feb 1923 RA-BL15-BK3-2 (MVC)
James Edward 1861 - 23 Sept 1910 RA-BL15-BK2-2 (MVC)
M Kevin 12 Apr 1900 - 9 May 1944 (MSSCC)
Mamie no date - 4 Apr 1901 RA-BL15 (MVC)
Mary Ella 1872 - 1901 no lot (MVC)
Thomas 1891 - 20 Nov 1962 RA-BL15-BK6-2 (MVC)
ENSCOE, Mamie M 1906 - 1955 (SACC)
ENSLEIN, Claude 6 May 1884 - 24 July 1958 (SBAC)
ENZBRENNER, Ben f/o Rita no date - 1971 65y (SLC)
Bernard s/o Nick 1912 - 4 July 1959 47y (SLC)
Edward s/o Anna Jan 1893 - 12 March 1893 (SLC)
Edward s/o John 1898 - 16 Apr 1961 (SLC)
Emma d/o Julius Fuhrman 1906 - 18 Sept 1967 61y (SLC)
Ernest no date 1980 70y (SLC)
John 1857 - 12 March 1937 80y (SLC)
John s/o Francis 1834 - 13 Nov 1906 76y (SLC)
John s/o John & Louise 1932 - 15 July 1946 43y (SLC)
Joseph 1902 - 28 Oct 1975 73y (SLC)
Louise w/o John 1870 - 7 March 1936 66y (SLC)
Margaret 1834 - 24 Jan 1917 83y (SLC)
Mary d/o John & Mary 1863 - 3 Nov 1930 67y (SLC)
Nicholas s/o John & Elizabeth

ENZBRENNER (continued) 1856 - 21 July 1931 (SLC)
Nick s/o John & Elizabeth 1872 - 2 Dec 1949 (SLC)
Theresa d/o John 1872 - 22 Nov 1954 82y (SLC)
EPPS, Letha L 1888 - 8 March 1984 RG-BL29 (MVC)
Roy C 1884 - 20 June 1973 RG-BL29-BK6-1 (MVC)
ERDLEY, Charles no date - 21 June 1974 RK-BL34-BK8-1 (MVC)
Kenneth W no date - 3 March 1943 RD-BL3-BK5-2 (MVC)
ERDMAN, Dolores 8 Feb 1904 - 24 Nov 1969 (MSSCC)
ERNEST, baby no date (EC)
baby no date (EC)
Bessie Mae 1895 - 13 Nov 1962 (SMGC)
Edwin 7 Dec 1862 - 5 May 1943 (EC)
Edwin 7 Dec 1862 - 5 May 1943 (EC)
Eliza w/o John 1839 - 23 Nov 1888 (EC)
Emma 27 Sept 1865 - 28 May 1956 (EC)
George 1869 - 25 Aug 1912 (EC)
Jessie 1880 - 2 Dec 1907 (EC)
John 1822 - 5 May 1943 (EC)
William 3 June 1870 - 21 Dec 1944 (EC)
ERNST, Amelia no date - 6 July 1913 RD-BL8-BK10-1 (MVC)
Arthur 1884 - 6 July 1924 R11-BL175-BK2 (MVC)
Eunice 1894 - 11 Nov 1937 RF-BL11-BK5-3 (MVC)
Henrietta no date - 17 Aug 1896 RA-BL29 (MVC)
Henry 1853 - 21 Nov 1911 no lot (MVC)
Henry M no date - 21 Nov 1942 R12-BL201-BK2 (MVC)
Henry no date - 8 Dec 1917 RD-BL8-BK11-1 (MVC)
Minnie C 1862 - 5 March 1943 R12-BL201-BK3 (MVC)
ERNUL, S P no date - 26 Apr 1892 R50-BL157 (MVC)

ERNZEN, Dorothy 1928 - 5 Nov 1977 RK-BL24-BK10-3 (MVC)
Felix 1899 - 28 Feb 1957 57y Sec2-L27-#2 (SPC)
Frances E 1907 - 5 July 1982 74y Sec2-L27-#1 (SPC)
Margarite 1863 - 8 June 1936 73y Sec2-28-#3 (SPC)
Matthias 1865 - 31 Dec 1944 79y Sec2-L38-#4 (SPC)
Peter 1902 - 12 Dec 1918 16y Sec2-L28-#2 (SPC)
Thomas 1898 - 6 Dec 1918 20y Sec2-L28-#1 (SPC)
Vincent A 1927 - 11 Jan 1941 13y Sec2-L50-#3 (SPC)
ERPELDING, Anna d/o Henry Watowa 1888 - 27 June 1965 (SLC)
Barbara no date - 14 Oct 1927 82y Sec1-L19-#2 (SPC)
Evelyn 1916 - 6 Apr 1977 61y (SLC)
Francis 1914 - 27 Mary 1978 64y (SLC)
inf nodate - 19 Dec 1888 2w Sec1-L19-#1 (SPC)
Leo 1911 - 5 Apr 1984 (SLC)
M A no date - 1960 73y (SLC)
M C 1883 - 1894 no lot (SPC)
Michael 1887 - 26 Dec 1965 (SLC)
Peter 1847 - 23 Apr 1894 48y Sec1-L19-#3 (SPC)
ERSILE, Fritz no date - 5 Nov 1913 RA-BL2 (MVC)
Lottie no date - 17 Nov 1910 RA-BL2 (MVC)
ERSKINE, Bernadine 5 Apr 1892 - 11 Dec 1971 (MSSCC)
ERVIN, William B 2 May 1923 - 7 Mar 1981 (SMGC)
ERVING, Bertha no date - 5 May 1914 RE-BL5 (MVC)
ESHOM, Charles s/o R H & S E 1862 - 1904 (PDC)
Ernestin w/o Robert H 1831 - 1907 (PDC)
Gertrude Davies 1882 - 1914 (PDC)
Henry T s/o P? W & F C d 23 June 1888 11m (PDC)

ESHOM (continued)
Nelson 1884 - 1958 (PDC)
Robert H 12 Oct 1886 58y 10m 2d father (PDC)
ESHON, Eliza N 9 Dec 1857 - 12 Aug 1928 (CWC)
Frank 29 Sept 1892 - 9 Sept 1931 (Kansas Post 30 Inf 3rd Div) (CWC)
Jessie (d/o E N & M A Eshon) 7 Apr 1890 - 29 Dec 1897 (CWC)
Mary A (w/o E N Eshon) 20 Dec 1864 - 2 Jan 1905 (CWC)
ESHORN, Alice 13 July 1864 - 2 Mar 1887 (RMC)
ESPHAN, Alice Hartman 1861 - 1887 (RMC)
ESTELL, Caroline 1880 - 28 Jan 1933 RD-BL8-BK10-3 (MVC)
Charles no date - 6 Jan 1949 RD-BL8-BK9-3 (MVC)
ESTER, Lloyd no date - 27 Feb 1983 RJ-BL26 (MVC)
Minnie 1885 - 10 Sept 1974 RK-BL12-BK8-3 (MVC)
Sam 1881 - 14 June 1959 RK-BL12-BK8-3 (MVC)
ETHEL, Golden no date - 22 Apr 1890 R49-BL152 (MVC)
ETTLE, Daniel 1822 - 2 Dec 1891 63y "Father" (WLC)
Matilda 1823 - 8 Feb 1887 64y "Mother" (WLC)
EULER, Aklyn no date - 26 June 1977 RK-BL11-BK10-3 (MVC)
EVAN, Mary L 1838 - 1925 (LC)
EVANS, A J 1852 - 1865 (ASC)
Andrew 1857 - 4 June 1924 56y Sec1-L75-#5 (SPC)
Anna Maude 1887 - 12 March 1962 RF-BL27-BK2-2 (MVC)
Arthur 1883 - 17 May 1967 RG-BL40-BK5-4 (MVC)
Athal Bud no date - 17 May 1967 RG-BL40 (MVC)
Bridget no date - 1945 79y Sec1-L75-#4 (SPC)
Bridget no date - 1945 79y Sec1-L75-#4 (SPC)
Duvall 1852 - 1865 (ASC)
Edgar D 22 Feb 1867 - 14 Dec 1936 (LC)

EVANS (continued)
Fay 1895 - 1965 (MCC)
Florence Meador no dates (EEC)
Frances Bridget 1864 - 2 Feb 1946 Sec1-L75-#3 (SPC)
Fred 1887 - 1965 (MCC)
Gabriella 1882 - 14 July 1963 RF-BL24-BK3-2 (MVC)
Guy 19 Apr 1900 - 20 Dec 1967 (SMGC)
John no date - 4 June 1932 56y Sec1-L28-#3 (SPC)
John Jr no date - 22 May 1909 RA-BL8-BK5-3 (MVC)
John Sr no date - 19 Apr 1909 RA-BL8-BK3-3 (MVC)
Katherine 1888 - 1 May 1942 RG-BL40-BK4-4 (MVC)
Lucy 1862 - 10 Jan 1929 RB-BL5-BK10-1 (MVC)
Lula B w/o Guy 8 Dec 1903 - 21 Feb 1973 (SMGC)
Mary 1891 - 5 Jan 1924 RF-BL24-BK10-2 (MVC)
Mary no date - 24 Apr 1900 54y Sec1-L28-#1 (SPC)
Nellie 1890 - 1965 (MCC)
Peter no date - 30 Jan 1895 1m Sec1-L75-#6 (SPC)
Peter no date - 9 Oct 1911 71y Sec1-L28-#2 (SPC)
Phoebe 1837 - 23 Sept 1901 RA-BL8-BK5-3 (MVC)
Ralph E 1913 - 18 June 1917 R13-BL207-BK3 (MVC)
Rebecca A 10 Aug 1875 - 11 Mar 1971 (LC)
Thomas 13 Feb 1833 - 19 Sept 1909 (LC)
Thomas no dates inf (ASC)
Mrs W B no dates (EEC)
William 1854 - 1934 (EEC)
William B 1854 - 1934 (EEC)
EVELINE, Lucy 22 Dec 1838 - 11 Nov 1904 (AC2)
EVEREST, Aaron 1835 - 25 Oct 1894 R29-BL149 (MVC)
Ethan 1795 - 11 Nov 1867 no lot (MVC)
Frank no dates no lot (MVC)
Kay 1867 - 1929 no lot (MVC)
Marie M 1836 - 5 Oct 1903 R29-

EVEREST (continued)
BL149 (MVC)
T L no date - 22 Aug 1898 RB-BL7 (MVC)
EWING, Bertha no date - 5 May 1914 RE-BL5 (MVC)
Faye 1895 - 13 July 1913 RE-BL5-BK8-4 (MVC)
John 1854 - 20 July 1923 R40-BL326-BK4 (MVC)
EYCHANER, Ella E no date - 24 Dec 1908 RD-BL19 (MVC)
Silas A 1862 - 24 March 1908 RD-BL19-BK1 (MVC)
EYE, Abbie M no date - 30 Apr 1969 RD-BL3-BK7-2 (MVC)
John J no date - 23 Jan 1917 RD-BL3-BK8-2 (MVC)
EYMAN, Arthur J 1902 - 23 Nov 1957 RK-BL39-BK10-2 (MVC)
Arthur P 1876 - 16 March 1955 RA-BL25-BK5-3 (MVC)
Bertha 1887 - 2 Sept 1966 RA-BL25-BK6-3 (MVC)
inf no date - 13 Nov 1939 RG-BL14 (MVC)
Johnna no date - 20 July 1922 RA-BL25-BK7-3 (MVC)
Peter no date - 2 July 1902 RA-BL25 (MVC)
Wilma 1903 - 21 Feb 1976 RK-BL39-BK11-2 (MVC)
FAGAN, Amanda no date - 9 Oct 1916 RF-BL4 (MVC)
Jane no date - 27 June 1904 RF-BL4 (MVC)
John no date - 4 Jan 1908 RF-BL4 (MVC)
Mrs W no date - 29 Nov 1918 RF-BL4 (MVC)
Wm W no date - 1918 no lot (MVC)
FAIDLEY, Dolly S no date - 1 Apr 1940 RG-BL33 (MVC)
FAIRFOX, Miss no date - 22 Nov 1897 R16-BL221 (MVC)
FALCONER, Charles no date - 27 Apr 1958 RK-BL17 (MVC)
David 8 Feb 1846 - 22 Mar 1916 (Pvt TRP B-7 Regiment Indiana Cavalry Civil War) (LC)
Elizabeth 1817 - 10 Aug 1891

FALCONER (continued)
74y 7m 19d (LC)
James 1805 - 21 Oct 1870 6m 8d (LC)
Robert E no date - 19 May 1955 RK-BL29 (MVC)
Sarah no dates 46y (LC)
William P 1835 - 14 Oct 1886 30y 8m 5d (Co L 4th Indiana Cavalry) (LC)
William P 1888 - 1924 (LC)
FALDEN, Robert Henry no date - 18 Apr 1935 (EEC)
FALK, Bertha no date - 1973 (SLC)
Ernest 1886 - 1961 (SACC)
Ernesta 26 Jan 1892 - 1 March 1926 (MSSCC)
inf d/o ---- b&d 21 Sept 1954 (SACC)
Leo E 1916 - 1969 (SACC)
Lorraine Rose 1947 - 10 Nov 1959 (SLC)
Margaret 1897 - 1974 (SACC)
FALLER, Jerome Frater 25 Nov 1870 - 17 July 1893 (SBAC)
FALLON, Marion O no date - 25 July 1919 R48-BL126 (MVC)
FALTER, George H no date - 1 May 1956 RK-BL20 (MVC)
Margaret D no date - 17 Jan 1948 RK-BL20 (MVC)
FALTERMAIER, Emily 7 Sept 1891 - 21 Jan 1966 (MSSCC)
FANSETT, W H Jr no date - 1 June 1970 RG-BL27 (MVC)
FARLEY, Elizabeth no date - 1912 no lot (MVC)
FARMER, Anna no date - 29 June 1944 RJ-BL3 (MVC)
Edward no date - 31 Oct 1931 RJ-BL3 (MVC)
Fred 8 March 1912 - 30 Dec 1985 73y 1-5-3-J (MVC)
Walter John 27 May 1934 Kansas Army Cook 816 Pioneer Inf (MGC)
FARNSWORTH, Emma no date - 16 Feb 1927 RF-BL11 (MVC)
Freeling no date - 10 June 1922 RB-BL15 (MVC)
Howard no date - 7 Feb 1931

FARNSWORTH (continued)
RF-BL11 (MVC)
FARRELL, Agnes no date - 28 July 1910 inf (SACC)
Ann 1834 - 1924 (SACC)
Anna Wagner 1865 - 1958 (SACC)
H J no dates (EEC)
Henry 1896 - 1971 (EEC)
Henry s/o J & A 1837 - 1887 (SACC)
Mrs Henry no dates (EEC)
Jack C 1865 - 1934 (SACC)
Jake 1902 - 1942 (SACC)
James 1852 - 1935 (SACC)
James B 1861 - 1941 (SACC)
James E no date - 24 Aug 1963 RK-BL30 (MVC)
James s/o J & A 1818 - 1894 (SACC)
Jessie 1874 - 1963 (EEC)
John 1820 - 1881 (SACC)
Josephine d/o J & A 1890 - 1894 (SACC)
Louis 1867 - 1953 (SACC)
Louise 1854 - 1946 (SACC)
Romana 24 Nov 1890 - 2 July 1977 (MSSCC)
Sweat no dates (inf) (EEC)
W d 6 Jan 1917 81y (SACC)
William s/o James & Anna 1850 - 1904 (SACC)
FARRIS, Beatrice 1894 - 19?? "Mom" (CWC)
Byson no date - 28 June 1892 R64-BL37 (MVC)
Edward L no date - 1 May 1882 no lot (MVC)
Elvin H 1 May 1918 - 23 Feb 1932 (CWC)
H O no date - 16 July 1918 R64-BL37 (MVC)
Helen R 9 Feb 1913 - 16 Aug 1914 (CWC)
Henry no date - 24 June 1893 R64-BL37 (MVC)
James no date - 24 Aug 1893 (inf) R64-BL37 (MVC)
Martha B no date - 14 July 1918 no lot (MVC)
Mary A no date - 29 Oct 1923 RG-BL9 (MVC)

FARRIS (continued)
Wm 1892 - 1956 "Father" (CWC)
FARRISH, Elizabeth 1865 - 1946 (EEC)
Joe 1858 - 1930 (EEC)
Ralph 1887 - 1898 (EEC)
FARROW, John L no date - 26 Sept 1876 no lot (MVC)
FARSWORTH, Dr E no date - 16 June 1914 RF-BL11 (MVC)
Howard no date - 8 Feb 1931 RF-BL11 (MVC)
FARWELL, Anna S no date - 29 July 1906 RF-BL5 (MVC)
Charles H no date - 8 Dec 1919 RF-BL5 (MVC)
Cora C no date - 19 Aug 1940 RF-BL5 (MVC)
FASSNACHT, Edith 1883 - 1970 (MCC)
Elizabeth 1845 - 1926 (MCC)
Frank 1887 - 1960 (EEC)
George 1836 - 1899 (MCC)
inf no date - 1914 (EEC)
James 1881 - 1954 (MCC)
Martin 1832 - 1912 (MCC)
Nora 1884 - 1952 (MCC)
Mrs Olive no dates (EEC)
Robert 1915 - 1970 (MCC)
FAST, Maryetta M no date - 14 Nov 1977 RG-BL28-BK11-1 (MVC)
Pluma no date - 7 Dec 1936 RG-BL28 (MVC)
Dr Wm Kirk no date - 31 Aug 1942 RG-BL28 (MVC)
FAU, P C no date - 29 Aug 1952 RB-BL3 (MVC)
FAUCETT, Mettie no date - 1952 no lot (MVC)
W H no date - 1 June 1970 RG-BL27-BK6-3 (MVC)
Walter no date - 1938 no lot (MVC)
FAULKNER, C N no date - 27 Apr 1958 RK-BL11 (MVC)
Elizabeth no date - 15 June 1983 RK-BL17 (MVC)
inf no date - 5 Aug 1890 R38-BL290 (MVC)
J W no date - 12 March 1908

FAULKNER (continued)
RD-BL20 (MVC)
Mary no date - 24 May 1899 R40-BL332 (MVC)
FAYMAN, Edna no date - 3 Aug 1971 RK-BL30 (MVC)
Harold H no date - 15 Sept 1960 RK-BL30-BK8-3 (MVC)
Jane no date - 1904 no lot (MVC)
John no date - 1908 no lot (MVC)
Matthew L no date - 1965 RK-BL30-BK12-2 (MVC)
FAYNAN, Mrs Harold no date - 3 Aug 1977 RK-BL30-BK7-3 (MVC)
FECHTNER, Frederick no date - 16 Jan 1897 R14-BL229 (MVC)
Fredericka no date - 4 July 1918 R14-BL229 (MVC)
FEDDERSON, Beu no date - 7 Nov 1949 RG-BL33 (MVC)
Carl no date - 29 Jan 1895 R338-BL294 (MVC)
Evelyn Irene d/o John H 16 July 1927 - 3 Apr 1979 (SMGC)
Hanna no date - 1922 no lot (MVC)
Irene E 89y 22 May 1896 - 9 June 1985 5-4-33-G (MVC)
Jennie no date - 5 Feb 1922 RD-BL2 (MVC)
John H 20 Feb 1901 - 3 Mar 1970 (SMGC)
John no date - 19 July 1933 RD-BL102 (MVC)
Louise no date - 21 Oct 1951 RF-BL4 (MVC)
Minnie no date - 19 June 1892 R38-BL298 (MVC)
Raymond T no date - 12 May 1907 R38-BL294 (MVC)
Mrs Silvia no date - 9 Apr 1941 RG-BL33 (MVC)
Walter no date - 23 Dec 1974 RG-BL33-BK6-4 (MVC)
FEEK, Robert James 18 Oct 1980 - 1 Mar 1981 (SNC)
FEENEY, Florence 3 March 1893 - 25 May 1966 (MSSCC)
FEERY, Wm F no date - 29 June 1977 RJ-BL18-BK8-2 (MVC)
FEIERABEND, Charles no date -

FEIERABEND (continued)
3 Sept 1949 RB-BL14 (MVC)
Charles no date - 10 Apr 1901 RA-BL4 (MVC)
Harold no date - 28 Feb 1964 RB-BL14-BK7-4 (MVC)
Lena no date - 24 Aug 1905 RA-BL3 (MVC)
Rose Marie no date - 8 Aug 1908 RB-BL14 (MVC)
FELGH, Mrs Eliza sis/o Mrs S P Belden 26 July 1815 - 18 Jan 1899 83y 7m 20d (WLC)
FELIX, Beulah no date - 17 June 1970 RD-BL17-BK5-1 (MVC)
Ralph E no date - 7 Oct 1960 RD-BL17-BK4-1 (MVC)
FELLING, Rosamond 10 Jan 1889 - 27 June 1984 (MSSCC)
FELLNER, Sabina 23 March 1888 - 20 March 1969 (MSSCC)
FELSON, Bertha Schwarzer 1900 - 1928 (LC)
FELTON, Clarence 1876 - 1912 (LC)
George 1885 - 1968 (LC)
Joseph 16 Sept 1845 - 8 Oct 1938 (LC)
Mattie E Phillips w/o Joseph 1853 - 1910 (LC)
Myrtle 1895 - 1972 (LC)
N Nicholas 10 Dec 1929 - 25 May 1961 (MSSCC)
FELTS, Ralph 15 May 1900 - 24 Feb 1972 (SMGC)
FENNEL, Elizabeth no date - 6 Aug 1906 RF-BL5 (MVC)
FENNER, George no date - 23 Jan 1947 RA-BL25 (MVC)
Mary no date - 17 Apr 1905 RA-BL25 (MVC)
Wm L no date - 16 Dec 1928 RA-BL25 (MVC)
FENNEY, Dr A P no date - 23 March 1909 R19-BL320 (MVC)
FENRELL, Nanna 1896 - 1942 (EEC)
FENTER, Hazel no date - 9 July 1949 RK-BL20 (MVC)
Henry A no date - 22 March 1889 no lot (MVC)
Henry no date - 12 Feb 1958 RK-

FENTER (continued) BL20 (MVC)

FENTON, Elizabeth 12 Aug 1862 - 29 May 1887 24y 9m 16d (ACC)

Elizabeth 12 Aug 1862 - 29 May 1887 24y 9m 16d (ACC)

James K 12 May 1838 - 6 Dec 1914 (served over 4 yrs in Civil War Co I 39th Ohio Vol Inf) (LC)

Sarah S 16 July 1843 - 9 Aug 1938 (LC)

FERGERSON, Anna L no date - 5 June 1937 RD-BL17 (MVC)

Benton no date - 7 June 1901 RD-BL17 (MVC)

Charles B no date - 26 Sept 1893 R41-BL13 (MVC)

Charles H no date - 1892 no lot (MVC)

Charles no date - 29 Sept 1937 RA-BL14 (MVC)

Charles no date - 3 Aug 1944 RF-BL16 (MVC)

Dr Charles no date - 10 May 1946 R41-BL13 (MVC)

Christopher no date - 8 Dec 1932 RE-BL2 (MVC)

Cora no date - 30 Jan 1977 no lot (MVC)

Cora Bell no date - 1 Feb 1977 RG-BL15 (MVC)

Cossetta no date - 1951 no lot (MVC)

Dora no date - 15 May 1938 R41-BL13 (MVC)

Dr E no date - 10 June 1890 RA-BL4 (MVC)

Eli no date - 30 Jan 1890 no lot (MVC)

Fannie no date - 21 Oct 1951 RF-BL4 (MVC)

Dr Harry no date - 31 May 1931 RA-BL4 (MVC)

Janet H no date - 17 March 1931 RA-BL4 (MVC)

John no date - 10 Dec 1915 RG-BL15 (MVC)

Lena May no date - 1 Feb 1949 RF-BL16 (MVC)

Martha Jane no date - 16 Nov

FERGERSON (continued) 1908 RA-BL4 (MVC)

Richard D no date - 1 June 1915 (moved 30 June 1950 to D17) no lot (MVC)

Robert N no date - 16 Nov 1897 R44-BL56 (MVC)

Samuel E no date - 6 Nov 1934 RF-BL4 (MVC)

Steward no date - 3 June 1901 RD-BL17 (MVC)

FERGGERSON, Wm A no date - 24 March 1888 RB-BL4 (MVC)

FERGUSON, Charles J 1891 - 1928 (MGC)

Lillian E 1891 - 1968 (MGC)

Lucinda w/o Ruben 21 Apr 1835 - 4 June 1887 (EEC)

R no date - 1 June 1926 (EEC)

Ruben 1837 - 29 Feb 1896 59y 2m 14d (EEC)

FERRELL, Leniza 1841 - 1904 (MCC)

Michael no date - 23 Aug 1963 RK-BL3 (MVC)

FERRING, Chris no date - 29 Dec 1902 R31-BL60 (MVC)

inf no date - 22 March 1901 R30-BL160 (MVC)

FERRIS, C V no date - 5 Dec 1928 (EEC)

Charles v 1845 - 19?? (EEC)

Nellie L 1871 - 1893 (EEC)

Sarah A 1853 - 1926 (EEC)

Walter T 1876 - 1926 (EEC)

FERRY, Cora no date - 15 Feb 1922 RG-BL17 (MVC)

FESER, Placidus 14 Feb 1837 - 17 Aug 1886 (SBAC)

FETTER, Minnie (d/o N Fetter) no date - 5m 11d (stone broken) (NSC)

FIBIGER, Bonita 24 Apr 1886 - 19 Dec 1961 (MSSCC)

FIELDS, Mamie 1874 - 16 Feb 1897 (SNC)

Thomas no dates (EEC)

FILBERT, Jane no date - 13 Dec 1895 no lot (MVC)

Joseph no date - 14 Jan 1903 R5-BL77 (MVC)

Maggie no date - 26 Dec 1904

FILBERT (continued) R33-BL216 (MVC)
Zetta F 1898 - 1978 (SACC)
FILHOLM, Elizabeth no date - 5 Dec 1915 RD-BL5 (MVC)
inf no date - 28 Feb 1916 RD-BL5 (MVC)
FILIAN, Alphonse 10 Aug 1861 - 2 Oct 1941 (SBAC)
FILSON, Geo Wm no date - 21 Dec 1960 R12-BL191 (MVC)
S F no date - 13 Apr 1896 R13-BL219 (MVC)
FIMKE, Dorothea no date - 6 May 1923 RB-BL14 (MVC)
FINCH, Almont no date - 30 Dec 1890 R48-BL130 (MVC)
FINCK, inf daughter no date - 18 June 1879 (SNC)
FINCKS, Albert N no date - 18 Nov 1971 RK-BL19-BK11-1 (MVC)
Anna Berry no date - 10 March 1948 RB-BL5 (MVC)
Charles W no date - 28 May 1954 RK-BL2 (MVC)
Emma no date - 8 Jan 1948 RB-BL5 (MVC)
Fayetta no date - 14 Dec 1950 RK-BL2 (MVC)
Helen May no date - 9 Apr 1970 RJ-BL23-BK1-2 (MVC)
Pearl no date - 12 March 1951 RK-BL19 (MVC)
FINDLEY, Elvire no dates (RMC)
Fannie M 1866 - 1946 (RMC)
Hazel 1888 - 1859 (RMC)
J M no dates (RMC)
John B 1860 - 1933 (RMC)
John H 1860 - 15 Mar 1933 73y 21d (RMC)
Myrtle 1879 - 1959 (RMC)
Portia Thompson no dates (RMC)
S M no dates (RMC)
V A no dates (RMC)
W C 1 July 1832 - 23 Dec 1886 (RMC)
W C Jr 1864 - 1906 (RMC)
W R no dates (RMC)
FINKE, August no date - 19 May 1888 R67-BL91 (MVC)
August no date - 29 June 1937

FINKE (continued) RB-BL14 (MVC)
FINKLIN, Effie Ann no date - 26 Dec 1942 RA-BL7 (MVC)
FINKS, Helen no date - 9 Apr 1970 RJ-BL23-BK1-2 (MVC)
FINLEY, Malcolm no date - 13 Dec 1972 RK-BL16-BK4-1 (MVC)
FINNEGAN, Agatha d/o Thos & Ann 1884 - 16 Dec 1916 (SLC)
Anna w/o Tom 1847 - 24 Jan 1935 88y (SLC)
Cecelia d/o James Dooley 1881 - 2 Feb 1965 (SLC)
Ellen 1850 - 8 Feb 1930 80y (SLC)
Hannorah no date (Co Kerry, Ireland) - 6 Jan 1899 101y
Helen d/o Jerry 1868 - 26 Dec 1904 (SLC)
Mary 11 Dec 1880 - 8 Aug 1971 (MSSCC)
Maurene d/o Tom & Cecelia 1912 - 30 Jan 1933 (SLC)
Mildred d/o Tom & Cecelia 1909 - 30 June 1914 (SLC)
Norma no date - 1976 (SLC)
Roger 1888 - 5 May 1959 (SLC)
Simeon Jerome 11 Sept 1918 - 24 July 1972 (SBAC)
Thomas 1842 - 15 March 1929 87y (SLC)
Thomas Ed s/o Tom 1880 - 4 Nov 1954 (SLC)
Timothy 1838 - 5 Feb 1932 (SLC)
FINNELL, Jane 1890 - 1980 (MCC)
FINNEY, Albert M (s/o J T & R A Finney) 22 July 1868 - 16 Aug 1870 (NSC)
Arthur no date - 10 Sept 1962 R61-BL342-BK5 (MVC)
Julia no date - 11 Nov 1902 RE-BL2 (MVC)
FINNIGAN, Elmo no date - 20 Jan 1972 R42-BL22-BK3 (MVC)
FINSCH, Lemont no date - 30 Dec 1890 R48-BL30 (MVC)
FIRTH, Frouls no date - 19 June

FIRTH (continued)
1872 no lot (MVC)
FISCHER, Anna no date - 26 May 1901 R40-BL330 (MVC)
Clara Rose d/o Anna Keeler 1871 - 10 March 1954 (SLC)
Conrad no date - 24 May 1899 R48-BL130 (MVC)
Dr Forrest no date - 26 Jan 1982 RK-BL2-BK11-4 (MVC)
Frank 1875 - 4 Aug 1956 81y (SLC)
Mrs 1815 - 25 Aug 1885 (SLC)
Susan no date - 1886 no lot (MVC)
Vivian no date - 1969 RB-BL5 (MVC)
FISH, William J 26 May 1828 - 25 July 1908 (WLC)
FISHER, Amanda no date - 24 Aug 1905 RD-BL13 (MVC)
Ann Etta no date - 6 Apr 1913 RD-BL13 (MVC)
Anna M 7 June 1886 - 20 May 1977 (LC)
Caroline no date - 24 Apr 1893 R53-BL209 (MVC)
Charlees M 9 Mar 1911 - 20 Nov 1937 (LC)
Clarence F 28 Dec 1884 - 26 Jan 1960 (LC)
Cora no date - 7 Feb 1936 RF-BL20 (MVC)
D W no date - 6 July 1944 RE-BL12 (MVC)
David no date - 21 Feb 1891 39-BL320 (MVC)
Eddie no dates no lot (MVC)
Elizabeth no date - 1914 no lot (MVC)
Elizabeth no date - 5 Oct 1919 R29-BL147 (MVC)
Harney no date - 17 June 1944 RE-BL12 (MVC)
Harry no date - 17 June 1960 RF-BL7 (MVC)
Henry 12 Aug 1793 - 2 Feb 1870 War of 1812 (OHC)
J H 1860 - 1923 "Father" (EEC)
J K 1887 - 1920 "Son" (American Legion marker) (EEC)
J K no date - 20 Mar 1910 R29-

FISHER (continued)
BL147 (MVC)
Jeanette no date - 6 Apr 1913 RD-BL13 (MVC)
Capt John no date - 1910 no lot (MVC)
Mrs L W no date - 4 Oct 1899 R48-BL180 (MVC)
Lydia 1 Jan 1886 85y 3m (OHC)
Mary J no date - 30 Oct 1880 no lot (MVC)
Meta 1967 - 27 Jan 1967 RF-BL7-BK7-2 (MVC)
Milton Neal 21 Apr 1863 - 22 Apr 1943 (LC)
Susie no date - 11 Dec 1893 R56-BL271 (MVC)
Will Herbert 10 May 1914 - 6 Jan 1924 (LC)
Winnie no dates no lot (MVC)
FISHWICK, Earl 1872 - 1873 (ASC)
Harry 1875 - 1876 (ASC)
FISK, Claude no date - 26 Mar 1949 RA-BL18 (MVC)
Cora no date - 7 Aug 1974 RG-BL29 (MVC)
Ella J no date - 20 Oct 1933 RA-BL18 (MVC)
Haddie no date - 6 May 1888 RA-BL18 (MVC)
James S no date - 10 Dec 1885 RA-BL18 (MVC)
Roy no date - 8 Apr 1957 RG-BL29-BK8-4 (MVC)
FISO, Carrie no date - 21 July 1939 R67-BL98 (MVC)
FISS, Albert no date - 7 Nov 1913 R67-BL91 (MVC)
Caroline no date - 20 July 1939 no lot (MVC)
Florence no date - 29 Aug 1907 R67-BL91 (MVC)
Frederick no date - 8 Aug 1888 R67-BL98 (MVC)
Herman no date - 19 June 1885 R67-BL291 (MVC)
Mary no date - 15 Jan 1951 R67-BL91 (MVC)
FITZGERALD, Gabriel 22 Sept 1847 - 16 Nov 1923 (SBAC)

FITZHUGH, Mrs A no date – 27 Sept 1893 R16-BL267 (MVC)
FITZMAURICE, Edmund 1900 – 1923 (SACC)
Frances 1872 – 1916 (SACC)
Jerome no date – 12 July 1979 74y (SACC)
Owen 1871 – 1957 (SACC)
FITZPATRICK, David no date – 1908 no lot (MVC)
David no date – 17 July 1925 RF-BL22 (MVC)
Ella no date – 29 Dec 1948 RK-BL4 (MVC)
Harry no date – 19 Jan 1930 RF-BL22 (MVC)
John b Parish of Kilgoenedy, Co Clare, Ireland 8 Dec 1828 – 2 Nov 1844 65y Sec2-L56-#2 (SPC)
Lucinda no date – 16 Oct 1922 RD-BL2 (MVC)
Luella F 1910 – 1981 (SNC)
Margret b Parish of Emniscalthra, Co Clare, Ireland 10 May 1825 – 10 Oct 1904 79y Sec2-L56-#4 (SPC)
Martin no date – 19 Aug 1866 28y Sec2-L56-#2 (SPC)
Nancy no date – 6 May 1925 RF-BL22 (MVC)
Samuel no date – 1897 no lot (MVC)
Samuel no date – 17 July 1925 RF-BL22 (MVC)
FLACHER, Lizzie no date – Mar 1899 R14-BL227 (MVC)
FLACHSBART, Wm no date – 4 July 1903 RD-BL17 (MVC)
FLADING, Agathe John 2 Feb 1900 – 11 Aug 1969 (SBAC)
FLANDERS, Alton no date – 3 Aug 1944 RB-BL9 (MVC)
Georgia no date – 23 May 1936 RB-BL9 (MVC)
Joseph 1857 – 1926 (MCC)
FLASHBARTH, Elizabeth no date – 6 Feb 1963 RA-BL19 (MVC)
Elizabeth no date – 22 Feb 1932 RD-BL17 (MVC)
Wm no date – 16 Jan 1972 RA-

FLASHBARTH (continued) BL19-BK3-3 (MVC)
FLATTRE, Anna J 1887 – 1937 (LC)
Charles L 13 May 1878 – 2 Aug 1955 (LC)
Cora D 21 Apr 1882 – 8 Jan 1970 (LC)
James H 1884 – 1975 (LC)
John T 24 Oct 1880 – 19 Apr 1958 (LC)
Thomas 1875 – 10 Apr 1885 (LC)
FLEER, Sarah E 1868 – 1909 (FPC)
FLEICHBEREIN, Verena no date – 22 Aug 1915 RB-BL22 (MVC)
FLEIKE, Rose no date – 13 Nov 1894 RF-BL39 (MVC)
FLEINER, Albert no dates (SNC)
Charles Jr 31 May 1858 – 2 July 1932 (SNC)
Charles Sr 27 Dec 1836 – 3 Sept 1903 (SNC)
Chris 1866 – 1906 (SNC)
Elizabeth 1836 – 1926 (SNC)
Ella 8 Oct 1872 – 3 Oct 1947 (SNC)
Geo Wash no date – 26 Nov 1960 RD-BL5-BK6-4 (MVC)
Ida no date – 25 Apr 1929 RD-BL5 (MVC)
Irene Hazel 1904 – 19 Jan 1906 (SNC)
Joseph 1862 – 8 Apr 1930 (SNC)
Leslie 1879 – 15 May 1890 (SNC)
Lousa no date – 20 Apr 1918 RD-BL5 (MVC)
FLEISCHEIM, Minnie no date – 26 Aug 1930 RB-BL22 (MVC)
Theodore no date – 9 Apr 1940 RB-BL22 (MVC)
Verena T no date – 20 Aug 1915 RB-BL22 (MVC)
FLEMING, Grace E w/o Robert 1865 – 1920 (EEC)
John no date – 31 Jan 1910 RE-BL3 (MVC)
Josephine no date – 12 May 190 R40-BL334 (MVC)
Julia no date – 27 Feb 1943 RE-BL13 (MVC)

FLEMING (continued)
Lambert no date - 15 June 1881 no lot (MVC)
Robert S 1862 - 19-- (EEC)
Wm no date - 30 Jan 1903 RE-BL6 (MVC)
FLETCHER, A W no date - 4 Feb 1918 RA-BL31 (MVC)
Alpha S no date - 24 Jan 1953 RA-BL24 (MVC)
Bird T no date - 23 Feb 1940 RA-BL24 (MVC)
Charles H no date - 2 July 1873 (CSHC)
Charles no date - 12 Nov 1942 RA-BL7 (MVC)
Charles W no date - 7 Sept 1929 RG-BL27 (MVC)
Cynthia no date - 28 Jan 1957 RA-BL31 (MVC)
Edith P no date - 15 May 1948 RA-BL7 (MVC)
Effie no date - 21 Mar 1908 RA-BL31 (MVC)
Ethel no date - 3 Apr 1984 RA-BL7 (MVC)
Freda no date - 8 Apr 1957 RG-BL28 (MVC)
Freddie no date - 12 Mar 1890 (inf) R66-BL84 (MVC)
George C no date - 3 Nov 1912 R40-BL326 (MVC)
Guy E no date - 30 May 1921 RA-BL31 (MVC)
Harred no date - 5 Jan 1891 R39-BL323 (MVC)
J M no date - 21 Apr 1900 RA-BL31 (MVC)
Jennie no date - 11 Feb 1924 RF-BL20 (MVC)
Jerome W no date - 27 Mar 1950 RF-BL20 (MVC)
John no date - 29 Sept 1922 RF-BL17 (MVC)
Maba no date - 3 Apr 1895 R66-BL85 (MVC)
Malee no date - 3 Nov 1895 R66-BL85 (MVC)
Marshall no date - 2 July 1960 RF-BL20-BK8-4 (MVC)
Mary J no date - 17 Oct 1867 (CSHC)

FLETCHER (continued)
Mary no date - 4 May 1892 R17-BL275 (MVC)
Mary V no date - 12 Nov 1918 RF-BL20 (MVC)
Melinda no date - 11 June 1924 RF-BL17 (MVC)
Minnie no date - 31 Aug 1932 RG-BL27 (MVC)
Nannie no date - 8 Apr 1938 R66-BL84 (MVC)
Nels J no date - 18 Jan 1946 RA-BL31 (MVC)
Ralph no date - 30 July 1947 RF-BL17 (MVC)
Raymond no date - 30 Mar 1954 RG-BL28 (MVC)
Samuel no date - 28 June 1924 R66-BL84 (MVC)
Winfred no date - 1919 no lot (MVC)
FLICKINGER, Minnette no date - 20 Dec 1923 RD-BL6 (MVC)
FLOCKSBARTH, Elizabeth no date - 6 Feb 1963 RA-BL19-BK4-3 (MVC)
FLOWERS, Anna no date - 27 Nov 1914 RE-BL8 (MVC)
FLOY, Neita 1897 - no date (LC)
FLOYD, Frances no date - 16 Aug 1941 RD-BL1 (MVC)
Frances no date - 1856 no lot (MVC)
John no date - 30 Nov 1920 RE-BL14 (MVC)
Laura S no date - 15 Nov 1960 RB-BL4-BK3-3 (MVC)
Louise no date - 30 Sept 1914 RE-BL2 (MVC)
Mary no date - 14 Apr 1963 R29-BL63-BK2 (MVC)
Mildred M no date - 20 Mar 1924 RD-BL1 (MVC)
Rebecca no date - 3 Mar 1906 RD-BL21 (MVC)
FLOYDE, James 1881 - 1909 (MCC)
Ruby 1905 - 1932 (MCC)
FLUKE, Rose no date - 13 Nov 1894 R39-BL312 (MVC)
FLYNN, Catherine d 14 Dec 1888 63y Sec2-L32-#3 (SPC)

FLYNN (continued)
  Jeremiah no date – 24 Dec 1883 63y Sec1-L44-#3 (SPC)
  John no date – 11 Jan 1897 39y Sec1-L32-#5 (SPC)
  John E no date – 16 Dec 1917 34y Sec1-L43-#1 (SPC)
  Joseph no date – 26 Nov 1925 70y Sec1-L43-#5 (SPC)
  Julia 1835 – 20 July 1902 64y Sec1-L44-#4 (SPC)
  Julia no date – 17 Oct 1918 Sec1-L43-#3 (SPC)
  Leonard M no date – 3 Mar 1930 RD-BL1 (MVC)
  Mary no date – 28 Feb 1875 17y Sec1-L44-#1 (SPC)
  Mary D no date – 19 May 1921 65y Sec1-L43-#4 (SPC)
  Mary T no date – 22 July 1961 71y Sec1-L43-#2 (SPC)
  Michael no date – 11 Apr 1913 45y Sec1-L44-#5 (SPC)
  Thomas no date – 1 Apr 1900 76y Sec1-L32-#4 (SPC)
FOELLING, Anna E no date – 8 Jan 1941 RB-BL11 (MVC)
  John F no date – 18 Mar 1944 RB-BL18 (MVC)
FOILING, Frances no date – 10 Jan 1906 RB-BL2 (MVC)
  John no date – 29 Dec 1905 RB-BL11 (MVC)
  Lunna no date – 4 May RB-BL18-BK5-4 (MVC)
FOLDEN, Robert H 16 Apr 1869 – 16 Apr 1935 "Father" (EEC)
FOLEY, A J no date – 11 Sept 1893 R43-BL44 (MVC)
  Arlene B no date – 30 Oct 1965 RK-BL18-BK5-1 (MVC)
  Barrett no date – 10 Nov 1953 RK-BL18 (MVC)
  Berniece L 27 Nov 1910 – 19 July 1979 (SMGC)
  Edward N no date – 10 June 1919 RF-BL12 (MVC)
  Effie no date – 5 Feb 1920 RF-BL12 (MVC)
  George Ed no date – 28 May 1932 RG-BL12 (MVC)
  Gerald W no date – 17 Jan 1977

FOLEY (continued)
  RK-BL18-BK8-1 (MVC)
  Outten John no date – 20 Oct 1964 RK-BL18-BK7-1 (MVC)
FOOTET, Emily no date – 22 Jan 1920 R25-BL5 (MVC)
FOOTIT, Berta N no date – 29 Mar 1937 RB-BL16 (MVC)
FOOTTIT, Henrietta E no date – 22 Dec 1948 RB-BL5 (MVC)
  John H no date – 16 Oct 1949? RG-BL24 (MVC)
  John Herbert no date – 10 Jan 1967 RG-BL31-BK2-4 (MVC)
  Joseph no date – 2 Jan 1903 R25-BL85 (MVC)
  Viola no date – 1933 no lot (MVC)
FORBES, Dick M 12 Nov 1906 – 6 July 1972 (SMGC)
  Venita K w/o Dick M 16 Feb 1914 – 7 Feb 1979 (SMGC)
FORBRIGER, Helen no dates – d 71y no lot (MVC)
FORBUGER, Cora no date – 1871 no lot (MVC)
FORD, Ada Barry no date – 8 Apr 1972 RF-BL21 (MVC)
  Donald Lee h/o Dorothy, s/o Pearl & Bessie 21 Nov 1919 – (BCC)
  Dorothy Mae Cameron w/o Donald L, d/o John & Jennie Cameron 27 Aug 1923 – no date (BCC)
  Terry Lee no date – 17 Mar 1984 RK-BL15 (MVC)
  Vickey Kay no date – 20 Oct 1948 RK-BL5-BK7-4 (MVC)
FOREST, Sarah M 1863 – 1886 (LC)
FORREST, Florence M 1879 – 1957 (MCC)
  Walter 1881 – 1959 (MCC)
FORREY, Bert no date – 22 Dec 1959 RK-BL29-BK2-2 (MVC)
  Minnie no date – 17 Aug 1955 RK-BL29 (MVC)
FORSIGHT, G no date – 1886 inf (SACC)
FORTS, Alfred no date – 14 June 1895 R34-BL322 (MVC)

FORTS (continued)
Rosa no date - 13 June 1900 R57-BL275 (MVC)
FORTUNE, Douglas no date - 9 Apr 1893 (inf) R23-BL50 (MVC)
Julia w/o Thomas 1804 - 24 May 1859 55y 3m 26d (MPC)
FOSLER, James R 1882 - 1954 (EEC)
Mary W 1885 - 1956 (EEC)
FOSTER, Amanda B no dates no lot (MVC)
Charles no date - 24 Aug 1898 R25-BL43 (MVC)
Elizabeth 1877 - 1971 (MCC)
Emma no date - 4 Feb 1961 RJ-BL7 (MVC)
Emmie no date - 30 Apr 1905 no lot (MVC)
Hugh 1866 - 1954 (MCC)
Isaac no date - 16 Jan 1865 no lot (MVC)
Jesse 1880 - 1947 (MCC)
Mary Ann no date - 9 Feb 1865 no lot (MVC)
Mary Lord 1848 - 1932 (MCC)
Mattie 1872 - 1954 (MCC)
Raymond no date - 4 Feb 1961 RJ-BL7 (MVC)
Sallie no date - 31 Jan 1865 R51-BL172 (MVC)
FOTTNER, Donata 12 May 1888 - 7 Nov 1969 (MSSCC)
FOWLER, Cecilea no date - 18 Mar 1902 RC-BL2 (MVC)
David no date - 13 July 1895 no lot (MVC)
Edith no date - 13 July 1895 R48-BL120 (MVC)
Edron no date - 1924 no lot (MVC)
Leslie C 1915 - 1980 (OHC)
Rozella M 1919 (OHC)
FOX, Florence no date - 9 Nov 1959 RF-BL21-BK11-2 (MVC)
H no dates (SACC)
Henrietta no date - 29 July 1934 RE-BL5 (MVC)
inf no date - 29 Nov 1927 RA-BL19 (MVC)
J C no date - 19 Sept 1922 RF-

FOX (continued)
BL21 (MVC)
J C no date - 26 Aug 1914 RF-BL21 (MVC)
Jack no date - 7 Apr 1975 16m (SACC)
Jared no date - 21 Mar 1930 RA-BL7 (MVC)
Jerad no date - 1 July 1916 RB-BL12 (MVC)
Jessie no date - 19 July 1960 R43-BL50 (MVC)
Josiah B no date - 29 May 1919 R15-BL240 (MVC)
Mary M no date - 19 July 1918 R15-BL240 (MVC)
Romauld 22 Feb 1892 - 7 Oct 1948 (SBAC)
Ruth Parker no date - 30 Sept 1952 RA-BL7 (MVC)
Sallie no date - 23 Dec 1895 R15-BK240 (MVC)
Wm Tortat no date - 14 May 1948 R43-BL50 (MVC)
FRABLE, Rebeca w/o Thos 9 Oct 1835 - 22 Nov 1909 (EEC)
Thomas 29 Dec 1908 - 2 Feb 1919 (EEC)
Thomas 4 Mar 1832 - 20 Apr 1919 (EEC)
FRAILEY, Alice no date - 1 July 1916 RB-BL12 (MVC)
Dicy Belle w/o Erastus M 19 Oct 1868 - 14 Feb 1890 (SNC)
Erastus M 2 Apr 1856 - 10 Feb 1912 (SNC)
Frances 1822 - 15 Nov 1913 (SNC)
Thomas no date - 16 Jan 1926 RB-BL12 (MVC)
FRAKES, Annie 1877 - 1960 (OHC)
Bernard 31 Jan 1868 40y (OHC)
Celia A 1873 - 1919 46y (OHC)
Gale E 1903 - 1948 (OHC)
Samule E 1871 - 1965 (OHC)
FRAME, Marhsall T 1845 - 16 March 1891 45y 4m 3d (TC2)
Marshall T 1845 - 16 Mar 1891 (TC1)
FRANCE, Ambrose no date - 10 Jan 1906 no lot (MVC)

FRANCE (continued)
Nancy no date - 4 July 1949 RB-BL2 (MVC)
FRANCERS, Mary no date - 1932 no lot (MVC)
FRANCIS, Edna L 1879 - 1927 (BCC)
Harley A 1868 - 1975 (BCC)
inf no date - 1911 (BCC)
FRANK, Sarah E 1855 - 1893 (LC)
Theo H no date - 27 Oct 1943 R63-BL18 (MVC)
Theodore no date - 21 May 1888 R63-BL22 (MVC)
FRANKE, Christina no date - 18 Apr 1888 R63-BL22 (MVC)
George no date - 29 Aug 1961 R63-BL18-BK3-1 (MVC)
Sarah no date - 13 Jan 1961 R63-BL18-BK5-1 (MVC)
Theodore H no date - 29 Oct 1943 R63-BL18 (MVC)
FRANKEN, Basilia 9 July 1891 - 16 Aug 1958 (MSSCC)
Blanche 1 Dec 1886 - 29 March 1968 (MSSCC)
FRANKENBURG, Harriet no date - 13 Sept 1982 RK-BL44 (MVC)
FRANKHAMEL, John Frank 11 June 1822 - 23 Dec 1914 (LC)
FRANKHANEL, Emma 20 Aug 1843 - 16 May 1927 (LC)
FRANKLIN, Caroline no date - 8 Apr 1942 RF-BL14 (MVC)
Jennie no date - 11 Nov 1961 RF-BL14-BK6-2 (MVC)
John no date - 7 Nov 1964 RF-BL14 (MVC)
Wm Rice no date - 13 Mar 1930 RF-BL14 (MVC)
FRANSEN, Rex D no date - 25 July 1983 R59-BL311 (MVC)
FRANZEL, Otto T no date - 13 June 1941 RA-BL31 (MVC)
FRASER, Elizabeth 1883 - 1963 (EEC)
Flora 1848 - 1930 (EEC)
Isabella 15 Sept 1815 - 21 Jan 1897 (EEC)
Isabella 1846 - 1918 (EEC)

FRASER (continued)
Malcolm 1851 - 1919 (EEC)
FRASHER, Charles L 30 Dec 1901 - 16 Oct 1974 (SMGC)
FRAZER, Clayton R no date - 21 Nov 1961 RA-BL14-BK8-1 (MVC)
James no date - 3 July 1928 R46-BL92 (MVC)
John C no date - 5 June 1901 RA-BL14 (MVC)
Lillian no date - 13 Sept 1901 RA-BL14 (MVC)
Lillian no date - 2 Feb 1898 R46-BL92 (MVC)
Mary no date - 4 Mar 1908 R46-BL92 (MVC)
Nellie no date - 9 Dec 1893 R25-BL75 (MVC)
Phurdy no date - 10 Mar 1977 RA-BL14-BK7-1 (MVC)
R Coredlla no date - 2 Mar 1924 RA-BL14 (MVC)
Robert no date - 16 July 1890 R46-BL92 (MVC)
Roscoe no date - 18 Feb 1957 RA-BL14 (MVC)
Walter M no date - 6 Dec 1893 R25-BL75 (MVC)
FREDERICK, Berhard no date - 19 Mar 1890 R46-BL93 (MVC)
George 1870 - 1953 (LC)
Mary 1888 - 1950 (SACC)
Olga R no date - 19 Sept 1956 RK-BL22 (MVC)
Thomas no date - 30 Oct 1972 RK-BL22-BK9-3 (MVC)
FREEDAYBURG, H no date - 23 Dec 1908 RB-BL18 (MVC)
FREELAND, Mrs Ben no date - 6 Apr 1973 (EEC)
Ben F June 1884 - 21 Sept 1958 (EEC)
Charley M 1899 - 1915 (EEC)
Edythe 20 Sept 1885 - 4 Dec 1939 (EEC)
Elnora 11 May 1864 - 19 May 1904 (EEC)
Emma 1857 - 1872 (MCC)
Florence Ethel 24 Apr 1888 - 6 Dec 1959 (EEC)
Frank H 1885 - 1977 (EEC)

FREELAND (continued)
 Gladys Susie 12 Nov 1904 - 14 Nov 1904 (EEC)
 Jane Dell 1885 - 1956 (EEC)
 John 1859 - 1945 (EEC)
 Lula 1861 - 1944 (EEC)
 Rolley W 1874 - 10 Feb 1972 (EEC)
 Sarah J 1835 - 1916 (PGC)
 W R 9 Oct 1915 - 27 Dec 1928 (EEC)
 Wm R 1854 - 1934 (EEC)
FREEMAN, Louis no date - 25 Feb 1936 RE-BL16 (MVC)
 Nora 19 Dec 1904 - 25 Feb 1974 (SNC)
FREER, Calvin 1882 - 1957 (RMC)
FREESE, Warren E no date - 21 Dec 1930 RF-BL18 (MVC)
FREIDENBURG, Charles no date - 23 Nov 1907 RB-BL18 (MVC)
 Clara no date - 7 Oct 1919 RB-BL18 (MVC)
 Henry no date - 25 Sept 1892 R42-BL30 (moved 1918 to B18) (MVC)
FREIHOLTZ, Ino no date - 22 July 1892 R21-BL185 (MVC)
FREIMAN, Louise no date - 31 May 1885 R64-BL36 (MVC)
FRELAND, J F 1859 - 1945 (EEC)
FRENBOND, Rose Marie no date - 11 July 1908 RB-BL14 (MVC)
FRENCH, Charlotte no date - 10 Nov 1938 86y 1m 22d (WLC)
 Lottie M 1852 - 1938 (WLC)
 Robert A 1879 - 1949 (WLC)
 Silas A 1849 - 1923 (WLC)
FRICKETT, Anna E 1882 - 1901 (MCC)
 C H 1826 - 1901 (MCC)
FRIEND, Harold K 12 Dec 1896 - 3 March 1967 (USNR WWII) (CWC)
FRIENDHOFF, Frederick no date - 19 July 1936 RG-BL13 (MVC)
 Irene no date - 5 Mar 1984 RG-

FRIENDHOFF (continued)
 BL13 (MVC)
 Jean no date - 2 May 1947 RG-BL28 (MVC)
FRINA, Stockton no date - 18 Apr 1903 RE-BL6 (MVC)
FRISBEY, Lucy Ann 24 Sept 1822 - 4 Jan 1894 71y 3m 10d (LC)
FROESTER, Katherina no date - 25 Mar 1932 RF-BL12 (MVC)
FROMMER, Althea L no date - 1 Aug 1931 RF-BL23 (MVC)
 Clara no date - 25 Feb 1965 RF-BL23 (MVC)
 Conrad no date - 30 Aug 1917 R63-BL18 (MVC)
 Frankie no date - 29 Apr 1857 no lot (MVC)
 Harlan J no date - 3 May 1925 RF-BL23 (MVC)
 John J no date - 22 Apr 1930 R45-BL75 (MVC)
 John J no date - 26 Oct 1927 RF-BL23 (MVC)
 John no date - 1 Apr 1903 R45-BL75 (MVC)
 Katherine no date - 2 May 1947 RG-BL28 (MVC)
 Katie no date - 21 Jan 1892 R45-BL75 (MVC)
 Sophia no date - 8 June 1896 R63-BL18 (MVC)
FRY, Mamie no date - 15 Feb 1913 RE-BL2 (MVC)
 Robert L 1927 - 1978 (EEC)
FUGATE, B no date - 22 Mar 1919 RD-BL4 (MVC)
 Kenneth no date - 23 June 1924 RD-BL1 (MVC)
 Wm H no date - 16 Nov 1945 RG-BL39 (MVC)
FUHRHAN, William K 1861 - 1933 (CCC1)
 "Father" 8 July 1826 - 2 Sept 1912 10-N 2/3-#2 (CCC2)
 "Mother 28 Apr 1831 - 8 Oct 1920 10-N 2/3-#1 (CCC2)
FUHRMAN, Amelia 1875 - 1922 (LC)
 Anna 1892 - 26 Sept 1957 65y (SLC)
 Anna May 29 June 1882 - 8 Jan

FUHRMAN (continued)
    1974 (LC)
Bertha 19 July 1881 - 27 June 1959 10-N 2/3-#3 (CCC2)
Bertha 1906 - no date (LC)
Bertha no date - 30 Aug 1967 RG-BL39-BK9-3 (MVC)
Carl 1905 - 1974 (LC)
Caroline 16 July 1859 - 13 Sept 1927 (LC)
Charles 1852 - 1928 (LC)
Clara Eliz no date - 16 Sept 1963 RF-BL23-BK5-3 (MVC)
Clarence 1892 - 7 Nov 1971 78y (SLC)
David T 1914 - 1916 (LC)
Edward A 1893 - 1977 (LC)
Emma 1868 - 1928 (LC)
Ernest C 26 Aug 1880 - 11 June 1940 (LC)
Ernest no date - 24 Sept 1942 RF-BL23 (MVC)
Esther B 1903 - no date (LC)
Etta Mae no date - 17 Jan 1977 RK-BL18-BK5-2 (MVC)
Faugott no date - 11 Jan 1946 RG-BL39 (MVC)
George no date - 26 Sept 1966 RF-BL23-BK4-4 (MVC)
Herman 1869 - 1900 (LC)
Ida P w/o C M Tuley 19 Sept 1881 - 23 Apr 1930 (LC)
inf/o Paul 18 Feb 1905 - 1905 10-N 2/3 (CCC2)
inf/o Paul 23 July 1911 - no date 111 10-N 2/3 (CCC2)
Mrs J C d/o John Fischer 1872 - 2 Oct 1944 (SLC)
Jerold W no date - 6 Jan 1977 no lot (MVC)
Julius 1865 - 21 July 1949 84y (SLC)
Karla 1903 - 1979 (LC)
Margaret d/o Julius 1915 - 13 Oct 1936 (SLC)
Marion L no date - 8 May 1954 RK-BL18 (MVC)
Mary 1864 - 1927 6-W 1/2-#4 (CCC2)
Mary E no date - 29 June 1941 RF-BL23 (MVC)
Mary no dates (SLC)

FUHRMAN (continued)
Mattie 1873 - 1880 (LC)
Mattie 1901 - 1901 (LC)
Paul 30 Aug 1871 - 2 May 1942 10-N 2/3-#4 (CCC2)
Pearl 1898 - 1981 (LC)
Ralph no date - 7 Jan 1984 RF-BL23 (MVC)
Rinhold W 1863 - 1931 (LC)
Robert J 1904 - 1983 (LC)
Theodore A 1887 - 1945 6-W 1/2-#2 (CCC2)
Wm 1884 - 1924 (LC)
Wm K 1861 - 1932 6-W 1/2-#3 (CCC2)
FULK, Edna 1894 - 1977 (LC)
FULLER, G H 1823 - 26 June 1892 (BCC)
George no date - 17 Feb 1887 (inf) R20-BL339 (MVC)
Harriet Tracy 1823 - 19 June 1910 (BCC)
Samuel no date - 2 Feb 1970 RJ-BL13-BK12-3 (MVC)
Tracey 1827 - 15 Mar 1835 (BCC)
FULTON, Andy no date - 11 Mar 1904 RB-BL4 (MVC)
Minnie no date - 9 May 1904 RB-BL10 (MVC)
FULTZ, Allan M 1894 - 1976 (OHC)
Carrie Louise no date - 30 Dec 1985 ae 1y 1-10-18-J (MVC)
Charles A 20 July1896 - 2 June 1977 (SMGC)
Galvin no date - 1939 no lot (MVC)
Katherine M 1918 (OHC)
Myrtle L 1921 - 1963 (OHC)
Oscar G no date - 1 Dec 1939 RG-BL5 (MVC)
Wilma F 1899 - 1977 (OHC)
FUNK, Anna 1852 - 11 Jan 1893 40y "Mother" Sec2-L68-#4 (SPC)
baby no date - 6 Nov 1913? Sec2-L28-#3 (SPC)
Barbara Elizabeth 1884 - 31 May 1949 64y Sec2-L40-#1 (SPC)
Catherine 1885 - 14 June 1974 88y Sec2-L48-#2 (SPC)

FUNK (continued)
Charles E no date - 1 Jan 1941 1h Sec2-L15-#6 (SPC)
Charles Eugene no date - 1 Jan 1941 Sec2-L72-#5 (SPC)
Edwin 1954 - 4 Mar 1973 19y Sec2-L51-#3 (SPC)
Elmer J 1916 - 3 Sept 1921 5y Sec2-L15-#5 (SPC)
Helen C no date - 25 Mar 1924 3m Sec2-L48-#5 (SPC)
Jacob 1881 - 10 Sept 1969 88y Sec2-L15-#4 (SPC)
John 1842 - 1924 "Father" no lot (SPC)
John C 1885 - 28 Sept 1940 Sec2-L29-#5 (SPC)
John no date - 1 May 1912 1d Sec2-L48-#1 (SPC)
Loretta no date - 2 Apr 1920 27y Sec2-L15-#3 (SPC)
Loretta no date - 30 Aug 1948 3y Sec2-L72-#4 (SPC)
Matt no date - 2 Jan 1965 Sec2-L48-#2 (SPC)
Matthias J no date - 3 Jan 1917 4m Sec2-L48-#4 (SPC)
Minnie 1889 - 31 Mar 1973 83y Sec2-L39-#4 (SPC)
Peter 1875 - 30 July 1964 88y Sec2-L40-#2 (SPC)
FUNKE, Amanda no date - 14 July 1908 RB-BL14 (MVC)
Frank no date - 24 Dec 1921 RB-BL14 (MVC)
Herman A no date - 14 Feb 1948 RB-BL14 (MVC)
inf no date - 8 Aug 1928 RB-BL14 (MVC)
Minnie no date - 30 Nov 1956 RK-BL22 (MVC)
Wm H no date - 9 Jan 1953 RK-BL22 (MVC)
FURBASS, Fortunata 4 March 1901 - 31 Dec 1980 (MSSCC)
FURCH, Chas W no date - 28 May 1954 RK-BL2 (MVC)
FURHAN, inf c/o Paul no date - 18 Feb 1915 (CCC1)
Paul inf s/o ---- no date - 23 July 1911 (CCC1)
FURHMAN, Father 1826 - 1915

FURHMAN (continued) (CCC1)
Mary w/o W K 1864 - 1927 (CCC1)
Mother 1831 - 1920 (CCC1)
Paul inf s/o ---- no date - 23 July 1911 (CCC1)
FUSSELMAN, Wm no date - 28 Dec 1920 RD-BL3 (MVC)
FUXMAN, Caroline Louise 16 July 1858 - 13 Sept 1927 (LC)
Ida 19 Sept 1884 - 23 Apr 1930 (LC)
GADDIS, Betty Jean no date - 22 Aug 1980 RK-BL28-BK9-3 (MVC)
Russell D no date - 22 May 1980 RK-BL28-BK8-3 (MVC)
Thomas no date - 15 Nov 1908 no lot (MVC)
GAFREN, Thomas no date - 15 Nov 1908 no lot (MVC)
GAGE, Dora no date - 12 Nov 1930 RD-BL1 (MVC)
Dora A no date - 13 Mar 1925 RD-BL1 (MVC)
Dorothy no date - 27 Jan 1930 RD-BL1 (MVC)
GAIL, Consuela 8 Jan 1888 - 10 Feb 1977 (MSSCC)
GAINES, Ben no date - 16 Mar 1963 R60-BL399-BK2 (MVC)
GALBRAITH, Blanche no date - 1 Oct 1925 no lot (MVC)
Elizabeth no dates no lot (MVC)
Ingalls no date - 8 May 1940 RF-BL19 (MVC)
J S no date - 9 Sept 1893 R68-BL106 (MVC)
Mrs J S no date - 9 Sept 1897 R68-BL106 (MVC)
Mrs John no date - 9 Mar 1888 R68-BL106 (MVC)
Junietta no date - 1851 no lot (MVC)
Lucetta no date - 25 Mar 1899 R63-BL32 (MVC)
Mrs Maggie no date - 25 July 1893 R68-BL106 (MVC)
P no date - 23 Sept 1888 R63-BL32 (MVC)
Winfield no date - 2 Oct 1883 no

GALBRAITH (continued) lot (MVC)
  Wm I no date - 28 Oct 1935 RF-BL19 (MVC)
GALE, Beryl Corine no date - 22 Dec 1976 RG-BL26-BK7-3 (MVC)
  Cecilia M no date - 2 July 1951 RF-BL19 (MVC)
  Helen Lyda no date - 10 Nov 1932 RF-BL19 (MVC)
GALER, Clarence no date - 2 Mar 1913 RF-BL6 (MVC)
  Mary Jane no date - 8 Jan 1886 R32-BL197 (MVC)
GALIALI, Emma d/o M & E no date - 26 Aug 1874 (PDC)
GALKINS, ---- 1850 - 1874 (PDC)
GALLATIN, Amanda no date - 25 Apr 1910 R22-BL48 (MVC)
  H F Anna no date - 8 Nov 1917 R23-BL48 (MVC)
  Rudolph no date - 8 Dec 1916 R23-BL48 (MVC)
GAMBLE, Bessie B no date - 28 Oct 1887 R36-BL267 (MVC)
  Edward no date - 22 Sept 1929 RE-BL10 (MVC)
  Grace no date - 2 Sept 1920 RE-BL11 (MVC)
  Mamie no date - 14 Jan 1926 RE-BL10 (MVC)
GAMELY, George W 1884 - 1972 (OHC)
  Sadie 1891 - 1965 (OHC)
GAMER, Nellie no date - 6 May 1915 RF-BL8 (MVC)
GAMLEY, Lawrence no date - 4 May 1976 no lot (MVC)
GAMPPER, Madonna 7 May 1930 - 3 Jan 1972 (MSSCC)
GANDLE, Clara no date - 28 Sept 1907 RE-BL7 (MVC)
GANSEN, Adam 16 Aug 1836 - 11 Apr 1919 (SBAC)
GANTER, Charles F s/o Valentine & Rose 1887 - 4 Dec 1961 (SLC)
  Martha w/o Charles 1897 - 10 June 1960 63y (SLC)
  T W 27 Sept 1837 - 30 Apr 1929

GANTER (continued) (BCC)
GARCIA, Irene 1923 - no date (LC)
  Jack A 1921 - no date (LC)
GARDINER, Rachel no date - 26 May 1892 no lot (MVC)
  Mrs Thom no date - 9 Aug 1898 R64-BL51 (MVC)
  Thomas no date - 15 July 1898 R64-BL51 (MVC)
GARDNER, Ina J no date - 17 Dec 1918 RB-BL20 (MVC)
  Katherine w/o Uriel O 31 Dec 1895 - 17 Apr 1970 (SMGC)
  Leighann no date - 22 June 1983 RJ-BL45 (MVC)
  Lola Miller no date - 27 Feb 1937 RA-BL7 (MVC)
  Mrs R C no date - 25 May 1892 R38-BL291 (MVC)
  Tom no date - 25 Feb 1936 no lot (MVC)
  Uriel O 22 Oct 1896 - 24 Jan 1972 (SMGC)
GAREIS, Georgina 17 Sept 1904 - 10 March 1932 (MSSCC)
GARFIELD, James s/o W T & J J no date - 23 May 1884 (PDC)
  Roberta d/o W T & J J no date - 16 June 1872 (PDC)
GARLAND, Anna B no date - 19 Apr 1951 RG-BL20 (MVC)
  Miller S no date - 17 Dec 1936 RA-BL20 (MVC)
GARNER, Nellie no date - 6 May 1915 RF-BL8 (MVC)
  Thomas no date - 25 Feb 1936 RF-BL8 (MVC)
GARREGUES, Donald 16 Apr 1933 - 21 Apr 1933 (LC)
GARRETT, Bill 1924 - 2 July 1982 (EEC)
  Churchill 1875 - 1949 (EEC)
  Henry 3 June 1901 - 6 Feb 1970 (EEC)
  James H 14 Feb 1919 - 29 May 1977 (EEC)
  John R no date - 14 July 1925 RF-BL24 (MVC)
  Lee Ara no date - 14 Feb 1909 no lot (MVC)

GARRETT (continued)
Lee F no date - 23 Sept 1925 RF-BL24 (MVC)
Louis 29 Dec 1925 - 3 Feb 1977 (EEC)
Lulu no date - 3 Dec 1968 RF-BL24 (MVC)
Lydia 1875 - 1949 (EEC)
Mary no date - 2 May 1935 no lot (MVC)
Maude 29 June 1896 - 5 Sept 1972 (EEC)
Ruth Virginia 1926 - 4 Mar 1982 (EEC)
GARRICO, Maxwell 22 Apr 1896 70y (FGC)
GARRISON, Josephine 20 Jan 1856 - 11 Jan 1941 (SNC)
Lydia A no date - 7 May 1925 RA-BL14 (MVC)
Martha no date - 14 May 1940 RB-BL27 (MVC)
Merle no date - 1 Nov 1973 RK-BL34-BK1-1 (MVC)
William 4 Jan 1856 - 23 Mar 1916 (SNC)
GARSIDE, Bessie no date - 4 Jan 1957 RF-BL4 (MVC)
David no date - 3 Apr 1959 (inf) RK-BL14-BK12-2 (MVC)
Francis no date - 29 June 1953 RF-BL4 (MVC)
James H no date - 25 Apr 1923 R65-BL52 (MVC)
Joshua no date - 12 May 1902 RF-BL4 (MVC)
Joshua no date - 29 Dec 1902 RF-BL4 (MVC)
Martha no date - 18 Dec 1907 R65-BL52 (MVC)
Mary Belle no date - 1939 no lot (MVC)
Paul no date - 20 Dec 1967 RF-BL4-BK1-1 (MVC)
Richard no date - 1 Dec 1960 (inf) RK-BL14-BK10-2 (MVC)
GARVEY, Ida C no date - 22 Apr 1952 RJ-BL17 (MVC)
T L no date - 29 Nov 1963 RJ-BL17-BK12-3 (MVC)
Thomas no date - 30 Oct 1963 RJ-BL17-BK11-3 (MVC)

GARVIN, George 1846 - 1906 (MCC)
Joseph Lee 1 July 1893 - 8 Oct 1985 92y 2-1-13-K (MVC)
Martha Childs no date - 3 May 1940 RB-BL27 (MVC)
Ralph no date - 19 Sept 1969 no lot (MVC)
Sam W no date - 6 Jan 1912 RB-BL27 (MVC)
GARWOOD, Vina Frickett 1852 - 1925 (MCC)
GASSAWAY, Ed no date - 11 June 1910 R40-BL326 (MVC)
Ellen no date - 28 Apr 1913 RE-BL7 (MVC)
GASSMAN, Remigia 21 Dec 1893 - 20 Apr 1927 (MSSCC)
GASTON, Ed no date - 10 July 1961 R66-BL72 (MVC)
Elizabeth no date - 13 July 1915 R41-BL8 (MVC)
Harry no date - 14 Jan 1887 R66-BL72 (MVC)
Harry no date - 5 Aug 1892 R41-BL8 (MVC)
Ida May no date - 9 Mar 1947 R66-BL72 (MVC)
J W no date - 6 Sept 1935 R17-BL277 (MVC)
Wm no date - 2 Aug 1892 R66-BL72 (MVC)
GAUFFER, Constance F no date - 12 Oct 1935 RF-BL25 (MVC)
GAULT, F O no dates (EEC)
Mrs Millisa d 1 Aug 1953 (EEC)
Thomas O 1849 - 1921 (EEC)
GAUSSER, Placidia 13 Aug 1898 - 23 July 1976 (MSSCC)
GAVE, Clarence no date - 28 Dec 1978 RK-BL2-BK11-3 (MVC)
GAVENHUT, M S no date - 29 Sept 1912 R36-BL271 (MVC)
GAVIS, Ralph no date - 21 Sept 1969 RB-BL27-BK2-5 (MVC)
GAY, Harold 1900 - 1936 (MCC)
GAYLORD, C R 1820 - 1902 (MCC)
Kent 1890 - 1900 (MCC)
May 1855 - 1934 (MCC)
Rose Pomeroy 1870 - 1914 (MCC)

GEARHART, Anna Louise no date - 2 Oct 1922 RF-BL18 (MVC)
Anna P no date - 14 Aug 1971 RF-BL18 (MVC)
Charles 1897 - 31 Dec 1963 (SMGC)
Charles no date - 22 Jan 1919 R67-BL94 (MVC)
Emil no date - 18 Dec 1907 RD-BL9 (MVC)
Fred no date - 19 Sept 1956 RD-BL4 (moved from Fairview) (MVC)
Henry B 18 Sept 1890 - 14 May 1912 (LC)
Henry no date - 1883 no lot (MVC)
J S no date - 20 May 1891 R67-BL100 (MVC)
Mrs J S no date - 8 Oct 1901 R67-BL100 (MVC)
John no date - 19 Feb 1930 R63-BL23 (MVC)
John no date - 22 Dec 1914 R67-BL94 (MVC)
L 8 Jan 1893 - 10 Aug 1949 (LC)
Lee R 1893 - 1949 (LC)
Louis 27 Dec 1854 - 26 Jan 1941 (LC)
Mary Ann no date - 1903 no lot (MVC)
Rose M 20 Oct 1866 - 29 Dec 1963 (LC)
Ruth no date - 4 Mar 1914 R67-BL94 (MVC)
s/o L R 20 Feb 1903 - 27 Feb 1903 (LC)
William no date - 6 Aug 1957 RF-BL18 (MVC)
GEDDINGS, Frederick no date - 15 Dec 1921 RA-BL29 (MVC)
GEER, Besse no date - 1 Dec 1926 RF-BL24 (MVC)
Frank no date - 15 Oct 1959 RF-BL24-BK5-3 (MVC)
Minnie no date - 1894 no lot (MVC)
N J no date - 20 Apr 1940 RF-BL24 (MVC)
Nathan no date - 16 Nov 1924 no lot (MVC)
GEHRETT, Amos no date - 3 Aug 1907 no lot (MVC)
Anna no date - 24 Oct 1939 RB-BL22 (MVC)
Anna no date - 3 Aug 1907 RB-BL22 (MVC)
Katherine M no date - 22 Feb 1940 RB-BL22 (MVC)
GEHRMANN, George no date - 17 July 1895 R51-BL182 (MVC)
Helen no date - 27 Apr 1957 RD-BL19 (MVC)
Helen S no date - 31 May 1954 RD-BL19 (MVC)
Ida no date - 28 Sept 1926 RA-BL3 (MVC)
Mary E no date - 10 Mar 1917 RA-BL2 (MVC)
T W no date - 27 Apr 1957 RD-BL19 (MVC)
Theodore no date - 27 Apr 1957 no lot (MVC)
GEIGER, Germaine 23 Oct 1883 - 5 Oct 1968 (MSSCC)
Helen no date - 30 Sept 1968 RJ-BL13 (MVC)
John E no date - 14 Apr 1969 RJ-BL13 (MVC)
GELLHAUS, J Victor 7 Sept 1897 - 19 Apr 1977 (SBAC)
GELWICK, Rebecca no date - 20 Mar 1950 RG-BL32 (MVC)
Samuel no date - 31 July 1942 RG-BL32 (MVC)
GEMBERGIRING, Anna 1861 - 1941 (LC)
GEMBERHIRIG, Frank 1859 - 1904 (LC)
Lee 1885 - 1966 (LC)
GENAIL, Dewayne no date - 11 Mar 1940 (inf twin) RA-BL19 (MVC)
Wayne no date - 8 Mar 1940 (inf twin) RA-BL19 (MVC)
GENEKA, Mrs C no dates (EEC)
GENTINA, Edna C 1897 - 1920 (EEC)
GENTRY, Martha C 1859 - 1879 (MLC)
GEORGE, A Milton 1887 - 6 Nov 1971 (EEC)

GEORGE (continued)
Alvin G 1877 - 1923 (EEC)
Amelia O no date - 21 Nov 1915 R25-BL76 (MVC)
Ann P no date - 8 June 1885 no lot (MVC)
Benjamin no date - 16 Mar 1899 no lot (MVC)
Bertha no date - 22 Sept 1959 RE-BL13-BK3-1 (MVC)
Byron no date - 8 May 1923 R25-BL96 (MVC)
Donald no date - 1973 no lot (MVC)
Dorn Burns no date - 22 Jan 1939 67y 4m 27 d (WLC)
Dorothy no date - 23 Dec 1952 RF-BL7 (MVC)
Edna no date - 12 Sept 1871 no lot (MVC)
Elizabeth 1838 - 1925 (WLC)
Florence 1888 - 1957 (EEC)
Jacob no date - 24 Dec 1935 no lot (MVC)
Jacob no date - 5 Apr 1934 R25-BL76 (MVC)
James no date - 5 Mar 1915 RF-BL7 (MVC)
Jennie no date - 3 Mar 1945 RF-BL7 (MVC)
John C no date - 8 Apr 1941 RE-BL13 (MVC)
Robert G no date - 31 Dec 1941 RF-BL7 (MVC)
GERARD, Donald no date - 2 Nov 1975 RB-BL8-BK5-3 (MVC)
Elmer L no date - 9 Mar 1984 RB-BL8 (MVC)
GERARDY, Bernard no date - 9 Jan 1951 RK-BL4 (MVC)
Charles P no date - 1898 no lot (MVC)
Elizabeth no date - 7 Aug 1948 RK-BL4 (MVC)
Frank no date - 25 Sept 1985 2-4-4-K (MVC)
Herman no date - 4 Nov 1975 RK-BL7-BK2-4 (MVC)
Lucinda no date - 27 May 1959 RK-BL4-BK1-4 (MVC)
Richard A no date - 3 Oct 1948 RK-BL4 (MVC)

GERBER, Clarence no date - 16 Mar 1970 RA-BL4 (MVC)
Clarence no date - 27 June 1968 RJ-BL26 (MVC)
Gladys no date - 23 July 1984 RA-BL4 (MVC)
John no date - 27 Sept 1891 RA-BL4 (MVC)
John Wm no date - 18 Nov 1919 RA-BL4 (MVC)
Lena no date - 19 Apr 1820 no lot (MVC)
Louise R no date - 3 Mar 1864 no lot (MVC)
Mathilda S no date - 20 Apr 1950 RA-BL4 (MVC)
Matt no date - 10 Dec 1907 RA-BL4 (MVC)
Milton V 1920 - 1 Nov 1981 (SMGC)
Wm no date - 5 July 1955 RK-BL3 (MVC)
GERBITZ, Emma L 7 Feb 1874 1m (OHC)
John D 1805 - 1878 73y (OHC)
John E 21 Jan 1888 49y 1m 19d (OHC)
Jolene 26 Jan 1888 49y (OHC)
GERDHARDT, Anna no date - 14 Aug 1977 RF-BL18-BK8-3 (MVC)
GEREN, Arthur D no date - 4 Jan 1919 R20-BL337 (MVC)
Iva no date - 22 Feb 1910 RG-BL15 (MVC)
Maude E no date - 27 June 1942 R20-BL337 (MVC)
T B no date - 13 Nov 1908 R20-BL337 (MVC)
GERETY, Ambrose s/o J & Mary 1895 - 1897 (SACC)
Bernhard W s/o B & S 1879 - 1880 (SACC)
David Thomas 1924 - 1931 (SACC)
Edward W 1902 - 1952 (SACC)
Margaret B 1900 - 1981 (SACC)
Mary Ann 1868 - 1940 (SACC)
Mary w/o T J 1864 - 1923 (SACC)
Richard 1832 - 1906 (SACC)
Richard R 1891 - 1956 (SACC)

GERETY (continued)
Robert Edward 1930 - 1934 (SACC)
Sarah w/o Richard no date - 14 Nov 1910 (SACC)
Tom J 1861 - 1950 (SACC)
GERHARDT, Anna L no date - 3 Oct 1922 RF-BL18 (MVC)
GERITZ, Henry Wm 27 Jan 1900 - 12 Oct 1975 (SMGC)
GEROW, Arthur no date - 13 Jan 1919 R23-BL37 (MVC)
Mrs Maude E no date - 27 June 1942 R23-BL37 (MVC)
GERRETT, J W no dates (EEC)
GERRISH, Albert no date - 22 Feb 1942 RA-BL14 (MVC)
Cora no date - 8 Mar 1969 RG-BL14 (MVC)
Earl 1913 - 1976 (LC)
Gertrude no date - 23 Dec 1915 RD-BL5 (MVC)
Mary Maxine no date - 16 Mar 1934 RA-BL14 (MVC)
Oliver no date - 11 Aug 1928 RG-BL14 (MVC)
Sabrina B no date - 9 Dec 1945 RG-BL14 (MVC)
Stanley G no date - 13 Aug 1953 RK-BL22 (MVC)
Thelmarie no date - 6 June 1984 no lot (MVC)
GERSBACK, Amelia 1859 - 1907 (EEC)
Caroline 1861 - 1897 (EEC)
Mary 1855 - 1923 (EEC)
GERSTEIN, Elizabeth d/o James 1827 - 28 Jan 1901 (SLC)
GEYERO, Ava no date - 22 Feb 1910 no lot (MVC)
GHANNON, Emma A 1842 - 1916 (EEC)
James C 1839 - 1921 (EEC)
GHIO, A G no date - 26 Oct 1901 no lot (MVC)
GIBSON, A L no date - 1 July 1891 29y 4m 9d (EEC)
Clara 1894 - no date (LC)
Elizabeth 1860 - 1920 (EEC)
Ella w/o John C no dates (EEC)
Floss no date - 12 Jan 1907 RB-BL13 (MVC)

GIBSON (continued)
Geo Washington no date - 25 June 1940 (EEC)
Hally no date - 1966 (EEC)
Harriette no date - 9 Mar 1976 RG-BL21-BK2-2 (MVC)
Hugh no date - 25 Mar 1930 RB-BL13 (MVC)
Imogene 8 Dec 1890 - 28 July 1965 (LC)
Mrs J C no date - 6 Feb 1907 RB-BL13 (MVC)
Jacob 6 June 1833 - 16 Mar 1900 "Father" (EEC)
James C no date - 30 Oct 1934 RB-BL13 (MVC)
John no date - 12 Dec 1946 (EEC)
John L 1898 - 1958 (EEC)
Joseph E 22 Aug 1861 - 20 July 1940 (LC)
L G w/o P L no date - 14 Mar 1891 27y 2m 1d (EEC)
Leah 5 May 1831 - 23 Sept 1901 "Mother" (EEC)
Robert E 10 Dec 1903 - 27 Aug 1978 (SMGC)
Virginia I 17 Apr 1864 - 27 Aug 1946 (LC)
Walter S 13 Oct 1895 - 23 Jan 1938 (LC)
William G 14 June 1826 - 30 July 1910 (LC)
GIDDINGS, C E no date - 2 Nov 1907 R43-BL44 (MVC)
Clara Emma no date - 18 Feb 1953 RJ-BL13 (MVC)
Fred H no date - 14 Dec 1943 RF-BL22 (MVC)
Frederick no date - 15 Dec 1922 RA-BL29 (MVC)
Henry B no date - 1 Mar 1895 R43-BL44 (MVC)
Mary no date - 8 Nov 1900 RA-BL29 (MVC)
GIEM, inf son 1901 - 1901 (MCC)
Mathias 1863 - 1925 (MCC)
GIGER, Alvin no date - 26 June 1903 RA-BL10 (MVC)
John no date - 14 Apr 1969 RJ-BL13-BK5-4 (MVC)
GIGSTAD, Albert 1897 - 1920

GIGSTAD (continued)
(LC)
Anna R 1829 - 1910 (LC)
Benjamin L 1910 - 1975 (LC)
Charles 1894 - 1930 (LC)
Emma D 12 Feb 1912 - 9 Dec 1978 (SMGC)
Emma J 1899 - 1951 (LC)
Freda Kloepper b 1911 (LC)
Harry 1890 - 1957 (veteran WWI) (LC)
Julia 1869 - 1903 (LC)
Knud 1860 - 1939 (LC)
Lena 1870 - 1935 (LC)
Lillian 1906 - 1923 (LC)
Olaf M 2 Sept 1902 - 28 Mar 1973 (SMGC)
Ole G 1856 - 1931 (LC)
Severine 1866 - 1944 (LC)
GILBERT, Fredona no date - 9 Jan 1919 RE-BL11 (MVC)
Velna no date - 6 Jan 1984 no lot (MVC)
Venesa M no date - 5 Jan 1895 R15-BL243 (MVC)
GILDEHAUS, Harold H no date - 31 May 1913 RD-BL8 (MVC)
Wm no date - 1 May 1951 RJ-BL14 (MVC)
GILES, Fred no date - 16 May 1957 RG-BL19 (MVC)
GILKISON, Ethel C no date - 3 Aug 1948 RB-BL9 (MVC)
Ida no date - 1 June 1906 RB-BL9 (MVC)
Ida F no date - 19 Nov 1971 RB-BL9-BK5-4 (MVC)
James J no date - 22 Oct 1950 RB-BL9 (MVC)
Mary Clara no date - 16 Oct 1932 RB-BL9 (MVC)
Samuel no date - 5 Apr 1926 RB-BL9 (MVC)
GILL, Albert 1854 - 1948 (MCC)
B P Jr 1894 - 1981 (MCC)
Carrie B no date - 21 Sept 1940 68y 4m 9d (EEC)
Chris no date - 25 Jan 1899 R46-BL93 (MVC)
Eva 12 July 1872 5m 27d (BCC)
Georgia no date - 22 Oct 1936 RA-BL20 (MVC)

GILL (continued)
Grove Byron no date - 18 Sept 1935 (EEC)
J E no date - 30 Apr 1948 (EEC)
J K no dates (ASC)
Jennie S no date - 28 Jan 1888 27y 14d (EEC)
John H 2 Apr 1876 7m 8d (BCC)
John R 1837 - 7 Dec 1879 42y 10m 3d (BCC)
Julius H no date - 30 Aug 1949 RK-BL5 (MVC)
L A no dates (EEC)
Louisa no date - 23 Dec 1919 R46-BL93 (MVC)
Marie no date - 22 Mar 1921 (inf) RD-BL3 (MVC)
Mary P no date - 31 Oct 1946 RK-BL5 (MVC)
Milton L 1838 - 23 Apr 1911 73y 1m 19d (WLC)
Milton L only s/o Milton & Celma A no date - 16 Mar 1901 18y 2m 12d (WLC)
Minnie 1866 - 1942 (MCC)
Sarah 1916 - 1965 (MCC)
Susie Ethel 1890 - 1908 (EEC)
GILLEN, Henry 5 Oct 1834 - 29 Apr 1868 Co Antrim, Ireland (OHC)
Hugh E 1850 - 1931 (OHC)
Margaret 11 July 1802 - 17 June 1881 Co Antrim, Ireland (OHC)
Margaret 2 Feb 1876 - 8 Oct 1949 (MSSCC)
Neil 16 June 1883 35y (OHC)
GILLESPIE, Jane Ham no date - 18 Mar 1983 RK-BL30 (MVC)
Lois no date - 3 Apr 1966 RK-BL18-BK12-4 (MVC)
Milo B no date - 20 Feb 1954 RK-BL30 (MVC)
GILLEY, Francis 1836 - 1895 (SACC)
Margaret 1838 - 1914 (SACC)
GILLILAND, Arthur 5 May 1921 - 7 Dec 1923 (SNC)
Charles 1914 (MCC)
Charles I 27 Aug 1881 - 15 Apr 1931 (SNC)
Dottie D 1 Apr 1927 - 11 June 1975 (SMGC)

GILLILAND (continued)
Edna Genevieve 17 Mar 1927 - 6 Sept 1930 (SNC)
James 16 May 1932 - 8 Nov 1978 (SNC)
James Ernest 15 Mar 1913 - 14 Sept 1918 (SNC)
Jerry M 16 May 1932 - 6 Nov 1971 (SNC)
Josephine May 28 Nov 1941 - 26 Sept 1957 (SNC)
Lois L no date - 9 Dec 1980 RJ-BL43-BK11-2 (MVC)
May Martin 26 Sept 1893 - 26 Apr 1977 (SNC)
Miles A W 14 Feb 1889 - 22 May 1965 (SNC)
Minnie 1921 - 1975 (MCC)
Myrtle M 13 Sept 1924 - 14 Mar 1925 (SNC)
Nettie B 1890 - 1972 (SNC)
Wilbur no date - 30 May 1979 RJ-BL43-BK12-2 (MVC)
William D 26 Jan 1920 - 16 Feb 1935 (SNC)
GILMAN, Alfred no date - 13 July 1946 RG-BL9 (MVC)
Elizabeth C no date - 25 Aug 1938 RA-BL9 (MVC)
Joseph no date - 13 Feb 1982 RJ-BL29-BK10-3 (MVC)
Lila no date - 19 Aug 1961 RG-BL9-BK8-2 (MVC)
Percy R no date - 18 Mar 1930 RA-BL9 (MVC)
GILMORE, Bert no date - 12 Feb 1967 RK-BL39-BK10-1 (MVC)
Earl 1886 - 1943 (LC)
Ethel 1895 - 1964 (LC)
Pearson no date - 9 Jan 1973 no lot (MVC)
Rosa F no date - 12 Mar 1961 RK-BL39-BK11-1 (MVC)
Theodore no date - 23 Dec 1961 RK-BL39-BK7-4 (MVC)
GILVICKS, Rebecca E no date - 21 Mar 1950 RG-BL32 (MVC)
GINGRICH, A G no date - 4 Nov 1940 (EEC)
GINGRICH, Mrs A d 5 June 1953 (EEC)
Millie Grace no date - 20 Feb

GINGRICH (continued)
1939 29y 5m 25d (EEC)
GISBON, Otho L s/o A Z & A A no date - 30 Mar 1892 5y 7m 20d (EEC)
GIVENS, Amanda no date - 24 Mar 1927 RE-BL2 (MVC)
Rachel no date - 24 Mar 1916 RE-BL2 (MVC)
William no date - 21 Dec 1915 RE-BL2 (MVC)
GLAMAN, Darrel no date - 4 Mar 1950 no lot (MVC)
Daryl no date - 15 Dec 1950 (inf) RK-BL14 (MVC)
George Otto no date - 29 Oct 1968 RG-BL30-BK3-1 (MVC)
Grace no date - 19 July 1954 RG-BL35 (MVC)
Mary no date - 30 Aug 1967 RG-BL30-BK1-1 (MVC)
Otto C no date - 18 Aug 1943 RA-BL35 (MVC)
Stephen no date - 5 Dec 1950 (inf) RK-BL14 (MVC)
Wm C no date - 18 Nov 1938 RA-BL30 (MVC)
Wm R no date - 20 Nov 1934 no lot (MVC)
GLAMANN, William 4 June 1902 - 24 Jan 1975 (SMGC)
GLANCY, Alice no date - 14 Aug 1892 19y Sec1-L93-#2 (SPC)
Andrew no date - 1861 20y Sec1-L81-#3 (SPC)
Anna H 1845 - 7 Oct 1925 80y Sec1-L93-#4 (SPC)
Bridget no date - 9 Nov 1865 76y Sec1-L91-#1 (SPC)
Bridget Ann no date - 2 Apr 1942 78y Sec1-L71-#1 (SPC)
Bridget Ann 1865 - 2 Apr 1942 78y Sec1-L61-#4 (SPC)
Elizabeth 1873 - 4 Aug 1941 68y Sec1-L61-#2 (SPC)
Ethelberga 10 Feb 1862 - 29 Apr 1884 (MSSCC)
Eugene 1869 - 21 June 1959 89y Sec1-L33-#3 (SPC)
Evelyn 1882 - 27 Oct 1941 59y Sec1-L33-#2 (SPC)
Evelyn 1905 - 13 June 1960 54y

GLANCY (continued) Sec1-L33-#4 (SPC)
Honora no date - 18 Feb 1907 90y Sec1-L81-#5 (SPC)
inf d/o E no date - 25 Feb 1920 7h Sec1-L33-#5 (SPC)
inf d/o E no date - 28 Feb 1916 5h Sec1-L33-#1 (SPC)
inf s/o E no date - 4 Apr 1921 3h Sec1-L33-#6 (SPC)
James 1866 - 28 Apr 1944 78y Sec1-L61-#3 (SPC)
James no date - 15 Feb 1860 2y Sec1-L81-#2 (SPC)
James Michael no date - 26 Jan 1861 22y 9m Sec1-L83-#4 (SPC)
John 24 June 1816 - 23 Mar 1907 91y Sec9-L91-#4 (SPC)
John no date - 23 May 1907 90y Sec1-L71-#5 (SPC)
John no date - 23 Nov 1952 1h Sec1-L6-#3 (SPC)
John no date - 31 May 1916 90y Sec1-L93-#3 (SPC)
John H 1861 - 29 Oct 1884 23y Sec1-L71-#3 (SPC)
M Agnes 15 Sept 1850 - 13 Aug 1932 (MSSCC)
Mary w/o John 25 Aug 1840 - 29 Sept 1873 33y Sec1-L71-#4 (SPC)
Mervina no date - 6 June 1924 11y Sec1-L61-#1 (SPC)
Michael 1813 - 23 1889 76y Sec1-L81-#6 (SPC)
Michael no date - 15 Nov 1859 6y Sec1-L81-#1 (SPC)
Michael P 1860 - 8 Oct 1885 26y Sec1-L71-#2 (SPC)
GLANER, William 19 May 1831 79y 10m 16d (MCC)
GLASIO, Mable no date - 1 Mar 1936 RE-BL10 (MVC)
GLASPY, Mrs Newey no dates (EEC)
GLASS, Edith no date - 6 Oct 1896 R38-BL295 (MVC)
GLATTFIELD, Ann Laura 1877 - 1964 (CWC)
Henry 1871 - 1952 "Father" (CWC)

GLATTFIELDER, Ellsworth 1899 - 1978 (CWC)
Henry J 1895 - 1917 (CWC)
Leona 1897 - 1918 (CWC)
Lucile Marie 1912 - 1939 (CWC)
Raymond no dates (CWC)
GLEASON, Alice no date - 1 June 1895 R40-BL325 (MVC)
Loretta 24 Feb 1862 - 25 Aug 1939 (MSSCC)
GLEAVES, Guy no date - 9 Apr 1923 R40-BL326 (MVC)
GLEESON, Frances E no date - 17 Oct 1918 9y Sec1-L14-#5 (SPC)
John J 1906 - 17 Aug 1951 46y Sec1-L14-#2 (SPC)
Joseph no date - 2 Apr 1922 90y Sec1-L53-#2 (SPC)
Margaret 1870 - 7 Jan 1952 82y Sec1-L53-#1 (SPC)
Margaret 1877 - 11 June 1958 81y Sec1-L14-#3 (SPC)
Mary no date - 10 Feb 1908 72y Sec1-L53-#3 (SPC)
Michael no date - 27 July 1911 70y Sec1-L53-#2 (SPC)
Thomas no date - 21 Mar 1873 73y Sec1-L53-#5 (SPC)
Thomas P no date - 16 Feb 1928 67y Sec2-L14-#4 (SPC)
GLEN, John 1817 - 1899 (MCC)
GLENN, A W 18 Nov 1827 - 22 Feb 1907 (LC)
Alexander no date - 2 Aug 1930 RB-BL22 (MVC)
Berneice 25 July 1904 - 20 Apr 1981 (SMGC)
Clarissa no date - 1 Apr 1933 RB-BL22 (MVC)
Cora L no date - 10 Mar 1865 no lot (MVC)
George M s/o A W & M M 10 May 1858 - 3 Apr 1876 (LC)
Margaret M w/o A W 5 Jan 1836 - 10 Nov 1904 (LC)
Samuel no date - 1890 no lot (MVC)
GLESUS, S no date - 6 Sept 1889 R29-BL141 (MVC)
GLICK, Fred H no date - 8 Aug 1924 RG-BL17 (MVC)

GLICK (continued)
Mrs G W no date - 15 Sept 1919 RG-BL17 (MVC)
George no date - 15 Apr 1911 RG-BL17 (MVC)
George W no date - 27 Feb 1954 RG-BL17 (MVC)
Mary S no date - 1880 no lot (MVC)
GLIEN, Christiana w/o John 26 Feb 1897 78y 6m (MCC)
Emma 1869 - 1961 (MCC)
Ferdinand 1873 - 1910 (MCC)
Fredrick w/o Mathias 1829 - 1903 (MCC)
inf s/o J W & K S 26 Feb - 2 Mar 1901 (MCC)
John 1817 - 1899 (MCC)
John 1861 - 1938 (MCC)
Mathias 1863 - 1925 (MCC)
Mathias b Germany 12 June 1830 - 31 May 1910 (MCC)
GLOCKNER, Elizabeth (w/o Louis) Jan 1858 - 12 Dec 1887 29y (SLC)
Louis 24 July 1850 - no date (SLC)
Mary M (d/o Louis & Elizabeth) 1 Nov 1882 - 24 Jan 1896 13y (SLC)
GLOSSO, Mable no date - 1 Mar 1936 RE-BL10 (MVC)
GLOTFELTER, Marie no date - 10 Oct 1903 R16-BL272 (MVC)
GLOTFETER, Mr no date - 22 May 1894 R16-BL272 (MVC)
GLOVER, Lillie no date - 27 Apr 1904 R57-BL177 (MVC)
GLUCK, Mary no dates no lot (MVC)
GOCHENOUR, Josephine no date - 3 Aug 1905 RB-BL11 (MVC)
GOCKE, Josephine L no date - 16 Feb 1947 RG-BL35 (MVC)
Wm E no date - 24 June 1951 RG-BL35 (MVC)
GODDING, Mary Eliz no date - 18 Jan 1962 RG-BL4-BK6-1 (MVC)
Roy E 11 June 1930 - 20 May 1973 (SMGC)
GODFREY, Ascellina 8 March

GODFREY (continued)
1868 - 14 June 1888 (MSSCC)
GOECKE, inf no date - 1951 (SACC)
Miriam 1900 - 1946 (SACC)
GOEHNER, Joseph B no date - 5 Jan 1950 RK-BL12 (MVC)
GOEN, Ernest Otto no date - 13 Feb 1892 no lot (MVC)
GOETZ, Mary Paul 28 Nov 1900 - 13 Sept 1938 (MSSCC)
GOFF, George c/o Wm & Lillie 1884 - 1885 (FPC)
Sherman c/o Wm & Lillie 1886 - 1887 (FPC)
GOLDT, Adolph no date - 21 Feb 1905 RB-BL11 (MVC)
Anna Kley no date - 3 July 1934 RF-BL25 (MVC)
Augusta no date - 19 Oct 1907 no lot (MVC)
Eliza no date - 17 Apr 1934 R44-BL64 (MVC)
Frances no date - 27 July 1971 no lot (MVC)
Lila May no date - 21 May 1889 R37-BL281 (MVC)
Margaret no date - 24 Nov 1913 RD-BL9 (MVC)
Peter C no date - 25 Aug 1930 RF-BL25 (MVC)
Peter no date - 17 Oct 1907 RD-BL13 (MVC)
Wm Adolph no date - 20 June 1906 RB-BL11 (MVC)
GOLETIN, Amanda no date - 25 Apr 1910 no lot (MVC)
GONFRIN, Gesi no date - 4 Dec 1908 no lot (MVC)
GONTZ, August M 1869 - 1976 (OHC)
James 1922 - 1926 3y (OHC)
James Calvin 12 Nov 1926 3y (OHC)
Leta 1897 - 1981 (OHC)
GOOD, August Frank 1862 - 1936 (SACC)
Christena 1865 - 1946 (SACC)
Daniel E no date - 22 Nov 1922 RG-BL36 (MVC)
Daniel no date - 31 July 1909 RA-BL3 (MVC)

GOOD (continued)
Edward P 1893 - 1950 1st/Sgt US Army WWI (SACC)
Fred C 1901 - 1961 (SACC)
George no date - 2 Oct 1968 R57-BL200-BK2 (MVC)
Grace no date - 20 Feb 1919 RA-BL3 (MVC)
Henry Jacob no date - 24 Sept 1904 RA-BL3 (MVC)
Henry no date - 20 May 1891 R47-BL114 (MVC)
Ida Lenora no date - 1 May 1942 RA-BL36 (MVC)
Lucille F no date - 30 Nov 1921 RG-BL36 (MVC)
Sophia no date - 20 May 1927 RA-BL3 (MVC)
Sophia no date - 28 Nov 1925 RA-BL3 (MVC)
GOODING, John 1850 - 27 Feb 1876 (BCC)
GOODMAN, Amos no date - 15 Oct 1979 RK-BL24-BK7-1 (MVC)
George G 26 Jan 1921 - 3 Sept 1974 (SMGC)
Ima Jean 1925 - 1961 (SNC)
James S 27 July 1891 - 21 Nov 1959 (SNC)
Nellie no date - 23 Mar 1975 RK-BL24-BK1-1 (MVC)
GOODPASTURE, George 1921 - 1953 WWII (MCC)
Jacob Ridey 1860 - 22 Mar 1935 74y 10m 10d (EEC)
Lydia no dates (EEC)
GOODRICH, Mattie J 1871 - 1873 (PDC)
GOODWILL, Grifford 1896 - 1972 (MCC)
Lelia 1890 - 1968 (MCC)
GOODWIN, Charles no date - 29 July 1905 RD-BL21 (MVC)
Claude Carl no date - 21 Jan 1888 R49-BL148 (MVC)
Ellis Charles no date - 26 May
Mrs G C no date - 19 Oct 1929 R67-BL97 (MVC) 1889 R49-BL150 (MVC)
Grace A no date - 8 Mar 1929 RF-BL27 (MVC)

GOODWIN (continued)
Green C no date - 15 Nov 1915 R67-BL97 (MVC)
Mildred no date - 5 May 1981 RK-BK28-BK3-6 (MVC)
Nettie Dell no date - 23 Jan 1888 R49-BL148 (MVC)
Wilardine no date - 22 Apr 1966 R67-BL97 (MVC)
Wm no date - 14 Feb 1965 RK-BL29-BK4-4 (MVC)
GOODWYN, Allene 1905 - 1971 (MCC)
GOON, Thomas A 30 Dec 1872 1y (OHC)
GORACKE, Candida 18 Oct 1884 - 8 Oct 1982 (MSSCC)
Gabriella 6 March 1889 - 22 Apr 1918 (MSSCC)
Melania 8 Jan 1886 - 15 Oct 1983 (MSSCC)
GORDAN, Jessie no dates (MCC)
Mamadia no date - 1894 (MCC)
Matilda 1839 - 1894 (MCC)
GORDON, Alice M 1885 - 1905 (WLC)
Harry E 1881 - 1945 (WLC)
John Wesley 1835 - 1920 (WLC)
Joseph W 13 Jan 1863 - 3 June 1903 (WLC)
Mary E 1 Sept 1879 23y 10m 5d (PDC)
Mary Jane 1836 - 1904 (WLC)
Rhoda Ann no date - 14 Dec 1944 RJ-BL4 (MVC)
Roland Leon 23 Feb 1950 - 4 Nov 1950 (inf) (WLC)
Russell Wesley 7 Mar 1947 - 1 Feb 1967 (son) (WLC)
Wedorale no date - 22 Apr 1966 no lot (MVC)
Wm no date - 28 Oct 1893 R37-BL286 (inf) (MVC)
Wm L no date - 22 Dec 1955 RJ-BL4 (MVC)
GORE, Alsa 1901 - 1938 (MCC)
C W Lee no date - 1953 no lot (MVC)
Eli no date - 7 July 1907 RB-BL5 (MVC)
Frances 1919 - 1929 (MCC)
Hannah Glenn no date - 11 Dec

GORE (continued)
1934 RA-BL19 (MVC)
inf no date - 21 Dec 1911 RB-BL12 (MVC)
Lee no date - 24 Nov 1953 RJ-BL17 (MVC)
Lula V no date - 3 Feb 1965 RJ-BL17-BK11-4 (MVC)
Sam no date - 28 Sept 1925 RG-BL19 (MVC)
GOREWAY, Ed no date - 7 June 1910 no lot (MVC)
GORMLEY, Alice (d/o Pat Haney) 1853 - 13 July 1926 73y (SLC)
Alice Catherine (d/o Tom) 1894 - 20 Jan 1948 54y (SLC)
Ann 11 Nov 1857 - 15 Apr 1920 63y (SLC)
Chas A 1888 - 4 March 1945 57y (SLC)
Chas F 1882 - 2 Feb 1946 64y (SLC)
Francis Ed 1898 - 8 July 1951 30y (SLC)
Herman 1892 - 6 May 1966 (SLC)
Ida (w/o Tom) 1889 - 20 Nov 1968 79y (SLC)
James no date 1889 2y (SLC)
Jas Patrick (s/o Tom) 1883 - 20 Jan 1948 65y (SLC)
Lawrence no date - 4 May 1976 RJ-BL34-BK8-3 (MVC)
Margaret (d/o Jack Flynn) 1899 - 28 Oct 1970 (SLC)
Margaret (d/o Tom & Ida) b&d 15 Oct 1918
Patrick 15 Jan 1842 - 11 June 1928 86y (SLC)
Thos Sr 6 Sept 1833 - 1 Feb 1917 84y (SLC)
Tom 1886 - 3 June 1973 89y (SLC)
GOSLIN, Caroline S no date - 10 Nov 1955 R37-BL274 (MVC)
Mary Jane no date - 17 Feb 1883 no lot (MVC)
Max Meyer no date - 16 Jan 1939 R37-BL274 (MVC)
GOSSMAN, Henry H 1894 - 1975 (Pvt US Army WWI) (LC)
Sylvia C 1902 - 1973 (LC)

GOUCH, Laura no date - 1 Apr 1935 RF-BL3 (MVC)
GOULD, George no date - 26 Jan 1876 no lot (MVC)
Gordon W no date - 26 Feb 1920 R11-BL183 (MVC)
Irene 1898 - 1968 (LC)
James A no date - 21 Sept 1872 no lot (MVC)
Nettie no date - 15 June 1906 R21-BL7 (MVC)
GOULDING, Mary Alice no date - 12 Nov 1926 RF-BL2 (MVC)
Perley H no date - 21 Aug 1912 RF-BL2 (MVC)
GOULDWIN, Claude C no date - 1888 no lot (MVC)
Nettie D no date - 1888 no lot (MVC)
Willdine no date - 1966 no lot (MVC)
GRACE, Rubie Irene no date - 29 Sept 1979 RK-BL28-BK3-1 (MVC)
GRACIES, Agnes no date - 7 Mar 1946 RA-BL8 (MVC)
Alexander no date - 26 Sept 1903 RA-BL8 (MVC)
Margaret J no date - 24 Mar 1928 RA-BL8 (MVC)
Sarah D no date - 14 July 1902 RA-BL8 (MVC)
GRADY, Anna Cleo no date - 30 Nov 1964 R59-BL310-BK3 (MVC)
Anna no date - 8 June 1957 R67-BL96 (MVC)
Catherine no dates Sec1-L83-#1 (SPC)
Ellen no date - 2 Aug 1869 3y Sec1-L83-#2 (SPC)
inf no date - 4 Mar 1964 R67-BL96 (MVC)
inf no date - 7 Mar 1901 R67-BL96 (MVC)
Jacob 1854 - 15 Apr 1895 41y Sec1-L82-#3 (SPC)
James 1896 - 27 Jan 1969 73y Sec1-L83-#6 (SPC)
Leon no date - 1904 no lot (MVC)
Margaret 1865 - 1953 (OHC)

GRADY (continued)
Mary no date - 2 Aug 1869 7m Sec1-L83-#3 (SPC)
Mary Ann no date - 1944 82y Sec1-L82-#4 (SPC)
Mose A no date - 7 Oct 1950 R67-BL96 (MVC)
Owen h/o Julia no date - 5 June 1887 28y 6m Sec1-L83-#5 (SPC)
Patrick h/o Catherine no date - 6 Feb 1872 25y 9m 2d Sec1-L83-#4 (SPC)
Raymond 1894 - 2 Sept 1894 6m Sec1-L81-#1 (SPC)
GRAFF, Dora no date - 7 Oct 1901 RA-BL15 (MVC)
Edgar no date - 16 Sept 1939 no lot (MVC)
George W no date - 2 Nov 1946 RK-BL5 (MVC)
GRAFT, Wm no date - 21 July 1892 25y Sec1-L48-#5 (SPC)
GRAGG, Byrd no dates (OHC)
Charles 1877 - 1935 (BCC)
Edna K w/o Arch 1894 - 1920 (OHC)
Jacob G 1816 - 1885 (OHC)
James R 1851 - 1933 (OHC)
Jeff no dates inf (OHC)
Jefferson 1815 - 1910 (OHC)
Louie no dates (OHC)
Lula B w/o Charles 1890 - 1980 (BCC)
Mary A 1813 - 1911 (OHC)
Ralph s/o C & L 1913 (BCC)
S K no dates (OHC)
Thomas no dates inf (OHC)
Viola 1856 - 1924 (OHC)
Viola A 1856 - 1924 (OHC)
GRAHAM, Amanda M 1827 - 7 Aug 1897 70y 11m 13d (CWC)
Augusta d/o D F & H 23 Sept 1859 5m 9d (PDC)
Charles E 1863 - 8 Aug 1897 34y 8m (CWC)
Ellen 1848 - 15 Apr 1935 88y 3m 29d (EEC)
Fannie E no date - 25 Feb 1870 no lot (MVC)
Gertrude no date - 29 Mar 1875 no lot (MVC)

GRAHAM (continued)
Harry no date - 28 Aug 1873 no lot (MVC)
inf no date - 7 Mar 1892 R48-BL122 (MVC)
Jennie no date - 16 June 1902 R20-BL327 (MVC)
John no date - 25 Dec 1901 R63-BL21 (MVC)
John no date - 25 Nov 1875 no lot (MVC)
Mabel B no date - 24 Nov 1981 RK-BL5-BK12-4 (MVC)
Maggie no date - 18 Jan 1871 no lot (MVC)
Malcolm no date - 19 Sept 1870 no lot (MVC)
Margaret A (w/o Nelson Graham) 7 Nov 1826 - 17 Dec 1913 (CWC)
Mary L no date - 30 May 1880 (PDC)
Maude d/o James N no date - 7 May 1880 (PDC)
Mirianne no date - 3 Aug 1904 R63-BL21 (MVC)
Nelson 18 July 1819 - 21 Aug 1899 (CWC)
Robert 1881 - 16 Mar 1887 no lot (MVC)
Robert no date - 11 Nov 1869 no lot (MVC)
Roy B no date - 30 May 1950 RK-BL3 (MVC)
William M 1842 - 1928 (EEC)
GRAMBOW, Herman no date - 9 Sept 1957 RK-BL3 (MVC)
Herniette no date - 7 Sept 1957 RK-BL3 (MVC)
GRAME, August 3 Mar 1907 - 1 Aug 1978 28-N 1/2-#2 (CCC2)
Grace 1906 - 11 Jan 1974 28-N 1/2-#1 (CCC2)
Harry A 1909 - 29 Dec 1953 44y Sec2-L40-#4 (SPC)
John 1831 - 4 Feb 1886 55y Sec4-L9-#1 (SPC)
Kenneth R no date - 26 Apr 1965 RJ-BL23 (MVC)
Leon 1938 - 3 June 1974 28-N 1/2-#6 (CCC2)
Lori no date - 1965 28-S 1/2-#4

GRAME (continued) (CCC2)
GRANDSTAFF, Elliza B 1885 - 1963 (RMC)
Jaob 1800 - 1884 84y (RMC)
Marion 5 Jan 1854 - 12 May 1879 (RMC)
Marion no dates (RMC)
Mary 1836 - 1923 (RMC)
Susan J w/o Marion 5 Jan 1854 - 12 May 1879 (RMC)
William 1838 - 1916 (RMC)
GRANER, A Louise 1903 - no date (LC)
Clara Matthias 6 Feb 1871 - 19 Mar 1961 (LC)
Gottlier B 23 Apr 1834 - 5 May 1891 (LC)
Henrietta 1910 - 1946 (LC)
Henry C 1871 - 1950 (LC)
Louis G 1902 - 1982 (LC)
Martha 13 Oct 1836 - 6 Oct 1904 (LC)
Martha A 5 Oct 1899 - 13 Apr 1911 (LC)
Mary K 1874 - 1955 (LC)
William Henry 13 June 1869 - 21 Sept 1963 (LC)
GRANLEE, John M 1858 - 1941 (WLC)
GRANNELL, Julia w/o Matthew 1846 - 1880 (SACC)
GRANSON, Edith D 1846 - 1927 (WLC)
GRANT, Harriet M 1859 - 1933 (RMC)
GRASS, Edna P no date - 24 Nov 1954 RD-BL5 (MVC)
GRATIGNY, A F no date - 22 Dec 1894 RA-BL3 (MVC)
Edgar no date - 15 Sept 1939 RA-BL3 (MVC)
Fannie Lou no date - 6 Mar 1965 RA-BL1-BK2-1 (MVC)
Gail no date - 8 June 1929 RA-BL3 (MVC)
Kate no date - 18 Mar 1908 RA-BL3 (MVC)
GRAVATT, Flora M d/o William & C 1 July 1881 8m 29d (MPC)
GRAVELDINGER, Claude no date - 1971 60y (SLC)
GRAVELLA, Edmund no date - 30 July 1918 R47-BL112 (MVC)
Edward no date - 31 July 1918 R47-BL112 (MVC)
Jessie no date - 9 Aug 1910 R47-BL112 (MVC)
Louise no date - 11 Feb 1896 R16-BL272 (MVC)
Martha no date - 20 Aug 1900 R38-BL295 (MVC)
GRAVES, Albert M 1912 - 1983 (EEC)
Bertha no date - 3 Sept 1978 RK-BL14-BK12-1 (MVC)
Caroline M w/o J M 1868 - 1918 (PGC)
Cora no date - 17 June 1902 RA-BL19 (MVC)
Ed no dates (EEC)
Edna no date - 16 Oct 1903 RA-BL19 (MVC)
Elias h/o Dorothy 1841 - 1926 (ASC)
Elizabeth A w/o John 1838 - 1900 (PGC)
Emaline 1839 - 1926 (PGC)
"Father" no date - 2 Nov 1892 no lot (MVC)
George s/o J M & C M 1901 - 1903 (PGC)
Isabell 1885 - 1885 (ASC)
J M 1853 - 1930 (PGC)
Jacob 1837 - 1905 (PGC)
John 1829 - 1918 (PGC)
John 1830 - 1918 (PGC)
John no date - 8 Feb 1901 R38-BL295 (MVC)
Louisiana 1861 - 1918 (PGC)
M J 1853 - 1920 (PGC)
Mabel 1885 - 1885 (ASC)
Martha S 1861 - 1866 (PGC)
Maude 1885 - 1934 (EEC)
"Mother" no date - 10 Feb 1896 no lot (MVC)
Oscar 1883 - 1884 (ASC)
Vera no date - 25 May 1923 RF-BL21 (MVC)
Willis 1868 - 1975 (PGC)
GRAY, Annabel no date - 26 Aug 1955 RE-BL20 (MVC)
Charles no date - 20 Jan 1967

GRAY (continued)
R59-BL311 (MVC)
Edw Eugene 1902 - 14 June 1961 (SLC)
Grace Hund no date - 1979 88y (SLC)
Ida no date - 15 Sept 1972 RK-BL20-BK5-1 (MVC)
inf s/o Thos & Grace no date - 20 June 1920 (SLC)
inf s/o Thos no date - 9 Sept 1919 (SLC)
Laura M w/o Robert L 1889 - 13 June 1969 (SMGC)
Lillie no date - 9 July 1901 R29-BL147 (MVC)
Margaret Mary no date - 20 Aug 1958 RG-BL33 (MVC)
Mary no date - 13 Feb 1909 R24-BL56 (MVC)
Robert 1924 - 20 Sept 1978 (SLC)
Robert L 24 Feb 1889 - 11 Oct 1976 (SMGC)
Thos (s/o Loftus & Cecelia) 1884 - 16 Aug 1931 (SLC)
Walter E no date - 27 May 1965 RE-BL20-BK3-4 (MVC)
GREATHOUSE, Margaret 1828 - 21 June 1896 (SNC)
GRECTON, Jack M Ellis 1900 - 1945 (SNC)
GREEN, Abraham no date - 24 Dec 1889 R56-BL269 (MVC)
Andrew 5 Oct 1865 - 2 Jan 1950 (SBAC)
Blanche no date - 11 Dec 1912 RD-BL8 (MVC)
C E 30 Sept 1843 - 9 Feb 1916 "Father" (EEC)
Charles A 1891 - 1981 (LC)
Charles V Jr 12 Jan 1934 - 9 Oct 1977 (SMGC)
Eli no date - 5 Feb 1915 RE-BL7 (MVC)
Elijah no date - 5 July 1928 RD-BL2 (MVC)
Elizabeth no date - 15 Mar 1909 RE-BL7 (MVC)
Emily no date - 4 Sept 1915 RE-BL2 (MVC)
Emmett Parker no date - 6 June 1935 R63-BL31 (MVC)

GREEN (continued)
Ethel no date - 2 Aug 1971 RF-BL23 (MVC)
Etta no date - 27 May 1933 RE-BL2 (MVC)
Fred M 1846 - 1903 Co B 8th Massachusetts (OHC)
Gale no date - 24 July 1893 R53-BL210 (MVC)
Guy no date - 3 Apr 1895 R53-BL210 (MVC)
Hattie Rogers no date - 6 June 1937 R63-BL31 (MVC)
Hiram Earl no date - 15 July 1975 RF-BL18 (MVC)
Hiram no date - 21 Dec 1932 RF-BL32 (MVC)
Hiram no date - 8 Sept 1925 RF-BL16 (MVC)
Ida A c/o T F & M H no dates (WLC)
Ida c/o T F & M H 19 Jan 1883 - 17 Jan 1885 (WLC)
Ida no date - 25 Apr 1903 R30-BL165 (MVC)
inf no date - 19 Feb 1924 R40-BL329 (MVC)
Innocentia 18 Oct 1870 - 18 Feb 1968 (MSSCC)
James no dates (LC)
Jeneva no date - 6 Apr 1978 RF-BL18-BK5-4 (MVC)
Josiah no date - 5 Dec 1911 RB-BL10 (MVC)
Julia O 26 May 1866 - 29 May 1956 (LC)
Lottie B 1894 - 1982 (LC)
Lucy J 22 June 1827 - 2 Sept 1897 "Mother" (EEC)
Mary E 1849 - 1937 86y 5m 14d (OHC)
Mary no date - 26 Aug 1891 R38-BL292 (MVC)
Merris no date - 20 Mar 1919 RB-BL10 (MVC)
Mildred Parker no date - 26 Sept 1955 RA-BL6 (MVC)
Mollie no date - 3 May 1947 RE-BL2 (MVC)
Nancy O no date - 17 May 1923 RD-BL2 (MVC)
Noah no date - 28 July 1905 RB-

GREEN (continued)
BL10 (MVC)
Sadie no date - 25 Mar 1919 RB-BL10 (MVC)
Sarah c/o T F & M H 6 Sept 1880 - 26 Jan 1885 (WLC)
Sarah E no date - 22 Mar 1921 RF-BL16 (MVC)
Sarah J 25 Dec 1842 - 4 Aug 1909 "Mother" (EEC)
Sherman no date - 21 Aug 1920 RB-BL10 (MVC)
William 1 July 1881 - 29 Dec 1960 (LC)
GREENAULT, Samuel 1885 - 1902 (MCC)
GREENE, Earl D no date - 6 Feb 1893 R63-BL31 (MVC)
Ester Martha no date - 7 May 1895 R63-BL31 (MVC)
GREENER, Anna (d/o Wallitz) 1822 - 8 Aug 1889 (SLC)
Anna Mary 29 May 1816 - 7 Aug 1890 (SLC)
GREENFIELD, Alonza no date - 26 Dec 1925 RE-BL10 (MVC)
Ida M no date - 26 Feb 1926 RE-BL10 (MVC)
Minerva no date - 25 Feb 1954 RE-BL8 (MVC)
Pauline no date - 1930 no lot (MVC)
Robert no date - 23 Dec 1917 RE-BL11 (MVC)
Samuel no date - 28 Apr 1959 RE-BL8-BK12-3 (MVC)
GREENLEE, Ella no date - 20 Feb 1909 RB-BL12 (MVC)
inf no dates (RMC)
James W no date - 31 Nov 1945 R20-BL330 (MVC)
Mary Ellen w/o J B b Arubia OH 19 July 1850 - 8 June 1886 35y 10m 19d (RMC)
Minerva no date - 21 June 1927 R20-BL330 (MVC)
Minerva no date - 23 Aug 1949 R20-BL330 (MVC)
W S no date - 14 Sept 1880 no lot (MVC)
Wm S no dates no lot (MVC)
GREENLUND, Nelson L no date -

GREENLUND (continued)
14 Oct 1974 RK-BL24-BK2-1 (MVC)
GREENWALT, George H no date - 13 Aug 1929 R21-BL5 (MVC)
John A no date - 1931 no lot (MVC)
John W no date - 10 July 1922 RD-BL3 (MVC)
Mary no date - 1937 no lot (MVC)
Sarah no date - 26 Oct 1900 R21-BL5 (MVC)
Satina R 10 Jan 1869 49y 2m 10d (OHC)
GREER, Arthur 1915 - 1939 (MCC)
Bessie Mae 1914 - 1923 (MCC)
Claudie 23 Dec 1898 - 29 Jan 1899 (WLC)
Iola no date - 25 Apr 1903 no lot (MVC)
John no date - 28 June 1932 81y 7m (WLC)
Minnie A no date - 6 Nov 1924 (removed from Jordan Creek Cem) (MVC)
GREGORY, Charles H no date - 16 Jan 1912 RD-BL4 (MVC)
Frank 1887 - 1951 (MCC)
John 1856 - 1930 (MCC)
Lester C 17 Feb 1903 - 11 Aug 1903 (MPC)
Lucy no date - 28 Mar 1931 RD-BL4 (MVC)
Lucy L no date - 1913 no lot (MVC)
GREINER, Anna 1827 - 1 Feb 1906 79y Sec2-L58-#4 (SPC)
Catherine no date - 10 Feb 1951 80y SEc2-L49-#5 (SPC)
Daniel 1852 - 2 Sept 1922 68y Sec1-L60-#3 (SPC)
Nicholas 1825 - 5 Sept 1908 82y Sec2-L58-#4 (SPC)
Peter no date - 13 Oct 1944 84y Sec2-L49-#4 (SPC)
GRESHORNS, Dannie 1849 - 1943 (MCC)
GRESLEY, Peter no date - 1 Apr 1933 RB-BL18 (MVC)
GRESS, Ediltrudis 7 Nov 1883 -

GRESS (continued)
    13 Apr 1967 (MSSCC)
  Lorenzo no date - 10 Apr 1906 RB-BL18 (MVC)
  Mercedes 18 Jan 1887 - 1 June 1970 (MSSCC)
  Peter A no date - 22 June 1927 RB-BL18 (MVC)
GREUNT, Sarah no date - 11 Dec 1936 R36-BL271 (MVC)
GREY, Hannah 20 July 1842 - 26 Apr 1926 (FPC)
  Wm 1 Feb 1832 - 6 Oct 1913 (FPC)
GRICK, Mary E Ham no date - 24 Feb 1919 RD-BL5 (MVC)
GRIDER, Stephanie A no date - 30 Dec 1976 RK-BL15-BK10-4 (MVC)
GRIEBER, Henry 1880 - 1946 (LC)
  Rosa 1881 - 1963 (LC)
GRIETY, Cora no date - 17 Mar 1921 no lot (MVC)
GRIFFIN, Carrie no date - 20 Mar 1911 RE-BL7 (MVC)
  Cecil no date - 9 July 1936 RA-BL22 (MVC)
  Charles B no date - 9 May 1936 moved to Chicago (MVC)
  Charles P no date - 3 Nov 1937 RA-BL23 (MVC)
  Cora no date - 21 Dec 1919 RF-BL1 (MVC)
  David G no date - 15 July 1954 RK-BL29 (MVC)
  Ella no date - 21 Dec 1918 RD-BL3 (MVC)
  Ellen 1850 - 1925 (SACC)
  Harold R W no date - 3 June 1959 RK-BL27 (MVC)
  John W no date - 26 Nov 1954 RK-BL32 (MVC)
  Laura Irene no date - 28 July 1980 RG-BL23 (MVC)
  Lawrence 1838 - 1915 Co C 27th Illinois Infantry (SACC)
  Mabel no date - 2 Feb 1980 RG-BL23-BK7-1 (MVC)
  Martin 1872 - 1954 (SACC)
  Mary Eliz no date - 16 May 1906 RD-BL18 (MVC)

GRIFFIN (continued)
  Mary J 1872 - 1964 (SACC)
  May Lester no date - 27 Dec 1918 RD-BL3 (MVC)
  Minnie C no date - 19 June 1960 no lot (MVC)
  Minnie no date - 22 June 1968 RD-BL4-BK1-1 (MVC)
  Mollie S no date - 3 June 1939 RE-BL12 (MVC)
  Nora no date - 4 Feb 1967 RK-BL29-BK3-3 (MVC)
  Norma K no date - 3 Aug 1949 RK-BL3 (MVC)
  Ralph E Sr no date - 22 Oct 1979 RK-BL24-BK6-2 (MVC)
  Ray no date - 19 May 1967 RK-BL29-BK10-3 (MVC)
  W A no date - 9 July 1917 RD-BL18 (MVC)
  W W no date - 20 Jan 1897 R12-BL198 (MVC)
  Wm Dale no date - 2 June 1983 RK-BL29 (MVC)
GRIFFIS, Victor no date - 16 Mar 1967 RK-BL27-BK1-2 (MVC)
  Victor L no date - 4 Oct 1977 RK-BL27-BK2-2 (MVC)
GRIFFITH, Andres J no date - 26 Oct 1920 no lot (MVC)
  Andrew no date - 10 Apr 1920 RF-BL1 (MVC)
  Clarence no date - 28 Apr 1944 no lot (MVC)
  Darrel B no date - 8 May 1908 RF-BL1 (MVC)
  Dora no date - 29 Dec 1919 RF-BL1 (MVC)
  George no date - 30 Nov 1908 RF-BL1 (removed to DeKalb, Missouri) (MVC)
  George E no date - 7 Jan 1892 no lot (MVC)
  Henry no date - 22 Apr 1920 RF-BL1 (MVC)
  inf no date - 22 Oct 1901 RD-BL17 (MVC)
  Kate no date - 24 May 1910 RF-BL1 (MVC)
GRIGER, A G no date - 26 June 1903 RA-BL10 (MVC)
  Helen no date - 30 Sept 1968 RJ-

GRIGER (continued)
BL13-BK4 (MVC)
GRIGGS, Carrie no date - 12 June 1885 no lot (MVC)
GRIMES, Mayor E B no date - 8 Oct 1883 no lot (MVC)
Francis A 1860 - 1909 (OHC)
Helen 1901 - 1982 (OHC)
Hugh L 1865 - 1939 74y 8m 13d (OHC)
James 1898 - 1972 (OHC)
James S 1824 - 1905 (OHC)
John J 1862 - 1937 (OHC)
John T no date - 30 Oct 1870 no lot (MVC)
Lydia A 1880 - 1955 (OHC)
Malcolm no date - 15 Apr 1929 R29-BL138 (moved 13 Dec 1946) (MVC)
Malcolm no date - 31 Dec 1946 no lot (removed to Highland Park in Kansas City) (MVC)
Margaret A 1825 - 1902 (OHC)
Pearl 21 Aug 1874 - 5 Oct 1956 (OHC)
Robert L 1852 - 1925 (OHC)
Susan no date - 6 Feb 1890 no lot (MVC)
Viola A 1861 - 1920 (OHC)
Walter H 1855 - 1920 (OHC)
William H 8 Apr 1855 - 15 Dec 1926 (OHC)
Dr Witt no date - 17 Feb 1877 no lot (MVC)
GRIMLINGTON, inf/o James no date - 13 Dec 1912 RD-BL12 (MVC)
GRIMM, Anne no date - 14 May 1956 RB-BL24 (Ashes) (MVC)
Bertha Anna no date - 14 May 1956 RB-BL24 (Ashes) (MVC)
GRIMMING, Emil no date - 26 May 1970 RK-BL21-BK11-2 (MVC)
Jeanette no date - 4 Jan 1965 RK-BL21-BK3-2 (MVC)
GRINLINTON, Clarence no date - 9 Mar 1946 RG-BL9 (WWII) (MVC)
inf no date - 13 Dec 1912 no lot (MVC)
Larry no date - 24 June 1955

GRINLINTON (continued)
(inf) RG-BL9 (MVC)
Mary Marg no date - 3 Jan 1946 RG-BL9 (MVC)
twins no date - 3 Jan 1946 RG-BL9 (MVC)
GRINTER, Charles Fremont 1885 - 1940 (HTC)
Margaret Hottle 1855 - 1932 (HTC)
GRINTJES, Pius 13 June 1845 - 17 Sept 1913 (SBAC)
GRIPPIN, Ella no date - 1 Jan 1919 RD-BL3 (MVC)
Irene no date - 31 Oct 1970 RK-BL13-BK7-4 (MVC)
Joyce no date - 15 Dec 1951 RK-BL13 (MVC)
Lester no date - 27 Dec 1918 RD-BL3 (MVC)
Mollie S no date - 5 June 1939 RE-BL12 (MVC)
Wm F no date - 23 Dec 1974 RK-BL13-BK12-1 (MVC)
Wm F no date - 4 Apr 1971 RK-BL13-BK12-1 (MVC)
GRISWOLD, Alice May no date - 27 Nov 1944 RB-BL23 (MVC)
Beu no date - 3 Dec 1907 RD-BL13 (MVC)
Gaylord no date - 22 June 1888 R37-BL285 (MVC)
Hiram R no date - 3 July 1904 RB-BL23 (MVC)
Peter no date - 20 Aug 1927 RB-BL23 (MVC)
GROFF, Hiram 1835 - 13 May 1884 (HTC)
Hiram A 1896 - 1972 (LC)
John 1832 - 19 Aug 1877 (HTC)
Maggie 1 Mar 1864 - 15 Aug 1869 (HTC)
GROH, Evelyn no date - 22 Jan 1934 RD-BL16 (MVC)
GROSBY, Rev Glenn no date - 30 Sept 1968 RF-BL17 (MVC)
GROSCH, Christina no date - 14 Nov 1925 RD-BL3 (MVC)
John no date - 22 Mar 1921 RD-BL3 (MVC)
Robert no date - 1926 no lot (MVC)

GROSS, Ada no date - 24 Nov 1954 RD-BL5 (MVC)
Ben no date - 2 Sept 1974 RD-BL5-BK5-1 (MVC)
Ester G no date - 24 Feb 1964 RK-BL3-BK10-4 (MVC)
Lola Gigstad 1909 - no date (LC)
Manala no date - 14 July 1880 no lot (MVC)
Sarah no date - 4 Nov 1903 RA-BL10 (MVC)
Theresa no date - 6 Nov 1941 RD-BL8 (MVC)
GROSSNIKLAUS, Albert B 1885 - 1953 (CWC)
GROUCH, Laura no date - 1935 no lot (MVC)
GROVER, Lucertia w/o Walter C 18 Mar 1866 - 1 Aug 1892 (EEC)
GROVES, Clara no date - 22 Dec 1979 R12-BL195-BK5-1 (MVC)
Frank Root no date - 25 Oct 1961 RG-BL39-BK8-4 (MVC)
Hanna A no date - 3 June 1921 R12-BL196 (MVC)
Lilly no date - 20 May 1943 R12-BL196 (MVC)
Marion no date - 6 July 1955 R12-BL196 (MVC)
Oscar no date - 11 May 1951 RG-BL39 (MVC)
Pauline no date - 6 July 1893 R53-BL206 (MVC)
R J no date - 18 July 1915 R12-BL196 (MVC)
Richard no date - 26 June 1915 R12-BL196 (MVC)
W C no date - 2 Jan 1929 (EEC)
GRUBER, John James 30 Jan 1908 - 25 March 1968 (SBAC)
GRUENHUT, inf no date - 22 June 1895 R39-BL310 (MVC)
M L no date - 29 Sept 1912 R36-BL271 (MVC)
Sarah no date - 11 Dec 1936 R36-BL271 (MVC)
GRUGER, Dorothy 1905 - no date (RMC)
GRUHNERT, Adolph M no date - 21 Feb 1935 RD-BL1 (MVC)

GRUHNERT (continued)
Frederick no date - 1923 no lot (MVC)
Jara no date - 11 Dec 1936 (MVC)
GRUNE, Ella no date - 21 Feb 1909 RB-BL12 (MVC)
GRUNERT, Adolph no date - 21 Feb 1935 RD-BL1 (MVC)
Amelia no date - 1 Sept 1903 R47-BL111 (MVC)
Bertha M no date - 7 Nov 1984 RD-BL1-BK12-2 (MVC)
Fred Wm no date - 5 Nov 1897 R47-BL111 (MVC)
Frederick no date - 21 May 1923 RD-BL1 (MVC)
Johanna no date - 13 Sept 1888 R47-BL111 (MVC)
John R no date - 18 July 1977 (SMGC)
Theodore no date - 28 June 1932 R47-BL111 (MVC)
GRUNWALT, John W no date - 10 July 1922 RD-BL3 (MVC)
Sarah no date - 26 Oct 1900 R21-BL5 (MVC)
GUATNEY, Joseph C 1912 -1983 (SNC)
GUBER, Clarence no date - 27 June 1968 RJ-BL26-BK2-3 (MVC)
GUBLER, ---- no dates (MMC)
GUBZMAN, Albert no date - 13 July 1913 RD-BL17 (MVC)
GUD, Henry no date - 19 May 1891 no lot (MVC)
GUERRIER, Alice T no date - 9 Oct 1949 RA-BL20 (MVC)
Samuel G no date - 15 May 1926 RA-BL20 (MVC)
GUESS, Emma 19 Apr 1847 - 22 Mar 1934 (WLC)
Franklin no dates Corp Co D 80th Ohio Infantry (WLC)
George 1821 - 1898 (WLC)
GUESWELL, Nancy E no date - 5 Jan 1898 R11-BL179 (MVC)
GUINN, Addoe E 1859 - 1933 (CWC)
Allen R 1889 - 1979 (CWC)
Annabelle 1888 - 1943 (CWC)

GUINN (continued)
  Howard Jr 25 Aug 1947 - 26 Aug 1947 (CWC)
  Joe no date - 30 Aug 1967 BK2-1 (MVC)
  John 1848 - 1928 (MCC)
  Lorraine no date - 30 Aug 1967 BK2 (MVC)
  Madella 1855 - 1929 (MCC)
  Marvin 1856 - 1912 (CWC)
GUMER, Edward s/o Z & S no date - 20 Mar 1877 (LC)
GUNNEL, Marion no date - 1895 no lot (MVC)
GUNNISON, Bertha E no date - 24 Mar 1928 RD-BL14 (MVC)
GUR, Mrs F no date - 30 Nov 1926 RF-BL24 (MVC)
  Minnie no date - 16 Nov 1924 RF-BL24 (MVC)
  N S no date - 18 Apr 1924 RF-BL24 (MVC)
GURISH, Cora no date - 8 Mar 1969 RG-BL14-BK8-3 (MVC)
GUSHING, Anna no date - 12 June 1906 R66-BL76 (MVC)
  George J no date - 29 July 1891 R66-BL76 (MVC)
  John no date - 16 June 1892 R66-BL76 (MVC)
GUTHRIE, Clara no date - 7 Aug 1884 no lot (MVC)
  Gilbert no date - 10 July 1942 R28-BL135 (MVC)
  Jennie no date - 1899 no lot (MVC)
  Julea C no date - 18 Jan 1932 R37-BL104 (MVC)
  Julia no date - 16 Feb 1888 R27-BL103 (MVC)
  Lawrence no date - 28 Mar 1957 R28-BL135 (MVC)
  Theodore no date - 4 Dec 1951 R28-BL135 (MVC)
  W W no date - 27 Apr 1903 R27-BL103 (MVC)
  W W Jr no date - 18 Aug 1914 R27-BL104 (MVC)
GUTZMAN, Albert no date - 13 July 1913 RD-BL17 (MVC)
  Emma no date - 13 June 1944 RD-BL17 (MVC)

GUTZMAN (continued)
  Fred no date - 11 Aug 1908 no lot (MVC)
  Gladys no date - 9 Dec 1902 RD-BL17 (MVC)
  Johannah 18 Nov 1865 - 28 Jan 1908 (LC)
  Larona no date - 18 Jan 1972 RD-BL17 (MVC)
GUY, Alfred 1871 - 1936 (MCC)
  Fred no date - 10 Aug 1908 R24-BL56 (MVC)
  Mary no date - 13 Feb 1909 R24-BL56 (MVC)
  Stella 1882 - 1923 (MCC)
GUYER, George no date - 26 Sept 1921 RD-BL20 (MVC)
GWARTNEY, Arnold 1 Dec 1916 - 10 May 1934 (CSHC)
  Earl T 1913 - 1968 (CSHC)
  Mary Lollar 1883 - 1971 (CSHC)
HAAG, Anna no date - 20 Sept 1898 47y Sec1-L29-#1 (SPC)
  Barbara no date - 1931 89y Sec1-L29-#2 (SPC)
  Christina 1860 - 16 May 1898 38y Sec1-L29-#3 (SPC)
  Christopher 1850 - 25 Feb 1914 RD-BL8 (MVC)
  Ernest 1892 - 2 Sept 1949 57y Sec1-L29-#5 (SPC)
  Frank 1857 - 21 Feb 1935 77y Sec1-L29-#4 (SPC)
  Michael J 25 Oct 1887 - 10 Sept 1973 (SMGC)
  Myrtle L w/o Michael J 5 Nov 1892 - 11 Feb 1969 (SMGC)
HAASE, Charles 1882 - 22 Aug 1965 RG-BL29 (MVC)
  Delia K 1882 - 14 Sept 1947 RG-BL29 (MVC)
HABERSTROH, Anabertha 1883 - 25 Nov 1936 no lot (MVC)
  Augusta 1875 - 19 May 1962 RK-BL2 (MVC)
  Bertha no date - 26 July 1948 "Sister" RK-BL2 (MVC)
  Carl no date - 26 July 1948 "Father" RK-BL2 (MVC)
  Carl E 1845 - 25 Dec 1925 no lot (MVC)
  Charles 1873 - 11 Feb 1952 RK-

HABERSTROH (continued) BL2 (MVC)
Pauline no date - 26 July 1948 "Mother" RK-BL2 (MVC)
Pauline 1839 - 16 May 1922 no lot (MVC)
Robert 1877 - 13 Mar 1954 RK-BL2 (MVC)
Wm G 1881 - 21 Jan 1953 RK-BL2 (MVC)
HABIN, Ester 1885 - 4 Feb 1918 34y Sec1-L17-#5 (SPC)
Wm Joseph 1882 - 8 Oct 1917 34y Sec1-L17-#4 (SPC)
HACBURGER, Samuel E 1869 - 13 July 1946 R23-BL35 (MVC)
HACHELL, Martha A 1831 - 13 July 1909 RB-BL13 (MVC)
HACHER, Belle no date - 24 Mar 1975 RJ-BL34 (MVC)
Clarence 1911 - 26 Sept 1963 RJ-BL34 (MVC)
HACKETT, Susan K no date - 25 Nov 1946 R20-BL340 (Ashes) (MVC)
HACKNEY, Edward 1883 - 27 Aug 1976 RA-BL30 (Ashes) (MVC)
Francis B 1861 - 31 Oct 1948 RA-BL30 (MVC)
H Harry 1859 - 30 Mar 1952 RA-BL30 (MVC)
HAEFELE, Florina 24 Nov 1885 - 18 Oct 1971 (MSSCC)
HAEFFELE, Gertrude E 16 Sept 1907 - 31 July 1975 (SMGC)
HAEFLI, Pia 15 Nov 1885 - 4 Jan 1920 (MSSCC)
HAEGELIN, Amelia 1874 - 16 Apr 1962 RB-BL8 (MVC)
Emma no date - 22 Dec 1928 RB-BL8 (MVC)
Joseph 1846 - 15 Jan 1893 no lot (MVC)
Joseph F 1872 - 27 Nov 1957 RB-BL8 (MVC)
Karl F no date - 30 June 1914 RB-BL8 (MVC)
HAENKY, John no date - 1 June 1895 R14-BL235 (MVC)
HAEPLETT, Ethel R no date - 24 Feb 1963 RF-BL17 (MVC)

HAFFENDEN, Horace no date - 11 Apr 1879 no lot (MVC)
HAGAN, Emma 1872 - 1905 (ASC)
Henry 1866 - 1923 (ASC)
John O 1889 - 1889 (ASC)
Mary 1871 - 1951 (ASC)
HAGEMAN, Adam 1805 - 1881 (PDC)
Rosemanda M w/o Adam 1817 - 1881 (PDC)
HAGEN, Albert 1894 - 1894 (ASC)
Albin 1876 - 1879 no lot (MVC)
August 1848 - 22 Nov 1918 R23-BL43 (MVC)
August Jr 1886 - 24 June 1933 R23-BL142 (MVC)
Blanche M no date - 1 Mar 1969 RG-BL21 (MVC)
Charles no date - 12 Sept 1929 RE-BL15 (MVC)
Clarence A 1895 - 10 May 1964 RF-BL26 (MVC)
Elizabeth 1886 - 2 July 1933 R23-BL42 (MVC)
Frank 1880 - 1945 (ASC)
Mrs Frank no dates (ASC)
Fritz W 1887 - 4 Nov 1936 R23-BL42 (MVC)
Harry Wm E no date - 28 Nov 1965 RG-BL21 (MVC)
Mrs Henry no date - 8 Apr 1976 no lot (MVC)
Ida Louise no date - 3 July 1978 RF-BL26 (MVC)
inf/o Harry no date - 7 Jan 1933 RG-BL21 (MVC)
inf no date - 27 July 1897 no lot (MVC)
inf no date - 7 Nov 1899 R23-BL42 (MVC)
J W no date - 26 Mar 1886 no lot (MVC)
John 1819 - 1881 (ASC)
Kate - no date - 10 Aug 1921 R26-BL87 (MVC)
Louise 1861 - 9 Jan 1931 R23-BL43 (MVC)
Rose 1854 - 1883 no lot (MVC)
Rose 1880 - 13 Mar 1931 R23-BL43 (MVC)

HAGEN (continued)
s/o Frank no dates (ASC)
HAGER, Amelia (d/o Willibald Zadner) 3 Dec 1838 Austria - 1 Dec 1904 (SLC)
Anna 1880 - 27 Mar 1961 RK-BL19 (MVC)
Anna no date - 19 Sept 1894 R46-BL99 (MVC)
Anna no date - 1972 (SLC)
Carrie no date - 24 July 1874 no lot (inf) (MVC)
Charles 1866 - 18 Sept 1951 RK-BL19 (MVC)
Ella no date - 1 Jan 1892 R46-BL99 (MVC)
Emma no date - 22 Aug 1899 R46-BL99 (MVC)
Frank 1859 - 19 March 1936 67y (SLC)
Fred no date - 2 Nov 1893 R46-BL99 (MVC)
Grover no date - 9 Dec 1923 RD-BL13 (MVC)
John (s/o John) no date - 7 March 1958 74y (SLC)
John 16 Apr 1832 Austria - 1 Oct 1898 (SLC)
Mary (d/o John & Emilie) 1871 - 17 Jan 1931 60y (SLC)
Mary no date - 24 Aug 1893 R46-BL99 (MVC)
Noble 1907 - 5 Nov 1975 RK-BL34 (MVC)
Otto Charles no date - 24 May 1911 RD-BL13 (MVC)
HAGERTY, Joanna no date - 26 Dec 1918 73y Sec1-L25-#4 (SPC)
Mary no date - 13 Oct 1887 14m Sec1-L25-#2 (SPC)
Michael no date - 11 Apr 1913 85y Sec1-L25-#5 (SPC)
Michael no date - 1879 4y Sec1-L25-#1 (SPC)
HAGS, Amos A no date - 6 Jan 1939 RG-BL30 (MVC)
HAHN, John d c1891 (SACC)
HAINER, Anna Laura no date - 24 Mar 1955 RG-BL12 (MVC)
Frances M 1871 - 13 Feb 1946 RG-BL12 (MVC)

HAINER (continued)
Fred Willis no date - 14 Oct 1959 RK-BL31 (MVC)
Roger M no date - 6 Mar 1933 RG-BL12 (MVC)
HAIPER, Lizzie no date - 24 Sept 1890 R56-BL267 (MVC)
HAIVES, Mrs Lucy no date - 17 Aug 1917 RE-BL11 (MVC)
HALASEY, Eva 6 Feb 1896 - 21 July 1971 (MSSCC)
HALE, Carolyn w/o K 1828 - 1879 51y 10m 27d (MLC)
Charles Edward s/o William & M E 2 Dec 1878 2m 15d (MLC)
Charles R s/o G K & C 1859 - 1861 1y 6m 4d (MLC)
Chaser R s/o G K & C 1860 - 1872 12y 4m 4d (MLC)
Christina 1908 - 2 Aug 1983 RK-BL23 (MVC)
George K 15 Nov 1861 34y 10m 25d (MLC)
George W s/o G K & C 1856 - 1879 (MLC)
Ida 1894 - 1977 (LC)
Roy F no date - 11 Oct 1923 no lot (MVC)
Wayne 1891 - 1957 (LC)
HALL, A Wayne 1891 - 1957 (LC)
Albert 1905 - 29 July 1981 RJ-BL2 (MVC)
Albert S 1861 - 17 Jan 1930 RJ-BL2 (MVC)
Amelia A 1877 - 27 Dec 1966 RJ-BL25 (MVC)
Anna S 1872 - 2 Mar 1964 RJ-BL2 (MVC)
Bertha E 1880 - 1943 (LC)
Beth L 1882 - 1954 (EEC)
Billie & Marie no dates (EEC)
Casimir 4 Apr 1895 - 10 June 1982 (MSSCC)
Daniel Lee 19 Jan 1905 - 31 July 1975 (SMGC)
Dora M 1872 - 1958 (FPC)
Durand Clarence 1834 - 1900 (PDC)
Egbert Robert 8 June 1889 - 7 Sept 1969 (SBAC)
Ellen M w/o D C 1835 - 1871

HALL (continued) (PDC)
Elvina 1856 - 1926 (EEC)
Emilie 1884 - 3 Sept 1913 RA-BL22 (MVC)
Emma M 1857 - 5 July 1923 RF-BL22 (MVC)
Francis J no date - 15 May 1935 RF-BL22 (MVC)
George 1833 - 18 Aug 1899 RA-BL16 (MVC)
George 1873 - 1948 (LC)
George L no date - 13 Dec 1913 RA-BL16 (MVC)
Herbert D no date - 25 Mar 1941 RF-BL16 (moved to Salina 14 Oct 1941) (MVC)
Howard 1907 - 1983 (LC)
Ida J 1894 - 1977 (LC)
inf s/o S S & D no date - 28 Dec 1906 (FPC)
James Calvin 1882 - 1940 (EEC)
James R 18 Aug 1947 - 17 May 1979 (SMGC)
Jenne E d/o W W & M S no date - 26 May 1872 5y 9m 8d (PDC)
Jessie W 1883 - 1937 (EEC)
Leroy 1888 - 1930 (EEC)
M J 1849 - 1894 (EEC)
M S 1836 - 1905 mother (PDC)
Mary no date - 4 Oct 1983 (SNC)
Mary V 1916 - 1971 (LC)
Matthew 25 June 1904 - 12 Nov 1960 (SBAC)
Pamelia w/o Stephen no date - 7 Oct 1870 60y 11m 20d (PDC)
Richard 1872 - 26 Sept 1953 RJ-BL25 (MVC)
Robert Allen 1839 - 1871 (PDC)
Roy F 1889 - 11 Oct 1923 RF-BL22 (MVC)
Samuel S 1869 - no date (FPC)
Stephen M 1839 - 1919 63y 3m 20d (PDC)
Susan Irene 1839 - 1919 (PDC)
Vada 1909 - 1983 (EEC)
W W 1833 - 1911 father (PDC)
Willia J 1878 - 1932 (EEC)
William no date - 1861 (MPC)
Wm Hamilton no date - 24 Sept 1931 RD-BL2 (MVC)

HALLAGERS, Alva 31 Mar 1864 6d inf (FGC)
John Morris 1861 - 1916 (FGC)
Jolene J 1827 - 1905 (FGC)
Maggie 1870 - 1902 (FGC)
Mary M 1837 - 1898 (FGC)
Maxine 1873 - 1910 (FGC)
William 18 Jan 1872 8y inf (FGC)
HALLAUX, Edmund 1891 - 9 Apr 1984 RF-BL14 (MVC)
Gladys 1890 - 1 June 1970 RF-BL14 (MVC)
HALLENKEN, Mrs J R no date - 9 Apr 1927 R17-BL276 (Ashes) (MVC)
HALLIGAN, Alma inf d/o J J & M M 31 Mar 1861 6d (BCC)
Betty no date - 4 Feb 1950 RD-BL11 (MVC)
John 1827 - 1905 (BCC)
John Morris 1881 - 1918 (BCC)
Macciel 1870 - 1902 (BCC)
Mamie 1873 - 1910 (BCC)
Mary 1837 - 1892 (BCC)
O M 1859 - 2 Aug 1930 RD-BL11 (MVC)
William s/o J J & M M 28 Jan 1874 8y 8m 18d (BCC)
HALLING, Anna no date 11 Aug 1983 (SLC)
Elizabeth 1918 - 21 Dec 1964 46y (SLC)
HALLOCK, Adelia 20 Aug 1839 - 16 Mar 1909 (EEC)
Mary S 1848 - 1898 (WLC)
HALLOP, John H 12 Aug 1874 - 26 Mar 1979 (WLC)
HALSE, Wm Jefferson no date - 19 July 1933 no lot (MVC)
HALSELL, Myra H no date - 5 Dec 1942 RB-BL22 (MVC)
HALVEY, John 24 Dec 1856 - 19 June 1905 (FPC)
HAM, Abrah no dates (PDC)
Arthur no date - 14 Jan 1910 (inf) R12-BL191 (MVC)
Charles C 1869 - 26 Nov 1923 RA-BL13 (MVC)
Charles H D no date - 27 July 1916 RB-BL19 (MVC)
Edith 1894 - 5 Feb 1983 RK-

HAM (continued)
BL12 (MVC)
Elizabeth S 1839 - 15 May 1905 RD-BL12 (MVC)
Ethel E 1890 - 28 Oct 1971 RK-BL30 (MVC)
Frances E 1904 - 21 May 1920 RA-BL13 (MVC)
Harry no date - 1968 RK-BL30 (MVC)
Herbert G 1894 - 8 Apr 1958 RK-BL12 (MVC)
Hold Perry 1910 - 12 Jan 1914 no lot (MVC)
inf no date - 6 Apr 1911 R12-BL191 (MVC)
James H 1888 - 1968 no lot (MVC)
Jennie D 1871 - 9 Aug 1945 RA-BL13 (MVC)
John A 1835 - 27 Mar 1907 RD-BL12 (MVC)
Lloyd 1885 - 5 Aug 1949 RK-BL6 (MVC)
Lucy 31 Mar 1907 - 30 May 1985 97y 12-4-6-K (MVC)
Malcolm 1822 - 1889 (BCC)
Nancy 1821 - 1852 (BCC)
Robert S 1853 - 1919 (BCC)
Rosina no date - 3 Dec 1949 RF-BL6 (MVC)
Roy no date - 28 Oct 1892 R17-BL278 (MVC)
Walter Wm 1890 - 20 May 1934 RF-BL6 (MVC)
Wm Arthur no date - 14 Apr 1914 no lot (MVC)
Wm Perry 1861 - 20 Apr 1935 RF-BL6 (MVC)
HAMANN, Frederick 1857 - 13 May 1906 no lot (MVC)
HAMBRIC, inf no date - 7 Sept 1946 no lot (MVC)
Isabelle M no date - 22 Aug 1946 RE-BL10 (MVC)
Mary no date - 24 Feb 1919 RD-BL5 (MVC)
HAMERICK, Robert no date - 14 June 1900 RA-BL9 (MVC)
HAMERSKY, Mary Louise no date - 1961 (SACC)
Mary Regina d 1962 (SACC)

HAMES, Jacob 1881 - 12 Dec 1888 R49-BL149 (MVC)
James Jacob 1881 - 16 Oct 1881 no lot (MVC)
HAMILTON, Albert no date - 16 June 1913 RE-BL3 (MVC)
Ele 7 Dec 1878 (OHC)
Eli 1878 46y Co D 13th Kansas Infantry (OHC)
HAMLET, Beulah no date - 23 Dec 1952 RE-BL7 (MVC)
HAMM, Rebecca 1832 - 1880 (BCC)
W M 1832 - 1880 (BCC)
W M 1834 - 1959 (BCC)
HAMME, Sara Armstrong 1892 - 1958 (AC1)
Sara d/o Armstrong 1892 - 1908 (AC2)
Rev William Rockford 1887 - 1955 (AC2)
Rev William Rockford 1887 - 1955 (CCC1)
HAMMER, Bessie 18 Mar - 30 June 1888 (MCC)
Caroline 1864 - 27 Feb 1947 RG-BL18 (MVC)
Hannah 1856 - 10 Feb 1937 RF-BL1 (MVC)
Jacob 1854 - 5 May 1912 RF-BL1 (MVC)
James A 1840 - 15 June 1900 RA-BL21 (MVC)
John B 1842 - 1926 (MCC)
Matlida no date - 6 July 1910 R62-BL3 (MVC)
Sarah A 1849 - 1917 (MCC)
Wilbur 1886 - 19 Sept 1913 RF-BL1 (MVC)
HAMMES, Charlotte 21 Sept 1890 - 5 Jan 1978 (MSSCC)
Clementina 27 Dec 1879 - 8 Jan 1925 (MSSCC)
HAMMOND, Fred no date - 14 May 1906 RB-BL14 (MVC)
inf/o Wm no dates RG-BL32 (MVC)
Ira 29 Aug 1887 - 6 Nov 1961 (SMGC)
James W 9 Aug 1910 - 30 Mar 1980 (SMGC)
William D 4 Aug 1915 - 17 Dec

HAMMOND (continued)
1985 70y 4-3-22-G (MVC)
Wm no date - 7 Nov 1941 RG-BL32 (MVC)
HAMNER, Edith 1891 - 1957 "Mother" (CWC)
Homer 1887 - 1918 "Father" (CWC)
Nannie A 1855 - 1919 (PDC)
T F 1846 - 1910 (PDC)
HAMON, Alfred J 1862 - 27 May 1958 RB-BL11 (MVC)
Amos 1806 - 1888 (HMC)
Effie 1863 - 26 Jan 1905 RB-BL11 (MVC)
Emma Tull 1862 - 26 Sept 1952 RB-BL11 (MVC)
Eugene no dates (HMC)
Goldie M 1895 - 1976 (PGC)
James no dates (HMC)
Kimberlyn Ann 1964 - 19 July 1967 RG-BL32 (MVC)
Mary 1806 - 1897 (HMC)
Nelson C 1923 - 1940 (PGC)
Walter 1882 - 19__ (PGC)
William 1836 - 1873 (HMC)
HAMRICK, Bessie E 1876 - 11 Oct 1951 RA-BL9 (MVC)
Robert 1896 - 1900 no lot (MVC)
Samuel no date - 15 July 1908 RA-BL9 (MVC)
HANCOCK, Marie 1864 - 13 Jan 1951 RJ-BL8 (MVC)
HANCOX, Nellie B 1886 - 1 Jan 1908 R29-BL151 (MVC)
HAND, Barbara 1830 - 9 Feb 1932 102y 9d (OHC)
Elizabeth w/o Esiah 4 Mar 1874 51y 8m 11d (OHC)
Ellis 25 Dec 1892 39y 8m 7d (OHC)
Ernest s/o Chas & Jennie 24 July 1--- 1y 24d (OHC)
Infant 2 July 1879 1y (OHC)
Isiah 15 Mar 1904 81y 2m 19d (OHC)
Silas 9 Mar 1879 76y 11m 10d (OHC)
HANDKE, Adolph 1897 - 1957 (LC)
Alvean 1906 - 2 Aug 1975 RK-BL4 (MVC)

HANDKE (continued)
Caroline 1847 - 21 Jan 1931 RF-BL2 (MVC)
Charles T 1868 - 10 May 1950 RG-BL40 (MVC)
Christina no dates (SLC)
Christine 1861 - 9 Mar 1936 RJ-BL4 (MVC)
Conrad 1876 - 10 Mar 1976 RJ-BL17 (MVC)
Earl Wm 1901 - 30 Aug 1960 RJ-BL14 (MVC)
Edward 1904 - 6 Dec 1958 RJ-BL4 (MVC)
Edward R 6 May 1903 - 14 Nov 1972 (SMGC)
Emma 1883 - 21 Dec 1955 RJ-BL17 (MVC)
Eva G 1903 - 1960 (LC)
Flora (d/o Julius) 1892 - 14 Nov 1894 (SLC)
Fred no date - 17 May 1922 RE-BL14 (MVC)
Frederick 1885 - 27 Aug 1967 RF-BL18 (MVC)
Frederick E 1920 - 3 Mar 1922 RF-BL18 (MVC)
Gilbert no date - 8 Sept 1985 (cremated) 10-4-16-J (MVC)
Gladys 1903 - 7 Apr 1983 RJ-BL35 (MVC)
Gottfried no date - 23 Mar 1891 R38-BL291 (MVC)
Gottfried no date - 7 Apr 1907 RF-BL2 (moved 1921 to B2) (MVC)
Hattie no date - 7 Mar 1976 RJ-BL14 (MVC)
Helen A w/o Edward R 6 Dec 1900 - 8 June 1976 (SMGC)
Henry no date - 28 May 1957 RJ-BL14 (MVC)
Mrs Henry 1872 - 12 May 1968 RJ-BL14 (MVC)
Hugo 1903 - 1960 (LC)
Jessie 1876 - 9 Aug 1967 RJ-BL14 (MVC)
Julius 19 June 1860 - 17 Feb 1932 71y (SLC)
Kenneth 1923 - 21 Jan 1976 RF-BL18 (MVC)
Lola Jean 1 Jan 1931 - 24 May

HANDKE (continued) 1976 (SMGC)
  Lorena Carl 1891 - 19 Feb 1927 RF-BL18 (MVC)
  Martha Ann 1876 - 18 Sept 1942 RG-BL40 (MVC)
  Opal 1913 - 25 Aug 1952 RK-BL4 (MVC)
  Richard 1874 - 5 May 1937 RF-BL27 (MVC)
  Robert 1863 - 30 Sept 1943 RJ-BL4 (MVC)
  Robert 1899 - 4 Nov 1968 RJ-BL35 (MVC)
  Rosalia 1883 - 6 Aug 1957 no lot (MVC)
  Rose no date - 17 Jan 1931 R11-BL172 (MVC)
  Mrs Rose no date - 9 Aug 1957 RF-BL27 (MVC)
  Teresa (w/o Julius) 1836 - 5 March 1934 70y (SLC)
  Wm John 1842 - 14 June 1901 R11-BL172 (MVC)
  Wm John 1872 - 22 Mar 1949 RJ-BL14 (MVC)
HANDY, Kathrine no date - 4 Oct 1947 RE-BL12 (MVC)
HANF, Albert 4 July 1882 - 5 Apr 1955 (SNC)
  Edward A 1891 - 18 Nov 1969 (SNC)
  Emma Servaes 1901 - 2 July 1967 (SNC)
  John 1889 - 1968 (SNC)
  Winifred Shumaker 1893 - 18 Nov 1969 (SNC)
HANGROVE, B O M no dates (ECC)
  Francis no dates (EEC)
HANKINS, Elizabeth 1876 - 6 Jan 1950 RJ-BL14 (MVC)
  Warren G 1903 - 28 Mar 1982 RJ-BL14 (MVC)
HANLEY, Wm no date - d 21 Aug 1896 1m Sec1-L17-#1 (SPC)
HANNA, Frank no date - 18 Mar 1936 RE-BL12 (MVC)
  George no date - 22 Aug 1905 RD-BL21 (MVC)
  John no date - 8 Feb 1922 RD-

HANNA (continued) BL2 (MVC)
  Thomas 1798 - 19 Mar 1872 (MCC)
HANNY, Donald A 20 Aug 1908 - 4 Sept 1973 (SMGC)
  Jane 1847 - 1923 (LC)
  John Rudolph s/o R & J no date - 30 Aug 1886 17y 6m 1d (LC)
  Katie 1870 - 14 Jan 1875 "dau" (LC)
  Katie d/o R & J no date - 4 July 1875 5y 4m 17d (LC)
  Rudolph 5 Dec 1832 - 25 Feb 1915 (LC)
  Sarah 1876 - 1949 (LC)
HANSEN, Alf C no date - 27 Aug 1922 RF-BL17 (MVC)
  Clarence "Hap" 1924 - 29 Jan 1971 RK-BL38 (MVC)
  Clarence 1899 - 23 Nov 1966 RK-BK38 (MVC)
  Elizabeth no date - 27 Aug 1931 RF-BL17 (MVC)
  Hans Chr no date - 11 Nov 1925 RF-BL17 (MVC)
  Hans P 1863 - no date (EEC)
  Henry 1895 - 11 July 1944 RG-BL34 (MVC)
  Katie J 1865 - 1926 (EEC)
  Melinda 1874 - 1956 no lot (MVC)
  Paul 1902 - 12 June 1977 RK-BL38 (MVC)
HANSHAW, Amy M 1878 - 1960 (CWC)
  Calvin 1877 - 1960 (CWC)
  Catherine no date - 12 Dec 1886 8y 6m Sec2-L106-#1 (SPC)
  John no date - 3 July 1859 45y Sec1-L106-#2 (SPC)
  Rex Eugene Feb 1963 - no date (baby) (SMGC)
  Robert L Sr 5 June 1919 - 26 Jan 1977 (CWC)
  Susanna 1874 - 25 Aug 1891 20y Sec2-L106-#3 (SPC)
HANSON, Christene 1852 - 1928 "Mother" (EEC)
  Effie no date - 26 Jan 1905 RB-BL11 (MVC)
  H P no dates (EEC)

HANSON (continued)
Nels 1850 - 1892 "Father" (EEC)
Pauline no date - 17 Mar 1955 RK-BL23 (MVC)
Velda 1941 - 24 Dec 1970 (SMGC)
HANTHORN, Ella no date - 8 May 1928 RA-BL27 (MVC)
HAPPY, America no date - 16 Apr 1962 R61-BL342 (MVC)
Jess no date - 15 My 1921 RE-BL14 (MVC)
HARBURGER, Asher 1869 - 5 Apr 1906 RB-BL27 (MVC)
Fanny 1839 - 12 Sept 1908 RB-BL27 (MVC)
Josephine 1874 - 27 Sept 1957 R23-BL35 (MVC)
Samuel 1874 - 13 July 1946 R23-BL35 (MVC)
Will 1895 - 2 July 1928 RB-BL27 (MVC)
HARD, Asa Lee 1885 - 23 Dec 1913 RB-BL11 (MVC)
HARDEN, Debra 1964 - 1968 (OHC)
Eleku 1867 - 1948 (OHC)
Ellsworth no dates 74y (OHC)
Garold 1930 - 1969 (OHC)
Harry S 30 Mar 1915 71y (OHC)
James Monroe 31 Mar 1853 - 1906 (OHC)
Julie Lynn 1963 - 1968 (OHC)
Katie no dates (OHC)
Lina W 1900 - 1935 (OHC)
Louisa C 1865 - 1934 (OHC)
Mary G 30 Mar 1915 71y 2m 7d (OHC)
Mildred 1939 - 1968 (OHC)
Myrtle 1876 - 1936 60y (OHC)
Sally M 1868 - 1933 65y (OHC)
Theodore 8 Aug 1871 65y (OHC)
W H 8 Aug 1921 22d (OHC)
Wallace Ellsworth 1865 - 2 Sept 1939 74y 3m 5d (OHC)
William 11 Apr 1890 - 3 Dec 1912 (OHC)
William F 1865 - 1921 (OHC)
William H 11 Aug 1902 77y 5m 24d (OHC)
William S 1938 - 1968 (OHC)
HARDIN, Harry no date - 14 Mar

HARDIN (continued)
1892 RA-BL30 (MVC)
HARDING, Emily no date - 9 Apr 1930 RB-BL10 (MVC)
Jennie S 1844 - 12 May 1938 R46-BL87 (MVC)
John 1834 - 10 May 1905 RB-BL10 (MVC)
Lilly no date - 19 Apr 1950 no lot (MVC)
HARDWICK, Andrew W 1856 - 4 Mar 1885 no lot (MVC)
Bertha no date - 12 May 1896 R55-BL175 (MVC)
HARE, Elizabeth no date - 5 Aug 1890 31y Sec2-L1-#3 (SPC)
HARGROVE, Boniford no date - 19 Sept 1938 67y 5m 10d (EEC)
Della M 1927 - 1928 (EEC)
Roy Jennings 22 Jan 1897 - 22 Jan 1935 (EEC)
HARIOR, W H no date - 1 June 1911 RF-BL13 (MVC)
HARLAN, Ivan E 1888 - 10 Oct 1912 RA-BL2 (MVC)
Mary M no date - 4 Oct 1921 RD-BL11 (transferred to A2) (MVC)
Mary T 1870 - 26 Mar 1930 RA-BL2 (MVC)
Walter no date - 26 Jan 1937 RA-BL2 (MVC)
Wm S 1836 - 20 Nov 1913 RA-BL2 (MVC)
HARMAN, Andrew 1841 - 1913 Co B 67 Pennsylvania Infantry (EEC)
Clara Cook 1877 - 1925 (EEC)
Dwight S 1911 - 1925 (EEC)
E S no dates (EEC)
Evalin 1848 - 1918 (EEC)
James C no date - 21 Feb 1939 63y 7m 1d (EEC)
Nattie Knight 30 July 1863 - 17 Nov 1930 (EEC)
Robert A 1868 - 1928 (EEC)
William Gilbert 1897 - 1926 (EEC)
HARMEL, Bertilla 29 Sept 1885 - 19 Aug 1974 (MSSCC)
HARNESS, Cassian 1898 - 12

HARNESS (continued)
May 1950 RJ-BL8 (MVC)
Mary no date - 4 Oct 1921 no lot (MVC)
HAROUFF, Catherina 1849 - 17 May 1927 RG-BL16 (MVC)
Flora Virgin 1872 - 7 Mar 1948 RG-BL16 (MVC)
George 1871 - 23 Apr 1962 RG-BL16 (MVC)
Horace 1868 - 18 Sept 1925 RG-BL18 (MVC)
Jacob A 1836 - 10 Sept 1923 RG-BL16 (MVC)
Mrs Jennie no date - 4 Mar 1948 RG-BL16 (MVC)
Mary G 1867 - 6 Nov 1920 RG-BL16 (MVC)
HARPENDING, Alva L 1881 - 29 May 1964 RA-BL13 (MVC)
Frances 1843 - 7 Nov 1905 RA-BL13 (MVC)
J W 1847 - 29 May 1984 no lot (MVC)
John W 1847 - 2 June 1934 RA-BL13 (MVC)
Roy J W 1878 - 5 Jan 1955 RA-BL13 (MVC)
HARPER, Arthur 1871 - 13 Jan 1913 RE-BL2 (MVC)
Beulah no date - 29 Nov 1909 RE-BL6 (MVC)
Charlotte no date - 7 Feb 1921 RE-BL6 (MVC)
George no date - 1 Sept 1923 RE-BL14 (MVC)
Joseph 1880 - 22 Feb 1927 RE-BL10 (MVC)
Joseph no date - 1 Dec 1931 RE-BL2 (MVC)
Lizzie no date - 24 Sept 1890 R56-BL267 (MVC)
Logan no dates (EEC)
Maggie 1863 - 25 Mar 1914 RE-BL2 (MVC)
Theodore no date - 4 June 1905 RE-BL6 (inf) (MVC)
Vista B no date - 13 Jan 1977 RJ-BL13 (MVC)
HARPWELL, Lottie J 1873 - 1926 (EEC)
---- 10 Nov 1802 - 8 Mar 1912

HARPWELL (continued)
(EEC)
HARRAHAN, Thomas 1903 - 1981 (MCC)
HARRES, Rebecca M no date - 5 Aug 1928 R21-BL14 (MVC)
HARRINGTON, Alphens 1844 - 1878 (MCC)
Edgar no date - 21 Apr 1894 RA-BL8 (MVC)
Harriett 1862 - 1881 (MCC)
M Paschal 25 Aug 1905 - 24 Dec 1972 (MSSCC)
Rebecca 1849 - 15 Mar 1908 RA-BL8 (MVC)
Thomas 1842 - no date no lot (MVC)
HARRIS, A H no date - 3 July 1889 R45-BL185 (MVC)
Abraham 1863 - 1872 (RMC)
Allice 1865 - 1947 (RMC)
Amanda (w/o Daniel C Harris) 20 June 1838 - 29 March 1930 (CWC)
Angie Anna 1849 - 24 Sept 1927 RF-BL15 (MVC)
Arilla 18 Sept 1871 - 8 Feb 1940 (EEC)
B no date - 20 Mar 1895 R13-BL215 (MVC)
Mrs C L Hinton 18 Sept 1870 - 8 Feb 1940 (EEC)
Catherine no date - 5 Feb 1928 R68-BL113 (MVC)
Charles H 1876 - 22 July 1929 RF-BL15 (MVC)
Charles W 1858 - 26 Nov 1909 RA-BL15 (MVC)
Chatmen no date - 27 Jan 1922 RE-BL9 (MVC)
Cora no date - 30 July 1890 R68-BL113 (MVC)
Cordelia 1816 - 1905 (MCC)
Daniel c 29 Feb 1832 - 3 Dec 1909 (CWC)
Donald L 22 Aug 1934 - 28 Feb 1981 (SMGC)
E T 1841 - 14 Sept 1893 R68-BL113 (MVC)
Ed W 1866 - 1946 (CWC)
Elizabeth 1871 - 1948 (LC)
Ernest 1887 - 22 Jan 1916 RG-

HARRIS (continued)
BL4 (MVC)
Frank 1883 - 1948 (CWC)
Fred 1871 - 12 Jan 1899 R68-BL113 (MVC)
Fred 1888 - 1950 (MCC)
Hedley W 1866 - 1938 (LC)
Herbert 10 Oct 1866 - 10 Nov 1917 (EEC)
Jarredath N 1851 - 14 Apr 1924 RG-BL4 (MVC)
Joseph 1844 - 30 Jan 1937 RF-BL14 (MVC)
Lillie B 1862 - 1935 (MCC)
Mabel E 1880 - 9 Feb 1960 RF-BL15 (MVC)
Mary I 1892 - 1976 (MCC)
Mary no date - 3 Apr 1894 R21-BL14 (MVC)
Mary no date - 6 May 1940 RE-BL10 (MVC)
Rebecca no date - 5 Aug 1928 no lot (MVC)
Sarah no date - 7 Apr 1935 RG-BL4 (MVC)
Seneca 1843 - 1904 (MCC)
Theodore 1840 - 19 Sept 1867 no lot (MVC)
Warren no date - 7 Feb 1969 RF-BL13 (MVC)
Wm 1813 - 1904 (MCC)
HARRISON, Ada 1882 - 1957 no lot (MVC)
Adelaide no date - 27 Feb 1922 RB-BL17 (MVC)
Mrs Alexand no date - 20 Feb 1922 no lot (MVC)
Anna Witt 1873 - 19 Nov 1938 RD-BL19 (MVC)
Bert D 1879 - 15 Jan 1933 RF-BL23 (MVC)
Della 1881 - 13 Jan 1899 (SNC)
Emma K 1873 - 22 July 1952 RK-BL21 (MVC)
Frank 1887 - 3 Feb 1930 RF-BL23 (MVC)
Frederick 1866 - 8 July 1902 RD-BL20 (MVC)
George T 1855 - 3 Sept 1901 RB-BL1 (MVC)
Henry T 1849 - 1920 (BCC)
Jennie w/o H T 1851 - 1933

HARRISON (continued)
(BCC)
John 1838 - 16 Oct 1924 no lot (MVC)
Leo 1890 - 10 July 1890 no lot (MVC)
Leo Eugene 1931 - 21 Sept 1981 RB-BL1 (MVC)
Lillian 1885 - 1975 no lot (MVC)
Margaret M 1883 - 8 June 1962 RK-BL33 (MVC)
Mary 1810 - 24 Feb 1889 RB-BL1 (MVC)
Mary 1903 - 8 Feb 1978 RB-BL1 (MVC)
Mary no date - 20 Apr 1924 1h Sec1-L36-#4 (SPC)
Raymond 1897 - 1 Feb 1971 RB-BL18 (MVC)
Ruth no date - 21 Nov 1905 RD-BL19 (MVC)
Thomas 1808 - 6 Sept 1875 no lot (MVC)
Thomas 1870 - 29 Apr 1943 RD-BL19 (MVC)
Thomas Jr no date - 24 Mar 1916 RD-BL19 (MVC)
William H 30 Aug 1897 - 25 Feb 1981 (SMGC)
Wm H 1874 - 24 Sept 1963 RK-BL21 (MVC)
HARROCK, Daniel no dates "Father" (MMC)
Peter no dates "Son" (MMC)
HARRON, James no date - 1 Feb 1888 (ECC)
Mark 1860 - 26 Dec 1882 (EEC)
Nannie no date - 26 Dec 1882 (EEC)
HARSHAW, Fabian John 10 Feb 1906 - 1 Feb 1969 (SBAC)
HART, C C 1842 - 1923 (MCC)
Charles 1904 - 1923 (MCC)
Charles no date - 20 May 1929 R67-BL100 (MVC)
Mrs Charles no date - 15 Dec 1932 R67-BL100 (MVC)
David J 1883 - 25 June 1914 RB-BL3 (MVC)
Effie 1883 - 1905 no lot (MVC)
Emily B w/o C C 1847 - 1921 (MCC)

HART (continued)
F J 1858 - 1938 (BCC)
Harriet 1854 - 1932 no lot (MVC)
inf no date - 13 Oct 1919 RD-BL3 (MVC)
inf no date - 29 June 1889 R67-BL100 (MVC)
James C 1882 - 1940 (EEC)
John W 1858 - 1940 (MCC)
Mary no date - 12 June 1904 RB-BL3 (MVC)
Mary no date - 3 May 1895 R36-BL261 (MVC)
Ronald no dates no lot (MVC)
Ruth no date - 6 Nov 1902 R67-BL100 (MVC)
Theodore E 1890 - 27 Jan 1921 R67-BL100 (MVC)
---- w/o F J 1859 - 1910 (BCC)
HARTIG, Emmanuel 11 May 1830 - 1 Sept 1910 (SBAC)
HARTLEY, Alan no date - 12 Apr 1926 RF-BL23 (MVC)
Alice 2 Aug 1887 - 17 Sept 1888 (BCC)
Arthur H 1894 - 12 Nov 1942 RB-BL23 (MVC)
Charles Theo 1902 - 27 Mar 1963 RF-BL23 (MVC)
Charlie s/o J H & E no date - 10 Oct 1887 (BCC)
Edward A 1904 - 9 Apr 1926 RF-BL23 (MVC)
Elizabeth 1853 - 1928 (MCC)
Ester 1867 - 20 Dec 1962 RF-BL23 (MVC)
Eveline w/o J H no date - 26 July 1878 (BCC)
F 1833 - 26 Oct 1887 R50-BL166 (MVC)
Frieda Margaret 1907 - 1924 (BCC)
George s/o W M & M 28 Jan 1870 (BCC)
James 12 June 1812 - 17 Jan 1900 (BCC)
Maggie 17 Dec 1859 - 24 July 1910 (BCC)
Marie no date - 13 Jan 1951 no lot (MVC)
Marion W 1907 - 21 Oct 1950 RJ-BL8 (MVC)

HARTLEY (continued)
Mary w/o James 1816 - 25 June 1887 (BCC)
Millick 1866 - 1958 (BCC)
Preston Grant 1865 - 1945 (BCC)
Ralph 1916 - 1972 (MCC)
Robert R 1851 - 1904 (MCC)
Robert R 1856 - 1904 (MCC)
Roscoe 1846 - 24 Mar 1911 no lot (MVC)
Roscoe L 1886 - 2 Mar 1907 no lot (MVC)
Roscoe no date - 26 May 1927 RF-BL23 (MVC)
Rosie 1886 - 26 Mar 1927 RF-BL23 (MVC)
T C 1907 - 21 Oct 1950 RJ-BL8 (MVC)
Vivian 29 June 1891 - 29 Sept 1891 (BCC)
William 1814 - 1890 (BCC)
William E 1915 - 1948 (LC)
William H 15 Aug 1880 - 30 Aug 1888 (BCC)
Wm 1868 - 26 Dec 1950 no lot (MVC)
Wm no date - 26 May 1927 RF-BL23 (MVC)
Wm T 1846 - 24 May 1911 no lot (MVC)
HARTMAN, Blanche no date - 26 Sept 1922 RA-BL31 (MVC)
Christiana w/o Johnathan 1824 - 3 Apr 1880 56y (RMC)
Clarence 1910 - 7 Sept 1955 RJ-BL9 (MVC)
Cora 1894 - 21 Jan 1971 RJ-BL26 (MVC)
Cynthia 1847 - 1946 (RMC)
Don no date - 6 July 1983 RK-BL16 (MVC)
Dorenda 1847 - 1889 (RMC)
Elsie G 1884 - 19 Oct 1981 RG-BL33 (MVC)
Florence G 1866 - 8 Jan 1947 RJ-BL4 (MVC)
Fred C no date - 18 Dec 1911 R68-BL107 (MVC)
Fredrick 7 Dec 1944 - 20 Oct 1905 (RMC)
Grace 1897 - 19 Mar 1981 RF-BL2 (MVC)

HARTMAN (continued)
Henry 1878 - 16 July 1939 RG-BL33 (MVC)
Janett no dates (CWC)
Jonathan 1821 - 1897 (RMC)
Josephine no date - 23 Nov 1957 RF-BL26 (MVC)
Martha Ann 1848 - 10 Oct 1924 no lot (MVC)
Mary d/o Johnathan & Christine 1859 - 3 Sept 1878 19y 5m (RMC)
Nellie no date - 8 Oct 1908 R68-BL107 (inf) (MVC)
Nellie 1880 - 10 Oct 1908 R68-BL107 (MVC)
Nelson K 1888 - 28 Oct 1956 RJ-BL26 (MVC)
Robert D 1847 - 5 Oct 1924 no lot (MVC)
Robert D no date - 24 Apr 1933 RF-BL24 (MVC)
Samuel 1892 - 3 Sept 1980 RF-BL24 (MVC)
Velma M 24 Mar 1924 - 26 Oct 1985 61y 5-2-26-J (MVC)
Warren 1901 - 21 Apr 1968 RJ-BL26 (MVC)
Wm Leroy no date - 17 Jan 1940 RF-BL24 (MVC)
Wm Morris 1851 - 12 June 1929 RJ-BL4 (MVC)
HARTON, Joseph 12 Feb 1938 77y 10m 4d (PGC)
HARTSOCK, Henry P 1959 - 13 July 1973 RK-BL27 (MVC)
Robert E 1953 - 5 May 1961 RK-BL27 (MVC)
HARTTET, Riley 1893 - 1977 (MCC)
HARVEY, Brian no date - 26 Dec 1977 RK-BL16 (inf) (MVC)
Claudia A 1885 - 18 Apr 1962 RG-BL36 (MVC)
Clyde 1893 - 11 Nov 1971 RA-BL12 (MVC)
Clyde B 1886 - 11 Oct 1934 RG-BL36 (MVC)
Donald E 11 Oct 1939 - 26 Apr 1973 (SMGC)
Eva C 1913 - 18 Oct 1974 (SMGC)

HARVEY (continued)
Gay no date - 26 Dec 1977 RK-BL16 (MVC)
Jesse E 2 Oct 1887 - 14 Dec 1971 (SMGC)
Lillie 1874 - 5 Aug 1919 RA-BL12 (MVC)
M 1819 - 1888 (MCC)
Walter 1880 - 1973 (MCC)
Wm B no date - 10 June 1887 R37-BL287 (MVC)
Wm W no date - 26 Dec 1950 RA-BL12 (MVC)
HARWI, Adwin C 1850 - 4 Sept 1903 R27-BL119 (MVC)
Alf 1882 - 1883 (inf) R28-BL16 (MVC)
Alf no date - 11 Mar 1908 no lot (MVC)
Alfred 1847 - 10 July 1910 RG-BL16 (MVC)
Alfred III 1909 13 May 1928 RG-BL16 (MVC)
Alfred J no date - 4 Mar 1909 RG-BL16 (MVC)
Charles W no date - 26 Nov 1909 RA-BL15 (MVC)
Elizabeth 1846 - 15 Dec 1907 RG-BL16 (MVC)
Ellen Frey no date - 31 July 1937 RF-BL13 (MVC)
Elmira 1853 - 24 Oct 1945 R27-BL119 (MVC)
Emma 1871 - 1879 no lot (MVC)
Ethel C 1883 - 19 Apr 1944 RF-BL13 (MVC)
Florence c 1855 - 9 Oct 1950 RG-BL16 (MVC)
John W 1888 - 9 Aug 1912 RF-BL13 (MVC)
Mary E 1885 - 21 May 1936 R30-BL154 (MVC)
Merritt C 1890 - 20 Mar 1913 RF-BL13 (MVC)
Myra 1873 - 17 July 1961 R27-BL119 (MVC)
Warren 1883 - 7 Jan 1969 RF-BL13 (MVC)
Wedston H 1858 - 1 June 1911 RF-BL13 (MVC)
Wm Milton 1921 - 16 Apr 1923 RG-BL16 (MVC)

HASE, Edward 1914 - 1 Apr 1914 R17-BL282 (MVC)
M A no dates (OHC)
HASKELL, Benjamin 1827 - 9 Jan 1907 RB-BL13 (MVC)
Joseph no date - 29 Dec 1890 R12-BL26 (MVC)
Martha 1831 - 13 July 1909 RB-BL13 (MVC)
Mary Wills no date - 22 Mar 1925 RF-BL10 (MVC)
HASKIN, A Judson no date - 11 Mar 1924 R21-BL16 (MVC)
HASLET, Edwin no date - 28 Feb 1947 RA-BL5 (MVC)
James L no date - 29 Apr 1888 RA-BL5 (MVC)
HASLOW, Walter C no date - 26 Jan 1937 RA-BL2 (MVC)
HASSE, Alfred no date - 7 Sept 1910 no lot (MVC)
Charles F 1882 - 23 Aug 1965 RG-BL29 (MVC)
Delia C no date - 13 Sept 1947 RG-BL29 (MVC)
HASSELWANDER, Reginia 9 Jan 1867 - 3 May 1911 (MSSCC)
HASSETT, Mabel no date - 20 Sept 1890 R18-BL301 (MVC)
HASTINGS, Edith d/o R B 1881 - 1902 (PDC)
Lillie 1844 - 18 Apr 1930 RG-BL11 (MVC)
Norman no date - 31 Mar 1961 RG-BL11 (MVC)
O Otho no date - 8 July 1948 RG-BL11 (MVC)
Roserra B w/p Z S 1847 - 1934 (PDC)
Wiley W s/o Z S & R B 1876 - 1877 (PDC)
Z S 1838 - 1925 (PDC)
HASTRINGS, Milton 1884 - 1957 (PDC)
Sarah Mariah no date - 20 Sept 1890 (PDC)
Sybil Butler 12 Sept 1895 - no date (PDC)
HATAWAY, Emily no date - 5 Apr 1919 R19-BL263 (MVC)
Leroy no date - 29 May 1895 R60-BL263 (MVC)
HATCHELL, Alice May 1902 - 26 Apr 1975 RJ-BL19 (MVC)
Donald L 1932 - 15 June 1932 RJ-BL19 (MVC)
Martha 1831 - 13 July 1909 no lot (MVC)
HATFIELD, Wm H 1841 - 8 Aug 1890 R12-BL198 (MVC)
HATMON, Abial 1807 - 1880 no lot (MVC)
Lucy D 1814 - 1888 no lot (MVC)
Mary 1849 - 1906 no lot (MVC)
HATTAN, Betty L 1939 - 1939 (inf) (LC)
Chas L 1896 - 1982 (LC)
Ella 13 July 1901 - no date (LC)
Helena 1925 - 1935 (LC)
Jane 22 May 1828 - 1 June 1908 (EEC)
John 18 Feb 1830 - 27 Sept 1892 (EEC)
Wilma 1928 - 1935 (LC)
HATTON, Mrs Eliza E 1856 - 1920 "Mother" (EEC)
James F 1854 - 1920 "Father" (EEC)
HAUG, Appolonia 11 Feb 1879 - 5 Aug 1960 (MSSCC)
Eustochia 7 July 1880 - 3 Nov 1908 (MSSCC)
Veronica 30 Sept 1875 - 10 Feb 1965 (MSSCC)
HAUK, Clarence R 1882 - 17 Mar 1955 RK-BL23 (MVC)
Dora T 1882 - 29 Jan 1983 RK-BL23 (MVC)
HAUPT, Barbara (d/o Charles) 1855 - 15 Oct 1908 (SLC)
Frank (s/o John) 1906 - 21 Dec 1957 (SLC)
John (s/o John) 1858 - 2 Nov 1923 65y (SLC)
Joseph 1909 - 2 July 1969 60y (SLC)
Mark no date - Dec 1957 (SLC)
Mary Ann (w/o John) 1872 - 20 March 1947 75y (SLC)
Wayne Anthony (s/o Anthony) Feb - 21 Oct 1940 3m (SLC)
HAVENS, P P no date - 13 Dec 1890 R38-BL293 (MVC)

HAVERKAMP, Albert 23 Oct 1893 - 30 Sept 1949 (SBAC)
Leona 1918 - 1964 (SACC)
HAVIS, Gladys J 1893 - 1966 (SNC)
Ralph B 8 Apr 1913 - 3 Apr 1964 (SNC)
HAVLOW, I 1888 - 10 Oct 1912 no lot (MVC)
HAWER, Dicks no dates (OHC)
HAWES, Alex no date - 17 Dec 1916 RE-BL11 (MVC)
Lucy no date - 17 Aug 1917 RE-BL11 (MVC)
HAWK, Alice M 1876 - 19-- (ECC)
Mrs Alice Maron 1863 - 1959 (EEC)
Andrew 4 Feb 1925 - 6 June 1906 (EEC)
Anna 1848 - 22 Oct 1932 RG-BL5 (MVC)
Bertha Bell 1886 - 1948 (EEC)
Brazilla Leonard s/o D W & Sarah no date - 12 Apr 1879 18y 7m 3d (LC)
Calvin Clark 1925 - 1947 (EEC)
Clarence 1882 - 17 Mar 1955 RFK-BL23 (MVC)
Clocas H 1895 - 1969 (EEC)
Cowell D no date - 15 Sept 1932 (EEC)
Cowell O 1903 - 1914 (EEC)
D W 1834 - 1910 (LC)
Daniel D 1893 - 1960 (EEC)
David Brandon 1965 - 27 Nov 1968 RK-BL40 (MVC)
Earl F no date - 13 Oct 1895 1y 1m 29d (EEC)
Eda Viola d/o D W & Sarah no date - 11 Apr 1879 20y 6m 15d (LC)
Edith R no date - 26 Oct 1895 7y 13d (EEC)
Elvina 1850 - 1926 (EEC)
Emma J 1866 - 1942 (EEC)
Emma J no date - 15 Sept 1950 (EEC)
Emma V no date - 24 Oct 1932 RG-BL5 (MVC)
Estella Hannah w/o Wm Sherman 1864 - 1939 (EEC)

HAWK (continued)
Estella no date - 27 Feb 1933 RG-BL5 (MVC)
Eugene H 1903 - 1976 no lot (MVC)
Everitt 1900 - 1982 (EEC)
Francis 1863 - 1947 (EEC)
Franklin 1871 - 1941 (LC)
Fred J 1883 - 1911 (EEC)
Georgette no date - 18 May 1932 60y 4m 25d (EEC)
Harvey Edward 6 Sept 1899 - 19 Sept 1932 (EEC)
Harvey M 1871 - 1941 (LC)
Hobert Homer 18 June 1912 - 29 Jan 1913 (EEC)
Homer 1879 - 1911 (EEC)
Jennie 1889 - 1921 (EEC)
Jennie N 1896 - 1983 (EEC)
John A 1880 - 1956 (EEC)
John D 1875 - 1926 (EEC)
John E no date - 4 Feb? 1909 (EEC)
Dr John W R 1884 - 2 June 1930 RG-BL5 (MVC)
Johnathan no date - 18 Dec 1889 67y 4m 1d "Father" (EEC)
Julie A 1869 - 1944 (EEC)
Kenneth 19 Nov 1932 - 9 Aug 1933 (EEC)
Kenneth Lou 19 Nov 1902 - 9 Aug 1935 (EEC)
L A 1892 - 1978 (EEC)
Lafayette T 1849 - 1933 (EEC)
Lavina M 2 Apr 1844 - 23 June 1922 (EEC)
Leonard N s/o N E & E J no date - 3 Jan 1889 5m 15d (EEC)
Margaret E 1826 - 10 Jan 1892 66y "Mother" (EEC)
Marriette T 1851 - 1920 (EEC)
Mary Mackey 1878 - 1958 (EEC)
Meredith 1909 - 13 Sept 1976 RK-BL40 (MVC)
Noble E 1865 - 1936 (EEC)
Omen W s/o J M & J A no date - 28 Aug 1897 6y 11m 27d (EEC)
Mrs Pearl Beckman 11 Jan 1895 - 4 June 1960 (EEC)
Robert T 1888 - 1967 (EEC)

HAWK (continued)
Rutherford 1877 - 1957 (EEC)
Sarah E 1874 - 1958 (LC)
Sarah w/o D W 1836 - 11 Nov 1882 46y (LC)
Viola no date - 11 Apr 1878 (LC)
William Cowell 1936 - 1953 (EEC)
William Sherman 1864 - 1937 (EEC)
Wilma A no date - 13 Mar 1913 (EEC)
HAWKINS, Mrs John 1882 - 14 Dec 1966 RG-BL25 (MVC)
John H 1878 - 3 Aug 1940 RG-BL25 (MVC)
HAWLEY, Charles B 1872 - 1966 (PGC)
Minnie E 1872 - 1962 (PGC)
Nellie d/o C J & John 19 Aug 1880 - 12 July 1903 (MPC)
Thomas no date - 1 Sept 1890 R25-BL77 (MVC)
HAWN, Norma Ann no dates (EEC)
HAWNER, Mathilda no date - 7 July 1910 R62-BL3 (MVC)
HAWSE, Alex no date - 17 Dec 1916 no lot (MVC)
HAWTHORNE, Ella 1855 - 8 May 1928 no lot (MVC)
Robert H 1844 - 27 July 1903 RA-BL27 (MVC)
HAY, Annie L 1840 - 1906 no lot (MVC)
Nellie 1898 - 1983 (LC)
Walter no date - 14 Jan 1949 RK-BL11 (MVC)
Wilbert no date - 4 Apr 1972 RA-BL1 (MVC)
HAYDEN, Beulah M 1911 - 1983 (LC)
Birdie no date - 21 Sept 1925 RD-BL6 (MVC)
Cecil Carl 2 Nov 1925 - 27 May 1971 (SMGC)
James W no date - 10 Dec 1936 RD-BL6 (MVC)
Robert N 1875 - 8 Feb 1928 RD-BL15 (MVC)
Rufus 26 Oct 1905 - 1969 (LC)
HAYES, Earsy 1917 - 18 Jan

HAYES (continued)
1975 RJ-BL26 (MVC)
John 1817 - 21 Mar 1879 62y (Pvt) (CSHC)
O V no date - 27 Sept 1890 Downs Vault (MVC)
Wm Andrew no date - 9 Nov 1968 RJ-BL26 (MVC)
HAYMON, Abial 1807 - 1880 no lot (MVC)
E A no date - 20 May 1888 R27-BL112 (MVC)
Edwin 1884 - 16 Dec 1929 R27-BL112 (MVC)
Edwinda 1887 - 9 Jan 1975 R27-BL112 (MVC)
Lucy P 1814 - 1888 no lot (MVC)
Mable 1875 - 16 May 1960 R27-BL112 (MVC)
Mary A no date - 15 Nov 1906 R27-BL112 (MVC)
Maude 1872 - 1 Nov 1923 R27-BL112 (MVC)
Persis 1843 - 1917 (WLC)
HAYNE, Oren Clyde 3 June 1886 16y (OHC)
HAYNES, Frank D 7 Mar 1889 - 15 Jan 1950 (Iillinois Cpl 63 Infantry N Civ WWI) (LC)
Helen C b 1905 (LC)
HAYS, Amos A 1876 - 4 Jan 1939 RG-BL30 (MVC)
Andy J 1865 - 3 Apr 1923 (SNC)
Clara 1886 - 26 Jan 1954 RG-BL30 (MVC)
Cornilda 1869 - 3 Jan 1887 (SNC)
David W no date - 18 July 1925 RD-BL4 (MVC)
Earsy no date - 18 Jan 1975 RJ-BL26 (MVC)
Frank A 14 June 1847 - 15 Dec 1918 (SNC)
Louis F 1937 - 10 Jan 1940 RG-BL30 (MVC)
Mary E w/o William 27 Aug 1823 - 21 May 1901 (HC)
Oren V 1855 - 26 Sept 1891 no lot (MVC)
R F no dates Co H 3rd Pennsylvania H A (EEC)
Sarah F 15 Oct 1851 - 10 Nov 1927 76y 8m 26d (SNC)

HAYS (continued)
  W M 7 Apr 1799 - 22 Nov 1863 (HC)
  William L 12 Apr 1836 - 1 Jan 1883 (HC)
  Wm Andrew 1901 - 9 Nov 1968 RJ-BL26 (MVC)
HAYSLETT, Ethel R no date - 24 Feb 1962 RF-BL17 (MVC)
HAYTER, Thomas B 1899 - 3 May 1973 RK-BL40 (MVC)
  Thomas M no date - 18 Nov 1904 RD-BL21 (MVC)
HAYWORTH, Dorothy M 1904 - 1981 (RMC)
  Robert L 1901 - 1966 (RMC)
HAZEL, Anna Madge no date - 21 Jan 1965 RK-BL5 (MVC)
  Catherine C 1900 - 31 Jan 1957 RG-BL24 (MVC)
  Constance no date - 31 Oct 1900 R67-BL100 (MVC)
  Mrs Ernest 1876 - 8 Mar 1937 R67-BL101 (MVC)
  Ernest Sr 1875 - 7 Jan 1953 R67-BL101 (MVC)
  Fannie L no date - 6 Aug 1933 RG-BL12 (MVC)
  inf no date - 17 Aug 1932 R67-BL101 (MVC)
  Kenneth no date - 27 Jan 1966 R68-BL117 (Ashes) (MVC)
  Leslie E no date - 24 June 1943 RG-BL12 (MVC)
  Mrs Lydia K 1846 0 6 Jan 1922 RD-BL21 (MVC)
  Marion T no date - 24 Mar 1952 RF-BL17 (MVC)
  Mary S 1876 - 1937 no lot (MVC)
  Morton L no date - 6 Jan 1946 RG-BL24 (MVC)
  Otto James no date - 21 May 1947 RK-BL5 (MVC)
  Robert R 1902 - 21 Mar 1941 R67-BL101 (MVC)
  Thomas M 1837 - 18 Nov 1904 no lot (MVC)
HAZELETT, Alvin no date - 26 Dec 1936 RF-BL24 (MVC)
  Charles C 1872 - 8 Aug 1944 R64-BL79 (MVC)
  Chas 1920 - 1 Oct 1933 RF-

HAZELETT (continued)
  BL17 (MVC)
  James R 1865 - 7 Sept 1874 R64-BL496 (MVC)
  Ladonna L no date - 4 Jan 1946 R64-BL49 (MVC)
  Louise F no date - 12 Apr 1956 RF-BL3 (MVC)
  Lydia no date - 19 Aug 1943 RF-BL17 (MVC)
  Mary Helen 1940 - 21 May 1981 RK-BL1 (MVC)
  Mary no date - 16 Oct 1912 R64-BL49 (MVC)
  Nina Priest 1898 - 11 Oct 1969 RF-BL3 (MVC)
  Ralph W 1891 - 30 Dec 1961 RF-BL3 (MVC)
  Raymond no date - 1 Jan 1921 R62-BL17 (MVC)
  Shirley J no date - 25 Nov 1944 R62-BL17 (MVC)
  William M 1870 - 29 Sept 1913 R64-BL49 (MVC)
HAZELL, Fannie no date - 6 Aug 1932 RG-BL12 (MVC)
  Morton 1900 - 1957 no lot (MVC)
  Morton L 1896 - 6 Jan 1946 RG-BL24 (MVC)
HAZLETT, Bennett 1859 - 1912 (MCC)
  Bennett S w/o J H 1866 - 1903 (MCC)
  J M 1825 - 1905 Cpt Civil War (MCC)
  Pauline 1891 - 1895 (MCC)
  Phoebe 1889 - 1895 (MCC)
  Phoebe w/o J M 1837 - 1871 (MCC)
  Rebecca 1818 - 1899 (MCC)
HEALD, Arthur no date - 12 Jan 1937 RG-BL20 (MVC)
  Edna no date - 4 Aug 1958 RK-BL5 (MVC)
  Edna W 1894 - 3 June 1963 RK-BL5 (MVC)
  Margaret 1871 - 4 Aug 1958 RK-BL5 (MVC)
  Mary A 1857 - 1952 (LC)
  Michael G 1855 - 1926 (LC)
  Reynold no date - 17 Feb 1921 RD-BL3 (MVC)

HEALEY, Thornton no date - 19 July 1885 no lot (MVC)
HEALY, Mrs Annie (d/o John Enzbrenner) 1877 - 12 March 1951 (SLC)
John (s/o Joseph & M Elizabeth) 1900 - 9 Sept 1913 (SLC)
Joseph no date - Aug 1941 (SLC)
HEARSER, Charolette no date - 7 Feb 1921 RE-BL6 (MVC)
HEATH, Ella B 1843 - 1928 (MCC)
HEATHERLY, Charlotte 1891 - 8 June 1949 RK-BL2 (MVC)
Jane 4 July 1802 - 12 Aug 1861 (HLC)
John B 1 May 1883 52y 2m 10d (HLC)
July d/o O 26 --- 1841 - 2 Feb 1870 (HLC)
Osias 7 Dec 1876 76y 10d (HLC)
Rebecca Ann d/o O & J 10 Aug 1827 - 7 Dec 1871 (HLC)
Roy T 1886 - 6 July 1957 RK-BL2 (MVC)
HECKENBERG, Mrs Herman no date - 24 July 1923 no lot (MVC)
Margaret no date - 6 Jan 1978 RF-BL6 (MVC)
HECY, Jacob 1848 - 9 Nov 1899 no lot (MVC)
HEDDEN, Ora 1888 - 18 Mar 1893 R38-BL298 (MVC)
HEDGES, Lizzie no date - 23 Nov 1914 RE-BL3 (MVC)
Margaret 1823 - 1880 no lot (MVC)
Walter 1880 - 1973 (MCC)
HEDRICK, Eva R 11 Mar 1899 - 25 July 1978 (SMGC)
Gilbert F 1897 - 25 Apr 1982 (SMGC)
HEDRICKS, Daniel 1824 - 18 Feb 1852 no lot (MVC)
HEFFELFINGER, Elizabeth A 4 Mar 1841 - 2 Feb 1914 (EEC)
Elizabeth w/o W S 1874 - 1922 (EEC)
Mable 1872 - 1937 (EEC)
William P 3 Mar 1841 - 24 Sept 1917 (EEC)

HEFFELGINGER, Henry 1867 - 1941 (EEC)
Nora 1891 - 1963 (EEC)
William S 1873 - 1946 (EEC)
HEFFLER, Ester no date - 8 May 1941 no lot (MVC)
HEFRIC, inf no dates (RMC)
HEGARTY, Abbie no date - 23 Nov 1918 41y Sec1-L39-#5 (SPC)
Anna May 1906 - 1969 (SACC)
Catherine no date - 19 Dec 1919 82y Sec1-L55-#2 (SPC)
Catherine w/o Michael 14 Apr 1854 - 16 Mar 1911 77y Sec1-L86-#2 (SPC)
Charles A 1891 - 1975 (SACC)
Clarence 1897 - 1965 (SACC)
David no date - 12 Jan 1910 22d Sec2-L4-#1 (SPC)
David no date - 17 Oct 1887 20y Sec1-L25-#3 (SPC)
inf no date - 8 Apr 1901 Sec4-L95-#3 (SPC)
Jimmie 1936 - 1938 (SACC)
Johanna no date - 17 Apr 1906 39y Sec1-L39-#1 (SPC)
John D 1863 - 1921 (SACC)
John Francis 1871 - 22 July 1959 88y Sec1-L26-#4 (SPC)
Katie d/o Michael & Catherine no date - 27 Mar 1877 16y 5m Sec1-L86-#4 (SPC)
Lawrence R 1919 - 1920 (SACC)
Marea Ruth no date - 12 July 1914 Sec1-L26-#2 (SPC)
Margaret 1864 - 1864 (SACC)
Mary 1882 - 1960 (SACC)
Mary Byrne 1887 - 17 Oct 1956 69y Sec2-L4-#3 (SPC)
Michael 1870 - 26 Dec 1950 70y Sec1-L26-#4 (SPC)
Michael 25 Aug 1827 - 11 Oct 1910 8y Sec1-L86-#1 (SPC)
Michael no date - 4 Mar 1915 1y 6m Sec2-L4-#2 (SPC)
Patrick 1884 - 26 Jan 1949 65y Sec2-L4-#4 (SPC)
Patrick J no date - 8 Jan 1879 52y Sec1-L55-#3 (SPC)
Pauline Eliz 1879 - 15 Jan 1961 82y Sec1-L26-#3 (SPC)

HEGARTY (continued)
Raymond P no date - 23 Sept 1983 77y Sec1-L39-#2 (SPC)
Robert Paul no date - 5 July 1969 36y Sec1-L39-#3 (SPC)
Rosa C 1893 - 1979 (SACC)
Thomas 1878 - 1941 (SACC)
Wm S no date - 3 Feb 1916 50y Sec1-L39-#4 (SPC)
HEGERTY, inf/o D no date - 10 Sept 1920 RF-BL17 (moved from DE) (MVC)
James no date - 12 Feb 1923 RF-BL17 (MVC)
Mable S no date - 13 Mar 1948 RF-BL17 (MVC)
Patrick J no date - 4 June 1943 RF-BL17 (MVC)
HEGLAND, Anna L 1851 - 1930 (LC)
Edward 1864 - 1952 (LC)
Emmett 1897 - no date (LC)
Fern 1900 - no date (LC)
HEGY, Caroline 1824 - 15 Jan 1902 no lot (MVC)
Frederick Jacob no date - 8 Nov 1962 RD-BL9 (MVC)
Jacob 1780 - 2 Mar 1859 no lot (MVC)
Jacob no date - 10 Nov 1899 R69-BL87 (MVC)
Jacob no date - 3 Mar 1889 R67-BL87 (MVC)
Mrs Jacob no date - 16 Jan 1902 R67-BL87 (MVC)
Johanna C 1870 - 29 June 1908 RD-BL9 (MVC)
HEIDE, Henry G 8 Nov 1863 - 5 Feb 1935 (EEC)
Viola 1873 - 1933 "Mother" (EEC)
HEIDEMAN, Augusta L 1881 - 26 Oct 1929 RF-BL9 (MVC)
Carl 1850 - 20 Feb 1920 RF-BL9 (MVC)
Carl J 1884 - 30 Nov 1930 RF-BL9 (MVC)
Paul 1882 - 8 Oct 1882 no lot (MVC)
HEIGHTOWER, Mary 1841 - 22 Aug 1913 (SNC)
HEIM, Caroline 1812 - 9 Dec

HEIM (continued)
1897 RB-BL12 (MVC)
HEIMBACK, Oscar no date - 25 July 1835 78y 8m 4d (EEC)
HEINZ, Bertha 1868 - 15 Nov 1945 R35-BL244 (MVC)
Edward 1867 - 14 Apr 1939 R35-BL244 (MVC)
Gerard 11 July 1864 - 13 Oct 1946 (SBAC)
HEIRSE, Arthur no date - 25 Feb 1902 R50-BL163 (MVC)
Oscar no date - 19 Feb 1902 R50-BL163 (MVC)
Susan no date - 29 Nov 1909 R35-BL239 (MVC)
HEISBCH, Anna 1847 - 19 May 1915 (SLC)
Charles 1893 - 25 Apr 1977 (SLC)
Dolly no date - 2 Apr 1983 (SLC)
Joseph (s/o Charles) 1873 - 6 Aug 1939 (SLC)
Joseph no dates (SLC)
Lucille no date - 29 May 1932 (SLC)
Margaret (d/o Charles) 1939 - 6 Aug 1939 (SLC)
HEISER, Annie 1896 - 9 Mar 1982 RJ-BL35 (MVC)
Fred 1880 - 14 Oct 1959 RK-BL31 (MVC)
Jesse 1886 - 7 Dec 1979 RK-BL31 (MVC)
John 1896 - 8 Oct 1973 RJ-BL35 (MVC)
HEISEY, Amos W no date - 20 Feb 1929 RD-BL4 (MVC)
Harry 1871 - 11 July 1945 RG-BL24 (MVC)
inf no date - 4 Apr 1912 RB-BL9 (MVC)
Jennie 1890 2 Apr 1953 RG-BL24 (MVC)
Louise no date - 20 June 1916 (inf) RB-BL9 (MVC)
Mildred no date - 4 Apr 1912 (inf) no lot (MVC)
Rosanna 1850 - 21 Sept 1914 RD-aBL4 (MVC)
HEITLINGER, T no dates inf (SACC)

HEITZ, Richarda 27 Sept 1887 - 8 Oct 1912 (MSSCC)
HEKELKAMPER, Guston 1877 - 16 Nov 1964 RK-BL2 (Ashes) (MVC)
Mrs Hen no date - 24 July 1923 R34-BL226 (MVC)
Lydia E 1876 - 1 Sept 1953 RK-BL2 (MVC)
Theresa 1841 - 20 July 1923 no lot (MVC)
Wm 1837 - 18 Aug 1881 no lot (MVC)
HELBERG, Elsie May 1881 - 3 Jan 1969 RF-BL1 (MVC)
Henry 1884 - 3 Aug 1937 RF-BL1 (MVC)
HELD, Anna no date - 28 June 1920 R20-BL336 (MVC)
Bertha no date - 3 Oct 1983 (SLC)
C W 1850 - 29 Aug 1892 no lot (MVC)
George 1819 - 30 Dec 1886 R20-BL336 (MVC)
George no date - 31 Aug 1888 R20-BL336 (MVC)
Henry 1885 - 4 June 1955 (SLC)
John no date - 26 Sept 1903 R20-BL336 (MVC)
Lydia 1825 - 1896 (MCC)
Martin (s/o Henry & Barbara) 1919 - 16 Dec 1920 (SLC)
Mary no date - 28 Jan 1910 R20-BL336 (MVC)
HELENER, Jacob R 1857 - 28 Nov 1915 no lot (MVC)
Nita S 1867 - 5 Aug 1927 no lot (MVC)
Virginia H 1860 - 13 Aug 1899 RB-BL5 (MVC)
HELLENER, Mrs J R no date - 9 Apr 1927 R17-BL276 (MVC)
HELM, Aaron no date - 26 Mar 1900 R40-BL334 (MVC)
Grace 1885 - 5 Nov 1892 no lot (MVC)
Hattan 1896 - 1982 (LC)
Ollie 1899 - 1983 (LC)
Walter 1898 - 1982 (LC)
Walter A 1898 - 1955 (LC)
HELNING, Joanna P 1876 - 23

HELNING (continued) Oct 1919 RA-BL6 (MVC)
John P 1875 - 23 Oct 1911 RA-BL6 (MVC)
Oscar no date - 16 Apr 1935 RA-BL6 (Ashes) (MVC)
HELWIG, John 10 Sept 1808 - 10 Oct 1900 (WLC)
Lucinda G w/o John 29 Apr 1824 - 17 Oct 1894 (WLC)
HEMBROUGH, Anna Bell 2 Jan 1865 - 12 Jan 1947 (LC)
Charles E 24 Oct 1861 - 21 Dec 1933 (LC)
Ernest 1889 - 30 July 1950 RJ-BL14 (MVC)
Josephine M 1913 - 1979 (LC)
Lila G 1910 - 1912 (LC)
Mable 1894 - 28 Apr 1984 RJ-BL14 (MVC)
Susie Hegland 1890 - 1923 (LC)
HEMIGH, John no date - 20 Apr 1921 RD-BL3 (MVC)
HEMMEN, Mother Celeste 12 Sept 1906 - 14 March 1966 (MSSCC)
HEMMING, Ed 1883 - 11 Mar 1969 RK-BL3 (MVC)
HEMPHILE, Catherine no date - 16 July 1899 R33-BL208 (MVC)
HENDEE, George E 1872 - 19 Aug 1939 RD-BL21 (MVC)
Ken 1904 - 15 Sept 1908 (inf) RD-aBL21 (MVC)
Lora M no date - 22 Mar 1966 RD-BL21 (MVC)
HENDERSHOT, Eva 1854 - 1905 no lot (MVC)
J 1831 - 16 Dec 1901 R16-BL265 (MVC)
Nellie no date - 10 July 1905 R16-BL265 (MVC)
HENDERSON, Alexander 1856 - 24 Aug 1922 RF-BL14 (MVC)
Alice 1873 - 23 Jan 1954 RE-BL20 (MVC)
Alice 1927 - 25 Sept 1977 RG-BL41 (MVC)
Amelia 1846 - 1922 (EEC)
Chad G 13 Aug 1968 - 20 Jan 1969 (baby) (SMGC)

HENDERSON (continued)
Charles 1873 - 1916 (EEC)
Charlotte 1911 - 1911 (EEC)
Clark S 1872 - 14 July 1947 RF-BL7 (MVC)
Edward 18 Dec 1822 - 23 Feb 1902 (LC)
Elizabeth 1859 - 11 Apr 1945 RF-BL14 (MVC)
Elizabeth Frances 1849 - 1894 (EEC)
Elizabeth no date - 28 Aug 1906 RE-BL7 (MVC)
Evaline 1874 - 1954 (EEC)
Floyd 1904 - 1923 (EEC)
George M 1844 - 1920 (EEC)
Hannah 1801 - 13 Aug 1892 81y (PGC)
Harvey 1841 - 1871 (LC)
Jane no date - 26 Sept 1916 RD-BL16 (MVC)
John Ed 1882 - 15 Feb 1928 RF-BL7 (MVC)
Joseph 1823 - 9 Oct 1888 65y (PGC)
Joseph 1842 - 1928 (EEC)
Josephine Louise no dates (EEC)
Josie May 1878 - 1903 (PGC)
Judy 16 Feb 1826 - 5 Jan 1887 (LC)
Mrs L A no date - 18 May 1889 R45-BL80 (MVC)
Lucy 1840 - 17 Dec 1916 RE-BL11 (MVC)
Mabel 1875 - 14 Sept 1960 RF-BL7 (MVC)
Margarett 1909 - 1966 (EEC)
Sarah 1841 - 1871 (LC)
Sarah A 1847 - 25 Apr 1924 RF-BL7 (MVC)
Thomas no date - 25 Mar 1907 RD-BL16 (MVC)
W B 1849 - 17 Nov 1928 RF-BL7 (MVC)
William 1874 - 1945 (EEC)
Wm 1815 - 21 Oct 1922 RE-BL14 (MVC)
Wm no date - 19 Apr 1954 RE-BL20 (MVC)
Wm no date - 3 Sept 1953 REBL20 (MVC)
Wm W 1872 - 21 Feb 1940 RE-

HENDERSON (continued)
BL10 (MVC)
HENDRICKS, Daniel 1824 - 15 Feb 1852 no lot (MVC)
Daniel 1857 - 6 Feb 1881 no lot (MVC)
Ida 1861 - 3 Jan 1862 no lot (MVC)
Thomas H 1859 - 12 Nov 1931 R21-BL11 (MVC)
W E 1854 - 2 May 1924 R21-BL11 (MVC)
HENDRICKSON, Charles 1876 - 23 June 1933 R41-BL2 (MVC)
George W 1847 - 14 June 1923 RF-BL5 (MVC)
Guy C 22 May 1883 - 24 Dec 1934 (Lt 20th Engineers) (EEC)
John M 1838 - 19 Mar 1926 RF-BL5 (MVC)
Jonathan 3 Aug 1807 - 15 Nov 1878 "Our father" (TC2)
Jonathan 20 June 1803 - 6 Mar 1873 (TC1)
Lilly S 1858 - 12 May 1943 RF-BL5 (MVC)
Madonna 1853 - 5 Feb 1938 no lot (MVC)
Martha N no date - 1 Mar 1938 R14-BL37 (MVC)
Susannah 20 June 1803 - 6 March 1873 "Our mother" (TC2)
Susannah no dates (TC1)
HENEKA, David no dates (VWC)
Mary 19 Dec 1836 - 3 July 1906 (VWC)
HENEKS, Frank s/o J & E 1858 - 1930 (EEC)
William E 6 Feb 1869 - 10 July 1893 (EEC)
H E N E R Y, Mark no dates (inf) (CWC)
HENKEL, Ethelreda 3 June 1889 - 22 Feb 1962 (MSSCC)
HENLEY, Amanda no date - 31 Jan 1913 RE-BL2 (MVC)
Hazel M no date - 30 May 1977 R41-BL3 (MVC)
Kate 1889 - 21 June 1976 no date (MVC)
Malcolm no date - 5 Sept 1959

HENLEY (continued)
RK-BL17 (MVC)
Thornton no date - 27 May 1933 R41-BL3 (MVC)
HENLY, Joseph 1872 - 25 Aug 1941 (SLC)
HENNIGH, John 1851 - 20 Apr 1921 no lot (MVC)
Mary 1857 - 4 Nov 1937 RD-BL3 (MVC)
Nancy 1853 - 28 Dec 1910 RF-BL2 (MVC)
HENNING, Aerman 1875 - 1956 (MCC)
Ed 1883 - 11 Mar 1969 RK-BL3 (MVC)
Errot L 1867 - 1931 (EEC)
George W no date - 15 Aug 1950 RJ-BL25 (MVC)
Leroy G 1899 - 1961 (EEC)
Mabel 1889 - 1973 (MCC)
Mary S 1870 - 1961 (EEC)
Rose B no date - 22 Dec 1947 RK-BL3 (MVC)
Roseor B 12 Nov 1893 - 27 Aug 1963 (EEC)
Virgil 1897 - 1983 (EEC)
HENNINGER, Caroline 1877 - 6 Nov 1879 no lot (MVC)
Catherine no date - 5 Dec 1896 R67-BL90 (MVC)
Della E 1899 - 2 Sept 1967 (SMGC)
Elizabeth D Calhoun w/o John 2 June 1872 - 21 May 1902 (FPC)
Frederick 1876 - 23 June 1949 RK-BL5 (MVC)
John D 17 May 1900 - 15 Dec 1918 "Son" (FPC)
Mary no date - 4 Nov 1937 RD-BL3 (MVC)
Samuel David 27 July 1898 - 12 Mar 1901 (FPC)
HENRY, Belle C 1866 - 1968 (PGC)
Charles 1888 - 10 Nov 1893 no lot (MVC)
David Edwin 1870 - 14 Sept 1935 RG-BL22 (MVC)
Harvey 1871 - 19-- (PGC)
Katheryn 1880 - 14 Aug 1960

HENRY (continued)
RG-BL22 (MVC)
Mabel 1971 - 1968 (PGC)
Marcus 1907 - 13 Feb 1979 RK-BL42 (MVC)
Mrs Marcus no date - 7 Apr 1979 RK-BL42 (MVC)
Nettie 1877 - 1929 (PGC)
Ralph S 1902 - 1930 (PGC)
William F 1865 - 1939 (PGC)
HENSCHE, Emma E no date - 14 Nov 1909 R51-BL180 (MVC)
Gustan 1851 - 28 May 1889 R49-BL150 (MVC)
Gustan no date - 15 Nov 1909 R51-BL180 (MVC)
Lena no date - 8 May 1888 R49-BL145 (MVC)
Minna C 1878 - 1903 no lot (MVC)
Wilhilimie no date - 12 Nov 1928 R50-BL180 (MVC)
HENSEN, Elmer T 15 Apr 1880 - 28 Sept 1971 (CWC)
HENSLEN, Marie C 1892 - 1977 (EEC)
HENSLER, Bernard no date - 11 Feb 1883 76y 10m 25d (SACC)
HENSON, A T 14 May 1834 - 17 Jan 1907 (FPC)
Alvin Henry 28 Jan 1842 1 Oct 1913 (FPC)
Amanda w/o A T 1843 - 4 Sept 1929 (FPC)
Anderson 29 Jan 1832 - 10 May 1921 (CWC)
Belle 1869 - 1873 (FPC)
Charles A 1872 - 1920 "Father" (CWC)
Clifford (s/o W A & M B Henson) 29 July 1906 - 5 May 1909 (CWC)
Cyrenous 1841 - 1916 (FPC)
David 1878 - 1947 (RMC)
Elizabeth (w/o Anderson Henson) 29 Oct 1837 - 30 Aug 1916 (CWC)
Elizabeth 1838 - 1909 (FPC)
Henry 1869 - 1877 (FPC)
James 1874 - 1963 (CWC)
Lucy A (w/o Charles) 1875 - 1958 "Mother" (CWC)

HENSON (continued)
Lula 1804 - 1840 (FPC)
Lula b&d 1864 (FPC)
Mabel d/o A H & S J 1908 - 1910 (FPC)
Mabel d/o James & Clara 1908 - 1911 (FPC)
Minnie 1876 - 1967 (CWC)
Mr & Mrs no dates (RMC)
Otto 1880 - 1881 (FPC)
Sarah Jane w/o A H 6 Mar 1850 - 11 Feb 1923 (FPC)
Thomas 1875 - 1950 (RMC)
William 1867 - 1924 (CWC)
HERBERS, Cecelia 1914 - 7 June 1974 60y (SLC)
H E R D, Asa no date - 26 Dec 1916 RB-BL11 (MVC)
Mary 1838 - 24 Aug 1903 R19-BL317 (MVC)
Richard 1836 - 8 July 1901 R19-BL317 (MVC)
HERDMAN, Earl 1904 - 21 June 1979 (SMGC)
Earl no date - 23 Aug 1975 RK-BL23 (MVC)
Mildred O w/o Earl 9 Feb 1894 - 23 June 1981 (SMGC)
HERFORD, Christina 1879 - 4 May 1961 RA-BL29 (MVC)
Julius T 1830 - 17 Nov 1872 no lot (VC)
L S 1875 - 14 Apr 1931 RA-BL29 (MVC)
HERHAM, Flora J 28 Feb 1850 - 31 May 1914 (EEC)
Harley H 26 May 1907 - 14 Apr 1908 (EEC)
John 28 Feb 1838 - 9 Aug 1929 (EEC)
Mildred 27 May 1903 - 31 Dec 1914 (EEC)
HERMAN, Charles 13 Dec 1852 - 29 Feb 1929 (LC)
Gottlieb no date - 12 Sept 1890 R51-BL174 (MVC)
Herman 12 Sept 1841 - 9 Dec 1889 (SBAC)
Louise 1859 - 1927 (LC)
Louise no date - 6 Aug 1912 R51-BL175 (MVC)
Mary 1865 - 30 Sept 1954 R51-

HERMAN (continued)
BL162 (MVC)
Oth no dates (EEC)
HERMBACK, Nancy 1865 - 1955 (EEC)
Nellie 4 May 1883 - 16 Oct ? (EEC)
Oscar 1856 - 1955 (EEC)
HERNDON, Elsie 1881 - 24 Aug 1971 RJ-BL34 (MVC)
John 1882 - 17 Mar 1962 RJ-BL34 (MVC)
Mary w/o Thos no date - 11 June 1863 66y (MPC)
Thos Sr no date - 11 Feb 1864 69y (MPC)
HERNING, Rose Blanche 1893 - 23 Dec 1947 RK-BL3 (MVC)
HEROD, Chloe 1896 - 1960 (LC)
Clyde 1902 - 1925 (LC)
Flora 1866 - 1953 (LC)
George W 1889 - 1954 (LC)
J Ellis 1893 - 1971 (LC)
R Pearl 1895 - 1965 (LC)
HERRIN, Christina W 1885 - 13 Sept 1968 (SNC)
HERRING, Avilla 1852 - 25 Nov 1936 RF-BL23 (MVC)
Henry H 1846 - 7 Dec 1925 RF-BL23 (MVC)
HERRON, James no date - 1 Feb 1888 25y 7m 6d (EEC)
Nannie no date - 26 Dec 1882 (EEC)
HERSEY, Charles 1839 - 27 Oct 1886 R20-BL326 (MVC)
J F 1844 - 28 Mar 1909 R20-BL326 (MVC)
Mrs 1808 - 19 Jan 1892 R20-BL326 (MVC)
Wm no date - 9 Feb 1900 R50-BL158 (MVC)
HERSHMAN, Albert no date - 23 Apr 1928 53y 1m 21d (EEC)
Conrad 1844 - 1924 father (MCC)
Flora J 10 Dec 1850 - 31 May 1896 (EEC)
Gerald no date - 15 Mar 1935 1y 4d (EEC)
John 28 Feb 1838 - 9 Aug 1929 (EEC)
Philip 1808 - 1895 father (MCC)

HERSHMAN (continued)
Sarah 1819 - 1895 mother (MCC)
Sarah 1844 - 1934 mother (MCC)
HERTER, Adolph 1834 - 1892 father (MCC)
Jacob 1862 - 1931 (MCC)
Mary 1835 - 1912 mother (MCC)
HERTTER, George no date - 1863 (CSHC)
HERZOG, Elizabeth no date - 14 Apr 1931 RJ-BL2 (MVC)
Emil 1873 - 13 May 1945 R13-BL206 (MVC)
Ernest 1896 - 13 Mar 1965 RJ-BL2 (MVC)
Frank 1843 - 19 Mar 1898 R13-BL206 (MVC)
inf/o Otto no date - 4 Mar 1921 R13-BL206 (MVC)
Otto 1895 - 18 Mar 1978 RJ-BL24 (MVC)
Rose 1861 - 25 Feb 1934 R13-BL206 (MVC)
Rosella 1900 - 17 Dec 1971 RJ-BL24 (MVC)
HESS, Betty 1924 - 16 Oct 1982 RK-BL27 (MVC)
Christian 1864 - 1943 (ASC)
Elizabeth 1839 - 1895 (ASC)
George b Sheffield, England 1837 - 1921 (ASC)
Loren Larry no date - 3 Oct 1985 8-2-21-K (MVC)
Louise no date - June 1918 (SLC)
Victoria 17 June 1832 - 24 Apr 1917 86y (SLC)
William 1826 - 1904 (ASC)
William C (s/o ----) 28 Aug 1869 - 21 June 1918 59y (SLC)
HESSE, Elmer L no date - 3 Dec 1953 RK-BL7 (MVC)
HESSONO, Atkan d/o F B no date - 1891 (MCC)
HETHERINGTON, Alice 1865 - 29 Oct 1865 no lot (MVC)
Annie no date - 22 Mar 1887 RB-BL25 (MVC)
G S 1857 - 25 Oct 1906 RB-BL25 (MVC)
Grace 1867 - 2 June 1898 no lot (MVC)

HETHERINGTON (continued)
Lillie no date - 27 Jan 1937 RB-BL26 (MVC)
Webster 1891 - 19 Apr 1962 RB-BL26 (MVC)
Wm 1821 - 2 Feb 1890 RB-BL25 (MVC)
Wm 1850 - 14 Jan 1892 RB-BL26 (MVC)
HETSCHER, Placidia 9 Nov 1867 - 21 Sept 1901 (MSSCC)
HETZ, Chris no date - 23 July 1901 RD-BL17 (MVC)
Dora 1880 - 29 Sept 1976 RJ-BL17 (MVC)
Margaret no date - 16 Jan 1911 RD-BL17 (MVC)
Otto C 1874 - 11 Nov 1953 RJ-BL17 (MVC)
HEVERDY, Oscar no date - 31 July 1897 R39-BL312 (MVC)
HEYWOOD, Fredrick 1871 - 1958 (EEC)
HIATT, Flora B no date - 10 Nov 1926 RF-BL22 (MVC)
Joe no date - 25 May 1927 RF-BL22 (MVC)
HIBLER, C W no date - 27 May 1943 (inf) RG-BL40 (MVC)
Charles W no date - 14 Apr 1972 (inf) RG-BL40 (MVC)
Ester 1889 - 8 May 1941 RF-BL5 (MVC)
Jack P 1918 - 22 Sept 1981 RF-BL2 (MVC)
HICK, Beatrice no date - 20 July 1888 R37-BL285 (MVC)
Ezra no date - 13 Dec 1932 79y 18d (EEC)
HICKS, Craig 1960 - 1980 (LC)
Elias M 1851 - 1925 (MCC)
Mary M 1874 - 1928 (MCC)
Phebe 1805 - 18 Dec 1876 (BCC)
HIDERMAN, Augusta no date - 17 June 1887 R32-BL195 (MVC)
HIEBACH, John 1884 - 1971 (CWC)
HIES, Samuel K 5 June 1891 - 2 June 1966 (LC)
HIESER, Ann no date - 9 Mar 1982 RJ-BL35 (MVC)

HIESER (continued)
John E no date - 8 Nov 1973 RJ-BL35 (MVC)
HIGERD, Jacob 11 June 1832 - 13 June 1904 (EEC)
Rebecca w/o Jacob 14 Oct 1839 - 28 July 1904 (EEC)
HIGGINS, John W 1851 - 29 Dec 1925 RF-BL11 (MVC)
Roger Mark 1915 - 1922 (SACC)
Sarah Ellen 1848 - 3 July 1913 RF-BL11 (MVC)
HIGH, Cyrus 1856 - 17 Nov 1897 R20-BL329 (MVC)
E Nadine 1826 - 1951 (AC2)
Lester E 1886 - 1920 (EEC)
Lillie P 1857 - 1 May 1922 R45-BL79 (MVC)
Ruth 1881 - 17 Nov 1897 R20-BL329 (MVC)
HIGHFILL, Benjamin F 1884 - 1966 (FPC)
Bertha 1889 - 1952 (FPC)
Clarence s/o Lottie & Thomas 1891 - 1896 (FPC)
Della I w/o Roy J 17 Mar 1885 - 16 July 1972 (SMGC)
George P 1865 - 1933 (FPC)
Glenn no date - 22 Oct 1957 RK-BL39 (MVC)
Henry 23 July 1921 - 19 Jan 1922 (FPC)
John W 1866 - 1939 (FPC)
Joseph F 1924 - 1928 (FPC)
Lottie w/o Thomas 1869 - 1950 (FPC)
Mary C w/o Ben F 1886 - 1930 (FPC)
Roy J 26 Mar 1889 - 21 Mar 1978 (SMGC)
Thomas 1845 - 7 Mar 1899 54y (FPC)
Thomas 1869 - 1955 (FPC)
twins no date - 16 Jan 1891 1d Sec1-L99-#1 (SPC)
HIGLEY, Alta 1883 - 1926 (LC)
Arthur 1880 - 27 Mar 1973 RG-BL34 (MVC)
Carrie N w/o Russell 1836 - 1898 (PDC)
Charles 20 July 1825 - 18 Feb 1905 (EEC)

HIGLEY (continued)
Clarence N 1901 - 1967 (RMC)
Elizabeth 1872 - 1903 (PDC)
Emma Winsor 1864 - 1942 (PDC)
Ethel 1888 - 1967 (LC)
George N 1874 - 1947 (PDC)
Gilbert 1875 - 1896 (PDC)
Grace A 1888 - 1975 (PDC)
Hiram 1836 - 1888 father (PDC)
Julia E 1840 - 1938 (PDC)
Logan H 1882 - 1966 (LC)
Lula Maude 1880 - 27 June 1944 RG-BL34 (MVC)
Lynnford H 1846 - 1969 (PDC)
Margaret S no date - 18 Oct 1959 RB-BL18 (MVC)
Marion 1921 - 1951 (PDC)
Marion F 1875 - 1893 (PDC)
Mary E 1874 - 1935 (PDC)
Mary Esther w/o Russell 1842 - 1919 (PDC)
Mary Josephine 1887 - 1961 (PDC)
Mary Stella 11 May 1876 - 21 Nov 1938 61y 8m 10d (EEC)
Mina 1881 - 1897 (PDC)
Nannie R 1872 - 1938 (EEC)
Otis Otto 1905 - 27 Apr 1967 R58-BL301 (MVC)
Otto R 1863 - 1886 (PDC)
Perry 1883 - 1958 (PDC)
Russell 1833 - 1914 (PDC)
Russell 1838 - 1920 (PDC)
Susan E 16 Dec 1839 - 31 Aug 1911 (EEC)
Willard M 1873 - 1893 drowned (PDC)
William 1861 - 1905 (PDC)
HILBORN, Frankie d/o J C & S F 1895 - 1897 (MCC)
HILDEBRAND, Jessie no date - 5 Feb 1914 RD-BL8 (MVC)
HILL, Alice M 1890 - 21 June 1955 RE-BL3 (MVC)
Barbara E w/o C H no date - 4 Jan 1843 43y 1m 4d (EEC)
C H no dates (EEC)
Charles 1944 - 1964 (MCC)
Elizabeth 1840 - 1922 (MCC)
Evar Eugene 14 Oct 1920 - 1 Aug 1977 (SMGC)

HILL (continued)
Grace no date - 28 Nov 1911 no lot (MVC)
Laura 1852 - 2 Aug 1920 RA-BL13 (MVC)
Minnie no date - 29 Aug 1933 RE-BL15 (MVC)
Nora V 1895 - 14 Aug 174 RK-BL34 (MVC)
Rachel A 1872 - 5 June 1933 R41-BL2 (MVC)
Samuel 1855 - 1896 (MCC)
Ulyssis no date - 6 July 1962 RE-BL21 (MVC)
HILLBERG, Elsie M no date - 3 Jan 1969 RF-BL1 (MVC)
Henry no date - 3 Aug 1937 RF-BL1 (MVC)
HILLER, Henry 1835 - 18 July 1915 R66-BL70 (MVC)
Magdalene 1835 - 28 Dec 1884 no lot (MVC)
Percy no date - 28 Dec 1932 R65-BL67 (MVC)
HILLICK, Catherine 1866 - 25 May 1944 RF-BL1 (MVC)
HILLIGOSS, A W no date - 27 Apr 1889 R17-BL288 (MVC)
Alfred no date - 12 Oct 1887 R64-BL36 (MVC)
Anna no date - 29 Apr 1903 R17-BL288 (MVC)
Dorothy no date - 1 Apr 1901 R17-BL288 (MVC)
Francis B 1895 - 11 May 1934 R41-BL4 (MVC)
Marion W no date - 14 Aug 1933 R17-BL288 (MVC)
HILSER, Ann no date - 9 Mar 1982 no lot (MVC)
HILTON, Edna May 1901 - 8 Nov 1977 RK-BL29 (MVC)
Frank G 1895 - 14 July 1956 RK-BL29 (MVC)
George no date - 19 Nov 1903 34th Field Artillery (RMC)
Sarah 1860 - 1887 (RMC)
HILVOIK, C L no dates (MLC)
HIMAN, Joseph no date - 3 Nov 1921 RD-BL2 (MVC)
HINDRICKSON, Charles no date - 26 June 1933 R41-BL2 (MVC)

HINDS, Christopher 1868 - 8 Aug 1945 RG-BL39 (MVC)
Ed no date - 4 Dec 1896 R39-BL313 (MVC)
Edwin L no date - 24 June 1927 RA-BL13 (MVC)
Francis M 1854 - 9 Nov 1921 RA-BL13 (MVC)
G W no date - 23 May 1888 R26-BL98 (MVC)
Laura V 1889 - 31 Mar 1963 RG-BL39 (MVC)
Loretta 1893 - 22 June 1920 RF-BL16 (MVC)
Lucinda 1845 - 9 Feb 1903 R8-BL43 (MVC)
Lulu 1868 - 22 Oct 1879 no lot (MVC)
Martha no date - 11 May 1888 R35-BL239 (MVC)
Rolla E 1893 - 10 Sept 1950 RG-BL39 (MVC)
HINES, Frank 1897 - 1976 (LC)
James A 1835 - 1915 (MCC)
James A Jr 1862 - 1889 (MCC)
Lillie 1870 - 1939 (LC)
Mattie V no dates (MCC)
Michael 1863 - 1943 (LC)
Nancy E 1837 - 1900 (MCC)
Norine 29 Sept 1896 - 25 July 1976 (LC)
Ruth 1903 - 1978 (LC)
Shirley 1913 - 1958 28-N 1/2-#4 (CCC2)
William H (MCC)
HINK, John 1831 - 28 Jan 1890 (SLC)
HINKLE, Alice 1867 - 15 July 1947 RA-BL13 (MVC)
Amos 1845 - 12 Jan 1904 RA-BL13 (MVC)
Clayton no date - 9 June 1897 R40-BL327 (MVC)
Edith no date - 18 Oct 1933 RA-BL13 (MVC)
Eliza no date - 5 Sept 1895 R40-BL325 (MVC)
Emma no date - 17 July 1913 RA-BL31 (MVC)
George no date - 5 Feb 1905 R40-BL324 (MVC)
Mrs George no date - 30 Apr

HINKLE (continued)
1905 RE-BL6 (MVC)
Howard 1869 - 9 Sept 1933 RA-BL13 (MVC)
inf no date - 12 Oct 1898 RA-BL31 (MVC)
inf no date - 2 Feb 1893 R48-BL127 (MVC)
Katherine 1877 - 10 Feb 1933 RA-BL31 (MVC)
Mary no date - 28 Jan 1919 RA-BL13 (MVC)
S A 1856 - 9 July 1913 RA-BL31 (MVC)
HINKSON, Emma Ely 1866 - 31 Oct 1938 R67-BL101 (MVC)
George W 1857 - 22 Dec 1941 R67-BL101 (MVC)
HINKSTONE, Dorirds 1851 - 1926 (MCC)
Francis Marion 1848 - 1932 (MCC)
HINLEY, Amanda no date - 2 Feb 1913 RE-BL2 (MVC)
HINNEN, Joseph 1878 - 5 Dec 1958 RD-BL2 (MVC)
Joseph S 1906 - 2 Nov 1921 RD-BL3 (MVC)
Mabel May no date - 16 Nov 1954 RD-BL2 (MVC)
Norma 1908 - 20 Sept 1976 RD-BL2 (MVC)
HINRICHS, Hedwige 16 Aug 1874 - 29 March 1963 (MSSCC)
HINRICHSEN, Charles 1876 - 23 June 1933 no lot (MVC)
HINZ, Anna 1881 - 1968 (LC)
Catherine 1856 - 1947 (LC)
George 1879 - 1964 (LC)
Glen G 1913 - 1964 (LC)
Gustav 1886 - 1975 (LC)
Herman 10 Aug 1842 - 27 Aug 1905 (LC)
Julia 1888 - 1971 (LC)
Walter G 1910 - 1981 (Cpl US Marine Corps WWII) (LC)
HIPPLE, Capt Charles D f/o Fanny Chiles 1828 - 2 Aug 1885 57y 3m 17d (EEC)
HISER, Mabel Fay 1902 - 2 June 1975 RJ-BL24 (MVC)
HISH, Christina B 1865 - 1946

HISH (continued)
(EEC)
HISSOH, Altha no date - 24 Jan 1891 (MCC)
HITCHENS, Douglas A no date - 13 May 1963 RK-BL14 (MVC)
Helen no date - 1 June 1964 RG-BL19 (MVC)
Joseph A 30 Aug 1918 - 20 Oct 1985 67y 6-1-10-D (MVC)
HITCHING, Grandmother Eliza no dates (WLC)
HITCHNER, Erma Virginia d/o Alfred & Mary 1890 - 1895 (EEC)
Mary 1852 - 1917 (EEC)
HITER, George no date - 8 May 1930 RE-BL15 (MVC)
HIVELY, Ardie no date - 2 Mar 1881 (PDC)
H Nelson no date - 30 Sept 1879 (PDC)
HOAG, Anna Belle 1885 - 10 Nov 1948 R47-BL113 (MVC)
HOAGLUND, Robert no date - 29 Aug 1951 RF-BL8 (MVC)
HOCHGRAFE, Julitta 29 Dec 1888 - 27 Feb 1912 (MSSCC)
HOCHSTATTER, Mary 1858 - 1945 (SACC)
Mary K 1881 - 1955 (SACC)
Theodore H 1852 - 1916 (SACC)
HODGE, George no date - 25 May 1940 RE-BL8 (MVC)
Naomi no date - 5 Feb 1904 (inf) RD-BL17 (MVC)
HODGES, Earl L 22 Oct 1909 - 12 Dec 1976 (SMGC)
Hattie Pauline 1883 - 15 Sept 1923 (SNC)
John 1851 - 25 Jan 1917 (SNC)
HODSON, Ida Cathrine no date - 1 June 1958 RD-BL7 (MVC)
Josiah 1858 - 6 Apr 1926 RD-BL7 (MVC)
HOECKER, Frank J 1 May 1878 - 3 Nov 1970 (SMGC)
Lula M w/o Frank J 15 Apr 1883 - 31 May 1963 (SMGC)
Norman no date - 18 June 1982 RG-BL22 (Ashes) (MVC)
Thomas Joe 1934 - 18 May 1935

HOECKER (continued) RG-BL22 (MVC)
HOEPPNER, Christian no date - 14 June 1909 R47-BL117 (MVC)
HOERNIG, infant no date - 17 Aug 1890 R51-BL58 (MVC)
HOFFER, June Irene B 1894 - 11 Feb 1972 RF-BL6 (MVC)
HOFFMAN, 1832 - 11 Sept 1887 55y 7m 13d (LC)
Alice 7 Aug 1891 - 1983 (EEC)
Alice no date - 22 July 1971 73y Sec2-L29-#2 (SPC)
Carrie 1877 - 19 Oct 1878 (LC)
Charles G 12 Dec 1901 - 1 Aug 1977 (SMGC)
Christina no date - 30 Apr 1909 no lot (MVC)
Darl Martin no date - 12 Nov 1933 6m Sec2-L17-#3 (SPC)
Dorothy L no date - 1 Jan 1918 RB-BL10 (MVC)
Elise 1858 - 28 Dec 1943 RB-BL10 (MVC)
Eric A 1898 - 14 Oct 1961 RJ-BL34 (MVC)
Francis no date - 28 Oct 1948 RK-BL4 (MVC)
Fred 10 Oct 1867 - 28 Sept 1897 (LC)
Freddie ? Oct 1866 - 16 Nov 1866 (LC)
George A 1874 - 1933 (LC)
Golda no date - 1898 no lot (MVC)
Henry 1896 - 9 Nov 1969 73y Sec2-L29-#1 (SPC)
Herman J 1883 - 13 May 1904 RB-BL10 (MVC)
John H 1851 - 5 July 1938 RB-BL10 (MVC)
John H Jr no date - 31 May 1904 RB-BL10 (MVC)
John no date - 28 Oct 1948 RK-BL4 (MVC)
Katherine L no date - 23 Mar 1940 67y Sec2-L28-#2 (SPC)
Katherna Margaret 5 Sept 1836 - 10 July 1918 (LC)
Kurt 1884 - 1937 (MCC)
Lucy no date - 26 Nov 1871 no

HOFFMAN (continued) lot (MVC)
Mable 1884 - 1937 (MCC)
Marie no dates no lot (MVC)
Mauria S no date - 26 Jan 1971 RK-BL4 (MVC)
Michael 1871 - 10 July 1957 86y Sec2-L28-#1 (SPC)
Nannie 1879 - 1964 (LC)
Ray 1894 - 14 Jan 1961 RF-BL20 (MVC)
Walter M no date - 27 June 1963 (EEC)
HOFFMANS, Dolorosa 16 Jan 1886 - 6 Oct 1963 (MSSCC)
Karlene 232 Dec 1896 - 7 Oct 1972 (MSSCC)
HOGAN, Flavia 20 Feb 1879 - 21 Aug 1959 (MSSCC)
Hattie d/o Rev H D & Clara 12 July 1877 - 13 Apr 1881 (EEC)
Jessie d/o Rev H D & CLara 26 Oct 1879 - 21 Aug 1881 (EEC)
Rosemary 30 Aug 1887 - 8 Jan 1969 (MSSCC)
HOGARD, Thelma no date - 30 Apr 1979 RJ-BL28 (MVC)
HOLBERT, Adrian 1872 - 6 Nov 1950 R30-BL158 (MVC)
Carrie 1881 - 7 Oct 1934 R30-BL158 (MVC)
Charles 1831 - 20 Jan 1893 R30-BL158 (MVC)
Clifton B no date - 15 Apr 1904 R30-BL158 (MVC)
Ella May no date - 29 Sept 1919 RG-BL22 (MVC)
Ellen 1835 - 14 Feb 1917 R30-BL158 (MVC)
inf no date - 15 June 1888 R49-BL148 (MVC)
inf no date - 23 Dec 1906 no lot (MVC)
Mary 1871 - 17 Apr 1953 R30-BL158 (MVC)
Maude no date - 29 June 1909 RB-BL22 (MVC)
Virginia 1900 - 26 Aug 1972 R30-BL158 (MVC)
W B no date - 14 Apr 1939 RB-BL22 (MVC)
HOLBROOK, Abigail no date - 27

HOLBROOK (continued)
Jan 1889 R49-BL148 (MVC)
Edward no date - 4 Dec 1931 RC-BL3 (MVC)
inf no date - 15 Nov 1888 R49-BL148 (MVC)
J E 1840 - 30 May 1906 RC-BL3 (MVC)
Louise 1842 - 7 May 1903 RC-BL3 (MVC)
HOLBURT, Ella May no date - 29 Sept 1919 no lot (MVC)
Maude no dates no lot (MVC)
HOLCOMB, Bettie 1856 - 1870 (MCC)
HOLDER, Edith H 1889 - 31 Oct 1971 RE-BL26 (MVC)
Ida Belle no date - 2 Mar 1939 RE-BL12 (MVC)
Lloyd E 1889 - 5 July 1977 RF-BL26 (Ashes) (MVC)
Lloyd E 1928 - 10 Jan 1937 RF-BL26 (MVC)
Mary E 1903 - no date no lot (MVC)
Minnie w/o Richard D 22 Aug 1878 - 3 Feb 1908 (ACC)
Richard D 1873 - 24 Apr!1929 RF-BL26 (MVC)
Richard D Jr 1902 - 17 Apr 1963 RF-BL26 (MVC)
HOLE, Franklin James 5 Feb 1870 - 3 June 1935 (EEC)
Stella B no date - 20 Mar 1942 no lot (MVC)
HOLLAND, Alva Dora 1862 - 1920 (ASC)
Bessie L 1922 - 1936 (ASC)
Blaine 1893 - 1953 (LC)
Daysie 1894 - no date (LC)
Frank P 1879 - 20 Oct 1882 R30-BL154 (MVC)
Harriet 1853 - 1924 (ASC)
Homer 17 July 1866 - 1873 (OHC)
Dr J Daniel 1854 - 12 Sept 1890 R30-BL154 (MVC)
Joseph 1822 - 1884 (ASC)
Joshua 1882 - 1884 (ASC)
Kenneth no dates inf (ASC)
Maria 1825 - 1895 (ASC)
Mary 1850 - 1895 (ASC)

HOLLAND (continued)
Raymond P no date - 27 Feb 1973 RJ-BL25 (MVC)
Robert L 1890 - 22 Nov 1892 R30-BL154 (MVC)
Ruth Marie 1883 - 7 Nov 1973 RJ-BL25 (MVC)
William 1856 - 1940 (ASC)
William Arthur 1880 - 1922 (ASC)
Wm S 1882 - 12 July 1882 no lot (MVC)
HOLLENBACK, Mrs no date - 17 Mar 1894 R26-BL88 (MVC)
HOLLEY, Camillia 1876 - 21 June 1904 R18-BL305 (MVC)
Fred 1878 - 12 May 1903 R18-BL305 (MVC)
Gladys no date - 19 Aug 1890 R18-BL305 (MVC)
Lillian no date - 14 Apr 1893 R18-BL305 (MVC)
HOLLIDAY, Addie (d/o J N & M J Holliday) 1861 - 2 Dec 1862 1y 3m 7d (NSC)
Wm D (s/o J N & M J Holliday) 1859 - 8 Aug 1865 6y 1m 28d (NSC)
HOLLINGSWORTH, Doug no date - 4 May 1911 R48-BL124 (MVC)
Frances 1915 - 21 May 1979 RJ-BL12 (MVC)
Joseph D 1910 - 18 Nov 1963 RJ-BL12 (MVC)
HOLLIS, Henry 1866 - 1909 (MCC)
HOLLISTER, Harriet 1829 - 11 Dec 1891 no lot (MVC)
Mary B 1866 - 2 Aug 1942 RA-BL34 (MVC)
Mrs no date - 12 Dec 1890 RA-BL34 (MVC)
Samuel no date - 29 Mar 1910 RA-BL34 (MVC)
HOLMES, Alexander no date - 18 Feb 1908 RE-BL6 (MVC),
Charles F 1909 - 7 May 1982 RG-BL23 (MVC)
Clara no date - 25 Jan 1937 RE-BL11 (MVC)
Emma A no date - 2 Jan 1887

HOLMES (continued)
R36-BL278 (MVC)
Frances no date - 17 Feb 1894 R27-BL116 (MVC)
Guy no date - 4 Jan 1887 R36-BL278 (MVC)
Isaac 1850 - 7 Feb 1926 no lot (MVC)
James G 1869 - 6 Aug 1912 RF-BL11 (MVC)
James I 1841 - 10 Oct 1921 R11-BL179 (MVC)
Jane W 1841 - 14 May 1925 RF-BL11 (MVC)
Jemina P 1844 -2 Mar 1923 R11-BL197 (MVC)
Jeniva M no date - 24 Dec 1894 R50-BL166 (MVC)
Jessie no date - 18 Nov 1919 RE-BL11 (MVC)
John B 1872 - 22 Mar 1873 no lot (MVC)
John M 1843 - 19 June 1912 RF-BL11 (MVC)
John no date - 9 Feb 1926 RD-BL7 (MVC)
Josephine 1877 - 1 Oct 1936 RG-BL23 (MVC)
Louisianna 1850 - 19 June 1936 RD-BL7 (MVC)
Maggie no date - 2 Dec 1886 R36-BL278 (MVC)
Nancy no date - 11 Oct 1885 66y 1m 28d (LC)
Nick no date - 20 Feb 1917 RE-BL11 (MVC)
Oliver W 1903 - 2 Feb 1943 RG-BL33 (MVC)
Othella B no date - 20 Feb 1940 RE-BL12 (MVC)
Perry W 1868 - 21 Dec 1920 R11-BL179 (MVC)
Mrs R no date - 17Oct 1902 RE-BL6 (MVC)
William 1809 - 24 Sept 1877 71y 5m 8d (LC)
William H no date - 1 Apr 1931 R11-BL179 (MVC)
HOLSTER, Samuel 1829 - 28 Mar 1910 RA-BL34 (MVC)
HOLT, Alma Mae 17 May 1885 - 15 Nov 1972 (SMGC)

HOLT (continued)
Isabelle M 1879 - 10 Jan 1928 RA-BL35 (MVC)
Jane 1900 - 1931 no lot (MVC)
Robert T 11 Dec 1882 - 26 Jan 1979 (SMGC)
Wm no date - 3 Oct 1901 (inf) RA-BL35 (MVC)
HOLTGRAVE, Gorgan w/o William 18 Aug 1897 - 18 Jan 1975 (SMGC)
Lillie 10 Mar 1923 - 3 Feb 1979 (SMGC)
William 23 June 1892 - 15 Aug 1977 (SMGC)
HOLTHAUS, Dorthea 1841 - 7 Mar 1924 R21-BL9 (MVC)
Gustan 1824 - 1879 no lot (MVC)
Julius 1863 - 1863 no lot (MVC)
Julius 1882 - 1929 no lot (MVC)
Lulu 1871 - 1900 no lot (MVC)
Mabel 1881 - 10 Oct 1957 R21-BL9 (MVC)
Mary no date - 26 Mar 1900 RB-BL5 (MVC)
HOLTHUSON, Christina no date - 27 Nov 1892 R44-BL60 (MVC)
inf no date - 5Feb 1894 R44-BL60 (MVC)
John no date - 7 Jan 1895 R44-BL60 (MVC)
S B no date - 7 May 1889 R37-BL278 (MVC)
HOLTON, Elsie Grimes 6 Feb 1896 - 21 May 1952 (OHC)
Frances A 15 Dec 1891 - 12 June 1977 (OHC)
HOMANS, inf s/o W M & Tilly no dates (RMC)
HOMER, C H no date - 3 Oct 1973 no lot (MVC)
Frances B no date - 1859 no lot (MVC)
Harry no date - 19 May 1933 R14-BL236 (MVC)
Mrs N M no date - 25 Mar 1896 R14-BL236 (MVC)
Sowers 1 Oct 1896 - 3 Mar 1963 (WLC)
HONNELL, Minnie Bell 1874 7y 5m 13d (OHC)

HONNELL (continued)
Willet T 27 May 1876 7y 5m 13d (OHC)
HONZA, Georgia 1884 - 1884 (PDC)
HOOPER, Aaron 1861 - 24 Mar 1924 RF-BL11 (MVC)
Abraham 1839 - 21 Feb 1914 RG-BL17 (MVC)
Adda B no date - 30 Aug 1870 (PDC)
Anna H 1860 - 26 June 1927 RD-BL14 (MVC)
Charles F 1867 - 5 Aug 1914 R15-BL251 (MVC)
Charles M no date - 1 July 1963 RK-BL22 (MVC)
Clara 1897 - 18 July 1967 no lot (MVC)
Daisy Emma B 1879 - 1 Aug 1953 RK-BL22 (MVC)
Daniel S 1868 - 25 Jan 1912 RG-BL17 (MVC)
Dorothy 1917 - 21 Dec 1917 no lot (MVC)
Emma 1858 - 2 Feb 1923 RF-BL11 (MVC)
Mrs George 1854 - 11 Jan 1941 R24-BL59 (MVC)
George R 1851 - 8 Oct 1918 R24-BL59 (MVC)
Gladys E 1881 - 26 Mar 1963 R24-BL59 (MVC)
Grelean no date - 6 Feb 1912 no lot (MVC)
Howard 1901 - 9 Aug 1968 RK-BL38 (MVC)
Mrs Howard no date - 18 July 1967 RK-BL38 (MVC)
Ida 1877 - 10 Oct 1954 RK-BL18 (MVC)
inf no date - 16 May 1888 R37-BL279 (MVC)
inf no date - 25 Feb 1894 R37-BL279 (MVC)
James M 1874 - 1 July 1963 RK-BL22 (MVC)
Jerome no date - 8 Oct 1911 no lot (MVC)
Loren 6 Aug 1870 4m 2d (PDC)
Louise 1842 - 18 Sept 1925 RG-BL17 (MVC)

HOOPER (continued)
Mary w/o James A 1836 - 1888 mother (PDC)
Mildred 1889 - 2 Apr 1894 R15-BL251 (MVC)
Olive M 1869 - 1889 (PDC)
Richard 1854 - 12 Feb 1914 RF-BL11 (MVC)
Robert no date - 15 Mar 1944 RD-BL14 (MVC)
Sarah 1833 - 13 June 1921 RF-BL11 (MVC)
Sarah 1840 - Dec 1872 32y (RMC)
Sarah w/o Abraham 1806 - 1876 (MCC)
Stephen no date - 8 Mar 1911 R15-BL251 (MVC)
Wm J 1874 - 20 Feb 1958 RK-BL18 (MVC)
Wm R 1830 - 6 Feb 1912 RF-BL11 (MVC)
HOOVER, Daniel 1785 - 27 June 1872 no lot (MVC)
Ida no date - 10 Oct 1954 RK-BL18 (MVC)
Ida no date - 4 Mar 1909 R64-BL42 (MVC)
Jerome no date - 8 Oct 1911 R64-BL42 (MVC)
Matty no date - 8 Mar 1897 R28-BL120 (MVC)
W H no date - 17 Dec 1910 R28-BL120 (MVC)
HOPF, Demetria 27 Feb 1890 - 19 Nov 1960 (MSSCC)
Fara 11 Nov 1892 - 26 Sept 1981 (MSSCC)
Victoria 17 May 1894 - 22 May 1921 (MSSCC)
HOPINLES, inf 1905 - 2 Oct 1908 no lot (MVC)
HOPKINS, Charlotte 1859 - 14 Apr 1904 RC-BL3 (MVC)
David 1908 - 29 Sept 1908 (inf) RC-BL3 (MVC)
David H 1858 - 2 May 1922 RC-BL3 (MVC)
Elsie L 1895 - 22 Nov 1925 RC-BL3 (MVC)
John 1887 - 19 Mar 1969 RG-BL3 (MVC)

HOPKINS (continued)
Junetta 1851 - 8 July 1880 no lot (MVC)
Nora 1891 - 14 Oct 1892 no lot (MVC)
HOPPLE, Abraham P b Turtle Creek, Allegheny County, Pennsylvania 8 Dec 1854 - 25 Feb 1931 (LC)
Kenneth 1911 - 16 Sept 1952 RJ-BL17 (MVC)
Violet 1912 - 21 Dec 1982 RJ-BL17 (MVC)
HORGAN, Mary 1850 - 19 June 1902 R19-BL308 (MVC)
Morris no date - 8 Mar 1929 R19-BL308 (MVC)
HORN, Jacob H 1850 - 1926 (EEC)
Mrs no date - 12 Oct 1887 R35-BL350 (MVC)
Sarah no date - 3 Aug 1908 RA-BL34 (MVC)
HORNELL, Florence E d/o W R & M S no date - 17 July 1893 1y 1m 8d (WLC)
HORNER, Alice Little no date - 13 July 1929 R14-BL236 (MVC)
Harry 1861 - 21 May 1933 R14-BL236 (MVC)
Joseph no date - 10 Oct 1907 R15-BL236 (moved 7 Nov 1907 from St Joe) (MVC)
Nancy 1834 - 25 Mar 1896 R14-BL236 (MVC)
Samuel 1826 - 8 Aug 1884 no lot (MVC)
HORTON, Albert 1837 - 3 Sept 1902 R30-BL68 (MVC)
Anna no date - 24 Mar 1888 no lot (MVC)
Daniel Lee 15 Sept 1968 - no date (baby) (SMGC)
Hale B no date - 28 Jan 1889 R68-BL102 (MVC)
James 23 Apr 1948 - 16 July 1979 (SMGC)
Mary no date - 20 Sept 1950 R30-BL168 (MVC)
Opal no date - 22 Jan 1889 R68-BL102 (MVC)

HORTON (continued)
Rosemont no date - 26 Apr 1929 R30-BL168 (MVC)
Stacy Ann 16 July 1969 - 13 Mar 1977 (SMGC)
HOSEK, Wenceslaus 1 May 1884 - 5 Dec 1956 (MSSCC)
HOSIER, Flora 1836 - 13 Sept 1913 RB-BL26 (MVC)
James 1835 - 14 Feb 1905 RB-BL26 (MVC)
Jessie C 1918 - 1980 (SNC)
Jessie F no date - 1 Dec 1980 RK-BL31 (MVC)
HOSKETH, Rachel w/o Hosketch 1848 76y 11m 2d (PGC)
HOSTER, Lillie 13 Jan 1809 - 21 Feb 1875 (SDLC)
HOT, Walter 1902 - 14 Jan 1949 no lot (MVC)
HOTCHKESS, Anna A 1866 - no date "Wife" (RMC)
Joseph 1858 - 1926 "Husband" (RMC)
HOTHAMS, Alice 1845 - 27 Feb 1922 RB-BL18 (MVC)
Alta May 1892 - 18 May 1945 RJ-BL7 (MVC)
J W no date - 21 Dec 1966 RJ-BL7 (MVC)
J W no date - 7 Sept 1893 R66-BL78 (MVC)
James C H no date - 3 Oct 1913 RB-L18 (MVC)
Mary 1874 - 1 Mar 1920 R66-BL78 (MVC)
R H no date - 3 June 1915 RB-BL18 (MVC)
Thomas C 1870 - 14 Mar 1930 RB-BL18 (MVC)
Wallace E 1877 - 17 Mar 1968 RJ-BL7 (MVC)
Wm 1874 - 16 Nov 1915 RB-BL18 (MVC)
HOTHIAS, Gustan 1824 - 1879 no lot (MVC)
Julius 1863 - 1863 no lot (MVC)
Julius 1829 - 1882 no lot (MVC)
Mabel 1881 - 1957 no lot (MVC)
HOTTENSTEINE, H R no date - 2 Jan 1920 R26-BL88 (MVC)
Mrs S no date - 6 June R26-BL88

HOTTENSTEINE (continued) (MVC)
HOTTENSTING, Charles no date - 24 Feb 1889 (inf) R37-BL280 (MVC)
H B 1879 - 2 Jan 1920 R26-BL88 (MVC)
Mrs H B no date - 6 June 1889 R37-BL280 (MVC)
HOTTLE, Frances w/o David 10 Dec 1878 64y (HTC)
---- 7 Nov 1892 73y 8m 27d name not readable (HTC)
HOUCK, Emma E d/o L M & J A 1868 - 1891 (MCC)
Julia A w/o M 1830 - 1893 (MCC)
Minnie C 1871 - 1901 (MCC)
HOUGLAND, Robert 1902 - 29 Aug 1951 no lot (MVC)
HOULDING, Hannah 1844 - 1 Feb 1917 no lot (MVC)
Thomas 1819 - 26 July 1897 R23-BL37 (MVC)
HOUSE, George no date - 9 July 1866 R23-BL37 (MVC)
HOUSER, Julia no date - 11 Feb 1883 (RMC)
HOUSTON, Mrs Alice 1861 - 7 Apr 1922 RF-BL14 (MVC)
Blanche C 1895 - 1919 no lot (MVC)
Blanche no date - 3 Nov 1978 RJ-BL35 (Ashes) (MVC)
Charles H 1890 - 21 June 1963 RJ-BL35 (MVC)
Edward no date - 7 July 1892 RF-BL14 (MVC)
George 1887 - 17 Apr 1963 RF-BL14 (MVC)
Mrs James 1850 - 28 Apr 1931 RD-BL2 (MVC)
James S no date - 4 May 1931 RF-BL14 (MVC)
HOVEY, Clara 1866 - 1922 no lot (MVC)
Edward 1854 - 27 Oct 1931 RA-BL30 (MVC)
Elizabeth 1831 - 9 Apr 1911 RA-BL30 (MVC)
Harden 1829 - 14 Mar 1892 no lot (MVC)

HOVEY (continued)
Nellie Litle 1851 - 1901 (MCC)
Norma Emma 1864 - 12 Dec 1948 RA-BL30 (MVC)
HOW, Thomas Jefferson 6 Sept 1904 - 29 Oct 1907 (WLC)
HOWARD, Anna W 1857 - 29 Aug 1914 RA-BL29 (MVC)
Catherine no date - 17 July 1901 R58-BL304 (MVC)
Charles 1875 - 24 Feb 1956 RD-BL2 (MVC)
Charles M 1858 - 7 Feb 1926 RF-BL18 (MVC)
Eli no date - 8 Aug 1893 R53-BL210 (MVC)
Frank 1844 - 28 July 1893 RA-BL29 (MVC)
Fred 1883 - 26 July 1959 RG-BL10 (MVC)
George 1885 - 1890 no lot (MVC)
James no dates 2m (OHC)
Jane no date - 26 June 1901 RB-BL10 (MVC)
Jarvis 1818 - 12 Oct 1876 no lot (MVC)
Joseph 1844 - 21 Nov 1921 RD-BL3 (MVC)
Joseph 1848 - 9 June 1936 RG-BL13 (MVC)
Madison no date - 6 Feb 1902 R40-BL332 (MVC)
Margaret Ann 1853 - 31 May 1938 RG-BL13 (MVC)
Margaret Ann no date - 1 June 1893 no lot (MVC)
Margaret no date - 24 Sept 1907 R62-BL3 (MVC)
Nellie 1857 - 10 Feb 1914 RD-BL8 (MVC)
Nellie M 1884 - 10 Mar 1980 RG-BL10 (MVC)
Olive Bell 1877 - 27 Oct 1961 RD-BL2 (MVC)
Salome 1830 - 1902 (MCC)
Sarah 1866 - 7 Apr 1943 RF-BL18 (MVC)
Sarah 1866 - 7 Feb 1926 no lot (MVC)
Sarah 1903 - 21 Feb 1941 no lot (MVC)
Dr W H M 1824 - 1884 (MCC)

HOWBERT, Mary Lou A 1929 - 14 Mar 1981 no lot (MVC)
HOWE, Adelaide F 1860 - 26 Aug 1945 RG-BL14 (MVC)
Alfred J no date - 30 Dec 1891 RA-BL34 (MVC)
Arthur 1928 - 8 July 1983 RG-BL14 (MVC)
Arthur B 1857 - 28 Feb 1932 RG-BL14 (MVC)
Arthur B Sr 1890 - 6 Mar 1928 RG-BL14 (MVC)
Dr Chas F no date - 27 Dec 1932 RA-BL34 (MVC)
Edgar Watson 1853 - 5 Oct 1937 RA-BL34 (MVC)
Ellen Marie 1857 - 5 Aug 1948 RD-BL4 (MVC)
Elva A 1888 - 4 Oct 1967 RA-BL34 (MVC)
Emil G 1857 - 5 Apr 1914 RD-BL4 (MVC)
Dr Fannie 1864 - 25 Jan 1940 RD-BL3 (MVC)
Grace 1893 - 16 May 1962 RJ-BL14 (MVC)
Henry no date - 19 June 1893 RA (MVC)
Margaret Ann no date - 1 June 1938 no lot (MVC)
Marr M 1893 - 1957 no lot (MVC)
Mary M no date - 22 Sept 1967 RG-BL14 (MVC)
Sarah J no date - 3 Aug 1908 RA-BL34 (MVC)
Winfred 1900 - 19 Nov 1952 RJ-BL14 (MVC)
HOWELL, Amos no dates 82y (OHC)
Amos A 1868 - 1932 (OHC)
Ann A 1907 82y (OHC)
Anna S 1882 - 1904 (BCC)
Charles S A 1851 - 1919 (BCC)
Rev D C O 31 Jan 1834 - 24 Jan 1899 member of M C O N (OHC)
Esther A 27 Aug 1886 - 21 May 1959 73y (OHC)
Georgina 11 June 1848 - 2 Oct 1908 (OHC)
Henry C 1872 - 1959 (SACC)
inf s/o ---- Apr 1877 2d (OHC)

HOWELL (continued)
Joan A 1876 - 1960 (OHC)
John L 1887 - 1904 (BCC)
John W 6 May 1872 52y (OHC)
Jolene 18 May 1872 52y (OHC)
Marie E 1890 - 1963 (SACC)
Nathaniel E 1847 - 1921 (OHC)
Sabina 12 July 1890 35y (OHC)
Sarah 1860 - 1911 (BCC)
HOY, A F 1850 - 5 Feb 1864 no lot (MVC)
Dorothea no date - 4 Oct 1985 7-2-11-K (MVC)
Maude 1893 - 20 Aug 1973 RG-BL35 (MVC)
Walter 1902 - 14 Jan 1949 RK-BL11 (MVC)
Wilber 1895 - 31 Mr 1972 no lot (MVC)
HOYE, Patrick no date - 24 Jan 1893 73y Sec4-L10-#5 (SPC)
HUBBARD, Greta Margaret 1920 - 1920 (MCC)
J J 1840 - 10 Nov 1860 no lot (MVC)
James no dates 108 Illinois Infantry (MCC)
Mary Ann 1839 - 1925 (MCC)
Simson 1839 - 1925 (MCC)
Wm no date - 11 Sept 1857 no lot (MVC)
HUBBELL, Frances w/o William 1829 - 1905 (SACC)
Joseph no date - 1895 (SACC)
Lizzie d/o Wm & S P 1845 - 1863 (SACC)
Nellie no date - 1891 (SACC)
William 1829 - 1905 (SACC)
HUBBER, August 1881 - 1973 (SACC)
HUBBLE, Catherine 1798 - 1870 (MLC)
E 1871 - 1898 (SACC)
HUBBS, Leo 11 July 1899 - 14 Aug 1899 (baby) (WLC)
Mahala 3 Apr 1828 - 15 Feb 1911 (WLC)
Simeon 28 Aug 1824 - 1 Jan 1910 (WLC)
HUBER, Ermanilda 12 Dec 1850 - 24 Dec 1893 (MSSCC)
Mary 1880 - 1955 (SACC)

HUBERT, Elden Duane 2 Apr 1928 - 14 Dec 1981 (SSGT US Army, retired) (CWC)

HUDSON, Benjamin 1841 - 28 Apr 1912 R23-BL47 (MVC)
Benjamin F 1886 - 5 Apr 1887 no lot (MVC)
Clara 22 Jan 1893 - 25 Feb 1985 92y RK-BL8 (MVC)
Clora E 1894 - no date no lot (MVC)
Cyrenaus 1841 - 1916 (FPC)
Cyrenaus s/o David H & Minnie 8 Oct 1885 - 11 Oct 1892 (FPC)
Elbert s/o Cyrenaus & Elizabeth 1832 - 6 Aug 1855 23y 2m 15d (FPC)
Elizabeth 1838 - 1909 (FPC)
Elizabeth 1847 - 1 Mar 1930 R18-BL306 (MVC)
Ethel 1886 - 1895 no lot (MVC)
Howard 1889 - 12 Oct 1978 RJ-BL8 (MVC)
inf no date - 22 July 1895 R64-BL51 (MVC)
J F no date - 7 Apr 1888 R18-BL305 (MVC)
James B 1889 - 5 Dec 1955 RK-BL29 (MVC)
James C 1884 - 25 Jan 1910 R18-BL306 (MVC)
Joseph no date - 16 Sept 1887 R25-BL81 (MVC)
Lucinda C 1877 - 1939 (OHC)
Mary 1860 - 15 Dec 1925 RD-BL4 (MVC)
Mary A 19 Oct 1853 - 22 July 1934 80y (FPC)
Minnie S 1882 - 2 Apr 1905 R66-BL80 (MVC)
Newton ? Oct 1939 (OHC)
Newton S 1879 - 1921 (OHC)
Newton Samuel Oct 1939 67y 4m 8d (OHC)
Robert D 1884 - 20 Aug 1903 no lot (MVC)
T E no date - 10 Apr 1915 RD-BL4 (MVC)

HUEBNER, Longina 26 Jan 1892 - 8 Feb 1972 (MSSCC)

HUEBSCHER, Meinrad 28 Sept 1835 - 22 Nov 1906 (SBAC)

HUEY, Ben 26 Aug 1914 - 10 Oct 1985 71y 1-2-26-J (MVC)
Benjamin B no date - 28 Aug 1963 RJ-BL26 (MVC)
Elizabeth no date - 27 Feb 1973 RJ-BL26 (MVC)
inf 1907 - 3 July 1907 RD-BL19 (MVC)
Jennie R 1845 - 26 Feb 1900 R68-BL113 (MVC)
Laura 1883 - 19 June 1924 R68-BL113 (MVC)

HUFF, Asa E 1865 - 1952 (LC)
Effie 1865 - 1928 (LC)
Raymond 1912 - 21 Nov 1974 RK-BL23 (MVC)

HUFFMAN, Marcus S no date - 21 Nov 1971 no lot (MVC)
Robert R no date - 10 Aug 1948 RK-BL4 (MVC)

HUGAN, Harry no date - 28 Nov 1965 RG-BL21 (MVC)

HUGHES, Baylok no date - 29 Nov 1909 RE-BL6 (MVC)
Hanna no date - 5 Aug 1882 54y Sec2-L29-#1 (SPC)
Helena 1866 - 1927 (LC)
J N no date - 30 Dec 1893 RB-BL23 (MVC)
John B no date - 31 Mar 1926 RF-BL5 (MVC)
Joseph M 1865 - 9 Apr 1938 R44-BL5 (MVC)
Mary no date - 12 July RD-BL7 (MVC)
Sarah M 1867 - 15 Nov 1948 R41-BL5 (MVC)

HULETT, Elmer 18 Feb 1901 - 19 July 1950 (LC)
Ora A 1874 - 1950 (LC)
Slyvia 1881 - 1954 (LC)

HULING, Emma May 1871 - 18 Feb 1917 RF-BL14 (MVC)
Frances K 1900 - 13 Sept 1979 RF-BL14 (MVC)
Ida P 1868 - 5 Apr 1918 R45-BL70 (MVC)
Mark H 1863 - 22 Feb 1932 RF-BL14 (MVC)
Mark S 1863 - 19 Oct 1956 RF-

HULING (continued)
BL14 (MVC)
HULINGS, C B no date – 7 Feb 1907 R45-BL70 (MVC)
Louise B no date – 31 Dec 1904 R45-BL70 (MVC)
Ruth no date – 27 May 1906 R45-BL70 (MVC)
Samuel 1819 – 18 Aug 1884 no lot (MVC)
HULL, A N 1841 – 1871 (MCC)
Carrie 1862 – 15 Nov 1951 RF-BL10 (MVC)
Charles S 1857 – 12 Feb 1916 RF-BL10 (MVC)
Emma Jame 1865 – 27 Jan 1945 RA-BL15 (MVC)
James Irwin 1860 – 15 June 1935 RA-BL15 (MVC)
Marie B 1833 – 10 Jan 1916 RF-BL10 (MVC)
Myrtle B 1899 – 14 Nov 1903 RA-BL15 (MVC)
Dr Robert 1875 – 8 Jan 1919 R30-BL164 (MVC)
Wm no date – 1861 6y (MPC)
HULLAUX, Gladys D no date – 1 June 1970 RF-BL14 (MVC)
HULLINBECK, Ernest 1906 – 1972 (MCC)
HULSE, Charles B 1886 – 26 Sept 1886 no lot (MVC)
Charles no date – 28 Sept 1933 R18-BL291 (MVC)
Edna 1882 – 2 May 1888 no lot (MVC)
Ella 1853 – 5 Mar 1936 RG-BL10 (MVC)
Hester L no date – 6 Mar 1982 R18-BL291 (Ashes) (MVC)
Wm Jefferson 1849 – 18 July 1933 R18-BL291 (MVC)
HULSEY, Sally no date – 23 Aug 1921 RE-BL14 (MVC)
HUME, Ben no date – 18 Apr 1893 R14-BL264 (MVC)
Ben no date – 20 Jan 1893 R36-BL264 (MVC)
C D no date – 18 Apr 1893 R14-BL224 (MVC)
Grace 1891 – 18 Feb 1891 R46-BL90 (MVC)

HUME (continued)
Jay no date – 15 Aug 1890 R46-BL90 (MVC)
Sally 1830 – 27 Dec 1890 R46-BL90 (MVC)
HUMMER, inf no date – 10 Apr 1888 R50-BL167 (MVC)
Rose no date – 10 Jan 1887 R50-BL167 (MVC)
HUMPHRIES, Emily L 1858 – 1916 (EEC)
Grace Lucille 24 Sept 1904 – 3 Jan 1905 (EEC)
Samuel J 1853 – 1923 (EEC)
Sarah A no date – 13 Jan 1952 RD-BL16 (MVC)
Thomas K 1833 – 1929 (EEC)
HUNDLEY, Abigail 1879 – 26 July 1952 RK-BL19 (MVC)
Andrew Washington 15 June 1857 – 12 June 1952 (SNC)
Ashton 1880 – 29 Dec 1967 RJ-BL24 (MVC)
Beryl no date – 21 Apr 1975 31-W 1/2-#4 (CCC2)
Bobby Dean 21 Sept 1955 – 20 Nov 1977 CPI USMC Vietnam (SNC)
c/o Earl 1931 – 4 Aug 1931 (SNC)
Carl 1944 – 15 May 1983 (SNC)
Davey Lorene 1907 – 1978 (SNC)
Dora Downey w/o J D Hundley 6 Sept 1874 – 15 Oct 1910 (SNC)
Eliza J 1822 – 1912 (EEC)
Emmalee 1912 – 1973 (SNC)
Ernest Eugene 5 Oct 1945 – 16 Jan 1946 (SNC)
Floyd 1903 – 6 May 1982 RK-BL37 (MVC)
Frieda 1904 – 19 Sept 1966 RA-BL2 (MVC)
inf/o (J D & Dora) 5 Jan 1902 – 7 Jan 1902 (SNC)
inf/o (J Frank Sr) 1 Oct 1922 – 2 Oct 1922 (SNC)
J Donald 4 Feb 1872 – 9 Feb 1969 (SNC)
J Frank Sr 27 Feb 1882 – 9 Jan 1968 (SNC)
Joyce D -- Oct 1938 – -- Feb 1949 (SNC)

HUNDLEY (continued)
Mandelia 15 Sept 1865 - 20 Apr 1951 (SNC)
Martha 24 Feb 1883 - 12 May 1976 (SNC)
Mary -- Jan 1946 - 1964 (SNC)
Noland 1909 - 14 Feb 1959 RK-BL19 (MVC)
Oliver J 1 Feb 1906 - 22 Apr 1926 (SNC)
Pearl 1886 - 31 Oct 1963 RJ-BL24 (MVC)
Robert W 1908 - 3 Nov 1968 RJ-BL29 (MVC)
Rosemary 1950 - 19 May 1983 (SNC)
Stanley S -- May 1937 - 17 Apr 1976 (SNC)
Thomas Joe 6 Jan 1934 - 16 Jan 1934 (SNC)
Violet 1894 - 28 Apr 1964 RK-BL19 (MVC)
Wilburn 1928 - 1 Dec 1973 (SNC)
Wilburn Jr 1954 - 1955 (SNC)
William Oscar 1887 - 26 Dec 1918 (SNC)
Wm 1882 - 13 Dec 1961 RJ-BL24 (MVC)
HUNDON, Elzie no date - 24 Aug 1971 RJ-BL34 (MVC)
HUNKEY, Barbara (w/o John) 1 Sept 1842 - 5 July 1929 87y (SLC)
Barbara 1878 - 3 March 1961 83y (SLC)
Catherine (d/o John) 1871 - 3 Apr 1925 54y (SLC)
Christine 1869 - 25 June 1937 58y (SLC)
Elizabeth no date 1951 73y (SLC)
Helen (d/o Herman) 1890 - 25 March 1949 59y (SLC)
Jacob no date June 1967 92y (SLC)
James 1875 - 12 June 1967 (SLC)
John (h/o Barbara) 8 Apr 1828 - 11 Feb 1902 72y (SLC)
Joseph 9 Feb 1873 - 1 Jan 1891 18y (SLC)
Louis P 26 May 1881 - 16 Feb 1882 1y (SLC)

HUNN, Frank J 1860 - 1933 (MCC)
Frank L 1895 - 1979 (MCC)
Joseph J 1815 - 1867 (MCC)
Mrs L B 1825 - 1912 (MCC)
Susan 1860 - 1935 (MCC)
---- s/o Danile ca 1862 (ASC)
HUNSCHE, Emma no date - 11 Nov 1909 no lot (MVC)
HUNT, Adolph no date - 19 Oct 1911 RD-BL9 (MVC)
Alice H no date - 14 Sept 1908 RF-BL5 (MVC)
Alma no date - 29 Dec 1908 RG-BL15 (MVC)
Archie W 1885 - 7 Sept 1946 RG-BL13 (MVC)
Bruce 1899 - 7 May 1973 (SNC)
Caroline 1821 - 12 May 1885 R1 (MVC)
Charles 1891 - 25 May 1959 R42-BL38 (MVC)
Cora A 1890 - 2 May 1944 RG-BL13 (MVC)
David 1809 - 16 Dec 1879 no lot (MVC)
Ethel Louise 1880 - 1908 no lot (MVC)
James 1872 - 6 Apr 1898 R39-BL323 (MVC)
Dr Jessie E 1878 - 1 May 1916 RF-BL12 (MVC)
Larry E 1939 - 24 Sept 1944 RG-BL13 (MVC)
Marion I no date - 17 June 1915 R30-BL166 (MVC)
Parilee J 1890 - 10 Aug 1935 RG-BL13 (MVC)
HUNTER, Alfred W 1885 - 16 Feb 1949 RE-BL13 (MVC)
Bertha M no date - 29 Jan 1907 RD-BL18 (MVC)
George W 1834 - 27 Mar 1913 RG-BL9 (MVC)
Huber L 1908 - 26 May 1939 RD-BL18 (MVC)
James no date - 29 Nov 1875 no lot (MVC)
Joseph 1837 - 20 Mar 1879 42y (WLC)
Lettie 1881 - 19 Dec 1969 RD-BL18 (MVC)

HUNTER (continued)
 Mary 1885 - 21 Aug 1982 RE-BL13 (MVC)
 Mathilda J no date - 25 July 1930 RG-BL9 (MVC)
 Russell no date - 25 Oct 1927 (inf) RD-BL18 (MVC)
 Ruth J no date - 9 Aug 1975 RD-BL18 (MVC)
 Walter J 1868 - 12 Jan 1950 RD-BL18 (MVC)
 Walter J 1921 - 7 Nov 1964 RD-BL18 (MVC)
HURD, Asa Lea 1885 - 26 Dec 1913 RB-BL11 (MVC)
HURDER, L H no date - 22 Mar 1966 RD-BL21 (MVC)
HURLA, Callista 4 Jan 1869 - 10 June 1929 (MSSCC)
HURN, Jacob H 1850 - 1926 (EEC)
HURSH, Peter 22 Feb 1808 - 11 June 1896 (LC)
 Sarah 12 Dec 1813 - 10 Oct 1895 (LC)
HURST, Ben F s/o E & M 1878 - 1938 (FPC)
 Bertha C 29 May 1915 - 29 June 1981 (SMGC)
 Elijah T 1843 - 1924 (FPC)
 Frances E 16 Feb 1929 - 26 Oct 1971 (SMGC)
 Mary L 1853 - 1926 (FPC)
 Samuel Edward s/o E T & Mary 5 May 1871 - 23 Nov 1897 (FPC)
HURSTON, Eliza no date - 28 May 1901 R40-BL330 (MVC)
 Henry no date - 23 Feb 1910 R66-BL271 (MVC)
 Wm no date - 1 Sept 1933 RE-BL15 (MVC)
HUSS, Theodosia 9 July 1891 - 10 Jan 1974 (MSSCC)
HUSSEY, Beulah 1888 - 1927 (MCC)
 Elizabeth 1875 - 6 Oct 1961 RG-BL24 (MVC)
 inf 1902 - 4 July 1902 R16-BL262 (MVC)
 Naomie 1860 - 5 Mar 1916 R16-BL262 (MVC)

HUSSEY (continued)
 Ruth 1886 - 3 Nov 1893 R16-BL262 (MVC)
 Wm 1856 - 20 June 1947 R16-BL262 (MVC)
HUTCHINS, Anna no date - 15 Nov 1909 RA-BL15 (MVC)
 Maude M 1878 - 27 Feb 1953 RG-BL30 (MVC)
 T D no date - 8 Sept 1909 RA-BL15 (MVC)
 Wm 1875 - 27 May 1938 RG-BL30 (MVC)
HUTCHINSON, Bertha 1893 - 1967 (OHC)
 Donald 1911 - 8 May 1965 RK-BL23 (MVC)
 Elizabeth 1836 - 15 July 1925 RB-BL5 (MVC)
 Jasper 1886 - 1958 (OHC)
 Joseph 1832 - 27 Mar 1907 no lot (MVC)
 Theodore M 1916 - 1962 (OHC)
HUTH, J W no date - 21 Dec 1966 RJ-BL7 (MVC)
HUTSON, George E 1878 - 19 Apr 1954 RE-BL4 (MVC)
 Wm 1874 - 28 Dec 1916 RF-BL5 (MVC)
HUTTON, Galena M no date - 6 May 1915 RF-BL5 (MVC)
HYDE, Elmer 1861 - 22 Feb 1910 RE-BL3 (MVC)
 Mary 1869 - 11 Feb 1951 RF-BL3 (MVC)
 Robert 1859 - 21 Jan 1934 RF-BL3 (MVC)
 Roy R 1884 - 7 July 1920 RF-BL3 (MVC)
HYER, Anna M S 1885 - 22 Sept 1958 RD-BL16 (Ashes) (MVC)
ICKS, Alvina A 1863 - 1 May 1935 R47-BL177 (MVC)
 Christina no date - 1909 no lot (MVC)
 Clara no dates no lot (MVC)
 Elsie no date - 11 Nov 1892 R47-BL117 (MVC)
 Emma no date - 7 July 1888 R49-BL147 (MVC)
 Frieda no date - 24 Apr 1896 R51-BL178 (MVC)

ICKS (continued)
- inf no date - 19 Mar 1894 R49-BL147 (MVC)
- Walter W 1891 - 16 Apr 1923 R47-BL117 (MVC)
- Wm A 1862 - 15 Jan 1956 R47-BL117 (MVC)

IDDINGS, Genievena 1897 - 8 Nov 1919 RA-BL8 (MVC)
- Hannah 1811 - 10 June 1868 no lot (MVC)
- Hannah 1881 - 19 May 1911 RA-BL8 (MVC)
- James M 1869 - 30 Mar 1900 RA-BL8 (MVC)
- Margaret no dates no lot (MVC)

ILES, C Heln 1909 - 1961 (PGC)
- Tiffany Marie no date - 13 May 1977 (PGC)

INGALLS, Addison 1872 - Oct 1876 no lot (MVC)
- Anna Louise no date - 15 Apr 1926 R30-BL166 (MVC)
- Bessie 1888 - 22 Sept 1959 R57-BL278 (MVC)
- Constance 1873 - 1 Jan 1899 no lot (MVC)
- Ellsworth 1866 - 24 Feb 1939 R30-BL166 (MVC)
- Faith no date - 25 May 1877 no lot (MVC)
- Fred 1888 - 9 July 1959 R57-BL278 (MVC)
- John J 1833 - 16 Aug 1900 R30-BL166 U S Senator (MVC)
- John J 1908 - 17 Jan 1930 R30-BL167 (MVC)
- Louisa 1883 - 7 Aug 1883 no lot (MVC)
- Lucy Van H 1877 - 5 Nov 1960 R30-BL167 (MVC)
- Marion 1879 - 15 June 1915 no lot (MVC)
- Robert no date - 10 Oct 1900 R30-BL167 (MVC)
- Ruth 1867 - 15 Feb 1874 no lot (MVC)
- Sheffield 1875 - 20 June 1937 R30-BL167 (MVC)

INGELS, Lydia A 1829 - 16 Apr 1866 no lot (MVC)
- s/o U & C 21 Dec 1859 (ASC)

INGELS (continued)
- s/o W W no date - 26 Feb 1896 (ASC)
- Samuel no date - 21 Dec 1859 25y 6m 18d (ASC)
- Samuel Pruett w/o S Ingels no dates (ASC)

INGRAM, Anna D 31 Mar 1863 - 16 Sept 1901 (EEC)
- Frank E 1880 - 1921 (MGC)
- Joseph E 1866 - 1942 (EEC)
- Melinda J no date - 5 Oct 1934 RD-BL15 (MVC)
- Susie A 1875 - 1948 (EEC)
- William A 1880 - 1930 (MGC)

IPE, John 1867 - 1943 (LC)
- Mary 1873 - 1953 (LC)

IRSHA, Jessie 1754 - no date no lot (MVC)

IRVING, Joseph no date - 4 Jan 1905 RE-BL6 (MVC)
- Nancy 1788 - 26 Sept 1866 no lot (MVC)

IRWIN, Ashe no dates (SACC)
- Joseph no date - 4 Jan 1905 RE-BL6 (MVC)
- Lily M 1913 - 3 Jan 1954 RK-BL29 (MVC)

ISBELL, Jessie 1868 - 17 Nov 1954 RJ-BL7 (Ashes) (MVC)

ISHELL, Joseph (s/o H & S) 1822 - 17 Nov 1825 (NSC)
- Thomas (s/o H & S) May 1866 - 18 Sept 1866 (NSC)

ITCHNER, Cora W 1898 - 26 Sept 1946 RG-BL9 (MVC)
- Harry W 1911 - 31 Oct 1973 RG-BL9 (MVC)

IVERSON, Cloa B 1872 - 1 Oct 1957 RK-BL8 (MVC)
- Edward 1873 - 2 Feb 1953 RK-BL8 (MVC)
- Julia 1839 - 11 Mar 1896 R14-BL237 (MVC)
- Lorinda B 1866 - 16 June 1930 R14-BL237 (MVC)
- Pheobe 1870 - 30 Dec 1927 R14-BL237 (MVC)

IYE, Hannah no date - 27 Jan 1911 RA-BL23 (MVC)

JACK, Amanda 1856 - 1912 (MCC)

JACKIE (s/o Nancy & Noel) no date - 7 Apr 1957 (SNC)
JACKSON, American 1922 - 2 Jan 1923 RE-BL14 (MVC)
Andrew 1934 - 13 June 1960 R59-BL310 (MVC)
Anna no date - 8 June 1913 RE-BL3 (MVC)
Bartha A 1892 - 3 July 1970 RK-BL5 (MVC)
Bernice 1911 - 8 Aug 1956 RJ-BL13 (removed from Jackson, Lancaster) (MVC)
Burchard 1867 - 4 Jan 1913 RF-BL12 (MVC)
Charles 1874 - 1912 (MCC)
Charles W 1864 - 7 Dec 1925 RF-BL8 (MVC)
Edith Fox 1871 - 23 Oct 1945 RG-BL18 (MVC)
Edward 1900 - 20 Apr 1971 RG-BL18 (MVC)
Elizabeth P 1831 - 26 Dec 1900 R53-BL210 (MVC)
Ella Leona 1919 - 1922 (WLC)
Everett 1890 - 1 Mar 1936 RG-BL10 (MVC)
Frances C 1879 - 1941 (SACC)
Mrs G no dates (EEC)
George K 1904 - 11 July 1965 RF-BL12 (MVC)
Gladys Cue no date - 12 Aug 1971 RG-BL11 (MVC)
Harold 1898 - 11 June 1966 RF-BL12 (MVC)
Harry R no date - 29 Dec 1919 RF-BL7 (MVC)
Horace M 1839 - 13 Dec 1910 RG-BL18 (MVC)
Jackie Marvin b&d 4 Apr 1957 (SNC)
James no date - 30 Oct 1937 RE-BL10 (MVC)
Jared Fox 1895 - 1 Nov 1918 no lot WWI (MVC)
Jared no date - 18 Oct 1921 RG-BL18 (MVC)
John H no date - 20 Aug 1891 R38-BL292 (MVC)
Julia 1856 - 9 Feb 1932 RF-BL7 (MVC)
Louis A 1852 - 25 July 1893

JACKSON (continued) R53-BL210 (MVC)
Marietta 1867 - 18 Oct 1938 RF-BL12 (MVC)
Mary Martha 1881 - 12 Feb 1938 RF-BL13 (MVC)
Mathilda 1849 - 19 June 1928 RG-BL18 (MVC)
Maude Smith no date - 2 July 1949 RG-BL18 (MVC)
Nancy D 1939 - 1979 (SNC)
O W 1864 - 5 Dec 1925 no lot (MVC)
Rebecca no date - 24 Mar 1912 RE-BL3 (MVC)
Rhea Scott 1913 - 12 Nov 1965 RD-BL11 (MVC)
Robert 1880 - 7 Apr 1954 (EEC)
Sarah E 1890 - 31 Mar 1970 (EEC)
Seth Noel 27 Nov 1933 - 8 Oct 1976 (SNC)
Wallace 1802 - 1885 (MCC)
William 1877 - 1950 (SACC)
Judge Wm A 1866 - 23 Jan 1934 RG-BL18 (MVC)
Wm J 1876 - 31 Aug 1968 RK-BL5 (MVC)
Mrs Z E no date - 1 July 1949 RG-BL18 (MVC)
Zaremba E 1872 - 23 Jan 1939 RG-BL18 (MVC)
JACOBS, Annie no date - 11 Mar 1888 R23-BL77 (MVC)
Conrad 1862 - 8 Jan 1934 RA-BL4 (MVC)
E A no dates (EEC)
Erna 1891 - 29 May 1891 R66-BL75 (MVC)
Fay 1878 - 10 June 1932 RG-BL12 (MVC)
Flora H 1914 - 2 Aug 1960 RF-BL7 (MVC)
Florence F 1884 - 13 Dec 1943 RG-BL34 (MVC)
Florence no date - 30 Aug 1984 RF-BL10 (MVC)
Flossie no date - 2 Dec 1910 RA-BL8 (MVC)
Frank no date - 29 Dec 1915 (inf) RF-BL7 (MVC)
Frank M 1889 - 20 July 1913

JACOBS (continued)
RF-BL7 (MVC)
Fred 1897 - 28 Dec 1960 RG-BL15 (MVC)
George E 1873 - 1961 (WLC)
George Wm 1867 - 27 Aug 1929 RF-BL13 (MVC)
Geraldine 24 Sept 1896 - 22 Aug 1982 (MSSCC)
H M no date - 12 Dec 1910 RG-BL18 (MVC)
Henry 1850 - 25 Oct 1914 RF-BL7 (MVC)
Henry W 1874 - 3 Jan 1925 RF-BL7 (MVC)
Henry W no date - 31 July 1926 RG-BL27 (MVC)
inf no date - 22 Mar 1887 R66-BL77 (MVC)
J H 1823 - 8 Feb 1896 R66-BL75 (MVC)
Jessie C 1879 - 1965 (WLC)
Johanna 1859 - 20 Mar 1921 R66-BL75 (MVC)
John 1860 - 27 Mar 1924 R66-BL75 (MVC)
John no date - 6 Dec 1902 R66-BL75 (MVC)
Josepha 18 Oct 1833 - 3 Nov 1904 (MSSCC)
Katherina 1822 - 26 Dec 1895 R66-BL75 (MVC)
L J no date - 10 Mar 1888 6w no lot (MVC)
Mary A 1823 - 8 Oct 1900 77y 1m 17d (EEC)
Mary Catherine 1849 - 21 Mar 1921 RF-BL13 (MVC)
Mary E 1889 - 7 Nov 1958 RG-BL27 (MVC)
Meta 1902 - 20 Nov 1902 (inf) R66-BL75 (MVC)
Minnie (w/o Conrad) 1874 - 25 Mar 1929 RA-BL4 (MVC)
Minnie S 1872 - 27 Dec 1926 no lot (MVC)
Myrtle H 1896 - 28 Dec 1960 RJ-BL15 (MVC)
Olivia 1895 - 25 Nov 1895 RA-BL4 (MVC)
Robert A 1884 - 3 Nov 1949 RG-BL34 (MVC)

JACOBS (continued)
Theresa 1851 - 21 Oct 1933 RF-BL7 (MVC)
Werner 1893 - 13 Nov 1963 RF-BL10 (MVC)
Wm C 1878 - 11 June 1957 RF-BL7 (MVC)
Wm C 1878 - 1951 no lot (MVC)
JACOBSEN, Anton 1881 - 7 Oct 1958 RG-BL34 (MVC)
August no date - 15 Nov 1920 RB-BL13 (MVC)
Augusta 1848 - 7 Feb 1905 RB-BL13 (MVC)
Bernard 1910 - 13 Aug 1958 RG-BL34 (MVC)
Elizabeth no date - 9 Aug 1918 RD-BL8 (MVC)
Hans P 1884 - 6 Jan 1960 RK-BL33 (MVC)
Henricka 1879 - 26 Aug 1960 RG-BL34 (MVC)
Henry 18 Apr 1905 - 5 Nov 1985 80y 5-1-31-K (MVC)
Hesper 1895 - 16 Jan 1948 RK-BL3 (MVC)
inf no date - 20 Apr 1956 RK-BL31 (MVC)
Jared no date - 17 Oct 1921 RA-BL18 (MVC)
John 1892 - 10 May 1961 RK-BL3 (MVC)
Lars 1841 - 20 Dec 1917 RB-BL13 (MVC)
Laura V no date - 15 Nov 1920 RB-BL13 (MVC)
Marie 1894 - 27 Feb 1977 RK-BL33 (MVC)
Minnie K 1908 - 19 Oct 1955 RK-BL31 (MVC)
Nora no date - 20 Dec 1917 RB-BL13 (MVC)
Victor no date - 17 Mar 1909 RB-BL13 (MVC)
JACOBSON, Andrew no date - 14 July 1888 R37-BL278 (MVC)
Ann J no date 1977 65y (SLC)
Catherine (d/o John Hager) 1880 - 18 Apr 1965 85y (SLC)
Christina no date - 27 Apr 1892 R47-BL102 (MVC)

JACOBSON (continued)
 inf/o (Peter & Catherine) d 28 Jan 1917 (stillborn) (SLC)
 John Wm 1821 – no date no lot (MVC)
 Orloff no date – 15 July 1887 R49-BL142 (MVC)
 Peter (s/o Theodore) 1876 – 17 Sept 1943 67y (SLC)
 Regina (d/o Peter) 1915 – 20 Feb 1920 5y (SLC)
JACOMELLA, Carmelita 28 July 1888 – 28 May 1971 (MSSCC)
JAEGLE, Frank Sr 8 Oct 1893 – 22 Oct 1972 (SMGC)
 Theresa w/o Frank Sr 10 Aug 1894 – 4 Aug 1974 (SMGC)
JAHNE, Ida 3 Oct 1855 – 8 Oct 1920 (LC)
 R C 20 Dec 1872 – 1874 (LC)
 R C 29 Apr 1843 – 16 Feb 1933 (LC)
 Christian no date – 27 Apr 1892 R47-BL107 (MVC)
 Clara no date – 12 July 1888 R34-BL227 (MVC)
JAMES, Alice no date – 24 Mar 1868 (EEC)
 Amanda F Spencer w/o W J 14 Aug 1839 – 25 Apr 1921 (EEC)
 Clarence no date – 10 July 1878 (MPC)
 Edward W 11 Dec 1859 – 10 Mar 1938 (EEC)
 Eva Betty 1858 – 1933 (WLC)
 John C 6 Dec 1912 – 3 June 1978 (SMGC)
 Levi no date – 1894 (LC)
 Spencer W 1874 – 1915 (EEC)
 Thomas T 12 Dec 1835 – 7 Mar 1905 (EEC)
 Wilburn no date – 21 Aug 1978 (SMGC)
JANES, Albert 1850 – 1937 (WLC)
JANSEN, August 1874 – 22 Oct 1951 RG-BL33 (MVC)
 Bertha I 1901 – 12 May 1982 RJ-BL33 (MVC)
 George 1889 – no date no lot (MVC)
 Jarman T no date – 22 Aug 1900

JANSEN (continued)
 R18-BL300 (MVC)
 Las no date – 17 Feb 1914 RF-BL11 (MVC)
 Pauline 1877 – 9 Nov 1939 RG-BL33 (MVC)
JAQUISH, Charles E 1863 – 1 Apr 1924 RB-BL21 (MVC)
 Lenora 1876 – 27 Feb 1953 RB-BL21 (MVC)
JARDON, Frances Marie 16 July 1911 – 19 Feb 1970 (MSSCC)
JARRATT, Effie Leona 23 Nov 1875 – 23 Nov 1938 "Mother" (EEC)
 James Wesley 7 July 1877 – 3 July 1968 "Father" (EEC)
JARGENSEN, Barney no date – 25 Nov 1981 RK-BL5 (MVC)
 Virginia no date – 20 Aug 1935 RG-BL13 (MVC)
JARMAN, Mrs M W no date – 13 Feb 1890 R18-BL300 (MVC)
 T B no date – 22 Aug 1900 R18-BL300 (MVC)
JARRELL, Annie F no date – 9 Mar 1915 R66-BL83 (MVC)
 Lawford no date – 1 Apr 1888 R66-BL83 (MVC)
JARVIS, Henry 1867 – 8 Dec 1957 RK-BL13 (MVC)
 Minerva 1876 – 6 July 1952 RK-BL13 (MVC)
JASPER, True Earl 1893 – 1974 (MCC)
 True Ethelbert 2m (MCC)
 Vierd 1894 – 1978 (MCC)
JAY, Alfred L no date – 1 April 1937 RG-BL20 (MVC)
 David no dates (CSHC)
 David R no date – 13 June 1930 RD-BL22 (MVC)
 Ellen Wiglesworth (w/o Benjamin Jay) 1838 – 1929 (CWC)
 Emily C no date – 27 Dec 1928 RD-BL22 (MVC)
JEFF, Emma no date – 27 Jan 1915 RA-BL25 (MVC)
 John no date – 28 Feb 1952 RA-BL25 (MVC)
JEFFREYS, D R no dates (EEC)
 William H 1853 – 1928 (EEC)

176

JEFFREYS (continued)
Mrs Willie 1857 - 1949 (EEC)
JELF, J S 1902 - 13 Mar 1903 RA-BL25 (MVC)
JENETT, Catherine no date - 19 Mar 1914 RB-BL15 (MVC)
JENKEL, Fred 1861 - 1 Aug 1930 RF-BL12 (MVC)
Marie 1810 - 16 Aug 1903 R16-BL256 (MVC)
JENKINS, Caroline Mize 1902 - 29 Apr 1953 no lot (MVC)
Caroline Mize 1903 - 17 May 1961 RF-BL21 (MVC)
Chet no date - 16 Dec 1965 RE-BL2 (MVC)
Edna Mae Edwards no dates (SNC)
Eva no date - 6 Jan 1922 RE-BL2 (MVC)
Ida Keel 1875 - 1 July 1899 R66-BL85 (MVC)
James 1896 - 1 Apr 1971 RF-BL21 (MVC)
Lucy no date - 3 June 1929 RE-BL2 (MVC)
Nellie S 1876 - 14 Nov 1942 RD-BL19 (MVC)
Oletha Kerford no date - 7 July 1985 90y no lot (MVC)
Ollie no date - 16 Aug 1923 RE-BL2 (MVC)
Thomas no date - 24 June 1918 RE-BL2 (MVC)
Wm no date - 3 Apr 1951 RE-BL2 (MVC)
JENKS, Wm J 1861 - 24 June 1918 RE-BL2 (MVC)
JENNINGS, Anne 20 March 1891 - 5 Feb 1929 (MSSCC)
inf no date - 9 July 1890 R19-BL313 (MVC)
Lavina no date - 24 Feb 1890 R19-BL313 (MVC)
Lillie M no date - 9 Sept 1946 RE-BL8 (MVC)
Margaret 1844 - 20 Feb 1911 RD-BL13 (MVC)
Mary A 1840 - 28 Apr 1917 RA-BL22 (MVC)
Wesley no date - 7 Jan 1899 R14-BL227 (MVC)

JENSEN, ---- no date - 23 Mar 1939 (WLC)
Andrew 1855 - 17 Jan 1917 RB-BL21 (MVC)
Anna Anges no date - 25 May 1914 RB-BL2 (MVC)
Anna M 1845 - 10 Apr 1924 RF-BL11 (MVC)
Ella 1878 - 9 Mar 1946 RF-BL11 (MVC)
Lulu no date - 31 July 1949 RB-BL21 (MVC)
Marvin A 1924 - 12 Dec 1925 RF-BL11 (MVC)
Rasmus 1840 - 14 Feb 1914 RF-BL11 (MVC)
Sarah Florence no date - 16 May 1973 RF-BL11 (MVC)
JENSON, Agnes Sophia no date - 25 May 1914 RB-BL21 (MVC)
Anna C 1882 - 11 Apr 1884 no lot (MVC)
Anna Christina no date - 25 May 1914 RB-BL21 (MVC)
Carrie M no date - 22 Nov 1913 RB-BL21 (MVC)
G A no date - 6 Sept 1971 RJ-BL33 (MVC)
Lou Mae no date - 1895 no lot (MVC)
Louis R 1883 - 25 June 1962 RB-BL21 (MVC)
Louis R Jr 1923 - 1 Mar 1945 no lot (MVC)
Sophia A 1895 - 18 Sept 1895 no lot (MVC)
JERMAIN, Benno 30 Jan 1920 - 11 Feb 1953 (MSSCC)
JERMARK, Fred L 1884 - 21 Mar 1957 RJ-BL9 (MVC)
Gertrude 1875 - 7 Mar 1934 RG-BL8 (MVC)
Pearl Alice 1880 - 27 Feb 1960 RJ-BL9 (MVC)
JEROME, Claude 11 June 1877 - 22 Jan 1939 (BCC)
Clyde A no dates (BCC)
Cordella E 19 Dec 1832 - 28 May 1912 (BCC)
Emaline M 28 Oct 1860 - 8 Dec 1932 (BCC)
Frank E s/o H M & G E 1872 -

JEROME (continued)
24 July 1874 (BCC)
Himer M 28 May 1829 - 21 Dec 1895 father (BCC)
inf s/o H M & G E 14 May 1866 (BCC)
J Russell 11 Aug 1802 - 21 Mar 1893 (BCC)
Lester 1905 - 1970 (BCC)
JESSE, Anna R no date - 21 Oct 1932 RG-BL12 (MVC)
Rev F W C no date - 31 Mar 1941 RG-BL12 (MVC)
Little Mar 1881 - 25 July 1881 (OYC)
JESSIP, James Warren 1891 - 9 Sept 1971 RG-BL41 (MVC)
LeVerne 1917 - 18 Oct 1949 RK-BL13 (MVC)
Ruth May 1904 - 19 Nov 1973 RG-BL41 (MVC)
JESSY, James W 1934 - 10 June 1945 RG-BL41 (MVC)
JETT, Cora 1872 - 13 May 1952 RD-BL22 (MVC)
Ethel no date - 19 Feb 1929 RG-BL10 (MVC)
Ira L 1870 - 29 May 1929 RD-BL22 (MVC)
Minerva no date - 16 Oct 1939 RE-BL10 (MVC)
Sarah 1837 - 4 June 1921 (SNC)
Sylvia no date - 15 Mar 1947 RE-BL12 (MVC)
Wesley 13 Aug 1837 - 8 Mar 1904 (SNC)
William 5 Aug 1952 - 15 Feb 1922 (SNC)
JEWEL, Bertha L d/o D R & O L 1892 - 2 Aug 1893 1y 1m 22d (EEC)
D R 1855 - 2 Apr 1893 38y (EEC)
Elbert L s/o D R & O L 1879 - 30 June 1881 2y 1m 3d (EEC)
JEWELL, Bernice no date - 10 July 1887 R49-BL142 (MVC)
Catherine no date - 19 Mar 1919 RB-BL15 (MVC)
Charles no date - 8 Mar 1919 RB-BL15 (MVC)
Ed no date - 26 Oct 1885 RB-BL15 (MVC)

JEWELL (continued)
Gertrude 1883 - 1911 (FPC)
Harry no date - 3 Feb 1897 RB-BL15 (MVC)
inf boy no date - 10 Sept 1899 (FPC)
inf s/o L M & Sinnie B no date - 28 Sept 1907 (FPC)
Lim 1861 - 1927 (FPC)
Mr no date - 23 Feb 1894 RB-BL15 (MVC)
Sinnie M 1874 - 1919 (FPC)
Thomas 1872 - 1943 (MCC)
Vivian 1917 - 1918 (MCC)
JIARETT, Dora 1865 - no date (RMC)
JILLICK, Frank no dates no lot (MVC)
James no date - 31 May 1919 R29-BL141 (MVC)
John W no date - 9 Oct 1888 R29-BL137 (MVC)
Martha no date - 7 July 1904 R29-BL141 (MVC)
JILLMAN, Frank no date - 14 Feb 1904 no lot (MVC)
JINKS, Wm J no date - 2 July 1864 no lot (from England) (MVC)
JOHN, Frank 1865 - 1885 (SACC)
JOHNE, Charles R 1887 - 1950 (LC)
Dora no dates (LC)
Ernest 1881 - 1957 (LC)
Fred R 1908 - 1961 (LC)
Herbert 1892 - 1961 (LC)
Lecta 1876 - 1967 (LC)
Lizzie 1879 - 1976 (LC)
Walter C 1878 - 1959 (LC)
JOHNS, Orilla 19 Mar 1860 - 5 Mar 1940 (EEC)
Thomas H 23 July 1857 - 12 Sept 1936 (EEC)
JOHNSON, Albert no date - 15 Mar 1941 RG-BL34 (MVC)
Alice no date - 22 Feb 1943 RJ-BL4 (MVC)
Alma no date - 26 Oct 1983 RG-BL11 (MVC)
Alonzo no date - 10 Apr 1914 RE-BL7 (MVC)
Ausell L 28 July 1874 - 15 July

JOHNSON (continued)
1899 (LC)
Barbara no date - 26 June 1922 RD-BL12 (MVC)
Betty no dates (EEC)
Birille 1 Aug 1857 - 5 Apr 1871 (LC)
Buelah no date - 15 Nov 1901 R5-BL74 (MVC)
C Perrie 1857 - 9 Apr 1895 R39-BL312 (MVC)
Cal no date - 21 Sept 1934 RE-BL12 (MVC)
Carl Fred no date - 5 Nov 1978 RJ-BL26 (MVC)
Catherine no date - 2 Jan 1897 R51-BL177 (MVC)
Dr Charles 1870 - 5 Apr 1935 RF-BL20 (MVC)
Charles no date - 13 May 1932 RG-BL11 (MVC)
Clarence 1890 - 22 Sept 1981 RK-BL5 (MVC)
Clarence no date - 15 Feb 1927 RF-BL25 (MVC)
Clarence no date - 10 July 1973 RK-BL27 (MVC)
Cliff no dates (EEC)
Drusilla 1846 - 24 Nov 1918 RF-BL20 (MVC)
Eddie d 21 July 1878 (PDC)
Edward G 1876 - 2 Sept 1939 RJ-BL4 (MVC)
Edward H 1863 - 4 May 1949 RK-BL4 (MVC)
Elizabeth 1852 - 3 Sept 1939 RJ-BL4 (MVC)
Ella no date - 28 Feb 1903 RE-BL6 (MVC)
Ellen no date - 21 Apr 1887 R49-BL141 (MVC)
Ellen no date - 21 July 1887 R49-BL141 (MVC)
Emma 1868 - 26 Feb 1930 RG-BL11 (MVC)
Emma no date - 24 Dec 1918 RE-BL11 (MVC)
Ester M 28 June 1907 - 10 June 1969 (EEC)
Ethel 1875 - 1942 (LC)
Etta 1 June 1872 - 16 Mar 1875 (LC)

JOHNSON (continued)
Etta 1868 - 7 Oct 1957 RK-BL4 (MVC)
Frank 1863 - 1928 (LC)
Frank 1903 - 5 Oct 1975 RG-BL25 (MVC)
Mrs Frank no date - 16 Oct 1906 RE-BL7 (MVC)
Fred Sr 5 Mar 1893 - 30 Dec 1963 (Kansas Cpl HQ Co 16 Infantry) (EEC)
G no dates (EEC)
Dr G H T 1843 - 24 Feb 1917 RF-BL20 (MVC)
Geo Milton 1899 - 1925 (LC)
George 1886 - 10 Mar 1943 no lot (MVC)
Mrs George no date - 8 Feb 1975 RG-BL29 (MVC)
Hanna 1820 - 28 June 1904 RE-BL6 (MVC)
Harriet no date - 30 May 1893 R53-BL209 (MVC)
Hazel no date - 10 July 1973 RK-BL27 (MVC)
Henry no date - 11 June 1914 R39-BL318 (MVC)
Mrs Henry no date - 13 July 1928 R39-BL318 (MVC)
Hiroui 1863 - 1927 (LC)
Hubert no date - 18 Jan 1969 RK-BL14 (MVC)
Ida A no date - 25 Sept 1919 RA-BL23 (MVC)
inf no date - 26 Apr 1895 R36-BL258 (MVC)
inf no date - 28 Sept 1902 R11-BL171 (MVC)
inf no date - 8 Mar 1888 R34-BL237 (MVC)
Ira A 1893 - 27 Feb 1939 RG-BL30 (MVC)
J W CLark 1900 - 1943 (LC)
Jacob C 1847 - 30 June 1943 RF-BL25 (MVC)
James 1869 - 8 Oct 1885 no lot (MVC)
James E no date - 5 Nov 1957 R22-BL29 (MVC)
Jessie no date - 28 Jan 1893 (SNC)
Joel 22 Aug 1873 - 1924 (LC)

JOHNSON (continued)
John no date - 22 July 1888 R67-BL96 (MVC)
Josephine 1893 - 24 July 1945 RE-BL13 (MVC)
Juanita 1893 - 1983 (LC)
L W 22 Sept 1836 - 19 Feb 1871 (LC)
Laura 1856 - 1909 no lot (MVC)
Laura no date - 21 Apr 1906 RB-BL11 (MVC)
Lillie Belle no date - 22 Feb 1955 RE-BL14 (MVC)
Lizzie 1869 - 1964 (LC)
Mary 1869 - 1945 (LC)
Mary Bell 1854 - 1932 (MCC)
Mary C 1850 - 9 May 1931 RF-BL25 (MVC)
Mary J 1821 - 1873 (MPC)
Mary K 1868 - 9 July 1952 RG-BL24 (MVC)
Mathilda 1880 - 4 Jan 1912 RE-BL7 (MVC)
Minnie no date - 3 Mar 1939 R39-BL318 (MVC)
Myrtle 1886 - 9 June 1961 RG-BL20 (MVC)
Nancy no date - 2 Dec 1904 RA-BL24 (MVC)
Nannie d/o J M & E M no dates (PDC)
Nelson no date - 11 Dec 1922 RE-BL14 (MVC)
Pensey no date - 31 Dec 1893 R39-BL318 (MVC)
Robert C 1884 - 7 Feb 1971 RG-BL20 (MVC)
Robert C 1913 - 28 Feb 1937 RG-BL20 (MVC)
Robert Dean 1932 - 17 Aug 1932 RG-BL5 (MVC)
Roert E 1868 - 1945 (LC)
Sam Louis no date - 15 Aug 1901 R5-BL74 (MVC)
Sarah E 20 May 1844 - 24 June 1905 (FPC)
Sarah no date - 10 Mar 1931 RD-BL1 (MVC)
Sarah no date - 26 Aug 1888 R37-BL285 (MVC)
T H 1829 - 1872 (MPC)
T H no dates (EEC)

JOHNSON (continued)
Theo E no date - 2 July 1909 R51-BL177 (MVC)
Thomas 1819 - 1882 (MPC)
Thomas 1864 - 28 June 1904 R51-BL177 (MVC)
Thomas no date - 14 Oct 1908 R51-BL177 (MVC)
Valine Irene 1917 - 1967 (EEC)
W L 22 Sept 1866 - 9 Feb 1871 (LC)
W L no date - 25 Apr 1906 RA-BL24 (MVC)
Will no date - 12 Dec 1949 RJ-BL4 (MVC)
Wm L Sr 1846 - 22 Jan 1930 RJ-BL4 (MVC)
Wm Victor 1889 - 27 May 1949 RK-BL5 (MVC)
JOHNSTON, Albert 18 June 1837 - 10 Dec 1889 (LC)
Areta 20 May 1909 - 10 Dec 1912 (LC)
George no date - 5 May 1981 RK-BL10 (MVC)
George W 30 Sept 1859 42y 20d (PDC)
John 1856 - 19 July 1889 no lot (MVC)
Mary 1913 - 19 Oct 1983 RK-BL27 (MVC)
Mary no date - 5 May 1981 RK-BL11 (MVC)
Robert 18 June 1837 - 10 Dec 1899 (LC)
Thomas 1859 - 1884 no lot (MVC)
William J 1869 - 1950 (EEC)
JOHNSTONE, William 1858 - 1884 (MLC)
JOICE, George W 24 Apr 1907 - 3 Feb 1971 (SMGC)
JOLLY, Forrest 1913 - 3 Jan 1958 RG-BL32 (MVC)
Ina 1917 - 25 Mar 1978 RG-BL32 (MVC)
JONAS, Edwin 1904 - 23 May 1950 no lot (MVC)
JONES, A S no date - 5 Jan 1980 RJ-BL34 (MVC)
Agnes W 1862 - 11 July 1941 R68-BL107 (MVC)

JONES (continued)
Albert no date - 22 July 1893 no lot (MVC)
Anna 1853 - 21 Nov 1928 RB-BL18 (MVC)
Anna 1914 - 9 Feb 1983 RJ-BL27 (MVC)
Anna L 1853 - 26 Feb 1924 RF-BL14 (MVC)
Anna no date - 21 Jan 1954 R41-BL8 (MVC)
Anneta 1884 - 7 Dec 1964 RJ-BL12 (MVC)
Arnold 1880 - 1 Jan 1916 no lot (MVC)
B F no date - 18 Nov 1901 RA-BL21 (MVC)
B F no date - 21 Jan 1898 RA-BL21 (MVC)
Baby no date - 1959 (SNC)
Benjamin F 1864 - 1864 (PDC)
Benjamin Thomas 1840 - 1889 no lot (MVC)
Bessie M 1890 - 21 Nov 1959 RJ-BL27 (MVC)
Brenda Joyce 1944 - 1 Sept 1944 RG-BL41 (MVC)
Brian Douglas 27 May 1968 - 10 Nov 1985 17y 10-3-34-J (MVC)
Carrie 1866 - 1939 (CWC)
Catherine no date - 24 Dec 1895 R19-BL311 (MVC)
Cecil M 1910 - 1910 (ASC)
Charles 1816 - 1903 no lot (MVC)
Charles no date - 21 Oct 1916 RF-BL14 (MVC)
Charles no date - 25 Aug 1899 R18-BL290 (MVC)
Charles Thomas no date - 6 Sept 1967 RK-BL14 (MVC)
Charles Wm 1851 - 9 Sept 1967 no lot (MVC)
Charles Wm 1857 - 9 June 1933 R66-BL79 (MVC)
Clara 1926 - 12 June 1980 RJ-BL37 (MVC)
Clara no date - 12 June 1982 RJ-BL37 (MVC)
Clarence 1894 - 1946 (ASC)
Clarence E 1902 - 1954 (CWC)

JONES (continued)
Cora Frances 1875 - 27 Mar 1955 RG-BL23 (MVC)
Cynthia C 1863 - 1943 (PDC)
David 1840 - 12 Dec 1908 no lot (MVC)
David 1853 - 26 Sept 1931 RB-BL18 (MVC)
David no date - 30 Mar 1900 R19-BL311 (MVC)
Delpha E no date - 3 Nov 1942 RG-BL5 (MVC)
Earl V no date - 29 Apr 1958 RK-BL29 (MVC)
Edwin no date - 31 Aug 1903 RD-BL17 (MVC)
Eliza Boone no date - 11 July 1886 no lot (MVC)
Elizabeth 1827 - 22 Feb 1922 RF-BL14 (MVC)
Elizabeth 1879 - 15 May 1952 (SLC)
Elizabeth C w/o Rev Jones 14 May 1843 - 3 Nov 1888 (RMC)
Elizabeth Mize 1902 - 29 Apr 1953 Rf-BL21 (MVC)
Ella 1858 - 20 Apr 1940 RB-BL18 (MVC)
Elvin H no date - 1908 (ASC)
Ernest F 1888 - 14 Sept 1962 RJ-BL27 (MVC)
Florence G no date - 1908 (ASC)
Frances L 1865 - 19 Oct 1916 RF-BL14 (MVC)
Franklin S 1860 - 4 Jan 1934 R41-BL8 (MVC)
Gary 1949 - 15 Feb 1966 RK-BL5 (MVC)
George A 1849 - 1 July 1938 RF-BL14 (MVC)
George Ray 1889 - 5 May 1953 RG-BL40 (MVC)
George W 1896 - 5 Dec 1899 R66-BL79 (MVC)
Grace S 1855 - 29 May 1924 R67-BL93 (MVC)
Grant Lane no date - 29 Nov 1975 (SMGC)
Harry L 1896 - 1978 (SNC)
Helena 1848 - 1903 no lot (MVC)
Helena no date - 28 June 1924 RD-BL20 (MVC)

JONES (continued)

Henry no date - 21 Dec 1879 no lot (MVC)
Herbert 1872 - 28 Nov 1944 RG-BL31 (MVC)
Herman B 1895 - 19 Aug 1964 (SMGC)
Ina Estelle 1887 - 1918 no lot (MVC)
inf (s/o Harry) 1940 - 27 Aug 1940 (SNC)
inf no date - 3 May 1946 RG-BL40 (MVC)
Irene 1901 - 4 Apr 1943 RG-BL32 (MVC)
Mrs J C 1869 - 9 May 1927 RF-BL1 (MVC)
James M 1848 - 20 Apr 1903 RD-BL20 (MVC)
Jamey Clyde no date - 30 Apr 1937 RD-BL20 (MVC)
Jennie 1846 - 27 Sept 1925 RE-BL6 (MVC)
Jimmie Clyde 1946 - 27 Oct 1950 RJ-BL8 (MVC)
John B 1840 - 23 Aug 1904 RE-BL6 (MVC)
Dr John C 1856 - 4 Dec 1932 RF-BL1 (MVC)
John F no date - 23 Sept 1890 R18-BL290 (MVC)
John M (s/o M & C Jones) 10 May 1892 - 27 Nov 1894 (CWC)
John no date - 12 Sept 1890 no lot (MVC)
John no date - 15 Jan 1926 RD-BL7 (MVC)
John W 1895 - 9 Mar 1954 no lot (MVC)
John Wm 1895 - 11 Mar 1964 RG-BL32 (MVC)
Joseph J no date - 13 Sept 1904 R12-BL199 (MVC)
Katherine 1882 - 13 Feb 1965 RK-BL29 (MVC)
Lena P w/o Herman B 17 Nov 1885 - 23 June 1969 (SMGC)
Leon no date - 22 Dec 1885 no lot (MVC)
Leona M no date - 18 Sept 1947 RE-BL13 (MVC)

JONES (continued)

Lera W 1894 - 1981 "Mother" (CWC)
LeRoy A 22 July 1900 - 11 Sept 1973 (EEC)
Leslie 1890 - 1939 (CWC)
Leslie 1915 - 27 Nov 1974 RG-BL14 (MVC)
Lila no date - 20 Sept 1916 RE-BL3 (MVC)
Loren Robert 1917 - 18 Sept 1956 RJ-BL27 (MVC)
Lucy no date - 9 May 1901 R56-BL271 (MVC)
Lydia M w/o Z M no date - 30 May 1887 75y 9m 21d (PDC)
Mable Marie 1932 - 1978 mother (BCC)
Maggie R w/o W D, d/o P J & M Clark 1867 - 1895 (SACC)
Maria E 1868 - 1945 (CWC)
Marie NO DATE - 1918 (ASC)
Marion F 1862 - 1934 (CWC)
Martha no date - 20 Sept 1911 R64-BL46 (MVC)
Mary 1857 - 18 June 1948 RG-BL35 (MVC)
Mary J 1869 - 1869 (PDC)
Mary K 1955 - 13 Apr 1955 no lot (MVC)
Melissa E 1890 - 1915 (CWC)
Myrtle no date - 19 Mar 1965 RK-BL4 (MVC)
Nancy Alice 1 Aug 1860 - 5 July 1864 (RMC)
Nancy J w/o Rev V 16 Feb 1829 - 18 June 1864 (RMC)
Nathan A 1887 - 19 Aug 1973 RJ-BL12 (MVC)
Ray 1924 - 4 May 1971 RJ-BL45 (MVC)
Raymond 1955 - 15 Apr 1955 (inf) RK-BL29 (MVC)
Rhoda F 1858 - 26 May 1942 RG-BL40 (MVC)
Richard A 1921 - 1972 (CWC)
Robert 1879 - 8 June 1935 RG-BL22 (MVC)
Rosie 1887 - 1963 (ASC)
Roy A no dates (EEC)
Sam Jr no date - 5 Jan 1980 RJ-BL34 (MVC)

JONES (continued)
Sarilda A no date - 24 Apr 1945 RA-BL21 (MVC)
Stephen 1827 - 1894 (PDC)
Thomas 1867 - 3 June 1925 RD-BL1 (MVC)
W P no date - 13 May 1895 R67-BL93 (MVC)
Walter P 1848 - 13 May 1895 no lot (MVC)
Wesley G 1916 - 1977 (ASC)
William 1868 - 1982 (CWC)
Wm M no date - 1 Oct 1931 RD-BL20 (MVC)
Wm s/o Rev V & E C 2 Mar 1867 - 6 Feb 1879 (RMC)
Zona F 4 Mar 1912 - 14 Nov 1969 (SNC)
JORDAN, Arthur 1873 - 12 Jan 1938 RE-BL7 (MVC)
Belle 1880 - 30 Aug 1967 RE-BL21 (MVC)
Russell 1909 - 16 Sept 1965 RE-BL21 (MVC)
Stella 1877 - 13 Dec 1904 RE-BL7 (MVC)
Walter Leroy 1923 - 3 Sept 1966 RE-BL21 (MVC)
Wilbur 1908 - 15 Sept 1930 RE-BL7 (MVC)
JORGENSON, Barney no date - 16 Apr 1958 RG-BL41 (MVC)
Barney no date - 25 Nov 1981 RK-BL15 (MVC)
Christian no date - 11 Aug 1888 R67-BL91 (MVC)
inf 4m no dates no lot (MVC)
Katherine M 1868 - 28 Dec 1952 R67-BL91 (MVC)
Margarite 1906 - 28 Aug 1978 RG-BL41 (MVC)
Mary Eliz no date - 10 Apr 1878 no lot (MVC)
Minnie no date - 10 Sept 1884 no lot (MVC)
Virginia 1909 - 20 Aug 1935 RG-BL13 (MVC)
Mrs Wm J 1865 - 11 July 1944 RG-BL41 (MVC)
JORR, Mary no date - 16 May 1963 RG-BL18 (MVC)
JOSEPH, John no date - 13 Sept

JOSEPH (continued)
1904 R12-BL199 (MVC)
JOSLYN, Travis Grimes 7 Aug 1966 - 11 Dec 1966 (OHC)
JOST, George R no date - 12 May 1955 RD-BL2 (MVC)
JOYCE, Ruth Irene & inf 1909 - 29 Oct 1945 RG-BL33 (MVC)
JUDAH, Charles W 13 Mar 1872 - 18 Nov 1902 (LC)
F M 1877 - 1897 (CWC)
Finnett no date - 30 Oct 1873 (PDC)
George W 5 Nov 1830 - 26 Jan 1884 (LC)
J D 1847 - 1897 (CWC)
Lucinda w/o George W 17 Mar 1833 - 8 Dec 1902 (LC)
Lurena 1892 - 1966 (LC)
N 1883 - 1897 (CWC)
JUDY, Andrew J 13 Oct 1829 - 5 July 1882 (LC)
Elizabeth A 25 Sept 1832 - 18 Aug 1902 (LC)
JUENCHE, August no date - 2 Aug 1899 RA-BL29 (MVC)
Henrietta no date - 16 Aug 1896 no lot (MVC)
Wm A no date - 6 Aug 1888 RA-BL29 (MVC)
JUK, James T no date - 1 May 1971 RF-BL21 (MVC)
JUNCHE, Fred 1892 - 1970 (LC)
Jacob H 1859 - 1940 (LC)
Jennie 1868 - 1935 (LC)
Jennie Laure 1934 - 1940 (LC)
JUNKE, Amanda no date - 15 July 1908 RB-BL14 (MVC)
JURDEN, Frances (w/o Wm Jurden) no date - 1 Oct 1862 72y 11m 21d (SNC)
JUSTIN, Gilbert 1873 - 1916 (LC)
JUSTUS, Maude 1883 - 1954 (RMC)
William 1864 - 1938 (RMC)
KAAZ, Albert F 1875 - 13 Oct 1946 RG-BL29 (MVC)
Albertina no date - 26 Oct 1892 R48-BL125 (MVC)
Daniel no date - 2 Jan 1901 R68-BL110 (MVC)
Ernest J no date - 7 Jan 1922

KAAZ (continued)
RD-BL2 (MVC)
Etta 1845 - 4 Apr 1961 RG-BL29 (MVC)
Freda 1896 - 31 Oct 1974 RK-BL12 (MVC)
Fredericka 1849 - 29 Dec 1927 RD-BL2 (MVC)
Fredia 1894 - 12 Sept 1966 RD-BL12 (MVC)
Henry 1890 - 9 Nov 1966 RK-BL12 (MVC)
Ida S 1856 - 28 June 1927 R68-BL110 (MVC)
Julius 1854 - 29 Nov 1941 R68-BL110 (MVC)
Martha no date - 18 Mar 1902 R68-BL110 (MVC)
May no date - 23 July 1935 RF-BL24 (MVC)
Minnie 1895 - 5 July 1973 RK-BL12 (MVC)
Tina no date - 19 Nov 1894 R17-BL289 (MVC)
William 1888 - 6 Dec 1965 RF-BL24 (MVC)
KAFF, Mrs A F no date - 23 Dec 1890 R19-BL313 (MVC)
Ethel 1885 - 23 Jan 1970 RK-BL20 (MVC)
John 1883 - 20 Jan 1956 RK-BL20 (MVC)
Margaret 1866 - 18 Oct 1956 no lot (MVC)
William 1862 - 2 July 1926 no lot (MVC)
KAHL, Frank no date - 19 Dec 1972 RJ-BL23 (MVC)
Thomas no date - 5 Feb 1985 76y RJ-BL23 (MVC)
KAIGHIN, Buddy H Jr 1939 - 1961 (CWC)
KAIGHIN, Emma Becker 1890 - 1980 (LC)
Glenna M 1918 - 1973 (CWC)
J R 1872 - 1927 (LC)
James Joe 1884 - 1974 (LC)
Rose 1899 - no date (LC)
KAISER, Edith 1902 - 5 Dec 1908 RD-BL11 (MVC)
M Leonard 19 Jan 1905 - 22 Jan 1970 (MSSCC)

KAISSE, Adeline no date - 26 Sept 1962 RD-BL21 (MVC)
Harry 1854 - 28 Sept 1922 RD-BL21 (MVC)
Harry D 1854 - 19 Aug 1907 RD-BL21 (MVC)
Mary Dominica 1857 - 5 Apr 1922 RD-BL21 (MVC)
KALEY, Amelia 1846 - 30 Mar 1934 RB-BL5 (MVC)
John B 1844 - 2 Mar 1903 no lot (MVC)
Marguerite E 1883 - 9 Oct 1951 RG-BL16 (MVC)
Wm B 1840 - 28 Sept 1938 RG-BL16 (MVC)
KALKBRENNER, Euphrosina 11 Sept 1883 - 5 May 1967 (MSSCC)
KALLEY, Catherine 1826 - 3 Jan 1899 73y Sec2-L107-#1 (SPC)
KALPELK, Anna no date - 18 Sept 1946 RF-BL9 (MVC)
KAMERANF, Albert Bernard no date - 25 Feb 1901 RD-BL17 (MVC)
KAMMER, Anna F 1880 - 1974 (LC)
Chas 1840 - 1910 (LC)
Emma 1870 - 1951 (LC)
Johanna 1840 - 1904 (LC)
Karl 1910 - 1964 (LC)
Marie b 1915 (LC)
KAMPERT, Ricktrude 1 May 1866 - 15 Feb 1925 (MSSCC)
KANE, Catherine no date - Feb 1931 63y Sec2-L17-#1 (SPC)
Florence 1903 - 27 Feb 1979 75y Sec2-L7-#2 (SPC)
Geo & Mary no date - 8 Jan 1920 5d ec1-L73-#5 (SPC)
Harry John 1890 - 2 Feb 1969 79y Sec1-L37-#3 (SPC)
Helen Nellie no date - 12 June 1919 58y Sec1-L37-#4 (SPC)
James 4 --- ---- - 9 May 1920 10y Sec1-L73 (SPC)
John 1812 - 13 July 1887 75y Sec1-L73-#1 (SPC)
John 1895 - 30 Oct 1973 78y Sec2-L7-#1 (SPC)
John no date - 19 Jan 1908 55y

KANE (continued)
   Sec1-L37-#5 (SPC)
Margaret no date - 2 Apr 1967 73y Sec2-L17-#4 (SPC)
Maria no date - 30 Oct 1901 81y Sec1-L73-#2 (SPC)
Mary 1812 - 13 July 1887 78y Sec1-L73-#3 (SPC)
Owen 1864 - 28 Jan 1932 68y Sec2-L17-#2 (SPC)
KANNING, Anna 1904 - 1915 (LC)
Caroline 1869 - 1916 (LC)
Christina 1854 - 1934 (LC)
Eliza 1878 - 1968 (LC)
Henry 1872 - 1943 (LC)
Henry 1889 - 1914 (LC)
Hulda 1899 - no date (LC)
Kathleen no date - 1952 (inf) (LC)
Lizzie M 1907 - no date (LC)
Otto 1896 - 1970 (LC)
Wm Sr 1904 - 1981 (LC)
KAPPLER, Benedict 30 Oct 1877 - 8 Apr 1958 (SBAC)
KAPSER, Gertrude 18 Dec 1837 - 18 Sept 1917 (MSSCC)
KARMANN, Blandina 22 Jan 1869 - 14 March 1949 (MSSCC)
KARNS, Frank no date - 22 Jan 1882 no lot (MVC)
KARR, Chas no date - 29 May 1926 RA-BL31 (MVC)
Rosa no date - 5 Dec 1917 RA-BL31 (MVC)
KASSABAUM, C H 858 - 20 Nov 1930 RD-BL11 (MVC)
Minnie 1864 - 25 July 1929 RD-BL11 (MVC)
KASSENS, Edwin 2 May 1859 - 27 Dec 1942 (SBAC)
Peter 28 May 1841 - 17 Jan 1916 (SBAC)
KASTEN, Clyde L 3 Oct 1910 - 24 May 1978 (SMGC)
Ernest 16 Apr 1903 - 8 May 1969 (SMGC)
KASTENS, Frances no date - 24 Jan 1911 RB-BL16 (MVC)
Lillie 1872 - 14 Oct 1952 RK-BL5 (MVC)
Mary Margaret 1906 - 15 May 1965 RJ-BL29 (MVC)

KASTENS (continued)
   Richard 1873 - 14 June 1948 RK-BL5 (MVC)
KATNER, August 1828 - 4 June 1906 no lot (MVC)
Frances 1881 - 22 Jan 1911 no lot (MVC)
Mary E 1838 - 1 Aug 1905 no lot (MVC)
KATZ, Mona no date - 4 Jan 1908 R39-BL314 (MVC)
KAUERT, Mrs Robert 1852 - 12 Mar 1895 (SNC)
KAUFMAN, Christoff 1890 - 1890 (ASC)
David W no date - 15 July 1933 R41-BL6 (MVC)
Dorothy Frances 21 Aug 1903 - 2 July 1938 (O E S) (EEC)
Elizabeth 1859 - 1948 (ASC)
Frances P w/o Wm 4 Aug 1897 - 10 Oct 1967 (SMGC)
George E 1891 - 1960 (EEC)
Maggie 1866 - 1898 (ASC)
Martin 1854 - 1932 (ASC)
Mary 1892 - 1899 (ASC)
Wm 16 Mar 1898 - 2 Aug 1972 (SMGC)
KAUTZ, Etta V 1906 - 21 Nov 1961 RJ-BL28 (MVC)
Fred 1893 - 24 Dec 1931 RJ-BL36 (MVC)
Fred 1893 - 24 Jan 1970 no lot (MVC)
Fred Jr 1930 - 24 Dec 1931 RJ-BL36 (MVC)
George 1899 - 23 May 1981 RJ-BL1 (MVC)
John George 1872 - 7 Sept 1961 RK-BL27 (MVC)
Martha M 1875 - 10 Feb 1962 RK-BL24 (MVC)
Theodore no date - 24 Dec 1931 no lot (MVC)
KAYSER, John Peter b Schoenfelsden 1939 - 22 July 1892 Sec2-L76-#6 (SPC)
KEAN, John no date - 13 Sept 1869 68y Sec2-L100-#1 (SPC)
KEARN, Martin 1888 - 1932 no lot (MVC)
KEARNEY, Rick Allen 1966 - 20

KEARNEY (continued)
  Dec 1972 RJ-BL23 (MVC)
KEARNS, John L 13 Sept 1873 1y 7m (OHC)
KEARUS, Mr no date - 1 Aug 1896 R16-BL265 (MVC)
KEAS, Leona D 7 June 1900 - 6 Oct 1972 (SMGC)
KEATON, Millie no date - 17 Mar 1901 RA-BL9 (MVC)
KEATS, Dora E 1864 - 1951 (RMC)
  Henry T 1865 - 1934 (RMC)
  J E 17 July 1817 - 5 Dec 1900 (RMC)
KECHN, Josiah no date - 30 July 1913 RD-BL8 (MVC)
KECLIK, Delphine 6 Jan 1890 - 24 May 1976 (MSSCC)
KEEHN, Martin no date - 24 July 1932 RG-BL12 (MVC)
KEEL, Clara A 1886 - 9 Nov 1959 RF-BL25 (MVC)
  Hailey J 1882 - 1 Feb 1954 RF-BL25 (MVC)
  Sarah Ella 1860 - 14 July 1936 RF-BL25 (MVC)
KEELER, Anna (w/o Wenzel) 1851 - 21 July 1900 49y (SLC)
  Clarence no date - 1976 72y (SLC)
  Gertrude no date - 1899 25y (SLC)
  Jerome 9 Apr 1895 - 26 July 1965 (MSSCC)
  Mary (d/o Robert) 1878 - 5 Dec 1967 89y (SLC)
  Robert (s/o Wenzel) 1873 - 20 July 1966 93y (SLC)
  Wenzel (s/o Matthew) 1838 - 7 Feb 1908 68y (SLC)
  inf d/o M M & S P 1884 - 1890 (ASC)
KEELEY, inf/o J P 1884 - 1890 (ASC)
KEET, George 1857 - 1931 no lot (MVC)
  Sarah 1860 - 1934 no lot (MVC)
KEFER, Lillian Mary 1887 - 27 Sept 1939 42y Sec1-L49-#3 (SPC)

KEIFFER, Emma 1862 - 16 Mar 1949 RD-BL3 (MVC)
KEIGHLINE, Aurge 16 Jan 1889 - 14 Jan 1901 (LC)
  Charles J 1859 - 1924 (LC)
KEIHL, Edmond no date - 6 Aug 1889 R49-BL151 (MVC)
  Harry E no date - 16 Feb 1965 RK-BL19 (MVC)
  Russell L 1880 - 11 Mar 1982 RK-BL19 (MVC)
KEILL, James s/o A H & M C 20 Dec 1882 2y 1m 16d (PGC)
KEIM, Beulah I 1882 - 1937 (MCC)
  Keith 1905 - 1955 (MCC)
  Rose 1879 - 1965 (MCC)
KEIMIG, Phillip M 30 June 1906 - 30 Apr 1978 (SMGC)
KEINCE, Henry no date - 27 Mar 1910 RD-BL20 (MVC)
  Lawrence no date - 18 May 1908 no lot (MVC)
KEINEFELFER, Jimmie L no date - 27 Aug 1940 R11-BL177 (MVC)
KEIRN, Rachel I 1882 (PGC)
KEIRNS, Almeta 1931 - 31 July 1971 (SMGC)
KEITH, Charles B 1875 - 16 May 1911 R41-BL9 (MVC)
  Charles no date - 25 May 1898 RA-BL14 (MVC)
  Edward C 1875 - 26 Sept 1961 RA-BL14 (MVC)
  Maria no date - 14 Jan 1887 no lot (MVC)
  Mary B no date - 11 Mar 1913 R41-BL10 (MVC)
  Mary F 1842 - 18 Dec 1928 RA-BL14 (MVC)
  Mary I no date - 3 Sept 1947 R41-BL9 (MVC)
  Millie no dates no lot (MVC)
  Russell 1880 - 28 July 1880 no lot (MVC)
  Uris 1842 - 4 Mar 1918 RA-BL14 (MVC)
  Willie no date - 7 Nov 1914 R41-BL10 (MVC)
  Winifred 1883 - 19 Apr 1883 no lot (MVC)

KEITH (continued)
Wm S 1842 - 1919 no lot (MVC)
KEITHLINE, Ada 1880 - 1925 no lot (MVC)
Andrew J 1853 - 16 Dec 1915 RG-BL14 (MVC)
Augustus Lincoln 1860 - 1938 (LC)
Cornelia Russel 1862 - 1912 (LC)
Eliza w/o Samuel 3 May 1826 - 18 Apr 1910 (LC)
Emma A no date - 10Jan 1933 RB-BL12 (MVC)
Fanney 16 June 1857 - 13 Mar 1936 (LC)
Grant 1895 - 1899 (LC)
Ida R 1879 - 8 Jan 1923 RD-BL14 (MVC)
Ira 1879 - 13 Apr 1928 RB-BL14 (MVC)
J A 1828 - 17 May 1915 RB-BL12 (MVC)
J S 1873 - 1966 no lot (MVC)
Kenneth B 12 Mar 1907 - 11 Jan 1979 (SMGC)
M Eliz no date - 1906 no lot (MVC)
Maude Sarah 1909 - 1966 (LC)
Metta H 1872 - 1963 no lot (MVC)
Murtle 1890 - 3 Sept 1973 RJ-BL14 (MVC)
O 1879 - 13 Apr 1928 RB-BL14 (MVC)
Pearl C w/o Kenneth B no date - 8 Feb 1982 (SMGC)
Raymond Glenn 1910 - 1965 (LC)
Rebecca 1867 - 1943 (LC)
Rosa A 1832 - 20Jan 1917 RG-BL14 (MVC)
Russell S 1888 - 25 July 1965 RJ-BL14 (MVC)
Samuel 1 Dec 1824 - 27 Feb 1900 (LC)
Samuel 1883 - 1947 (LC)
Sarah E 1863 - 1933 (LC)
KELEY, Molley A (w/o Herman) 1857 - 21 Apr 1888 (MC)
KELLER, Albertha no date - 27 July 1941 RD-BL5 (MVC)
G W no date - 23 May 1919 RD-

KELLER (continued)
BL5 (MVC)
John P 1881 - 12 Apr 1955 RK-BL32 (MVC)
Nellie 1888 - 16 May 1967 RK-BL22 (MVC)
Orville C no date - 8 May 1913 no lot (MVC)
Thomas J no date - 25 Apr 1908 RD-BL16 (MVC)
KELLEY, Aaron no date - 8 Apr 1905 RE-BL6 (MVC)
Ada A d/o S & L 1888 - Apr 1894 3y (PGC)
Adaline DuBoise 1829 - 1902 (ASC)
Arthur M 1882 - 1915 (SACC)
baby 1928 - 1929 (EEC)
Bertha C d/o J & A d 26 July 1878 11m (WLC)
Delma w/o G E 1866 - 1915 (OHC)
Ellen no date - 31 Jan 1889 R37-BL284 (MVC)
Frances D 1898 - 22 Oct 1976 RE-BL28 (MVC)
George E 1866 - 1929 (OHC)
George no date - 11 Dec 1915 RE-BL7 (MVC)
Hazel 1900 - (OHC)
Hugh H 1829 - 1904 (OHC)
inf s/o S & L 12 May 1884 1d (PGC)
inf/o John no date - 22 Mar 1891 R37-BL284 (MVC)
inf no date - 2 Oct 1884 (ASC)
Irene no date - 16 June 1905 RE-BL6 (MVC)
Jacob B 1817 - 1874 (ASC)
John H no date - 13 Nov 1925 RE-BL10 (MVC)
John S 1886 - 1959 (PGC)
John s/o John & Ann d 27 Oct 1874 9m 27d (WLC)
Julia no date - 28 Dec 1940 RG-BL15 (MVC)
Kate no date - 1 Apr 1926 R23-BL46 (MVC)
Lorene no date - 26 June 1905 RE-BL6 (MVC)
Lula W 1862 - 1953 (PGC)
Margaret w/o Sam, d/o Wm E

KELLEY (continued)
Gardner d 27 May 1867 63y 9d (RMC)
Martia no date - 15 Aug 1905 RE-BL6 (MVC)
Mary W 1835 - 1901 (OHC)
Nathan no dates Co B 10th Kansas (EEC)
Norah d/o John & Ann no date - 22 Aug 1875 7m (WLC)
Oren L "Doc" 6 May 1892 - 22 Dec 1979 (EEC)
Robert F 14 May 1900 - 26 July 1964 (EEC)
Samuel 4 Sept 1804 - 9 Apr 1891 86y 7m 5d (RMC)
Samuel I 1850 - 6 Mar 1915 (PGC)
Sylvia no date - 11 Aug 1934 RE-BL10 (MVC)
Thomas B 1865 - 1921 (MCC)
Thomas no date - 12 May 1887 R58-BL304 (MVC)
Wm Englis 1899 - 1974 (OHC)
KELLISON, Mary Jean 1922 - 18 Oct 1932 RG-BL10 (MVC)
KELLOGG, Dr E L 1859 - 10 Jan 1935 no lot (MVC)
KELLY, Agnes M 1881 - 1957 (SACC)
Alice 1831 - 1912 (SACC)
Anna 1901 - 1965 (MCC)
Daisy B w/o John 1864 - 1888 (ASC)
Daniel 1869 - 25 Sept 1939 RG-BL30 (MVC)
Edward 1868 - 1931 (SACC)
Edward A 17-17 Sept 1957 (SACC)
Edward J s/o T & K 1878 - 1881 (SACC)
Ellen 1828 - 27 Mar 1898 no lot (MVC)
Frances D 1898 - 22 Oct 1976 RE-BL28 (MVC)
George no date - 15 Dec 1949 RE-BL19 (MVC)
Henrietta no date - 28 Dec 1906 RE-BL7 (MVC)
infants (2) no date - 1891 (SACC)
J J 1853 - 11 Sept 1909 RG-BL15 (MVC)

KELLY (continued)
J J 1862 - 1900 (SACC)
James 1828 - 1912 (SACC)
James M 1922 - 1922 inf (SACC)
Julia 1858 - 28 Dec 1940 RG-BL15 (MVC)
Katherine no date - 1913 (SACC)
Lawrence 1864 - 1938 (SACC)
Lilah no date - 7 Sept 1966 RE-BL19 (MVC)
M Eugene 25 July 1892 - 13 Jan 1971 (MSSCC)
Martin E 1883 - 1958 (SACC)
Mary 1861 - 1950 (SACC)
Mary 1868 - 1929 (SACC)
Michael 1889 - 1955 (MCC)
St Paul no date - 30 Apr 1924 RE-BL10 (MVC)
Samuel no date - 6 June 1894 R39-BL322 (MVC)
Thomas 1865 - 1921 (MCC)
Timothy 1824 - 1887 (SACC)
Timothy 1954 - 1954 (SACC)
William 1895 - 12 Jan 1978 RE-BL28 (MVC)
William C 2 Jan 1921 - 9 May 1972 (EEC)
Willis no date - 26 Apr 1933 RE-BL15 (MVC)
Wm no date - 12 Nov 1903 RE-BL6 (MVC)
KELSAY, Asa no date - 8 Dec 1989 no lot (MVC)
Clarence C 1874 - 4 Nov 1962 RK-BL12 (MVC)
Isabelle G 1880 - 17 Nov 1959 RK-BL12 (MVC)
KELSEY, Abbie no date - 22 Apr 1901 R49-BL61 (MVC)
Josie May w/o W H 1878 - 21 Sept 1903 (PGC)
KELTSCH, George 1869 - 2 May 1951 RJ-BL8 (MVC)
Lizzie 1874 - 13 July 1960 RJ-BL8 (MVC)
KEMP, Charles Edgar 4 Jan 1873 - 25 May 1969 (EEC)
Hazel Marie 1904 - 1904 (EEC)
Mary W 1875 - 1934 (EEC)
Sophia 1884 - 21 Mar 1902 no lot (MVC)
KEMPER, inf s/o M T & L E no

KEMPER (continued)
date - 26 Mar 1905 (FPC)
KEMPIN, Carl F 1898 - 17 Oct 1971 RK-BL8 (MVC)
KENDALL, Mary no date - 29 July 1890 R50-BL156 (MVC)
KENNEDY, Edward (s/o James) 1877 - 1 Apr 1960 (SLC)
Helga Jensen 1875 - 1912 buried with inf son (SLC)
inf s/o Helga Jensen no date - 1912 buried with mother (SLC)
Lulu A no date - 26 June 1953 RE-BL5 (MVC)
Malachy 3 Apr 1923 - 14 Oct 1971 (MSSCC)
Maurus 4 July 1896 - 10 Jan 1985 (SBAC)
KENNISH, Catherine M (w/o Robt Kennish) 17 Apr 1843 - 17 Apr 1899 (CWC)
Father 1841 - 1894 (MCC)
Kate 1870 - 1942 (CWC)
Lillie Mona 1872 - 6 Feb 1887 15y 3m (CWC)
Mother 1846 - 1916 (MCC)
Robert 16 July 1832 - 24 Jan 1909 (CWC)
KENSER, Addie 1879 - 23 Apr 1916 RF-BL10 (MVC)
Alexander 1863 - 7 Feb 1923 RF-BL10 (MVC)
KENYON, Mrs R no dates (EEC)
KEOPH, Al B 1865 - 12 May 1958 no lot (MVC)
Mora Lola 1896 - 26 Nov 1907 no lot (MVC)
KEPLINGER, Abraham 1816 - 28 Aug 1893 77y (EEC)
Eliza w/o A no date - 13 Oct 1891 71y 6m (EEC)
Marshall M 6 Jan 1863 - 24 Sept 1934 71y 8m 18d (EEC)
Sally 12 Feb 1861 - 5 Dec 1972 (EEC)
Sarah 1854 - 1934 (EEC)
KEPNER, Belle w/o Stuart A 1858 - 31 May 1899 41y 8m 10d (EEC)
Dorothy 9 Mar 1899 - 3 Dec 1961 (EEC)
Edward D 9 Oct 1876 - 24 Sept

KEPNER (continued)
1881 (EEC)
Fannie 1884 - 1942 (EEC)
George C no dates (EEC)
Mary A 5 Nov 1878 - 29 Mar 1884 (EEC)
Matilda J 24 Sept 1868 - 15 Aug 1881 (EEC)
S A no dates (EEC)
Samuel A 19 Mar 1836 - 15 June 1908 (EEC)
Stuart 1855 - 1943 (EEC)
William Allen 1872 - 21 Sept 1935 63y 8m 20d (EEC)
KERBY, Edna no date - 30 Sept 1925 no lot (MVC)
Elizabeth 1844 - 14 Feb 1924 RB-BL18 (MVC)
inf no date - 30 Sept 1925 no lot (MVC)
John 1840 - 26 Aug 1927 no lot (MVC)
Oliver no date - 30 Sept 1925 no lot (MVC)
Thomas Henry no date - 30 Sept 1925 no lot (MVC)
KERFORD, Abraham 1918 - 31 Aug 1920 RE-BL4 (MVC)
Don Beecher 1947 - 24 Mar 1948 RE-BL4 (MVC)
Edna no date - 30 Sept 1925 no lot (MVC)
Ella 1865 - 1898 no lot (MVC)
Emma 1840 - 26 Jan 1927 RE-BL4 (MVC)
Mrs George no date - 11 Feb 1910 R40-BL331 (MVC)
George E no date - 8 Aug 1916 RE-BL11 (MVC)
George H 1892 - 8 Aug 1916 RE-BL11 (MVC)
George H no date - 10 July 1941 RE-BL14 (MVC)
George W 1860 - 8 Dec 1914 R40-BL311 (MVC)
inf no date - 1 Apr 1893 R36-BL266 (MVC)
inf no date - 21 May 1949 RE-BL4 (MVC)
John no date - 11 Jan 1963 no lot (MVC)
Leon C 1918 - 6 Aug 1918 RE-

KERFORD (continued)
BL11 (MVC)
Lloyd 1894 - 5 Aug 1968 RE-BL4 (MVC)
Loyd III no date - 13 Jan 1947 (inf) RE-BL4 (MVC)
Oliver no date - 30 Sept 1925 no lot (MVC)
Pauline 1916 - 25 Jan 1982 RE-BL4 (MVC)
Priscilla 1889 - 21 Dec 1901 R40-BL331 (MVC)
Rachel Lucille no date - 12 Aug 1974 RE-BL4 (MVC)
KERR, Pearl E 1891 - 27 May 1957 RK-BL17 (MVC)
KERRNS, Arthur E father 1887 - 1977 (PDC)
Dora 1868 - 1934 (PDC)
Gail Marine 1910 - 1920 (PDC)
J A 1857 - 1924 (PDC)
KESS, James 1901 - 5 Mar 1912 RD-BL8 (MVC)
KESSE, Henry 1848 - 10 Nov 1917 R67-BL98 (MVC)
Josephine 1875 - 19 Dec 1889 no lot (MVC)
Mary Koch 1854 - 15 Feb 1934 R67-BL98 (MVC)
KESSINGER, Henry s/o J W & E E 25 Nov 1891 2y 1m 8d (OHC)
KESSLER, Albert 1869 - 2 Feb 1899 no lot (MVC)
Albert no date - 17 Apr 1899 R27-BL113 (MVC)
Anna 1886 - 8 Nov 1970 (SLC)
Balfina 1829 - 2 June 1912 R27-BL113 (MVC)
Bernhard no date - 18 Nov 1886 no lot (MVC)
Christina 1871 - 13 June 1912 RG-BL8 (MVC)
Christina no dates (SLC)
Edward 1889 - 1955 (OHC)
Ernestina no date - 17 Apr 1899 R27-BL113 (MVC)
Ernestine no date - 28 Sept 1873 no lot (MVC)
Freida no date - 30 July 1898 R27-BL113 (MVC)
Herman 1866 - 10 Mar 1949 no lot (MVC)

KESSLER (continued)
Joseph 1883 - 9 Sept 1963 (SLC)
Laverne 1898 - 1975 (OHC)
Louis no date - 30 Oct 1864 no lot (MVC)
KETCHUM, E E no date - 22 Mar 1887 R49-BL141 (MVC)
KETON, Anton no date - 17 Apr 1894 (inf) R43-BL25 (MVC)
inf/o Anton no date - 26 Mar 1901 RA-BL9 (MVC)
inf no date - 9 Sept 1898 R40-BL325 (MVC)
KETTER, Agilberta 4 Apr 1880 - 24 Jan 1962 (MSSCC)
Tony 1880 - 1953 (WLC)
KEW, Berth A 1879 - 18 June 1953 no lot (MVC)
Charles R 1875 - 13 Nov 1951 RF-BL27 (MVC)
Elizabeth 1846 - 18 Aug 1918 no lot (MVC)
Elizabeth B 1879 - 27 Feb 1968 no lot (MVC)
Harry 1910 - 1 Apr 1977 no lot (MVC)
James 1827 - 13 Mar 1912 no lot (MVC)
James F 1901 - 17 Apr 1956 RK-BL23 (MVC)
John Albert 1878 - 2 Jan 1940 RG-BL30 (MVC)
Ruthanna no date - 1911 no lot (MVC)
William J 1871 - 17 Mar 1947 RD-BL15 (MVC)
KEY, Claude R no dates no lot (MVC)
Mable 1885 - 30 Dec 1968 RF-BL2 (MVC)
KEYES, James K no date - 3 Mar 1889 no lot (MVC)
Lonie no date - 27 Nov 1901 no lot (MVC)
KIE, Burgh no date - 19 Apr 1927 RG-BL18 (MVC)
KIEFER, Anna d 9 Jan 1892 (LC)
Catherine 1865 - 12 Aug 1947 82y Sec1-L49-#4 (SPC)
Hubert no date - 19 July 1919 77y Sec1-L48-#6 (SPC)
Lawrence 1817 - 13 Apr 1896 78y

KIEFER (continued)
Sec1-L48-#3 (SPC)
Lawrence 1882 - 23 Aug 1887 5y
Sec1-L49-#1 (SPC)
Marea no date - 12 Sept 1903 68y
Sec1-L48-#4 (SPC)
Mary no date - 23 June 1872 9m
Sec1-L48-#1 (SPC)
Mary no date - 28 Dec 1881 62y
Sec1-L48-#2 (SPC)
KIEFFER, Emma 1861 - 16 Mar 1949 RD-BL3 (MVC)
Fred R 1892 - 17 Mar 1921 RD-BL3 (MVC)
Louise K 1839 - 1892 no lot (MVC)
Mary 1892 - 25 Oct 1979 RD-BL3 (MVC)
Peter 1863 - 14 Oct 1928 RD-BL3 (MVC)
KIEFNER, Louise K 1843 - 13 Sept 1932 R48-BL121 (MVC)
KIEHL, Elizabeth 1875 - 196? (MCC)
Elizabeth no date - 28 Apr 1927 R51-BL175 (MVC)
Fred 1874 - 1901 (MCC)
George no date - 16 Dec 1931 RF-BL25 (MVC)
Harriet M 6 July 1905 - 21 Jan 1986 80y 4-1-9-F (MVC)
Harry E no date - 16 Feb 1965 RK-BL19 (MVC)
John 1869 - 19 Jan 1943 RG-BL23 (MVC)
Martin no date - 17 Apr 1909 R17-BL278 (MVC)
Mary L 1870 - 19 Oct 1937 RG-BL23 (MVC)
Paul 1876 - 1943 no lot (MVC)
Russell L no date - 23 June 1971 RK-BL19 (MVC)
Wm E 1927 - 23 Jan 1962 no lot (MVC)
Wm E 27 Mar 1902 - 31 May 1965 (SMGC)
KIELFER, Fred R no date - 17 Mar 1921 RD-BL3 (MVC)
George H 1877 - 3 May 1897 no lot (MVC)
James M 1838 - 31 Oct 1881 no lot (MVC)

KIELFER (continued)
Mary K no date - 25 Oct 1979 RD-BL3 (MVC)
KIEM, Wiliam Ephaim 1916 - 1955 Kansas Pfc 315 Infantry Div WWII (MCC)
KIENZLE, Almira J 1861 - 2 May 1924 RD-BL1 (MVC)
W F 1855 - 10 Jan 1937 RD-BL1 (MVC)
KIER, Johanna 1824 - 1909 no lot (MVC)
Julius 1859 - 1922 no lot (MVC)
KIERZEL, Almira J no date - 2 May 1924 no lot (MVC)
Wm F no date - 10 Jan 1937 no lot (MVC)
KIETH, Rose Baker 1883 - 1965 (SNC)
KIFF, Margaret 1866 - 18 Oct 1956 RB-BL18 (MVC)
Nellie no date - 4 Mar 1892 R28-BL129 (MVC)
Wm no date - 2 July 1926 RB-BL18 (MVC)
KILANDER, Keith A 25 Feb 1910 - 7 Nov 1979 (SMGC)
KILKENNY, J Thos (s/o Thomas) 1890 - 18 Nov 1916 (SLC)
James (s/o Sam) no date - 27 Nov 1962 (SLC)
Mary (d/o Pat Morissey) 1860 - 24 Nov 1923 63y (SLC)
Thomas (s/o John) 1858 - 15 Feb 1946 (SLC)
KILLAM, Alice 1860 - 1927 (EEC)
KILLARNEY, Earl 1872 - 10 Nov 1980 RG-BL28 (MVC)
John C 1859 - 27 Mar 1934 RG-BL28 (MVC)
Margaret 1890 - 1 Dec 1976 RG-BL28 (MVC)
Rachael 1867 - 12 Aug 1945 RG-BL28 (MVC)
KILLEY, Arthur J 1868 - 18 Aug 1940 no lot (MVC)
Catherine no date - 21 Sept 1920 R65-BL67 (MVC)
Florence no date - 6 June 1822 no lot (MVC)
James H 1873 - 12 Dec 1943

KILLEY (continued)
RG-BL40 (MVC)
Jane C no date - 15 July 1878 no lot (MVC)
Jennie 1870 - 1 Feb 1947 no lot (MVC)
Maude 1844 - 25 Mar 1962 RG-BL40 (MVC)
Percy L no date - 28 Dec 1932 R65-BL67 (MVC)
Phily no date - 3 Nov 1906 no lot (MVC)
Thomas no date - 15 Dec 1881 no lot (MVC)
KIMBALL, A K no date - 16 Dec 1923 no lot (MVC)
Caroline 1842 - 30 Mar 1924 RF-BL7 (MVC)
Edna 1880 - 2 May 1915 RF-BL7 (MVC)
Henry 1939 - 6 Jan 1924 no lot (MVC)
Lon 1874 - 16 Dec 1923 RF-BL7 (MVC)
Simmon H no date - 7 Jan 1924 RF-BL7 (MVC)
KIMBERLIN, Elizabeth no date - 11 Aug 1865 no lot (MVC)
KIMES, Henry W s/o J M 16 Sept 1854 - 17 June 1883 (WLC)
Jacob 1828 - 1885 Co H 83rd Illinois Vol "Father" (WLC)
KIMMI, Sandra Kay 3 Dec 1959 - 18 Feb 1973 (SMGC)
KIMSEY, Joseph 20 Mar 1881 7m 15d (ACC)
KINES, Mary w/o Jacob 1834 - 1926 "Mother" (WLC)
KING, Albert L s/o John & Violet 1868 - 23 Nov 1887 19y (RMC)
Annie J 1911 - 17 May 1977 no lot (MVC)
Christine no date - 2 July 1956 RB-BL2 (MVC)
Clarence no date - 5 Feb 1914 RE-BL5 (MVC)
Mrs Debora no date - 19 Mar 1889 R18-BL297 (MVC)
Edward D s/o John & Violet 1863 - 2 May 1878 15y (RMC)
Elva M 1862 - 20 June 1939 RG-BL20 (MVC)

KING (continued)
George E 1881 - 1960 no lot (Ashes) (MVC)
George W 1862 - 20 Aug 1936 RG-BL20 (MVC)
Ida B 1 May 1859 - 1 Sept 1866 (ACC)
John B 1880 - 29 Jan 1960 R21-BL21 (MVC)
John C 1833 - 11 Aug 1881 48y (RMC)
Kate 1846 - 3 June 1892 no lot (MVC)
Lena G no date - 29 Sept 1911 RD-BL13 (MVC)
Lucinda w/o P R 1821 - 23 Sept 1857 36y 10m 8d (ACC)
Mary Clare 3 Feb 1888 - 12 July 1980 (MSSCC)
Mary F 13 Jun 1843 - 29 Jun 1933 90y (HTC)
Richard M 1837 - 1925 (HTC)
S E 1845 - 19 Mar 1905 no lot (MVC)
Sadie H 1860 - 4 Oct 1929 RG-BL9 (MVC)
Samuel 1840 - 25 Jan 1910 RE-BL12 (MVC)
Samuel S 1856 - 8 Feb 1930 RG-BL9 (MVC)
Sarah 1835 - -- Nov 1925 RF-BL13 (MVC)
Victor L 1887 - 6 Oct 1951 RG-BL9 (MVC)
Violet 1838 - 22 Jan 1888 50y (RMC)
Wash no date - 22 Nov 1898 no lot (MVC)
KINISH, David 7 Apr 1902 - 3 June 1984 (SBAC)
KINNEBERG, D B no date - 18 Apr 1927 RG-BL18 (MVC)
Minnie J no date - 21 Dec 1938 RG-BL18 (MVC)
KINNEY, Alfred B 1896 - 29 Sept 1963 RJ-BL23 (MVC)
Arthur J 1868 - 20 Aug 1940 RA-BL19 (MVC)
Elmer L 1889 - 8 Feb 1959 RA-BL22 (MVC)
Emma J 1888 - 7 Mar 1980 no lot (MVC)

KINNEY (continued)
Mrs Florence no date - 7 Feb 1984 R50-BL163 (MVC)
J A 1832 - 24 Jan 1904 no lot (MVC)
Jennie S 1835 - 26 Jan 1896 no lot (MVC)
Jessie S 1870 - 4 Feb 1947 RA-BL19 (MVC)
Joseph W 1922 - 1983 no lot (MVC)
Kenneth F 1895 - 8 Apr 1904 no lot (MVC)
Walter L 1916 - 17 Nov 1918 RA-BL22 (MVC)
KINSEY, Salomon 1829 - 1895 (ACC)
KINSINGER, Hester 1842 - 1920 (MCC)
Wm 1837 - 1927 Co G 95th Ohio Volunteers (MCC)
KINZLE, Wm F 1854 - 10 Jan 1937 RD-BL1 (MVC)
KIPERS, Alice 1888 - 21 Nov 1888 no lot (MVC)
Alice no date - 19 Oct 1898 R50-BL160 (MVC)
David 1861 - 9 Apr 1926 R37-BL275 (MVC)
Edna M 1883 - 8 Dec 1887 no lot (MVC)
Elmer no date - 6 June 1898 R17-BL286 (MVC)
Henrietta 1829 - 22 July 1889 no lot (MVC)
Ida Ruth 1892 - 5 Nov 1896 no lot (MVC)
Ida Ruth no date - 19 Oct 1898 R50-BL160 (MVC)
Iva no date - 12 May 1898 R50-BL160 (MVC)
Louis 1829 - 6 Feb 1905 no lot (MVC)
Mary no date - 25 Apr 1902 R50-BL160 (MVC)
May 1881 - 5 Oct 1882 no lot (MVC)
KIRBY, Elizabeth 1844 - 14 Feb 1924 RB-BL18 (MVC)
Etty Edna no date - 30 Sept 1925 RB-BL18 (MVC)
Florence E no date - 1919 no lot

KIRBY (continued) (MVC)
inf no date - 30 Sept 1925 RB-BL18 (MVC)
Ingram M 1865 - 9 Feb 1950 RG-BL33 (MVC)
John 1840 - 29 Aug 1927 RB-BL18 (MVC)
Judes Oliver no date - 30 Sept 1925 RB-BL18 (MVC)
Loid J C 1876 - 25 Oct 1961 RB-BL18 (MVC)
Richard L 1916 - 9 Oct 1950 RK-L13 (MVC)
Thomas Henry no date - 30 Sept 1925 RB-BL18 (MVC)
Zella 1870 - 7 Apr 1940 RG-BL33 (MVC)
KIRKHAM, Frances M 1881 - 1 Nov 1891 no lot (MVC)
Henry no date - 22 Nov 1891 R51-BL176 (MVC)
KIRKLEY, Grover Cleveland 1893 - 1 June 1904 (SNC)
KISTLER, Calvin H 1880 - 21 Nov 1951 RG-BL36 (MVC)
Ellen B 1853 - 5 Oct 1931 RG-BL36 (MVC)
Mary d/o W D & Ellen 15 Jan 1884 - 14 Oct 1887 (ASC)
Nellie 5 Sept 1896 - 14 Aug 1985 88y 8-2-36-G (MVC)
Nellie no date - 1895 no lot (MVC)
Wm 1853 - 6 Apr 1939 RG-BL36 (MVC)
KISTOR, John no date - 11 Oct 1902 RA-BL9 (MVC)
KITE, George S no date - 29 Mar 1888 R37-BL279 (MVC)
KLAUS, Dora 1881 - 1967 (SACC)
Joseph F 1871 - 1967 (SACC)
KLECKNER, Elizabeth 1853 - 11 Dec 1899 no lot (MVC)
Moulton A 1844 - 24 Mar 1923 no lot (MVC)
KLEIN, Ernest W no date - 20 Jan 1904 RD-BL17 (MVC)
Ida A w/o John 11 Jan 1877 - 5 Dec 1976 (SMGC)
John 1 Jan 1875 - 18 May 1967 (SMGC)

KLEIN (continued)
Margaret no date - 10 Sept 1916 RA-BL26 (MVC)
Xaver 26 Oct 1826 - 3 Feb 1885 (Odd Fellow) (MPC)
KLEPPER, Melissa C no date - 13 Oct 1954 RA-BL29 (MVC)
KLEY, Joseph 1858 - 2 Mar 1936 RF-BL25 (MVC)
Lena 1866 - 29 July 1926 RF-BL25 (MVC)
KLIEWER, Otto 1898 - 9 Oct 1958 RA-BL1 (MVC)
KLINE, Charles D s/o N & E M 1869 - 1872 (MCC)
Elizabeth w/o N 1837 - 1921 (MCC)
Flornee no date - 18 May 1908 RD-BL16 (MVC)
Henry 1899 - 24 Oct 1918 RD-BL3 (MVC)
Margaret 1860 - 28 Jan 1919 RD-BL1 (MVC)
Mary A no date - 29 Sept 1870 no lot (MVC)
Nicholas 1843 - 1879 (MCC)
KLINEFELTER, Jenny 1940 - -- Aug 1940 no lot (MVC)
Jimmie L no date - 27 Aug 1940 R11-BL177 (MVC)
KLINGMAN, Craig D 14 Mar 1975 - 18 Oct 1977 (SMGC)
McClellan 1862 - 1899 (EEC)
Vera L no dates (EEC)
KLOCKMAN, Anna Marie 1878 - 5 June 1879 no lot (MVC)
George A 1862 - 24 Dec 1899 no lot (MVC)
Henry 1820 - 18 Nov 1894 no lot (MVC)
Henry C 1878 - 20 Aug 1878 no lot (MVC)
Ida Mary no date - 23 Oct 1932 R17-BL289 (MVC)
Irene 1878 - 22 Aug 1878 no lot (MVC)
Lenora no date - 2 Jan 1949 R17-BL289 (MVC)
KLOEPPER, Caroline w/o H F C no date - 13 Mar ---- 31y 6d (LC)
Christian 2 Nov 1831 - 7 Nov

KLOEPPER (continued)
1911 (LC)
Christiana w/o Christian 4 May 1859 - 9 Sept 1906 (LC)
H F C no dates 72y (LC)
KLOPF, Ada 1868 - 19 Sept 1940 RB-BL13 (MVC)
Alois B 1865 - 17 May 1958 RB-BL13 (MVC)
Anton 1867 - 17 July 1931 RB-BL18 (MVC)
August W 1866 - 14 Nov 1941 RB-BL20 (MVC)
Ethel no date - 1893 no lot (MVC)
May Emma 1870 - 30 June 1953 RB-BL18 (MVC)
Minervia 1858 - 13 Dec 1928 RB-BL20 (MVC)
Nora Lola 1896 - 26 Nov 1907 no lot (MVC)
KLOSTER, inf no date - 24 Dec 1922 RA-BL20 (MVC)
KLOSTERMIER, Carl H no date - 1 June 1934 no lot (MVC)
Carolina no date - 9 Apr 1899 R51-BL68 (MVC)
KLOSTERMIER, Caroline 1889 - 25 Jan 1890 no lot (inf) (MVC)
Carrie 1859 - 23 Sept 1943 RA-BL20 (MVC)
Charlotte L no date - 1894 no lot (MVC)
Chris no date - 30 Dec 1922 (inf) RA-BL20 (MVC)
Christian 1861 - 30 July 1935 RA-BL20 (MVC)
Elizabeth 1859 - 1929 no lot (MVC)
Ernest H 1865 - 26 July 1934 no lot (MVC)
Fred 1885 - 1892 no lot (MVC)
Fred no date - 30 July 1935 R67-BL99 (MVC)
Freda 1891 - 1893 no lot (MVC)
G F 1889 - 17 Feb 1931 RB-BL16 (MVC)
Henry C no date - 9 Aug 1958 RA-BL20 (MVC)
inf no date - 9 Apr 1924 RA-BL20 (MVC)
Margaret 1868 - 1953 no lot

KLOSTERMIER (continued) (MVC)
Marie E no date - 20 Dec 1938 R67-BL99 (MVC)
Marie L 1899 - 1 May 1901 no lot (MVC)
Mary Ida 1863 - 19 Sept 1933 RA-BL20 (MVC)
Tom H 1858 - 17 Mar 1938 no lot (MVC)
Wm 1889 - 1889 no lot (MVC)
Wm no date - 20 Mar 1938 RA-BL20 (MVC)
KLUNENBERG, Laurentia 6 Dec 1878 - 24 June 1965 (MSSCC)
Notaburga 30 June 1875 - 1 Nov 1963 (MSSCC)
KNACK, Fred H 1829 - 18 June 1872 no lot (MVC)
Henrietta 1831 - 27 June 1890 no lot (MVC)
KNAEBEL, Alice Lee no date - 21 Oct 1912 44y Sec1-L24-#2 (of Alice Knoble Lot 23) (SPC)
Mary Agnes Hall no date - 29 Apr 1918 21y Sec1-L24-#1 (SPC)
KNIGHT, Amiel no date - 12 Jan 1930 RF-BL8 (MVC)
Bertha M w/o Charles F 13 Aug 1913 - 2 Feb 1981 (SMGC)
Caleb 8 Aug 1828 - 8 June 1908 (EEC)
Charles F 1894 - 28 May 1970 (SMGC)
Eugene 1928 - 16 Aug 1976 RJ-BL42 (MVC)
Gene no date - 2 July 1976 RJ-BL42 (MVC)
Henry 1887 - 24 Apr 1916 RF-BL8 (MVC)
Mabel 1896 - 1930 no lot (MVC)
Mary 1871 - 22 Mar 1920 RF-BL8 (MVC)
Mary Etta s w/o W S 1833 - 1909 (EEC)
Mary w/o Caleb 1 Sept 1838 - 2 Jan 1914 (EEC)
Mrs Rebecca A d/o A & A R Trumbell 7 Jan 1873 - 2 Nov 1894 (EEC)
W S 1833 - 1897 (EEC)

KNOCH, Brian Todd gs/o Maurice J 20 Apr 1970 - 22 Apr 1970 (baby) (SMGC)
Maurice J 1 Feb 1914 - 18 Aug 1970 (SMGC)
KNOLL, Clinton M 29 May 1869 - 25 Jan 1965 (EEC)
H M N 30 Oct 1838 - 20 Sept 1911 (EEC)
Louisa 10 Mar 1840 - 23 Feb 1888 (EEC)
Mrs no dates (undertaker's markers) (EEC)
KNOSEL, Adam no date - 9 Dec 1864 no lot (MVC)
KNOWER, Augusta 1864 - 13 Mar 1928 RA-BL13 (MVC)
Mary L 1834 - 11 July 1904 R74-BL13 (MVC)
May 1866 - 30 Jan 1943 RA-BL13 (MVC)
KNOWLES, Catherine no date - 24 Dec 1862 28y Sec1-L72-#2 (SPC)
J Ross 1st h/o Lorene 21 July 1889 - 5 Aug 1964 Cpl Sup Co 353 Infantry WWI (AC2)
John 1816 - 22 Sept 1894 75y Sec1-L72-#1 (SPC)
Margaret no date - 19 Oct 1891 50y Sec1-L51-#1 (SPC)
Mary no date - 24 Aug 1865 30y Sec1-L72-#4 (SPC)
Philip no date - 2 Oct 1914 86y Sec1-L23-#4 (SPC)
Phillip no dates 2y Sec1-L72-#5 (SPC)
KNUDSON, Edward 1880 - 1967 (MCC)
KOCH, Boyd H 1888 - 6 Dec 1942 RG-BL31 (MVC)
Clara Ella 1864 - 26 May 1939 RG-BL31 (MVC)
Cob 1826 - 28 Feb 1901 no lot (MVC)
Herman 1860 - 22 Oct 1939 RG-BL31 (MVC)
Hidith no date - 20 Mar 1943 no lot (MVC)
Jacob 1826 - 28 Feb 1901 no lot (MVC)
Judith no date - 20 Mar 1943

KOCH (continued)
RG-BL31 (MVC)
Katherine 1840 - 29 Dec 1912 RD-BL8 (MVC)
Lottie no date - 7 Oct 1958 RG-BL31 (MVC)
Mary Harriet 1872 - 6 June 1945 73y Sec1-L77-#1 (SPC)
Wm C 1875 - 17 Feb 1942 no lot (MVC)
KOCHE, Michael D no date - 23 Sept 1949 RJ-BL2 (MVC)
KOCK, Alberta D w/o Andrew H 26 July 1897 - 22 Sept 1973 (SMGC)
Andrew H 4 Nov 1895 - 1 Aug 1972 (SMGC)
KOEHLER, Charlotte N 1885 - 21 Feb 1962 RD-BL11 (MVC)
Emma B 1870 - 19 July 1929 RD-BL11 (MVC)
Ester Louise 1888 - 7 July 1947 RK-BL4 (MVC)
Herman no date - 8 July 1873 no lot (MVC)
Marion 1882 - 24 June 1951 RK-BL4 (MVC)
Mary R no date - 20 Feb 1930 RD-BL12 (MVC)
Walter 1890 - 3 Feb 1969 RK-BL4 (MVC)
KOELZER, Cordula 10 Feb 1892 - 5 Feb 1972 (MSSCC)
KOENIG, Arthur W 1883 - 1892 no lot (MVC)
Carl G 1847 - 1910 no lot (MVC)
Charles no date - 8 July 1910 R47-BL116 (MVC)
Frank H 1847 - 9 Apr 1946 R47-BL116 (MVC)
Fredricka no date - 26 Feb 1903 RD-BL20 (MVC)
Mary Ellen 1854 - 28 Oct 1925 R47-BL116 (MVC)
KOENN, Athanasius 23 Aug 1874 - 13 Feb 1924 (SBAC)
KOERNER, Stanislaus 13 Nov 1810 - 16 Sept 1907 (SBAC)
KOESTER, Anna 1839 - 13 Oct 1888 no lot (MVC)
Bernard no date - 7 Aug 1934 83y Sec2-L23-#2 (SPC)

KOESTER (continued)
Fred W 1834 - 21 July 1920 R20-BL340 (MVC)
Lilly no date - 3 Feb 1918 R20-BL340 (MVC)
Ludwicka no date - 5 Dec 1950 77y Sec2-L23-#2 (SPC)
KOHL, Annie 1832 - 1892 (PDC)
KOHN, John F no date - 3 May 1897 25y Sec1-L15-#2 (SPC)
Katherine no date - Nov 1884 29y Sec1-L15-#1 (SPC)
Peter no date - 1884 29y no lot (SPC)
KOKOMO, Roy no date - 23 July 1929 RE-BL15 (MVC)
KONECNE, Frank 1870 - 1952 (EEC)
KOONTZ, A S 1880 - 7 Sept 1945 no lot (MVC)
A Z 1867 - 13 Oct 1945 RF-BL10 (MVC)
Frank no date - 4 Nov 1959 RG-BL21 (MVC)
Grace 1878 - 1971 no lot (MVC)
Henry Gordon no date - 11 Nov 1949 no lot (MVC)
Henry T 1856 - 11 Aug 1910 RF-BL6 (MVC)
Mrs Isabelle no date - 4 May 1919 no lot (MVC)
John no date - 14 Nov 1950 no lot (MVC)
Mrs John 1883 - 20 Oct 1966 no lot (MVC)
Lillian no date - 12 May 1971 RF-BL10 (MVC)
Opal 1881 - 26 Feb 1970 RG-BL39 (MVC)
Mrs Philadelphia no date - 3 Apr 1933 no lot (MVC)
KOOSER, Brenda Kay no date - 1962 (inf) (CWC)
KOPELK, Amelia no date - 17 Jan 1903 R47-BL109 (MVC)
Mrs Amelia no date - 22 June 1917 R47-BL109 (MVC)
Anna 1874 - 18 Sept 1946 RF-BL9 (MVC)
Charles 1870 - 6 June 1945 RG-BL33 (MVC)
Charles no date - 9 Jan 1891 no

KOPELK (continued) lot (MVC)
Clara 1874 - 3 June 1958 RG-BL33 (MVC)
Florence no date - 10 May 1894 R47-BL109 (MVC)
Harry H no date - 4 June 1934 no lot (MVC)
Harry no date - 17 Dec 1894 R49-BL109 (MVC)
inf no date - 19 Dec 1912 R47-BL109 (MVC)
inf no date - 23 Jan 1905 R47-BL109 (MVC)
inf no date - 7 Apr 1906 R47-BL109 (MVC)
Morine no date - 28 Dec 1912 R47-BL109 (MVC)
KOPP, Eulalia 28 May 1861 - 25 May 1895 (MSSCC)
KOPPES, Athanasia 12 Jan 1882 - 29 Sept 1937 (MSSCC)
KOSTON, J C no date - 23 June 1901 R34-BL232 (MVC)
KOTINEK, Marian 19 Feb 1899 - 22 Aug 1950 (SBAC)
KOUMLY, Pirmin 21 Feb 1840 - 27 July 1904 (SBAC)
KOVAR, Belva C 1910 - 18 May 1983 RJ-BL38 (MVC)
Benjamin H no date - 1906 no lot (MVC)
KRAEMER, Ebba 29 May 1855 - 7 March 1939 (MSSCC)
Frances 13 Oct 1853 - 3 March 1934 (MSSCC)
KRAETTLIE, Alberta W 21 Oct 1885 - 8 Feb 1965 (SMGC)
KRAGERER, Crescentia 10 June 1880 - 17 Sept 1960 (MSSCC)
KRALL or **KROLL**, Wm no date - 10 May 1925 46y Sec1-L1-#1 (SPC)
KRAMER, Anna 1803 - 29 June 1888 85y (SLC)
Anna no date - 1880 (SLC)
Callistus 11 Nov 1893 - 4 Nov 1956 (SBAC)
Ed (s/o Francis) 1860 - 29 July 1905 45y (SLC)
Frances no date - 1928 (SLC)
Francis (Frank) (s/o John) 1828

KRAMER (continued) - 25 Feb 1889 61y (SLC)
Francis (s/o Frank & Roselin) 1860 - 19 Oct 1928 68y (SLC)
Francis M (s/o John) 1908 - 19 Dec 1947 39y (SLC)
John (s/o Frank) 1862 - 9 Apr 1940 78y (SLC)
John no dates (SLC)
Leo N no date - 5 Mar 1911 1y 6m Sec2-L46-#1 (SPC)
Marie 4 Jan 1903 - 21 Dec 1977 (MSSCC)
Philypine (w/o John) 1869 - 26 Oct 1946 77y (SLC)
Ruby A 25 June 1904 - 12 Feb 1975 (SMGC)
Eva A 1884 - 1 Feb 1965 RG-BL38 (MVC)
Flora 1904 - 10 Mar 1948 no lot (MVC)
Wm 1881 - 5 Feb 1956 RG-BL38 (MVC)
KRAMMER, Hattie May w/o J R 5 Jan 1883 - 26 Mar 1906 (LC)
Julius 1872 - 1937 (LC)
Karl 1869 - 1934 (LC)
KRAPP, Alphonsina 3 Nov 1895 - 9 Oct 1975 (MSSCC)
Fridolin 3 Oct 1897 - 10 May 1935 (SBAC)
KRATCHMAN, Martha no date - 21 July 1971 RJ-BL9 (MVC)
KRATCHMER, Lillie Chloe 19 Aug 1890 - 31 Dec 1971 (SMGC)
KRATSCHMER, Perpetua 3 Sept 1872 - 16 Dec 1897 (MSSCC)
Scholastica 16 Nov 1882 - 20 Feb 1938 (MSSCC)
KRECHLOW, Fern E 22 Mar 1908 - 31 Dec 1971 (SMGC)
KREIDER, Virginia L 1940 - 15 Dec 1943 RG-BL32 (MVC)
KREIS, Vincent 14 Aug 1878 - 19 Jan 1931 (SBAC)
KREMMETER, Mother Evangelista 2 Feb 1833 - 21 June 1909 (MSSCC)
KRETSCHMAN, Effie L 1882 - 23 Oct 1928 RD-BL14 (MVC)
Eifelfritz no date - 1915 no lot

KRETSCHMAN (continued) (MVC)
Emil 1881 – 2 Sept 1970 RD-BL14 (MVC)
Hans G 1886 – 22 July 1954 RJ-BL9 (MVC)
Margaret no date – 21 July 1971 no lot (MVC)
KRIEGER, Francis A inf s/o John & Anna no date – 11 Oct 1911 (SACC)
Rosalia 25 March 1854 – 23 June 1929 (MSSCC)
KRIER, Elizabeth no date – 18 Oct 1942 79y Sec2-L47-#5 (SPC)
Matt 1890 – 17 June 1973 (SLC)
Matthias 1862 – 8 Aug 1911 50y Sec2-L47-#4 (SPC)
Wilhemina 1898 – 21 May 1969 71y (SLC)
KRIGHBAUM, Esther C no date – 1898 no lot (MVC)
KROENING, Emma L 1880 – 1 Apr 1976 RK-BL33 (MVC)
Norence 1909 – 9 Feb 1977 RK-BL33 (MVC)
Paul 1876 – 1960 RK-BL33 (MVC)
KROGMAN, Anatolia 25 Jan 1882 – 7 Apr 1937 (MSSCC)
KROMMES, Anne E no date – 19 Dec 1919 R67-BL92 (MVC)
Essie no date – 2 May 1888 R67-BL93 (MVC)
Marian no date – 10 May 1888 R67-BL93 (MVC)
W B no date – 6 July 1922 RB-BL4 (MVC)
W H no date – 17 Sept 1907 R67-BL92 (MVC)
KROPF, Ludmilla 25 Sept 1891 – 25 Feb 1972 (MSSCC)
KROTH, Cajetan 24 Dec 1905 – 22 June 1955 (MSSCC)
KRUGG, Consal B no date – 7 June 1924 RD-BL1 (MVC)
KRUSE, Alice Moeck B 1896 – 30 Apr 1941 no lot (MVC)
Mathilda no date – 1904 no lot (MVC)
Willey E 1859 – 31 Dec 1979

KRUSE (continued) RK-BL40 (MVC)
Wm F no date – 31 Dec 1979 RK-BL40 (MVC)
KRUSEMARK, Elizabeth 1837 – 29 Apr 1920 RK-BL8 (MVC)
Fred 1837 – 21 May 1920 RF-BL8 (MVC)
Goldie M 1893 – 13 July 1971 RK-BL29 (MVC)
John H 1884 – 18 Feb 1957 RK-BL30 (MVC)
Minnie 1884 – 16 Sept 1957 RK-BL30 (MVC)
Wilhemia 1852 – 14 July 1937 RF-BL8 (MVC)
Wm L 1890 – 1 June 1958 RK-BL29 (MVC)
KSORTH, Gus W no date – 3 May 1921 RA-BL3 (MVC)
KUCKELMAN, Germain 27 Aug 1899 – 19 Jan 1974 (SBAC)
Virginia 6 March 1904 – 17 Feb 1961 (MSSCC)
KUEH, Joseph no date – 16 Oct 1899 R51-BL61 (MVC)
KUFMEN, George no date – 22 Jan 1892 R18-BL121 (MVC)
KUHL, Dena 1844 – 1922 no lot (MVC)
Laura E no date – 26 Feb 1943 RA-BL25 (MVC)
P H 1876 – 6 July 1943 RA-BL25 (MVC)
Peter 1840 – 1902 no lot (MVC)
KUHN, Anna 1861 – 8 Dec 1933 RG-BL7 (MVC)
Anna M 1876 – 12 Aug 1947 RA-BL31 (MVC)
Caroline no date – 23 Apr 1921 RA-BL31 (MVC)
Elizabeth no date – 5 Feb 1947 RD-BL8 (MVC)
Gustav 1864 – 13 July 1883 no lot (MVC)
Josiah Rev 1851 – 30 July 1913 RD-BL8 (MVC)
Julius no date – 4 Nov 1902 RG-BL7 (MVC)
Julius O 1831 – 8 Dec 1957 RG-BL7 (MVC)
Julius O 1884 – 6 Jan 1937 no lot

KUHN (continued) (MVC)
Lisotte 1835 - 24 Feb 1887 no lot (MVC)
Marid w/o Robt 1854 - 1878 (MCC)
Wm 1835 - 10 Apr 1899 no lot (MVC)
Wm C 1875 - 17 Feb 1942 RA-BL31 (MVC)
Wm C no date - 17 Feb 1942 no lot (MVC)
KUHNERT, Alma no date - 29 Oct 1962 (SMGC)
Amelia 1857 - 5 June 1963 RF-BL21 (MVC)
Edward C 1903 - 1984 RF-BL21 (MVC)
Elmer L no date - 16 Aug 1956 (inf) RK-BL22 (MVC)
Gertrude 1902 - 28 May 1953 RK-BL22 (MVC)
Herman 11 June 1892 - 27 Apr 1970 (SMGC)
Julius P 1866 - 27 Nov 1951 RJ-BL15 (MVC)
Lawrence T 5 Oct 1900 - 26 Dec 1974 (SMGC)
Lucy no date - 1909 no lot (MVC)
Paul 1867 - 23 June 1927 RF-BL21 (MVC)
Paul A 24 Nov 1889 - 17 Jan 1978 (SMGC)
Pauline 1866 - 1 Dec 1948 RJ-BL2 (MVC)
Roy 1897 - 28 May 1953 RK-BL22 (MVC)
Mrs Roy no date - 28 May 1953 RK-BL22 (MVC)
Wm F 1860 - 24 Feb 1940 RJ-BL2 (MVC)
KUHNHOFF, C A 24 Oct 1839 - 29 July 1903 (LC)
Caroline w/o C A 19 Sept 1843 - 22 July 1898 (LC)
KULBROOK, Joseph 1875 - 18 Aug 1928 RD-BL8 (MVC)
KUNDMULLER, Germana 23 Dec 1901 - 11 Oct 1976 (MSSGC)
KUNIPF, Anna Hinz 1868 - 1930 (LC)

KUNIPF (continued)
George L 1898 - 1918 (LC)
Henry 1853 -- 1936 (LC)
Louie 1896 - 1897 (LC)
KUNTZ, Abbert no date - 23 Feb 1931 R27-BL110 (MVC)
KUNZE, Henry 1868 - 1934 (LC)
KUPPER, Arena Rosina 1829 - 27 Oct 1915 R19-BL312 (MVC)
Ella 1868 - 28 July 1868 no lot (MVC)
John George 1827 - 26 Sept 1865 no lot (MVC)
KURN, George H (Rev) 1851 - 6 May 1889 36y 7m 9d (EEC)
George H 1886 - 1956 (EEC)
James C s/o G H & E 1888 - 24 Apr 1889 9m 12d (EEC)
KURTH, Amanda no date - 28 Jan 1907 RA-BL3 (MVC)
Augustine no date - 1 May 1921 no lot (MVC)
John B no date - 4 Apr 1905 RA-BL3 (MVC)
John W no date - 7 Nov 1951 RA-BL3 (MVC)
KURTZ, Mr & Mrs Andrew no date - 21 June 1978 RK-BL16 (MVC)
Andrew John 1905 - 14 Apr 1963 RK-BL5 (MVC)
Andrew L 1870 - 26 Feb 1939 RB-BL19 (MVC)
Bettie Jane no date - 15 June 1926 RD-BL7 (MVC)
Cassimer 1889 - 22 Mar 1952 RK-BL12 (MVC)
Conrad no date - 9 Nov 1893 R1-BL263 (MVC)
Cora 1904 - 28 Aug 1981 RK-BL12 (MVC)
Emma Rose 1863 - 26 Oct 1963 RK-BL12 (MVC)
Etta Vida 1906 - 21 Nov 1961 RJ-BL28 (MVC)
Ferdinand no date - 13 Mar 1928 RD-BL4 (MVC)
Frank A 1901 - 3 Feb 1977 RK-BL15 (MVC)
Genevieve 1868 - 5 June 1943 RD-BL14 (MVC)
Grace E 1907 - 23 May 1977 RK-

KURTZ (continued) BL15 (MVC)
John George no date - 7 Sept 1961 RK-BL27 (MVC)
Louise 1840 - 18 June 1920 R62-BL8 (MVC)
Margaretta 1834 - 9 Dec 1900 no lot (MVC)
Martha M no date - 10 Feb 1962 RK-BL24 (MVC)
Mathilda M 1871 - 18 Sept 1872 no lot (MVC)
Paul 1831 - 1887 no lot (MVC)
Paul F 1823 - 27 Sept 1823 no lot (MVC)
Phina D 1867 - 9 Aug 1933 RB-BL19 (MVC)
Raymond C 1923 - 1944 WWII no lot (MVC)
KUYKENDALL, Jess no dates (EEC)
Maurey Jr no date - 9 Aug 1894 R38-BL297 (MVC)
Maurey Sr no date - 14 Apr 1894 R38-BL297 (MVC)
KUZ, Henry no date - 27 Mar 1910 RD-BL20 (MVC)
KYLE, Charles no date - 24 Dec 1888 no lot (MVC)
LACONTE, Emma 1908 - 30 May 1916 RF-BL10 (MVC)
Henrietta 1885 - 10 Apr 1940 RF-BL10 (MVC)
Max 1871 - 30 July 1957 RF-BL10 (MVC)
LACONP, James no date - 27 Nov 1910 RD-BL19 (MVC)
LACY, Catherine E 1912 - 21 July 1981 RG-BL5 (MVC)
Marie E no date - 3 Aug 1937 RG-BL23 (MVC)
Marie Elaine 1881 - 1912 no lot (MVC)
LADD, Mildred 1894 - 18 Apr 1978 RG-BL14 (MVC)
Otey Newton 1885 - 4 May 1971 RG-BL18 (MVC)
LADWIG, Herbert 1892 - 1964 8-E 1/2-#2 (CCC2)
Viola no date - 23 Aug 1976 77y 8-E 1/2-#1 (CCC2)

LAGNITZ, Robert no date - 26 Dec 1913 R11-BL171 (MVC)
LAIB, Seraphine 2 July 1861 - 20 March 1941 (MSSCC)
LAING, Albert 6 Jan 1875 - 17 Feb 1875 (WLC)
Carrie M 1 Jan 1851 - 3 Jan 1936 (WLC)
Charles W 2 Jan 1846 - 28 Aug 1907 (WLC)
George A 9 Jan 1877 - 31 Aug 1879 (WLC)
LAIPPLE, Wm no date - 2 Dec 1885 no lot (MVC)
LAIRD, Addie L 1874 - 1969 (CWC)
Brittamore 1866 - 15 Sept 1931 65y 25d (CWC)
Edward no dates (RMC)
Farah no dates (RMC)
Homer U 1893 - 1919 (CWC)
Isaac S 28 Oct 1839 - 14 Dec 1891 (CWC)
James B 1834 - 12 Oct 1892 58y 4m (CWC)
James H s/o William & Mary J 10 Dec 1885 - 19 June 1887 (RMC)
Jane no dates (RMC)
John A 5 Aug 1866 - 10 June 1906 (CWC)
Malissa (w/o Isaac S Laird) 6 Apr 1842 - 2 May 1916 (CWC)
Marinda (w/o J B Laird) 1836 - 1927 (CWC)
Marous J 1860 - 1954 (CWC)
Mary E 8 Jan 1855 - 15 Jan 1857 (RMC)
Nancy 1870 - 1935 (CWC)
Robert A 1873 - 1947 (CWC)
Thomas A 27 Oct 1866 - 6 Oct 1909 (CWC)
Ulysses G 29 May 1868 - 8 Apr 1894 (CWC)
Waunets (d/o Richard & Lena Laird) 1 July 1910 - 18 Jan 1912 (CWC)
William no dates (RMC)
LAJOIE, Mary B 1913 - 1979 (SNC)
Raymond E 1908 - 10 Nov 1946 RB-BL21 (MVC)

LAJOIE (continued)
Rosa F 1884 - 5 Jan 1948 RB-BL21 (MVC)
LAKE, Edgar no date - 7 July 1892 R18-BL302 (MVC)
Edgar Wm 1865 - 20 May 1941 RG-BL24 (MVC)
Edra P 1895 - 23 Jan 1982 RG-BL24 (MVC)
Esther H 1865 - 25 Aug 1940 no lot (MVC)
Hattie w/o W E 29 Sept 1867 - 30 May 1910 (WLC)
inf no date - 21 Jan 1901 R18-BL302 (MVC)
W E 27 July 1862 - 18 June 1910 (WLC)
LAKROW, Ethel May no date - 29 Oct 1886 R66-BL80 (MVC)
LAMB, Annie no date - 15 Feb 1912 R47-BL110 (MVC)
Helen L no date - 12 July 1906 R47-BL110 (MVC)
inf no date - 17 May 1889 R37-BL283 (MVC)
LAMBERSON, Charles W no date - 24 Feb 1940 (WLC)
Lottie L 24 Sept 1904 - no date (WLC)
Otto Van S 22 Dec 1844 - 23 Mar 1921 (Co C 6th Reg Pennsylvania Cavalry) (WLC)
Walter C 2 Sept 1908 - 23 Mar 1911 (WLC)
LAMBERT, Claude 1896 - 1921 (PGC)
Clinton 31 May 1853 - 11 Aug 1919 (RMC)
Cornelius A s/o J C & B E 1884 - 1896 (SACC)
Cynthia w/o Rueben 1806 - 28 Nov 1883 77y 1m 3d (RMC)
Cyrena 1847 - 1926 (MCC)
Frederick 1847 - 1929 Btry L 1st NY (MCC)
Henry 1851 - 1898 (PGC)
Mary no date - 30 Mar 1936 (WLC)
Rosina 23 Oct 1832 - 7 Mar 1922 (RMC)
Sallie w/o Henry 1858 - 1932 (PGC)

LAMBERT (continued)
William 14 Feb 1830 - 7 July 1904 (RMC)
LAMER, Joseph 1828 - 1909 Co I 31st Illinois Infantry (SACC)
Joseph no dates inf (SACC)
Mary F w/o Joseph 1834 - 1902 (SACC)
LAMERS, F Wm 1855 - 27 Oct 1889 R15-BL246 (MVC)
John 1852 - 21 July 1916 RB-B19 (MVC)
Louisa 1853 - 5 July 1936 RB-BL19 (MVC)
LAMME, Ralph no date - 2 Nov 1902 RB-BL4 (MVC)
LAMPHEA, Fredrick C 1882 - 1969 (WLC)
LAMPHEAR, Mrs Adaline 1861 - 13 Dec 1935 R22-BL31 (MVC)
Adaline K no date - 1902 no lot (MVC)
Dr Albert H 1829 - 15 June 1921 R21-BL4 (MVC)
Albert 1860 - 22 Dec 1941 R22-BL31 (MVC)
Charles 1889 - 26 Apr 1940 no lot (MVC)
Lena 1820 - 1921 no lot (MVC)
Letitia 1835 - 3 Feb 1885 no lot (MVC)
Mary E 1849 - 25 Oct 1945 R21-BL4 (MVC)
Samuel P 1864 - 25 Jan 1889 no lot (MVC)
LANCASTER, Bernice 1883 - 31 Dec 1964 RG-BL19 (MVC)
Frank L 1876 - 30 Oct 1951 RG-BL19 (MVC)
Nancy no date - 2 Aug 1887 (BCC)
LANDRUM, Anna w/o W A 1870 - 9 Oct 1895 (PGC)
B L no dates Co A Kansas Cavalry (MPC)
C A R d/o W & H 15 Oct 1881 - 11 Dec 1962 (MPC)
Chindann R 15 Oct 1831 - 14 Dec 1862 wife (MPC)
E P d/o W & H 18 Sept 1848 - 11 Apr 1874 (MPC)
Ellsworth inf s/o E E & C B

LANDRUM (continued)
1904 - 1905 (PGC)
Florence M 29 Jan 1908 - 12 July 1982 (EEC)
inf 23 June 1865 - 10 July 1865 (PGC)
James E 2 Oct 1856 - 5 Feb 1862 (MPC)
Lizzie 10 Sept 1848 - 14 Aug 1874 wife (MPC)
Priscilla 1 Jan 1885 74y 5m 13d (MPC)
W H 30 Dec 1831 - 21 Feb 1909 (MPC)
William Albert 1868 - 1941 (EEC)
LANE, Almeda 1871 - 2 Nov 1959 RA-BL25 (MVC)
Amanda Moore no date - 4 Feb 1935 R38-BL300 (MVC)
Charles F 1870 - 28 Aug 1936 RA-BL25 (MVC)
M D no date - 9 Jan 1893 R51-BL184 (MVC)
Willie no date - 19 July 1888 R49-BL147 (MVC)
LANG, Jonathan G no dates "last mayor of Sumner" (SNC)
LANGAN, Bernard 1886 - 28 May 1962 RK-BL18 (MVC)
Helen Rosetta 1887 - 2 July 1954 RK-BL18 (MVC)
LANGE, Arnold F 25 Dec 1853 - 5 Apr 1933 (LC)
Arnold H 1896 - 1972 (LC)
Charles H 11 Jan 1865 - 17 May 1917 (CWC)
Edward 124 - 1979 (LC)
Erna M 1902 - 1921 (CWC)
F Louise 1907 - 1971 "Mother" (CWC)
Gertrude F 1900 - 1974 (LC)
Homer 1884 - 1958 (LC)
Karl W 13 March 1833 - 28 May 1910 (CWC)
Martha 1882 - 1980 (CWC)
Mary 31 July 1841 - 30 Apr 1928 (CWC)
Minnie 1865 - 19 Aug 1951 (LC)
Minnie 1886 - 1967 (LC)
Selma 1888 - 1955 (LC)
Wm A 1887 - 1962 (LC)

LANGLEY, Mary E no date - 21 Oct 1921 RA-BL9 (MVC)
LANGRALL, Mary 1882 - 24 Nov 1903 RA-BL25 (MVC)
LANGSTON, Colinn no date - 12 Apr 1948 RD-BL21 (MVC)
Josephine Buck 9 Apr 1839 - 7 Jan 1908 ("Dau of 1812") (LC)
Larkin B 4 Dec 1833 - 8 Jan 1901 (LC)
Wm no date - 7 Jan 194 RG-BL24 (MVC)
LANGWORTHY, A E no date - 23 June 1898 R50-BL164 (MVC)
Anna 1873 - 20 Oct 1942 RD-BL2 (MVC)
Edward P 1908 - 9 July 1918 RD-BL2 (MVC)
Marion B 1910 - 25 June 1929 RD-BL2 (MVC)
Mrs Wm no date - 19 Aug 1916 R23-BL40 (MVC)
LANIER, Clara no date - 22 May 1888 no lot (MVC)
Rosa 1844 - 24 Mar 1896 R44-BL59 (MVC)
Thomas J 1872 - 19 Aug 1898 R44-BL59 (MVC)
Wm H 1869 - 16 Mar 1896 R44-BL59 (MVC)
LANSING, Ignatia 8 Sept 1890 - 6 Dec 1970 (MSSCC)
LANSLEY, Mary E no date - 22 Oct 1921 RA-BL9 (MVC)
LANTER, Margaret E E no dates (EEC)
LAPIER, J W no date - 22 Apr 1888 R25-BL84 (MVC)
LARKIN, Catherine 15 May 1799 - 20 Feb 1876 (SACC)
Emmett twin of M E & Hannah 17 Oct 1862 - 17 Jan 1863 (SACC)
Ida 1864 - 1866 (SACC)
J no dates (MLC)
Katie d/o M E & Hannah 1860 - 1861 (SACC)
Willie twin of M E & H 1862 - 1862 (17 Oct - 25 Dec) (SACC)
LARKING, ---- 1830 - 21 June 1879 (MLC)

202

LARSON, Fuga no dates (EEC)
Hans 1811 - 11 Aug 1888 (SNC)
Inez d/o G & J no date - 10 Aug 1891 1m 27d (EEC)
inf no date - 10 Oct 1889 R49-BL151 (MVC)
Mildred 1907 - no date (LC)
Sadrick 17 Oct 1903 - 13 Feb 1958 (LC)
LARUE, Harris Hawk no dates (EEC)
LASHELLE, John 1863 - 24 Oct 1917 RB-BL12 (MVC)
Minnie 1875 - 28 June 1957 RB-BL12 (MVC)
LASKEY, Anna 1861 - 19-- no lot (MVC)
Emma no date - 20 Dec 1936 RF-BL15 (MVC)
John 1861 - 22 Apr 1932 RF-BL15 (MVC)
Marion 1900 - 16 Mar 1917 RF-BL15 (MVC)
LASSEN, Betty A 20 Aug 1926 - 18 Dec 1985 59y 11-1-20-F (MVC)
Elmer J 1939 - 1961 "Son" (CWC)
Evalena no date - 1928 RF-BL20 (MVC)
Glen E 1915 - 25 Apr 1964 RF-BL20 (MVC)
Henry R no date - 1941 "Son" (CWC)
Jess 1903 - 1969 "Father" (CWC)
Louis R 1910 - 2 Dec 1928 RF-BL20 (MVC)
Margaret 1890 - 3 Oct 1957 RF-BL20 (MVC)
Mike 1883 - 29 May 1953 RF-BL20 (MVC)
Milo E 1883 - 29 May 1953 RF-BL20 (MVC)
Theresa Marie no date - 1969 (inf) (CWC)
LATANSER, John no date - 7 July 1885 no lot (MVC)
Josephine no date - 8 May 1900 R36-BL264 (MVC)
LATZKE, Bertha 1892 - 1960 (LC)

LATZKE (continued)
Herman 1854 - 1928 "Father" (LC)
Herman 1891 - 1972 (LC)
John 1899 - 1931 (LC)
Lorene no date 28 Mar 1969 (SMGC)
Martha 1884 - 1932 (LC)
Sophia 1892 - 1929 (LC)
Theresa 1853 - 1923 "Mother" (LC)
Wm E 1882 - 1953 (LC)
LAU, C A no date - 30 Mar 1919 R4-BL171 (MVC)
Mrs Elva 1864 - 18 June 1914 RB-BL3 (MVC)
Peter 1855 - 29 Aug 1952 RB-BL27 (MVC)
Roland L 1887 - 6 Aug 1974 RK-BL25 (MVC)
Ruth 1887 - 20 Oct 1974 RK-BL25 (MVC)
LAUFFER, Charles 1953 - 17 Apr 1954 RK-BL14 (MVC)
Constance no date - 12 Oct 1935 RF-BL25 (MVC)
Floyd A 19 July 1900 - 31 July 1962 (SMGC)
Marie J 1901 - 17 Dec 1949 RF-BL25 (MVC)
Minnie M 1876 - 7 Sept 1966 RK-L28 (MVC)
Ralph 1908 - 7 Nov 1945 RG-BL24 (MVC)
Roy W 1896 - 25 June 1969 RF-BL25 (MVC)
Wm J 1868 - 20 Aug 1949 RG-BL24 (MVC)
LAUGHLIN, Wm A no date - 15 Oct 1918 RB-BL5 (MVC)
---- no date - 10 Oct 1896 1y Sec1-L7-#5 (SPC)
LAURIE, Anna C 1897 - 9 Jan 1965 (SMGC)
David 1870 - 21 Sept 1941 RG-BL32 (MVC)
Elizabeth 1871 - 8 Aug 1952 RG-BL32 (MVC)
Hazel J 1897 - 2 Apr 1963 RJ-BL35 (MVC)
inf no date - 24 Sept 1954 RK-BL14 (MVC)

LAURIE (continued)
James D 1926 - 9 Sept 1928 RD-BL6 (MVC)
Jane M no date - 24 Sept 1954 no lot (MVC)
John Sr 1896 - 17 June 1969 RJ-BL35 (MVC)
LAVERENTZ, Henry Agust 8 Sept 1911 - 17 Sept 1966 (SMGC)
LAVEY, Damian 10 Feb 1878 - 24 July 1943 (SBAC)
LAW, Albert no dates (EEC)
Barbara N w/o Edwin 6 Oct 1895 37y (MPC)
Edwin 1833 - 1908 (MPC)
Fred E 15 Oct 1872 - 25 Aug 1901 (MPC)
Mary A w/o Edwin 13 May 1901 56y (MPC)
LAWHON, Addie no date - 6 Aug 1882 19y 8m 24d (EEC)
J no dates (EEC)
Rebecca no date - 3 Feb 1885 28y (EEC)
LAWLESS, Anna L 1876 - 1900 (SACC)
Charles E 1868 - 1940 (SACC)
Charles Michael 13 Sept 1894 - 18 July 1966 (EEC)
David H (s/o David & Lucy) 1908? - 23 Oct 1946 (SLC)
David no date - June 1952 (SLC)
Elizabeth A 1876 - 1921 (SACC)
Elizabeth 1841 - 1921 mother (SACC)
Elsie 1900 - 1962 (EEC)
Ferdinand 1847 - 1914 (SACC)
Frank 1880 - 1962 (SACC)
Johannah 1876 - 1959 (SACC)
John S 1870 - 1857 (SACC)
Louise M 1878 - 1912 (SACC)
Lucy (w/o David) 1873 - 20 May 1963 (SLC)
Mamie 1872 - 13 Nov 1938 R66-BL83 (MVC)
Michael 1894 - 1966 (EEC)
Michael D 1827 - 1889 (SACC)
Norine 1904 - 15 Jan 1929 R66-BL83 (MVC)
LAWRENCE, A J no dates Co A 14th Reg Kansas Cavalry (WC)
Annie no date - 20 Nov 1895

LAWRENCE (continued)
R12-BL192 (MVC)
Morgan N 26 Aug 1881 - 10 Mar 1884 (PC)
LAWSON, Francis no date - 11 Oct 1902 RD-BL9 (MVC)
LAWTON, James P 1853 - 25 Sept 1864 no lot (MVC)
M no dates (EEC)
Nancy no dates (EEC)
LAYMAN, Elsie no date - 2 July 1896 R68-BL102 (MVC)
LAYTON, Petutia 1869 -1 Apr 1950 RG-BL14 (MVC)
Wm S 1870 - 29 June 1929 RG-BL14 (MVC)
LEACY, Arthur 1850 - 1916 66y Sec1-L7-#3 (not in lot 23) (SPC)
inf no date - 1883 Sec1-L7-#1 (SPC)
John no date - 14 Dec 1889 60y Sec4-L11-#4 (SPC)
Margaret 1861 - 1949 88y Sec1-L7-#4 (SPC)
Mary no date - 1883 38y Sec1-L7-#2 (SPC)
LEAHY, Damers S 1899 - 3 Oct 1956 RG-BL36 (MVC)
John J 1857 - 5 Nov 1935 RA-BL32 (MVC)
Mary Reta B 1904 - 19 Jan 1982 RG-BL36 (MVC)
Nellie L 1875 - 6 Nov 1951 RA-BL32 (MVC)
LEAK, Warren 1892 - 18 Mar 1953 RG-BL6 (MVC)
LEANARD, Anne Alice 1882 - 1920 no lot (MVC)
Everett L no date - 19 Apr 1911 RD-BL9 (MVC)
LEAR, Jack O no date - 22 Jan 1954 RJ-BL24 (MVC)
LEASON, Gale M 1907 - 3 Nov 1926 RF-BL26 (MVC)
John M 1882 - 13 Apr 1943 RF-BL26 (MVC)
Lulu L 1882 - 1 July 1956 RF-BL26 (MVC)
Willard R 1904 - 16 July 1928 RF-BL26 (MVC)
LEATHERLAND, Laura no date -

LEATHERLAND (continued)
19 Dec 1914 RA-BL10 (MVC)
LEATHERS, Charles C 1852 - 13 July 1927 RD-BL15 (MVC)
Ida M 1866 - 9 Sept 1946 RD-BL15 (MVC)
LECHLER, George W 1858 - 11 Mar 1916 RF-BL10 (MVC)
Minie S no date - 20 Aug 1880 no lot (MVC)
Minnie 1860 - 29 May 1924 RF-BL10 (MVC)
Wm A no date - 29 Oct 1880 no lot (MVC)
LEDOUX, Fernando 1883 - 22 Feb 1964 RF-BL10 (MVC)
Florence 1887 - 28 Nov 1941 RF-BL10 (MVC)
LEE, ---- (cannot read marker) (SPC)
---- (s/o Martha & Wallace) no dates (NSC)
Anna no date - 30 Dec 1949 72y Sec1-L2-#2 (SPC)
Anna Mary no date - 14 May 1935 57y Sec1-L12-#1 (SPC)
Anne no date - 13 Oct 1886 2m Sec1-L54-#1 (SPC)
Bernard no date - 11 Jan 1910 87y Sec1-L2-#4 (SPC)
Mrs Bernard (d/o Tim Finnegan) 1875 - 31 Aug 1950 75y (SLC)
Bernard F 1869 - 10 Nov 1950 (SLC)
Clotilda 12 May 1864 - 29 Oct 1950 (MSSCC)
Dan no date - 5 May 1950 Sec1-L12-#2 (SPC)
Dora no date - 7 Feb 1925 33y Sec1-L79-#1 (SPC)
Earl 14 Mar 1916 - 19 Jan 1957 (SNC)
Edward no date - 1 Dec 1965 77y Sec1-L79-#3 (SPC)
Elizabeth 1852 - 18 Jan 1938 R26-BL96 (MVC)
Elizabeth 1865 - 21 Oct 1932 66y Sec1-L68-#4 (SPC)
Ella 1857 - 6 Apr 1929 R26-BL96 (MVC)
Emeline 1813 - 8 May 1889 R24-BL68 (MVC)

LEE (continued)
Emma M 1894 - 1956 (MGC)
Eugene no date - 27 Sept 1983 81y Sec1-L68-#2 (SPC)
Eva Pearl no date - 17 Mar 1956 RE-BL10 (MVC)
Frank no date - 30 Dec 1978 44y Sec1-L79-#5 (SPC)
Henry D 1802 - 27 Sept 1895 R24-BL68 (MVC)
Henry no date - 8 June 1965 57y Sec1-L62-#1 (SPC)
Honora Mary no date - 31 Sept 1888 30y Sec1-L54-#2 (SPC)
Irene A no date - 30 Dec 1868 no lot (MVC)
J F 1845 - 19 Feb 1893 R43-BL44 (MVC)
J Wm no date - 23 Aug 1899 44y Sec1-L54-#4 (SPC)
John 1855 - 1899 no lot (SPC)
Joseph no date - 1909 3m (SLC)
Leo (s/o Bernard & Mary) b&d 25 Oct 1907 (SLC)
Margaret no date - 13 Jan 1943 69y Sec1-L2-#1 (SPC)
Marie (marker 15 Sept 1909) no date - 5 Sept 1908 Sec1-L2-#2 (SPC)
Mary J 1866 - 1959 (SACC)
Mattie 1890 - 1955 (SNC)
Noama Ruth no date - 31 Jan 1925 1d Sec1-L79-#2 (SPC)
O A 1820 - 2 Feb 1901 R26-BL96 (MVC)
Orville 1817 - 8 Sept 1905 R26-BL96 (MVC)
Patrick no date - 21 Nov 1951 85y Sec1-L2-#6 (SPC)
Robert P no date - 6 Jan 1938 Kansas Wagon Battalion 108 Brig (MGC)
Shawn no date - 29 July 1969 (inf) no lot (MVC)
Thomas no date - 2 Feb 1884 Sec1-L2-#5 (SPC)
Thomas H 1856 - 2 Dec 1938 80y Sec1-L68-#5 (SPC)
Thompson 1859 - 1933 (RMC)
William 1858 - 1888 no lot (SPC)
Winifreda (d/o Bernard) 1 - 30

LEE (continued)
July 1920 30d (SLC)
LEEPER, Charles A s/o H A & N no date - 22 Oct 1873 (CSHC)
LEFLER, Wm B 1877 - 3 Mar 1920 RF-BL9 (MVC)
LEGAYE, Amanda w/o F 1841 - 1872 (MCC)
LEHAN, Clement 6 May 1836 - 12 Feb 1922 (SBAC)
LEHMAN, Albert no date - 6 Apr 1951 RF-BL15 (MVC)
 Lydia no date - 16 Jan 1951 RF-BL15 (MVC)
 Mildred B no date - 11 Sept 1917 RF-BL15 (MVC)
LEHNEAR, Bruce 1940 - 1941 (OHC)
 Helen Swedson 1915 (OHC)
 Kenneth Elmo 1914 (OHC)
 Lila D 1894 - 1967 (OHC)
 Oscar 1886 - 1955 (OHC)
LEIBOLD, Joseph 19 May 1906 - 20 May 1971 (SBAC)
L E I D N E R, Harlindis 22 March 1904 - 12 Dec 1934 (MSSCC)
LEIGH, Pearl M 28 Sept 1891 - 3 May 1974 (SMGC)
LEIGHTON, Annie Gertrude d/o S H & E M 22 July 1893 - 16 Dec 1893 (FPC)
 Charles C 1859 - 1935 (PGC)
 Dean W 1894 - 1963 (PGC)
 Edisa Floy d/o S H & N 7 Oct 1889 - 23 Sept 1900 (FPC)
 Edward 1855 - 1917 (PGC)
 Ella M 1863 - 1943 (FPC)
 Esepiel no date - 11 June 1874 63y 11m 7d (MPC)
 inf s/o E & M D 25 Jan 1891 10y (PGC)
 Jessie E 1867 - 17 Aug 1890 R25-BL74 (MVC)
 Margaret Donald w/o Edward 8 Sept 1857 - 10 Aug 1918 (PGC)
 Mary 1860 - 29 Dec 1883 23y 8m 25d (RMC)
 Mary Pauline w/o C C 1859 - 9 May 1896 (PGC)
 Pauline 1884 - 1972 (PGC)
 Perl no dates (EEC)
 Simon H 1894 - 1920 (PGC)

LEIGHTON (continued)
 Simon H 27 Dec 1856 - 16 Sept 1895 (FPC)
 Susannah w/o Esepiel no date - 3 May 1875 55y 3m 11d (MPC)
LEIN, Teddy E 9 Apr 1906 - 15 Jan 1975 (SMGC)
LEININGER, Dominica 22 Jan 1896 - 8 Apr 1982 (MSSCC)
 Dorothy Ann 2 June 1910 - 30 Aug 1978 (MSSCC)
LEKEAN, Ira E 1878 - 19-- no lot (MVC)
 Minnie T 1876 - 1930 no lot (MVC)
LEKROM, Minnie no date - 26 July 1930 R66-BL80 (MVC)
 Ira E no date - 12 Apr 1940 R66-BL80 (MVC)
 Loretta no date - 13 Oct 1949 R66-BL80 (MVC)
LELAND, Emma F 1863 - 1960 "Mother" (CWC)
 Phoebe Ann (w/o W A Leland) 14 Oct 1825 - 1 May 1887 (CWC)
 Victoria no date - 26 Dec 1939 RE-BL12 (MVC)
LELIZACFTHY, John Ramsey 1835 - 1910 (PDC)
LEMKE, George H 1891 - 1971 father (SACC)
 Lawrence 1981 - 1983 (SACC)
 Mary C 1883 - 1960 mother (SACC)
 P no date - 1921 inf (SACC)
 Richard J 1917 - 1917 (SACC)
LEMON, Wm no date - 19 Jan 1913 RE-BL2 (MVC)
LEMONS, Frank R 1885 - 12 Sept 1934 RE-BL10 (MVC)
LENHERR, Austroberta 23 Feb 1863 - 25 Nov 1890 (MSSCC)
 Ositha 27 Jan 1869 - 4 Apr 1890 (MSSCC)
LENRING, Pamela no date - 8 Jan 1906 RB-BL11 (MVC)
LENTEN, Jacob no date - 12 Nov 1894 Sec1-L62-#1 (SPC)
LENTZ, Charles E 1867 - 30 Sept 1933 RF-BL19 (MVC)
 Elizabeth A 1916 - 24 Jan 1959

LENTZ (continued) RF-BL19 (MVC)
Ella 1900 - 12 Apr 1920 RF-BL184 (MVC)
Emma B 1880 - 31 Dec 1971 RJ-BL2 (MVC)
Emma Kathalee 1903 - 23 Dec 1921 RF-BL19 (MVC)
George E 1892 - 18 May 1976 R11-BL184 (MVC)
Henry 1861 - 17 Mar 1936 RJ-BL2 (MVC)
Litha 1869 - 1 Oct 1937 RF-BL19 (MVC)
Mary A 1869 - 6 May 1960 RF-BL19 (MVC)
Minnie R 1869 - 19 Sept 1938 RG-BL30 (MVC)
Sherman no date - 7 Feb 1938 RG-BL30 (MVC)
Viola Mable 1918 - 27 Apr 1931 R11-BL184 (MVC)
LEONARD, Christina A (Mrs) 9 July 1860 - 4 Feb 1953 (EEC)
Elizabeth 17 July 1820 - 18 May 1903 (LC)
Harry 15 Dec 1887 - 15 Nov 1925 (EEC)
Perry Edgar 31 Oct 1858 - 30 Nov 1918 (EEC)
LEONHARD, Anna no date - 23 Nov 1920 RD-BL3 (MVC)
Everett no date - 19 Apr 1911 RD-BL9 (MVC)
Evert Lee no date - 30 Nov 1920 RD-BL2 (MVC)
Helen R 1878 - 23 Oct 1948 R65-BL55 (MVC)
Joseph 1893 - 1981 no lot (MVC)
Marietta J 1909 - 26 Aug1980 RK-BL40 (MVC)
LESHER, Beulah M 1908 - 1982 (SNC)
Cecil B 1911 - 7 Apr 1970 RK-BL10 (MVC)
Charles 3 June 1909 - 4 Apr 1947 (SNC)
Dicy Belle 10 June 1868 - 14 Feb 1890 (SNC)
Genevieve 1913 - no date no lot (MVC)
Richard 1841 - Oct 1905 (SNC)

LESLIE, Frank 1876 - 28 May 1933 RG-BL14 (MVC)
Mittie 1867 - 24 Aug 1950 RG-BL14 (MVC)
William T - 22 Aug 1863 - 1 Dec 1910 (SNC)
LESTER, John H 23 May 1841 - 10 June 1905 (SNC)
Lourinda (w/o John H Lester) no date - 9 Aug 1866 (SNC)
Nancy 28 Mar 1796 - 5 Aug 1866 "Mother" (SNC)
Thomas A 17 Mar 1798 - 11 May 1874 (SNC)
William T 28 July 1889 - 23 Mar 1890 (SNC)
LETHERS, Charles C no date - 13 July 1927 RD-BL15 (MVC)
Ida May no date - 9 Sept 1946 RD-BL15 (MVC)
LETT, Arthur no date - 18 Jan 1910 RE-BL6 (MVC)
Arthur no date - 21 Apr 1931 RE-BL15 (MVC)
David 1811 - 21 Dec 1879 no lot (MVC)
LEUSCHEN, Adelaide 1 March 1906 - 24 May 1975 (MSSCC)
LEUTERMAN, Theodore 16 June - 16 Dec 1980 (SBAC)
LEV, Esther S no date - 18 Aug 1867 35y 8m no lot (MVC)
Jacob 1832 - 16 Aug 1906 no lot (MVC)
Jacob H 1863 - 12 Aug 1863 no lot (MVC)
LEVEL, Frank Jr no date - 22 July 1971 RE-BL20 (MVC)
Richard no date - 21 Dec 1946 RE-BL13 (MVC)
LEVELL, Carrie Kerford 1879 - 24 Dec 1966 RE-BL13 (MVC)
Fred W no date - 1901 no lot (MVC)
Otis Julius 1884 - 18 Feb 1961 RE-BL13 (MVC)
Richard 1876 - 17 July 1959 no lot (MVC)
Richard no date - 11 Mar 1943 RE-BL13 (MVC)
Zelma E 1902 - 22 July 1971 no lot (MVC)

LEVENBERGER, John 1848 - 11 May 1922 RE-BL14 (MVC)
Lena 1882 - 6 Aug 1945 RG-BL33 (MVC)
LEVIN, Genevia 1883 - 1 May 1969 RJ-BL19 (MVC)
Jake 1851 - 4 May 1923 RB-BL26 (MVC)
Jake no date - 26 Nov 1932 RG-BL25 (MVC)
John 1858 - 19 Aug 1951 RJ-BL16 (MVC)
Mary M 1857 - 11 Aug 1932 no lot (MVC)
Mary no date - 25 Aug 1899 RB-BL4 (MVC)
Rosie 1886 - 20 Mar 1966 RJ-BL16 (MVC)
Warner B 1884 - 31 Oct 1971 RJ-L16 (MVC)
LEVINGS, Merwina 11 March 1869 - 15 June 1926 (MSSCC)
Philomena 2 Feb 1855 - 23 Dec 1943 (MSSCC)
LEW, Esther 1863 - 18 Aug 1867 no lot (MVC)
Jacob 1832 - 16 Aug 1906 R21-BL2 (MVC)
Mrs Jacob no date - 12 May 1925 R21-BL2 (MVC)
Jacob Henry no date - 1863 no lot (MVC)
L W no date - 22 Jan 1907 R21-BL2 (MVC)
LEWIS, A R Menta 1870 - 17 Jan 1896 R16-BL265 (MVC)
Arthur 1878 - 26 Sept 1918 RA-BL1 (MVC)
Chester A 1884 - 4 Dec 1954 RK-BL4 (MVC)
Cly Amy 1897 - 15 Aug 1980 RG-BL18 (MVC)
D H no date - 12 May 1900 RA-BL26 (MVC)
Della J no date - 14 Sept 1871 (BCC)
Dorothy M 1899 - 12 Jan 1974 RG-BL30 (MVC)
Elbert S 1862 - 1947 (EEC)
Emma B no date - 18 Dec 1947 no lot (MVC)
Emma E 1851 - 24 Feb 1944 no

LEWIS (continued)
lot (MVC)
Fannie E 1888 - 20 Apr 1953 RK-BL5 (MVC)
Frank no date - 19 Nov 1897 inf (SNC)
Fredonia 1855 - 18 Dec 1947 RK-BL5 (MVC)
George A no date - 18 July 1869 no lot (MVC)
George T 1871 - 1936 (WLC)
Harden no dates (EEC)
Hardin 1894 - 1970 (EEC)
Harvey Hedgar 1892 - 14 Feb 1965 RG-BL18 (MVC)
Henry C 24 Nov 1869 - 30 March 1904 (CWC)
Henry no date - 1 Dec 1891 R54-BL235 (MVC)
Inez G 1895 - 1917 no lot (MVC)
inf no date - 13 Sept 1888 R43-BL37 (MVC)
James 1840 - 1933 (WLC)
James D no date - 2 Apr 1907 RA-BL10 (MVC)
James F 1879 - 1897 (WLC)
Jaunita H 30 Oct 1904 - 14 Oct 1979 (EEC)
Jessymin T 1877 - 7 Aug 1968 RA-BL1 (MVC)
John 1835 - 18 Jan 1893 no lot (MVC)
Joseph no date - 30 Apr 1911 RE-BL11 (MVC)
Laura M no date - 14 Sept 1871 (BCC)
Lucy C 1901 - 1981 (SACC)
Mable E d/o A C & N L no date - 1 Feb 1883 1m 25d (MCC)
Mary 1843 - 1932 (WLC)
Mary A 1850 - 8 Apr 1906 R65-BL60 (MVC)
Mary Emily 1867 - 1939 (EEC)
Nettie w/o A 1866 - 1899 (MCC)
Sarah M 1877 - 1927 (MCC)
William 15 Jan 1909 - 18 Nov 1939 (CWC)
William H Jr 27 Aug 1933 - 25 Oct 1974 (EEC)
Wm no date - 14 Jan 1909 RA-BL26 (MVC)
Wm no date - 7 Apr 1894 R40-

LEWIS (continued)
BL325 (MVC)
LEWMAN, Farris M no date - 1 Nov 1948 RB-BL12 (MVC)
Sarah E no date - 24 Feb 1921 RB-BL12 (MVC)
LEWPKA, Ellen no date - 23 Sept 1897 R12-BL199 (MVC)
LEWTON, Cecil E 1910 - 1916 (EEC)
E Mitchel 1855 - 1925 (EEC)
Mary B 1861 - 1936 (EEC)
Nancy A 18 July 1823 - 9 Dec 1891 (EEC)
William 11 Aug 1820 - 22 July 1882 (EEC)
LIANEWEH, Herman 1886 - 30 Apr 1954 RG-BL30 (MVC)
LICNAUX, Alberta 1884 - 26 July 1949 R24-BL62 (MVC)
LIDY, J W 1863 - 27 Aug 1889 (BCC)
Jesse May 7 Oct 1881 3m (FGC)
Olive 2 Aug 1881 2y (FGC)
Olive w/o J W 27 Aug 1887 24y 10m 9d (BCC)
LIEBSEH, Fred Nels 1916 - 1956 Pfc Infantry Reg WWII (AC1)
Fred Nels 7 May 1916 - 17 Feb 1956 Pfc Infantry Regt WWII (AC2)
Caroline 1870 - 25 June 1938 R11-BL172 (MVC)
Fred Wm 1888 - 15 Aug 1938 R11-Bl172 (MVC)
LIEBSON, Phyllis 1923 - 1958 (LC)
LIEKLER, Minnie no date - 30 May 1924 RF-Bl10 (MVC)
LIENAUX, Alberta 1884 - 26 July 1949 R24-BL62 (MVC)
LIGGATT, Alice M 1880 - 1958 (MCC)
Cecil D 1921 - 1958 (MCC)
Robert 1876 - 1940 (MCC)
Thomas W 1872 - 1943 (MCC)
LIGGET, Robert 1828 - 1914 Co C 8th PA (MCC)
LIGGETT, Anne L 1882 - 28 Aug 1937 RD-BL21 (MVC)
Carl J no date - 24 Feb 1924 (EEC)

LIGGETT (continued)
Donna 19 Jan 1929 - 7 Dec 1979 (EEC)
LIKE, Chas B 1866 - 1887 (MCC)
LILA, Paul B 22 Apr 1899 - 22 Dec 1900 (LC)
LILES, M E no date - 1 Nov 1898 R11-BL176 (MVC)
Margaret no date - 12 Sept 1898 R14-BL229 (MVC)
LILEY, Howard 1878 - 1880 2y (FGC)
LILLY, Dr C A 1877 - 6 May 1940 RG-BL28 (MVC)
LINCOLN, Fred W no date - 4 Feb 1942 R12-BL188 (MVC)
George no date - 8 Nov 1899 R68-BL112 (MVC)
Mrs George no date - 9 May 1891 R68-BL112 (MVC)
inf (stillborn) 29 Apr 1906 R12-Bl188 (MVC)
LINDER, Blondia M 1900 - 29Dec 1964 RK-BL19 (MVC)
Thomas 1889 - 7 Aug 1962 RK-BL19 (MVC)
LINDSEY, F S no date - 18 Feb 1914 61y 2m 12d (EEC)
Annie w/o Harry 7 Oct 1885 - 21 June 1973 (SMGC)
Cecelia w/o F S no date - 17 Apr 1918 61y 10m 10d (EEC)
Clifford R 1892 - 28 Oct 1953 R22-B122 (MVC)
Dorothy H d/o F S & C V 3 May - 5 July 1901 (EEC)
Emma H no date - 28 Sept 1923 RA-BL16 (MVC)
F (Pete) no dates (EEC)
F S no date - 18 Feb 1914 61y 2m 12d (EEC)
Frank 8 May 1875 - 20 June 1908 (EEC)
Fred no date - 5 July 1900 R16-BL267 (MVC)
Freda M 1897 - 24 June 1962 RK-BL22 (MVC)
Harry 8 Jan 1888 - 22 Sept 1968 (SMGC)
Helen no date - 31 Jan 1894 R16-BL267 (MVC)
John H 1850 - 22 Aug 1928 R16-

LINDSEY (continued)
BL267 (MVC)
John H no date - 21 June 1917 no lot (MVC)
L C 1897 - 1939 (EEC)
L C 8 May 1875 - 20 June 1908 (EEC)
Lillian R w/o Frank 1888 - 1974 (EEC)
Lindsey d/o F S & C M 3 May - 5 July 1901 (EEC)
Martha F 1855 - 11 June 1942 R16-BL267 (MVC)
Sarah 1861 - 4 June 1917 RB-BL11 (MVC)
Sophine no date - 11 June 1942 no lot (MVC)
Wm no date - 9 May 1905 RB-BL11 (MVC)
Wm W 1858 - 11 June 1942 no lot (MVC)
LINDSTROM, Marvin 16 Nov 1912 - 9 Aug 1959 (SNC)
Terry no dates inf (SNC)
LINEHAN, Catherine w/o James 1828 - 1888 (SACC)
James 1817 - 1895 (SACC)
John A 1855 - 1941 (SACC)
LINK, Mary no date - 12 Apr 1905 RD-BL20 (MVC)
Phillip no date - 11 Nov 1902 RD-BL20 (MVC)
LINLEY, Alfred David 1920 - 25 Dec 1942 RG-BL38 (MVC)
C C 1912 - 10 May 1979 RK-BL42 (MVC)
Dr C H 1847 - 22 Dec 1916 RA-BL2 (MVC)
Elvira 1870 - 9 Jan 1942 RB-BL9 (MVC)
Fannie W 1852 - 12 May 1940 RA-BL2 (MVC)
Hazel 1888 - 17 Oct 1894 R30-BL165 (MVC)
Dr Hubbard 1860 - 17 July 1911 R30-BL165 (MVC)
James M 1837 - 31 Dec 1900 R30-BL165 (MVC)
Joseph W 1840 - 5 May 1930 RB-BL9 (MVC)
Louis D 1890 - 19 Feb 1961 RA-BL7 (MVC)

LINLEY (continued)
Maria 1869 - 16 July 1873 no lot (MVC)
Maria 1880 - 17 Aug 1909 RA-BL2 (MVC)
Martha 1836 - 1896 R30-BL165 (MVC)
Mary Augusta 1839 - 13 Nov 1918 R30-BL165 (MVC)
Mildred 1837 - 1912 no lot (MVC)
Roy Gregory 1843 - 20 Oct 1945 RG-BL38 (MVC)
Ruth Cain 1885 - 4 Apr 1954 RG-BL38 (MVC)
Ryan no date - 17 July 1978 RG-BL38 (MVC)
Virginia Fox 1899 - 20 Jan 1970 RA-BL7 (MVC)
LINNABARRY, Julia A w/o J H 1823 - 19 Oct 1892 69y 4d (EEC)
Joseph H no dates (Corpl 45 Co G Ohio Infantry) (EEC)
LINNEWEH, Frances L 1891 - 23 Sept 1983 no lot (MVC)
Herman H 1838 - 6 Feb 1914 no lot (MVC)
Herman H 1886 - 20 Apr 1954 RG-BL30 (MVC)
Herman no date - 3 Feb 1938 RG-BL30 (MVC)
Laura E 1913 - 14 Feb 1913 R13-BL242 (MVC)
LINNEY, Anne no date - 23 Jan 1933 95y Sec1-L27-#4 (SPC)
Hugh no date - 11 Apr 1938 104y Sec1-L27-#5 (SPC)
Maria no date - 12 Aug 1902 78y Sec1-L27-#2 (SPC)
Peter no date - 8 Apr 1899 76y Sec1-L27-#3 (SPC)
Philip no date - 4 Jan 1890 60y Sec1-L27-#1 (SPC)
LINSCOTT, Agnes 1893 - 1981 (LC)
Joann no dates (EEC)
Larry J Aug 1937 - 2 Aug 1977 (EEC)
Louis F 1897 - 1970 (CWC)
Owen H 1894 - 1972 (LC)
Susan A no dates (EEC)

LINSCOTT (continued)
Virginia 1898 - 1969 "Mother" (CWC)
LINT, Clementine G 1856 - 24 Mar 1918 R66-BL77 (MVC)
LINTOCK, Maggie no date - 4 Jan 1943 R66-BL85 (MVC)
LIPPENCOTT, Bennie J 1878 - 1882 (LC)
James 1845 - 1927 Co C 23rd Reg New York Infantry (LC)
Lillie J no date - 16 Aug 1877 (LC)
Mary E 1848 - 1906 (LC)
Sallie H 1874 - 1882 (LC)
LIPPERT, Albert Wm no date - 19 Sept 1968 RK-BL9 (MVC)
Sarah Ann 1956 - 1 June 1956 RK-BL9 (MVC)
LIPPS, inf no date - 9 Mar 1892 RA-BL28 (MVC)
Louise J no date - 7 Oct 1949 RA-BL28 (MVC)
Oscar no date - 4 Aug 1905 RA-BL28 (MVC)
Oscar no date - 9 July 1939 RG-BL36 (MVC)
LIPTRAP, Susan (ch killed by tornado that destroyed Sumner) no date 1858 (SNC)
LISTER, Archie 1885 - 11 May 1951 RG-BL41 (MVC)
Hannah G 1875 - 2 Mar 1951 RG-BL41 (MVC)
Helen K 1899 - 1979 (SNC)
Leroy 1874 - 16 Jan 1943 RG-BL41 (MVC)
Theodore 10 Apr 1905 - 28 Apr 1905 (SNC)
LITER, Rebecca no date - 9 Apr 1899 R51-BL186 (MVC)
LITT, Arthur no date - 15 Jan 1910 RE-BL6 (MVC)
LITTELL, William H no dates (SNC)
LITTLE, Alice M 1862 - 1950 (MCC)
Anden 1860 - 1917 (MCC)
Archibald John 1868 - 1926 (MCC)
Charles T 21 Mar 1962 (MCC)
Ella May 1855 - 8 May 1889

LITTLE (continued)
R49-BL150 (MVC)
Margaret 1835 - 1888 (MCC)
Margaret w/o Thomas 1830 - 1883 (MCC)
Maude E 1833 - 24 Mar 1889 R49-BL150 (MVC)
LLOYD, David L 1874 - 2 Feb 1902 R63-BL28 (MVC)
David no date - 22 July 1971 no lot (MVC)
Dr Harry 1873 - 13 Apr 1961 RJ-BL35 (MVC)
Helen 1876 - 1930 (SACC)
Isabelle 1844 - 20 Oct 1919 R63-BL28 (MVC)
J 1917 - 1932 (SACC)
James no date - 22 Sept 1930 (inf) RA-BL15 (MVC)
Lucille 1898 - 5 Nov 1901 R63-BL28 (MVC)
Margerete 1825 - 1874 30y? (RMC)
Mary 1884 - 14 June 1963 RJ-BL35 (MVC)
Pearl 1966 - 26 Oct 1966 RJ-BL35 (MVC)
Pearl H 1894 - 14 Mar 1978 RJ-BL35 (MVC)
Wm 1878 - 16 June 1880 no lot (MVC)
Wm R 1884 - 13 Sept 1914 R63-BL28 (MVC)
LOCK, Mary E 1897 - 29 Oct 1983 no lot (MVC)
Richard C 1893 - 12 June 1966 RJ-BL26 (MVC)
LOCKE, Bettie Landrey 1929 - no date (LC)
Dorothy Elizabeth no date - 1867 (LC)
Jane O 1840 - 13 July 1887 R45-BL74 (MVC)
John Ducan Jr 1926 - 1983 (LC)
LOCKER, Emily C 1841 - 4 Jan 1914 R33-BL320 (MVC)
Homer H 1880 - 7 Jan 1902 R14-BL229 (MVC)
J J 1839 - 13 Sept 1888 no lot (MVC)
LOCKTON, John 1856 - 29 Dec 1919 RB-BL15 (MVC)

LOCKTON (continued)
  Katherine T 1857 – 17 May 1943 RB-BL15 (MVC)
LOCKWOOD, Bernice 1890 – 1974 (BCC)
  Cecil 1892 – 1974 (BCC)
  Charles A 1860 – 8 July 1936 RF-BL4 (MVC)
  Charles H no date – 14 May 1979 RJ-BL26 (MVC)
  Chris A 1887 – 1948 (BCC)
  Cora J no date – 14 June 1952 RF-BL4 (MVC)
  Dorothy D 1907 – 1963 (BCC)
  Elsie M 1902 – 1972 (BCC)
  Harriet K no date – 30 May 1963 RJ-BL26 (MVC)
  L Richard 1916 – 1969 (BCC)
  Marty E 1872 – 1954 (BCC)
  Samuel L 1865 – 1961 (BCC)
LODDEY, Wm A no date – 14 June 1982 RE-BL28 (MVC)
LOE, Missouri B no date – 7 Apr 1934 R17-BL287 (MVC)
LOEPRICK, August F 1836 – 21 Nov 1889 no lot (MVC)
  Wihelmina 1842 – 26 Jan 1924 R68-BL115 (MVC)
LOEVENICH, Diodesind 10 Nov 1864 – 12 Feb 1947 (MSSCC)
LOFTIN, Amanda 1864 – 10 Jan 1943 R66-BL81 (MVC)
  Charles L 1865 – 25 June 1928 R66-BL81 (MVC)
  Elmer Eugene 1889 – 6 Mar 1967 R66-BL85 (MVC)
  John B 1828 – 21 July 1908 R66-BL85 (MVC)
  Mabel 1907 – 20 Dec 1972 R66-BL85 (MVC)
  Nancy H 1839 – 25 Jan 1918 R66-BL81 (MVC)
  Prof S E no date – 22 Nov 1888 R66-BL81 (MVC)
LOGAN, Anna no date – 3 July 1888 R49-BL146 (MVC)
  Isack no date – 5 Feb 1900 R40-BL334 (MVC)
  J E 1836 – 1896 "Father" (Capt Co I 118 Illinois Inf) (EEC)
  Lawrence 1898 – 1938 (RMC)
  "Mother" 1834 – 1918 (EEC)

LOGEMAN, Fred M 1857 – 5 Mar 1920 RG-BL36 (MVC)
  Henry 1887 – 19 May 1935 RG-BL36 (MVC)
  Mary 1862 – 1 Aug 1935 RG-BL36 (MVC)
LOGMIS, Fannie M 1815 – 14 Dec 1873 (EEC)
LOGS, Don Jeffy F 1875 – 1964 (MCC)
  Frannie 1878 – 1920 (MCC)
LOGSDON, Kenneth 16 June 1914 – 26 May 1981 (SMGC)
LOLAR, Emma L no date – 8 Sept 1930 RF-BL26 (MVC)
  Ollie G 1855 – 24 Jan 1909 R66-BL85 (MVC)
LOLLAR, Cifford 1887 – 1927 (CSHC)
  Clyde F 22 Dec 1900 – 2 Jan 1968 (CSHC)
  Floyd 1912 – 1980 (FPC)
  Gladys 1894 – 1895 (CSHC)
  Kenneth 1924 – no date (FPC)
  L B 1861 – 1924 (CSHC)
  Lessie R 1889 – 1947 (FPC)
  Lovinia 1863 – 1952 (CSHC)
  Lucy May 7 Sept 1906 – 7 Sept 1965 (CSHC)
  Robert B 1880 – no date (FPC)
  Rubin E 4 Jan 1885 – 12 Mar 1939 (CSHC)
  Velma Ruth 1908 – 1919 (FPC)
  Wm s/o Wm & Mary d 11 Aug 1919? 3y 1m 9d (FPC)
LOLLARD, Mary Jane 2 June 1850 – 28 Sept 1909 (FPC)
LONERGON, Emma no date – 8 Sept 1930 RF-BL26 (MVC)
  Harold 1902 – 1 Aug 1924 RF-BL6 (MVC)
  Harold no date – 1 Oct 1931 RF-BL6 (MVC)
  W 1902 – 24 Apr 1924 RF-BL6 (MVC)
  Wm no date – 9 June 1931 RF-B126 (MVC)
LONG, Rev Arthur 1876 – 25 July 1932 RF-BL17 (MVC)
  Bert Charles 1875 – 3 Jan 1961 RQ-BL10 (MVC)
  Clara Bell no date – 9 Sept 1921

LONG (continued)
RC-BL14 (MVC)
Dollie A no dates no lot (MVC)
Edward no date - 11 July 1870 no lot (MVC)
Emma no date - 25 Sept 1984 RJ-BL14 (MVC)
Emma W no date - 1 Nov 1890 no lot (MVC)
George 1893 - 14 Nov 1942 no lot (MVC)
Howard Daniel 5 Sept 1948 - 30 Jan 1966 (SMGC)
James no date - 31 Aug 1894 R15-BL249 (MVC)
John no date - 17 June 1915 RB-BL26 (MVC)
John W 1871 - 12 Aug 1910 RA-BL10 (MVC)
Leslie W 1889 - 8 Aug 1967 RJ-BL14 (MVC)
Letha M 1873 - 1 Oct 1923 RF-BL17 (MVC)
Lucy 1853 - 24 Sept 1931 RA-BL10 (MVC)
Mary no date - 23 July 1894 R15-BL249 (MVC)
Nellie May 1886 - 9 May 1958 RA-BL10 (MVC)
Sarah Elizabeth 1907 - 10 July 1959 RF-BL17 (MVC)
Wesley H 1845 - 21 Feb 1926 RA-BL10 (MVC)
LONGEST, Curtis 22 Mar 1886 - 31 Oct 1907 (EEC)
Lizzie w/o W H 9 Mar 1864 - 5 Nov 1895 (EEC)
Willie s/o W H & L 28 Oct 1895 - 16 Nov 1895 (EEC)
LONGWORTHY, Marion no date - 25 June 1929 RD-BL2 (MVC)
LONSON, Inza no date - 10 Aug 1891 (EEC)
LOOKABAUM, Emily R 1845 - 1885 (PDC)
LOOMIS, Fannie M w/o Frances no date - 14 Dec 1873 58y 2m 20d (EEC)
Francis 1808 - 7 Oct 1891 63y 2m 9d (EEC)
Hattie E d/o J R & M L 11 Sept 1875 - 28 Apr 1897 (EEC)

LOOMIS (continued)
Herbert G s/o F & F M no date - 7 Oct 1873 19y 11m 8d (EEC)
Loie d/o J R & M L 10 Sept 1871 - 8 June 1877 (EEC)
LOONEY, Wm no date - 14 June 1982 RE-BL28 (MVC)
LOPE, Ray L 18 Nov 1891 - 14 Aug 1902 77y (WLC)
LOPER, Lorin 1848 - 1941 (Father) (WLC)
Mare A 1856 - 1933 (WLC)
Mary H no date - 12 Dec 1886 R64-BL36 (MVC)
LORD, Alvin 1911 - 1976 (LC)
LORENZ, Anna 1854 - 5 May 1920 RF-BL9 (MVC)
Anna C 1882 - 14 June 1945 RG-BL24 (MVC)
Anna L 1886 - 21 Dec 1955 RJ-BL24 (MVC)
Anna M 1913 - 30 July 1921 RF-BL9 (MVC)
Annie no date - 8 May 1922 RF-BL9 (MVC)
Bertha 1875 - 6 Oct 1918 R47-BL109 (MVC)
Henry 1881 - 13 Mar 1941 RF-BL9 (MVC)
Janice no date - 14 Nov 1932 RH-BL4 (MVC)
Joe no date - 7 Aug 1968 RJ-BL24 (MVC)
John 1853 - 22 June 1937 RF-BL9 (MVC)
Joseph 1889 - 1960 no lot (MVC)
Jule no date - 23 May 1977 RJ-BL9 (MVC)
LORODIN, Ralph 1863 - 1900 no lot (MVC)
Ralph no date - 3 July 1918 RD-BL2 (MVC)
LORRANE, inf no date - 21 Mar 1892 R49-BL146 (MVC)
LOSER, Jacob P s/o Levi & M A 1871 - 30 Jan 1872 1y 5m (MPC)
LOSEY, Chas O no date - 17 May ---- (stone not readable) 64y 11m (WLC)
Oscar s/o C O & M A 1880 - 23 June 1901 21y 3m 3d (WLC)

LOTKER, Elizabeth no date - 8 Jan 1937 R13-BL205 (MVC)
John no date - 30 Mar 1918 R13-BL205 (MVC)
John no date - 8 Jan 1896 no lot (MVC)
Melissa no date - 15 Feb 1934 R13-BL205 (MVC)
Wm J 1896 - 18 Sept 1896 R13-BL205 (MVC)
LOTT, Alfred 1 Dec 1857 - 21 Mar 1880 (WLC)
Armina 1829 - 1907 (WLC)
Rose 1886 - 1978 (SACC)
Roy 1884 - 1968 (SACC)
LOTTIE, Thomas 1879 - 1950 (AC1)
LOUGLES, Mildred M 1874 - 20 Jan 1920 RF-BL6 (MVC)
LOUS, Silas 1908 - 1909 no lot (SPC)
LOUTHIAN, Chester E 1898 - 1929 (LC)
LOVE, James A 1874 - 6 Dec 1908 R17-BL279 (MVC)
Minnie no date - 17 Aug 1904 RA-BL31 (MVC)
LOVEJOY, Elmer A 1859 - 18 Mar 1935 RF-BL6 (MVC)
Emma no date - 28 May 1893 RE-BL4 (MVC)
Fanny H 30 June 1861 - 17 July 1932 (SNC)
Grace S 1863 - 24 June 1945 RF-BL6 (MVC)
J Emmerson 1859 - 3 Nov 1931 (SNC)
Lorenz no date - 13 Aug 1952 RE-BL3 (MVC)
Silah E no date - 29 Mar 1911 RF-BL6 (MVC)
LOVELACE, Daniel 1827 - 1892 (MCC)
Elizabeth 1821 - 1909 (MCC)
Grace M w/o Melvin J 30 July 1906 - 15 July 1980 (SMGC)
Leona 1882 - 1952 (MCC)
Marie 1901 - 30 Jan 1922 RF-BL17 (MVC)
Martha 1861 - 1951 (MCC)
Melvin J 11 Mar 1903 - 6 Jan 1974 (SMGC)

LOVELACE (continued)
Minnie 1867 - 11 July 1954 RF-BL17 (MVC)
Percy J 1892 - 15 Mar 1958 RF-BL17 (MVC)
Rose 1890 - 1947 (MCC)
Stewart A 1866 - 5 Apr 1946 RF-BL17 (MVC)
W B 1852 - 1936 (MCC)
LOVGREN, David 1889 - 8 May 1974 RF-BL8 (MVC)
Hannah 1888 - 3 Sept 1970 RF-BL8 (MVC)
Jeneva 1896 - 13 Apr 1924 RF-BL17 (MVC)
Joel 1890 - 12 Oct 1918 WWI no lot (MVC)
Jud no date - 2 Jan 1921 RF-BL8 (MVC)
LOW, A C no date - 11 Feb 1893 R16-BL260 (MVC)
Alfred C 1842 - 29 July 1918 R13-BL260 (MVC)
Anna Mary 1869 - 29 July 1870 no lot (MVC)
Anna no date - 11 Feb 1893 R16-BL260 (MVC)
John Sr July 1913 - 17 Dec 1968 (SMGC)
John W 1843 - 30 Dec 1910 RB-BL27 (MVC)
Mabel no date - 21 Oct 1895 R65-BL61 (MVC)
Mary E 1853 - 21 May 1927 RB-BL27 (MVC)
Mary S 1876 - 20 Sept 1951 RB-BL27 (MVC)
P A no date - 16 Aug 1893 R16-BL259 (MVC)
Ruth 1913 - 9 Jan 1933 RG-BL12 (MVC)
Sarah C 1842 - 26 Dec 1918 R13-BL260 (MVC)
LOWDEN, Ralph R 1910 - 2 July 1918 RD-BL2 (MVC)
Raymond D 1920 - 29 Jan 1922 RD-BL2 (MVC)
LOWE, Aurea Baliff 17 Apr 1852 - 2 Aug 1940 (LC)
Hiram 1852 - 15 May 1928 (SNC)
Jennie M 1893 - 1926 (SNC)
John W 1888 - 1967 (SNC)

LOWE (continued)
Mary no date - 9 Oct 1952 RB-BL27 (MVC)
Sarah 1861 - 12 Mar 1921 (SNC)
LOWENSTEIN, Kate 1836 - 26 May 1891 no lot (MVC)
Mary S 1848 - 19 Aug 1916 R23-BL40 (MVC)
Wm 1834 - 9 Feb 1917 R23-BL40 (MVC)
LOWTHIAN, Randolph 1899 - 29 Feb 1949 RF-BL21 (MVC)
Ruth no date - 24 Apr 1905 no lot (MVC)
LOYDE, Charles Eugene 11 Aug 1939 - no date (EEC)
LUBER, Christina 13 June 1862 - 7 Oct 1922 (MSSCC)
Timothy 29 Oct 1842 - 29 March 1901 (SBAC)
LUCAS, Alice 1892 - 26 Feb 1977 RA-BL32 (MVC)
Lillie no date - 16 Oct 1889 R62-BL16 (MVC)
LUCIUS, Elizabeth Ann 1943 - 1948 (SACC)
John no date - 17 Jan 1982 (SACC)
Paul J 1941 - 1964 (SACC)
LUCKENS, Arthur 1873 - 30 Dec 1953 R30-BL170 (MVC)
Charles F 1864 - 5 Mar 1908 R26-BL101 (MVC)
David 1833 - 18 May 1908 R30-BL170 (MVC)
David II 1879 - 19 Dec 1926 R30-BL170 (MVC)
Edwin 1874 - 19 Feb 1955 R30-BL170 (MVC)
John 1881 - 10 Sept 1881 no lot (MVC)
Lois D 1892 - 11 Dec 1978 west 30 (MVC)
Mary 1876 - 15 Feb 1962 R30-BL170 (MVC)
Mary Hunt 1879 - 18 Sept 1948 R30-BL170 (MVC)
Mary J North 1846 - 6 Oct 1882 no lot (MVC)
Willie 1865 - 10 Oct 1896 no lot (MVC)
LUDWIG, Pierre no date - 1 May

LUDWIG (continued)
1900 RD-BL20 (MVC)
R A 1840 - 3 Apr 1897 R21-BL5 (MVC)
LUEHE, August 1846 - 9 Apr 1897 R48-BL129 (MVC)
Gustav A 1888 - 1 Apr 1951 RD-BL16 (MVC)
Herman no date - 28 Apr 1899 R48-BL129 (MVC)
LUETGE, John 1840 - 28 Nov 1903 RA-BL13 (MVC)
LUHLER, George W no date - 11 Mar 1916 RF-BL10 (MVC)
LUITWIELER, Bertha K 1880 - 19 July 1882 no lot (MVC)
LUKE, Ester no date - 20 Dec 1940 RG-BL24 (MVC)
LUKID, Jane 1913 - 1934 (BCC)
LUNCH, Cassilla 1859 - 22 Nov 1944 RE-BL12 (MVC)
LUNDSTROM, Anna L 1912 - 6 Dec 1982 RJ-BL45 (MVC)
Vernon L 1904 - 24 Apr 1983 RJ-BL45 (MVC)
LUNGWIETZ, Claira no date - 29 Mar 1919 R11-BL171 (MVC)
Emil 1825 - 12 Oct 1907 RD-BL13 (MVC)
Frank no date - 6 Jan 1896 R34-BL230 (MVC)
Leon no date - 21 Dec 1899 R35-BL255 (MVC)
Robert no date - 26 Dec 1913 R11-BL171 (MVC)
Wilhemia no date - 5 Mar 1903 R11-BL171 (MVC)
LUNIS, Bill no dates (EEC)
LUPER, Robert no date - 30 July 1935 RG-BL13 (MVC)
LUSHER, Cecil no date - 7 Apr 1971 RK-BL10 (MVC)
Margaret no date - 6 May 1902 no lot (MVC)
LUSK, Mrs no date - 6 May 1902 RD-BL20 (MVC)
LUTH, Doris 1826 - 15 Aug 1882 no lot (MVC)
LUTHY, Georgia 1859 - 25 Sept 1940 RG-BL13 (MVC)
Oscar W 1861 - 9 July 1936 RG-BL13 (MVC)

LUTZ, Carl H 18 Feb 1897 - 17 Nov 1968 (SMGC)
David no date - 13 Nov 1951 (inf) RK-BL14 (MVC)
Emma no date - 31 Dec 1971 RJ-BL2 (MVC)
Marie J w/o Carl H 28 Feb 1905 - 29 Apr 1979 (SMGC)
LYKINS, Lloyd Robert 4 Dec 1891 - 7 May 1966 (SMGC)
Susie C w/o Lloyd Robert 1893 - 16 May 1965 (SMGC)
LYLE, Elizabeth Ann w/o D H 23 Apr 1864 - 21 May 1937 (LC)
LYLES, Stella no date - 10 Feb 1903 RE-BL6 (MVC)
LYNCH, Moses 1826 - 1903 (SACC)
LYON, Jesse Vader 1869 - 17 Apr 1959 RC-BL1 (MVC)
LYONS, Jessie A 1868 - 21 June 1937 RG-BL20 (MVC)
  Leroy 1872 - 17 July 1921 RC-BL1 (MVC)
  Mary no date - 28 May 1929 R48-BL128 (MVC)
LYTLE, inf stillborn 3 Aug 1906 RA-BL3 (MVC)
  Lela 1891 - 12 Feb 1896 R15-BL245 (MVC)
  Mildred no date - 5 July 1902 RD-BL12 (MVC)
  Vivian 1885 - 1929 (ASC)
MAAGE, Charles 1830 - 16 Oct 1908 R28-BL123 (MVC)
  Charles H 1867 - 3 June 1929 R28-BL124 (MVC)
  Daniel R no date - 23 June 1943 R28-BL124 (MVC)
  Dorothea 1869 - 11 Sept 1869 no lot (MVC)
  Emma W 1870 - 5 Jan 1960 R28-BL123 (MVC)
  Henrietta 1876 - 23 Jan 1909 R66 (MVC)
  Mary 1869 - 22 Oct 1927 R28-BL124 (MVC)
MacDONALD, Alexander 1845 - 6 Dec 1927 R62-BL13 (MVC)
  Mary I 1868 - 1872 R62-BL13 (MVC)
MACK, Andrew no date - 29 Mar

MACK (continued) 1881 no lot (MVC)
  David D 1863 - 16 May 1905 R40-BL333 (MVC)
  Fannie E no date - 4 June 1914 RE-BL2 (MVC)
  Louie C 1871 - 1872 no lot (MVC)
  Rosa K 1846 - 1871 no lot (MVC)
MACKAY, Alexander 1869 - 1953 (EEC)
  George 12 Apr 1840 - 2 May 1906 (EEC)
  Janet 21 Jan 1843 - 26 May 1926 (EEC)
MACKEY, Belva L 3 Jan 1890 - 22 Jan 1976 (EEC)
  Jess E 22 Feb 1894 - 25 Jan 1950 (EEC)
MACOMBER, Edna 1900 - 1973 (LC)
  Egbert 1905 - 1962 (LC)
MADDEN, Catherine 1865 - 1933 (SACC)
  George 1862 - 1912 (SACC)
  George D 1901 - 1972 (SACC)
  inf s/o John & Dorothy no date - 26 Sept 1968 (SACC)
  inf s/o John & Dorothy no date - 12 July 1976 (SACC)
  Paul R 1947 - 1966 (SACC)
MADISON, James 3 Jan 1871 13y 5m 29d (MPC)
MADGE, Maude S 1877 - 25 Jan 1950 R11-BL185 (MVC)
  Seth W 1870 - 22 June 1967 R11-BL185 (MVC)
MAGEL, Henry L no date - 15 Oct 1918 no lot (MVC)
  M L 1847 - 15 Oct 1918 no lot (MVC)
MAGELL, Sarah no date - 29 July 1927 RD-BL14 (MVC)
MAGER, Frank 1859 - 1935 (SLC)
MAGERS, Minnie 1895 - 31 Aug 1948 RK-BL5 (MVC)
MAGIN, John 3 Jan 1900 - 13 June 1965 (SMGC)
MAGUIRE, Dennis E 1888 - 1946 (SACC)
  John 1861 - 1950 father (SACC)

MAGUIRE (continued)
Mark 1899 - 1955 (SACC)
Sybilla 1865 - 1942 mother (SACC)
MAHER, Margaret 1841 - 10 June 1902 R25-BL83 (MVC)
Nathan L 1837 - 14 Aug 1904 no lot (MVC)
MAHN, Ernestine no date - 1884 no lot (MVC)
MAIR, G S no date - 24 May 1891 51y 3m 2d Co A 154 Illinois Infantry (WLC)
MAJORS, Aaron no date - 20 June 1956 RE-BL10 (MVC)
Arthur no date - 4 Mar 1945 RE-BL12 (MVC)
Donald no date - 29 Apr 1930 RE-BL10 (MVC)
Edna no date - 1 Jan 1951 RE-BL1 (MVC)
inf/o A no date - 27 Nov 1934 RE-BL15 (MVC)
inf/o A no date - 14 May 1928 RE-BL14 (MVC)
Mary no date - 3 Nov 1929 RE-BL15 (MVC)
Otto no date - 22 Aug 1918 WWI RE-BL11 (MVC)
Robert no date - 26 Mar 1929 RE-BL10 (MVC)
Roy no date - 13 Oct 1939 RE-BL12 (MVC)
MALL, Beth 13 June 1908 - 7 Aug 1981 (SMGC)
MALLENSTEIN, Jacob no date - 15 May 1950 R36-BL272 (MVC)
MALLOP, John H 22 Dec 1864 - 26 Mar 1919 (WLC)
MALLORY, Ana Fay 1936 - 11 Apr 1936 RG-BL22 (MVC)
Earl W no date - 19 Oct 1964 RB-BL14 (MVC)
inf no date - 27 Nov 1914 RA-BL13 (MVC)
Pearl no date - 30 July 1964 RB-BL14 (MVC)
MALONE, Gregory Philip 23 Apr 1903 - 16 June 1972 (SBAC)
Robert 1867 - 22 Sept 1934 RB-BL10 (MVC)

MALONE (continued)
Willie s/o M & C 1877 - 1880 (SACC)
MANGAN, Martha L no date - 24 Mar 1924 R24-BL63 (MVC)
MANGELSDORF, Anna C B no date - 6 July 1891 R66-BL74 (MVC)
Blanche 1885 - 22 June 1955 RB-BL17 (MVC)
Carl F no date - 21 May 1899 R66-BL74 (MVC)
Evelyn 1910 - 14 Jan 1941 RG-BL35 (MVC)
Frank no date - 2 Oct 1957 RJ-BL16 (MVC)
Fred S 1909 - 15 Mar 1920 RB-BL17 (MVC)
inf/o C no date - 23 July 1917 RA-BL2 (MVC)
Lawrence 1809 - 7 Apr 1909 RB-BL17 (MVC)
Lucelle 1907 - 17 July 1964 RG-BL35 (MVC)
Mary L no date - 20 May 1943 R66-BL74 (MVC)
Minnie W no date - 28 Dec 1904 R66-BL74 (MVC)
Wm no date - 15 May 1911 RF-BL3 (MVC)
MANGLESDORF, Alfred J no date - 21 Mar 1978 RJ-BL34 (MVC)
August 1877 - 1944 RB-BL17 (MVC)
Augusta 1848 - 16 Jan 1933 R66-BL74 (MVC)
Carl 1887 - 3 Dec 1967 RG-BL35 (MVC)
Emma L 1887 - 19 Mar 1947 RG-BL35 (MVC)
Fred 1878 - 9 Mar 1977 RB-BL17 (MVC)
Helen J no date - 1981 no lot (MVC)
Margaret 1873 - 6 Aug 1947 RB-BL17 (MVC)
Mary D 1887 - 6 Feb 1980 RG-BL35 (MVC)
Robert C 1910 - 7 Sept 1967 RB-BL17 (MVC)
Vera no date - 19 Sept 1962 RJ-

MANGLESDORF (continued) BL16 (MVC)
MANHART, Anselma 14 Jan 1888 - 18 May 1962 (MSSCC)
MANN, Albert no date - 30 Sept 1933 RF-BL10 (MVC)
  Catherine 1926 - 7 Jan 1911 R14-BL235 (MVC)
  E D 1822 - 22 Jan 1899 R14-BL235 (MVC)
  Sarah C no date - 16 Mar 1916 RF-BL10 (MVC)
MANNING, Abster 1867 - 31 May 1951 RG-BL31 (MVC)
  Ada A 1863 - 20 Apr 1919 no lot (MVC)
  Anna 1841 - 17 Dec 1929 RA-BL23 (MVC)
  Bernice no dates (LC)
  Dale 1905 - 14 Oct 1947 RK-BL3 (MVC)
  George T 1879 - 24 Feb 1970 RA-BL23 (MVC)
  George T W 1868 - 9 June 1940 RA-BL23 (MVC)
  Mary 1880 - 2 Nov 1958 RA-BL23 (MVC)
  Mary R S 1880 - 8 Mar 1939 RG-BL31 (MVC)
  Roy E 1939- 23 Nov 1956 RK-BL17 (MVC)
  Thomas 1838 - 1 July 1905 RA-BL23 (MVC)
MANSFIELD, J B no dates (Hospital Stwd US Army) (EEC)
MANSON, Anna 1852 - 1940 (LC)
  Dorothy Kathyrn 1920 - 1931 (LC)
  John 1846 - 1910 (LC)
  John 1879 - 1895 (LC)
  Nora Mae 1891 - 1970 (LC)
  Wm 1883 - 1970 (LC)
MANTHE, August 1857 - 1928 (LC)
  Charlene 22 Feb 1928 - 13 Oct 1974 (SMGC)
  Christine 1857 - 1948 (LC)
  Elizabeth 1889 - 14 Nov 1951 RJ-BL24 (MVC)
  Marie (d/o Joseph Healy) 1903 - 27 Apr 1961 (SLC)
  Maxine 1930 - 1941 (LC)

MANTHE (continued)
  Robert 1901 - 1967 (LC)
  Roy 1936 - 1937 (LC)
MANTLE, Ann w/o Thomas 29 Jan 1880 89y (PDC)
  John s/o T 19 July 1881 39y (PDC)
  Thomas 2 Jan 1899 99y 11m 13d (PDC)
MARA, Dave 1890 - 14 Feb 1979 RG-BL35 (MVC)
  Edith 1889 - 11 Jan 1971 RH-BL3 (MVC)
  Elizabeth F 1864 - 18 June 1941 RG-BL33 (MVC)
  John 1972 - 28 Aug 1972 RG-BL35 (MVC)
  Patrick M 1888 - 9 Aug 1962 RG-BL33 (MVC)
MARBOUGH, Winfred 1878 - 21 Mar 1884 no lot (MVC)
MARCHEL, John C no date - 15 Sept 1908 R68 (MVC)
MARCUS, Moses 1837 - 1899 R38-BL302 (MVC)
MARDSON, Mabel B no date - 27 Apr 1940 R68-BL114 (MVC)
MARET, Zelda V no date - 16 Jan 1964 R57-BL279 (MVC)
MARGOTT, Ephrem 11 Nov 1891 - 1 Sept 1935 (MSSCC)
MARIAN, Mrs Robert no date - 31 Dec 1971 RK-BL3 (MVC)
MARIE, Esther 1936 - 1957 (MCC)
MARIS, Deburah w/o Caleb 24 Apr 1839 - 15 Nov 1865 (SDLC)
MARKLE, Frank 1872 - 15 Aug 1936 RA-BL16 (MVC)
  John 1826 - 26 Sept 1899 RA-BL16 (MVC)
  John Jr 1862 - 13 Jan 1913 RA-BL16 (MVC)
  Mary 1842 - 1 Nov 1902 RA-BL16 (MVC)
  Wm 1876 - 27 Jan 1931 RA-BL16 (MVC)
MARKS, J R 20 Sept 1912 (MCC)
  Stephene w/o Frank 1863 - 1890 (MCC)

MARLATT, Ana M no date - 29 May 1969 RJ-BL7 (MVC)
Mrs Betty D no date - 30 Sept 1963 RJ-BL7 (MVC)
Charles no date - 10 Nov 1943 RJ-BL9 (MVC)
Cyrus no date - 6 Mar 1909 RF-BL1 (MVC)
Hannah no date - 1908 RH-BL1 (MVC)
James D no date - 1 May 1928 RF-BL1 (MVC)
Lester C no date - 27 May 1975 no lot (MVC)
Lester C 1890 - 22 May 1945 RJ-BL7 (MVC)
Mary no date - 23 Nov 1913 R97-BL26 (MVC)
Velda E no date - 4 Feb 1963 RJ-BL7 (MVC)
MARLEY, Freda no date - 3 Aug 1972 RE-BL20 (MVC)
MARLIN, Effie no date - 23 Nov 1964 RG-BL34 (MVC)
Raphael no date - 19 Dec 1951 RG-BL34 (MVC)
MARNETT, Timothy 15 Jan 1925 - 5 May 1962 (MSSCC)
MARPLE, Elmer R no date - 9 Apr 1982 (SMGC)
Inez no date - 13 June 1960 RD-BL9 (MVC)
MARQUANDT, Augusta no date - 12 July 1921 RF-BL7 (MVC)
Emil no date - 17 Sept 1938 no lot (MVC)
Henry no date - 10 Feb 1915 RF-BL7 (MVC)
Mary C 1887 - 16 Aug 1939 RG-BL19 (MVC)
Otto E no date - 27 Sept 1950 RF-BL7 (MVC)
MARRIS, Woodrow W 1 Nov 1914 - 12 Jan 1915 (SNC)
MARSH, Evelyn 1898 - 1922 (EEC)
F M no dates (EEC)
Lydia 1893 - 1982 (LC)
Simmons 1863 - 1900 (MCC)
MARSHALL, Anna no date - 5 June 1921 R68-BL107 (MVC)
Charles no date - 3 June 1977

MARSHALL (continued) RJ-BL37 (MVC)
Elizabeth no dates (moved 13 Mar 1909) (MVC)
Elizabeth C 1843 - 2 Aug 1904 R68-BL107 (MVC)
Emma O no date - 7 Jan 1969 RG-BL40 (MVC)
inf/o I no date - 20 Apr 1924 RD-BL1 (MVC)
James E no date - 20 Dec 1965 RJ-BL29 (MVC)
James Wm no date - 1 June 1951 RG-BL40 (MVC)
John C no dates no lot Co O 151 Pennsylvania Infantry (MVC)
Mary J no date - 24 Dec 1882 no lot (MVC)
Sarah no date - 26 Nov 1893 R64-BL47 (MVC)
Wm H no date - 5 Apr 1947 RG-BL40 (MVC)
MARTAM, Winfree w/o Silas 15 Aug 1825 69y 6m 10d (MCC)
MARTIN, Aaron F no date - 18 Feb 1905 RB-BL9 (MVC)
Addis Emmett 1861 - 1927 (CWC)
Alfred A no date - 20 Mar 1939 RA-BL26 (MVC)
Alfred H 1852 - 1891 RA-BL35 (MVC)
Anne R (w/o J F Martin) no date - 14 May 1895 56y 3m 8d (EEC)
Archie Leon no date - 2 Jan 1931 RA-BL26 (MVC)
Barbara w/o Wm 1832 - 1888 (RMC)
Caroline 1849 - 1905 no lot (MVC)
Carrie E B 1851 - 26 Nov 1918 RF-BL16 (MVC)
Charles 1874 - 19 Mar 1918 R19-BL3 (MVC)
Charles no date - 12 Mar 1930 RD-BL4 (MVC)
Clara 1873 - 1907 (FPC)
Clarence 1917 - 1948 WWII (MCC)
"Daughter" 1872 - 1889 (RMC)
Edisa no date - 1890 48y 11m 3d

MARTIN (continued) (FPC)
Edith L 1897 - 1976 "Mother" (WLC)
Edna Fern 1903 - 1904 (RMC)
Eliza 1850 - 17 June 1916 RB-BL19 (MVC)
Elizabeth M 1884 - 8 June 1963 RK-BL13 (MVC)
Eugene H no date - 10 Nov 1969 RK-BL40 (MVC)
Eva L 1851 - 29 Jan 1935 RA-BL19 (MVC)
Florence E 1874 - 1932 (FPC)
Fred E 1897 - 19 May 1981 (SMGC)
George H 1838 - 1913 (RMC)
Glenn E no date - 10 Nov 1931 RD-BL11 (MVC)
Harold E no date - 8 Feb 1975 RF-BL2 (MVC)
Harry C (s/o Dr J F Martin) 22 Sept 1861 - 8 Nov 1887 (EEC)
Helen 1816 - 1951 (MCC)
Helen H 1? - 12 Aug 1965 RA-BL19 (MVC)
Henderson 1804 - 1879 73y (RMC)
Hendsen 1806 - 1872 (RMC)
Henry S 1902 - 16 Aug 1964 no lot (MVC)
Howard no date - 21 Dec 1926 RD-BL4 (MVC)
Ida C 1851 - 2 Nov 1932 R68-BL105 (MVC)
Ida Mae 1874 - 1899 no lot (MVC)
inf/o J T no date - 6 Apr 1922 RB-BL9 (MVC)
inf d/o S L & E M no date - 19 Sept 1921 (FPC)
Inzer May 1916 - no date (LC)
J F (Dr) 1826 - 10 March 1900 74y 5m 11d (EEC)
J F 1839 - 14 May 1895 (EEC)
J H 24 Jan 1811 - 7 Mar 1901 (EEC)
J Howard 1906 - 1974 (RMC)
Jacob no date - 26 Jan 1915 RA-BL12 (MVC)
James 6 Sept 1862 - 27 July 1936 "Father" (RMC)

MARTIN (continued)
James 1803 - 1899 no lot (MVC)
James 1860 - 1947 (MCC)
Janet no date - 8 Mar 1952 (inf) RA-BL21 (MVC)
Janey R no date - 9 Apr 1951 RA-BL21 (MVC)
John A Jr 1880 - 4 Sept 1892 R68-BL105 (MVC)
John A 1842 - 2 Oct 1889 R68-BL105 (MVC)
John no date - 9 Oct 1901 38y Sec4-L9-#2 (SPC)
Jolene 1913 - 1983 (LC)
Kenneth no date (RMC)
Kiehl no date - 18 Apr 1909 R17 (MVC)
Lucy E no date - 13 July 1976 RK-BL40 (MVC)
Laura A 1841 - 1924 (RMC)
Louisa A 10 Oct 1845 - 24 Feb 1894 (SNC)
Mabel 1880 - 5 Apr 1938 R42-BL27 (MVC)
Martha Ann no date - 17 June 1941 RA-BL26 (MVC)
Melber E 1860 - 15 Nov 1923 RF-BL24 (MVC)
Mary 1826 - 1903 (SACC)
Mary 1848 - 1889 (RMC)
Mary Catherine w/o Nicholas Gibbs Martin 1852 - 1937 (FPC)
Mary E 1853 - 1926 (RMC)
Mary Isadore 1861 - 1927 (CWC)
Melvin L 1895 - 1938 "Father" (WLC)
Milburn Lee 22 May 1919 - 22 Jan 1973 (SMGC)
Nan 1870 - 21 Mar 1954 RF-BL24 (MVC)
Nicholas Gibbs h/o Mary Catherine no dates (FPC)
Oscar B 13 Oct 1908 - 5 Oct 1970 (SNC)
Phyllis 1904 - 1973 (RMC)
Polly 26 Oct 1818 - 13 Apr 1894 (EEC)
R W no date - 19 Oct 1969 RK-BL40 (MVC)
Rachel Edisa d/o Mr & Mrs H J 27 Aug 1913 - 2 Sept 1913 5d

MARTIN (continued) (FPC)
Ralph no date - 12 Apr 1958 (inf) RA-BL21 (MVC)
Ralph no date - 3 June 1957 (inf) RA-BL21 (MVC)
Ralph no date - 30 May 1956 (inf) RA-BL21 (MVC)
Rueben P 1873 - 22 Aug 1948 R42-BL27 (MVC)
Sandra Louise 14 Sept 1943 - 12 Feb 1974 (SMGC)
Sarah E no date - 16 June 1912 RB-BL9 (MVC)
Sarah M w/o T H 12 Mar 1842 - 9 Jan 1901 (LC)
Silas no date - 7 Feb 1908 44y Sec1-L49-#2 (SPC)
Silas L no date - 11 Mar 1957 RK-BL13 (MVC)
Silas Louis no date - 7 Feb 1909 1y 6m Sec1-L49-#6 (SPC)
Susan Ann no date - 12 Apr 1958 (inf) no lot (MVC)
T H 17 June 1844 - 2 Aug 1926 (LC)
Vela Rholfs 1917 - 1941 (MCC)
Virginia 1946 - 1947 (LC)
Virginia B 1873 - 1958 "Mother" (RMC)
W J 1845 - 24 Feb 1892 (SNC)
William 1832 - 1916 (RMC)
William 1868 - 1961 (WLC)
Willie D s/o Rev & S A 3 Sept 1903 - 28 July 1904 (FPC)
Wilson Jane 1872 - 1942 (WLC)
Wm Ferrel 1832 - 1923 91y 11m 23d (FPC)
---- Nov 1832 - Sept 1888 (RMC)
MARTINS, Margaret no date - 19 July 1914 RD-BL4 (MVC)
MARTS, Carol no date - 23 June 1943 no lot (MVC)
MARVIN, Charles no date - 26 July 1957 RD-BL3 (MVC)
Josephine no date - 14 Jan 1936 RD-BL15 (MVC)
MARY, Agnes V no dates 35y (EEC)
MARYHEW, Elizabeth K 1896 - 27 July 1962 R67-BL99 (MVC)

MASAT, Lidwina 16 Oct 1868 - 13 Jan 1945 (MSSCC)
Martina 21 Apr 1870 - 28 March 1964 (MSSCC)
MASH, Virginia no date - 16 Aug 1972 no lot (MVC)
MASON, Ann 21 Jan 1839 - 21 June 1901 (SNC)
Flossie Agnes no date - 26 Feb 1979 RJ-BL19 (MVC)
George M no dates (EEC)
Laura A 24 July 1917 - 12 May 1976 (SMGC)
Mamie E 10 Jan 1880 - 13 Feb 1939 (EEC)
Margaret Janie 5 Aug 1828 - 16 March 1917 (CWC)
Nazai no date - 17 Sept 1968 RJ-BL19 (MVC)
MASS, Morsen b 1903 (WLC)
MASSEY, Mary Alice 1871 - 26 Dec 1946 RB-BL19 (MVC)
Myrtle 1907 - 8 Dec 1918 RB-BL19 (MVC)
Viola L no date - 17 Dec 1972 RK-BL17 (MVC)
Wm R 1894 - 6 Aug 1954 RK-BL17 (MVC)
MASSOTH, Dominica 18 Feb 1840 - 26 Dec 1880 (MSSCC)
MASTERS, Alfred H no date - 12 July 1949 RK-BL6 (MVC)
Edward B no date - 26 June 1841 no lot (MVC)
Emma C 1881 - 20 Dec 1974 RG-BL22 (MVC)
George E 1875 - 21 Apr 1935 no lot (MVC)
Harold E 1911 - 17 July 1982 RK-BL39 (MVC)
Noble no date - 9 Oct 1910 R48-BL128 (MVC)
MASTERSON, Lydia no date - 1875 30y (MPC)
MASTIN, Lawrence no date - 6 June 1960 RD-BL13 (MVC)
MATHERS, John W no date - 26 June 1925 84y SEc1-L95-#5 (SPC)
Mary no date - 18 Dec 1928 91y SEc1-L95-#4 (SPC)

MATHEWS, Alice no date - 1899 (SACC)
Mary A 1835 - 1915 (SACC)
Mary E 1865 - 1943 (SACC)
Nicholas 1816 - 1888 (SACC)
Theobald R 1897 - 1940 (SACC)
Thomas J 1859 - 1948 (SACC)
MATTHEWS, Emma no date - 16 Aug 1913 RE-BL3 (MVC)
Gertrude no date - 29 Nov 1941 RE-BL15 (MVC)
Lucie V no date - 3 Nov 1983 RG-BL28 (MVC)
Tera no date - 8 Jan 1952 RE-BL12 (MVC)
Thomas no date - 3 Dec 1984 3-2-28-E (MVC)
Wm no date - 27 Mar 1976 RE-BL12 (MVC)
MATTHIA, Annie 1875 - 23 Nov 1945 RG-BL9 (MVC)
Arthur no date - 15 July 1958 RK-BL18 (MVC)
Emma D no date - 6 July 1954 RK-BL18 (MVC)
Fred H 1894 - 9 Feb 1974 RJ-BL2 (MVC)
inf/o Fred no date - 4 June 1928 RJ-BL11 (MVC)
Lois M 1930 - 18 Apr 1935 RJ-BL2 (MVC)
Wm 1877 - 16 June 1941 RG-B19 (MVC)
MATTHIAS, Agnes 1834 - 1921 (LC)
Alfred James 1885 - 1945 (OHC)
Alfred Nelson 1927 6d (OHC)
Bertha 1901 - 1971 (LC)
Carl 1905 - 1955 (LC)
Carl 1909 - 1968 (LC)
Edith M 1907 - 1967 (LC)
Fred 1860 - 1937 (LC)
Frederick 1832 - 1909 (LC)
George 1869 - 1936 (LC)
Herbert 1899 - 1945 (LC)
Katherine 1863 - 1945 (LC)
Katherine 1896 - no date (LC)
Lily M 1879 - 1934 (LC)
Ruth Mildred 1891 - 1971 (OHC)
MATTOCKS, Addie F 1872 - 29 July 1964 RB-BL3 (MVC)
Edgar E 1875 - 21 Dec 1939 RF-

MATTOCKS (continued) BL27 (MVC)
Eli 1827 - 8 July 1898 RB-BL3 (MVC)
Gertrude 1885 - 17 Dec 1970 RB-BL3 (MVC)
Mary A 1843 - 16 Feb 1935 RB-BL3 (MVC)
Wallace 1883 - 31 July 1962 RB-BL3 (MVC)
MAUGEY, Addie 1861 - 1954 (CWC)
Alfred 1887 - 1956 (CWC)
Mabel J 1889 - 1978 (CWC)
MAUPIN, Martin E 21 Jan 1870 - 21 June 1961 (SNC)
MAUZY, L F 1835 - 8 Aug 1900 65y (CSHC)
Sarah w/o L F 1825 - 5 Feb 1885 56y (CSHC)
MAXSON, Jennie d/o M J & W A no date - 21 June 1880 (PDC)
Sylvia 1880 - Dec 1946 66y 3m mother (PDC)
MAXWARD, Flornce 1870 - 1890 (MCC)
MAXWELL, Anne d/o J & C no date - 4 Mar 1868 (MPC)
Ellen 1859 - 1927 (MPC)
John E 1854 - 1889 (MPC)
John R 1829 - 1874 (MPC)
John s/o E & E C 10 May 1883 - 16 July 1886 (MPC)
Joseph F 1841 - 29 Jan 1916 RA-BL19 (MVC)
Ralph 1953 Pvt S U C Comb Unit WWI (MCC)
Roy 1912 - 1967 (MCC)
MAY, Bertha 1850 - 19 Mar 1928 R34-BL309 (MVC)
Bruno 8 March 1872 - 20 Dec 1906 (SBAC)
Elizabeth G d/o C & M M no date - 11 Dec 1862 (PDC)
Jacob 1841 - 1921 (MCC)
Jane Philip w/o Jacob 1847 - 1906 (MCC)
John S no date - 28 May 1983 RK-BL11 (Ashes) (MVC)
Joseph 1843 - 14 Apr 1910 R39-BL309 (MVC)
Lincoln R 1902 - 1962 no lot

MAY (continued) (MVC)
Oscar P 1893 - 26 Aug 1947 RK-BL11 (Kansas 2nd Lt WWI) (MVC)
MAYCROFT, James L Sr no date - 5 July 1952 RJ-BL17 (MVC)
James Paul no date - 13 Feb 1982 RJ-BL17 (MVC)
Nancy Jane no date - 21 Nov 1953 RJ-BL17 (MVC)
Roscoe 12 Jan 1930 - 8 Apr 1985 55y 9-1-17-J (MVC)
MAYER, Ethel S no date - 2 May 1970 RK-BL24 (MVC)
George L no date - 27 Dec 1968 RK-BL32 (MVC)
Mathilda 4 Feb 1875 - 21 Nov 1941 (MSSCC)
MAYES, Anna L 10 Oct 1884 - 31 Oct 1949 (SNC)
MAYERS, Arthur no date - 6 Mar 1945 RE-BL12 (MVC)
MAYFIELD, Aaron D 1919 - 1978 (RMC)
Albert C 1853 - 1944 "Father" (RMC)
Albert Curtis 23 Dec 1913 - 16 Nov 1981 "Son" (RMC)
Barbara J no date - 5 June 1946 no lot (MVC)
Bessie 1865 - 1926 "Mother" (RMC)
Bessie C 31 Aug 1881 - 12 Apr 1975 "Mother" (RMC)
Clarence "Buzz" 1892 - 1968 (RMC)
Clayton 1903 - 1908 (RMC)
Clayton S no date - 16 Apr 1931 R45-BL84 (MVC)
Clayton Scott 2 Oct 1905 - 10 Dec 1908 (RMC)
Delores 1921 - 1972 (RMC)
Elizabeth J 15 Oct 1833 - 9 Feb 1919 85y 3m 25d (RMC)
Gabriel Thomas 1899 - 1920 (RMC)
Ida no dates inf (RMC)
Ida O 1861 - 1942 "Mother" (RMC)
inf s/o Albert & Ida b&d 3 Aug 1886 (RMC)

MAYFIELD (continued)
Isaac 4 Mar 1860 - 28 July 1932 "Father" (RMC)
J Fred 1881 - 1949 (RMC)
James A 1863 - 1931 (RMC)
James F 1862 - 1939 (CWC)
James Isaac s/o Isaac & Bessie Dennis 18 Apr 1912 - 13 Jan 1987 (RMC)
James R 30 Mar 1830 - 21 July 1908 78y 3m 21d (RMC)
Jessie Pauline no date - 1903 (RMC)
Martha 1876 - 1933 (CWC)
Mary w/o W J no date - 18 July 1856 24y 9m 1d (MPC)
Nellie C 1876 - 1967 "Mother" (CWC)
S A M 1837 - 1907 "Mother" (MPC)
Tom 1899 - 1920 (RMC)
W J M 1830 - 1903 (MPC)
MAYHALL, James E 1875 - 1952 (MGC)
MAYHEW, Albert E 1866 - 1945 (EEC)
Annie J 1868 - 1947 (EEC)
Avery M (s/o Albert & Annie Mayhew) 1889 - 5 June 1900 11y 3m 10d (EEC)
Carl H 1891 - 1960 (EEC)
Vera M 1888 - 9 Jan 1976 (EEC)
MAYHOOD, Ed J 1862 - 9 May 1922 RF-BL9 (MVC)
Laura E 1870 - 14 Jan 1929 R15-BL242 (MVC)
MAYNARD, Ella Rock 16 Apr 1927 - no date (MCC)
Florence 1895 - 1901 (MCC)
Stella no date - 12 Oct 1981 RE-BL28 (MVC)
Walter no date - 3 Feb 1970 R59-BL311 (MVC)
Wm Albert d 1927 (MCC)
MAYS, Edna M 1888 - 28 Dec 1928 RG-BL6 (MVC)
Edwin S 1909 - 9 Feb 1973 RG-BL6 (MVC)
Homer T 1887 - 12 Dec 1955 RG-BL6 (MVC)
MAZORS, Aaron no date - 20 June 1956 RE-BL10 (MVC)

MAZUR, William James 3 May 1950 - 15 Jan 1986 35y no lot (MVC)

MAZZONE, Camilla 21 Dec 1883 - 19 March 1965 (MSSCC)

McADAM, Augusta Sutter 1861 - 8 May 1935 73y 9m 7d (EEC)
Edith 5 -15 Feb 1883 (EEC)
Fannie 1889 - 1966 (EEC)
George no date - 2 Jan 1930 (EEC)
Helen McNee no date - 16 Feb 1895 69y (EEC)
James 26 Sept 1876 - 20 Dec 1953 (EEC)
James no date - 15 Nov 1885 65y (EEC)
Mable H 1891 - 1953 (EEC)
William 1861 - 1926 "Father" (EEC)

McADOW, Alvena M 28 June 1919 - 8 Aug 1978 (SMGC)
Benjamin 1879 - 29 Dec 1918 RD-BL21 (MVC)
Evaline M G 1881 - 7 Jan 1968 RF-BL16 (MVC)
John no date - 2 Mar 1916 no lot (MVC)

McAMIS, Ernest V 1902 - 1964 (ASC)

McANY, Wm no date - 31 July 1935 RF-BL17 (MVC)

McATEE, Minnie E 1870 - 18 Aug 1930 RG-BL11 (MVC)

McAULIFFE, Ellen 1854 - 1943 sister (SACC)
Martin 1847 - 1937 brother (SACC)

McBRATNEY, Edwin A 1864 - 26 Nov 1961 RF-BL16 (MVC)
Olive P 1897 - 28 Dec 1919 RF-BL16 (MVC)
Rosa Noll 1868 - 5 Oct 1951 RF-B116 (MVC)

McBRIDE, Alvan B s/o W C & C L 28 Mar 1874 - 29 Jan 1878 (FPC)
Clara L Hocker 20 Nov 1848 - 10 May 1885 (FPC)
Elbert E 1911 - 27 Oct 1963 RK-BL22 (MVC)
Elizabeth w/o Joseph 30 Nov

McBRIDE (continued)
1825 - 10 Mar 1890 (FPC)
Ella J 1873 - 24 Jan 1958 RG-BL40 (MVC)
inf d/o W C & C L 13 Jan 1877 - 9 Feb 1877 (FPC)
inf twin s/o W C & C L no date - 30 May 1879 (FPC)
John Clayton 1865 - 18 Apr 1944 RG-BL40 (MVC)
Joseph M 18 Feb 1819 - 2 Nov 1879 (FPC)
Marie no date - 1916 no lot (MVC)
Mildred 1914 - 5 Jan 1944 RF-BL18 (MVC)
Myrtle 27 Nov 1919 - 14 May 1979 (SMGC)
Nathan Clayton 5 Apr 1897 - 18 Sept 1969 (SMGC)
Permilla S w/o Nathan Clayton 8 Mar 1897 - 12 June 1968 (SMGC)
Sarah no dates 75y (PDC)
William C 29 Apr 1844 - 6 Jan 1918 (FPC)

McCAFFEY, Ellar 1858 - 23 Nov 1942 RF-BL3 (MVC)

McCAIN, Maheon 1834 - 22 Aug 1893 R53-BL210 (MVC)

McCALLA, George M 1825 - 1881 (MLC)
Millie A w/o G W 10 Dec 1833 no other date (MLC)

McCARTIN, Barnabus 17 May 1863 - 15 July 1946 (SBAC)

McCARTNEY, Benjamin no date - 20 May 1950 RD-BL7 (MVC)
Charles D no date - 5 June 1932 RG-BL12 (MVC)
Nell no date - 28 Mar 1949 RF-BL16 (MVC)
Sarah L no date - 8 Feb 1930 RD-BL7 (MVC)
Wm E 1947 - 15 Oct 1947 RF-BL16 (MVC)

McCARTY, Polly M no date - 12 Apr 1911 R37-BL282 (MVC)

McCLAIN, Frankie 1899 - 1899 (MCC)
Georgia 1895 - 1898 (MCC)
William 1860 - 1911 (MCC)

McCLAIN (continued)
William Burl 18 Feb 1903 - 7 Jan 1970 (LC)
Wm C 1860 - 1911 (MCC)
McCLAIRE, Christine R 1894 - 1981 (LC)
Rosana w/o William 15 Dec 1821 - 1 Mar 1915 (LC)
William h/o Rosana 17 Feb 1822 - 23 Feb 1907 (LC)
McCLANAHAN, Guy no dates (EEC)
McCLARAN, Jackey Roy 28 Oct 1940 - 3 Oct 1970 (EEC)
Leroy 1905 - 1974 (EEC)
Mary (w/o Leroy) 1911 - no date (EEC)
Paul 1934 - no date (EEC)
McCLEARY, H 1829 - 12 Feb 1902 no lot (MVC)
J H 1861 - 1920 (EEC)
Mary Fortune (w/o J H) 1858 - 1942 (EEC)
Susannah 1832 - 1899 (EEC)
T B no dates (EEC)
McCLELLAN, Albert C 1874 - 1893 R19-BL319 (MVC)
Leroy 1883 - 12 Apr 1943 R19-BL319 (MVC)
Luvina J 1846 - 20 Mar 1913 R18-BL294 (MVC)
Ruth no date - 9 Aug 1974 RK-BL34 (MVC)
Samuel 1830 - 1904 R18-BL294 (MVC)
Sarah Ann 1819 - 1899 R65-BL6 (MVC)
Willie B 1871 - 1876 no lot (MVC)
McCLINTOCK, Dr Fielding 1818 - 4 Feb 1895 R14-BL238 (MVC)
Dr Minda A no date - 8 Jan 1940 R14-BL238 (MVC)
Rachel C 1825 - 25 Jan 1913 R14-BL238 (MVC)
McCLUNG, Lewis A 1829 - 1898 (EEC)
Martin H 1854 - 1935 (EEC)
Mary G 1834 - 1922 (EEC)
Nannie S 1857 - 1946 (EEC)

McCONAUGHY, Albert D 1834 - 9 Feb 1890 R19-BL314 (MVC)
Clara 1845 - 28 Jan 1904 R19-BL314 (MVC)
Louis C 1885 - 21 Jan 1960 R19-BL314 (MVC)
McCONNAUGHY, Alvin L 1946 - 14 Feb 1982 RJ-BL22 (MVC)
Evelyn R 1926 - 16 Oct 1953 RK-BL7 (MVC)
George F 1862 - 4 Mar 1945 RG-BL41 (MVC)
inf no date - 10 Oct 1943 RK-BL7 (MVC)
James W 1901 - 2 Oct 1981 RJ-BL22 (MVC)
John P 24 June 1895 - 14 Aug 1969 (SMGC)
Joseph no date - 18 Mar 1946 RG-BL41 (MVC)
Joseph J 1921 - 8 Jan 1974 RJ-BL22 (MVC)
Kathy no dates no lot (MVC)
Lawrence B 1925 - 18 July 1981 RK-BL7 (MVC)
Mary E 1865 - 18 Dec 1944 RG-BL41 (MVC)
Nellie P 1890 - 17 Oct 1970 RG-BL41 (MVC)
McCONNELL, Louise M no date - 15 Aug 1933 RB-BL15 (MVC)
Michael A 1976 - 3 Nov 1976 RK-BL14 (MVC)
Omar M no date - 15 Aug 1933 RB-BL15 (MVC)
McCOOLE, Homer Sr 19 Dec 1908 - 5 June 1969 (SMGC)
McCORKHILL, Sarah E w/o W T no date - 29 Apr 1878 34y 7m (PDC)
McCORMACK, Addie S 1868 - 2 Oct 1899 RB-BL3 (MVC)
David G 1866 - 31 Dec 1900 RB-BL3 (MVC)
McCORMICK, Annah Deliah d/o T J & A R no date - 12 Oct 1884 1y 2m 4d (WLC)
Annie R w/o T J 7 Mar 1850 - 5 Aug 1902 "Mother" (WLC)
B E (Annie E) no date - 25 Oct 1915 (EEC)

McCORMICK (continued)
Clara A 1847 - 1938 no lot (MVC)
Cora 1875 - 1918 (EEC)
Cora L 1889 - 1917 (EEC)
Eliza 1848 - 1915 (EEC)
Henry 1845 - 9 Mar 1909 R67-BL100 (MVC)
Mary Clara 1885 - 28 May 1928 R67-BL100 (MVC)
Mont 1882 - 1919 (EEC)
Myrtle E no date - 15 Apr 1938 R67-B1100 (MVC)
T J 1844 - 1916 (WLC)
W D 1858 - 1882 (FGC)
W P s/o W F & N B 1858 - 1882 (BCC)

McCOURT, Agnes no date - 1 Jan 1933 78y Sec1-L80-#2 (SPC)
Agnes no date - 1939 59y Sec1-L67-#4 (SPC)
Anna no date - 17 Dec 1946 87y Sec1-L70-#5 (SPC)
Bernard no date - 21 Dec 1900 Sec1-L86-#3 (SPC)
Bernard no date - 24 Dec 1900 42y Sec2-L2-#2 (SPC)
Bridget w/o E 18 Aug 1829 - 26 Dec 1899 70y Sec1-L100-#2 (SPC)
Catherine no date - 30 Jan 1939 68y Sec2-L13-#2 (SPC)
Catherine no date - 8 Jan 1916 72y Sec1-L96-#4 (SPC)
Catherine no date - 9 Jan 1951 73y Sec2-L61-#3 (SPC)
Charles no date - 29 July 1971 67y Sec3-L18-#5 (SPC)
Eddie 7 Apr 1866 - 28 July 1869 3y Sec1-L100-#4 (SPC)
Edward 7 May 1819 - 11 Dec 1880 61y Sec1-L100-#3 (SPC)
Edward Thomas no date - 1949 Sec1-L70-#3 (SPC)
Elizabeth no date - 4 Oct 1917 18y SEc2-L13-#5 (SPC)
Eugene no date - 1 Jan 1977 56y Sec2-L61-#1 (SPC)
Florence no date - 6 Apr 1913 11y Sec1-L97-#1 (SPC)
Frank no date - 8 Jan 1972 76y

McCOURT (continued)
Sec1-L70-#1 (SPC)
George no date - 26 Apr 1963 65y Sec2-L18-#2 (SPC)
Gerald no date - 18 July 1983 63y SEc1-L67-#3 (SPC)
Honora no date - 29 Dec 1918 18y SEc2-L13-#4 (SPC)
James no date - 13 Apr 1924 64y SEc1-L80-#4 (SPC)
John no date - 13 Mar 1939 69y Sec2-L13-#1 (SPC)
John E no date - 14 Sept 1945 76y Sec2-L61-#2 (SPC)
Katherine no date - 16 Jan 1933 42y Sec1-L70-#2 (SPC)
Katie no date - 29 Dec 1891 21y Sec1-L96-#1 (SPC)
Leo no dates Sec1-L67-#6 (SPC)
Marie no date - 5 June 1897 3m Sec1-L96-#2 (SPC)
Mary A no date - 23 Mar 1927 6h Sec1-L80-#3 (SPC)
Michael A no date - 29 May 1919 67y Sec1-L70-#6 (SPC)
Michael no date - 17 Sept 1904 71y Sec1-L96-#3 (SPC)
Michael no date - 18 Dec 1906 3y Sc1-L97-#2 (SPC)
Mildred no date - 26 Dec 1901 5y Sec1-L97-#3 (SPC)
Owen no date - 7 Aug 1917 51y Sec1-L80-#5 (SPC)
Thomas no date - 1 Jan 1947 34y Sec2-L13-#3 (SPC)
Thomas E no date - 16 Feb 1935 72y Sec1-L67-#5 (SPC)
Wm no date - 23 July 1907 2y SEc2-L13-#6 (SPC)

McCOY, Rose A 1889 - 5 Jan 1909 R47-BL117 (MVC)
McCRADY, Jeremiah 1821 - 30 Apr 1888 R19-BL310 (MVC)
McCRARNY, Jeanette D 1883 - 22 Jan 1968 RJ-BL17 (MVC)
Samuel 1872 - 15 Aug 1951 RJ-BL17 (MVC)
McCRARY, Benjamin F 1852 - 26 Nov 1887 35y (ACC)
Frances J d/o S 1857 - 20 Mar 1861 4y 2m 17d (ACC)
Ida B d/o P R & Nancy 1 May

McCRARY (continued)
1859 - 1 Sept 1868 1y 4m (ACC)
Lunottea Davis w/o B F 1855 - 28 Sept 1880 23y 7m 2d (ACC)
Margaret Jane 1841 - 1911 (ACC)
Raymond s/o B F & L A 1878 - 6 Oct 1880 2m 12d (ACC)
Susie B d/o ---- 1881 - no date (ACC)

McCRAY, Clarence G 1903 - 15 Sept 1979 RJ-BL40 (MVC)
Donald R 1930 - 7 June 1974 RJ-BL40 (MVC)
Dorothy M 20 Mar 1910 - 15 Jan 1986 75y 3-1-40-J (MVC)
Elbert 1852 - 15 Feb 1936 RF-BL24 (MVC)
Helen M 1896 - 27 Sept 1928 RF-BL24 (MVC)
Mildred L M 1912 - 1978 no lot (MVC)
Mollie 1871 - 30 Sept 1955 RF-BL24 (MVC)
Wm S 1891 - 3 Jan 1961 RF-BL24 (MVC)

McCREERY, James no date - 1902 73y no lot (SPC)

McCRIC, Robert no date - 20 Oct 1911 R43-BL45 (MVC)

McCRUM, Joseph A 1873 - 8 Sept 1945 RG-BL38 (MVC)
Mary C 1885 - 20 June 1947 RG-BL38 (MVC)

McCRURY, Jeanette D no date - 22 Jan 1968 RJ-BL17 (MVC)

McCUAN, Berdie May 1891 14y (MCC)
Donald 1894 59y (MCC)
Jean 1879 - 1889 (MCC)

McCUBBIN, Anna Agnes 1906 - 1917 (LC)
Carolina J 1921 - 1931 (SNC)
Charles 1873 - 1955 (LC)
Clara Major 1887 - 1935 (LC)
Edith Agnes 1912 - 1980 (LC)
Ida 1909 - no date (LC)
Thomas L 1904 - 1956 (LC)

McCUBBLIN, Robert 1854 - 1923 (BCC)
Sara 1859 - 1919 (BCC)

McCUE, Barney no date - 7 Jan 1890 R50-BL157 (MVC)
Clara V 1884 - 6 Feb 1970 RK-BL22 (MVC)
Edwin H 1872 - 27 Mar 1960 RK-BL22 (MVC)

McCULLOUGH, Christina 1894 - 1981 (LC)
Clinton 1921 - no date (LC)
Edward B 1880 - 1953 (LC)
Elmer L 1886 - 1975 (LC)
Florence 1866 - 1946 (LC)
H E 5 Oct 1853 - 28 Feb 1882 (LC)
Lila Irene 1928 - no date (LC)
May Lowe 28 Jan 1881 - 14 July 1941 (LC)
R M 1862 - 1936 (LC)
Sarah J 1849 - 1943 (LC)

McCULLY, J C no date - 20 Feb 1907 RB-BL6 (MVC)
John L no date - 3 May 1905 RB-BL6 (MVC)
Miranda no date - 15 June 1917 RB-BL6 (MVC)
Rose no date - 24 Sept 1906 RB-BL6 (MVC)
Sallie 1829 - 29 Oct 1892 no lot (MVC)

McCUNE, Mrs Floyd no date - 16 Feb 1967 RJ-BL12 (MVC)
Floyd M 1904 - 12 Mar 1966 RJ-BL12 (MVC)
Goldamay 1892 - 27 June 1949 RK-BL5 (MVC)
Kenneth no date - 9 Aug 1977 RJ-BL12 (MVC)
Verda E 1902 - 1983 RJ-BL12 (MVC)
Wm 1887 - 26 Apr 1951 RK-BL5 (MVC)

McCURDY, Charles F 1867 - 1956 (WLC)
Charles S 1911 - 1971 (WLC)
Harriett E 1853 - 1927 (WLC)
John D 1836 - 1940 (WLC)
Laura A 1885 - 1947 (WLC)
Nancy w/o Stephen 10 Oct 1836 - 27 Aug 1901 (WLC)

McDANIELS, Annie no date - 21 Mar 1898 R40-BL333 (MVC)
Hoiplva no date - 3 Dec 1910

McDANIELS (continued) RA-BL4 (MVC)
Job 1825 - 12 Aug 1893 RA-BL4 (MVC)
Ony no date - 8 July 1898 R40-BL333 (MVC)
Sophia M 1824 - 30 Nov 1910 RA-BL4 (MVC)
McDONALD, C B 1921 - 10 Mar 1982 RJ-BL15 (MVC)
Dora Caroline 1905 - 1961 (LC)
E 1889 - 31 Aug 1964 RE-BL20 (MVC)
Edna 1889 - 1970 (MCC)
Elnora 1857 - 1981 mother (MCC)
Ezekiel 1889 - 31 Aug 1964 RE-BL20 (MVC)
Francis 22 Feb 1872 - 28 Feb 1929 (SBAC)
Frank 1879 - 1970 (MCC)
Fred 1888 - 1954 (MCC)
inf s/o F T 1 Feb 1904 (MCC)
Leander 1852 - 1936 (MCC)
Leroy 1891 - 1914 (MCC)
Mabel 1879 - 1970 (MCC)
Mariah 1848 - 21 Aug 1938 R62-BL13 (MVC)
Mary H no date - 19 Feb 1975 RE-BL20 (MVC)
Mary L 1910 - 21 July 1969 no lot (MVC)
S Pairdine 1902 - 26 Mar 1975 RK-BL15 (MVC)
Sarah 1857 - 1981 (MCC)
Sylvester 1893 - 1958 (LC)
McDUFF, Charles H 1847 - 17 Aug 1919 RB-BL5 (MVC)
Ethel T 1880 - 7 Aug 1957 RA-BL20 (MVC)
Harry H 1879 - 23 Jan 1961 RA-BL20 (MVC)
Lillian no date - 24 Apr 1943 RB-BL5 (MVC)
Wm 1858 - 1943 no lot (MVC)
McFADDEN, Bridget 1825 - 1893 (SACC)
Catherine 1860 - 1932 (SACC)
Edward 1823 - 1883 (SACC)
Edward 1859 - 1937 (SACC)
infants (3) d 1887 - 1889 (SACC)

McFADDEN (continued)
Mary Katherine 1861 - 1940 (SACC)
Patrick E 1861 - 1946 (SACC)
Ralph E 1884 - 1938 (SACC)
Rose Elizabeth 1888 - 1952 (SACC)
William Clyde 1891 - 1978 (SACC)
McFARLAND, ---- 1890 - 1969 (RMC)
Birdie M 1883 - 13 Apr 1959 RF-BL10 (MVC)
Earl 25 Feb 1910 - 13 Dec 1975 (SMGC)
E T no dates (Co E 175 Ohio Infantry) (EEC)
Ernest R 11 Nov 18994 - 1 Apr 1983 (EEC)
Eve (w/o Blake) 1894 - no date (EEC)
Freeman 1880 - 1944 (EEC)
Gerald M d 26 Feb 1982 (SMGC)
H Blake 1888 - 1942 (EEC)
J no dates (EEC)
John 1857 - 11 Feb 1936 (EEC)
Myrtle 1881 - 1964 (EEC)
Neva F 1887 - 1978 (RMC)
Paul A 9 Jan 1898 - 12 Nov 1965 (SMGC)
Rachel E 1857 - 1918 "Mother" (EEC)
Ray 1924 - 1932 (EEC)
Ray M 1891 - 1918 (Battalion F 338 Field Artillery 88th Div) (EEC)
Robert no date - 1926 (EEC)
Robert Carroll 1926 - 10 Aug 1926 (EEC)
Wm G no date - 9 Oct 1942 RF-BL10 (MVC)
McFEETEES, James G 1881 - 23 Oct 1965 (SMGC)
James H no date - 28 June 1969 (SMGC)
Louis G 8 June 1927 - 24 Feb 1969 (SMGC)
Mrs Syble 1883 - 10 May 1962 (SMGC)
McGAFFERY, Ella R no date - 23 Nov 1942 RF-BL3 (MVC)

McGAUGHEY, Lulu D no date - 15 Feb 1953 RE-BL20 (MVC)
G W no date - 6 Nov 1925 (EEC)
McGEE, Josephine 1878 - 6 June 1964 R59-BL310 (MVC)
McGERTY, Mary Joseph 6 Apr 1879 - 26 May 1958 (MSSCC)
McGILIVRA, Mrs no dates (EEC)
McGILL, James M no date - 31 Dec 1932 RD-BL14 (MVC)
McGINNIS, E C 1896 - 1922 (SACC)
Felix no date - 15 Jan 1860 65y Sec1-L72-#3 (SPC)
John no date - 12 Oct 1880 50y Sec1-L87-#3 (SPC)
Nancy w/o Daniel Dorgain no date - 14 July 1895 71y Sec1-L87-#2 (SPC)
McGINTY, C 1903 - 1969 (SACC)
McGIVLEY, Charles no date - 10 Nov 1888 48y Sec4-L11-#5 (SPC)
McGOWAN, Albert S no date - 16 May 1915 RD-BL4 (MVC)
Mrs Tilley no date - 19 May 1932 RD-BL4 (MVC)
McGRATH, Annie no date - 30 June 1887 8m Sec1-L22-#1 (SPC)
Bridget no date - 12 Aug 1880 65u Sec1-L38-#3 (SPC)
Elizabeth no date - 2 June 1898 33y Sec1-L38-#4 (SPC)
John no date - 20 Apr 1903 83y Sec1-L38-#5 (SPC)
Owen 1802 - 1882 80y Sec1-L34-#1 (SPC)
McGREEN, Donald D no date - 27 Feb 1929 R14-BL231 (MVC)
McGREEVY, Catherine no date - 18 Aug 1916 83y SEc1-L13-#3 (SPC)
inf no dates SEc4-L95-#2 (SPC)
Jacob no date - 16 Apr 1902 70y Sec1-L13-#4 (SPC)
Stephen no date - 1 Nov 1925 65y Sec1-L13-#5 (SPC)
McGREW, Floyd M 1900 - 10 Aug 1960 RK-BL6 (MVC)
Frank L 1863 - 2 Nov 1934 R14-

McGREW (continued) BL231 (MVC)
Ida Belle 1865 - 14 June 1941 R14-BL231 (MVC)
McGRIEVY, Clement s/o Dan & Mary no date - 17 July 1886 3m Sec1-L3-#1 (SPC)
Daniel no date - 8 Apr 1901 Sec1-L3-#2 (SPC)
Mary no date - 8 Nov 1940 80y Sec1-L3-#3 (SPC)
McGUIRE, Claudia 2 Jan 1887 - 26 Dec 1975 (MSSCC)
McIMACIS, Amanda no date - 26 Feb 1911 R48-BL126 (MVC)
McINTOSH, Anna 1874 - 23 May 1952 RA-BL3 (MVC)
Douglas 1870 - 26 Apr 1906 RD-BL19 (MVC)
George 1896 - 12 Feb 1932 RA-BL3 (MVC)
George Sr 1872 - 20 Dec 1949 RA-BL3 (MVC)
George W 1832 - 6 Jan 1908 RA-BL3 (MVC)
John S 1904 - 25 June 1966 RJ-BL19 (MVC)
McIVEY, Bridget 1847 - 1921 (MCC)
Geo no dates (MCC)
George 1845 - 1912 (MCC)
James 1884 - 1941 (MCC)
McKAMY, Maria L 24 Sept 1825 - 22 Jan 1890 (RMC)
McKAY, Edward 1897 - 15 July 1924 27y (AC2)
Mrs Janet no date - 19 Dec 1928 (EEC)
McKEE, Amy A 1875 - 25 May 1944 R41-BL2 (MVC)
Charles A 1863 - 5 Mar 1934 R41-BL2 (MVC)
Charles R no date - 15 Sept 1938 no lot (MVC)
Elizabeth E (w/o Erastus McKee) 21 July 1861 - 6 June 1917 (CWC)
Erastus 3 July 1858 - no date (CWC)
Fannie 1874 - 12 June 1950 RD-BL2 (MVC)
Harry D 1898 - 14 Aug 1918 RD-

McKEE (continued) BL2 (MVC)
Robert J 1866 - 28 Nov 1937 RD-BL2 (MVC)
McKEEN, Elizabeth 1891 (SACC)
Ellen 1848 - 5 Oct 1939 RD-BL6 (MVC)
Genevieve 1907 - 4 May 1933 RG-BL21 (MVC)
Robert 1847 - 6 Nov 1926 RD-BL6 (MVC)
McKEEVER, Blanche A 1854 - 20 Jan 1937 R68-BL112 (MVC)
Clifford H 1887 - 26 Dec 1889 R68-BL112 (MVC)
Gertrude B 1894 - 25 Jan 1918 R68-BL112 (MVC)
Henry 1854 - 16 Jan 1913 R68-BL112 (MVC)
Placidus 19 Apr 1840 - 22 Sept 1896 (SBAC)
Ray 1890 - 6 Jan 1892 R68-BL112 (MVC)
Ruth 1885 - 18 Sept 1974 RB-BL4 (MVC)
Sarah 1883 - 20 Dec 1891 R68-BL112 (MVC)
McKELLER, Ester 1867 - 17 Oct 1893 no lot (MVC)
McKELVY, Addison P 1903 - 2 Apr 1970 RK-BL10 (MVC)
Alfred 1901 - 20 Oct 1984 no lot (MVC)
David E no date - 14 Sept 1935 no lot (MVC)
Mrs Dorothy 1858 - 25 Jan 1925 RA-BL25 (MVC)
Eleanor C C 1869 - 27 Feb 1961 RK-BL10 (MVC)
Ella F 1859 - 19 Apr 1893 RA-BL4 (MVC)
James W 1858 - 20 June 1926 RA-BL25 (MVC)
Mrs James W no date - 24 June 1926 RA-BL25 (MVC)
Jane no date - 2 July 1919 RA-BL25 (MVC)
Dr Wm A no date - 13 Sept 1935 RK-BL10 (MVC)
Wm A 1869 - 1961 no lot (MVC)
Wm F 1888 - 1 Oct 1924 RA-BL4 (MVC)

McKENZIE, John 1892 - 2 Sept 1942 RG-B128 (MVC)
Margaret E no date - 1 Nov 1922 RD-BL2 (MVC)
Nelle 1892 - 19 May 1946 RG-BL28 (MVC)
Thomas R no date - 30 Mar 1926 RD-BL2 (MVC)
McKEOWN, Levina C 1853 - 2 Jan 1919 RF-BL15 (MVC)
McKERN, Robert no date - 6 Nov 1926 RD-BL6 (MVC)
McKENNA, Bonaventure 6 Apr 1895 - 15 March 1984 (MSSCC)
McKENNY, Bridget w/o Michael no date - 18 Dec 1875 37y Sec2-L96-#4 (SPC)
John no date - 3 Sept 1900 29y Sec2-L96-#1 (SPC)
Mary no date - 28 Mar 1873 1m Sec2-L96-#3 (SPC)
Michael no date - 19 Apr 1892 53y Sec2-L96-#2 (SPC)
Owen no date - 17 Dec 1892 20y Sec2-L96-#5 (SPC)
McKEON, Mamie J 21 June - 31 July 1894 (WLC)
Patrick H no date - 7 Feb 1902 42y (WLC)
McKINNEY, Fannie D no date - 20 Feb 1947 R11-BL174 (MVC)
McKISER, Anna no date - 21 Apr 1901 R40-BL325 (MVC)
McKITERICK, Eva no date - 7 Mar 1963 RJ-BL24 (MVC)
McKNIGHT, Harriet M 2 Feb 1895 - 22 Apr 1967 (SMGC)
McLAREN, Alice H 1867 - 31 Jan 1950 R63-BL21 (MVC)
George 1862 - 10 May 1947 R63-BL21 (MVC)
McLAUGHLIN, Alice (d/o Alfred Williams) 1893 - 1 Apr 1945 52y (SLC)
Chas M s/o David & A E 3 Oct 1879 22y (MCC)
Florence M no date - 4 Sept 1966 RK-BL28 (MVC)
Hattie 1887 - 1948 (MCC)
James R no date - 10 Aug 1962 RK-BL28 (MVC)

McLAUGHLIN (continued)
John T 1891 - 20 Nov 1950 59y (SLC)
Katherine 1911 - 17 June 1965 RF-BL3 (MVC)
Orson 1887 - 1968 (MCC)
Orville O no dates no lot (MVC)
Virgil 1903 - 1961 (MCC)
McLELLAN, Alex 1855 - 20 Mar 1893 R16-BL267 (MVC)
Mary no date - 19 Jan 1927 R16-BL261 (MVC)
McLENON, baby (d/o H L) no date - 1980 (EEC)
Belle 1863 - 1922 (MPC)
Charles 1886 - 1968 (EEC)
Emeline (w/o Henry) 1883 - 1961 (EEC)
Estella R 1907 - 9 June 1974 RK-BL3 (MVC)
George 1850 - 1913 "Father" (EEC)
Gertrude (w/o Charles) 1886 - 1946 (EEC)
Grace Tuley no dates (EEC)
H A no dates (EEC)
Henry 14 Sept 1902 81y (MPC)
Henry L 1884 - 1956 (EEC)
inf d/o T & S 4 May 1871 (MPC)
inf s/o T & S 9 Jan 1874 (MPC)
Jennie 1889 - 13 Sept 1977 (EEC)
Jennie M 1862 - 1912 "Mother" (EEC)
Mary 18 May 1879 84y (MPC)
Mary E 1861 - 1942 "Mother" (EEC)
Megan no date - 5 Oct 1978 (EEC)
Niel 1885 - 1951 (EEC)
Paul H no dates (EEC)
William H 1854 - 1934 "Father" (EEC)
McLINTOCK, Cora no date - 25 Aug 1942 R14-BL238 (MVC)
Mandana E no date - 3 Feb 1938 R14-BL238 (MVC)
McMAHAN, Michael no date - 21 Apr 1878 25y Sec1-L44-#2 (SPC)
McMAHON, Grace Burns 1866 - 1942 (SACC)

McMAKER, Catherine 1836 - 9 Mar 1929 R30-BL169 (MVC)
McMICHAEL, James no date - 8 Mar 1941 R66-BL85 (MVC)
McMISH, John B 1879 - 1899 (ASC)
McMULLEN, Betty 16 June 1834 - 2 Dec 1917 (EEC)
Hugh 10 March 1840 - 29 March 1916 (EEC)
Neal G 1875 - 31 Aug 1935 (EEC)
McNALLY, Eleanora 27 Sept 1866 - 18 June 1952 (MSSCC)
Ellen 8 Jan 1826 - 8 Feb 1910 85y Sec1-L92-#2 (SPC)
Patrick 17 May 1830 - 10 Nov 1904 74y Sec1-L92-#3 (SPC)
McNAMARA, Frances no date - 19 Sept 1908 Sec1-L56-#2 (SPC)
John no date - 13 July 1914 8y Sec1-L56-#3 (SPC)
Mary no date - 11 Nov 1955 87y Sec1-L56-#1 (SPC)
McNEAL, Luella no date - 10 Mar 1908 RE-BL7 (MVC)
McNEESE, Gertrude 1897 - no date (LC)
J Potter 1890 - no date (LC)
McNEIL, Albert 1889 - 1973 (SACC)
Nellie 1893 - 1942 (SACC)
McNEMEE, Blanche M 1902 - 25 Aug 1983 RK-BL18 (MVC)
McNERNY, Agnes (d/o Hugh) 1892 - 24 Oct 1939 (SLC)
Ann (d/o Patrick) 1840 - 17 Dec 1910 70y (SLC)
Ann Elizabeth 1839 - 10 Sept 1910 71y (SLC)
Anna (d/o Hugh) 1876 - 4 March 1946 (SLC)
Hugh 1842 - 21 Oct 1914 72y (SLC)
James H (s/o Hugh) 1887 - 4 Sept 1952 65y (SLC)
Joseph (s/o Hugh & Mary) 1880 - 2 Feb 1910 30y (SLC)
Mary (d/o Michell & Ellen Wheeler) 1861 - 3 March 1924 (SLC)

McNERNY (continued)
Melvin 1919 - 20 Feb 1970 51y (SLC)
Stella no date - Dec 1970 76y (SLC)
McPHERSON, Hester Ann 1827 - 20 Feb 1913 R21-BL11 (MVC)
William H 1873 - 1890 (PDC)
McPHILIMY, Elma V 1872 - 1960 (EEC)
Frank 5 May 1876 - 8 Sept 1903 (EEC)
Fred (s/o T R & H E McPhilimy) no date - 22 Feb 1878 16y 10m 20d (EEC)
George L 1874 - 1920 (EEC)
Harriet Elizabeth (w/o Thomas McPhilimy) 1853 - 1920 (EEC)
Lee (s/o Thos & Harriett A) no date - 14 Feb 1889 1y 10m 14d (EEC)
Mary no date - 11 May 1897 (EEC)
Robert 25 Dec 1834 - 21 March 1893 (EEC)
Robert E 1877 - 1949 (EEC)
Mrs S E no date - 27 Feb 1920 (EEC)
Sadillia E 17 Sept 1856 - 20 May 1935 (EEC)
Thomas 1841 - 1922 (EEC)
Thos S 1880 - 1945 (EEC)
McQUEEN, Amanda 1863 - 25 Feb 1911 R48-BL126 (MVC)
Eugene 1863 - 16 Jan 1907 R48-BL126 (MVC)
Fostal 1885 - 5 Oct 1892 R48-BL126 (MVC)
Mary M 1836 - 21 Jan 1901 R63-BL29 (MVC)
Robert D 1836 - 4 July 1903 R63-BL29 (MVC)
McRAE, Bessie 18 Aug 1904 - 3 Dec 1982 (LC)
Merlin 22 Dec 1904 - 10 Jan 1975 (LC)
McREE, Anna no date - 25 May 1944 R41-BL2 (MVC)
McSORLEY, Arthur R 1887 - 31 Mar 1981 R62-BL17 (MVC)
Estella L 1885 - 11 May 1938 R63-BL22 (MVC)

McSORLEY (continued)
Frank A 1889 - 24 Nov 1954 RG-BL33 (MVC)
inf no date - 1 Apr 1925 R63-BL23 (MVC)
Mary F 1867 - 15 May 1932 R63-BL23 (MVC)
Maude 13 Apr 1889 - 14 Feb 1971 (SMGC)
Wm 1861 - 8 Apr 1961 RG-BL33 (MVC)
McVAY, Lewis C 1849 - 10 Dec 1879 no lot (MVC)
Wm no date - 27 Oct 1870 no lot (MVC)
McVEY, Earl D 14 July 1932 - 29 Apr 1956 (EEC)
George no dates (EEC)
John no dates (SACC)
McWILE, ---- 1864 - 18 Sept 1888 (EEC)
MEADER, Albert 21 Nov 1858 - 20 Nov 1939 (EEC)
Melinda Ballard 1854 - 28 Dec 1934 79y 2m 13d (EEC)
MEADOR, Clarence (Mike) 1896 - 8 Apr 1958 (EEC)
Elizabeth no dates (EEC)
Florence Evens no date - 12 Apr 1941 (EEC)
Joseph Henley 1888 - 11 Aug 1976 (EEC)
Ross 1882 - 1956 (EEC)
Verda 1885 - 1978 (EEC)
William Allen 1856 - 22 Nov 1934 (EEC)
MEAGHER, Matthew 4 Oct 1883 - 6 Jan 1966 (SBAC)
MEANS, Annie 1874 - 19 July 1875 no lot (MVC)
MEANY, Columbu no date - 8 Jan 1911 (SBAC)
Honora no date - 27 Oct 1915 72y Sec1-L6-#5 (SPC)
John no date - 19 Jan 1912 43y Sec1-L76-#1 (SPC)
Joseph no date - 28 Feb 1903 27y Sec1-L6-#4 (SPC)
Leo no date - 10 Nov 1911 32y Sec1-L6-#3 (SPC)
Patrick no date - 21 Mar 1957 85y Sec1-L6-#2 (SPC)

MEANY (continued)
William no date - 10 Mar 1887 50y Sec1-L6-#6 (SPC)
MEATS, Betha S 1867 - 14 July 1941 R29-BL134 (MVC)
Edgar C 1862 - 9 Mar 1935 R29-BL143 (MVC)
MECHAN, James C 1823 - 23 June 1911 RA-BL19 (MVC)
Mary 1826 - 8 July 1915 RA-BL19 (MVC)
MECK, Lillie B no dates (PDC)
MEDGE, inf d/o W M & E M 11 Nov 1878 - 6 Dec 1879 (WLC)
MEDLOCK, Chas E no date - 8 Nov 1954 RJ-BL3 (MVC)
Hershal no date - 26 Sept 1978 RK-BL34 (MVC)
Ina Lee 1894 - 21 May 1935 RJ-BL3 (MVC)
Ruby M 1890 - 22 May 1968 (SMGC)
MEDSKER, Edith w/o Frank L 1890 - 25 Nov 1970 (SMGC)
Frank L 13 Apr 1896 - 14 July 1975 (SMGC)
Robert F 23 July 1924 - 8 Apr 1977 (SMGC)
MEDUNA, Ladislaus 13 Nov 1895 - 6 Apr 1920 (MSSCC)
MEEDER, Mabel M 1898 - 1900 (CCC1)
Mable Millie 23 Jan 1898 - 9 Oct 1900 9-SW 1/4 (CCC2)
Maria L 1865 - 1900 (CCC1)
Marira 13 Jan 1865 - 9 Oct 1900 9-SW 1/4 (CCC2)
MEEK, Ella 18 Apr 1870 - 21 June 1870 (BCC)
MEEKER, Brazzel E 7 Apr 1866 1y 7d (OHC)
Caleb no dates (OHC)
Caleb 9 Aug 1807 - 14 Sept 1886 (OHC)
Caleb 9 Mar 1858 - 1926 (OHC)
Grant 6 Apr 1868 21d (OHC)
Hazel E 1864 (OHC)
Ida 1855 - 1966 (OHC)
Jacob 19 June 1827 1m 10d (OHC)
Jepthia H 22 Sept 1865 26y 9m 27d Co D 2nd Kansas Cavalry

MEEKER (continued) (OHC)
Lizetta 13 May 1863 - 6 June 1934 (OHC)
Lizzie A 29 Apr 1887 29y (OHC)
Lois 1893 (OHC)
Louis M no date - 1893 (OHC)
Louis W 1865 11y 27d (OHC)
Mary 1861 59y 11m 29d (OHC)
Shannon 24 Aug 1879 12y (OHC)
Wilson S 25 Nov 1864 22y 5m 22d (OHC)
MEETER, Lorene M 1914 - 17 Nov 1969 RK-BL33 (MVC)
MEGENTY, Ben 1864 - 1951 (SACC)
Theresa 1865 - 1948 (SACC)
MEIER, Amanda 2 Nov 1837 - 3 Jan 1915 (MSSCC)
Amata 19 Nov 1894 - 4 July 1971 (MSSCC)
John no date - 16 Jan 1907 16y Sec1-L40-#4 (SPC)
Rudolph 1834 - 1870 (PDC)
Steven no date - 19 Aug 1908 57y Sec1-L40-#3 (SPC)
MEINDORFER, Edelburgis 11 Sept 1900 - 21 Aug 1982 (MSSCC)
MEINHARDT, Ernest M 1844 - 19 Nov 1908 R49 (MVC)
Paul 27 Feb 1910 - 15 Aug 1969 (SBAC)
Wilhelmina 1894 - 20 June 1925 RJ-BL3 (MVC)
MEIR, Clarence no date - 3 Apr 1972 RK-BL39 (MVC)
Vivian no date 29 Apr 1972 RK-BL39 (MVC)
MEL, J J no date - 18 Dec 1971 RE-BL5 (MVC)
MELLOY, Alfred 1844 - 17 Nov 1914 RA-BL13 (MVC)
George Jr 1877 - 27 Dec 1916 RA-BL13 (MVC)
Mary 1854 - 19 Mar 1932 RA-BL13 (MVC)
MENEFREE, Wm no date - 1885 no lot (MVC)
MENGE, Florence S no date - 5 Sept 1908 no lot (MVC)

MENGWASSER, Herman 13 Nov 1858 - 29 Feb 1936 (SBAC)
Johanna 12 July 1861 - 28 Aug 1909 (MSSCC)
Luitgard 22 Sept 1865 - 2 March 1962 (MSSCC)
MENTRY, Martha C 1850 - 1879 (MLC)
MERANDA, Muriel Anna 1908 - 1966 (SACC)
Owen Smith 1895 - 1965 (SACC)
MERCER, Anna L no date - 19 May 1967 RK-BL5 (MVC)
MEREDETH, Laura B 2 Mar 1869 1y 7m (OHC)
Ruth Mildred 1891 - 1971 (OHC)
Walter W 21 Feb 1890 19y (OHC)
MERITON, Sarah 12 Mar 1842 - 9 Jan 1901 (LC)
T H 17 June 1844 - 2 Sept 1926 (LC)
MERKLE, Frank no date - 17
MERKLE (continued)
Aug 1936 RA-BL16 (MVC)
MERRILL, baby no dates (HMC)
Malcolm no dates (HMC)
MERRIMAN, Gretta 1891 - 1971 no lot (MVC)
inf no date - 23 Mar 1942 RG-BL24 (MVC)
Robert H 1887 - 25 Sept 1948 RK-BL3 (MVC)
MERRITT, Florence 1867 - 4 Mar 1942 RG-BL32 (MVC)
H K 1847 - 1917 "Father" (LC)
Hazekiah 1878 - 8 Nov 1946 RB-BL17 (MVC)
James 1842 - 25 June 1919 RD (MVC)
Mary 1857 - 1935 "Mother" (LC)
Myrtle 1877 - 8 Sept 1969 RB-BL17 (MVC)
Thomas W no date - 2 Apr 1978 RF-BL26 (MVC)
MERTION, John 1913 - 1983 (LC)
MERWICK, Jerome Raymond 5 July 1905 - 17 Aug 1969 (SBAC)
Mark 17 Apr 1896 - 6 March 1951 (SBAC)

MESIGN, Frank L (Judge) 5 Jan 1873 - 5 Aug 1963 (EEC)
Rozella Celia 6 Oct 1888 - 14 March 1968 (EEC)
MESMER, B F no date - 22 Oct 1909 RB-BL22 (MVC)
MESSEMER, Scott M 1847 - 23 Dec 1917 no lot (MVC)
Scott M no date - 23 Dec 1918 RB-BL22 (MVC)
MESSENGER, Gertrude 1874 - 17 July 1948 RF-BL25 (MVC)
John M 1864 - 3 Jan 1925 RF-BL25 (MVC)
MESSIEK, Donald no dates (EEC)
MESTER, Ette K no date - 1906 RB-BL17 (MVC)
Henry 1859 - 15 May 1940 RB-BL17 (MVC)
Myrtle 1862 - 4 Aug 1948 RB-BL17 (MVC)
METTHEWS, N 1855 - 1915 (SACC)
METTMAN, M Hustina 21 June 1832 - 16 Feb 1912 (MSSCC)
METZ, Dale no dates (OHC)
Marie inf d/o George & M 31 Jan 1896 (OHC)
METZGER, Olivia 6 Apr 1883 - 3 Feb 1949 (MSSCC)
Otto C no date - 26 Apr 1968 RJ-BL19 (MVC)
MEUDT, Robert no date - 8 Jan 1982 RK-BL34 (MVC)
MEYER, Agatho 9 Apr 1859 - 9 Apr 1924 (SBAC)
Albert 1864 - 1948 (LC)
Albert C no date - 10 Nov 1966 RJ-BL27 (MVC)
Carolina 1853 - 1931 8-W 1/2-#4 (CCC2)
Caroline 1886 - 1947 (LC)
Caroline w/o John 1853 - 1931 (CCC1)
Claude L 1893 - 1971 (LC)
Cora D 1909 - 24 Feb 1976 RK-BL38 (MVC)
Dora F 1901 - 1983 (LC)
E J no dates (EEC)
E T no date - 21 Feb 1975 (EEC)
Mrs E T no dates (EEC)
Ed no dates (RMC)

MEYER (continued)
Edward 1860 brother (PDC)
Edward H 1886 - 1953 (LC)
Elizabeth 1853 - 1882 no lot (MVC)
Elizabeth G no date - 5 May 1936 RK-BL24 (MVC)
Elizabeth w/o F W 1840 - 1918 (PGC)
Elmer T 1866 - 1919 "Father" (EEC)
Emma 1848 - 1948 (EEC)
Emmett 1884 - 1919 (PDC)
Ethelreda 28 Oct 1868 - 28 Jan 1926 (MSSCC)
Felix 11 July 1831 - 14 Nov 1914 1-W 1/2-#5 (CCC2)
Felix 1831 - 1914 (CCC1)
Frederick William 1825 - 1908 (PGC)
Gloria no dates (EEC)
Gregory Charles 25 July 1964 - 24 July 1967 (EEC)
Hazel J 26 May 1894 - 14 Oct 1979 (EEC)
Henery 6 July 1881 - 27 Apr 1962 (EEC)
Henry W 1885 - 1973 (SACC)
Herbert no date - 1 Sept 1929 RA-BL3 (MVC)
Jacob 1 Apr 1824 - 6 Feb 1890 (LC)
Jacob 1885 - 1944 RF-BL24 (MVC)
John 1822 - 1908 (CCC1)
John 1847 - 17 Dec 1929 R22-BL29 (MVC)
John 1853 - 1925 (CCC1)
John 1855 - 1925 8-W 1/2-#3 (CCC2)
John 22 Feb 1825 - 3 Aug 1900 8-W 1/2-#4 (CCC2)
John A 1890 - 1972 Pvt Army WWI (SACC)
Joseph Van 1890 44y (MCC)
Julius 1867 - 1934 (CCC1)
Julius 1867 - 1934 1-W 1/2-#4 (CCC2)
Laura 1891 - 1961 6-E 1/2-#1 (CCC2)
Lawrence no dates (EEC)
Louise C 1859 - 1942 no lot

MEYER (continued)
(MVC)
Lucille 6 Sept 1897 - 14 Nov 1913 (LC)
Margaret 1855 - 8 May 1926 R20-BL29 (MVC)
Mary E Herman 1907 - 1963 (EEC)
Molly M no date - 22 May 1965 RF-BL24 (MVC)
Myrtle 1887 - 1976 (EEC)
Myrtle O no date - 26 Dec 1958 RJ-BL27 (MVC)
Otis W 1921 - 1933 (SACC)
R no dates (EEC)
R H no dates - 4 Apr 1941 (EEC)
Mrs R H no dates (EEC)
Raymond A 1909 - 1966 (LC)
Robert W 25 Oct 1905 - 2 March 1975 (EEC)
Sarah Catherine 1913 - 26 Dec 1938 RG-BL15 (MVC)
Ursula w/o Jacob 12 July 1830 - 27 Dec 1909 (LC)
Vera w/o John 1820 - 1895 (CCC1)
Veren A 20 Feb 1820 - 10 Feb 1895 8-W 1/2-#6 (CCC2)
Verina 11 Mar 1827 - 10 Dec 1909 1-W 1/2 #6 (CCC2)
Verna w/o Felix 1827 - 1909 (CCC1)
Walter E 1888 – no date (EEC)
Wm A 1884 - 1966 6-E 1/2-#2 (CCC2)
MEYERS, Columba 1 Jan 1861 - 5 Feb 1947 (MSSCC)
Elizabeth 1840 - 1922 (EEC)
George no date - 18 July 1921 RD-BL8 (MVC)
Henry F no date - 3 Nov 1915 RD-BL8 (MVC)
John R 1883 - 4 May 1912 R22-BL27 (MVC)
Mary no date - 28 Dec 1911 RD-BL8 (MVC)
MEYLE, baby no dates (EEC)
Mina no date - 23 July 1935 (baby) (EEC)
W A no dates (EEC)
MICHAEL, Effie G w/o A G d 18 July 1889 28y 7m 4d (WLC)

MICHAEL (continued)
James 1866 – 1871 no lot (SPC)
Lucy F w/o Morris 1855 – 28 May 1888 33y 7m 7d (WLC)
Morris Embert s/o Morris & Lucy F d 29 Dec 1888 2y 7m 10d (WLC)
Sarah A w/o Morris d 3 Mar 1882 29y 9m 25d (WLC)

MICHAELS, Adella no date – 15 Mar 1951 RD-BL3 (MVC)
Chas B no date – 10 Dec 1931 RD-BL3 (MVC)
George F 1920 – 8 Jan 1979 (Cpl US Army WWII) RG-BL38 (MVC)
Myrtle no date – 5 Feb 1979 RG-BL38 (MVC)
Raymond E 1899 – 4 Sept 1946 RG-BL38 (MVC)

MICHOLSON, A W no date – 24 Apr 1920 RG-BL18 (MVC)

MICHUM, Lillian D no date – 26 Apr 1962 R17-BL287 (MVC)

MICK, Mrs Bessie Mae 24 March 1890 – 30 Aug 1975 (EEC)
Clarence L 1915 – 31 Mar 1972 no lot (MVC)
Roy Douglas 12 May 1883 – 20 Nov 1970 (EEC)

MIEMANN, John C 1880 – 1904 (PDC)

MIER, George 1892 – 1898 (LC)
Harry no date – 1924 (LC)
Vera 1908 – 1934 (OHC)
Wm 1863 – 1933 (LC)
Wm no date – 1927 (LC)

MIESSLER, Mary Agnes 10 Aug 1878 – 17 July 1951 (MSSCC)

MIHM, Winifred 5 Sept 1860 – 14 Oct 1924 (MSSCC)

MILES, Asa 1857 – 1880 23y (BCC)
Asa 3 Dec 1880 23y (FGC)
Charles R no date – 27 June 1963 RK-BL22 (MVC)
Eliza J no date – 18 Aug 1936 RE-BL5 (MVC)
Francis R no date – 24 Apr 1962 RK-BL22 (MVC)
Geneva no date – 1 July 1961 RE-BL5 (MVC)

MILES (continued)
Helena no date – 15 May 1968 RK-BL22 (MVC)
inf no date – 1927 (LC)
J T no date – 18 Dec 1971 RE-BL5 (MVC)
Katie M no date – 18 Jan 1843 no lot (MVC)
Oscar E 1873 – 4 Oct 1895 no lot (MVC)
Thelma O no date – 20 Dec 1915 RE-BL2 (MVC)

MILKS, Elizabeth no date – 11 May 1910 RD-BL13 (MVC)

MILLARD, Gladys 1893 – 1 June 1923 RG-BL17 (MVC)
Richard 1958 – 23 June 1958 RG-BL17 (Ashes) (MVC)

MILLER, ---- no date – 23 June 1923 no lot (MVC)
---- 1855 – 1940 RF-BL19 (MVC)
---- no date – 1949 (buried in Potters Field) (SLC)
Abell B no date – 6 Mar 1957 RF-BL9 (MVC)
Ada no dates (PDC)
Ahelphia E (d/o J & E Heneks) 14 July 1861 – 5 Dec 1887 (EEC)
Albert no date – 16 June 1957 RJ-BL8 (MVC)
Alice 1857 – 12 Mar 1897 R21-BL6 (MVC)
Ann B 1830 – 27 Sept 1914 RB-BL26 (MVC)
Ann Covert 1879 – 1956 (MCC)
Anna 1863 – 1950 (MCC)
Anna 1869 – 1955 (MCC)
Anna B 1830 – 27 Sept 1914 RB-BL26 (MVC)
Arthur H 1875 – 1935 R47-BL118 (MVC)
Bertha 26 Apr 1916 (MCC)
Bessie no date – 18 Apr 1966 no lot (MVC)
Bessie no date – 20 Apr 1951 no lot (MVC)
Blanche A 1907 – 28 Feb 1951 no lot (MVC)
C E 1875 – 1952 (MCC)
Caroline B no date – 1 Dec 1912

MILLER (continued)
RF-BL2 (MVC)
Catherine no date - 4 May 1922 RD-BL2 (MVC)
Catherine no date - 4 May 1977 RF-BL19 (MVC)
Cecilia E 1892 - 1918 4-#5 (CCC2)
Chas no dates Co G 111 New York Infantry (MCC)
Charles no date - 8 Nov 1977 RK-BL17 (MVC)
Charles R 1859 - 1932 RF-BL3 (MVC)
Charles T 1884 - 14 Mar 1957 RF-BL19 (MVC)
Cora E no date - 18 June 1953 RF-BL2 (MVC)
Cyrilla 4 June 1883 - 22 Dec 1961 (MSSCC)
David R 1889 - 19 Jan 1977 RJ-BL3 (MVC)
Donald E 1916 - 21 Apr 1932 RG-BL11 (MVC)
Edna (w/o Charles) 1911 - 27 June 1970 59y (SLC)
Edna B 1903 - 18 Apr 1952 RJ-BL3 (MVC)
Edward S no date - 1892 (PDC)
Eliza 1842 - 1934 (MCC)
Eliza 1869 - 1939 (MCC)
Eliza Jane 1826 - 1878 mother (MLC)
Ella Moore 1867 - 17 Dec 1945 RJ-BL3 (MVC)
Emanuel no date - 29 Mar 1922 RD-BL2 (MVC)
Emile M 1874 - 4 Mar 1930 RG-BL11 (MVC)
Firm no date - 29 Nov 1947 RF-BL9 (MVC)
Fred J 1881 - 1900 R14-BL234 (MVC)
Gladys 1893 - 1913 (MCC)
H I (Rev) 1866 - 1928 (EEC)
Harriet A no date - 6 Mar 1937 no lot (MVC)
Harriet E no date - 18 Jan 1979 RD-BL7 (MVC)
Henry no date - 2 Feb 1914 RE-BL7 (MVC)
Henry 1826 - 1860 (MLC)

MILLER (continued)
Henry 1889 - 3 Oct 1978 87y (SLC)
Howard s/o A L & Julia A no date - 11 Aug 1892 1y 9m 2d (PDC)
Jacob no date - 25 May 1913 R28-BL125 (MVC)
Jacob Leroy 3 Jan 1893 - 4 Aug 1964 (WLC)
James 1869 - 1937 (MCC)
James L 1831 - 1913 father (MLC)
Jane 1871 - 1948 (MCC)
Jessie M 1879 - 1899 (MCC)
John 1872 - 1937 (MCC)
John no date - 1953 30y (SLC)
John D no date - 2 Mar 1920 RD (MVC)
John G 1820 - 15 Sept 1892 no lot (MVC)
John M 1895 - 22 Dec 1958 RJ-BL3 (MVC)
John Henry (s/o Henry) 1923 - 12 Jan 1953 (SLC)
John T 19 Dec 1853 - 2 Oct 1894 40y 9m 13d (FPC)
Joseph H 1872 - 16 Jan 1948 RG-BL11 (MVC)
Juliusa 1839 - 1 Apr 1898 R21-BL6 (MVC)
Laura F 1868 - 1947 (EEC)
Lewis 1839 - 1919 (MCC)
Lorena J no date - 1 Nov 1982 RK-BL17 (MVC)
Lucretia w/o J A 20 Feb 1836 - 18 July 1895 57y 4m 19d (FPC)
Mamie 1900 - 1966 4-#4 (CCC2)
Marion H 1888 - 1910 (EEC)
Mrs Mart no date - 20 Aug 1940 RF-BL19 (MVC)
Martin 1853 - 12 Jan 1926 RF-BL19 (MVC)
Mary no date - 4 Apr 1932 57y (WLC)
Mary no date - 25 Nov 1923 RF-BL19 (MVC)
Mary B 1867 - 1940 4-#6 (CCC2)
Mary Catherine 1869 - 4 Dec 1957 RJ-BL3 (MVC)
Mary Ellen no date - 20 Jan 1948

MILLER (continued)
　80y Sec1-L9-#1 (SPC)
　Minnie M 1886 - 1928 RD-BL6 (MVC)
　Myra no date - 1897 - 18 Feb 1937 RG-BL22 (MVC)
　Myrtle 1881 - 1963 (MCC)
　O C no date - 29 Nov 1945 RF-BL2 (MVC)
　Oliver no date - 13 Aug 1917 RD-BL4 (MVC)
　Rolla R no date - 7 Jan 1933 RF-BL2 (MVC)
　Rudolf no date - 31 Oct 1958 R46-BL92 (MVC)
　Rufus 1895 - 31 Mar 1982 RG-BL11 (MVC)
　Rufus no date - 3 Mar 1967 RG-BL11 (MVC)
　Sallie E no date - 20 Jan 1959 R46-BL92 (MVC)
　Samuel no date - 4 Oct 1915 RF-BL2 (MVC)
　Samuel C no date - 20 Oct 1940 RF-BL2 (MVC)
　Susan J no date - 17 Aug 1949 RJ-BL8 (MVC)
　Thomas 1814 - 1880 66y 10m 2d (FPC)
　Thomas S no date - 31 Dec 1954 RK-BL13 (MVC)
　Thomas Shaw 1841 - 1866 23y 3m 8d (FPC)
　Vessie May no date - 11 Feb 1873 no lot (MVC)
　Virgie d/o J T & L J no date - 10 Sept 1885 (FPC)
　W S 3 Dec 1847 - 27 Oct 1885 (FPC)
　Wilford E 29 July 1889 - 6 Mar 1965 (SMGC)
　William 1903 - 1980 (MCC)
　William Amos 14 - July 1901 - 31 Mar 1967 (SMGC)
　Wm 1855 - 1935 (MCC)
　Wm 1866 - 1931 (MCC)
MILLIGAN, Augusta 1860 - 21 Oct 1913 R46-BL96 (MVC)
MILLION, Elizadia no date - 26 Sept 1854 no lot (MVC)
　George A no date - 2 Sept 1959 no lot (MVC)

MILLION (continued)
　George M no date - 20 Feb 1859 no lot (MVC)
MILLS, Bert 1875 - 1932 (RMC)
　Ella M 1847 - 28 Feb 1910 RA-BL35 (MVC)
　Frederick D 1844 - 1906 RA-BL35 (MVC)
　Gertie Thompson Kline Meyer 1871 - 1948 (RMC)
　Hurley C no date - 12 Apr 1959 RE-BL19 (MVC)
　Liburn R no date - 22 Oct 1866 no lot (MVC)
　Louetta M (w/o W A Mills) 1872 - 1912 (EEC)
　Richard Lee 21 Sept 1964 - 8 Sept 1978 (SNC)
　W A no dates (EEC)
MINEHART, Amelia 1838 - 13 Jan 1870 no lot (MVC)
MINER, Sarah w/o Thomas no date - 30 Apr 1886 81y 10m 5d (PDC)
MINERVA, Greefield no date - 25 Feb 1954 RE-BL8 (MVC)
MINNICK, George H 1881 - 3 Aug 1945 RF-BL12 (MVC)
　Mabel F 1887 - 1 Feb 1942 RF-BL12 (MVC)
MISKIMON, Tamara Jean no dates (EEC)
MISSEMER, Benjamin F no date - 11 Aug 1846 no lot (MVC)
　Richard A 1868 - 23 Jan 1892 R50-BL166 (MVC)
　Serena A no date - 19 June 1923 RB-BL22 (MVC)
MISTER, May 1884 - 1897 (ASC)
MITCH, Mary D no date - 19 May 1914 R17-BL283 (MVC)
MITCHAM, Bill 1882 - 29 Nov 1949 R17-BL283 (MVC)
　Walker no date - 11 Sept 1910 Co A 12 USCHA R17-BL283 (MVC)
MITCHELL, Bertha no date - 12 Sept 1919 RE-BL11 (MVC)
　Catherine 1886 - 1961 (MCC)
　Charles E 1860 - 1922 (ASC)
　Henry no dates 98y (SLC)
　Homer 1850 - 1908 (WLC)

MITCHELL (continued)
James 1854 - 7 Dec 1918 (SLC)
Juanita W 1849 - 29 Apr 1942 RG-BL27 (MVC)
Kate L 1855 - 2 Mar 1908 RB-BL13 (MVC)
Mary no date - 29 Apr 1931 R12-BL202 (MVC)
Mrs Melissa (d/o Herman Vollmer) 1860 - 31 Jan 1944 (SLC)
Roy E 1908 - 2 Aug 1978 (SMGC)
Vira Leone 28 Sept 1903 - (MCC)
William 1875 - 1950 (MCC)
Winkey 1840 - 1900 R12-BL202 (MVC)
Wm D 1840 - 16 Aug 1907 RB-BL13 (MVC)
MITCHUM, Lillian no date - 26 Apr 1962 R17-BL283 (MVC)
MITZGAR, Olto no date - 26 Apr 1968 RJ-BL19 (MVC)
MIXON, Mrs Chas no date - __ Nov 1922 RF-BL19 (MVC)
Frank W 1894 - 9 Aug 1966 RG-BL19 (MVC)
Kenneth Chas 1927 - 6 Jan 1928 RF-BL25 (MVC)
Kenneth L no date - 8 Feb 1941 RF-BL25 (MVC)
Lydia no date - 13 Nov 1943 RF-BL25 (MVC)
Lydia R 1893? - 1949? no lot (MVC)
Mary E 1855 - 20 Aug 1936 RG-BL20 (MVC)
Wm M 1855? - 25 Feb 1949? RG-BL20 (MVC)
MIZE, Addison N 1973 - 17 Dec 1973 RK-BL41 (MVC)
Anna no date - 1871 no lot (MVC)
Arthur E no date - 17 July 1954 RJ-BL15 (MVC)
Chester no date - 7 Dec 1948 RF-BL12 (MVC)
Edward A 1840 - 31 May 1917 R29-BL153 (MVC)
Flora no date - 4 Feb 1974 RF-BL12 (MVC)
Frances S no date - 17 Aug 1962 RJ-BL15 (MVC)
Frederia H 1872 - 14 July 1873

MIZE (continued)
no lot (MVC)
Heber B 1876 - 10 Aug 1950 RF-BL21 (MVC)
Heber B Jr 1913 - 29 June 1916 no lot (MVC)
inf/o Addison no date - -- Mar 1936 RG-BL9 (MVC)
Irene E no date - 11 Sept 1919 RD-BL5 (MVC)
Kate M no date - 18 Mar 1942 RF-BL11 (MVC)
Katherine Snowden 29 Nov 1908 - 14 Apr 1985 76y 7-3-15-J (MVC)
Lotta R 1876 - 29 Apr 1950 RF-BL21 (MVC)
Mary no date - 1874 no lot (MVC)
Nan no date - 6 Aug 1983 RK-BL41 (MVC)
Virginia 1915 - 21 Oct 1918 RF-BL21 (MVC)
Wm Grant no date - 19 Mar 1934 RF-BL11 (MVC)
MOEDER, M Peter 18 May 1904 - 5 June 1956 (MSSCC)
Sidonia 29 May 1896 - 24 May 1984 (MSSCC)
MOESER, Marion L no date - 15 Feb 1977 RF-BL21 (MVC)
Marion M 1908 - 18 Jan 1977 no lot (MVC)
MOHAN, Mary L w/o B F 1867 - 1895 (PGC)
MOLNES, Margaret no date - 1885 (LC)
Wm no date - 24 Sept 1872 (LC)
MOLT, Chas F 1878 - 1958 (ASC)
Chas G 1905 - 1960 (ASC)
Imogene E 1885 - 1964 (ASC)
Leslie M 1920 - 1977 (ASC)
Melvin A 1918 - 1969 (ASC)
Merle 1920 - 1972 (ASC)
Roy M 1907 - 1970 (ASC)
MONEY, Myrtle 1908 - 1908 (WLC)
MONG, James A 17 July 1871 22y 3m 7d (MCC)
MONROE, Bernice K no date - 25 Nov 1960 RE-BL21 (MVC)

MONROE (continued)
Cardie no date – 7 Dec 1960 RE-BL4 (MVC)
Ernest no date – 3 Nov 1911 RE-BL3 (MVC)
Harriet E no date – 21 July 1927 R68-BL108 (MVC)
Ira no date – 11 Aug 1952 RE-BL20 (MVC)
James 1853 – 1906 (OHC)
Laura no date – 18 Jan 1952 no lot (MVC)
Lucius no date – 18 Aug 1969 RE-BL21 (MVC)
Samuel 16 Mar 1853 – 30 Nov 1920 (BCC)
Taylor no date – 1 Oct 1929 RE-BL15 (MVC)
Taylor Jr no date – 12 May 1931 RE-BL15 (MVC)
MONS, James A 27 Aug 1871 (MCC)
MONSON, Martin 1891 – 1980 (MCC)
MONTAYNE, Clyde D 1903 – 1921 (WLC)
Earl 1859 – 19-- (WLC)
Lida 1864 – 1937 (WLC)
Rosetta no date – 24 May 1930 68y 5m 25d (WLC)
Zack 6 Mar 1887 – 1920 (WLC)
MONTGOMERY, Joseph M no date – 6 Dec 1913 RD-BL8 (MVC)
MOODY, Wm A 1887 – 19 Dec 1918 no lot (MVC)
MOONEY, D W 1843 – 1886 (MCC)
Daniel 1809 – 1893 (MCC)
Flora 1877 – 1964 (MCC)
Homer 1910 – 1965 (MCC)
Jane C 1814 – 1903 (MCC)
John J 1862 – 1933 (MCC)
MOORE, Alf Hadley 1861 – 17 Sept 1925 R67-BL89 (MVC)
Alfred F no date – 4 Jan 1951 R67-BL89 (MVC)
Alfred S 19 Dec 1907 – 11 Feb 1966 (SMGC)
Alfretta 1881 – 1885 no lot (MVC)
Amanda no date – 24 Dec 1889

MOORE (continued)
R38-BL300 (MVC)
Amanda 1835 – 25 Feb 1922 R45-BL82 (MVC)
Amanda H no date – 2 Jan 1972 RJ-BL14 (MVC)
Artis 11 July 1883 – (MCC)
Augustine M 1861 – 8 Dec 1906 R45-BL71 (MVC)
Bertha 1818 sister (PDC)
Bessie L 1887 – 1956 (EEC)
Carl S 1892 – 1893 R67-BL89 (MVC)
Carrie M 1877 – 4 Mar 1920 RA-BL12 (MVC)
Catherine L 1857 – 8 June 1911 RC-BL4 (MVC)
Charles E 1881 – 1936 (MCC)
Chester no date – 3 Sept 1964 RG-BL38 (MVC)
Chides 1930 father (PDC)
Clarence 1885 – 9 Aug 1886 no lot (MVC)
Edgar Wilber no date – 9 Oct 1941 (EEC)
Edward E no date – 16 Apr 1937 RA-BL12 (MVC)
Ellen no date – 7 Apr 1982 RJ-BL37 (MVC)
Elray 1912 – 11 Nov 1972 RK-BL34 (MVC)
Elsa A 1883 – 7 Apr 1941 R64-BL51 (MVC)
Elsie K w/o Chas E b 1885 – (MCC)
Emma no date – 1942 R45-BL71 (MVC)
Ernest A no date – 28 May 1935 RE-BL15 (MVC)
Etta E 21 Nov 1914 – 21 Mar 1976 (SMGC)
Eugene 10 May 1906 – 17 Feb 1985 79y 8-1-20-K (MVC)
Francis no date – 14 Feb 1969 RK-BL20 (MVC)
Francis no date – 15 Nov 1943 RB-BL2 (inf) (MVC)
Frank J no date – 31 Mar 1942 R45-BL82 (MVC)
Franke 1948 mother (PDC)
Frankie T 1891 – 18 June 1968 RK-BL13 (MVC)

MOORE (continued)
George E no date – 3 May 1929 RF-BL27 (moved) (MVC)
George W 1854 – 4 Jan 1918 RG-BL4 (MVC)
Gertrude L 1875 – 8 Mar 1875 (inf) no lot (MVC)
Grandma 16 Oct 1822 – 3 May 1912 89y 6m 17d (EEC)
Ida May no date – 24 Mar 1977 RG-BL38 (MVC)
inf/o Eugene no date – 14 Feb 1969 RK-BL20 (MVC)
James G 1827 – 4 Dec 1915 RG-BL7 (MVC)
Jennie 1862 – 6 Oct 1951 R67-BL89 (MVC)
Jessie no date – 7 Apr 1982 RJ-BL37 (MVC)
Jessie Louise no date – 20 May 1982 RJ-BL37 (MVC)
John 1840 – 17 Dec 1918 RD-BL3 (MVC)
John M no date – 25 Nov 1938 RJ-BL3 (moved) (MVC)
John R 1889 – 18 Sept 1967 RK-BL13 (MVC)
John Wilson no date – 17 Jan 1950 RJ-BL14 (MVC)
Johnston 1832 – 1883 no lot (MVC)
Joseph H no date – 19 Aug 1941 RA-BL12 (MVC)
Judith Ethel d/o P R & Lizzie 1878 – 1878 (PDC)
Julia Thomas 1870-1955 (OHC)
Junius no date – 6 June 1916 RG-BL7 (MVC)
Lois E 1913 – 13 June 1914 R63-BL22 (MVC)
Lucy E no date – 27 Sept 1947 R45-BL82 (MVC)
Mary Alice 1859 – 16 Feb 1929 R67-BL89 (MVC)
Mary B 1911 – 1951 RG-BL6 (MVC)
Mary Frances no date – 20 Nov 1951 RG-BL6 (MVC)
Omer C no date – 15 Feb 1936 RD-BL3 (MVC)
Omer Clayton 1903 – 1977 no lot (MVC)

MOORE (continued)
Orville (Dr) 1882 – 1926 (EEC)
Dr P R 25 Jan 1845 – 7 March 1928 83y 7m 14d (EEC)
Pete B 1895 – 1976 brother (PDC)
Ray B no date – 19 May 1970 RK-BL14 (MVC)
Raymond no date – 12 Nov 1984 1-89-67 (MVC)
Raymond F no date – 4 May 1937 RC-BL1 (MVC)
Rebecca 1850 – 28 May 1926 RG-BL16 (MVC)
Roy E no date – 19 May 1970 RK-BL14 (MVC)
Samuel no date – 21 Feb 1905 no lot (MVC)
Sarah M 1843 – 17 Dec 1918 RD-BL3 (MVC)
Sarah M no date – 23 Nov 1938 RJ-BL3 (MVC)
Sarah Bonnell (w/o E W Moore) 20 June 1867 – 22 May 1914 46y 11m 20d (EEC)
Tabitha Leon no date – 20 Feb 1964 RE-BL5 (MVC)
Tura 1897 – 1964 sister (PDC)
Ula May no date – 31 Aug 1916 RE-BL11 (MVC)
Walter (s/o H & A M Moore) 26 Feb 1906 – 8 Aug 1911 5y 5m 10d (EEC)
---- 1851 – 1931 father (PDC)
MOORHEAD, Thomas A 1920 – 30 June 1975 1Lt USMC WWII RK-BL41(MVC)
MOORHOUSE, Frank no date – 4 Feb 1913 R11-BL186 (MVC)
Wm S no date – 26 Mar 1906 R11-BL186 (MVC)
MORAN, Modesta 4 Feb 1869 – 21 Aug 1896 (MSSCC)
MORGAN, A M 1811 – 1887 R37-BL289 (MVC)
Allen 1 March 1889 – 31 Oct 1969 (CWC)
Amanda 1843 – 1926 (MCC)
Charity 15 Mar 1832 – 13 June 1912 (LC)
Comfort 25 Mar 1829 – 11 Jan 1914 (enlisted Mexican War 6

MORGAN (continued)
Feb 1848 Illinois Vol, discharged 15 Oct 1848; enlisted Civil War 19 June 1861 Co B 19 Illinois Vol, discharged 9 July 1864) (LC)
David 1855 - 1930 "Father" (EEC)
George Lewis 26 Jan 1892 - 9 July 1968 (EEC)
Jetta S 10 Aug 1892 - 20 Oct 1979 (EEC)
John J 1853 - no date (LC)
M J 1821 - 25 Aug 1887 no lot (MVC)
Margaret Jane 1895 - 1943&1/2? (EEC)
Roy David 1896 - 1963 (EEC)
Stella 29 Dec 1891 - 9 March 1958 (CWC)
Wm 1865 - 1948 (LC)
MORIAH, Cora 1856 - 1895 (ACC)
MOROTZ, John Bernard 10 Dec 1870 - 12 July 1872 (OHC)
MORRIN, J J 1886 - 1910 (SACC)
Mary w/o Wm 1841 - 1918 (SACC)
William 1833 - 1904 (SACC)
MORRIS, Alvin A no date - 17 Nov 1958 RK-BL28 (MVC)
Cecil 24 Sept 1878 inf (FGC)
Edith C 1884 - 3 June 1981 RB-BL5 (MVC)
Edward A 1861 - 24 Nov 1928 RB-BL8 (MVC)
Edward Hunt 1860 - 4 June 1892 RB-BL8 (MVC)
Elizabeth 5 Dec 1873 72y (FGC)
Gale C 7 Dec 1894 - 22 Jan 1971 (SMGC)
George E no date - 12 Mar 1921 RD-BL3 (MVC)
Harold no date - 10 June 1975 RK-BL28 (MVC)
Harold 26 July 1904 - 22 Feb 1985 80y 11-2-28-K (MVC)
Hettie 1869 - 1923 no lot (MVC)
Jennie 1876 - 1902 RB-BL8 (MVC)
John 17 Mar 1874 55y (FGC)
John B 1868 - 28 Dec 1916 RB-

MORRIS (continued)
BL8 (MVC)
John B 1873 - 12 Mar 1943 RB-BL5 (MVC)
Julia Dean 1866 - 29 Oct 1955 RG-BL24 (MVC)
Lenora 23 Mar 1865 - 18 Mar 1873 7y 11m 2d (FPC)
Louisa Ann 10 June 1813 - 9 Aug 1857 (OYC)
Margaret 26 Oct 1895 - 6 Nov 1978 (SMGC)
Mary E no date - 17 Dec 1928 RF-BL27(MVC)
Mary Lee 1870 - 7 Jan 1953 RB-BL8 (MVC)
Mary R 1833 - 1907 RB-BL8 (MVC)
Moses C 1835 - 28 Apr 1918 RB-BL5 (MVC)
Parker 11 Oct 1810 - 7 Mar 1895 (OYC)
Richard 1833 - 1918 RB-BL8 (MVC)
Tabitha M 1832 - 21 Nov 1900 RB-BL5 (MVC)
Dr Walter H no date - 27 Sept 1947 RB-BL5 (MVC)
Willard A 1866 - 8 Nov 1941 RG-BL24 (MVC)
MORRISON, Jane L no date - 18 Oct 1960 RJ-BL27 (MVC)
John Wesley no date - 29 Dec 1926 RF-BL3 (MVC)
Margaret 1862 - 12 Apr 1929 no lot (MVC)
Mathias S 1856 - 12 Apr 1929 no lot (MVC)
Mollit no date - 25 Jan ? no lot (MVC)
Nan Collins 1889 - 2 Nov 1930 RG-BL26 (MVC)
Ray S 1893 - 10 Feb 1959 RF-BL18 (MVC)
Dr Virgil no date - 17 Dec 1937 RG-BL26 (MVC)
MORROW, Della 1875 - 23 Aug 1904 RG-BL7 (MVC)
Jon W 9 Mar 1906 - 16 Mar 1985 79y 6-4-7-G (MVC)
Rosine C no date - 22 Aug 1912 RA-BL15 (MVC)

MORROW (continued)
  Sara Jane 1853 - 1 Apr 1924 RG-BL7 (MVC)
MORTON, Elbert L 28 Sept 1881 - 3 Sept 1968 (EEC)
MORVAN, Adam L s/o B E & M L 1896 - 1897 (PGC)
MOSEBY, Russell no date - 12 June 1914 RE-BL6 (MVC)
MOSER, Gregoria 6 July 1836 - 4 Feb 1923 (MSSCC)
  Mother Theresa 16 Nov 1847 - 7 June 1918 (MSSCC)
MOSHER, inf d/o H T & Annie b&d 9 Apr 1894 (PGC)
MOSS, Anna L 1886 - 1962 (AC1)
  Anna L 1886 - 1962 (AC2)
  Charles Case 14 Mar 1826 - 4 Aug 1949 (AC2)
  Charles Case 1826 - 1949 (AC1)
  Clifford 1869 - 1897 (SNC)
  Kay Edwards 1897 - 1924 27y (AC1)
  Louis L 1902 - 1951 (WLC)
  Robert 1881 - 1960 (AC1)
  Robert 1881 - 1960 (AC2)
  Sarah A 1 Aug 1858 - 30 Jan 1920 (WLC)
MOSSER, David R no date - 23 Mar 1977 RF-BL21 (MVC)
MOTT, Francis P no date - 17 Dec 1948 R64-BL44 (MVC)
  M C no date - 26 Feb 1921 R64-BL44 (MVC)
  Wm P no date - 17 Dec 1948 R64-BL44 (MVC)
MOTTIN, Leon F 1939 - 1969 (SACC)
MOULDEN, Cleo E 1907 - 20 June 1957 RK-BL8 (MVC)
  Cleo L no date - 18 Jan 1957 RK-BL8 (MVC)
MOUNT, Clara M 1884 - 1951 (OHC)
  Cliss no date - 1879 (OHC)
  Roscoe L 1865 - 1879 (OHC)
MOWBRAY, Alfonso 1875 - 1897 (WLC)
  Charles L 1874 - 1 Nov 1942 RF-BL19 (MVC)
  Helen D 1901 - 4 Feb 1966 RF-BL19 (MVC)

MOWBRAY (continued)
  May E 1868 - 5 June 1958 RB-BL18 (MVC)
  Meda Miller 1875 - 1922 RF-BL19 (MVC)
MOWERS, Chester no dates (MCC)
  Melvina 1857 - 1926 (MCC)
  Susie no dates (MCC)
MOXCEY, Ida no date - 4 Nov 1940 RG-BL27 (MVC)
  Mary Katherine 1845 - 18 Sept 1922 RG-BL27 (MVC)
  Sam C 1844 - 24 Apr 1924 RG-BL27 (MVC)
  Thomas no date - 19 Dec 1939 RG-BL27 (MVC)
MOXLEY, Geraldine no date - 6 Aug 1974 RK-BL18 (MVC)
  Howard M no date - 4 Aug 1956 RK-BL17 (MVC)
  Hulda S 1899 - 25 Aug 1964 RK-BL40 (MVC)
  Jerome no date - 7 Aug 1974 RK-BL18 (MVC)
  John C 1900 - 28 July 1964 RK-BL40 (MVC)
  Thomas O no date - 31 Aug 1981 RG-BL27 (MVC)
MOYER, Ethel J no date - 2 May 1970 RJ-BL24 (MVC)
  George C 1899 - 1968 RK-BL32 (MVC)
  Jessie E 1893 - 2 Sept 1956 RK-BL32 (MVC)
  Maurice no date - 8 July 1956 RJ-BL24 (MVC)
MUCHNIC, Harry E no date - 28 June 1958 RJ-BL6 (MVC)
  Helen L no date - 1 Apr 1968 RJ-BL6 (MVC)
MUDGER, Mildred M 1912 - 5 Nov 1978 RF-BL24 (MVC)
MUELLER, Alfred C 1897 - 27 Jan 1949 RG-BL6 (MVC)
  Anna 1857 - 4 June 1927 RB-BL19 (MVC)
  Caroline 29 May 1889 - 8 Oct 1974 (MSSCC)
  Carrie no date - 17 Nov 1952 RG-BL6 (MVC)
  Emma 1897 - 25 Apr 1974 RG-

MUELLER (continued)
BL6 (MVC)
Gustav 1860 - 29 Oct 1915 RB-BL9 (MVC)
Mariah Wilhelmina (d/o Robert J & Katherine Mueller) no date - 2 Apr 1881 11y 16d (EEC)
Phillip 1833 - 4 Apr 1918 RB-BL19 (MVC)
Rudolph 1865 - 25 Nov 1928 no lot (MVC)
MUER, Jennie Cecelia no date - 1906 39y no lot (SPC)
John 1887 - 1904 no lot (SPC)
MULHULAND, Ruby E 1884 - 31 Mar 1966 RG-BL36 (MVC)
MULLER, Peter Newton 4 Jan 1871 - 20 Feb 1958 (EEC)
Phyllis no dates (EEC)
Richard no date - 6 Aug 1885 no lot (MVC)
Mrs Tillie Stewart 1873 - 1974 (EEC)
MULLIGAN, Albert W 1841 - 1911 Co F 13th Illinois Infantry (EEC)
Imogene S 1844 - 1924 (EEC)
MULLOY, inf/o A no date - 24 Jan 1912 RA-BL13 (MVC)
MULVANEY, Gladys L no date - 19 Mar 1977 RF-BL13 (MVC)
MUMFORD, Mollie 1897 - 27 Aug 1909 (SNC)
MUMMERT, Dora H (w/o James Mummert) 27 July 1857 - 28 Feb 1904 (EEC)
Jas Jr no dates (EEC)
John A 7 Oct 1848 - 2 July 1926 (EEC)
Margaret (w/o John A) 26 Aug 1847 - 26 March 1917 (EEC)
MUNCIE, Alice E 3 July 1909 - 5 Jan 1985 75y 10-2-24-K (MVC)
Claude R no date - 21 Sept 1968 RK-BL24 (MVC)
James Taylor no date - 28 Sept 1964 RK-BL25 (MVC)
William H 1919 - 1980 (SNC)
MUNGER, Charles C 1833 - 1892 (MCC)
Charles S 1877 - 1959 (MCC)

MUNGER (continued)
Edith R 1876 - 1963 (MCC)
Irene J no date - 18 Feb 1882 1y 7m 26d (MCC)
Mary 1845 - 1940 (MCC)
Walker S s/o C C & M E no dates (MCC)
MUNSON, Bertha E 1873 - 5 Apr 1949 RG-BL39 (MVC)
Julane E no date - 1 Oct 1945 no lot (moved) (MVC)
Julane E 1931 - 13 Dec 1931 no lot (MVC)
L H no date - 3 Sept 1919 no lot (MVC)
Millicent B 1910 - 21 Mar 1978 RK-BL18 (MVC)
Morton M 1874 - 15 Sept 1962 RG-BL39 (MVC)
Samuel M 1907 - 10 Feb 1970 RK-BL18 (MVC)
MUR, Vera 1908 - 1934 (OHC)
MURLEY, Annie E Apr 1878 - 17 Sept 1878 (HKC)
William May 1877 - 10 Aug 1877 (HKC)
MURPHY, A c/o Dennis & Ellen 1873 - 1882 (SACC)
Anna d/o D & E 1880 - 1901 (SACC)
Bridget no date - 31 Jan 1887 67y Sec1-L52-#1 (SPC)
Cecilla 29 Aug 1859 - 2 March 1883 (MSSCC)
Clara 1884 - 8 Nov 1957 RB-BL3 (MVC)
Denis 27 Oct 1860 - 30 Oct 1943 (SBAC)
Dennis 1835 - 1919 (SACC)
Ellen 1844 - 1927 (SACC)
Ellen Wood no date - 8 Feb 1984 29-B Cosgrove (MVC)
Francis no date - 10 July 1888 2y 6m Sec1-L47-#1 (SPC)
Frank E 1 Feb 1893 - 3 Apr 1979 (SMGC)
George no date - 12 Apr 1892 1y Sec1-L47-#2 (SPC)
Harriet Jane 1878 - 6 Feb 1955 RB-BL3 (MVC)
Hugh 1868 - 18 Mar 1953 RB-BL3 (MVC)

MURPHY (continued)
Inez Gertrude Jones Lewis 19 Sept 1894 - 16 Feb 1985 90y no lot (MVC)
inf no dates Sec4-L9-#5 (SPC)
James Jr 1897 - 1898 (SACC)
John Burtis 1857 - 6 July 1945 Circle Grove (MVC)
Louise no date - 18 May 1913 no lot (MVC)
M Agnes 30 June 1850 - 2 July 1891 (MSSCC)
Madeline no date - 6 July 1945 Circle Grove (MVC)
Madeline Wood 1859 - 1933 no lot (MVC)
Mary no date - 12 Mar 1894 82y Sec1-L47-#3 (SPC)
Mary Etta 1887 - 1889 (SACC)
Mary Louise 1905 - 14 Feb 1967 RB-BL3 (MVC)
Nora d/o D & E no date - 1889 (SACC)
Patrick no date - 13 Oct 1907 RB-BL3 (MVC)
Patrick no date - 24 July 1902 73y Sec1-L52-#2 (SPC)
Pearl A 1880 - 10 Nov 1940 RB-BL3 (MVC)
Pearl B 1898 - 6 Oct 1912 RB-BL3 (MVC)
Sheridan 1871 - 29 Oct 1901 RB-BL3 (MVC)
Thomas John 1902 - 1910 no lot (MVC)
Dr Walter S no date - 16 Nov 1922 RD-BL2 (MVC)
MURRAY, Ada 1871 - 1957 (LC)
Doris N 1928 - 1975 (EEC)
Fanny Stoner 7 Mar 1854 - 26 Sept 1905 (LC)
Ida D no date - 26 Oct 1921 Downs Vault (MVC)
J G 1863 - 1903 (LC)
John 1831 - 1919 (LC)
Joseph B no date - 1893 (LC)
Lester C 20 Jan 1899 - 15 Nov 1965 (SMGC)
Lottie 1838 - 1923 (LC)
Maude 1898 - 1975 (EEC)
Maude E w/o Lester C 5 June 1902 - 30 Sept 1976 (SMGC)

MURRAY (continued)
Minnine A 1876 - 1969 (LC)
Patrick no date - 26 Sept 1889 75y Sec1-L65-#1 (SPC)
Paul H 1896 - 1972 (EEC)
MURRY, Frank 2 Mar 1867 - 24 Mar 1900 (LC)
Minnie d/o James & Nellie 1887 - 1889 (SACC)
MUTH, Lydia 1835 - 6 July 1913 R32-Bl192 (MVC)
Otterrar 1830 - 21 Apr 1888 no lot (MVC)
MYER, Amelia 1835 - 22 Dec 1870 (NSC)
Arthur 1901 - 1930 (LC)
Bertha 9 Nov 1889 - 20 Feb 1970 (LC)
Christina Diddle no date - 11 Dec 1922 68y Sec1-L40-#2 (SPC)
Dorothy 1916 - 1917 (LC)
Edward 1886 - 1953 (LC)
Elizabeth 1 Mar 1867 - 10 June 1962 (LC)
George F 1894 - 1967 (LC)
Helen E 1900 - 1 Nov ? (LC)
Henry 1836 - 1943 (LC)
Henry 1856 - 1943 (LC)
Henry 4 Aug 1896 - 9 Dec 1896 (LC)
Junior 1919 - 1921 (LC)
Leroy H 1925 - 1976 (LC)
Mabel E 1895 - 1942 (LC)
Rachel no date - 27 Jan 1984 RG-BL24 (MVC)
MYERS, Andrew 1870 - 17 Oct 1956 RG-BL24 (MVC)
Augustus C 1896 - 1980 Pvt USA WWI (ASC)
baby (d/o F W & E Myers) no dates (NSC)
Barbara Lee 1933 - 1979 (ASC)
Betha D no date - 4 Feb 1960 RB-BL19 (MVC)
Charles 1880 - 8 Mar 1905 RB-BL11 (MVC)
Chas Wilburn 1864 - 28 Nov 1939 75y (ASC)
Dale Edward 192 - 1979 (OHC)
Diana Owen 1954 - 1960 (ASC)
Dora 1804 - 1937 (MC)

MYERS (continued)
 Edna E 1899 - 1977 (ASC)
 Emma no date - 30 Mar 1932 RF-BL23 (MVC)
 Eva Kendall 1868 - 1921 (ASC)
 Fern 1920 (OHC)
 Gary Joe 1959 - 1959 inf (ASC)
 George 1838 - 29 Nov 1908 RB-BL12 (MVC)
 Gladys E 1908 - 1972 (ASC)
 Grace no date - 25 Feb 1984 RA-BL9 (MVC)
 Hazel D 1901 - 1979 (ASC)
 Henry 1829 - 18 June 1951 (MC)
 Henry B 1 March 1871 - 30 Nov 1895 (MC)
 Henry B 24 Nov 1885 - 19 Apr 1915 (MC)
 Hubert E 1900 - 1973 (ASC)
 Hulda 1896 - 1897 twin (ASC)
 inf 1907 - 1907 (ASC)
 Ione 10 Aug 1895 - 29 Apr 1920 (MC)
 Irene 10 Sept 1898 - 17 Dec 1918 (MC)
 John H 1864 - 1912 (MC)
 John H no date - 19 Dec 1953 inf (ASC)
 Pvt John H 10 Nov 1894 - 3 Oct 1915 (MC)
 John Tyler no date - 10 May 1911 RB-BL12 (MVC)
 Lafayette 1880 - 1923 (ASC)
 Lauretta V 1940 - 1940 inf (ASC)
 Lethe 10 May 1834 - 5 Nov 1895 (MC)
 Mary A 1863 - 1933 (MC)
 Mary Ann C 1863 - 19 May 1940 RG-BL24 (MVC)
 Merrel C 1894 - 1971 (ASC)
 Myrtle O no date - 26 Dec 1958 RJ-BL27 (MVC)
 Nellia A (d/o FW & E Myers) no date - 7 Aug 1883 10m (NSC)
 Ronald G 22 Feb 1896 - 10 May 1976 (MC)
 Sarah M no date - 1 Oct 1932 RBa-BL12 (MVC)
 William A 1853 - 1930 (MC)
MYLAR, Margaret no date - 17 Dec 1918 RD-BL5 (MVC)
NABLE, Alice M 1894 - 25 Mar

NABLE (continued)
 1968 RJ-BL18 (MVC)
 Forrest 1895 - 13 May 1968 RJ-BL18 (MVC)
NACHRIEB, Anna T 1868 - 26 July 1958 RG-BL24 (MVC)
 G Charles 1868 - 13 Dec 1945 RG-BL24 (MVC)
NAEL, Rhoda 1879 - 1950 (WLC)
 Walter G 1901 - 1962 (WLC)
NAGEL, John 25 Sept 1811 - 23 Nov 1876 (WLC)
NANCE, Chas A no date - 2 Dec 1960 RB-BL16 (MVC)
 Edwin R 1870 - 7 Jan 1950 RG-BL28 (MVC)
 Elizabeth R 1877 - 22 June 1961 RG-BL8 (MVC)
 James R 1897 - 13 Nov 1981 RG-BL28 (MVC)
 John no date - 12 July 1914 R20-BL330 (MVC)
 Margaret no date - 6 June 1916 RB-BL16 (MVC)
 Mary Hood G 1876 - 15 Feb 1943 RG-BL28 (MVC)
 Mary O 1906 - 22 Oct 1964 RG-BL28 (MVC)
 Samuel E no date - 1 Jan 1929 RD-BL15 (MVC)
 Welcome no date - 21 Apr 1909 RB-BL16 (MVC)
NANNEMAN, Mary Vergil 20 Mar 1924 - 2 Apr 1984 (MSSCC)
NASH, Anna 1828 - 1915 (MCC)
 David C 1825 - 1880 (MCC)
 Lewis no date - 27 Oct 1959 RK-BL24 (MVC)
 Maggie 1864 - 1946 (MCC)
 Martha V 1861 - 1941 (EEC)
 Matilda no date - 24 June 1962 RK-BL24 (MVC)
 Richard no date - 5 Feb 1979 RK-BL33 (MVC)
 Richard M 1853 - 1921 (EEC)
 Thomas 1850 - 1929 (MCC)
 Virginia no date - 16 Aug 1972 RK-BL18 (MVC)
 W M no dates (EEC)
NAVE, Elizabeth R no date - 22 June 1961 RG-BL8 (MVC)
NEAVITT, George A 1894 - 15

NEAVITT (continued)
Feb 1896 R24-BL64 (MVC)
Lizzie B no date - 8 Feb 1960 R24-BL64 (MVC)
Wm A 1851 - 20 Nov 1927 R27-BL64 (MVC)
NEEDCHAM, J S 9 June 1854 - 17 July 1892 (LC)
NEEDHAM, Catherine Jane 19 Sept 1833 - 30 Sept 1899 (LC)
Fred 1890 - 1971 (LC)
Helen M 1900 - 1932 (LC)
Hugh C 1901 - 1972 (LC)
Isabelle 1859 - 1939 (LC)
James S 1865 - 1929 (LC)
Wm B b England 22 May 1828 - 11 May 1889 (LC)
NEEDY, Henry B no date - 28 May 1877 19y (LC)
NEERMAN, Frank 1836 - 21 Mar 1920 RG-BL15 (MVC)
Herbert 1882 - 1 Mar 1954 RK-BL29 (MVC)
Isabelle 1840 - 18 Apr 1924 RG-BL15 (MVC)
Nellie no date - 14 Mar 1943 RG-BL15 (MVC)
Ruby 1883 - 8 Feb 1958 RK-BL29 (MVC)
NEESE, Bessie B no date - 30 Jan 1984 RK-BL24 (MVC)
NEIL, Anna B 1864 - 23 Sept 1890 (NC)
Daniel 1830 - 1909 (NC)
Daniel 1858 - 6 Nov 1890 (NC)
Naomie 21 Apr 1913 - no date (LC)
Sarah 1830 - 24 Mar 1869 (NC)
NEILL, Aaron W 1885 - 23 Sept 1965 RG-BL41 (MVC)
Charles H 1938 - 27 Dec 1944 RG-BL41 (MVC)
Edgar S 1879 - 1936 (EEC)
Freda 25 Jan 1904 - 18 Aug 1985 81y 4-2-41-G (MVC)
Jennie M no dates (EEC)
Lula B 1833 - 1980 (EEC)
Mrs Mary E 1856 - no date (EEC)
Susan 1891 - 1976 (EEC)
Walter C 1889 - 1975 (EEC)
NEISE, Robert J no date - 8 May

NEISE (continued)
1974 RK-BL24 (MVC)
NELF, Alice W no date - 8 Jan 1930 RB-BL4 (MVC)
Louise S no date - 6 July 1957 RK-BL29 (MVC)
NELSON, Addie 2 Nov 1881 (PDC)
Andrew 1844 - 18 Nov 1905 R68-BL115 (MVC)
Anton E no date - 14 Jan 1934 RG-BL15 (MVC)
Arletta 25 July 1908 - 4 July 1985 76y 4-2-20-E (MVC)
Bettie no date - 18 Mar 1888 R45-BL77 (MVC)
Butdene 1933 - 1963 (MCC)
children/o D E & M J Higley (PDC)
David no date - 6 June 1905 (Co M 3 Prov Engineer Missouri Mil) RB-BL14 (MVC)
Mrs David no date - 9 Oct 1905 RB-BL14 (MVC)
Effie D no date - 8 Sept 1916 RA-BL9 (MVC)
H 31 Sept 1829 (on stone) (PDC)
James no date - 7 Feb 1933 RB-BL14 (MVC)
Jessie 10 Oct 1856 - 24 March 1916 (on Geo Cox marker) (CWC)
John no date - 11 Nov 1975 RE-BL20 (MVC)
Myra w/o D F 1844 - 1893 (MCC)
Oliver no date - 30 Nov 1887 R45-BL77 (MVC)
Ulrike no date - 10 May 1933 RG-BL15 (MVC)
NENRICH, ---- 20 Aug 1870 3m 9d (MCC)
NESBITT, Elizabeth 1850 - 31 Aug 1910 R32-BL196 (MVC)
Henry 1840 - 29 Mar 1911 R38-BL211 (MVC)
James 1838 - 14 Nov 1912 R32-BL196 (MVC)
Wm Howard no date - 5 Mar 1912 R44-BL62 (MVC)
NESS, Elizabeth 16 July 1839 - 11 Apr 1895 (ASC)

NESS (continued)
George 1837 - 1921 (ASC)
NESTLER, August A 1882 - 26 Mar 1976 RJ-BL24 (MVC)
Carl G no date - 26 Mar 1976 RJ-BL24 (MVC)
Charles 1833 - 16 May 1910 RA-BL23 (MVC)
Charles 1960 - 29 May 1957 RA-BL23 (MVC)
Emma Augusta 1871 - 18 Aug 1962 RA-BL23 (MVC)
Ernest no date - 24 July 1914 RD-BL4 (MVC)
Henry no date - 19 July 1953 RD-BL4 (MVC)
Henry J F no date - 27 June 1982 RD-BL4 (MVC)
Leona no date - 7 July 1980 RJ-BL24 (MVC)
Mary no date - 12 Feb 1905 RA-BL23 (MVC)
Minnie Elsie 1886 - 16 Jan 1973 RA-BL23 (MVC)
Stephen R 1960 - 4 Apr 1960 RJ-BL24 (MVC)
NETTLETON, Alice M 2 Oct 1903 - 13 Feb 1970 (LC)
Fanny J 29 July 1862 - 16 May 1937 (LC)
Oliver 15 Apr 1810 - 16 Feb 1882 (LC)
Oliver P 15 July 1891 - 7 Aug 1969 (LC)
Perry C 31 Aug 1854 - 17 Sept 1938 (LC)
NEU, Jacob no date - 1872 41y Sec2-L100-#2 (SPC)
Longinus 23 July 1846 - 2 March 1899 (SBAC)
NEUMAN, Anna 1882 - 8 Apr 1933 RF-BL2 (MVC)
Carl F 1901 - 28 Jan 1974 RA-BL4 (MVC)
Henry no date - 20 Apr 1918 RD-BL3 (MVC)
inf/o Walker no date - 18 Mar 1907 RA-BL4 (MVC)
Julia M 1897 - 20 Nov 1944 RA-BL4 (MVC)
Julius C 1855 - 14 Sept 1932 RJ-BL2 (MVC)

NEUMAN (continued)
Julius no date - 25 Feb 1900 R47-BL115 (MVC)
Louise 1885 - 25 Feb 1940 no lot (MVC)
Van Austin 1890 - 11 Jan 1965 RG-BL19 (MVC)
Walker T 1897 - 6 Oct 1979 RA-BL4 (MVC)
Wm 1888 - 20 Dec 1891 R50-BL156 (MVC)
NEUMANN, Mary E no date - 16 Mar 1907 RA-BL23 (MVC)
Walter J no date - 6 Oct 1979 RA-BL4 (MVC)
NEUMAYER, Gregory 26 Aug 1866 - 18 Aug 1941 (SBAC)
NEUNER, Henrietta 20 Oct 1889 - 27 June 1958 (MSSCC)
Mechtild 30 Sept 1853 - 27 Nov 1894 (MSSCC)
NEV, Magdalena 1896 - 10 June 1901 RB-BL13 (MVC)
NEVILLE, George W 1896 - 21 May 1947 RK-BL4 (MVC)
NEVING, Jessie 1882 - 1962 (MCC)
Nellie 1887 - 1979 (MCC)
NEWCOMB, Anna E no date - 1 Mar 1921 RF-BL20 (MVC)
Catherine no date - 22 June 1948 RF-BL20 (MVC)
George E no date - 26 Mar 1909 RF-BL20 (MVC)
Henry H no date - 9 Oct 1933 RF-BL20 (MVC)
O G no date - 14 Apr 1920 RF-BL20 (MVC)
NEWELL, Myrtle Lorena w/o John 16 July 1883 19y (MCC)
NEWHART, George W no date - 21 July 1930 RA-BL15 (MVC)
Mary J no date - 10 Oct 1930 RA-BL15 (MVC)
NEWLIN, Adelia no date - 14 Dec 1932 RD-BL14 (MVC)
Eli V no date - 18 Apr 1927 RD-BL14 (MVC)
Virgie Warner 1907 - 1960 (EEC)
NEWLOVE, Frank V 1900 - 19 Dec 1928 RG-BL6 (MVC)
Maude M no date - 15 Mar 1918

NEWLOVE (continued)
RD-BL5 (MVC)
NEWMAN, Elizabeth w/o Thomas 1863 - 1917 (RMC)
Fred Warn 1877 - 1918 (RMC)
Maberley 1898 - 1900 (RMC)
Thomas 1848 - 1919 (RMC)
NIBLO, Ellen (w/o Samuel S Niblo) 23 Oct 1859 - 16 June 1908 (EEC)
Ethel C 1891 - 1979 (EEC)
John 26 Dec 1881 - 3 March 1959 (EEC)
Samuel S 2 May 1849 - 13 Apr 1904 (EEC)
NICHOL, Earl s/o Wm & T 1893 8m (MCC)
Wm 1892 5m (MCC)
NICHOLS, Glenn 17 Feb 1917 - 13 Dec 1968 (EEC)
John E 1908 - 23 Jan 1966 RK-BL3 (MVC)
Martha no dates (EEC)
NICHOLSON, Alpha 1887 - 1888 (ASC)
Alphonie W 1856 - 24 Apr 1920 RG-BL18 (MVC)
Anna P no date - 29 Aug 1938 RG-BL18 (MVC)
Florence no date - 9 Feb 1978 RG-BL18 (MVC)
NICKELS, Elsie 1894 - 5 Oct 1958 no lot (MVC)
Wm 1896 - 1977 (LC)
NICKERSON, Frank 1887 - 29 Aug 1958 RG-BL11 (MVC)
Max 1921 - 12 July 1931 RG-BL11 (MVC)
Verley no date - 17 Feb 1983 RG-BL11 (MVC)
NICOL, Laura 1871 - 1914 (MCC)
William 1863 - 1929 (MCC)
NICOLS, Elsie M no date - 7 Oct 19539? RF-BL7 (MVC)
NIE, Joseph G 1853 - 24 Jan 1939 RF-BL25 (MVC)
Viola A 1854 - 19 Feb 1927 RF-BL25 (MVC)
NIELSON, Ann w/o Lewis 1860 - 1936 (AC1)
Anna 1842 - 1842 (AC2)
Anna 1847 - 1871 (AC2)

NIELSON (continued)
Anna w/o Lewis 1860 - 1936 (AC2)
Anna M no date - 22 Apr 1918 RF-BL15 (MVC)
Bertha w/o Solfest 1811 - 1897 (AC2)
Chas E no date - 10 June 1928 RF-BL15 (MVC)
Elsie 1899 - 1970 (AC1)
Elsie 1899 - 1974 (AC2)
Ernest 1897 - 1981 (AC1)
Ernest 1897 - 1981 (AC2)
Frances 1896 - 1983 (AC2)
Frances 1896 - 19-- (AC1)
Fretha w/o S 1811 - 1897 (AC1)
James 1852 - 1871 (AC2)
James G 1887 - 1946 (AC1)
James S 1887 - 1946 (AC2)
John 1881 - 1920 (AC2)
Julia 1838 - 1896 (AC2)
Lawrence 1891 - 1957 (AC1)
Lawrence 1891 - 1957 (AC2)
Lewis S 1844 - 1921 (AC1)
Lewis S 1844 - 1921 (AC2)
Martha E 1890 - 1967 (AC2)
Martin N 1874 - 25 Mar 1948 RF-BL15 (MVC)
Morris 1889 - 1981 (AC1)
Morris 1889 - 1981 (AC2)
Neils 1834 - 1907 (AC2)
Nelson 1855 - 8 July 1907 R14-BL237 (MVC)
Peter 1840 - 1861 (AC2)
Ragnilda 1836 - 1910 (AC2)
Solfest 1808 - 1882 (AC1)
Solfest 1808 - 1882 (AC2)
Soren A no date - 11 June 1946 RF-BL15 (MVC)
Viking 1854 - 1856 (AC2)
NIEMANN, Fred W 1882 - 1965 (EEC)
NIENIANN, Ernest 1888 - 1952 (LC)
Grace E 1890 - 1972 (LC)
NIFF, Mrs D no date - 29 Mar 1910 R12-BL189 (MVC)
NIGH, Nadine E 1826 - 1951 (AC1)
NILES, Delores 1955 - 24 Apr 1955 (inf) RJ-BL24 (MVC)
Vernon 24 Nov 1916 - 12 Sept

NILES (continued)
  1985 68y 4-3-24-J (MVC)
  Vernon R no date - 27 Sept 1957 (inf) RJ-BL24 (MVC)
  Floy (d/o O F & L B Nims) no date - 27 Dec 1882 3y 6m 25d (EEC)
NITZ, Corrine no date - 21 Nov 1984 5-1-15-K (MVC)
  Edward A 1898 - 5 Sept 1949 RK-BL5 (MVC)
  Harold no date - 13 Mar 1876 no lot (MVC)
  Mrs Harold no date - 22 Mar 1876 no lot (MVC)
  John E 1942 - 11 Nov 1948 RK-BL5 (MVC)
  Lloyd D no date - 21 Aug 1953 (inf) RK-BL14 (MVC)
  Lloyd M no date - 21 Apr 1972 (M M 3 US Navy WWII) RK-BL3 (MVC)
NITZIL, Imelda 25 Apr 1878 - 20 Apr 1951 (MSSCC)
NIXON, John 1817 - 1879 (MLC)
NOAH, L M no dates (EEC)
NOBLE, Alice M no date - 25 Mar 1968 RJ-BL18 (MVC)
  Forrest D no date - 13 May 1968 RJ-BL18 (MVC)
  Thomas 1898 - 1975 (LC)
NOEL, Hiran M 1868 - 1 July 1936 68y 4m 9d (WLC)
  Laura Essie no date - 12 July 1921 35y 3m 17d (WLC)
  Marjorie Ann b&d 9 Mar 1939 (WLC)
  Mary E w/o W M 1 Apr 1845 - 10 Feb 1911 (WLC)
  W M 27 Dec 1833 - 6 Jan 1900 "Father" (WLC)
NOFFSINGER, inf s/o L M & J M no dates (EEC)
  James 1820 - 1878 (PGC)
  Lynn R 26 Nov 1901 - 19 Apr 1903 (EEC)
  Margaret 12 Feb 1835 - 22 Sept 1915 "Mother" (EEC)
  Peter 18 Nov 1833 - 13 May 1891 "Father" (EEC)
  Peter 1833 - 13 May 1891 58y 5m 25d (NSC)

NOFFSINGER (continued)
  Rebecca w/o James 1816 - 1913 (PGC)
NOLAN, Anna 1882 - 1955 (BCC)
  Barney R 1887 - 29 Sept 1949 RK-BL11 (MVC)
  George 1899 - 1919 (BCC)
  Golda 1889 - 5 Jan 1968 RK-BL11 (MVC)
  Irene 1 Nov 1875 - 29 Apr 1909 (MSSCC)
  LaVisa 17 Jan 1900 - 15 Apr 1981 (SMGC)
  Winnie M 1883 - 5 July 1967 R58-BL300 (MVC)
NOLAND, George Dickerson 1899 - 5 May 1962 (SMGC)
NOLE, Ed no date - 18 Aug 1938 RD (MVC)
NOLL, Ida 1886 - 4 Feb 1972 RF-BL21 (MVC)
  inf 1923 - 17 Sept 1953 RF-BL21 (MVC)
  James W 12 Feb 1928 - 16 ? 1976 (SMGC)
  Lawrence 1894 - 1976 (SACC)
  Robert 1888 - 6 Sept 1965 (inf) RF-BL21 (MVC)
  Robert 1888 - 2 Sept 1965 no lot (MVC)
NOLTE, Consolata 29 Aug 1880 - 5 Jan 1969 (MSSCC)
  Felix 17 Apr 1880 - 27 Apr 1975 (SBAC)
NORDHUS, Clement no date - 10 Dec 1971 (SBAC)
  Gelestine 23 Dec 1884 - 2 Feb 1969 (MSSCC)
  Ildephonse 4 Jan 1891 - 16 March 1974 (MSSCC)
  Meinrad 1 Feb 1889 - 14 Oct 1918 (SBAC)
  Placida 20 Aug 1894 - 11 Jan 1974 (MSSCC)
NORIS, Amanda 1858 - 1933 (ASC)
NORMAN, Abigal J 1848 - 8 Apr 1922 R11-BL182 (MVC)
  Albert 1848 - 9 Oct 1887 R11-BL182 (MVC)
  Alberta no dates no lot (MVC)
  Corhen no date - 1959 (LC)

NORMAN (continued)
Dora D 1887 - 23 Nov 1962 RJ-BL25 (MVC)
Fred no date - 1966 (LC)
Harry A 1886 - 5 June 1969 RJ-BL25 (MVC)
Wm M 1875 - 7 Jan 1916 R11-BL182 (MVC)
NORRIS, Colany Mae 1892 - 28 Sept 1964 RG-BL21 (MVC)
D J no date - 1869 35y (OHC)
Elmer Lee no date - 13 Feb 1934 RG-BL21 (MVC)
Jane E no date - 16 Jan 1858 no lot (MVC)
NORRUS, O no dates 35y (OHC)
Orlando D 1870 1y 6m 9d (OHC)
NORTH, A J 1822 - 24 Apr 1894 R29-BL137 (MVC)
Alice 1868 - 1948 (LC)
Alice E 1865 - 1942 (LC)
Alice E 1865 - 1948 (LC)
Alverea 1871 - 1915 (LC)
Anna 1861 - 9 Feb 1951 R29-BL137 (MVC)
Calib 1809 - 24 Apr 1894 R29-BL137 (MVC)
Mrs Cora no dates (EEC)
Edwin T 15 Apr 1831 - 24 Aug 1912 (LC)
Edwin T 1906 - 1973 (LC)
Elizabeth W 21 June 1831 - 4 Mar 1903 (LC)
Ella no date - 2 Nov 1931 R30-BL169 (MVC)
Flora R 1857 - 4 July 1941 R29-BL137 (MVC)
Howard 1867 - 1947 (LC)
Isabell L no date - 21 July 1934 no lot (MVC)
J C no date - 31 Mar 1918 R21-BL3 (MVC)
James C 1882 - 15 Mar 1916 R21-BL3 (MVC)
James J no date - 1929 (LC)
Joseph P 1859 - 1937 (LC)
Laura E 1857 - 15 Apr 1933 R30-BL137 (MVC)
May M 1882 - 1883 no lot (MVC)
Mettie E no date - 16 July 1952 RG-BL27 (MVC)
Rebecca W 1859 - 24 Oct 1927

NORTH (continued)
R29-BL137 (MVC)
Walter M 1861 - 27 Dec 1938 RG-BL27 (MVC)
Wm no date - 7 Oct 1891 R30-BL169 (MVC)
NORTHMAN, Mother Aloysia 26 Nov 1854 - 1 Oct 1924 (MSSCC)
Salome 3 Feb 1882 - 21 May 1953 (MSSCC)
NORTON, George M no date - 6 Sept 1984 5-3-16-K (MVC)
John A no date - 19 Apr 1893 R63-BL33 (MVC)
Julie Ann no date - 14 July 1976 RK-BL14 (MVC)
Nellie no date - 17 May 1883 no lot (MVC)
Ruth H no date - 1 Apr 1976 RF-BL5 (MVC)
Thomas 1875 - 9 Dec 1878 no lot (MVC)
NOVAK, Prokopia 6 Sept 1889 - 1 Nov 1982 (MSSCC)
NOVINSKI, Bernadetta 5 Apr 1984 81y (SACC)
George W 1875 - 1960 (SACC)
Minnie E 1876 - 1964 (SACC)
Rita G 1936 - 1953 (SACC)
NYE, Addie M 1858 - 16 Sept 1931 73y 1m 27d (EEC)
Lena B 1892 - 1966 (EEC)
Ray no date - 6 May 1840 (EEC)
William A 1849 - 1940 (EEC)
William Earl 1890 - 1977 (EEC)
NYHART, Albert J s/o S & F 4 Dec 1887 - 4 July 1902 (RMC)
Chas Oliver 1872 - 30 May 1950 RJ-BL16 (MVC)
Frances A Bacher w/o Sylvester 17 Apr 1849 - 6 July 1889 (RMC)
Gail A 1907 - 2 Jan 1978 RJ-BL16 (MVC)
John E 1879 (RMC)
Maggie A 1872 - 7 June 1954 RJ-BL16 (MVC)
Sylvester 1 Sept 1841 - 14 Mar 1920 (RMC)
NYMAN, Adelia B 1869 - 24 Nov 1953 RF-BL5 (MVC)

O'BRIEN, C no dates (SACC)
Mrs Ella (Niblo) 1883 - 1936 (EEC)
Helen no date - 17 July 1916 90y Sec2-L12-#3 (SPC)
John no date - 26 Nov 1921 RF-BL8 (MVC)
Mrs Laura 1861 - 1980 (SNC)
Laura L no date - 15 Sept 1922 R17-BL273 (MVC)
Mary Marie 1917 - 1930 (EEC)
May Belle 1887 - 13 Aug 1947 RF-BL8 (MVC)
Patrick no date - 7 Apr 1898 71y Sec2-L12-#2 (SPC)
Wm no date - 24 Oct 1897 33y Sec2-L12-#1 (SPC)
Wm C 1887 - 8 Feb 1962 RE-BL30 (MVC)
O'CONNELL, Nicholas 9 Aug 1905 - 7 Dec 1943 (MSSCC)
O'CONNOR, Daniel A 1829 - 1890 (SACC)
Ellen 1816 - 1886 (SACC)
O'DELL, Evelyn L 1915 - 1918 (WLC)
John N 1881 - 1941 (WLC)
Mary Gladys 19 Aug 1901 - 2 Mar 1968 (WLC)
Minnie M 1882 - 1918 (WLC)
O'DONNAL, ---- no date - 10 Aug 1892 82y Sec4-L11-#2 (SPC)
O'GORMAN, Angela 25 Sept 1855 - 8 Feb 1920 (MSSCC)
O'HARA, Bernard no dates (SACC)
Charlie s/o J M & Bella 28 Mar 1895 - 31 Mar 1895 (EEC)
O'HOWELL, Rev D C 31 Jan 1834 - 24 Jan 1899 (OHC)
O'KEEFE, Hildegarde 16 Aug 1857 - 13 Feb 1930 (MSSCC)
Mildred 14 July 1867 - 4 Jan 1890 (MSSCC)
O'LEAR, Jack 1894 - 22 Jan 1954 RJ-BL24 (MVC)
Mrs Jack no date - 31 May 1968 RJ-BL24 (MVC)
O'MEARA, Ira B 22 Oct 1841 - 28 Sept 1913 (EEC)
Margaret 1853 - 1895 (SACC)

O'MEARA (continued)
P J no dates (EEC)
Patrick J 1824 - 1910 (SACC)
Scisson E 1826 - 1907 (SACC)
Thomas 1790 - 1879 (SACC)
O'NEAL, Catherine b Ireland 1838 - 1920 (SACC)
Mary 1867 - 1943 no lot (MVC)
Michael b Ireland 1826 - 1902 (SACC)
O'NEALE, Beatrice 1902 - 2 July 1962 RK-BL32 (MVC)
O'NEIL, Amanda no date - 23 July 1934 R44-BL64 (MVC)
Clement 1908 - 7 July 1980 US Army WWII RJ-BL4 (MVC)
Elizabeth 1962 25 Apr 1962 RK-BL38 (MVC)
Howard L 1892 - 14 Oct 1965 RK-BL39 (MVC)
Laura no date - 16 Sept 1922 R17-BL273 (MVC)
Malcolm no date - 28 Feb 1974 R17-BL273 (MVC)
Martha E no date - 12 Feb 1922 RD-BL18 (MVC)
Mary no date - 23 Dec 1953 RF-BL6 (MVC)
Ralph 1858 - 20 Nov 1889 R17-BL273 (MVC)
Ruth Irene 1896 - 17 Nov 1896 R17-BL273 (MVC)
Wm 1862 - 29 Jan 1930 R17-BL273 (MVC)
O'REILLY, Paula 4 Nov 1839 - 9 Sept 1921 (MSSCC)
O'SHEA, Mauritia 10 May 1887 - 23 May 1963 (MSSCC)
Patrick 3 May 1884 - 28 June 1975 (SBAC)
O'TRUMBA, Johanna no date - 10 Apr 1918 73y "Mother" Sec2-L57-#4 (SPC)
OAKLEY, Annie K 1866 - 1897 (EEC)
OAKS, Hazel Joan 1933 - 1966 (MCC)
OBSTMEIER, Pulcheria 18 Feb 1887 - 5 Feb 1911 (MSSCC)
OCKER, Susanna L 1829 - 1852 no lot (MVC)
ODEL, Andrew 27 Aug 1817 - 12

ODEL (continued)
Nov 1907 (Corp Co B 12th Tennessee Cavalry) (WLC)
Andrew C 1847 - 1907 (WLC)
Sarah E w/o A C only date 1858 (WLC)
ODER, Lilliosa 7 Jan 1894 - 7 Jan 1964 (MSSCC)
ODLIN, Chas W 1869 - 19 Feb 1899 RA-BL28 (MVC)
OGDEN, Benjamine 1869 - 18 Mar 1899 RA-BL28 (MVC)
Emma 1816 - 1 Sept 1912 RE-BL3 (MVC)
Jessie no date - 15 June 1938 RB-BL2 (MVC)
Jessie no date - 6 Feb 1935 RE-BL3 (MVC)
Mary Ann 1839 - 1885 no lot (MVC)
Pimley Ann 1818 - 1885 no lot (MVC)
OHER, Fanny Ellen no date - 25 Feb 1870 no lot (MVC)
OLBERDING, Annella 26 June 1902 - 22 July 1980 (MSSCC)
OLDEN, A M 1847 - 1932 (MCC)
Claude 1886 - 1904 (MCC)
E L 1847 - 1926 (MCC)
Edwin 1884 - 1967 (MCC)
Edwin R 4 May 1879 55y 8m 14d (MCC)
Effie 1899 - 1964 (MCC)
Emery 1886 - 1943 (MCC)
Enos H 1821- 1906 (MCC)
Frank 1850 - 1902 (MCC)
Frank J 1850 - 1916 (MCC)
John E s/o Enos & Julia Ann Owen 3 Apr 1850 - 3 Mar 1879 (MCC)
Julia Ann 1825 1909 (MCC)
Laura w/o E T 12 Sept 1900 65y 6m 28d (MCC)
Lyella 1862 - 1943 (MCC)
Maurice 1921 - 1937 (MCC)
Minnie 1882 - 1907 (MCC)
Orlo 1853 - 1907 (MCC)
Pauline d/o H L & Nellie M 2-5 Sept 1901 (MCC)
OLDHAM, Brierly H 1869 - 1871 no lot (MVC)
Catherine A 10 May 1833 - 19

OLDHAM (continued)
Aug 1900 (LC)
Ellen 1951 - 1975 (LC)
Ernest 1874 - 1946 (LC)
Eva no date - 21 Apr 1924 RB-BL2 (MVC)
Fred 1815 - 11 June 1913 RF-BL6 (MVC)
Gertrude 1871 - 1943 no lot (MVC)
Hurbert A no date - 15 May 1888 R66-BL82 (MVC)
Susanna 1863 - 1929 R66-BL82 (MVC)
Thomas 1829 - 1836 no lot (MVC)
Wallace R 1882 - 25 Mar 1909 R66-BL82 (MVC)
William 25 Dec 1830 - 26 Jan 1902 (LC)
Winfield 1871 - 27 July 1896 R66-BL82 (MVC)
OLHINGLOS, Mary E w/o E S 1841 - 1900 59y 8m 7d (BCC)
OLINGER, Josephine 1883 3y 2m 4d (OHC)
OLSON, Albert 1857 - 3 Jan 1957 RB-BL2 (MVC)
Alma no date - 11 Jan 1980 RF-BL8 (MVC)
Anna 1842 - 15 Oct 1921 RF-BL15 (MVC)
Anna no date - 5 Mar 1950 RF-BL15 (MVC)
Bertha 1842 - 17Oct 1921 RF-BL15 (MVC)
Carl V no date - 13 Dec 1979 RF-BL8 (MVC)
Charles R 1881 - 5 Mar 1955 RF-BL15 (MVC)
Elsie Ann no dates (LC)
Emil 1890 - 1935 (LC)
Eric 1871 - 1951 (LC)
Eva W 1827 - 1875 no lot (MVC)
George 1829 - 25 Oct 1919 RF-BL15 (MVC)
Harold b Norway 18 Aug 1827 - 11 Dec 1906 (LC)
Helga 1869 - 1941 (LC)
Henry no dates (LC)
John Ellerig 26 May 1896 - 29 Mar 1955 (LC)

OLSON (continued)
John Louis 1 May 1919 – 3 Aug 1941 (LC)
Julia w/o Harold b Norway 3 Sept 1835 – 12 Mar 1894 (LC)
Lettie M 1873 – 1925 (LC)
Linda Susan 20 Mar 1957 – 12 Jan 1969 (SNC)
Mary 7 Sept 1835 – 3 Oct 1915 (LC)
Minnie 1872 – 27 Dec 1968 RF-BL15 (MVC)
Ola E 1867 – 1954 (LC)
Pauline 5 Feb 1896 – no date (LC)
Rose 1868 – 1951 (LC)
Sarah S 1876 – 1939 (LC)
Victor K no date – 11 June 1934 RF-BL8 (MVC)
ORLOPP, Emile L 1815 – 16 Mar 1915 RB-BL23 (MVC)
Estella 1878 – 15 Dec 1965 RJ-BL15 (MVC)
Hugo 1870 – 31 May 1954 RJ-BL15 (MVC)
Lucy no date – 6 Jan 1961 RB-BL23 (MVC)
Oscar 1840 – 2 Apr 1919 RB-BL23 (MVC)
ORR, George 1884 – 26 July 1909 RG-BL17 (MVC)
James W 1855 – 8 Feb 1927 RG-BL17 (MVC)
Jennie G 1858 – 28 Jan 1944 RG-BL17 (MVC)
Louis C no date – 9 July 1951 RG-BL18 (MVC)
Mary D 1862 – 19 Nov 1907 RA-BL12 (MVC)
Mary Isabell 1854 – 31 Mar 1939 RG-BL18 (MVC)
Mary Y no date – 6 May 1962 RG-BL18 (MVC)
Richard no date – 1 June 1943 RG-BL18 (MVC)
ORSBORN, ---- no dates (LC)
ORTMAN, Leo 20 March – 15 Oct 1976 (SBAC)
OSBONE, Floyd C 1903 – 14 June 1959 RK-BL28 (MVC)
OSBORN, Chas S no date – 1 July 1937 RB-BL13 (MVC)

OSBORN (continued)
Chester no dates (MCC)
Emily M 21 July 1849 – 1 Sept 1937 (EEC)
Jonathan 1839 – 1883 (MCC)
Kate no date – 5 July 1937 RB-BL13 (MVC)
Rachel 1835 – 1928 (MCC)
Rebecca 1808 – 6 May 1891 83y 1m 10d (LC)
Richard J 5 Aug 1845 – 24 Sept 1928 (EEC)
Samuel J 1867 – 1928 (EEC)
Stephen no dates (MCC)
OSBURN, Mable 5 July 1902 – 11 Oct 1980 (EEC)
Richard L 5 Aug 1848 – 24 Sept 1928 (EEC)
OSLON, Elling 5 July 1835 – 15 Oct 1913 (LC)
OST, Mary B d 1889 (SACC)
OSTEREICHER, Juliana 5 Jan 1875 – 1 Jan 1957 (MSSCC)
OSTERGARD, Alfred 1898 – 23 Nov 1961 RK-BL19 (MVC)
Ruth 19 Feb 1898 – 14 Nov 1985 87y 5-1-19-k (MVC)
OSTERTAG, Arthur A no date – 4 Apr 1946 RG-BL33 (MVC)
Arthur J no date – 8 Mar 1941 RG-BL33 (MVC)
John B no date – 31 July 1938 RD-BL2 (MVC)
Kate no date – 11 Aug 1918 RD-BL2 (MVC)
Margaret G 1877 – 16 Dec 1967 RF-BL4 (MVC)
Rose no date – 27 Jan 1973 RG-BL33 (MVC)
OSTHOUT, Carl T 1854 – 5 June 1900 R68-BL113 (MVC)
OSWALD, Earl G 1896 – 16 Apr 1978 RJ-BL36 (MVC)
Jessie M 1895 – 12 May 1981 RJ-BL7 (MVC)
Shelly no date – 1897 inf (ASC)
Vera May 1909 – 1944 "Daughter" (CWC)
Willard S 1900 – 2 Nov 1975 (EEC)
OTIS, Alfred F 1827 – 9 May 1912 R22-BL15 (MVC)

OTIS (continued)
Amelia 1837 - 21 Feb 1912 R21-BL15 (MVC)
Carl 1837 - 29 May 1910 R21-BL15 (MVC)
Grace 1881 - 3 Sept 1964 no lot (MVC)
Harrison no date - 14 July 1967 no lot (MVC)
Theodore H no date - 13 Mar 1957 R22-BL20 (MVC)
OTOTT, Odilo 4 June 1870 - 12 Feb 1959 (SBAC)
Roman 12 July 1860 - 29 May 1894 (SBAC)
OTT, Anna 1863 - 1949 5-N 1/4-#2 (CCC2)
Conroll 1863 - 1949 5-N 1/4-#1 (CCC2)
OTTE, John Edwin no date - 23 Aug 1959 RK-BL7 (MVC)
Marie 1885 - 10 July 1918 R33-BL206 (MVC)
Walter G 30 Nov 1905 - 19 Feb 1974 (SMGC)
OTTO, Mamme no date - 10 May 1946 RF-BL1 (MVC)
Ousley Lydia no date - 14 Mar 1916 RE-BL7 (MVC)
OVERSTREET, A J 2 Mar 1827 - 2 Dec 1908 (EEC)
Inez B 1848 - 13 Nov 1948 RK-BL5 (MVC)
Samuel 1870 - 5 Aug 1940 RE-BL12 (MVC)
OVERTON, Bob no date - 23 July 1973 RB-BL15 (MVC)
Ed George no date - 12 Mar 1960 RB-BL15 (MVC)
Elizabeth 22 Feb 1857 - 5 July 1951 (MSSCC)
Ellen no date - 18 Sept 1938 RB-BL15 (MVC)
Ernest G 1906 - 14 May 1923 RB (MVC)
Esther Mae no date - 12 Mar 1956 RB-BL15 (MVC)
Frank C 1887 - 13 Dec 1902 RA-BL25 (MVC)
George 1823 - 29 Dec 1920 RB-BL15 (MVC)
Mrs H C no date - 8 Feb 1939

OVERTON (continued)
RC-BL25 (MVC)
Harry C 1863 - 6 Sept 1927 RC-BL25 (MVC)
Jack Ellis 21 July 1945 - 3 Nov 1980 (SNC)
James 1873 - 8 Jan 1948 RK-BL3 (MVC)
Josephine 1864 - 1939 no lot (MVC)
Limmie 1884 - 13 Feb 1920 RB-BL15 (MVC)
Millard 1882 - 1906 no lot (MVC)
Millard J no date - 20 Apr 1982 RK-BL3 (MVC)
Raymond 1895 - 14 Sept 1914 RA-BL25 (MVC)
OWEN, Jennie no date - 19 Feb 1903 (SNC)
Laura Ann no date - 28 Apr 1965 RE-BL5 (MVC)
Mary Frances 1875 - 1960 (RMC)
OWENS, 2 small children no dates Sec1-L58-#2 (SPC)
baby no date - 8 June 1911 Sec1-L58-#1 (SPC)
Catherine 25 June 1856 - 13 Oct 1902 (MSSCC)
Gertrude Meier no date - 6 June 1926 43y Sec1-L57-#5 (SPC)
Ira B 22 Oct 1841 - 28 Sept 1913 (EEC)
J B no dates (EEC)
Jacob no date - 2 Sept 1914 58y Sec1-L14-#5 (SPC)
John 1832 - 1893 no lot (SPC)
John no dates no lot 85y (SPC)
John no date - 10 May 1915 83y Sec1-L14-#4 (SPC)
Lorna 19 Oct 1868 - 17 Sept 1917 (EEC)
Margarirte w/o John no date - 12 Apr 1893 59y Sec1-L14-#3 (SPC)
Mary no date - 3 June 1917 2d Sec1-L38-#6 (SPC)
Rose no dates 2h Sec2-L57-#1 (SPC)
Ruth Eleanor w/o Ira B 3 Feb 1845 - 26 Jan 1905 (EEC)
OWINGS, inf/o Henry no date - 23 Apr 1921 RF-BL18 (MVC)

PACK, J C no date – 2 Aug 1911 RA-BL26 (MVC)
PADEN, Wait 24 June 1885 – 12 Mar 1896 (EEC)
PADGETT, Jesse F 5 Oct 1899 – 29 Aug 1968 (SMGC)
  Nina Marie w/o Jesse F 7 Dec 1908 – 9 Sept 1969 (SMGC)
PAGE, Curtis Richard (twin) no date – 24 Mar 1958 RK-BL14 (MVC)
  Earl B 1900 – 1980 (WLC)
  Elizabeth 1840 – 1926 "Mother" (WLC)
  Elizabeth Burd 1840 – 1923 "Mother" (EEC)
  Elizabeth Gilbert d/o Samuel & Nancy Page 1849 – 31 Aug 1875 20y 3m 28d (EEC)
  Ethel H no date – 21 Aug 1894 (EEC)
  Ethel May 4 Mar 1902 – 23 Apr 1908 (WLC)
  Eugene M no date – 5 Aug 1907 (WLC)
  Gilbert 1917 – 1922 (CWC)
  Harvey B c/o S C & C E 1872 – 26 June 1881 9y 8m 29d (EEC)
  Henry Raymond 1 Mar 1904 – 28 Feb 1979 (SMGC)
  inf no date – 1895 (CWC)
  inf son 27 July 1910 – 27 July 1910 (WLC)
  Isaac 1905 – 1909 (CWC)
  James 1889 – 1943 (WLC)
  James no date – 10 Dec 1943 RD-BL3 (MVC)
  James P 1842 – 1877 "Father" (WLC)
  Jamish no date – 12 Aug 1877 "Father" (WLC)
  Joseph G s/o S & N 16 June 1859 – 26 Oct 1870 (EEC)
  Lenora 1879 – 1947 (WLC)
  Mary 1875 – 1967 (EEC)
  Molinda J 1876 – 1932 (CWC)
  Oscar B c/o S C & C E 1869 – 20 Aug 1881 12y 3m 7d (EEC)
  Presley B 1887 – 1955 (EEC)
  Richard Allen (twin) no date – 24 Mar 1958 RK-BL14 (MVC)
  Russell J no date – 4 Jan 1944

PAGE (continued)
  RG-BL40 (MVC)
  S L no dates (EEC)
  Samuel 1872 – 1922 (CWC)
  Viola 1902 – 1923 (WLC)
  Walter B 6 Feb 1896 – 22 Aug 1981 (EEC)
  William F no date – 21 Oct 1899 (WLC)
PAGETT, Edward Enby 1884 – 1919 (PDC)
  Emmett no dates (PDC)
  Ralf 1840 – 1919 (PDC)
PALMER, Anna no date – 20 June 1901 RD-BL17 (MVC)
  Charles H no date – 5 Oct 1887 R65-BL55 (MVC)
  Dora no date – 6 Apr 1880 no lot (MVC)
  Elizabeth H no date – 6 May 1871 no lot (MVC)
  Elmer Lee 20 Nov 1916 – 3 May 1917 (SNC)
  James W no date – 28 Feb 1890 R62-BL5 (MVC)
  John H 1840 – 12 Oct 1897 R63-BL30 (MVC)
  Mable E 7 Oct 1912 – 10 Jan 1913 (SNC)
PANIGOT, Archie 1905 – 1972 (MCC)
PANKEY, Herman 1927 – 1978 Army WWII (ASC)
PANTLE, Bessie L no date – 2 Nov 1933 RG-BL10 (MVC)
  David no date – 4 June 1899 RA-BL31 (MVC)
  Mrs Frederick no date – 27 Jan 1918 RA-BL31 (MVC)
  Minnie no date – 27 Jan 1970 RG-BL10 (MVC)
  Walter W 1893 – 24 Apr 1960 RK-BL30 (MVC)
  Wm Richard no date – 3 May 1936 RG-BL10 (MVC)
PANZERAN, Emma 1879 – 1970 (EEC)
  Herman C 1881 – 1950 (EEC)
PARE, David no date – 3 Jan 1893 R51-BL184 (MVC)
  Henry no date – 19 Jan 1894 R50-BL159 (MVC)

PARE (continued)
Mrs L P no date - 12 Feb 1903 RD-BL20 (MVC)
PARIS, Charles E Sr 15 Sept 1894 - 20 Oct 1965 (SMGC)
PARIZTON, Lelcohe no date - 15 Mar 1908 RA-BL8 (MVC)
PARK, Mrs C no date - 28 Dec 1908 R64-BL48 (MVC)
Elizabeth 1847 - 1911 no lot (MVC)
Gilbert C no date - 5 Dec 1933 RA-BL26 (MVC)
H Clay 1845 - 27 Feb 1929 RA-BL26 (MVC)
Joseph C no date - 7 Feb 1910 R64-BL48 (MVC)
Mrs K C no date - 2 Aug 1911 RA-BL26 (MVC)
Lawrence C 1864 - 6 Aug 1885 no lot (MVC)
Louise C no date - 24 Jan 1955 RA-BL26 (MVC)
Mrs Mary no date - 27 Feb 1975 no lot (MVC)
Robert V no date - 12 Nov 1896 RA-BL26 (MVC)
Stanton no dates no lot (MVC)
PARKER, A B no date - 16 Jan 1895 R17-BL275 (MVC)
Alpha 1887 - 1888 (ASC)
Ann Emelia no date - 21 Sept 1929 RA-BL6 (MVC)
Catherine no date - 12 Dec 1897 R22-BL30 (MVC)
Charles (MD) no date - 25 Apr 1902 R22-BL30 (MVC)
Dora I no date - 18 Mar 1943 RD-BL1 (MVC)
Elnora no date - 6 Dec 1967 RE-BL20 (MVC)
George no date - 12 Aug 1906 RA-BL26 (MVC)
George no date - 22 June 1901 RA-BL31 (MVC)
James W no date - 23 Jan 1899 RA-BL6 (MVC)
Jennie no date - 10 May 1900 RA-BL26 (MVC)
Marjorie 1886 - 28 May 1959 RA-BL7 (MVC)
Nicholas c/o? 1887 - 1888 (ASC)

PARKER (continued)
Pelos T no dates no lot (MVC)
Dr R S no date - 14 Dec 1894 R39-BL312 (MVC)
Zara E no date - 4 Mar 1933 RA-BL7 (MVC)
PARKES, William b England - 1855 (MMC)
PARKS, Alonzo 1850 - 1935 (MCC)
Byron 22 Feb 1870 6y (MCC)
Chas W 7 July 1870 46y 5m 28d (MCC)
Flora 4 Feb 1870 14y 1m 23d (MCC)
Henrietta w/o Charles W 20 Aug 1870 48y 7m 12d (MCC)
Mary E no dates 4y 6m 21d (MCC)
PARNELL, Andrew 1800 - 1 Dec 1874 74y 9m (RMC)
Dorinda d/o Andrew & Mariah 1847 - 20 May 1865 18y (RMC)
Henrietta Ripple 1866 - 1896 (RMC)
Ira E 1888 - 19 Jan 1969 RG-BL31 (MVC)
Mariah 14 Mar 1802 - 28 Aug 1895 (RMC)
Wm T 1918 - 7 Jan 1934 RG-BL21 (MVC)
PARR, O G no dates (EEC)
PARRETT, Ruth C 29 Sept 1924 - 15 Sept 1975 (SMGC)
Abagail w/o Andrew 2 June 1837 - 10 Oct 1910 (CSHC)
Andrew B 27 Feb 1830 - 26 Dec 1907 (CSHC)
Jacob M 1877 - 1963 (CSHC)
John 1864 - 1938 (CSHC)
Philip 1884 - 1962 (CSHC)
Rosa M no date - 29 Mar 1874 (CSHC)
PARROTT, Dessie 1883 - 1933 (MCC)
Hirum G no date - 3 Jan 1946 RG-BL24 (MVC)
Lillie Lee no date - 20 Apr 1946 RG-BL24 (MVC)
Shelly Renee no date - 9 Oct 1975 RK-BL14 (MVC)
PARRY, Elizabeth 14 Oct 1810 -

PARRY (continued)
29 May 1893 mother (PC)
Elizabeth W 1810 - 1893 (CC)
Harrison 4 June 1804 - 8 Feb 1864 (PC)
Harrison 4 June 1804 - 10 Feb 1864 (CC)
Henry 1833 - 1857 (CC)
Henry 9 Dec 1833 - 10 May 1857 brother (PC)
John C 1836 - 1864 (CC)
Maryaretta M 5 Mar 1832 - 10 Dec 1921 (PC)
Min Caldwell Lader 2 June 1836 - 29 July 1864 (MVC)
Wilson 12 Oct 1847 - 9 July 1848 brother (PC)
PARSONS, K C no date - 6 Oct 1888 R37-BL281 (MVC)
Peter no date - 13 May 1928 RD-BL15 (MVC)
PATES, James R 1858 - 22 Oct 1910 RA-BL11 (MVC)
PATO, William s/o B S & S E 5 Aug 1891 22y (MCC)
PATREE, Claude R 1910 - 1957 (EEC)
George W 1866 - 1960 (EEC)
Mary 1875 - 1957 (EEC)
PATTERSON, Carrie J 1868 - 16 Oct 1879 no lot (MVC)
E H w/o W B 1884 49y (MCC)
Ernest L no date - 3 May 1916 RA-BL8 (MVC)
J A no date - 9 Dec 1901 RA-BL8 (MVC)
James A 1835 - 7 Aug 1904 RA-BL8 (MVC)
Margaret 1835 - 7 Jan 1910 no lot (MVC)
Mary Mitchell 1836 - 1913 no lot (MVC)
Nannie no date - 10 Nov 1900 R57-BL275 (MVC)
R Anna 18 Jan 1890 48y (OHC)
Ruth no date - 21 Oct 1915 RD-BL5 (MVC)
Vererra no date - 9 Jan 1908 RE-BL7 (MVC)
PATTON, Bina W no date - 4 Sept 1942 RD-BL11 (MVC)
Elye no date - 7 Jan 1910 RA-

PATTON (continued)
BL8 (MVC)
Ernest no date - 5 Feb 1906 no lot (MVC)
Hiram no date - 4 Apr 1869 no lot (MVC)
Lewellyn D 1869 - 30 July 1897 no lot (MVC)
Lizzie w/o G W 1863 - 1897 (MCC)
Lonene 1900 - 10 July 1968 RG-BL14 (MVC)
Margaret no date - 12 Nov 1910 RA-BL8 (MVC)
Mary Rose 1866 - 30 Oct 1964 RA-BL8 (MVC)
Pearl 1887 - 16 Feb 1901 RA-BL8 (MVC)
Sterling no date - 20 Jan 1961 RD-BL11 (MVC)
Vincent W 1896 - 10 June 1967 RG-BL11 (MVC)
PAULICK, Albert no date - 27 Mar 1961 RK-BL6 (MVC)
Goldie no date - 25 Feb 1950 RK-BL6 (MVC)
PAULON, Emilia 1865 - 22 Jan 1939 RF-BL15 (MVC)
Ralph W 1893 - 2 Apr 1958 RF-BL15 (MVC)
PAULSON, H C 1861 - 20 Mar 1934 RF-BL15 (MVC)
PAUSH, Emily E no date - 8 Aug 1921 RD-BL3 (MVC)
PAYNE, Inez Bond 1903 - no date no lot (MVC)
John no date - 1863 14m 25d (MPC)
M Anthony 24 Aug 1898 - 9 Aug 1951 (MSSCC)
Rachel 1807 - 1862 (MPC)
Virgie 1898 - no date no lot (MVC)
PEABODY, Dorothy 1921 - 1958 (MCC)
Fremont 1918 - 1961 (MCC)
George 1883 - 1950 (MCC)
Harlan 1880 - 1965 (MCC)
J Frank 1875 - 1907 (MCC)
Janette 1907 - 1920 (MCC)
Jennie E 1885 - 1958 (MCC)
Oscar G 1878 - 1879 (MCC)

PEABODY (continued)
Wm R no date - 22 June 1908 R41-BL10 (MVC)
Mrs Wm R 1849 - 11 Sept 1900 R41-BL10 (MVC)
PEAK, Asa W 1911 - 1962 "Father" (RMC)
Benjamin 1800 - 3 Mar 1873 no lot (MVC)
Caroline no date - 30 Apr 1927 RA-BL28 (MVC)
Charlie C no date - 2 Dec 1950 RA-BL28 (MVC)
David N 1882 - 4 Feb 1953 RA-BL28 (MVC)
Edna V no date - 1902 "Mother" (RMC)
Elizabeth 1811 - 2 Sept 1873 no lot (MVC)
Ellen 1839 - 9 Apr 1907 RA-BL28 (MVC)
inf twins no dates (RMC)
James no date - 20Jan 1940 RA-BL28 (MVC)
Mabel B 1877 - 23 Oct 1956 R11-BL173 (MVC)
Mary A no date - 24 July 1930 RA-BL28 (MVC)
Maude 1882 - 23 Feb 1960 RA-BL28 (MVC)
Myrtle O no date - 8 July 1902 RA-BL28 (MVC)
Olive no date - 3 July 1916 RA-BL28 (MVC)
Pearl no date - 23 Oct 1956 R11-BL173 (MVC)
PEAKE, Charles C no date - 14 Sept 1891 RA-BL28 (MVC)
PEARLS, Anna no date - 24 Oct 1917 RE-BL11 (MVC)
Eva Pearl no date - 17 Mar 1956 RK-BL10 (MVC)
I no date - 27 Mar 1915 RD-BL4 (MVC)
PEARSON, Carrie E no date - 10 Jan 1914 R67-BL86 (MVC)
Effie Gilmore 1877 - 11 Jan 1973 RK-BL39 (MVC)
Everett no date - 12 May 1904 R67-BL86 (MVC)
Florence D 1879 - 13 May 1888 R67-BL86 (MVC)

PEARSON (continued)
Luther M 1839 - 17 Jan 1878 no lot (MVC)
Z Henry no date - 19 Nov 1928 RG-BL6 (MVC)
PEASE, Amanda 1846 - 11 Aug 1903 RA-BL17 (MVC)
Frank s/o N P & Minnie B no date - 7 June 1882 2m 18d (ACC)
Minnie B w/o N P 1830 - 10 May 1862 32y 3m 20d (ACC)
Nehemiah P 3 Mar 1841 - 9 Dec 1894 Cpl 1st Reg Mississippi Volunteer Cavalry Co F (ACC)
Robert 1832 - 29 Mar 1901 RA-BL17 (MVC)
PEASLEY, Francis C no date - 29 June 1978 RK-BL19 (MVC)
Freda no date - 31 Dec 1983 RK-BL19 (MVC)
PECK, Annie 1839 - 1913 (OHC)
PEEBLER, Alonza 1844 - 29 Jan 1874 28y (CSHC)
Burton Andrew s/o J O & Julia 1878 - 30 Mar 1879 1y 10m 8d (CSHC)
Harrison 1847 - 1856 (CSHC)
Sarah Florence d/o Julia A 1875 - 9 Apr 1876 1y 5m 15d (CSHC)
PEIL, Edwin no date - 31 Mar 1983 RJ-BL9 (MVC)
Elvira no date - 31 Mar 1983 RJ-BL9 (MVC)
PEINE, Anacleta 18 Apr 1884 - 6 Dec 1947 (MSSCC)
PEIRCE, Benard F 1908 - 1974 (FPC)
Elizira 2 Aug 1832 - 14 Mar 1918 (FPC)
Franklin J 1874 - 1959 (FPC)
Helen J 1894 - no date (FPC)
Mary A 1853 - 1934 (FPC)
PELTON, Dwayne R no date - 1942 (LC)
PELTZER, J no date - 1887 inf (SACC)
PENDERGAST, M Stephen 1 Mar 1907 - 23 May 1981 (MSSCC)
PENDERGRAFT, Lela A 28 Dec 1909 - 5 Nov 1976 (SMGC)

PENDERGRAFT (continued)
Lucy E 1906 - 6 Feb 1953 RJ-BL14 (MVC)
PENDLETON, Florence no date - 22 Apr 1940 RE-BL13 (MVC)
---- 15 Oct 1904 - 1 Aug 1981 (EEC)
PENISTER, Cecil P no date - 4 Apr 1918 RE-BL11 (MVC)
PENNELL, Amelia W 1845 - 2 July 1882 no lot (MVC)
Bessie M 1874 - 25 May 1904 R30-BL164 (MVC)
E P no date - 30 May 1931 RE-BL5 (MVC)
George W 1840 - 2 July 1882 no lot (MVC)
George W 1882- 29 July 1882 no lot (MVC)
George W no date - 25 Feb 1920 R30-BL164 (MVC)
Helen S 1847 - 15 May 1923 R30-BL164 (MVC)
Issac B 1882 - 25 July 1882 no lot (MVC)
Jennie no date - 17 Apr 1928 RE-BL5 (MVC)
PENNING, Agnes w/o Peter no date - 1 Nov 1895 62y 8m 15d Sec2-L100-#3 (SPC)
Alice w/o J J 9 Apr 1871 - 19 Apr 1911 40y Sec2-L101-#4 (SPC)
Alicia 3 Dec 1899 - 2 July 1981 (MSSCC)
Elizabeth no dates Sec2-L67-#2 (SPC)
inf c/o P & A no dates Sec2-L101-#2 (SPC)
Jacob no date - 18 Apr 1911 3d Sec2-L100-#5 (SPC)
Jacob J 1860 - 6 Jan 1935 74y Sec2-L101-#6 (SPC)
Mataes s/o P & A no date - 3 Mar 1867 7y 3m 10d Sec2-L101-#1 (SPC)
Peter no date - 1 July 1891 59y 5m 1d Sec2-L100-#4 (SPC)
Peter s/o P & A 21 - 27 Mar 1897 6d Sec2-L101-#3 (SPC)
Peter s/o P & A no date - 19 Oct 1872 8m 17d Sec2-L100-#6

PENNING (continued) (SPC)
Thomas J 1898 - 21 Jan 1977 78y Sec2-L67-#1 (SPC)
PENNINGTON, Blyndia no date - 18 Nov 1974 RK-BL15 (MVC)
Elsie Marie 1909 - 28 Nov 1938 RG-BL31 (MVC)
Fred 24 Nov 1892 - 19 Dec 1963 (SMGC)
Kathy L no date - 20 Oct 1950 RD-BL3 (MVC)
Viola E w/o Fred 8 May 1898 - 7 Nov 1975 (SMGC)
Walter S no date - 11 Feb 1983 RJ-BL37 (MVC)
PENNY, Ernest 1888 - 2 Sept 1931 43y 4m 3d (EEC)
PENTZER, Minnie W no date - 16 Jan 1981 RK-BL18 (MVC)
PEOPLER, Selma no date - 5 Oct 1940 RE-BL15 (MVC)
PEOPLES, John Brice no date - 3 Dec 1922 RE-BL14 (MVC)
PEPPARD, Mary Grace 24 Sept 1884 - 4 July 1952 (MSSCC)
PEPPER, S Gertrude 1881 - 12 Apr 1956 RB-BL10 (MVC)
PEREZ, Emmanuel Joseph 20 Oct 1893 - 19 Nov 1971 (SBAC)
PERKINS, Brying Storrs 1885 - 22 June 1888 RA-BL4 (MVC)
Donald Hiram no date - 23 May 1951 RK-BL4 (MVC)
Ethel May no date - 20 May 1951 RK-BL4 (MVC)
Frank III 1949 - 1 Aug 1949 RK-BL1 (MVC)
James 1888 - 4 Nov 1893 RA-BL4 (MVC)
John 1841 - 21 Apr 1905 RA-BL4 (MVC)
Mary A 1850 - 28 June 1894 RA-BL4 (MVC)
Telitha no date - 13 Nov 1923 RD-BL2 (MVC)
Walter 1871 - 21 Jan 1877 no lot (MVC)
PERRINE, Edward S 1870 - 1931 (SACC)
Harriett E 1865 - 1947 (SACC)

PERRT, Elmer 1879 - 1965 (MCC)
PERRY, Alma W d/o William 1871 - 1881 (SDLC)
Ellis Lee no date - 26 Aug 1914 RD-BL8 (MVC)
Evelyn Freeland 1902 - 1922 (EEC)
Ivare 1916 - 1981 (LC)
Kenneth 1946 - 1951 (LC)
Leonard no date - 15 Oct 1949 RE-BL20 (MVC)
Margaret 1814 - 1886 (OHC)
Nellie Jane no date - 2 Jan 1964 RJ-BL18 (MVC)
Richard 1847 - 1885 (OHC)
Rose no date - 16 Jan 1981 no lot (MVC)
T C 1812 - 17 Jan 1873 (OHC)
Thomas 1812 - 1873 (OHC)
William 1827 - 1881 (SDLC)
Wm F no date - 29 June 1971 RJ-BL18 (MVC)
PETER, William 1807 - 1888 (CCC1)
William 21 Dec 1807 - 20 July 1888 (AC2)
PETERS, Anna E no date - 23 June 1902 R17-BL282 (MVC)
Charles 28 Aug 1864 - 6 July 1933 (WLC)
Christian F no date - 19 Mar 1918 R17-BL282 (MVC)
Lucy 28 Jan 1889 - 22 Mar 1891 (WLC)
Lucy E 1866 - 1943 (WLC)
Marie A 1850 - 7 Apr 1910 R17-BL282 (MVC)
Merlin R 1916 - 15 May 1980 RJ-BL18 (MVC)
PETERSON, Andrew C 1856 - 16 Aug 1919 RB-BL11 (MVC)
Arthur 1901 - 1961 (LC)
August no date - 2 May 1925 RF-BL17 (MVC)
Carl H no date - 2 Feb 1906 no lot (MVC)
Chas A 1870 - 30 Oct 1938 R45-BL76 (MVC)
Chas C no date - 2 Feb 1960 RJ-BL17 (MVC)
Christian no date - 18 Mar 1918

PETERSON (continued) R17-BL282 (MVC)
Christine no date - 14 Mar 1928 RD-BL3 (MVC)
Clara 1893 - 1907 (LC)
Dewey no date - 14 Aug 1953 RJ-BL14 (MVC)
Dorothea J 1854 - 8 July 1935 RB-BL11 (MVC)
Elsa 1890 - 1916 (LC)
Florence C 1896 - 1980 no lot (MVC)
Frances L w/o Harry O 15 Nov 1920 - 9 Sept 1981 (SMGC)
Harry no date - 27 Feb 1960 RK-BL18 (MVC)
Harry O 21 Apr 1917 - 20 June 1978 (SMGC)
Henry F no date - 18 Mar 1926 RD-BL3 (MVC)
Ida no date - 9 Nov 1916 RD-BL3 (MVC)
inf son no date - 15 June 1900 (LC)
J no date - 15 Jan 1932 RA-BL23 (MVC)
Johanna no date - 27 Aug 1917 R45-BL76 (MVC)
John no date - 8 July 1886 no lot (MVC)
Julius 1862 - 1902 (LC)
Lotta 1892 - 1974 (LC)
Malcolm 1867 - 11 Aug 1953 RJ-BL14 (MVC)
Margrette no date - 11 July 1962 R41-BL42 (MVC)
Mary F no date - 9 Oct 1926 RF-BL17 (MVC)
Minnie 1865 - 1914 (LC)
Nels no date - 8 Sept 1903 no lot (MVC)
Paul 1867 - 13 Apr 1891 R32-BL203 (MVC)
Robert h/o Vera M Garrison 10 Aug 1917 - 26 Jan 1987 (SMGC)
Sadie no date - 3 Oct 1875 (LC)
Vera Marie 30 May 1918 - 23 Sept 1977 (SMGC)
Wm O 1933 - 8 Feb 1933 R41-BL4 (MVC)
PETESCH, Alfred A 1917 - 1944

PETESCH (continued)
Pfc 338 Inf 90th Div WWII (SACC)
Louisa D 1921 - 1942 (SACC)
Mary 1877 - 1968 (SACC)
Nicholas 1875 - 1945 (SACC)
PETREE, F Robertson 1854 - 1944 (EEC)
Florence no dates (EEC)
George 28 May 1866 - 26 Apr 1960 (EEC)
Grace Inez no date - 27 Apr 1908 11m (EEC)
Hale S 1898 - 1927 (EEC)
J W no dates (EEC)
James L 15 Jan 1900 - 15 Aug 1911 (EEC)
John F 1868 - 1967 (EEC)
Levica 18 Sept 1835 - 29 Aug 1917 (EEC)
Lloyd 1872 - 1930 (EEC)
Lucy S 1875 - 1962 (EEC)
Mable 1877 - 1949 (EEC)
W A 1733 - 11 Nov 1821 (EEC)
Wm 11 Nov 1821 - 25 Aug 1909 88y 1m 14d (EEC)
PETRY, Ernest F 20 Nov 1904 - 5 Mar 1973 (SMGC)
PETSCH, Albert J 1900 - 6 Oct 1953 57y Sec2-L79-#3 (SPC)
August J 1878 - 6 Dec 1918 40y Sec2-L45-#4 (SPC)
Catherine no date - 27 Nov 1964 Sec2-L79-#1 (SPC)
John H 1885 - 5 Apr 1944 69y Sec2-L46-#6 (SPC)
Marie 1918 - 17 May 1980 61y Sec2-L79-#4 (SPC)
Matthew L no date - 29 Oct 1954 Sec2-L45-#3 (SPC)
Nicola no date - 5 Apr 1906 (inf) Sec2-L45-#1 (SPC)
Peter 1876 - 3 Dec 1952 76y Sec2-L79-#2 (SPC)
Regina Ann no date - 26 Aug 1971 68y Sec2-L45-#2 (SPC)
PETTINGER, Prisca 14 Jan 1882 - 29 Dec 1956 (MSSCC)
PETTY, Delbert Carl 16 Dec 1893 - 4 Nov 1918 (WLC)
J J 1857 - 16 Jan 1939 81y 8m 6d (WLC)

PETTY (continued)
Lillie M 1865 - 1957 (WLC)
Mary 28 Oct 1892 - 3 Nov 1972 (WLC)
William H 2 Nov 1883 - 31 Aug 1901 (WLC)
PEUKER, Carl 1845 - 12 Mar 1906 RB-BL17 (MVC)
Ernest R no date - 21 May 1952 RB-BL17 (MVC)
Franklin A 1917 - 6 Oct 1951 RJ-BL14 (MVC)
George F no date - 11 Apr 1961 R45-BL78 (MVC)
Gustan A 1886 - 12 Nov 1893 R45-BL78 (MVC)
Julius C 1859 - 16 Aug 1888 R45-BL78 (MVC)
Louise R 1887 - 13 Aug 1975 RB-BL17 (MVC)
PFRANG, Franzeska 2 Jan 1898 - 6 June 1962 (MSSCC)
PHELAN, Eugene 6 July 1840 - 6 May 1903 (SBAC)
PHILBRICK, John L no date - 10 July 1894 R15-BL248 (MVC)
PHILIPP, Ermelinda 16 Oct 1889 - 7 Aug 1965 (MSSCC)
PHILIPPS, Carlotta 1 Dec 1899 - 31 May 1948 (MSSCC)
PHILLIPI, Ada 1881 - 1976 (MCC)
Anna w/o John 31 Mar 1892 69y (MCC)
Birdie 1874 - 1950 (MCC)
C E Aug no other date (MCC)
Catherine 1884 - 1924 (MCC)
Charles 1827 - 1897 (MCC)
James 1873 - 1955 (MCC)
John 13 July 1891 97y (MCC)
John 1866 - 1949 (MCC)
Stone 1845 - 1927 (MCC)
PHILLIPS, Albert 25 Mar 1830 - 15 Feb 1901 (EEC)
Alice (Allie) 24 Mar 1868 - 10 Sept 1956 (EEC)
Anna (w/o James Phillips) 20 Oct 1830 - 5 July 1894 (LC)
Clarence E 15 Nov 1891 - 3 Apr 1907 (EEC)
E W no dates (EEC)
Edward Walter 11 Dec 1859 - 10

PHILLIPS (continued)
  Mar 1935 (EEC)
  Hattie B no dates (EEC)
  Hattie no dates (LC)
  Irene no dates (EEC)
  James 13 Apr 1827 - 18 Apr 1910 (LC)
  Joseph no date - 1891 (SACC)
  Joseph no date - 8 Oct 1938 93y 22d (LC)
  Mary A Curtis w/o Albert 17 Oct 1827 - 19 Oct 1905 (EEC)
  Mitton no dates (EEC)
PHILMALEE, Frances Marion 8 Oct 1876 - 25 May 1959 (EEC)
  Ida E 25 Mar 1879 - 17 Jan 1964 (EEC)
PICKELL, Phillip A 1944 - 8 Dec 1962 RJ-BL35 (MVC)
  Theodore L 1908 - 14 Jan 1968 RJ-BL35 (MVC)
PICKERING, Delma R 1904 - 31 Aug 1960 RJ-BL27 (MVC)
PICKETT, George C no date - 8 June 1932 68y (EEC)
PIERCY, inf girl 4 Sept 1971 - no date (SMGC)
PIERRICENI, Angelo 1867 - 1949 (SNC)
  Hester 1873 - 1968 (SNC)
PIERSON, Caroline no date - 17 Nov 1908 RA-BL33 (MVC)
  Grandma 1808 - 1891 (MCC)
PIKE, Alice L 11 July 1860 - 10 Feb 1914 (LC)
  Alta Marl 19 Aug 1909 - 12 Dec 1911 3-W 1/2-#3 (CCC2)
  Altameri 1907 - 1911 (CCC1)
  Anna R no date - 21 Feb 1968 RK-BL6 (MVC)
  Bessie 4 June 1882 - 17 Apr 1908 (LC)
  C B 28 Mar 1854 - no date (LC)
  Charles N no date - 27 Jan 1963 RK-BL6 (MVC)
  Clara 1880 - 24 July 1967 3-W 1/2-#6 (CCC2)
  Fern Marie 1913 - 1918 (CCC1)
  Fern Marie 26 July 1913 - 15 Nov 1913 3-W 1/2-#4 (CCC2)
  Ira 1883 - 1944 (LC)
  Jackie Dean no dates (CCC2)

PIKE (continued)
  Julia A (w/o Napoleon Pike) 17 July 1858 - 1 Jan 1917 (LC)
  Lillian no date - 2 Oct 1965 RG-BL31 (Ashes) (MVC)
  Napoleon 10 May 1858 - 18 July 1926 (LC)
  Nellee 1889 - 1951 (LC)
  Ruby Willming 7 Oct 1908 - 15 Sept 1979 (SMGC)
  Sylvia J 13 Mar 1907 - 27 Apr 1975 (SMGC)
  Thomas Alvin no date - 29 Sept 1954 no lot (CCC2)
  Walter 30 May 1881 - 11 Aug 1951 (LC)
  Warren (s/o Napoleon & Julia A) 11 Sept 1878 - 11 May 1901 (LC)
  Willard 1879 - 1957 3-W 1/2-#5 (CCC2)
  Wm no date - 15 Aug 1977 RG-BL31 (MVC)
PILES, Ed no date - 5 June 1905 (inf) no lot (MVC)
PILKINGTON, ---- no date - 5 May 1892 R18-BL302 (MVC)
PILLOW, Col Jerome 1875 - 7 Apr 1956 RB-BL26 (MVC)
  Mary H 1878 - 8 Dec 1961 RA-BL26 (MVC)
PIMHAM, Josephine no date - 28 Mar 1942 RE-BL8 (MVC)
PINCHAM, Geo Tandy no date - 12 Apr 1954 RE-BL8 (MVC)
PINDER, Harriet 1874 - 1965 (EEC)
  Leslie B 23 May 1906 - 25 Sept 1934 (EEC)
  Robert 1872 - 4 May 1937 (EEC)
PIPER, Cetara C no dates (PDC)
  Charles no date - 1 Nov 1948 RK-BL4 (MVC)
  Elizabeth w/o John 1837 - 1908 (PDC)
  Ethel May 1901 - 1918 (LC)
  George 1856 - 1926 (PDC)
  George W 1828 - 1867 (OHC)
  John 1830 - 1907 (PDC)
  Lula 1880 - 1964 (LC)
  Maude no date - 28 Apr 1956 RD-BL11 (MVC)

PIPER (continued)
Milton A 1862 - 1890 (OHC)
Oscar 1878 - 1955 (LC)
Richard 1939 - 1955 (OHC)
Sidney 1891 - 1981 (OHC)
Susan 13 Sept 1875 35y (OHC)
PITMAN, Kate V (Sittin) 1866 - 1952 (EEC)
Thomas J 1860 - 1901 (EEC)
PITTINGTON, Albert J 15 Apr 1861 - 30 Aug 1951 "Father"(WLC)
Charles 1865 - 1933 (WLC)
Esther M 1900 - 1919 (WLC)
Homer H 1898 - 1919 (WLC)
John W 1851 - 1928 (WLC)
Mary 1882 - 1956 (WLC)
Sada Aug 1871 - 23 Mar 1947 "Mother" (WLC)
PITTMAN, Alma M 1867 - 25 June 1953 RG-BL15 (MVC)
Andrew Clark 1853 - 1890 (PDC)
Clark 1830 - 1903 father (PDC)
Frank 1864 - 10 Aug 1937 RG-BL15 (MVC)
Marvin 1917 (PDC)
Mary mother w/o Clark no date - 3 Jan 1868 27y (PDC)
Sarah no date - 21 Sept 1892 R50-BL157 (MVC)
PITTS, Beulah 1882 - 19 Oct 1953 RG-BL17 (MVC)
Ed P no dates no lot (MVC)
Nancy no date - 1 Aug 1890 (MCC)
PLACE, Isabell no dates no lot (MVC)
PLACHSBARTH, Cora M no date - 12 Oct 1939 R19 (Ashes) (MVC)
Wm no date - 16 Jan 1972 RA-BL19 (MVC)
PLAMER, Elsie Delle (w/o J J G Bromhall) no date - 27 Mar 1883 29y (LC)
PLANK, Harlindis 1867 - 7 Dec 1893 (MSSCC)
Relindis 7 Sept 1871 - 16 March 1959 (MSSCC)
PLATT, Augustine no date - 11 Mar 1907 RB-BL17 (MVC)
Beatrice M 14 Oct 1861 - 2 Oct

PLATT (continued)
1880 (WLC)
Chas T no date - 16 Mar 1961 RB-BL17 (Ashes) (MVC)
D L no date - 17 Oct 1896 R24-BL68 (MVC)
Kate 1864 - 6 Aug 1942 R24-BL68 (MVC)
Lucy no date - 17 Oct 1950 RB-BL17 (Ashes) (MVC)
M A no date - 28 Dec 1892 R17-BL278 (MVC)
Orpha J no date - 5 Apr 1917 RB-BL17 (MVC)
Sarah w/o Sidney 13 Jan 1825 - 30 July 1900 (WLC)
Sidney 9 Sept 1825 - 31 Oct 1903 (WLC)
PLATTMAN, Maura 30 Jan 1834 - 17 Dec 1908 (MSSCC)
PLOTNER, Olive L 1870 - 1908 "Mother"(WLC)
Samuel L 1869 - 1955 "Father" (WLC)
PLUMMER, Alice no date - 11 Nov 1925 RD-BL3 (MVC)
Anna L no dates (EEC)
Bessie M 1886 - 1980 (BCC)
Charles O 25 Feb 1854 - 8 Mar 1904 (EEC)
Dr L N 1848 - 1929 (MCC)
Esther M d/o B E & M C 30 Dec 1894 (BCC)
L B no date - 14 Dec 1939 RD-BL3 (MVC)
Leven W 16 Oct 1866 - 1886 (BCC)
Luculus 1896 - 1926 (BCC)
Mary 1865 - 11 Oct 1887 (BCC)
Mary C w/o B E no date - 26 Dec 1895 (BCC)
Matilda 29 Apr 1831 - 8 July 1897 (BCC)
Maude C 11 July 1878 - 21 Sept 1964 (BCC)
Raymond no date - 19 Mar 1916 RD-BL3 (MVC)
Sherman O 1856 - 1927 (BCC)
Theoline 1848 - 1938 (MCC)
PLUNKETT, Annie J no date - 26 Nov 1952 RG-BL23 (MVC)
POEHLER, Bertha 1861 - 5 Sept

POEHLER (continued)
1894 R29-BL148 (MVC)
Carl 1886 - 12 Nov 1915 R29-BL148 (MVC)
Dora E 1889 - 9 Mar 1904 R29-BL148 (MVC)
Emile S 1855 - 27 Mar 1894 R29-BL148 (MVC)
Ernest J 1852 - 20 Dec 1903 R29-BL148 (MVC)
Ernestine no date - 19 Jan 1888 R29-BL148 (MVC)
Jacob no date - 14 Mar 1884 no lot (MVC)
POITERFIELD, Katie C no date - 3 Sept 1874 (WLC)
POLFER, George P 1901 - 1929 (EEC)
POLK, Andrew no date - 29 July 1911 RF-BL9 (MVC)
Estella no date - 31 Oct 1952 RG-BL9 (MVC)
O R no date - 18 Mar 1950 RG-BL9 (MVC)
Oscar no date - 1902 no lot (MVC)
POLLOCK, A J no date - 28 Apr 1928 RD-BL8 (MVC)
Avis Ely no date - 9 Jan 1978 RK-BL29 (MVC)
Elizabeth 1901 - 9 Jan 1978 no lot (MVC)
John E no date - 17 Mar 1956 RK-BL29 (MVC)
Maude no date - 28 Apr 1956 RK-BL29 (MVC)
Sottried no date - 10 Mar 1912 RD-BL8 (MVC)
POLTINGER, Wereburg 20 May 1888 - 22 Apr 1976 (MSSCC)
POMEROY, DeForest 1868 - 1917 (MCC)
Eunice no dates (MCC)
Lemmel DeForest 20 Apr 1845 - 10 Aug 1874 (MCC)
Lemmel no dates (MCC)
Rose 1870 - 1914 (MCC)
POOS, Christ C 1906 - 1963 (LC)
Christina 1886 - 1946 (LC)
Cristian C 15 July 1867 - 26 Dec 1953 (LC)
Fred 1873 - 1878 (LC)

POOS (continued)
Henry C 1870 - 1953 (LC)
Mary 1890 - 1947 (LC)
Mary Alice Peabody 1914 - 1976 (LC)
Otto 1907 - 1933 (LC)
Theodore 1911 - 1980 (LC)
Walter 6 Oct 1913 - 27 Mar 1924 (LC)
William 1883 - 1968 (LC)
POPST, Gladys Thompson no dates (RMC)
Thornnury no dates (RMC)
PORTER, Anna B no date - 27 July 1942 RA-BL16 (MVC)
Arlena 1882 - 1954 (FPC)
Billy Lee no date - 22 May 1937 RA-BL16 (MVC)
Charles A 1906 - 26 Feb 1981 US Army WWII RK-BL32 (MVC)
Charles K no date - 17 Mar 1984 RK-BL39 (MVC)
Mrs Charles K no date - 17 Apr 1966 RK-BL32 (MVC)
Douglas 26 Feb 1912 - 15 Nov 1912 (SNC)
Effie no date - 7 Apr 1921 RE-BL4 (MVC)
Garnett Earl 1909 - 1910 (CWC)
George 1882 - 1887 (FPC)
George 1888 - 1907 (FPC)
George C 7 Jan 1884 - 23 June 1885 (FPC)
Isaac 1853 - 1927 (FPC)
Joel W no date - 11 Feb 1907 RD-BL19 (MVC)
Kathyrn no date - 15 Jan 1955 RA-BL16 (MVC)
Mary Etta 3 Mar 1851 - 21 Dec 1939 (FPC)
Mary J no date - 8 Mar 1902 R40-BL335 (MVC)
Ruth 1908 - 1966 no lot (MVC)
Sarah A 12 Feb 1824 - 25 June 1897 (FPC)
Sherman 28 Dec 1886 - 22 Feb 1887 (FPC)
Wm no date - 2 July 1968 RA-BL16 (MVC)
PORTREY, Catherine w/o C 1845 - 1881 (SACC)
Charles 1843 - 1881 (SACC)

PORTREY (continued)
Mary Fassnacht w/o C J 1865 - 1888 (MCC)
Mathais no date - 1881 (SACC)
Stella 1888 - 1922 (MCC)
PORTZ, Margaret Mary 29 July 1892 - 8 Dec 1942 (MSSCC)
Viola 4 March 1894 - 24 Apr 1972 (MSSCC)
POST, Alice 1856 - 26 Aug 1942 RA-BL7 (MVC)
Edgar 1848 - 31 Mar 1933 RA-BL7 (MVC)
POSTER, Minerva no date - 5 July 1916 RD-BL19 (MVC)
Wm no date - 31 Jan 1916 R40-BL335 (MVC)
POTTENGER, Frank H no date - 7 Mar 1903 RD-BL12 (MVC)
POTTER, Bettie no date - 29 Jan 1913 R55-BL241 (MVC)
Della w/o John 1867 - 1908 (EEC)
Frances M 1862 - 24 Apr 1863 (OYC)
Fred no date - 8 May 1914 R55-BL241 (MVC)
Harvey no date - 14 Nov 1922 R55-BL241 (MVC)
Henry no dates (SNC)
inf no date - 24 Feb 1888 R55-BL241 (MVC)
John 1868 - 1945 (EEC)
Mary 1 Apr 1825 - 2 Feb 1918 (OYC)
Modora d/o T & S 29 May 1889 23y 7m 13d (MPC)
Moses 1 Apr 1825 - 13 Feb 1902 (OYC)
Sarah 1 Oct 1833 - 24 Feb 1920 (SNC)
Susanah 11 Feb 1833 - 14 Mar 1909 (MPC)
Tinsley 15 Oct 1826 - 14 Mar 1904 (MPC)
POTTS, Charity 22 July 1870 - 11 May 1911 (LC)
Franklin Theodore 15 Apr 1914 - 7 Dec 1967 (LC)
G W 1819 - 1889 (LC)
W G 1818 - 1889 (LC)

POWELL, LeRoy 1894 - 1978 (LC)
Mary 1896 - 1964 (LC)
POWERS, Agnes M no date - 12 July 1942 RG-BL22 (MVC)
Bethel 1850 - 1907 (MPC)
Elva 1885 - 1970 (FPC)
Fred L 1879 - 1935 (FPC)
John no date - 21 May 1934 RG-BL22 (MVC)
Mae 1876 - 1968 (MPC)
Nancy 1848 - 1908 (MPC)
William 1877 - 1955 (MPC)
PRATHER, Benj W no date - 4 Nov 1933 R29-BL143 (MVC)
Bertha W no date - 6 May 1948 RA-BL10 (MVC)
Hazel 7 Oct 1891 - 10 Dec 1976 (SNC)
John 1866 - 29 Dec 1944 RA-BL10 (MVC)
L J 1874 - 23 Apr 1890 R29-BL143 (MVC)
Nellie 1845 - 7 Nov 1907 RA-BL10 (MVC)
R M 1813 - 30 Jan 1904 R29-BL143 (MVC)
Sara 1903 - 17 Nov 1907 RA-BL10 (MVC)
Thomas J no date - 24 Feb 1939 RA-BL10 (MVC)
PRATT, Douglas no date - 30 Apr 1902 RB-BL4 (MVC)
F Marion 1868 - 1951 (EEC)
Homer no date - 17 Apr 1936 (inf) RD-BL2 (MVC)
Nina M w/o F M 11 Dec 1874 - 30 Mar 1916 (EEC)
Roy Ellis s/o F M & Nina 28 Mar 1916 - 16 Apr 1916 (EEC)
PRESTON, baby no dates (EEC)
Carrie no date - 28 Aug 1945 RE-BL14 (MVC)
Catherine 1819 - 18 Mar 1899 R65-BL53 (MVC)
Edna Leah 28 July 1888 - 15 June 1929 40y 10m 17d (EEC)
Elizabeth C 23 Sept 1853 - 8 Feb 1939 84y 10m 23d (EEC)
Elizabeth no date - 24 Nov 1943 RG-BL30 (MVC)
F B J no dates (EEC)

PRESTON (continued)
Mrs Grace no date - 15 Oct 1944 RG-BL30 (MVC)
Homer E 1894 - 17 June 1939 RJ-BL30 (MVC)
Dr J F 20 Jan 1849 - 12 July 1925 (EEC)
James F 1749 - 12 July 1825 76y 5m 21d (EEC)
Liffany 1787 - 21 Aug 1839 52y 6m 15d (EEC)
Lugian 4 Mar 1883 - 1 Dec 1912 (EEC)
Minnie Baxter 1887 - 1968 (EEC)
Nicholas no date - 27 Jan 1923 RE-BL14 (MVC)
O R no dates (EEC)
Richard h/o Catherine 1830 Parish of Dunfeeny, Co Mayo, Ireland - 26 Mar 1873 40y Sec2-L107-#2 (SPC)
Dr Richard Ottis 11 Mar 1885 - 30 Dec 1945 (EEC)
Robert A no date - 27 Mar 1941 RG-BL30 (MVC)
Ruth 1874 - 1933 (MCC)
Winnie 1908 - 1908 (MCC)
Wm 1821 - 3 Mar 1890 R65-BL53 (MVC)
PRETTY, Samuel 1827 - 1881 (SDLC)
PRETZ, Eli s/o H & M no date - 29 Dec 1874 22y 10m 10d (WLC)
Henry no date - 24 May 1884 67y 7m 15d "Father" (WLC)
Mary no date - 3 Feb 1903 81y 8m 8d "Mother" (WLC)
Paschal 31 July 1895 - 5 July 1981 (SBAC)
Pius 1890 - 26 March 1977 (SBAC)
PRETZEL, Albert W no date - 24 Apr 1912 R24-BL138 (MVC)
Caroline no date - 15 Sept 1924 R48-BL138 (MVC)
Fredricka no dates no lot (MVC)
PRICE, Agnes no date - 16 Dec 1925 54y Sec1-L69-#3 (SPC)
Alice no date - 11 Nov 1926 62y Sec1-L69-#4 (SPC)
Bernard P no date - 28 Dec 1935

PRICE (continued)
63y no lot (SPC)
Bridget no date - 11 Jan 1945 61y Sec1-L69-#2 (SPC)
Mrs E no date - 5 Apr 1937 RE-BL5 (MVC)
E J no date - 23 July 1977 RK-BL14 (MVC)
Edward no date - 26 Apr 1923 50y Sec1-L90-#3 (SPC)
Edward no date - 8 Jan 1908 75y Sec1-L90-#1 (SPC)
Fan 1885 - 27 Aug 1965 RJ-BL7 (MVC)
Harry no dates (EEC)
J W 1910 - 1918 (EEC)
John M 1876 - 13 June 1954 RJ-BL7 (MVC)
Mary no date - 22 June 1922 85y Sec1-L90-#2 (SPC)
Mell no date - 30 Aug 1893 R50-BL161 (MVC)
Robert S 24 July 1947 84y Sec1-L49-#1 (SPC)
Thomas E 17 May 1850 - 10 Mar 1891 40y 11m 23d (FPC)
PRIDLEY, Henry 24 Aug 1881 58y 3m 9d (MCC)
Jane T w/o Henry 1833 - 1871 (MCC)
PRIEDERICH, Freiderick s/o A T (PDC)
George s/o A T & M Meak 1881 - 1885 (PDC)
Lile H 1881 - 1885 (PDC)
PRIEST, Elic 1797 - 3 Feb 1903 (WLC)
Ella no date - 13 Mar 1945 82y Sec1-L80-#1 (SPC)
Henry 1817 - 24 May 1884 (WLC)
John H 1884 - 21 Oct 1954 RF-BL25 (MVC)
Lewis W 1907 - 1924 (WLC)
Lillian 1881 - 19 Apr 1966 RF-BL25 (MVC)
Mary 1822 - 3 Feb 1903 (WLC)
Nora Estell 16 Mar 1886 - 22 Mar 1939 (WLC)
Obediah A 1863 - 1947 (WLC)
Mrs Rosetta no date - 24 May 1930 68y 5m 29d (WLC)

PRIEST (continued)
 Roxie L w/o G W d 2 Dec 1892 66y 2m 27d (WLC)
 Sarah E 1869 - 1948 (WLC)
 W E 28 Feb 1860 - 26 Jan 1916 (WLC)
 William G 1834 - 1913 "Father" (WLC)
PRIM, Bessie R 1886 - 4 Feb 1968 RK-BL30 (MVC)
 Charles P 1882 - 12 Feb 1972 RK-BL30 (MVC)
 Chas S 1855 - 16 Sept 1913 R28-BL127 (MVC)
 Irene M no date - 12 Aug 1878 no lot (MVC)
 Irene Myrtle 1878 - 5 May 1880 no lot (MVC)
 Margaret S no date - 1 Apr 1911 R28-BL127 (MVC)
 Pearl 1884 - 28 July 1968 RK-BL30 (MVC)
PRINCE, Wm Henry no date - 25 Apr 1921 RE-BL14 (MVC)
PRITCHARD, Bertha R 1902 - 1967 (MCC)
 James C 1893 - 1958 (MCC)
PROHASCO, Emma T no date - 9 May 1894 R68-BL107 (MVC)
 Richard no date - 7 Jan 1903 R13-BL219 (MVC)
PROHASKA, Anna (w/o Francis) 1833 - 13 Feb 1889 (SLC)
PROX, Victoria no date - 9 June 1898 R14-BL232 (MVC)
PRUETT, Barbara J 1933 - 13 June 1934 RF-BL24 (MVC)
 Elsie L 1894 - 15 Apr 1969 RJ-BL13 (MVC)
 Violet A 1935 - 14 July 1939 RF-BL24 (MVC)
 Wilmer H 1911 - 6 June 1963 RJ-BL13 (MVC)
 Wm H 1884 - 18 Apr 1961 RJ-BL13 (MVC)
PRUITT, James 1842 - 1926 (EEC)
 Martha 1849 - 1923 (EEC)
PRUNTY, Elizabeth no date - 27 Aug 1885 no lot (MVC)
 John 1812 - 29 Oct 1887 R30-BL154 (MVC)

PRUTT, baby no dates 31-N 1/2 E 1/2-#3 (CCC2)
PRYOR, Orlandor no date - 14 Jan 1893 R51-BL186 (MVC)
PUCKETT, Anna A 1894 - 1971 (SACC)
 Lewis M 1885 - 1963 (SACC)
PUGH, Mrs no date - 24 July 1957 RE-BL20 (MVC)
 Willie no date - 24 July 1957 RE-BL20 (MVC)
PUHLER, Ruperta 21 May 1901 - 3 Sept 1953 (MSSCC)
PULIVER, Frank Scott no date - 17 May 1978 RK-BL42 (MVC)
PULMAN, Carrie no date - 31 July 1970 RF-BL26 (MVC)
PULVER, Roy no date - 30 Sept 1976 RK-BL34 (MVC)
 S A no dates (EEC)
PULZER, Reba Jessie Pantle no date - 3 Aug 1984 6-3-30-K (MVC)
PUN, Florence no date (EEC)
PURCELL, Bobby no dates (inf) (SNC)
 Elizabeth 1832 - 17 Nov 1914 82y Sec1-L10-#3 (SPC)
 Eugene 1863 - 1 July 1924 59y Sec1-L10-#4 (SPC)
 Gregory no date - 27 Nov 1884 9y Sec1-L10-#1 (SPC)
 John P no date - 21 Dec 1958 85y Sec1-L20-#5 (SPC)
 Mary F no date - 26 Apr 1935 67y Sec1-L20-#6 (SPC)
 P Edward 1870 - 18 Feb 1963 92y Sec1-L20-#6 (SPC)
 P K no date - 21 Jan 1877 47y Sec2-L90-#5 (SPC)
 Theresa Foss 1860 - 23 Aug 1933 64y Sec1-L10-#5 (SPC)
 Thomas J no date - 18 Sept 1933 74y Sec1-L20-#2 (SPC)
 Tobias no date - 1 Sept 1869 74y Sec2-L90-#4 (SPC)
 Wm no date - 11 May 1897 7y Sec1-L20-#1 (SPC)
 Wm no date - 3 May 1905 79y Sec1-L10-#2 (SPC)
PURCH, Ethel P no date - 22 Dec 1965 RA-BL7 (MVC)

PURDY, Herbert 1871 - 1953 (EEC)
PURSGLOVE, Rilla G C no date - 12 May 1964 R68-BL104 (MVC)
PURSLOW, Frances F no date - 9 Mar 1965 RF-BL2 (MVC)
Harry no date - 26 May 1925 RD-BL1 (MVC)
inf no date - 2 Mar 1895 R36-BL260 (MVC)
James G no date - 19 Apr 1888 R36-BL260 (MVC)
Jennie C no date - 3 Apr 1928 RD-BL1 (MVC)
Mythe M no date - 30 Oct 1963 RG-BL21 (MVC)
PUSCH, Edmund Stephen 24 Sept 1889 - 19 Nov 1968 (SBAC)
PUTMAN, Caroline no date - 1 Aug 1970 RF-BL26 (MVC)
Elizabeth A 1833 - 29 Oct 1928 RF-BL26 (MVC)
Grace 1880 - 1935 (CCC1)
Harry L no date - 29 Oct 1928 RF-BL26 (MVC)
John A 1863 - 27 Oct 1927 RF-BL6 (MVC)
Josephine no date - 23 Nov 1957 RF-BL26 (MVC)
Luther H 1860 - 1925 no lot (MVC)
PUTTHOFF, Herman J 1891 - 1971 (SACC)
Rose Corpstein 1901 - 1980 (SACC)
PUTTMAN, Belle C 1895 - 1973 (AC2)
PUTUT, Cora L no dates (EEC)
PYLES, Alfred no date - 28 Dec 1940 R40-BL329 (MVC)
Edward no date - 20 Mar 1943 RE-BL5 (MVC)
Gladd no date - 25 Dec 1897 R40-BL329 (MVC)
inf/o Edward no date - 5 June 1908 R40-BL329 (MVC)
Mrs Plessie no date - 16 Oct 1908 R40-BL329 (MVC)
Sarah no date - 16 Jan 1950 RE-BL5 (MVC)
PYNE, C B no dates (EEC)

PYNE (continued)
Florence no dates (EEC)
J C 22 Apr 1894 - 29 May 1963 (EEC)
James C 1894 - 1963 (USA WWI) (EEC)
PYRCELL, John 1914 - 1976 (MCC)
QUARLES, Mrs Alice no date - 27 Aug 1905 RE-BL6 (MVC)
Robert no date - 27 July 1905 RE-BL6 (MVC)
QUICK, Dora Maude 1878 - 1961 (MCC)
QUIETT, Elizabeth 1848 - 1874 (PDC)
QUINETTE, Garinna no date - 25 May 1898 R38-BL299 (MVC)
QUINLAN, Jeremiah 14 Mar 1839 - 20 Mar 1891 81y Sec1-L94-#4 (SPC)
Mary Keefe w/o Jeremiah 1809 - 26 Feb 1869 60y Sec1-L94-#5 (SPC)
QUINN, Bridget w/o Patrick no date - 11 Oct 1873 38y Sec1-L98-#3 (SPC)
Catherine no date - 1871 6y Sec1-L98-#6 (SPC)
Edward Michael 1870 - 24 Mar 1949 78y Sec1-L94-#1 (SPC)
James O 13 Jan 1893 - 22 Sept 1969 (SMGC)
Jeremiah no date - 1871 3y Sec1-L98-#5 (SPC)
John Pat 1859 - 27 Mar 1936 76y Sec1-L94-#2 (SPC)
Mary no date - 1 Mar 1885 22y Sec1-L94-#2 (SPC)
Patrick 27 May 1824 - 16 Jan 1902 78y Sec1-L98-#2 (SPC)
Thomas 1873 - 21 Aug 1901 28y Sec1-L98-#1 (SPC)
QUIRK, John no date - 31 Mar 1895 3h Sec1-L95-#1 (SPC)
Mary no dates Sec1-L95-#3 (SPC)
Patrick no date - 23 Dec 1896 68y Sec1-L95-#2 (SPC)
QUIZGIN, Carrie no date - 13 May 1957 RF-BL27 (MVC)

RADER, Lee 26 May 1923 - 19 Dec 1982 (EEC)
RAE, Tom no dates (RMC)
RAILDBACK, Beulah 1837 - 30 May 1888 R44-BL57 (MVC)
Jacob 1845 - 13 Feb 1932 R44-BL57 (MVC)
Joan P no date - 12 Oct 1928 R44-BL57 (MVC)
Linnie N 1875 - 13 May 1888 R44-BL57 (MVC)
RAILINGS, Martha L 1867 - 28 Dec 1951 R45-BL73 (MVC)
RAISH, George H 187 - 25 Feb 1970 RG-BL33 (MVC)
RALPH, Sarah J d 9 May 1934 79y 10m 1d (EEC)
RALSTON, Roy A 13 Aug 1916 - 23 Apr 1978 (SMGC)
RAMSEY, A R no dates (PDC)
Dorcas C 1894 - 19 Jan 1966 RK-BL10 (MVC)
Edward no date - 27 Jan 1912 R53-BL209 (MVC)
Elizabeth w/o John no dates (PDC)
Emma E 26 Apr 1909 50y (PDC)
Everett E 1917 - 1963 (EEC)
Francis s/o Wm & Jennie no date - 9 June 1891 7d (EEC)
Frank M 1866 - 1929 (PDC)
G no dates (EEC)
H Calvin 1871 - 18 Jan 1943 RF-BL14 (MVC)
Harriet B 1886 - 23 Nov 1971 RG-BL40 (MVC)
Hugh 1881 - 7 Apr 1942 RG-BL40 (MVC)
J B 1860 - 1861 (PDC)
John 20 May 1880 (PDC)
John 20 May 1888 (PDC)
John 9 Mar 1882 (PDC)
John R no date - 10 Oct 1922 RD-BL2 (MVC)
Joseph 3 Oct 1800 - 28 Sept 1901 (PDC)
Katherine G no date - 6 Jan 1911 no lot (MVC)
Mary Elizabeth 1870 - 11 Jan 1955 RK-BL10 (MVC)
Pearl B 1878 - 16 Sept 1920 RF-BL14 (MVC)

RAMSEY (continued)
Robert W no date - 25 May 1934 RK-BL10 (MVC)
Ronald no date - 7 Oct 1983 RK-BL10 (MVC)
Rose Ann 1862 - 25 Feb 1885 no lot (MVC)
Ruthie 1887 - 7 Oct 1895 (EEC)
W G 1864 - 1865 (PDC)
William 1820 - 13 Aug 1895 75y Co D 15 Kansas Infantry (EEC)
RAMSTEINER, Godfrieda 27 June 1900 - 1 Apr 1972 (MSSCC)
RANDALL, Mrs T J no date - 28 Mar 1959 RF-BL15 (MVC)
Thomas no date - 29 Jan 1959 no lot (MVC)
Wm E no date - 19 Nov 1928 RF-BL15 (MVC)
RANDLES, inf/o Howard no date - 23 Oct 1949 RK-BL6 (MVC)
RANK, Aleides 25 July 1865 - 9 Sept 1889 (MSSCC)
Ambrose 12 July 1863 - 18 Aug 1891 (SBAC)
Edna 1887 - 6 July 1945 RG-BL36 (MVC)
Joseph E 1865 - 25 Sept 1931 RG-BL36 (MVC)
Michael 29 Sept 1865 - 18 Oct 1915 (SBAC)
RANKIN, Clara B 1861 - 1 Feb 1910 RG-BL16 (MVC)
Hugh 1852 - 1934 (LC)
RANSON, John L no date - 26 Nov 1955 RE-BL20 (MVC)
RASDALL, John no date - 26 Nov 1899 RB-BL9 (MVC)
Mary no date - 16 June 1922 RA-BL1 (MVC)
RASTER, Mary 1811 - 5 Jan 1880 no lot (MVC)
RATHAB, Jacob no dates 82y 8m 22d stone laying on front (PDC)
RATHBURN, Jeanette W 1845 - 20 Feb 1902 R25-BL69 (MVC)
RATHERT, Adolph no date - 9 Jan 1902 (LC)
Alfred C 1898 - 1967 (LC)
Bob P 1903 - 1914 (LC)
Clarence 24 Feb 1904 - 28 May

RATHERT (continued) 1971 (SMGC)
Eliza (w/o Herman Rathert) 1865 - 1923 (LC)
Elsie 15 May 1906 - 12 Apr 1951 (LC)
Fred 1901 - no date (LC)
Herbert 1900 - 1977 (LC)
Herman 1866 - 1958 (LC)
Ivan Richard b&d 1944 (LC)
Lena 1909 - no date (LC)
Lisetta 25 May 1832 - 22 Dec 1909 77y 6m 27d (LC)
Mary w/o Clarence 27 Sept 1895 - 2 July 1974 (SMGC)
Max 20 Mar 1901 - 24 June 1909 (LC)
Velma 1915 - nd (LC)
Wm F 13 July 1896 - 29 Feb 1976 (LC)
RAUSH, Johanna K no date - 1 Mar 1922 RD-BL2 (MVC)
Julius P no date - 22 Jan 1922 RD-BL2 (MVC)
RAW, Helena no date - 8 June 1946 RD-BL2 (MVC)
RAWLEY, Margaret 1863 - 1938 (SACC)
RAWSON, Merlyn D no date - 14 Apr 1978 RJ-BL18 (MVC)
RAY, Mrs Davis B no date - 25 Nov 1975 RF-BL18 (MVC)
Margaret I 1853 - 20 Mar 1928 R57-BL148 (MVC)
RAYER, Emma C 1862 - 1935 (LC)
Harry E 1866 - 1944 (LC)
RAYFIELD, Geo B no date - 9 Dec 1957 RD-BL3 (MVC)
Mrs Geo B no date - 30 July 1917 RD-BL3 (MVC)
Roy no date - 14 Mar 1925 RD-BL1 (MVC)
RAYFORD, Marion no date - 7 Nov 1928 RE-BL5 (MVC)
RAYMOND, Chas R no date - 27 Feb 1921 RA-BL22 (MVC)
Dersis 1834 - 1937 (WLC)
Wilburn no date - 7 Mar 1911 RF-BL8 (MVC)
READ, Garnette B 1897 - 7 Mar 1902 R51-BL179 (MVC)

READER, Margarett L 1877 - 1935 (MCC)
REARDON, Martha E 1865 - 3 Apr 1923 (SNC)
REBART, T V no dates Co K 122 US G T (MCC)
REDD, Hattie B no date - 22 June 1963 RE-BL21 (MVC)
REDDICK, Betty Lee no dates no lot (MVC)
REDDING, John C 1852 - 21 June 1931 RG-BL27 (MVC)
Sarah 1858 - 27 Feb 1935 RG-BL27 (MVC)
REDER, Louis no date - 14 Nov 1983 RJ-BL26 (MVC)
REDFORD, Wm D 1860 - 6 Sept 1922 RB-BL15 (MVC)
REDHEAD, Moses 1835 - 13 Sept 1902 R16-BL261 (MVC)
REDINGER, Ann M 1893 - 18 June 1960 RG-BL38 (MVC)
George F no date - 21 June 1960 RG-BL38 (MVC)
REDMON, Letitia B no date - 16 Dec 1946 RE-BL3 (MVC)
Sarah no date - 22 July 1911 RE-BL3 (MVC)
REE, Florence P no dates (PDC)
REECE, Anna Marie 1872 - 1966 (LC)
Buddie no date - 1891 (LC)
C Alice 1856 - 1928 (MCC)
Charles 1867 - 1961 (LC)
D M 1856 - 1952 (LC)
Dori 5 Nov 1878 - 18 July 1933 (EEC)
Elizabeth 1832 - 1893 61y (FGC)
Elizabeth w/o Jacob 1832 - 1893 (BCC)
Ellen w/o W N 17 Feb 1850 - 9 Dec 1907 (EEC)
Harvey T 1874 - 1964 (EEC)
Henry 2 Oct 1862 4d (FGC)
Henry s/o J & Elizabeth 1862 4y (BCC)
Huldah 1832 - 1913 (FGC)
inf s/o H T & Blanche no date - 1896 (EEC)
Ira E 1877 - 1965 (MCC)
Jacob 1825 - 1907 (FGC)
Leon 27 Feb 1875 2m (FGC)

REECE (continued)
Maggie Alice Brumfield 19 Sept 1859 - 6 June 1933 73y 8m 9d Atchison Co, Kansas (LC)
Mary Southerland 13 Jan 1830 near Jonesville, North Carolina - 27 Jan 1922 92y 14d (LC)
Nellie M 1883 - 1972 (MCC)
Otis 1908 - 1972 (BCC)
Pearl A w/o Owen W 1896 - 1918 (MCC)
Riley A 1853 - 1906 (MCC)
Riley 1914 inf (MCC)
Ruby 1914 - 1964 (BCC)
Sihon 24 Aug 1824 near Rockford, North Carolina - 16 Jan 1921 96y 23d (LC)
W N 6 Oct 1848 - 25 Sept 1925 75y 11m 18d (EEC)
William 1824 - 1897 73y (BCC)
William 5 Jan 1897 73y (FGC)
William R no date - 16 Oct 1881 30y 1m 15d (LC)
REED, Myrtle R 1903 - 1969 (WLC)
REEDES, Lara G 10 Mar 1874 - 3 Sept 1939 (WLC)
REEVES, Anna C 1898 - 1970 (LC)
Daniel W 1844 - 1915 (OHC)
Fred J 1900 - nd (LC)
Jane 1847 - 1919 (OHC)
Kate L 1889 - 1979 (OHC)
Vernetter 1885 - 1971 (OHC)
REGAN, Angela 1889 - 1970 (SACC)
Cashell no dates (SACC)
Cashell W 1883 - 1953 (SACC)
Catherine 1822 - 1856 mother (SACC)
Doris no date - 18 May 1977 (CWC)
Geraldine 1924 - 1925 (SACC)
inf/o Angela & John D no date - 1920 (SACC)
John F 1881 - 1955 (SACC)
John no date - 1920 inf (SACC)
Mary C 1884 - 1945 (SACC)
Patrick G 1853 - 1927 (SACC)
Patrick no date - 1919 inf (SACC)
Robert E 6 July 1905 - 22 Feb

REGAN (continued)
1978 (CWC)
Ronald F 1922 - 1945 (SACC)
Wilfred no date - 1921 (SACC)
REGLAND, Alvin 1891 - 1951 (LC)
Elsie 1896 - 1979 (LC)
REICHEL, Magdalen 30 Dec 1866 - 2 July 1923 (MSSCC)
REICHETT, Josephine no date - 8 Dec 1925 RC-BL3 (MVC)
REICHLE, George 1898 - 1899 (SNC)
Herman L 30 Nov 1860 - 27 Nov 1951 (SNC)
Ralph C no date - 28 May 1980 (SMGC)
Rosa A Fliener 27 May 1867 - 17 July 1949 (SNC)
REICHMAN, Caroline C 1827 - 8 Oct 1899 73y "Mother" (EEC)
Samuel 1817 - 1908 "Father" (EEC)
Samuel no dates (EEC)
REICHMAUN, George no date - 31 July 1885 (LC)
REID, Benjamin 1885 - 1938 (WLC)
C N 15 May 1847 - 3 Apr 1931 (WLC)
Edith H 1862 - 26 Jan 1955 RA-BL20 (MVC)
Evelyn no date - 15 Sept 1913 no lot (MVC)
Gladys 1895 - 19 July 1977 R29-BL139 (MVC)
Harry 1895 - 13 Sept 1972 R29-BL139 (MVC)
Jeanette 1821 - 17 Jan 1904 R29-BL139 (MVC)
John J 1897 - 12 Sept 1977 R29-BL139 (MVC)
Joseph A 1860 - 27 Nov 1940 R29-BL139 (MVC)
Lizzie Elizabeth 1893 - 12 Jan 1914 RA-BL20 (MVC)
Loretta no date - 25 Feb 1983 R29-BL139 (MVC)
Louisa S 8 Nov 1862 - 31 Jan 1922 (WLC)
Martha 1891 - 1979 (WLC)
Mary E 17 Apr 1897 - 20 Mar

REID (continued)
1902 (WLC)
Nancy 1871 - 7 Feb 1960 R29-BL139 (MVC)
P J no date - 3 Jan 1933 79y 10m 7d (WLC)
Paul 1862 - 16 July 1979 RK-BL28 (MVC)
Peter 1815 - 28 Mar 1869 no lot (MVC)
Peter 1851 - 1917 (WLC)
Robert 1857 - 1 Nov 1900 RA-BL20 (MVC)
Sarah E 1846 - 1932 (WLC)
REILMAN, Antony 12 Aug 1906 - 22 July 1975 (SBAC)
REINERT, inf/o Charles no date - 25 Feb 1927 RD-BL6 (MVC)
REINHARD, Alice M 1880 - 1973 (LC)
Anna 19 Apr 1837 - 5 Feb 1895 (LC)
Annamariah (w/o George Reinhard) no dates 73y 11m 15d (LC)
Augie 1871 - 30 Jan 1945 (LC)
Ed 1883 - 5 May 1949 RK-BL2 (MVC)
George 1878 - 1967 (LC)
Henrietta (d/o John & Anna) 18 Sept ---- - no date 4y 10m 11d (LC)
John 16 Apr 1829 - 21 Mar 1911 (LC)
John 1869 - 1942 (LC)
Leslie 1908 - 1979 (LC)
REINHARDT, Elizabeth no date - 24 May 1830 no lot (MVC)
Wm 1826 - 10 Aug 1891 R30-BL160 (MVC)
REINHART, Olive 1876 - 9 Mar 1954 RK-BL2 (MVC)
REISINGER, Webster 15 Oct 1873 - 28 June 1920 (MTPC)
REISNER, Charity B 1872 - 18 Feb 1961 RG-BL25 (MVC)
Dr Christian 1872 - 21 Feb 1940 no lot (MVC)
Emma M no date - 11 Oct 1920 RD-BL2 (MVC)
John C 1829 - 1905 no lot (MVC)
John Henry no date - 11 Dec

REISNER (continued)
1934 RD-BL2 (MVC)
Mariel Chr no date - 8 Aug 1927 RD-BL2 (MVC)
Rebecca 1830 - 11 Jan 1923 RG-BL15 (MVC)
REITER, Lenard H no date - 26 Nov 1960 RF-BL3 (MVC)
RENDER, Harold E 1888 - 1958 (EEC)
RENNEX, Mrs James 1848 - 28 Oct 1921 (SNC)
RENO, Gary Allen no date - 13 Dec 1962 (inf) RK-BL14 (MVC)
RENSER, Wm P no date - 1 Mar 1934 RG-BL21 (MVC)
REPPERT, George B 7 Mar 1909 - 7 Apr 1978 (SMGC)
REPSTINE, Eunice 1926 - 1943 13-N 1/2-#1 (CCC2)
Gettie 11 Dec 1899 - no date 12-N 1/3-#2 (CCC2)
Lewis 1854 - 1936 (CCC1)
Lewis 25 Dec 1854 - 26 Aug 1936 9-N 1/2-#2 (CCC2)
Louise 1859 - 1917 (CCC1)
Louise 20 May 1859 - 4 Oct 1917 9-N 1/2-#1 (CCC2)
Nathan no date - 18 Oct 1983 RJ-BL35 (MVC)
Perlem 26 Feb 1886 - 11 Apr 1950 12-N 1/2-#1 (CCC2)
Ronnie 24 Apr 1956 - 10 Mar 1973 12-N 1/3-#1 (CCC2)
RESINGER, Maggie 1878 - 1955 "Mother" (CWC)
Otis 1864 - 1949 "Father" (CWC)
RESTER, Edna 1881 - 11 Oct 1907 RB-BL14 (MVC)
Mary 1856 - 13 Feb 1929 RB-BL14 (MVC)
Norman D 1856 - 29 Mar 1944 RB-BL14 (MVC)
Wm C no date - 16 May 1939 RB-BL14 (MVC)
RETTENMAIER, Mathilda 1869 - 28 Apr 1893 R13-Bl220 (MVC)
REUTHINGER, Ferinand 1829 - 12 Nov 1913 R47-BL108 (MVC)

REYNOLDS, Andrew no date - 1861 Sec1-L81-#3 (SPC)
Bridget 1829 - 28 Apr 1915 95y Sec1-L91-#1 (SPC)
Ellen no date - 8 Feb 1919 RD-BL5 (MVC)
George F 19 Aug 1889 - 17 Apr 1973 (SMGC)
James G 1881 - 1884 (PDC)
James Michael no date - 26 Jan 1861 Sec1-L81-#4 (SPC)
Jamina J 1840 - 1919 (PDC)
Leslie N 21 June 1885 - 29 Dec 1959 (CWC)
Roberta 1864 - 1873 dau (PDC)
Thomas 1798 - 1870 72y Sec1-L91-#2 (SPC)
William T 1864 - 1973 husband (PDC)
Thursey J Jan 1895 - 19 May 1975 (SMGC)
RHODES, B A no dates Co B 19th Kansas Cavalry (BCC)
George 14 Mar 1817 - 7 Feb 1881 (LC)
Hannah 15 Feb 1819 - 1 Apr 1898 (LC)
Hannah J 1858 - 1875 (OHC)
Isiah A 1852 - 1871 (OHC)
Rhodis 1855 - 1871 inf (OHC)
V A no dates 19th Cavalry Co B (FGC)
RIASH, Nellie C 1883 - 29 Apr 1941 RG-BL33 (MVC)
RIBBONS, Henry 1815 - 22 June 1894 (BCC)
Matilda 21 Jan 1822 - 2 June 1898 (BCC)
Thomas 1821 - 1896 (MCC)
RICE, A J 1841 - 1926 (EEC)
Adela M 1881 - 30 June 1950 R44-BL56 (MVC)
Arbella 1881 - 5 June 1900 R44-BL56 (MVC)
Arvesta no date - 22 Mar 1880 no lot (MVC)
Beulah M 1901 - 1973 (MCC)
Daniel 1821 - 1909 (MCC)
Edward S no date - 4 Mar 1894 21y 2m 4d (EEC)
Elmer M 1859 - 1951 (MCC)
Emma A no date - 8 Feb 1954

RICE (continued)
RG-BL30 (MVC)
Everetta S 1881 - 1898 (MCC)
Francis 1904 - 1963 (MCC)
Frank G no ate - 22 Apr 1939 RG-BL30 (MVC)
Gladys no date - 15 Aug 1984 5-3-12-F (MVC)
Homer W 1869 - 3 Jan 1925 R44-BL56 (MVC)
Irma Irene 1891 - 21 Jan 1978 RG-BL31 (MVC)
John D no date - 7 July 1964 RF-BL12 (Ashes) (MVC)
Leah no date - 22 Mar 1947 RG-BL29 (MVC)
Lucy 1821 - 1907 (MCC)
Mary C 1873 - 15 Apr 1951 RG-BL10 (MVC)
Nanie M 1896 - 1925 (MCC)
Nathan 1825 - 26 Apr 1889 R44-BL56 (MVC)
Oliver W 1901 - 1919 (MCC)
Rovert O 1819 - 21 Sept 1892 13y 2m 12d (EEC)
Ruby Rose 1909 - 1933 no lot (MVC)
Sidney Clark 1885 - 13 Dec 1958 RG-BL29 (MVC)
Thelma no date - 30 Dec 1933 (inf) RG-BL10 (MVC)
Wilma M 1914 - 1976 (MCC)
---- s/o Alfred no dates (FGC)
RICHARD, Mary M 1923 - 1979 (SNC)
RICHARDS, Alanzo C no date - 23 Nov 1948 RG-BL5 (MVC)
Alice no date - 22 Feb 1934 RG-BL5 (MVC)
Ethel Elnora 1921 - (OHC)
Frances A 1842 - 26 July 1884 no lot (MVC)
Harry Thomas 1915 - 1980 US Navy WWII (OHC)
James Paris 1846 - 29 Dec 1928 RG-BL5 (MVC)
Robert H no date - 4 Mar 1965 R59-BL310 (MVC)
RICHARDSON, Gladys no dates (EEC)
Homer D 1907 - 1908 (MGC)
James Adrian 1900 - 20 Apr 1935

RICHARDSON (continued) (EEC)
Lila K no date - 21 Dec 1943 RE-BL3 (MVC)
RICHEY, Alice L no date - 8 Mar 1928 RF-BL216 (MVC)
Edema no date - 1 Feb 1917 RE-BL11 (MVC)
Frank no date - 24 Dec 1971 RE-BL10 (MVC)
Herbert no date - 27 July 1974 RE-BL21 (MVC)
Herbert W III no date - 15 Sept 1968 RE-BL21 (MVC)
Lyna no date - 6 Oct 1942 RE-BL10 (MVC)
Mary no date - 19 Feb 1916 RE-BL2 (MVC)
Oscar D no date - 26 Sept 1914 RD-BL20 (MVC)
Pauline no date - 2 Feb 1930 RE-BL11 (MVC)
Pete no date - 25 Jan 1934 RE-BL10 (MVC)
RICHTER, Dominick 14 Oct 1876 - 5 Nov 1938 (EEC)
Pearl Woolfolk 9 Apr 1881 - 14 Feb 1967 (EEC)
RICK, child no date - 10 July 1908 RD-BL13 (MVC)
Ted no date - 22 Jan 1968 RJ-BL35 (MVC)
RICKEY, Frank no date - 24 Dec 1971 RE-BL10 (MVC)
Herbert W no date - 27 Aug 1974 RE-BL21 (MVC)
RICKLEFS, Ella Mary no date - 24 July 1962 RK-BL11 (MVC)
Gerhard A no date - 18 July 1949 RK-BL11 (MVC)
Willis no date - 18 Sept 1962 RK-BL11 (MVC)
RICKS, Dr Alva 1880 - 2 May 1953 RK-BL21 (MVC)
Lucille P no date - 26 Feb 1965 RK-BL21 (MVC)
RIDDELL, Mrs J E no date - 1 Nov 1929 RB-BL9 (removed) (MVC)
Robert 1838 - 15 Jan 1903 (SNC)
RIDGEWAY, Christopher L 1957 - 1972 (EEC)

RIGG, Grace S no date - 6 Sept 1910 RF-BL11 (MVC)
Ned 1880 - 2 Nov 1887 no lot (MVC)
RIGGLE, Elizabeth 1845 - 11 Feb 1930 R66-BL78 (MVC)
RIGGS, Little Dettie s/o Wm & Bertha 31 July 1903 - 2 May 1905 (WLC)
Duane 1881 - 1913 (MCC)
Gards 1889 - 1915 (MCC)
Gertie E w/o Dr S M 1856 - 1906 (MCC)
Dr S M 1853 - 1923 (MCC)
Verle 1875 - 1969 (MCC)
RIKE, Anna R no date - 21 Feb 1968 RK-BL6 (MVC)
RILEY, Alvina E 17 Feb 1912 74y 8m 11d (PDC)
Ashley A 1875 - 1953 (PDC)
Edwin R 1912 - 1962 (PDC)
Ernest no date - 7 Feb 1961 RE-BL20 (MVC)
Fanny no dates (OHC)
Frances 1837 - 1852 (OHC)
Francis 1875 - 1934 (PDC)
G W 1858 - 1861 (OHC)
Hazel C 1902 - nd (LC)
Henderson N 16 July 1864 35 y (FGC)
Henerson N 1831 - 16 July 1864 35y 5m 15d (BCC)
inf/s 15 Feb 1886 1d (FGC)
inf no date - 1930 (LC)
James M no date - 24 Mar 1930 RD-BL11 (MVC)
John Wessel 1860 - 1952 (LC)
Margaret 28 Mar 1880 58y (FGC)
Margaret J 28 Mar 1889 22y 8m 1d (BCC)
Martha 1872 - 1 Mar 1928 RB-BL22 (MVC)
Mitton H 1862 - 1872 (OHC)
N Patrick 5 July 1895 - 22 March 1974 (MSSCC)
Ora B 1874 - 1928 (PDC)
Paul H 1903 - 1957 (LC)
Richard 1894 - 1913 (OHC)
Richard Lee no dates (OHC)
Susan w/o W S 1875 35y (OHC)
Thomas 24 Sept 1878 22y (FGC)
Thomas J 24 Oct 1878 22y 8m 1d

RILEY (continued) (BCC)
W S no dates (OHC)
Wilson 1862 - 1873 (OHC)
Wm S 1836 - 1913 (OHC)
RILLINGER, Maximilla 29 June 1887 - 2 July 1963 (MSSCC)
RINER, Thom J 1859 - 30 June 1929 RG-BL11 (MVC)
RINGO, Agehelis 1859 2y 3m (OHC)
George K 1887 26y (OHC)
John F 7 Dec 1862 50y (OHC)
Lammie 12 Oct 1857 (OHC)
Louisa F 27 July 1897 70y 10m 27d (OHC)
Luther D 11 Nov 1854 - 4 Apr 1903 (OHC)
RIPPLE, Etta (d/o R H & T Ripple) 1881 - 28 Apr 1883 2y 11d (CWC)
Henrietta w/o J R 1866 - 1896 (RMC)
Julia W no date - 7 Apr 1962 RA-BL13 (MVC)
Theodosia (d/o R N & T Ripple) no date - 29 June 1885 6m 22d (CWC)
Theodosia (w/o R H Ripple) 1862 - 3 Jan 1885 23y 10m (CWC)
RISGEN, Mary no date - 2 Apr 1910 R14-BL234 (MVC)
RITCHER, Amelia 1849 - 1929 (SACC)
John 1853 - 1927 (SACC)
RITNER, Annie G 1864 - 18 Jan 1950 RG-BL11 (MVC)
RITTENMAIER, Freda no date - 17 Feb 1920 R13-BL220 (MVC)
Rosalia no date - 5 Mar 1939 no lot (MVC)
Thomas no date - 13 Oct 1954 R13-BL220 (MVC)
RIVERS, Elizabeth A 1868 - 1946 (MCC)
Lillie K 1905 - 1964 (MCC)
Richard C 1897 - 1928 Kansas Pvt 137 Infantry 35th Division (MCC)
ROA, Essie 1870 - 1939 (MCC)
Fredrick 1830 - 1902 (MCC)

ROA (continued)
Jessie 1866 - 1928 (MCC)
Jessie Gale 1898 - 1950 (MCC)
Sarah 1830 - 1925 (MCC)
ROACH, Charles C 1889 - 1975 (MCC)
Densmore 1839 - 1937 (MCC)
Estella no date - 21 Aug 1929 RD-BL23 (MVC)
Frederick 1830 - 1902 (MCC)
Jessie N 1865 - 1923 (MCC)
Minnie 1877 - 1932 (MCC)
Mortimer 1869 - 1953 (MCC)
Susie C 1867 - 1932 (MCC)
William d 1869 - 1937 (MCC)
ROAKS, Albert no dates (EEC)
Clara no dates (EEC)
ROBB, Absolam 10 Nov 185- 26y 16d (PDC)
Charles E no date - 24 Apr 1964 RA-BL4 (MVC)
Daniel W 1858 - 1924 (PDC)
Elizabeth 1820 - 1909 (PDC)
Isaac 20 Sept 1874 58y 26d (PDC)
Isaiah 1890 - 1 July 1898 no lot (MVC)
J C 1847 - 24 Apr 1913 RA-BL11 (MVC)
Josiah 26 June 1877 37y 8m 7d (PDC)
Mary 1822 - 23 Sept 1907 R47-BL118 (MVC)
ROBBINS, Claude L 1905 - 1963 "Father" (CWC)
Earl Lee 1890 - 7 Nov 1951 RF-BL27 (MVC)
Eliza no date - 24 Jan 1873 no lot (MVC)
Frank L 1867 - 1951 "Father" (EEC)
Ivan Lee M 1916 - 1970 "Mother" (CWC)
Mary 1819 - 1906 (MCC)
Mona 1890 - 29 Jan 1953 RF-BL27 (MVC)
Rose A 15 Apr 1879 - 1 June 1968 "Mother" (EEC)
ROBBONS, Mary 1819 - 1906 (MCC)
Thomas 1821 - 1896 (MCC)

ROBEERTSON, Samuel S 1872 - 1928 (ASC)
ROBERS, Bertha 1877 - 1921 (MCC)
ROBERT, T V no dates Co K 122 US s 6 t (MCC)
ROBERTS, Bobby Wayne 1975 - 1975 (ASC)
Glenn D 1887 - 6 Mar 1956 RK-BL32 (MVC)
Hattie V 1884 - 20 Apr 1968 RK-BL32 (MVC)
Maude 1876 - 9 Jan 1959 RG-BL38 (MVC)
Michael no date - 27 Aug 1953 RK-BL14 (inf) (MVC)
Michelle Lynn 1975 - 1975 (ASC)
Sarah 1850 - 1923 (FPC)
ROBERTSON, Altha 1873 - 1963 (OHC)
Ann Agnes no date - 25 Sept 1934 R30-BL161 (MVC)
John G 1870 - 1946 (OHC)
Mabel no date - 18 Nov 1971 RJ-BL24 (MVC)
Martha E d/o J M & Carolie 1863 - 1866 (MLC)
Permelia w/o J M 1818 - 1861 (MLC)
Stanford T s/o J M & P 1844 - 1872 (MLC)
ROBEST, Jessie A d/o A & A G 1876 - 10 Aug 1879 3y 9m 5d (EEC)
ROBINS, John no dates (SNC)
Julius 29 Sept 1951 - 22 Sept 1969 (SNC)
ROBINSON, Agatha 22 Oct 1858 - 17 Apr 1929 (MSSCC)
Alice 1829 - 17 March 1915 86y (SLC)
Anna 14 Apr 1893 - 25 July 1902 (SNC)
Bill J no date - 29 Jan 1952 RK-BL19 (MVC)
Chas no date - 28 Oct 1941 RE-BL3 (MVC)
Chas W 1890 - 22 Dec 1945 RF-BL27 (MVC)
D M (Mike) no date - 17 Nov 1975 RK-BL19 (MVC)
Dorothea M 1872 - 26 Apr 1953

ROBINSON (continued) R66-BL76 (MVC)
Elizabeth 1888 - 15 Aug 1959 RF-BL27 (MVC)
George no date - 5 Apr 1940 RE-BL8 (MVC)
Henry no date - 4 Feb 1914 RE-BL3 (MVC)
J A 1854 - 6 June 1923 R65-BL55 (MVC)
Jack L 1937 - 17 Nov 1975 RK-BL20 (MVC)
John 24 June 1823 - 18 Nov 1895 4m 24d (SLC)
John no date - 1 July 1917 RE-BL3 (MVC)
Joseph J no date - 9 Apr 1976 RK-BL20 (MVC)
Joseph Jack no date - 20 Oct 1965 no lot (MVC)
Joseph L 1868 - 22 Sept 1908 R17 (MVC)
Katherine no date - 12 Nov 1984 3-3-20-K (MVC)
Lillie 1895 - 1972 (SNC)
Lora no date - 11 Aug 1953 RE-BL3 (MVC)
Louis 1895 - 1974 (SNC)
Luanne no date - 2 Nov 1908 RE-BL3 (MVC)
Mamie no date - 27 Jan 1914 RE-BL5 (MVC)
Mary (w/o S K Robinson) 13 Sept 1820 - 10 Apr 1892 (TC2)
Mary 29 --- 1867 - 22 July 1916 (SNC)
Mary Ann 1854 - 20 July 1923 R65-BL55 (MVC)
Mary w/o S K 13 Sept 1820 - 10 Apr 1892 (TC1)
Minnie 1876 - 1960 (MCC)
Pearl 27 Feb 1902 - 21 July 1902 (SNC)
Robert 1872 - 1962 (MCC)
Scott no date - 7 Dec 1910 RC-BL3 (MVC)
Solomon b&d 12 Sept 1879 (TC1)
Solomon b&d 12 Sept 1879 (TC2)
Willie 1897 - 2 Aug 1902 (SNC)
ROCHE, Catherine J no date - 7 Jan 1919 RC-BL3 (MVC)
Grace B 1890 - 30 June 1931 RJ-

ROCHE (continued)
BL2 (MVC)
Harvey no date - 23 Oct 1909 RC-BL3 (MVC)
Louise no date - 11 July 1934 RC-BL3 (MVC)
Michael D no date - 23 Sept 1949 RJ-BL2 (MVC)
Valerie no date - 2 June 1965 RC-BL3 (MVC)
Wm Henry no date - 25 Jan 1965 no lot (MVC)
ROCKWOOD, Grace 1880 - 1935 (AC2)
RODGERS, Edwina 8 March 1909 - 6 Sept 1976 (MSSCC)
RODKEY, Florence 26 Dec 1907 - 1 Nov 1976 (EEC)
Mary A 1859 - 1939 (EEC)
Raymond 2 Jan 1900 - 7 Mar 1976 (EEC)
Samuel B 1857 - 1933 (EEC)
ROEDER, Herkentrude Dec 1857 - 18 Sept 1904 (MSSCC)
ROEDIGER, Harry 1866 - 26 July 1938 (ASC)
Harry E no date - 1917 (ASC)
Herman 1850 - 1928 (ASC)
Herman b Saxony, Germany 14 Aug 1854 - 1913 76y (ASC)
ROFF, Albert L no date - 16 May 1932 R47-BL118 (MVC)
Alice Leay no date - 20 Mar 1936 R47-BL118 (MVC)
Anna no date - 12 May 1914 R33-BL216 (MVC)
Charles 1894 - 21 Apr 1964 RA-BL11 (MVC)
Elmer 1889 - 26 June 1926 RA-BL11 (MVC)
Eva E B no date - 18 Feb 1937 RA-BL11 (MVC)
Myrtle E no date - 10 Apr 1938 RG-BL23 (MVC)
Robert 1899 - 3 Dec 1919 RA-BL11 (MVC)
ROFFINS, Bertha M 1869 - 3 Nov 1927 RF-BL27 (MVC)
John M 1864 - 28 Mar 1936 RF-BL27 (MVC)
Sarah I no date - 3 Jan 1913 RB-BL14 (MVC)

ROFFINS (continued)
Wm no date - 3 Apr 1912 RB-BL14 (MVC)
ROFINSON, Ethel B no date - 24 Sept 1911 RE-BL3 (MVC)
ROFT, Margaret 1859 - 20 Jan 1935 RF-BL14 (MVC)
Wm 1848 - 6 June 1918 RF-BL14 (MVC)
ROGERS, Bert no date - 31 Mar 1966 RJ-BL27 (MVC)
Bertha Mary no date - 24 June 1958 RJ-BL27 (MVC)
Gladys K 1897 - 17 Oct 1979 RG-BL5 (MVC)
J C 1885 - 15 June 1914 (SNC)
Lucy A 1864 - 18 June 1930 RG-BL5 (MVC)
Mary 1889 - 1962 (BCC)
Mattie 6 Aug 1878 - 15 Apr 1893 (BCC)
Mattie E no date - 27 Aug 1893 R15-BL255 (MVC)
Ora no date - 27 July 1961 RE-BL21 (MVC)
Susan 6 Aug 1876 - 9 Aug 1925 (SNC)
ROGGE, Eleanor 1872 - 1959 (MCC)
William 1861 - 1949 (MCC)
ROHLFS, Henry 1890 - 1959 (MCC)
John 1922 - 1965 (MCC)
Meta 1896 - 1964 (MCC)
ROHM, Secunda Apr 1887 - 14 Apr 1976 (MSSCC)
ROLES, Eldon L Sr 1916 - 8 Apr 1977 RK-BL18 (MVC)
Frank 1885 - 2 June 1977 RK-BL18 (MVC)
ROLFES, Anna no date - 28 Apr 1908 23y Sec1-L16-#5 (SPC)
ROLL, Albert 6 Oct 1878 - 11 Oct 1918 (EEC)
Attie L 19 Sept 1884 - 26 Aug 1901 (EEC)
Elmer C 9 Feb 1910 - 10 Aug 1925 (EEC)
Jennie 22 Apr 1851 - 17 Nov 1921 (EEC)
Jennie B 25 Nov 1902 - 7 Nov 1927 (EEC)

ROLL (continued)
- Lydia A 1869 - 1911 "Mother" (EEC)
- Samuel 15 May 1842 - 30 Aug 1908 (EEC)

ROLLEY, Anna E 1836 - 22 Nov 1898 no lot (MVC)
- Eddie 1867 - 1868 no lot (MVC)
- Henry 1859 - 15 Nov 1913 RA-BL26 (MVC)
- John 1828 - 1899 no lot (MVC)
- John J 1855 - 16 Sept 1938 RA-BL26 (MVC)
- Margaret 1869 - 28 Oct 1950 RA-BL26 (MVC)

ROLLING, M 1865 - 1953 (SACC)

ROLLINS, Zola May 1893 - 10 Feb 1960 RG-BL30 (MVC)

ROLLY, Frank Jr no date - 9 Aug 1957 RF-BL3 (MVC)
- Frank Sr no date - 29 Apr 1958 RF-BL3 (MVC)

ROLOFF, Boy R 1916 - 1975 (ASC)
- Charles no dates (ASC)
- Mrs Charles no dates (ASC)
- Emma J 1885 - 1981 (ASC)
- Henry C 1879 - 1959 (ASC)
- Karl 1837 - 1917 (ASC)
- Mary 1842 - 1882 (ASC)

ROOK, Daisy 1870 - 1890 (MCC)
- James E 1831 - 1872 (MCC)
- Jane 1831 - 1872 (MCC)
- John 1821 - 1904 (MCC)

ROONEY, Bridget b Ireland 1833 - 1903 (SACC)
- Eusebia 1 Apr 1872 - 14 March 1940 (MSSCC)
- Mrs Lillie 21 Sept 1872 - 11 Feb 1909 (WLC)
- Warren 21 Sept 1872 - 17 Feb 1909 (WLC)

ROOT, Elizabeth 1842 - 30 Dec 1922 R63-BL20 (MVC)
- John L 1839 - 14 Aug 1924 R63-BL20 (MVC)

ROPER, Chas 1878 - 18 Feb 1956 RG-BL30 (MVC)
- Lt Charles W 1913 - 22 Feb 1956 RG-BL30 (MVC)
- Nellie N 1838 - 14 Mar 1893 no lot (MVC)

ROPER (continued)
- Virginia P no date - 9 July 1922 RD-BL19 (MVC)
- Wm H 1863 - 23 Aug 1903 RA-BL10 (MVC)

RORK, Carl 1886 - 1952 (MCC)
- James 1924 - 1925 (MCC)
- Mary I 1855 - 1937 (MCC)
- Nellie M 1887 - 1924 (MCC)
- Nellie Margaret 22 Apr - 10 Nov 1916 (MCC)

ROSE, Charles E 1883 - 12 Dec 1959 RG-BL8 (MVC)
- Clarence J 1887 - 9 Jan 1908 RG-BL8 (MVC)
- Edward F 1881 - 6 Oct 1956 RG-BL8 (MVC)
- Ethlyn L 1909 - 28 Dec 1978 RG-BL8 (MVC)
- Frank 1847 - 29 Aug 1918 RG-BL8 (MVC)
- Harry James 1885 - 7 Nov 1973 RG-BL8 (MVC)
- Mary Ann no date - 21 Dec 1869 no lot (MVC)
- Mary Beulah 1849 - 2 June 1939 RG-BL8 (MVC)
- Nina C 1884 - 19 July 1971 RG-BL8 (MVC)
- Pearl E 1894 - 11 Apr 1947 RG-BL8 (MVC)

ROSEDALE, Elmer 19 Aug 1875 - 4 Feb 1904 (WLC)
- Harold E s/o E & M 1901 - 17 Feb 1903 2y (WLC)
- Myrtle 5 Sept 1879 - 19 May 1928 (WLC)

ROSENFELD, Hilary 19 Jan 1866 - 23 July 1926 (SBAC)

ROSENIRER, Carl no date - 20 Feb 1981 RJ-BL27 (MVC)
- Winnifred no date - 24 Dec 1979 RJ-BL27 (MVC)

ROSENWIRTH, Valentine 22 Oct 1891 - 6 Oct 1958 (MSSCC)

ROSS, Archibalk no date - 18 Aug 1914 RF-BL2 (MVC)
- Archie C no date - 19 Apr 1963 RF-BL2 (MVC)
- Elize Jane no date - 19 Aug 1918 RF-BL2 (MVC)
- Frank C no date - 9 Apr 1952

ROSS (continued)
RF-BL2 (MVC)
Hattie no date - 1 July 1952 RF-BL2 (MVC)
James H no date - 2 July 1954 RF-BL2 (MVC)
Knowles J 1889 - 1954 Cpt Supply Co 353 Infantry WWI (AC1)
Mrs no date - 1 July 1930 R29-BL147 (MVC)
Ralph G no date - 2 Nov 1963 RF-BL2 (MVC)
Valeria Louise 1856 - nd (LC)
Virginia Mae 14 Nov 1955 - 18 Nov 1972 (SMGC)
ROTER, Clyde no date - 14 Apr 1903 (MCC)
Merte no date - 17 Dec 1908 (MCC)
Ralph 1941 - 1974 (MCC)
ROTH, Alma M 1901 - 31 Oct 1965 R30-BL157 (MVC)
Annie 1864 - 29 Dec 1892 no lot (MVC)
Annie 1874 - 16 June 1940 Sec1-L6-#1 (SPC)
Bessie M 1867 - 25 Dec 1928 no lot (MVC)
Clarence J 1888 - 26 Aug 1910 RA-BL31 (MVC)
Emma R no date - 17 Mar 1908 RA-BL31 (MVC)
Florence 1888 - 2 Jan 1891 R50-BL158 (MVC)
Frank no date - 16 Fe 1966 R30-BL157 (MVC)
Mrs Frank Sr no date - 27 Dec 1928 R30-BL157 (MVC)
Horace W no date - 31 Dec 1980 RA-BL31 (MVC)
Isadora 1856 - 19 Oct 1879 no lot (MVC)
Joel 1827 - 23 Jan 1912 RA-BL31 (MVC)
Katherine 1826 - 16 Aug 1904 RA-BL31 (MVC)
Mary Ann no date - 9 May 1950 RA-BL31 (MVC)
Mary C 1849 - 5 Sept 1918 R50-BL155 (MVC)
Nadine A 1859 - 6 Oct 1918 RA-

ROTH (continued)
BL31 (MVC)
Oscar J 1854 - 12 Jan 1918 R30-BL155 (MVC)
Ralph R 1892 - 26 Sept 1918 WWI no lot (MVC)
Robert W 1865 - 14 Feb 1920 RA-BL31 (MVC)
Sovilla L 1847 - 16 Apr 1900 RA-BL31 (MVC)
Walter no date - 27 Feb 1896 R30-BL155 (MVC)
William no date - 10 July 1958 no lot (MVC)
Wm 1879 - 19 Oct 1879 no lot (MVC)
Wm H no date - 6 Aug 1908 RA-B131 (MVC)
Wm P no date - 9 Mar 1909 R50 (MVC)
ROTLER, Hannah 1832 - 1919 (BCC)
John 1829 - 1908 (BCC)
ROUDEBUSH, Frannie F 1892 - 1980 "Mother" (CWC)
John B 1887 - 1956 "Father" (CWC)
ROUNDS, child no dates (ASC)
ROUNDY, Hulda 1873 - 15 Jan 1938 RG-BL23 (MVC)
Sidney L 1864 - 27 Dec 1946 RG-BL23 (MVC)
ROUSE, David 5 July 1864 - 26 Mar 1943 (LC)
Gale 16 Aug 1906 - Apr 1968 (LC)
Homer 1905 - 1917 (LC)
inf 12 Dec 1903 - 12 Mar 1904 (LC)
Lucy Bell 22 Dec 1874 - 31 Jan 1917 (LC)
ROUSEY, Glenn 1860 - 1920 (EEC)
Mary 1862 - 1941 (EEC)
---- s/o G & M 1 Apr 1884 - 24 Oct 1899 (EEC)
ROUTH, Cara Mae 1879 - 1943 (MCC)
Clyde L 1898 - 1917 (MCC)
Malinda 1847 - 1914 wife (MCC)
Simean 1873 - 1938 (MCC)
ROVERS, John Wier 1843 - 1918

ROVERS (continued) (CCC1)
John Wier 1843 - 1918 (AC2)
ROVKWOOD, Belle C 1895 - 1973 (CCC1)
ROWE, Celia E 1854 - 17 Feb 1902 R24-BL65 (MVC)
Eva A 1887 - 7 Apr 1888 R24-BL66 (MVC)
George W 1874 - 7 Jan 1952 RK-BL19 (MVC)
Margaret H 1874 - 12 May 1938 RK-BL19 (MVC)
Richard R 1853 - 26 July 1901 R24-BL65 (MVC)
ROYER, Abraham 11 Oct 1824 - 1 June 1864 near White House landing, enlisted 148 Pennsylvania Volunteer Reg (EEC)
baby no dates (EEC)
Claude A 1915 - 5 July 1962 RK-BL33 (MVC)
Emma F w/o Geo J M 18 Jan 1861 - 11 Sept 1905 (EEC)
Mrs no dates (EEC)
Williard no dates (EEC)
RUBY, Herbert W no date - 15 Sept 1968 RE-BL21 (MVC)
RUCKER, Jerry no date - 12 June 1912 RE-BL3 (MVC)
RUDD, Albert A 1838 - 1906 no lot (MVC)
John 1855 - 16 Apr 1909 RB-BL14 (MVC)
Luella no date - 17 Dec 1936 RB-BL14 (MVC)
Ralph C 1883 - 1906 no lot (MVC)
RUDOLPH, Ellen no date - 20 July 1949 RA-BL25 (Ashes) (MVC)
Fred C 1927 - 22 Mar 1958 RK-BL23 (MVC)
Fred John 1894 - 2 Jan 1960 RG-BL35 (MVC)
Harrison 1866 - 9 May 1949 RG-BL35 (MVC)
Martha M 1869 - 6 Sept 1956 RG-BL35 (MVC)
Mateel A 1888 - 22 Dec 1903 no lot (MVC)
Mattie M 1892 - 10 Dec 1973

RUDOLPH (continued) RG-BL35 (MVC)
Rodney F 1892 - 16 Dec 1938 RG-BL35 (MVC)
RUDROFF, Alban 26 Dec 1896 - 24 Aug 1939 (SBAC)
Anastasia 16 June 1866 - 4 Apr 1890 (MSSCC)
Benedicta 4 Dec 1848 - 19 Aug 1919 (MSSCC)
Felicitas 15 Aug 1878 - 25 Aug 1900 (MSSCC)
Lioba 30 March 1882 - 31 Jan 1969 (MSSCC)
RUEDIGER, Frank no date - 16 Oct 1921 RD-BL3 (MVC)
RUGARD, Mrs Augusta no date - 29 Sept 1911 no lot (MVC)
RULE, Dr B F 27 Jan 1856 - 11 Mar 1891 (OHC)
Dora A no date - 9 July 1956 RD-BL6 (MVC)
John Adam no date - 1 Oct 1925 RD-BL6 (MVC)
RUMMANS, Inf/o H L & E J 19 Aug 1890 (OHC)
John A Sr 22 May 1896 - 20 July 1965 (SMGC)
RUNNELS, George F 4 Dec 1883 - 2 Aug 1964 (SMGC)
RUNNING, B O 1863 - 10 Apr 1927 RA-BL25 (MVC)
Margaret 1865 - 15 Jan 1916 RA-BL25 (MVC)
RUNTAN, Mall no date - 7 May 1907 (WLC)
RUNYAN, Clifford W 2 Jan 1905 - 14 June 1974 (SMGC)
Daisy 13 Mar 1886 - 7 May 1902 (WLC)
Keith B 21 June 1906 - 29 Aug 1973 (SMGC)
Mary E 10 Jan 1844 - 2 Sept 1916 (WLC)
William A 1 July 1846 - 25 Nov 1915 (WLC)
RUPERT, James no date - 25 July 1883 30y 8m 5d (Co B 139 Pennsylvania Volunteer Infantry) (LC)
Salem 30 Nov 1841 - 9 Nov 1923 (LC)

RUPERT (continued)
Susannah (w/o Salem Rupert) 14 Sept 1842 - 1 Dec 1909 (LC)
Zeus 1877 - 1927 (LC)
RUPPER, Jessie 1875 - 1946 (MCC)
RUSE, Mrs Mary no date - 22 Dec 1924 R32-BL191 (MVC)
Pierwin no date - 22 Dec 1924 R32-BL191 (MVC)
RUSH, Jacob 1791 - 1879 87y (EEC)
RUSSEL, Annie 1865 - 1938 (MCC)
Clara no dates (LC)
Harvey 1895 - 1972 (MCC)
Mamie 1890 - 1976 (MCC)
Robert 1866 - 1943 (MCC)
RUSSELL, Edward Wm 1873 - 16 June 1937 RG-BL20 (MVC)
Margaret 1834 - 26 June 1885 no lot (MVC)
Nettie no date - 11 June 1972 RG-BL20 (MVC)
Rebecca 1837 - 1919 (BCC)
Rose Marie no date - 7 Jan 1954 RB-BL8 (MVC)
Thomas 10 Apr 1835 - 22 Apr 1919 (BCC)
RUST, Ada A 8 Feb 1828 - 2 Oct 1903 (LC)
Francis M no dates Lt Co B Indiana Infantry (EEC)
John S 29 Oct 1819 - 22 Dec 1891 (LC)
RUTH, Thelma Lee 1920 - 1951 (SNC)
RUTHLEDGE, Mary no date - 15 June 1915 R64-BL47 (MVC)
RUY, Claud 1869 - 1882 (SBAC)
RYAN, Catherine w/o Thomas 1840 - 1894 (SACC)
Charles H 1881 - 1941 (SACC)
Chas Wm no date - 19 Dec 1936 R26-BL100 (MVC)
Daniel 1880 - 1935 (EEC)
Daniel no date - 21 July 1978 RG-BL38 (MVC)
Daniel E 1865 - 1933 (SACC)
Edith G 1886 - 1976 (EEC)
Elizabeth 1954 - 12 Dec 1954 (inf) RK-BL20 (MVC)

RYAN (continued)
Ellen 1878 - 1879 (SACC)
Erma G 1884 - 1966 (SACC)
Eva L 1885 - 1963 (SACC)
James s/o T & C 1873 - 1894 (SACC)
John 1849 - 1924 (EEC)
John M 1883 - 1937 (SACC)
Joseph s/o T & C 1876 - 1904 (SACC)
Katie M 1883 - 1905 (PGC)
Lulu no date - 4 Oct 1946 RE-BL12 (MVC)
Maggie L d/o J & Nannie 25 Aug 1884 - 8 Jan 1909 (EEC)
Mary B 1871 - 1897 (SACC)
Nancy J 1868 - 1947 (SACC)
Nannie 1847 - 1933 (EEC)
Peter A s/o T & C 1867 - 1886 (SACC)
Thomas 1840 - 1926 father (SACC)
Thomas 1924 - 1924 inf (SACC)
Thomas F 1869 - 1932 (SACC)
RYDER, ---- no dates 11-3-10-G (MVC)
Helen M 1838 - 1878 no lot (MVC)
RYGAARD, Edna no date - 4 Jan 1960 RD-BL13 (MVC)
Frank no date - 13 Mar 1967 RD-BL13 (MVC)
RYGARD, Gene A 20 Oct 1913 - 25 Aug 1977 (SMGC)
SAALE, Clara 27 Jan 1895 - 27 May 1967 (MSSCC)
SABATKA, Antonina 17 Oct 1898 - 14 Dec 1963 (MSSCC)
SABLE, inf d/o A F & J M 11 Dec 1891 - 28 Dec 1891 (OHC)
SACHSE, Ametta no date - 19 Mar 1936 RG-BL10 (MVC)
Angie 1901 - 25 Jan 1982 RJ-BL23 (MVC)
Henry no date - 20 June 1947 RD-BL16 (MVC)
Herman no date - 24 July 1907 RD-BL16 (MVC)
Minnie no date - 13 Apr 1896 R51-BL175 (MVC)
Minnie no date - 31 Oct 1907 RJ-BL16 (MVC)

SACHSE (continued)
 Otis C 1902 - 24 Sept 1972 RJ-BL23 (MVC)
SACKS, Albet s/o Henry & Rhoda 7 Dec 1867 - 17 Sept 1920 (SFC)
 Dora w/o Henry 27 July 1827 - 26 Apr 1865 (SFC)
 Ethel 5 Aug 1903 - 8 Apr 1985 81y no lot (MVC)
 Henry 11 June 1827 - 8 Mar 1914 (SFC)
 John no date - 17 July 1946 RG-BL10 (MVC)
 Joseph s/o Henry & Dora 21 Jan 1861 - 21 Sept 1864 (SFC)
 Josephine Clyde 12 July 1890 - 26 Jan 1892 (SFC)
 Mary O d/o H & R A 13 Dec 1896 21y 7m 13d (SFC)
 Nancy d/o H & R, w/o J H Fenn 10 Sept 1872 - 1 Sept 1901 (SFC)
 Rhoda Ann w/o Henry 30 June 1847 - 13 Mar 1919 (SFC)
SAGER, Elsie S 1894 - 16 Aug 1954 RA-BL26 (MVC)
SAGGS, Alfred no date - 25 Oct 1929 RD-BL10 (MVC)
 Edith no date - 2 Sept 1965 RD-BL10 (MVC)
 Emma no date - 5 Apr 1938 RD-BL10 (MVC)
 Harry R no date - 26 Jan 1913 RD-BL10 (MVC)
 Herbert M no date - 28 Dec 1978 RG-BL23 (MVC)
 Leota M no date - 1 May 1954 RG-BL23 (MVC)
 Montague no date - 8 Apr 1938 RG-BL23 (MVC)
 Roy G no date - 16 Aug 1911 RD-BL10 (MVC)
 Sarah no dates no lot (MVC)
 Walter M 1879 - 21 Apr 1958 RJ-BL27 (MVC)
SAHLER, ---- no date - 4 Jan 1887 R19-BL323 (MVC)
SALAZAR, Louis A 1898 - 1953 (LC)
 Myrtle 1911 - 1951 (LC)
SALESKY, Adelina 12 July 1884 -

SALESKY (continued)
 10 Jan 1962 (MSSCC)
SALFRANK, Benjamin H 1890 - 1929 (EEC)
 John Jr no date - 10 Apr 1929 (EEC)
 John W 1859 - 2 Mar 1932 (EEC)
 Sarah A w/o John W 1857 - 1932 (EEC)
SALINGE, David no date - 30 Mar 1888 R49-BL144 (MVC)
 Inez E no date - 17 Apr 1903 no lot (MVC)
 Marie no date - 25 Aug 1954 RK-BL21 (MVC)
 Oscar M 1900 - 1952 no lot (MVC)
SALMON, Robert 21 Aug 1828 - 9 Oct 1962 (SBAC)
SAMPLES, Lizzie no date - 6 Apr 1916 RD-BL5 (MVC)
SAMPSON, Martha 7 Mar 1836 - 7 July 1913 (OHC)
 William G 16 Mar 1832 - 31 Aug 1909 (OHC)
SAMUEL, George no date - 11 July 1923 no lot (MVC)
SAMUELSON, Oral Lee 1913 - 1967 (SNC)
SANBORN, L T no date - 11 Aug 1902 R66-BL72 (MVC)
SANDERS, C D "Dutch" 1906 - 1971 no lot (MVC)
 Calous 4 Nov 1860 - 25 Jan 1861 (SDLC)
 Clarence 1902 - 1927 (PDC)
 Dennie no date - 8 Feb 1876 (SDLC)
 Dennis 1809 - 1876 (HKC)
 Elizabeth Mary 1847 - 1921 (LC)
 George 5 May 1841 - 3 June 1914 (LC)
 Hannah w/o Dennis 1802 - 7 Oct 1890 (HKC)
 Harold 1903 - 1958 (PDC)
 Henry R 1872 - 1935 (PDC)
 Janah w/o Dennis no date - 7 Oct 1890 (SDLC)
 Lillian 1870 - 1925 (LC)
 Minnie B 1883 - 1970 (PDC)
 Robt Ernest 1935 - 30 June 1956 no lot (MVC)

SANDERS (continued)
Sophonie 4 Apr 1836 - 19 Mar 1861 (SDLC)
W H 1869 - 1945 (LC)
SANDFORD, T 1891 (SACC)
SANNEMAN, Leroy F 6 Jan 1911 - 18 June 1981 (SMGC)
SAPP, James M s/o J & E 13 May 1855 11y 11m 13d (SC)
SAPPENFIELD, Pearl 1900 - 1981 (LC)
SASSER, Laura 1847 - 2 Mar 1901 RB-BL5 (MVC)
S H 1849 - 28 Apr 1913 RB-BL5 (MVC)
SAUCER, Albert 1884 - 1952 (MCC)
Frank 1888 - 1901 (MCC)
SAUER, Cecilia 1907 - 1983 (SACC)
Edward 1883 - 1899 (MCC)
Elizabeth 1873 - 1956 (SACC)
Francis 1886 - 1913 (SACC)
Francis X 1836 - 1913 (SACC)
Joseph M 1869 - 1942 (SACC)
Mary Katherine w/o Francis X 1813 - 1911 (SACC)
SAUNDERS, Ernest no date - 3 July 1961 R61-BL342 (MVC)
James no date - 26 Apr 1928 RD-BL1 (MVC)
Little Joey s/o B F & SE 9 Jan - 24 Aug 1869 (PDC)
Margaret w/o B F 19 Feb 1869 28y 11m 19d (PDC)
Mary E no date - 20 Apr 1925 RD-BL1 (MVC)
Mary E no date - 26 May 1917 R33-BL211 (MVC)
Sarah Elizabeth w/o B F 1835 - 1904 (PDC)
Walter no date - 12 Jan 1908 RI-BL13 (MVC)
SAUSE, Bernard no date 7 Feb 1975 (SBAC)
SAVAGE, Mary (d/o Pat Gormley) 1880 - 1 Dec 1956 76y (SLC)
SAVERSON, Carrie 1871 - 1953 (LC)
Thomas 1860 - 1948 (LC)
SAVOY, John C no date - 15 Sept 1971 RG-BL39 (MVC)

SAVOY (continued)
John C no date - 21 Jan 1972 RG-BL39 (MVC)
SAWLES, Frank 7 Mar 1867 - 3 Aug 1959 (EEC)
Gideon 27 Dec 1830 - 12 Jan 1917 (EEC)
Henry 20 Mar 1821 - 2 June 1955 (EEC)
Martha 3 Dec 1921 - 1930 (EEC)
SAWRIN, Flora E no date - 25 May 1936 RJ-BL16 (MVC)
Wm H 1867 - 5 Mar 1936 RG-BL26 (MVC)
SAWYER, Amanda w/o Orlando, d/o A Cushman 30 Mar 1867 33y 11m 16d (PDC)
Henry P 20 Feb 1837 - 16 Oct 1903 (EEC)
Kate C b Port Kent, New York 6 Jan 1840 - 19 Feb 1897 (EEC)
Lillie 1863 - 30 Mar 1900 RA-BL9 (MVC)
Ruth J no date - 29 June 1949 RE-BL19 (MVC)
Thomas B no date - 24 Sept 1964 RE-BL24 (MVC)
Mrs Zeilley S 1879 - 29 Feb 1932 RB-BL12 (MVC)
SAXON, Alice 1876 - 1924 (SACC)
Ellen w/o Leroy 1850 - 1887 (SACC)
Innocence 1880 - 1880 (SACC)
James no date - 1893 (SACC)
Leroy 1837 - 1891 (SACC)
SAXTON, A M no date - 9 July 1909 R12-BL194 (MVC)
Albert H 1890 - 1951 (BCC)
Dolores baby 1947 - 1948 (BCC)
Edwin G 1894 - 1980 Pvt WWII (BCC)
Gates 1861 - 1948 (BCC)
Henry 1825 - 30 Oct 1906 R12-BL194 (MVC)
Mabel w/o Wayland 1906 - 1969 (BCC)
Martha 1863 - 1948 (BCC)
Martine no dates no lot (MVC)
Mattie G no date - 21 May 1881 no lot (MVC)
Morele K 1930 - 1976 USA Korea

SAXTON (continued) (BCC)
Pearl J 1893 - 1962 (BCC)
Pearl M 1905 - 1949 (BCC)
Russell 1927 - 1940 (BCC)
Wayland 1902 - 1972 (BCC)
William 1895 - 1946 (BCC)
SCAHILL, Rose 4 Aug 1877 - 6 July 1958 (MSSCC)
SCANLAN, Aurelin 8 Dec 1874 - 2 Feb 1960 (MSSCC)
Genevieve 9 Feb 1871 - 13 Feb 1938 (MSSCC)
Vivina 31 Aug 1861 - 22 March 1913 (MSSCC)
SCANLIN, John 1798 - 1884 (SACC)
John E b Ireland no date - 1884 86y (SACC)
Mary E 9 Mar 1936 82y 9m 12d (SACC)
Nancy w/o John b Ireland no date - 26 May 1883 79y (SACC)
SCARLETT, Arthur O 1887 - 29 Mar 1967 RK-BL12 (MVC)
Mrs C A 1850 - 16 Mr 1914 R66-BL80 (MVC)
Edward 1857 - 16 Jan 1928 RA-BL11 (MVC)
Edward 1900 - 7 May 1976 RJ-BL37 (MVC)
Edward C no date - 7 July 1930 RA-BL11 (MVC)
Elmer 1886 - 25 Mar 1888 R66-BL80 (MVC)
Elmer no date - 16 Mar 1914 R66-BL80 (MVC)
Harlin 1833 - 3 Oct 1905 R67-BL99 (MVC)
inf/o E S no date - 28 Apr 1900 R66-BL80 (MVC)
inf no date - 17 Jan 1888 R66-BL80 (MVC)
Mabel no dates no lot (MVC)
Minnie K no date - 28 Sept 1955 RK-BL12 (MVC)
Ruth H 1887 - 21 May 1981 RK-BL12 (MVC)
Wilhelmina 1881 - 1955 no lot (MVC)
SCARLITT, Anna M 1887 - 6 Feb 1960 RK-BL12 (MVC)

SCARLITT (continued)
Fred H 1879 - 20 Feb 1960 RK-BL12 (MVC)
SCHAAP, Albert A no date - 29 May 1912 RD-BL9 (MVC)
Dorothy F no date - 11 Mar 1965 RD-BL9 (MVC)
SCHABECK, August 1909 - 31 Oct 1932 RB-BL14 (MVC)
Nottie Nelson 1887 - 1 Apr 1950 RB-BL14 (MVC)
SCHACKELFORD, Emma 13 June 1844 - 14 Aug 1912 (LC)
Eva 1882 - 1957 (LC)
George H 25 May 1842 - 22 Sept 1928 (LC)
William 1878 - 1904 (LC)
SCHAEFER, Alva K 1898 - 1942 (SACC)
Charles 1897 - 8 Feb 1921 R66-BL5 (MVC)
Edwin 1894 - 24 Aug 1968 (SMGC)
Ernest A 1894 - 24 Feb 1964 (SMGC)
G H T no date - 22 July 1951 RF-BL23 (MVC)
George 1854 - 2 Mar 1951 R17-BL281 (MVC)
Gottleib M 1860 - 4 Nov 1930 RJ-BL2 (MVC)
Kinoma M w/o Edwin 28 Sept 1894 - 21 May 1980 (SMGC)
Louis J no date - 17 Aug 1933 RD-BL5 (MVC)
M Felix 7 May 1913 - 11 Nov 1967 (MSSCC)
Mabel 11 Feb 1893 - 22 Feb 1985 92y 5-78-45 (MVC)
Matilda no date - 20 Apr 1950 RA-BL4 (MVC)
Minnie no date - 13 Apr 1935 no lot (MVC)
Molley Jane M 1854 - 9 Dec 1926 R17-BL280 (MVC)
Pauline E no date - 3 July 1935 RD-BL5 (MVC)
Theodore 1886 - 29 Feb 1887 no lot (MVC)
SCHAFFER, Alvin no date - 6 Sept 1972 RD-BL19 (MVC)
Effie Fay 1895 - 7 Sept 1949

SCHAFFER (continued)
RF-BL24 (MVC)
 Elizabeth no date - 12 May 1925 R66-BL75 (MVC)
 Henry P 1878 - 22 Aug 1966 RJ-BL25 (MVC)
 Raymond no date - 24 Mar 1976 RG-BL4 (MVC)
 Richard b&d 1967 (CWC)
SCHALL, Elmer no dates no lot (MVC)
 Emma 1862 - 1896 no lot (MVC)
 Jacob J 1828 - 22 Oct 1909 R14-BL222 (MVC)
 Marie no date - 18 July 1898 R14-BL222 (MVC)
SCHANB, Etta M no date - 21 June 1915 RD-BL4 (MVC)
SCHANTZ, Emily 1836 - 23 Oct 1895 R15-BL241 (MVC)
 Jeremiah no date - 22 Nov 1907 R64-BL38 (MVC)
 Mary J no date - 25 Nov 1919 R15-BL241 (MVC)
 Walter 1833 - 18 Sept 1907 no lot (MVC)
SCHARLES, Mary 1860 - 1935 (LC)
SCHARRINGHOUSEN, H F no date - 22 June 1910 RA-BL2 (MVC)
SCHECHER, John 1869 - 29 Dec 1926 R15-BL254 (MVC)
 Monica 1 Sept 1873 - 9 Jan 1960 (MSSCC)
 Thecia 7 Feb 1871 - 24 Feb 1960 (MSSCC)
SCHEELTZ, John no date - 21 June 1917 (SLC)
SCHEIBE, Adolph G 1872 - 28 Mar 1946 RA-BL11 (MVC)
 Emma Louise 1901 - 24 Mar 1926 RA-BL11 (MVC)
 John G 1826 - 2 June 1924 RA-BL11 (MVC)
 Louis 1908 - 20 Oct 1912 RA-BL11 (MVC)
 Mary E no date - 17 Jan 1942 RA-BL11 (MVC)
 Mattie S no date - 1 Aug 1957 RA-BL11 (MVC)

SCHEIBER, Alfred no date - 4 Apr 1981 RK-BL2 (MVC)
 August no date - 10 June 1937 R46-BL88 (MVC)
 Elizabeth 1888 - 20 Sept 1968 RA-BL32 (MVC)
 Emil 1896 - 25 June 1936 R67-BL91 (MVC)
 Ethel S 1888 - 4 Sept 1944 RA-BL32 (MVC)
 Harry M 1891 - 1 Sept 1978 RA-BL32 (MVC)
 Herman 1861 - 20 Oct 1920 RB-BL12 (MVC)
 Ischel no date - 16 June 1978 RK-BL19 (MVC)
 John 1826 - 1892 no lot (MVC)
 Katherine 1864 - 18 Feb 1947 RB-BL12 (MVC)
 Mary 1836 - 25 Jan 1916 R48-BL124 (MVC)
 Sophia no date - 18 June 1942 R67-BL91 (MVC)
SCHEIBLE, Bertha 1888 - 4 Aug 1919 RG-BL14 (MVC)
 Jacob B 1878 - 15 May 1953 RG-BL14 (MVC)
 Jacob Sr 1836 - 10 Feb 1916 RD-BL5 (MVC)
 Louise no date - 13 Apr 1934 R46-BL88 (MVC)
 Mattie S no date - 1 Aug 1951 RA-BL11 (MVC)
 Myrtle 1880 - 15 Mar 1953 RF-BL22 (MVC)
SCHEID, Leo 17 Apr 1904 - 5 July 1973 (SMGC)
SCHEIER, Elise 13 Feb 1902 - 21 July 1968 (MSSCC)
SCHEN, Andrew 1811 - 1876 (LC)
 John J 1840 - 1870 (LC)
 Rosena 1811 - 1885 (LC)
SCHENK, Odilia 24 Apr 1878 - 5 July 1943 (MSSCC)
SCHEPPEY, Malvina J no date - 26 Nov 1944 RD-BL18 (MVC)
SCHERER, Annie 1868 - 1953 (ASC)
 Charles 1890 - 24 Dec 1970 78y (SLC)
 Connelus W 1899 - 10 Oct 1965 RK-BL23 (MVC)

SCHERER (continued)
 Emil Jr 1896 - 22 March 1960 64y (SLC)
 Emil Sr 1862 - 5 Jan 1939 76y (SLC)
 Henry 1893 - 13 Apr 1967 (SLC)
 James Tim (s/o Emil) 1907 - 26 Apr 1954 47y (SLC)
 Lula 1906 - 16 Sept 1965 RK-BL23 (MVC)
 Mary (w/o Valentine Jr) 1875 - 16 Nov 1941 (SLC)
 Sarah 1896 - 9 Sept 1975 (SLC)
 Valentine no date 1936 74y (SLC)
SCHIED, Daisy 1904 - 1982 (MCC)
 Janice 1949 - 1952 (MCC)
 Virgil J 1902 - 1968 (MCC)
SCHIFFBAVER, Ella 1887 - 1978 (MCC)
 Henry 1841 - 1934 (MCC)
 Nora Ethel 1890 - 1980 (MCC)
 Robert J 1887 - 1968 (MCC)
 William J 1874 - 1965 (MCC)
SCHILOT, Minnie 1902 - 1974 (MCC)
SCHINERDER, Carl H 1901 - 1919 (MCC)
SCHITH, Rex L no date - 5 June 1931 RD-BL1 (MVC)
SCHLAX, Charles 1891 - 1976 (MCC)
 Grace L 1894 - 1981 (MCC)
SCHLERETH, Emmett no dates (RMC)
SCHLETZBAUM, Albert (s/o Cyril) 1911 4 Feb 1956 45y (SLC)
 Alberta 1897 - 16 Nov 1972 75y (SLC)
 Anna no date - 1870 (SLC)
 Charles F 7 May 1888 - 25 July 1964 (SMGC)
 Cyril 1878 - 5 Oct 1974 96y (SLC)
 Elizabeth 1838 - 1930 92y 2m 16d (SLC)
 Francis (s/o John) 1832 - 10 May 1911 79y 5m 18d (SLC)
 Francis no date - 1980 85y (SLC)
 Frank 1856 - 1937 80y (SLC)
 John (inf s/o John & Mary) 1 - 2

SCHLETZBAUM (continued)
 Oct 1904 (SLC)
 John 1864 - 15 March 1950 86y (SLC)
 Joseph 1873 - 21 Oct 1959 (SLC)
 Louis (s/o Francis) 1876 - 8 Aug 1893 17y 7m 7d (SLC)
 Louis (s/o John) 1893 - 2 Aug 1960 (SLC)
 Mary (d/o John Hunkey) 1865 - 14 Jan 1940 75y (SLC)
 Mary (d/o Joseph & Mary) July - 16 Aug 1907 (SLC)
 Mary (m/o Justin) no dates 31y (SLC)
 Mary Ann (d/o Sam Finnegan) 1876 - 21 Nov 1952 (SLC)
 Rose (w/o Cyril) 1876 - 24 July 1929 53y (SLC)
 Thomas no date - 18 Feb 1966 RK-BL10 (MVC)
 Victoria (w/o Frank) 1857 - 3 July 1941 84y (SLC)
SCHLINGER, Alberta no date - 1920 38y (SLC)
 Bendict (s/o Francis & Mary) no date - 2 Apr 1949 66y (SLC)
 Frank (s/o John) no date - 17 Nov 1908 68y (SLC)
 Henry no date - 22 Aug 1961 81y (SLC)
 Johanna (m/o Francis) 1815 - 16 July 1895 80y (SLC)
 Mrs Mary Ann (d/o Frances of Blaska) 4 Dec 1841 Geier, Austria - 1 Oct 1902 61y (SLC)
SCHLOSS, James W no date - 24 Sept 1934 RE-BL5 (MVC)
SCHLOUP, Edward 1870 - 1928 (SACC)
 Frank no date - 20 Nov 1933 RD-BL11 (MVC)
 Gertrude no date - 2 Dec 1918 RD-BL11 (MVC)
 Jacob no date - 4 Mar 1920 R48-BL133 (MVC)
 Maria w/o Edward 1842 - 1892 (SACC)
SCHLOUPE, Ornen no date - 23 Oct 1962 no lot (MVC)
SCHMAN, Mildred B no date - 11 Sept 1917 RF-BL15 (MVC)

SCHMEES, Antonia 3 Dec 1848 - 14 Jan 1909 (MSSCC)
SCHMEID, Hanah S 1864 - 14 June 1934 RJ-BL2 (MVC)
SCHMELING, A J 1873 - 6 Mar 1955 RG-BL25 (MVC)
 Carl E 1905 - 25 Feb 1937 RG-BL25 (MVC)
 Della L 1905 - 11 Sept 1949 RG-BL25 (MVC)
 Ernistine 1819 - 18 Aug 1902 R66-BL75 (MVC)
 Ernistine 1848 - 7 Apr 1912 R68-BL110 (MVC)
 Gottfried 1898 - 28 Mar 1927 R68-BL110 (MVC)
 Leona 1860 - 12 Sept 1945 RJ-BL3 (MVC)
 Margaritha 1881 - 16 Aug 1954 RG-BL25 (MVC)
 Marie 1888 - 2 Apr 1973 R66-BL74 (MVC)
 Robert E 1854 - 20 Apr 1932 RJ-BL3 (MVC)
 Wm 1884 - 29 July 1960 R66-BL74 (MVC)
SCHMID, Adolph 1866 - 12 July 1933 RJ-BL2 (MVC)
 Hannah S no date - 14 June 1934 RJ-BL2 (MVC)
SCHMIDT, Anna no date - 13 Oct 1900 RA-BL26 (MVC)
 Bernhart 1878 - 1924 no lot (MVC)
 Carl 1865 - 15 Nov 1946 RG-BL28 (MVC)
 Carl H no date - 10 Dec 1954 RK-BL13 (MVC)
 Corina K no date - 1890 no lot (MVC)
 Emil no date - 13 Oct 1931 RG-BL8 (MVC)
 Florine no date - 2 Oct 1981 RF-BL10 (MVC)
 Geb 1831 - 20 May 1897 no lot (MVC)
 George J no date - 10 Dec 1937 RF-BL10 (MVC)
 inf/o J & B no date - 2 Feb 1908 R67-BL98 (MVC)
 John 1847 - 16 Mar 1932 R30-BL160 (MVC)
SCHMIDT (continued)
 John Henry no date - 30 Sept 1924 RA-BL26 (MVC)
 John R 1881 - 12 Feb 1929 R67-BL98 (MVC)
 Julius no date - 20 Feb 1949 RA-BL12 (MVC)
 Karolina C no date - 15 Nov 1941 RF-BL10 (MVC)
 Lois C 1916 - 11 Apr 1916 RF-BL10 (MVC)
 Louise no date - 19 Feb 1924 RD-BL1 (MVC)
 Mattie 1872 - 24 May 1939 RA-BL12 (MVC)
 Maude E no date - 13 Feb 1961 RG-BL8 (MVC)
 Minnie M 1864 - 8 Mar 1943 RG-BL28 (MVC)
 Otto no date - 9 Feb 1966 RJ-BL8 (MVC)
 Paul J 1885 - 15 Mar 1955 RF-BL10 (MVC)
 Pauline 1859 - 2 June 1906 R30-BL160 (MVC)
 Reuben 1892 - 26 Jan 1940 R30-BL160 (MVC)
 Reuben no date - 25 Jan 1940 R30-BL160 (MVC)
 Robert Lee 1921 - 9 Mar 1922 RF-BL16 (MVC)
 Rosalie 1832 - 23 June 1896 (SNC)
 Rose Shuck 1879 - 4 Feb 1951 RJ-BL8 (MVC)
 Terrel P no date - 8 Feb 1945 RF-BL10 (MVC)
 Trangott 1871 - 19 Nov 1916 RA-BL12 (MVC)
 Verona 30 Jan 1894 - 5 Nov 1917 (MSSCC)
 Winfrid 31 March 1851 - 16 July 1911 (SBAC)
SCHMIEDLER, Edgar 14 Dec 1892 - 8 June 1963 (SBAC)
SCHMITT, Alina no date - 2 June 1906 R11-BL176 (MVC)
SCHMITZ, Anna Marie no date - 14 Feb 1976 RK-BL24 (MVC)
 Edward 11 Aug 1893 - 10 Dec 1978 (SBAC)
 Mrs H 1885 - 1953 (SACC)

SCHMITZ (continued)
 Mary F Gliem w/o Wm 1869 - 1902 (MCC)
 Peter no date - 31 Jan 1973 RK-BL24 (MVC)
 Rosa D no date - 15 July 1917 RB-BL19 (MVC)
 Sylvester 13 July 1888 - 13 Dec 1953 (SBAC)
SCHMMIER, Leopold no date - 26 Dec 1922 R36-BL271 (MVC)
SCHMUKER, Mechtild 17 July 1863 - 7 Feb 1952 (MSSCC)
SCHNAKENBERG, Dorothy 1910 - 1 Mar 1943 RG-BL29 (MVC)
SCHNEIDER, Barbara 26 Aug 1874 - 26 June 1959 (MSSCC)
 Cosmas 19 March 1890 - 6 May 1977 (SBAC)
 Franzeska 9 March 1854 - 23 Aug 1922 (MSSCC)
 John 1888 - 1904 (SBAC)
 Louise 26 May 1887 - 7 Jan 1954 (MSSCC)
SCHNELING, Albert 1902 - 9 Aug 1911 no lot (MVC)
SCHNOEBELEN, ---- 1911 - no date (LC)
 Edward 1893 - 1960 (LC)
SCHOBE, R Stephen 13 March 1931 - 28 Aug 1978 (SBAC)
SCHOEBAKER, Edward 1893 - 1960 (LC)
SCHOENEKER, Albert J 1872 - 12 May 1945 RA-BL7 (MVC)
 Beulah 1880 - 15 Jan 1958 RA-BL7 (MVC)
SCHOFIELD, Charles 1848 - 1917 (MCC)
SCHOLSSON, inf no dates (SACC)
SCHOLTZ, George Otto 1890 - 9 Sept 1972 (Kansas Pvt USA WWI) RJ-BL4 (MVC)
 Agnes 1919 - 13 May 1920 9m Sec2-L16-#1 (SPC)
 Anna 1877 - 1959 (LC)
 Anna M 1895 - 25 Dec 1950 55y Sec2-L16-#3 (SPC)
 August Ferdinand 25 Nov 1834 - 9 Nov 1901 (LC)
 August W 1876 - 1957 (LC)

SCHOLZ, C A 1865 - 1928 (LC)
 Chester L no date - 6 Sept 1978 (SMGC)
 Elsie b&d 1915 (LC)
 F Max 1887 - 6 Aug 1952 64y Sec2-L16-#4 (SPC)
 George Frederick 1870 - 1953 (LC)
 Gilbert 31 Dec 1909 - 9 Aug 1951 (LC)
 Herman 1863 - 1945 (LC)
 Ida 1882 - 1978 (LC)
 Janet Kay 1888 - 12 Aug 1950 RK-BL12 (MVC)
 Johanna Elienora (w/o August Ferdinand Scholz) 10 Apr 1840 - 17 July 1924 (LC)
 John A 1879 - 1965 (LC)
 Katherine Mary (w/o Herman Scholz) 13 Jan 1867 - 13 Feb 1926 (LC)
 Lawrence 1923 - 22 Jan 1933 9y Sec2-L16-#2 (SPC)
 Marlyn 1950 - no date (LC)
 Matilda 1888 - 1939 (LC)
 Nettie w/o Chester L 21 Nov 1918 - 27 July 1975 (SMGC)
 Paul 1871 - 1950 (LC)
 Raphael Y March 1858 - 7 Oct 1921 (SBAC)
 Robert 1882 - 1967 (LC)
 Robert P 1903 - 1914 (LC)
 Rose 1888 - 1978 (LC)
SCHORKE, John Henry 1888 - 27 Jan 1920 RG-BL19 (MVC)
SCHOTT, Anna J no date - 24 May 1957 RG-BL8 (MVC)
 Joseph 1862 - 27 Feb 1941 RG-BL19 (MVC)
SCHOUPE, Daren F no date - 26 Oct 1962 RD-BL11 (MVC)
 Franklin J no date - 28 July 1966 RD-BL11 (MVC)
SCHRADER, Caroline 1891 - 1967 14-N 1/3-#2 (CCC2)
 Caroline 5 July 1874 - 6 Oct 1950 (LC)
 Catherine 17 Aug 1831 - 11 June 1905 7-#6 (CCC2)
 Catherine w/o N 1831 - 1906 (CCC1)
 Edwin 29 Sept 1916 - 2 Sept 1974

SCHRADER (continued)
14-S 1/3-#6 (CCC2)
Elizabeth no date - 20 Dec 187-15y (LC)
Floyd 1914 - 1982 15-N 1/3 (CCC2)
George 25 Jan 1868 - 8 Nov 1955 (LC)
Grace C 1928 - 1971 "Mom" (CWC)
Harrison 1888 - 1895 lot 7 (CCC2)
Harrison G 1888 - 1895 (CCC1)
Harry 1891 - 1953 14-N 1/3 #1 (CCC2)
Henry 1863 - 1948 7-#3 (CCC2)
inf s/o N & C 1897 - 1897 (CCC1)
inf 1851 - 1851 7-#5 (CCC2)
Katherine 1871 - 1928 7-#2 (CCC2)
Katherine 1871 - 1928 (CCC1)
Leoter E 15 Aug 1904 - 4 Sept 1966 (CWC)
Nicholas 1827 - 1914 (CCC1)
Nicholas 1867 - 1964 7-#4 (CCC2)
Nicholas 27 Dec 1827 - 22 Sept 1914 7-#5 (CCC2)
Sophia 1862 - 1949 7-#4 (CCC2)
William 1865 no other date (CCC1)
Wm 1865 - 1953 7-#3 (CCC2)
SCHRAEDER, Aloysius 20 Apr 1902 - 19 Jan 1956 (SBAC)
SCHRAGG, Minnie H 1879 - 22 Oct 1959 R22-BL26 (MVC)
Wm L 1881 - 4 Dec 1954 R22-BL26 (MVC)
SCHRAML, Michael 7 Jan 1858 - 6 Feb 1906 (SBAC)
SCHRECK, Michael no date - 15 Apr 1890 70y Sec4-L11-#3 (SPC)
SCHRICK, James C 1951 - 1970 (SACC)
SCHRIEBER, Alfred C 1903 - 4 Apr 1981 RK-BL2 (MVC)
Isabel 1902 - 16 June 1978 RK-BL19 (MVC)
SCHROEDER, Carl 1857 - 29 Feb 1888 R46-BL95 (MVC)

SCHROEDER (continued)
Florence C 1912 - 1977 (LC)
George E no date - 7 July 1949 RG-BL20 (MVC)
Stephen & Michael (twins) nd - 1961 (LC)
SCHUHMACKER, Amelberga 9 Mar 1881 - 17 Mar 1972 (MSSCC)
SCHULTZ, Albert 1833 - 11 Apr 1881 no lot (MVC)
Christine no date - 27 Mar 1964 RG-BL31 (MVC)
Elizabeth no date - 24 Apr 1888 2y Sec1-L18-#5 (SPC)
Henry no date - 17 May 1888 2d Sec1-L18-#4 (SPC)
Joseph P no date - 17 May 1949 72y Sec1-L18-#1 (SPC)
Nancy 1852 - 22 May 1888 R67-BL96 (MVC)
Paulina no date - 19 Jan 1890 38y Sec1-L18-#6 (SPC)
Roman no date - 18 Apr 1904 27y Sec1-L18-#3 (SPC)
Royal G 1873 - 4 Mar 1914 no lot (MVC)
Wm no date - 4 May 1918 58y Sec1-L18-#2 (SPC)
SCHULZ, Anna P 1883 - 24 Sept 1890 R48-BL129 (MVC)
Emma Louise 1893 - 9 June 1902 R48-BL129 (MVC)
Gus no date - 31 May 1939 RG-BL31 (MVC)
Henry O 1889 - 8 Sept 1890 R53-BL209 (MVC)
inf no date - 17 Oct 1903 no lot (MVC)
inf no date - 28 Feb 1890 R53-BL209 (MVC)
Wm H 1857 - 7 Feb 1908 R48-BL129 (MVC)
SCHURI, Amelia Louise 1864 - 23 May 1940 R46-BL97 (MVC)
Emile C 1871 - 30 Jan 1900 R46-BL96 (MVC)
Ernest C 1889 - 17 July 1939 R46-BL96 (MVC)
Florence 1897 - 31 Oct 1942 R46-BL96 (MVC)
Fred G no date - 19 June 1880 no

SCHURI (continued)
  lot (MVC)
  Fredricka no date - 1 Oct 1941 R48-BL129 (MVC)
  Gottlieb 1829 - 11 Aug 1887 R46-BL97 (MVC)
  Hanna 1824 - 8 Apr 1893 R46-BL97 (MVC)
SCHURMAN, Arthur no date - 22 June 1957 (EEC)
  Arthur E s/o Arthur & Emma 3 June 1899 - 19 Oct 1900 (EEC)
  Emma E 2 Feb 1871 - 26 Mar 1959 (EEC)
  Fred no dates (EEC)
  Herbert 20 Sept 1895 - 17 Sept 1982 (EEC)
  Hope no dates (EEC)
  inf no dates (EEC)
  Lee Ann 1854 - 1955 (LC)
  Lorene 1926 - nd (LC)
  Mary no dates (EEC)
  Percy E 1867 - 1896 (EEC)
  Robert no dates (EEC)
  Roy 22 May 1930 - 1980 (LC)
  Sarah 1835 - 17 Nov 1889 R24-BL55 (MVC)
  Thelma no dates (EEC)
  Verna no date - 20 Aug 1984 2-2-32-G (MVC)
SCHUSI, Fritz 1898 - 12 June 1951 R46-BL96 (MVC)
SCHUSTER, Scholastica 30 Oct 1918 - 11 March 1980 (MSSCC)
SCHVENBECK, Louise P 1866 - 1920 no lot (MVC)
  Peter no date - 20 Nov 1888 R48-BL134 (MVC)
  Sophia 1841 - 17 Jan 1889 no lot (MVC)
SCHWAB, Wilhelmina Berlin 14 May 1891 - 2 Mar 1985 93y 5-1-13-F (MVC)
SCHWART, Anna no date - 8 Nov 1929 RD-BL6 (MVC)
SCHWARTERER, Mrs Agnes no date - 12 June 1888 R26-BL98 (MVC)
SCHWARTZ, Charie no date - 7 Sept 1909 R64-BL38 (MVC)
  Elizabeth no date - 10 May 1923 R36-BL271 (MVC)

SCHWARTZ (continued)
  inf no date - 10 June 1888 R26-BL98 (MVC)
  Leopold no date - 30 Dec 1922 R36-BL271 (MVC)
  Mrs Mary no date - 9 Mar 1887 R36-BL265 (MVC)
  Phoebe E no date - 10 May 1882 no lot (MVC)
  Wilhelmina 27 March 1892 - 7 Aug 1981 (MSSCC)
SCHWARY, "Father" 1845 - 1922 no lot (MVC)
  Jacob 1850 - 6 Aug 1887 R40-BL336 (MVC)
  Michael J 1852 - 17 July 1909 R40-BL336 (MVC)
  "Mother" 1844 - 1923 no lot (MVC)
SCHWARZER, Anna 1864 - 1941 (LC)
  Carl A 1858 - 1935 (LC)
  Carl A 1918 - 10 Jan 1987 (LC)
  Herbert 1903 - 1965 (LC)
  Julius 1888 - 1946 (LC)
  Mabel 1893 - 1965 (LC)
  Marjorie 1924 - 1980 (LC)
  Pauline 1916 - 1918 (LC)
SCHWEDER, Carl no date - 29 Feb 1888 R46-BL95 (MVC)
  Caroline no date - 12 Apr 1915 R15-BL254 (MVC)
  Elizabeth 1844 - 18 Apr 1928 R15-BL254 (MVC)
  Elizabeth 1874 - 26 Jan 1895 R46-BL95 (MVC)
  Ernest H 1861 - 11 Mar 1936 R41-BL5 (MVC)
  George no date - 20 Oct 1892 R15-BL254 (MVC)
  John 1874 - 25 Feb 1895 R46-BL95 (MVC)
  Myrtle M no date - 30 Jan 1958 R41-BL5 (MVC)
  Wm 1834 - 12 Apr 1899 R15-BL254 (MVC)
SCHWEIN, Frank no date - 25 Dec 1890 (SLC)
  Mary Magdeline 1801 Grussenehim, Alsace - 31 July 1882 (SLC)

SCHWEINGRUBER, Harriet no date - 22 Dec 1916 RG-BL5 (MVC)
John B no date - 10 Nov 1932 RG-BL5 (MVC)
SCHWEIR, Mrs Elizabeth 1860 - 27 Feb 1888 R46-BL101 (MVC)
SCHWINDT, Lena 27 Feb 1869 - 31 Aug 1909 5-N 1/4 (CCC2)
Lena V 1869 - 1909 (CCC1)
SCHWINN, Bonaventure 29 Aug 1891 - 1 Apr 1969 (SBAC)
SCHWOPE, Alberta 15 June 1906 - no date 10-N 2/3-#5 (CCC2)
Esther 1903 - no date 10-S 1/3-#6 (CCC2)
SCISSON, Omera E 1826 - 1907 (SACC)
SCOGGIN, Kathleen M w/o Ross D 14 Apr 1909 - 3 Sept 1967 (SMGC)
Ross D 1901 - 10 Oct 1980 (SMGC)
SCOTT, Agnes no date - 17 Apr 1921 R62-BL2 (MVC)
Albert O 1907 - 25 July 1981 RK-BL7 (MVC)
Anna c 5 Oct 1831 - 23 Sept 1906 (WLC)
Anna Gertrude no date - 20 July 1979 RF-BL26 (MVC)
Anna no date - 8 Nov 1908 RE-BL7 (MVC)
Belle B 11 Dec 1846 - 22 Mar 1933 86y (SNC)
Blanche M 1893 - 25 Sept 1982 RJ-BL13 (MVC)
Catherine 9 Feb 1828 - 22 June 1877 (SNC)
Clayton no date - 15 Dec 1908 R45 (MVC)
Clyde G 1889 - 9 Jan 1955 RJ-BL13 (MVC)
Courtney P no date - 15 June 1971 RE-BL20 (MVC)
David Beuhamp 7 Nov 1911 - 24 June 1918 (SNC)
David W 21 Apr 1872 - 19 Aug 1941 (SNC)
Edna Grace no date - 19 Sept 1926 RF-BL26 (MVC)

SCOTT (continued)
Elsie Reed 28 May 1929 49y (MCC)
Fannie w/o J E 12 Feb 1889 42y 25d (MCC)
Faun T 18 July 1888 - 5 Oct 1973 (SNC)
Fleda M 29 Nov 1888 - 5 Oct 1973 (SNC)
George E no date - 11 Feb 1959 RE-BL20 (MVC)
Gertrude 1905 - 1976 no lot (MVC)
H G 1858 - 1909 (WLC)
Harry 1857 - 27 Nov 1909 RE-BL7 (MVC)
Harry 1903 - 18 July 1976 RF-BL37 (MVC)
Hiram 1844 - 19 Feb 1929 (SNC)
Hulda no date - 20 Sept 1912 RE-BL7 (MVC)
Ida Leona no date - 7 Aug 1913 RD-BL8 (MVC)
infants no dates (SNC)
Irlene 1869 - 2 May 1928 RF-BL16 (MVC)
James 1863 - 16 Nov 1938 RF-BL16 (MVC)
James no dates (SNC)
James Robert M 1892 - 1 Dec 1898 R14-BL227 (MVC)
Joe M no date - 27 Feb 1942 RG-BL8 (MVC)
John no date - 21 Mar 1909 (child) RB-BL3 (MVC)
John 1860 - 21 June 1913 RB-BL3 (MVC)
John E 28 Nov 1916 66y 4m 2d (MCC)
John J 27 Apr 1823 - 16 June 1902 (SNC)
John Linsey 1874 - 27 Apr 1936 RD-BL11 (MVC)
John no dates Co D 12th Kansas Infantry (SNC)
Larry E 25 Aug 1947 - 9 June 1969 Kansas SP4 USA Vietnam BSM & OLC-PH (SNC)
Lewis T 1848 - 19 Feb 1929 (SNC)
Louis 1901 - 19 Feb 1929 85y (SNC)

SCOTT (continued)
  Louis T 1842 - 1928 (SNC)
  Lulu 1863 - 5 Apr 1940 77y 2m 26d (WLC)
  Margaret 5 Oct 1881 - 13 Jan 1913 (SNC)
  Margaret C -- May 1856 - 5 Oct 1881 (SNC)
  Mary F 17 Dec 1853 - 9 July 1879 (SNC)
  Melissa 1890 - 1915 (CWC)
  Palsey 1925 - 1941 no lot (MVC)
  Robin Ann 2 Nov 1970 - 1971 (SNC)
  Ruth Virginia no date - 20 Aug 1941 RD-BL11 (MVC)
  Theodore Roosevelt 1905 - 1962 (LC)
  Walter no date - 22 June 1910 RB-BL4 (MVC)
  William 17 May 1825 - 20 Dec 1887 (SNC)
  William J (s/o J J & M Scott) 15 Aug 1850 - 12 June 1871 20y 9m 27d (SNC)
  Winnie B no date - 7 May 1908 RD-BL11 (MVC)
SCOULLAR, Wm W 1849 - 23 Sept 1888 R67-BL93 (MVC)
SCOVELL, Kaew no date - 10 Jan 1874 5d (EEC)
  Lucinda 15 Jan 1815 - 12 Dc 1891 (EEC)
  Wm no date - 1 Oct 1889 69y 13d (EEC)
SCRIGGS, Harry no date - 1 July 1967 R57-BL279 (MVC)
SCRIVNER, John 15 Jan 1857 - 21 Aug 1888 (CSHC)
  Martha M w/o Live no date - 27 June 1886 53y (CSHC)
SCULLER, ---- no date - 14 Mar 1938 R67-BL93 (MVC)
SEAGER, August E no date - July 1939 72y (ASC)
  Dora 1886 - 1929 (ASC)
  Harold E 1902 - 1967 (LC)
SEAMAN, Emma E no date - 25 Mar 1940 RD-BL3 (MVC)
  James H no date - 16 Nov 1940 RD-BL3 (MVC)
  Rebecca no date - 22 Nov 1916

SEAMAN (continued)
  RD-BL3 (MVC)
SEARCY, Carrie E 1912 - 1913 (MCC)
  Clarence 1910 - 1929 (MCC)
  Elizah 1851 - 1939 (MCC)
  Martha E w/o B E 29 July 1883 33y 2m 7d (MCC)
SEARLES, Adelaide 1849 - 6 May 1934 RF-BL13 (MVC)
  Belle Tarfe (w/o John Searles) no date - 22 July 1896 51y 5m 17d (LC)
  Catherine no dates (EEC)
  Charles 1884 - 1950 (OHC)
  Chester 1892 - 1976 (OHC)
  Ed F no date - 10 ct 1912 RF-BL13 (MVC)
  Edgen H 1869 - 13 Nov 1887 RK-BL13 (MVC)
  Elizabeth no date - 4 June 1896 RK-BL13 (MVC)
  Eva 1887 - 1971 (OHC)
  Galord W 1845 - 30 July 1912 RF-BL13 (MVC)
  Harry C 1876 - 18 Nov 1959 RK-BL13 (MVC)
  Howard 1916 - 1917 inf (OHC)
  inf no dates (OHC)
  Lyle 1913 - 1941 (OHC)
  Marvin no dates (EEC)
SEATON, Amy no date - 22 Mar 1962 RF-BL5 (MVC)
  Charlotte E 1834 - 28 Oct 1925 RF-BL5 (MVC)
  George Leroy 1878 - 1 Mar 1934 RF-BL5 (MVC)
  John 1834 - 14 Jan 1912 RF-BL5 (MVC)
  John C 1861 - 31 May 1931 RF-BL5 (MVC)
SEBRA, Susan no date - __ Apr 1889 R37-BL283 (MVC)
SEBRING, Bette no dates (EEC)
  H D 1863 - 1912 (EEC)
SECHENDORFF, Von S no date - 20 Dec 1912 RD-BL4 (MVC)
SEDWICK, Marie P 1825 - 15 Aug 1905 R64-BL434 (MVC)
SEE, Clyde A 1889 - 1963 (OHC)
  Leon no date - 11 Nov 1898 R51-BL179 (MVC)

SEE (continued)
Nina 1894 - 1956 (OHC)
SEEGER, Alice no date - 1909 no lot (MVC)
Gertrude M 8 Mar 1910 - 3 Nov 1985 75y 7-3-24-J (MVC)
Henrietta Ruth 1907 - 3 July 1978 RJ-BL24 (MVC)
Ida 29 Sept 1851 - 21 March 1914 (MSSCC)
John F 1912 - 26 June 1952 RJ-BL24 (MVC)
Vivian M 1892 - 1929 (ASC)
Wm 1904 - 4 Dec 1978 RJ-BL26 (MVC)
SEELING, Anita 13 Sept 1893 - 20 May 1984 (MSSCC)
SEEVER, Alfred 1886 - 23 July 1967 RF-BL25 (MVC)
Anna no date - 23 Sept 1941 RF-BL13 (MVC)
Anna R no date - 9 July 1946 RG-BL34 (MVC)
Dora F no date - 16 Sept 1930 RD-BL11 (MVC)
Emma 1890 - 14 Sept 1962 RF-BL25 (MVC)
Esther 1896 - 1950 (LC)
Eugene M 1917 - 28 May 1936 RF-BL25 (MVC)
G T 1862 - 11 Oct 1949 RF-BL25 (MVC)
Herman Z P 1860 - 19 Apr 1883 (BCC)
inf/o W F no date - 24 Dec 1927 RD-BL12 (MVC)
John Henry no date - 11 Feb 1932 RF-BL13 (MVC)
Laura B 24 Dec 1864 - 5 Sept 1909 (BCC)
Noble Earl 1892 - 24 July 1921 (WWI) RF-BL13 (MVC)
Robert M no date - 2 Jan 1957 RD-BL11 (MVC)
William 1892 - 1967 (LC)
Wm August no date - 8 Jan 1982 RD-BL11 (MVC)
SEEVERS, Fontie M 1885 - 1888 (FGC)
Laura 1864 - 1909 (FGC)
SEFF, Barnard 1859 - 13 June 1922 R51-BL185 (MVC)

SEFF (continued)
Mrs Flora 1872 - 14 Nov 1943 R38-BL304 (MVC)
Louis A 1902 - 12 Apr 1965 R38-BL308 (MVC)
Selia 1881 - 20 May 1964 R38-BL304 (MVC)
SEFOMTH, Esther w/o B 1822 - 1902 (MCC)
SEIBERT, Fallah no date - 7 Feb 1947 RG-BL35 (MVC)
SEIDL, Susanna 11 Jan 1885 - 14 Aug 1926 (MSSCC)
SEIDLER, Bertina E 7 Sept 1928 - 25 May 1974 (SNC)
SEILER, Charles 1867 - 28 Sept 1942 R66-BL80 (MVC)
SEIP, Chas 1849 - 14 Jan 1916 RB-BL11 (MVC)
Fanny no date - 27 Sept 1916 RB-BL11 (MVC)
Keturah Norton 1880 - 1 Jan 1908 R12-BL189 (MVC)
Owen 1836 - 18 June 1920 R11-BL187 (MVC)
Perry W 1873 - 2 Dec 1934 RB-BL11 (MVC)
Thomas L 1824 - 22 Apr 1892 R12-BL189 (MVC)
SEITZINGER, Elizabeth 2 Sept 1797 - 9 Oct 1885 (EEC)
SEIVERS, Fannie 1863 - 13 Apr 1943 RG-BL7 (MVC)
SELBY, Elizabeth 1816 - 26 Sept 1896 R28-BL122 (MVC)
Walter Wm no date - 13 Dec 1952 RG-BL38 (MVC)
SELLS, Bertha Emma 13 Oct 1888 - 22 Nov 1964 (EEC)
C E no dates (EEC)
Harold no date - 1917 (EEC)
Josephine 1917 - 3 Nov 1977 (EEC)
Lottie 1861 - 1932 (EEC)
W N no dates (EEC)
SELVERY, Chas Ed no date - 21 Fe 1923 RE-BL10 (MVC)
SEMPLE, Jean Belle 1852 - 13 Mar 1933 R67-BL101 (MVC)
SENECAL, Lucien J 5 May 1897 - 17 Nov 1972 (SBAC)

SENG, Augusta Wm 1876 - 30 Aug 1939 RG-BL35 (MVC)
Margaret A 1839 - 1 Oct 1946 RG-BL35 (MVC)
Robert 1915 - 30 June 1941 RG-BL35 (MVC)
SENN, Bertha 1872 - 1916 (MCC)
Fred s/o FB 1879 - 1885 (MCC)
Fredrick 1830 - 1979 (MLC)
SENNE, Marvin no date - 16 July 1946 RJ-BL2 (MVC)
Minnie S no date - 27 Nov 1928 RJ-BL2 (MVC)
SER, J F no date - 23 May 1896 R51-BL179 (MVC)
SERVAES, Jame 2 June 1873 - 2 Feb 1948 (SNC)
Margaret no date - 6 Apr 1979 RG-BL22 (MVC)
May E Freeman 24 Nov 1880 - 6 Dec 1931 (SNC)
SEUTE, Bonnie B 1891 - 16 July 1973 RK-BL8 (MVC)
Fred 1882 - 18 Dec 1962 RK-BL8 (MVC)
SEV, Fred W no date - 21 Dec 1963 no lot (MVC)
SEWELL, Brutus 1880 - 1952 (LC)
Dora no date - 16 Mar 193 RG-BL33 (MVC)
Fred N 1875 - 1955 (LC)
Freda no date - 15 Dec 1940 RG-BL33 (MVC)
Martha B 1885 - 1978 (LC)
Minnie 1907 - nd (LC)
SEYBOLD, Bertha no date - 10 July 1899 R13-BL217 (MVC)
Ernest 1873 - 8 Nov 1961 R13-BL217 (MVC)
Louis 1903 - 6 June 1902 R14-BL226 (MVC)
Mary Iva 1879 - 10 Jan 1968 R13-BL217 (MVC)
Robert no date - 8 Dec 1965 R13-BL217 (MVC)
SEYMORE, Donald T no date - 25 Oct 1973 RK-BL18 (MVC)
Lizzie 1877 - 15 Aug 1901 R39-BL314 (MVC)
Maggie 1873 - 11 Sept 1895 R39-BL314 (MVC)

SHAEFER, Glen M 1894 - 17 Oct 1979 RJ-BL3 (MVC)
SHAFFER, Ethel 1893 - 14 Mar 1972 RJ-BL3 (MVC)
Hagen T 1896 - 9 Nov 1981 RK-BL39 (MVC)
Winnie no date - 5 Feb 1889 R37-BL284 (MVC)
SHALZ, Cornelia 27 Feb 1901 - 1 June 1929 (MSSCC)
SHANNON, Elizabeth 7 Nov 1841 - 19 Dec 1916 (BCC)
G H 1864 - 26 May 1923 (BCC)
inf c/o J A & E H no date - 2 July 1910 (BCC)
inf no date - 8 Aug 1875 (BCC)
Joseph A 1839 - 1916 (BCC)
Mary 1894 - 1980 (BCC)
Wilson no date - 1879 12y 2d (OHC)
SHARP, Ann 1846 - 1912 (MCC)
Dora L 1913 - 11 Dec 1980 RK-BL29 (MVC)
John 1865 - 1938 (FPC)
John W no date - 22 Aug 1955 RK-BL29 (MVC)
Louise no date - 6 July 1957 RK-BL29 (MVC)
Martha Irene 1887 - 1890 (MCC)
Nell A 1883 - 6 Jan 1970 RK-BL29 (MVC)
Samuel no date - 9 Nov 1889 (MCC)
Verd Curell 1899 - 1938 (FPC)
Wilbur J 27 Jan 1888 55y (MCC)
SHATTUCK, Anna Brown no date - 26 Oct 1924 RE-BL4 (MVC)
SHATZ, Arthur no date - 8 Dec 1952 RJ-BL25 (MVC)
SHAUGHNESSY, Constance 5 March 1888 - 26 Oct 1949 (MSSCC)
SHAVER, Alice C no date - 4 Aug 1937 RB-BL12 (MVC)
Daniel K 1956 - 1980 (LC)
David V no date - 14 Dec 1941 RB-BL12 (MVC)
Dean R no date - 16 Dec 1950 (inf) RB-BL12 (MVC)
Doris Jean no date - 13 May 1967 RK-BL23 (MVC)
George W 1857 - 27 June 1916

SHAVER (continued)
RB-BL12 (MVC)
J J no date - 4 Dec 1920 RD-BL16 (MVC)
Jacob B no date - 8 Oct 1918 RD-BL3 (MVC)
Jacob G 1875 - 20 Feb 1952 RJ-BL25 (MVC)
Jacob R Jr 1920 - 1 June 1973 RJ-BL25 (MVC)
Janet Grace S no date - 20 Aug 1957 RF-BL16 (MVC)
Wm F no date - 30 Nov 1968 RF-BL16 (MVC)
SHAW, Adale d/o Thomas & Eunice 1869 - 13 Nov 1877 8y 7m 8d (FPC)
Amelia no date - 19 Dec 1915 R39-BL316 (MVC)
Ben F 15 Oct 1880 - 14 July 1966 (FPC)
Benj J 1847 - 7 Nov 1891 48y 9m 7d (FPC)
Chas G no date - 28 Feb 1925 RE-B110 (MVC)
Chas no date - 19 June 1930 RE-BL15 (MVC)
Christian 21 May 1929 Kansas Pvt USMC (PDC)
Emma Viola 1893 - 1934 (PDC)
Gertrude 1883 - 1911 (FPC)
Henery 10 Mar 1846 - 6 June 1918 (FPC)
J N no dates no lot (MVC)
Rev James B 1808 - 23 Sept 1900 R67-BL97 (MVC)
Louise B 18 Feb 1883 - 16 Mar 1940 (FPC)
Martha 4 Sept 1850 - 10 Feb 1907 (FPC)
"Lieut" Matthew no dates (Co B 91st Illinois Infantry) (WLC)
Minnie no date - 20 Mar 1935 RE-BL15 (MVC)
S Leon no date - 16 June 1934 RE-BL10 (MVC)
Sinnie C 1871 - 18 June 1875 19y 2m 11d (FPC)
Warren B 22 Jan 1922 - 17 July 1972 Kansas S/Sgt Co A 164th Infantry WWII BSM Pennsylvania (PDC)

SHAY, Dr L E no date - 8 Nov 1957 RK-BL5 (MVC)
Lula M no date - 8 July 1946 RK-BL5 (MVC)
SHEAR, ---- f/o Frank (ASC)
SHEARER, Irene O w/o Ralph G 1904 - 14 Mar 1975 (SMGC)
Margaret no date - 5 May 1911 RB-BL27 (MVC)
Ralph G 15 Mar 1907 - 26 Nov 1973 (SMGC)
SHEDD, Harrison P no date - 4 Nov 1949 RG-BL27 (MVC)
Mary R no date - 10 Jan 1955 RG-BL27 (MVC)
SHEEHY, Anselm 2 Oct 1861 - 16 Oct 1884 (SBAC)
SHEEKS, Mrs I D no date - 3 Dec 1933 RD-BL15 (MVC)
SHEELEY, Andera Jane 1979 - 1979 (SACC)
SHEETS, Ada A no date - 23 July 1930 (EEC)
G no dates 23y 27d (EEC)
Jerusha J w/o C D 16 Mar 1899 55y 4m 25d (MCC)
Melvin Leslie no date - 26 Dec 1922 (EEC)
Polly w/o T 11 Oct 1870 64y 4m 10d (MCC)
Rben E no date - 21 July 1935 69y 2m 6d (EEC)
S Edgar s/o C D & J J 5 Dec 1898 22y 9m 26d (MCC)
W H s/o C D & J J 1867 - 1882 (MCC)
SHEID, Clarabella no date - 3 Aug 1976 RG-BL24 (MVC)
SHEIKS, Dr Thrace M no date - 7 Aug 1928 RD-BL15 (MVC)
SHELBY, Arthur Am no date - 6 Mar 1951 RK-BL19 (MVC)
SHELDON, Andrew 1853 - 9 Jan 1935 RA-BL21 (MVC)
Elizabeth C 1855 - 28 June 1901 RA-BL21 (MVC)
Helen M 1881 - 27 Mar 1952 RA-BL21 (MVC)
inf no date - 29 Oct 1912 RA-BL4 (MVC)
Orel 1914 - 25 Jan 1971 RJ-BL25 (MVC)

SHELDON (continued)
Robert A 1882 - 14 Aug 1956 RA-BL21 (MVC)
Wm C 1885 - 4 Apr 1951 RA-BL21 (MVC)
SHELL, Charles F 13 Jan 1845 - 8 Oct 1936 (EEC)
Chester Leroy 28 Aug 1912 - 9 Jan 1979 (SMGC)
Clarence 1911 - 1924 (EEC)
Clyde 1884 - 21 July 1974 RJ-BL24 (MVC)
Floyd s/o J F & M A 20 Feb 1881 - 3 May 1910 (EEC)
Frances no date - 5 Jan 1958 (EEC)
Heima no date - 14 Feb 1952 (EEC)
Henry 1824 - 1895 "Father" (NSC)
inf s/o J F & T G no date 17 Mar 1907 (EEC)
J B (Doc) no date - 1927 (EEC)
J T no date - 11 Mar 1933 (EEC)
James F 1840 - 1920 "Father" (Co H 13th Missouri) (EEC)
Joseph (s/o H & S T Shell) 1872 - 17 Nov 1875 3y (NSC)
Laura Daisy 1883 - 3 Mar 1956 RJ-BL24 (MVC)
Lucy (d/o H & S T Shell) 6 - 14 March 1863 8d (NSC)
Mary A 1845 - 1923 "Mother" (EEC)
Mary d/o Matilda & W B 20 Nov 1878 - 17 Nov 1910 (EEC)
Matilda no dates (EEC)
Missouri A M 23 Jan 1859 - 17 Jan 1929 (EEC)
Naomi Jeanne no date - 28 Dec 1981 R43-BL39 (MVC)
Sarah Jane 7 Aug 1820 - 24 Sept 1913 (EEC)
Sarah T 1836 - 1919 "Mother" (EEC)
Soloman 11 Feb 1815 - 20 Dec 1900 (EEC)
Stephen Marteen no date - 18 Mar 1930 (EEC)
Thelma M d/o Todd no date - 3 mar 1937 (EEC)
Thomas (s/o H & S T Shell) May

SHELL (continued)
- 18 Sept 1866 (NSC)
Thules F 1864 - 1923 (EEC)
W 20 Nov 1878 - 17 nov 1910 (EEC)
W B no date - 26 June 1933 (EEC)
SHELLEY, Arthur William 1888 - 1961 no lot (MVC)
Little E Allen 1868 - 27 Dec 1955 RA-BL19 (MVC)
Edna Howe 1892- 19 Jan 1979 RA-BL19 (MVC)
Dr Edwin 1859 - 14 OCt 1927 RA-BL19 (MVC)
Mary A no date - 28 Apr 1897 RA-BL19 (MVC)
SHELLY, Emma M no date - 25 June 1921 R68-BL107 (MVC)
Lillie E no date - 27 Dec 1955 RA-BL19 (MVC)
Mary M no date - 26 Oct 1913 R44-BL54 (MVC)
Phillip G 1842 - 11 Sept 1898 R44-BL54 (MVC)
Tobias R 1844 - 19 Feb 1907 R68-BL107 (MVC)
SHEPARD, Mrs 1828 - 1889 (EEC)
SHEPHARD, Arthur 1856 - 1879 (MCC)
Ellen no date - 28 Aug 1984 9-3-3-J (MVC)
SHEPHERD, Levina Green 30 June 1829 - 7 May 1887 (EEC)
SHEPPARD, Amos L 1882 - 6 Jan 1960 RJ-BL27 (MVC)
David 1831 - 16 Oct 1897 RA-BL16 (MVC)
Dora 1887 - 27 Mar 1918 RF-BL15 (MVC)
Elizabeth J 1830 - 6 Nov 1903 RA-BL16 (MVC)
Helen E 1909 - 29 Mar 1975 RJ-BL27 (MVC)
James B no date - 18 Oct 1941 RG-BL30 (MVC)
Loren J 1899 - 27 Sept 1977 RJ-BL3 (MVC)
Marie E no date - 14 Mar 1946 RG-BL33 (MVC)
Neva no date - 5 Mar 1962 RJ-

SHEPPARD (continued)
BL27 (MVC)
Orville L 1909 - 9 Feb 1975 RJ-BL27 (MVC)
SHERER, Vernon M no date - 22 Dec 1932 RB-BL27 (MVC)
SHERMAN, Marshall 1866 - 1867 (BCC)
SHERRON, Mary no date - 24 Feb 1923 RD-BL9 (MVC)
SHICK, Constance no date - 16 Dec 1899 R30-BL166 (MVC)
SHIELDS, Ottilia 13 July 1874 - 25 Jan 1897 (MSSCC)
William 1870 - 1899 (ACC)
SHIFFLETT, Anna 1881 - 24 Nov 1967 RB-BL21 (MVC)
Augusta 1873 - 11 Oct 1936 RF-BL18 (MVC)
Charles L 1879 - 2 Aug 1977 RF-BL6 (MVC)
Eber no date - 23 Mar 1926 RD-BL4 (MVC)
Eliza Ann no date - 8 Mar 1945 RA-BL22 (MVC)
Harry S 1869 - 1 Feb 1946 RF-BL18 (MVC)
John S 1877 - 13 Feb 1903 RA-BL22 (MVC)
Katherine L 1887 - 16 Oct 1972 RF-BL6 (MVC)
Lester 1917 - 5 June 1975 RJ-BL13 (MVC)
Nina no date - 4 Feb 1957 (inf) RK-BL13 (MVC)
Sizzie E no date - 19 Jan 1913 RD-BL4 (MVC)
Wm M no date - 22 Apr 1945 RA-BL22 (MVC)
Mrs Wm S 1847 - 25 Jan 1911 RA-BL22 (MVC)
SHIPLOY, Arthur 1886 - 22 Mar 1979 no lot (MVC)
Kate 1928 - 18 Mar 1950 no lot (MVC)
L Alfred 1864 - 1882 no lot (MVC)
SHIPMAN, Alma Mary no date - 17 Mar 1978 RD-BL2 (MVC)
SHIPP, Fred no date - 17 Apr 1927 RD-BL14 (MVC)
SHIPPIE, Cora no date - 17 May

SHIPPIE (continued)
1938 RD-BL14 (MVC)
SHOBE, Alice no date - 24 Sept 1904 RE-BL6 (MVC)
SHOCKEY, James no date - 11 Mar 1912 RF-BL11 (MVC)
John L 1884 - 5 Nov 1949 RG-BL19 (MVC)
Louie A 12 Jan 1913 - 22 Jan 1970 (SNC)
Martha E 1853 - 3 Mar 1942 RG-BL19 (MVC)
Minnie 1836 - 4 Apr 1964 RG-BL19 (MVC)
Minnie D no date - 15 Feb 1914 RD-BL4 (MVC)
Oscar no date - 16 Aug 1942 RD-BL4 (MVC)
SHOCKLEY, Edward 1888 - 1968 (PDC)
James Bode 14 June 1876 - 22 Oct 1970 (SMGC)
Lester E 1912 - 1968 (PDC)
Loretta w/o Melvin B no date - 17 Oct 1980 (SMGC)
Melvin B 21 July 1906 - 30 July 1979 (SMGC)
SHOEBROOK, Harry 1902 - 1972 (BCC)
Hattie 1874 - 1950 (BCC)
Lawrence 1908 - 1933 (BCC)
Opal 1907 - 1971 (BCC)
SHOEMAKER, Edward 1899 - 10 Oct 1980 RJ-BL18 (MVC)
J M no date - 13 Mar 1892 R17-BL276 (MVC)
Joanna no date - 2 Oct 1980 RJ-BL18 (MVC)
Joanna no date - 22 July 1984 1-2-18-J (MVC)
Wm T no date - 20 June 1976 RK-BL30 (MVC)
SHOES, Roger no date - 28 May 1976 RK-BL26 (MVC)
SHOFNER, Kathariena no date - 8 Oct 1920 RF-BL16 (MVC)
SHOLZ, Janet Kay no date - 13 Aug 1950 RK-BL12 (MVC)
SHOOK, Leona J 1913 - 1947 no lot (MVC)
Maggie no date - 15 Jan 1964 RE-BL13 (MVC)

SHOOK (continued)
Prince 1873 - 1 July 1953 RE-BL13 (MVC)
SHORT, Mark b Ireland no date - 19 Feb 1883 26y 1m 25d (SACC)
SHORTRIDGE, Jasper s/o Harrison & Mary J no date - 19 Aug 1867 9y 8m 3d (MTPC)
SHRACK, Philip O 1905 - 18 Apr 1972 RK-BL41 (MVC)
SHRADER, C C no dates (EEC)
Elizabeth 4 Feb 1880 - 30 Nov 1962 (EEC)
Herman 1884 - 1967 (MCC)
Lulla 1887 - 1958 (MCC)
SHRICK, Nick 1879 - 1954 (EEC)
Virginia 1918 - 1981 (EEC)
SHROUT, Winnette Hazel w/o Albert, d/o W & C 21 Aug 1909 - 27 Feb 1964 (BCC)
SHUBERT, ---- 12 Mar 1828 - 1902 (LC)
Albert 1822 - 3 Oct 1900 (SNC)
Eva M no dates (SNC)
John 1828 - 1950 (LC)
John A 12 July 1858 - 4 Jan 1942 (SNC)
SHUCK, Emily Frances no date - 9 Oct 1977 RJ-BL24 (MVC)
Ethel 1891 - 6 Oct 1957 RJ-BL8 (MVC)
George A 1893 - 19 Aug 1965 RJ-BL24 (MVC)
Hattie 1881 - 19 Dec 1950 RJ-BL8 (MVC)
Myrtle A 1886 - 28 May 1947 RG-BL34 (MVC)
Sarah A 1852 - 4 Mar 1937 R44-BL55 (MVC)
Walter A 1883 - 20 July 1952 RG-BL34 (MVC)
Walter T no date - 16 Dec 1954 R44-BL55 (MVC)
Wm no date - 27 Oct 1918 R44-BL55 (MVC)
SHUE, Mrs J W 1866 - 21 Nov 1910 (SNC)
SHUFFLEBARGER, baby 3 Sept 1919 only date (EEC)
Everett 1908 - 28 Nov 1978 RJ-BL28 (MVC)

SHUFFLEBARGER (continued)
J L no dates (EEC)
James 1882 - 8 Nov 1960 RF-BL8 (MVC)
Jane 26 Jan 1904 - 23 Mar 1985 81y 8-2-28-J (MVC)
Jas no dates (ASC)
Kate C 6 Jan 1840 - 19 Feb 1897 (EEC)
Leslie 1885 - 1925 (EEC)
Marie 1879 - 20 May 1949 RF-BL8 (MVC)
Robert 1904 - 30 July 1959 RJ-BL28 (MVC)
SHUFFLEBURGER, Edith 1881 - 1953 (LC)
Etta Bailiff 1853 - 1911 (LC)
Everett 1875 - 1957 (LC)
Harry 1888 - 1961 (LC)
John 1845 - 1923 (LC)
Katie 1892 - nd (LC)
Keith 1956 - nd (LC)
SHULTZ, J W 1842 - 11 Oct 1914 R67-BL96 (MVC)
Nancy A no date - 22 May 1888 R67-BL96 (MVC)
SHULZ, Jerry 1888 - 27 May 1911 RF-BL3 (MVC)
Nellie 1917 - 28 July 1957 RF-BL3 (MVC)
Dr Wm A 1842 - 16 Aug 1913 RF-BL3 (MVC)
SHUMAKER, Edwin 1896 - 1973 (SNC)
Elizabeth 12 Aug 1828 in Greensburg, Pennsylvania - 21 June 1918 in Sumner, Kansas (SNC)
Elsie 5 Sept 1886 - 3 Oct 1950 (SNC)
Frank 1899 - 1968 (SNC)
Grace F -- June 1899 - 1 Sept 1957 (SNC)
Harry 5 May 1859 - 18 Apr 1932 (SNC)
Pauline R 7 Nov 1863 - 16 Feb 1947 (SNC)
Peter 22 Dec 1799 in Carlyle, Pennsylvania - 5 June 1878 in Sumner, Kansas (SNC)
Roy 1884 - 1965 (SNC)
SHURMAN, Caleb 1822 - 17 Sept

SHURMAN (continued)
  1916 R24-BL55 (MVC)
SHUTHER, C Stephens 3 Nov 1850 - 24 Nov 1870 (MTPC)
SIDES, David no date - 21 Mar 1892 R38-BL299 (MVC)
SIEBENMORGAN, ---- no date - 1948 (buried in Potters Field) (SLC)
  Charles G 1924 - 1977 (ASC)
  Leo no date - 23 May 1944 48y (SLC)
SIEP, Mary B no date - 3 May 1925 R11-BL187 (MVC)
SIGNOR, Vera Videtta 1890 - 15 Aug 1891 R50-BL157 (MVC)
SILKS, Joseph E 1832 - 23 June 1896 (SNC)
SILLIMAN, Harriett A 1848 - 22 Feb 1944 RF-BL5 (MVC)
  John B 1845 - 9 Oct 1918 RF-BL5 (MVC)
SIMMEL, Vitalis 13 Apr 1902 - 23 March 1979 (MSSCC)
SIMMONS, Abner D no date - 11 June 1900 (EEC)
  Charley C Mar 1859 (MCC)
  H A no dates (EEC)
  Ida w/o Charles 1863 - 1900 (MCC)
  Lawrence no date - 17 Oct 1918 R64-BL48 (MVC)
  Nancy 3 Apr 1831 - 30 Sept 1926 (EEC)
  Robert 23 Oct 1872 5y (FGC)
  Robert F c/o A D & N L 1867 - 29 Oct 1872 5y 8m (BCC)
  Sophie no date - 19 May 1968 RG-BL11 (MVC)
  Thomas 19 May 1866 5y (FGC)
  Thomas L c/o A D & N L 1861 - 19 May 1866 5y 5m 11d (BCC)
SIMONDA, Alva L 1854 - 4 Aug 1888 R47-BL116 (MVC)
  Frank A 1877 - 1 Apr 1905 R68-BL103 (MVC)
  George W 1840 - 9 June 1902 R68-BL103 (MVC)
  Lawrence G 1880 - 24 Aug 1909 R68-BL103 (MVC)
  Wm George 1878 - 5 Apr 1934 R68-BL103 (MVC)

SIMPSON, A W 1841 - 3 June 1918 RG-BL32 (MVC)
  Benjamin 1857 - 9 July 1951 RA-BL7 (MVC)
  Charles E no date - 9 Sept 1943 RG-BL32 (MVC)
  Delphia no date - 20 July 1921 RE-BL14 (MVC)
  Dorotha 14 Sept 1906 - 25 Apr 1970 (SMGC)
  Edna 1893 - 3 May 1968 RJ-BL28 (MVC)
  Eiza no date - 15 Oct 1875 34y (WLC)
  Florence no date - 3 Jan 1948 RG-BL32 (MVC)
  Floyd no date - 5 June 1975 RK-BL4 (MVC)
  Mrs Floyd no date - 21 June 1979 RK-BL16 (MVC)
  Frank no date - 27 Mar 1917 RE-BL11 (MVC)
  Gillian no date - 10 Apr 1965 RG-BL32 (MVC)
  Ida M 1882 - 5 Jan 1981 RJ-BL35 (MVC)
  inf/o F W & L M 3 Apr 1890 - 3 Apr 1890 (EEC)
  James T no date - 12 Jan 1944 RG-BL32 (MVC)
  Rozella 1852 - 9 July 1951 RA-BL7 (MVC)
  Walter C 1880 - 24 Apr 1966 RJ-BL35 (MVC)
  Wm 1890 - 6 Oct 1967 RJ-BL28 (MVC)
SIMTOCK, Rachel C no date - 27 Jan 1913 R14-BL238 (MVC)
SINCLAIR, E L no date - 7 Dec 1940 (EEC)
  Francis W 1 Sept 1917 - 1 May 1977 (SMGC)
SINDORF, Wm C 1867 - 7 Dec 1886 R12-BL194 (MVC)
SINELDOR, Mary C 11 Sept 1924 - 30 Dec 1924 3m 11d (EEC)
SINIMANDS, Lawrence no date - 24 Aug 1909 R68-BL103 (MVC)
SINNEWCH, Laura Ellen no date - 14 Feb 1913 R15-BL242 (MVC)

SINNOT, Marcellina 17 Feb 1871 - 23 Nov 1956 (MSSCC)
SION, Justin Gerard 9 June 1884 - 22 Jan 1973 (SBAC)
SIPE, Eileen no dates no lot (MVC)
　J W no date - 2 Apr 1934 RG-BL21 (MVC)
SIRON, Harold G 23 Dec 1898 - 21 May 1980 (SMGC)
SITHEN, Nettie L no date - 20 Feb 1959 RG-BL35 (MVC)
SITTENAUER, Bernard 1900 - 9 Sept 1977 76y Sec2-L37-#1 (SPC)
　Marie 1902 - 16 July 1972 Sec2-L62-#1 (SPC)
　Mary T 1864 - 22 Mar 1943 79y Sec2-L27-#2 (SPC)
　Matthias 1866 - 19 Feb 1956 89y Sec2-L37-#3 (SPC)
　Matthias no date - 12 Nov 1972 66y Sec2-L27-#4 (SPC)
SKELLY, Faye Etta 1894 - 22 Apr 1957 RF-BL26 (MVC)
　Wilburn L no date - 10 May 1982 RF-BL26 (MVC)
SKILLING, inf no date - 29 Mar 1895 R14-BL225 (MVC)
SKINNER, Aquilina 2 Feb 1882 - 30 Aug 1947 (MSSCC)
　Euthalia 21 Apr 1886 - 15 Oct 1926 (MSSCC)
　F H no date - 1958 RJ-BL27 (MVC)
SKLUZACEK, Augustine 11 Apr 1888 - 30 July 1912 (SBAC)
SLAT, Marko 29 Apr 1882 - 7 March 1980 (SBAC)
SLATTERY, Agnes (d/o John & Nora) no date - 26 Aug 1904 (SLC)
　Charles no date - 19 Apr 1983 (SLC)
　Frances no date - 21 Mar 1925 Sec2-L1-#4 (SPC)
　Frances no date - 31 Jan 1884 Sec2-L1-#5 (SPC)
　Francis (s/o John & Nora) no date - 30 Aug 1904 (SLC)
　John (s/o Michael & Catherine) no date - 17 Dec 1907 41y

SLATTERY (continued) (SLC)
　Mary no date - 14 Sept 1886 32y Sec2-L1-#2 (SPC)
　Nora (d/o Tim Finnegan) no date - 16 Dec 1947 78y (SLC)
　Stella 3 March 1868 - 14 Oct 1960 (MSSCC)
　Wm (s/o John & Nora) no date - 24 Jan 1897 4y (SLC)
SLAWSON, William E s/o G W & H A 1871 - 1891 20y (RMC)
　William E s/o G W & M A no date - 16 Aug 1881 21y 8m 6d (RMC)
SLINER, Loretta no date - 21 June 1920 RF-BL16 (MVC)
SLINGER, Albino no date - Feb 1920 (SLC)
　Ben no date - Apr 1941 (SLC)
　Bev no date - Apr 1941 (SLC)
　Frank no date - Nov 1908 (SLC)
　Henry no date - Aug 1961 (SLC)
　Joann no date - 1895 (SLC)
　Mary Ann - no date - ? Dec 1902 (SLC)
SLITER, Rosella Harietta 17 Aug 1869 - 28 Dec 1935 66y 4m 11d (OHC)
SLOAN, Annie no date - 15 June 1871 inf (OHC)
　Annie L 1965 - 1983 (OHC)
　Atty 1872 - 8 June 1907 (SNC)
　Edward I b Canada 6 July 1868 - 23 Jan 1907 (OHC)
　Frank no date (OHC)
　Genevieve 1904 - 1957 (OHC)
　Grace Ingram 1888 - 1959 (MGC)
　Henry J 1838 - 1912 (OHC)
　Henry J Sr 1897 - 1982 (OHC)
　Henry Jr 1921 - 1967 (OHC)
　Mrs James 1850 - 30 Oct 1911 (SNC)
　John J 1838 - 1895 57y 9m 19d (OHC)
　John S no date - 21 Sept 1953 RK-BL22 (MVC)
　Mina B 1875 - 1925 (OHC)
　Olga E 1901 - 1983 (OHC)
　Pauline H 1841 - 1901 (OHC)
　Peggy Jean 1925 - 1930 (OHC)
　Robert 1882 - 20 Oct 1914 (SNC)

SLOAN (continued)
 Sarah 1814 - 1891 77y 2m (OHC)
 William B 10 Nov 1868 58y 1m 20d (OHC)
SLOLP, Ottilie J 1876 - 1945 no lot (MVC)
SLOMAN, Clarence E 1907 - 1975 (EEC)
 Elsie no date - 1910 (EEC)
 Ethel Benton 18 Nov 1875 - 23 Apr 1939 (EEC)
 Frank no date - 1957 (EEC)
 Mary 1878 - 29 Mar 1969 RG-BL14 (MVC)
 Mary E no date - 27 Aug 1936 (EEC)
 R B no date - 1 Dec 1974 (EEC)
 Ralph Edwards 1905 - 1964 (EEC)
SLONAKER, Janet no date - 7 Jan 1932 RG-BL9 (MVC)
SLOSS, Charity Bell 1844 - 25 Nov 1897 (SNC)
 Mrs Wesley no date - 16 May 1922 RD-BL2 (MVC)
 Wm no date - 4 May 1965 RE-BL21 (MVC)
SLOUGH, Margaret 15 July 1826 - 20 July 1901 75y 5d (WLC)
SLUTE, Bonnie 1891 - 18 July 1973 RK-BL8 (MVC)
 Fred 1882 - 1962 no lot (MVC)
SLUTZ, Mary 1865 - 27 Aug 1957 (MVC)
SMALL, Anna no date - 1892 (SACC)
 Elizabeth McVey 1847 - 1928 mother (SACC)
 Francis no date - before 1891 (SACC)
 John H 1859 - 1924 (MCC)
 Patrick 1837 - 1920 father (SACC)
SMART, Bessie 1888 - 23 Jan 1947 RG-BL34 (MVC)
 D B 1845 - 16 Feb 1911 R66-BL70 (MVC)
 George A no date - 27 Oct 1928 RD-BL15 (MVC)
 George Kitson no date - 14 July 1930 RD-BL1 (MVC)
 Lillie S 1855 - 2 Jan 1926 R66-

SMART (continued)
 BL70 (MVC)
 Mary E no date - 26 Mar 1933 RD-BL1 (MVC)
 May no date - 17 Nov 1960 RD-BL15 (MVC)
 Roy B 1880 - 3 Mar 1948 RG-BL34 (MVC)
SMIDDY, Alice R no date - 10 Nov 1976 R43-BL38 (MVC)
 Wm C no date - 8 Aug 1901 no lot (MVC)
SMITH, A Davis s/o Wm P & Sarah A 1891 - 1899 (OHC)
 Ada 1889 - 4 Sept 1981 91y 25-NW 1/4-#3 (CCC2)
 Ada Harrison no date - 25 Oct 1957 RB-BL17 (MVC)
 Adda d/o Daniel & Harriet no dates (WLC)
 Alice G no date - 31 Jan 1919 R99-BL138 (MVC)
 Amelia B w/o Henry 1855 - 21 June 1903 60y (WLC)
 America no date - 14 Jan 1946 RE-BL12 (MVC)
 Anna 1891 - 1 June 1922 RA-BL35 (MVC)
 Arnold 1881 - 1943 (MCC)
 Arthur C no date - 24 Jan 1967 R59-BL311 (MVC)
 Bele Major 1835 - 19 May 1905 RB-BL2 (MVC)
 Birdie no date - 8 June 1926 R67-BL96 (MVC)
 Blanche 1895 - 1896 (EEC)
 Blanche 6 Aug 1865 - 14 May 1923 (EEC)
 C E no dates (EEC)
 C O no date - 3 Apr 1952 (EEC)
 Catherine C no date - 2 July 1945 RA-BL7 (MVC)
 Celia Norrick 1895 - 1896 (EEC)
 Charles E 1867 - 1923 (EEC)
 Charles H no date - 2 Jan 1970 RE-BL20 (MVC)
 Christina R 1890 - 28 Feb 1893 R32-BL197 (MVC)
 Clara E no date - 12 July 1864 (EEC)
 Clarence 1900 - 1901 (LC)
 Cyras F 1857 - 25 Oct 1913 RB-

SMITH (continued)
BL11 (MVC)
Daniel 29 Nov 1830 - 25 Sept 1901 "Father" (WLC)
David R 1879 - 12 Jan 1937 RG-BL16 (MVC)
Debbie Ann inf d/o Howard & Judy no date - 26 July 1979 RK-BL14 (MVC)
Donald D s/o Maggie Bare 11 July 1898 - 29 Sept 1906 (EEC)
Dorothy 1905 - 1924 (MCC)
Eda no date - 21 July 1982 92y 25-NW 1/4-#1 (CCC2)
Edward no date - 4 Jan 1922 R29-BL138 (MVC)
Edward T no date - 21 Dec 1954 RA-BL1 (MVC)
Eline no date - 15 Nov 1943 RE-BL3 (MVC)
Eliza J no date - 20 Mar 1926 R32-BL199 (MVC)
Elizabeth 1845 - 1914 (MCC)
Elizabeth 9 May 1893 - 11 Jan 1986 92y 4-12-17-B (MVC)
Elizabeth M 1920 - 1983 no lot (MVC)
Elmira 1855 - 6 Sept 1937 RG-BL25 (MVC)
Emma 1852 - 14 Mar 1942 RG-BL16 (MVC)
Ernest no date - 16 Feb 1948 RG-BL19 (MVC)
Esther no dates no lot (MVC)
Eugene no date - 21 July 1923 (inf) RB-BL17 (MVC)
Eugene 1866 - 2 Nov 1940 RB-BL17 (MVC)
Frank 1891 - 23 Feb 1901 RG-BL25 (MVC)
Frank Jr 1914 - 13 Feb 1915 RF-BL7 (MVC)
Frank no date - 15 Sept 1934 RE-BL10 (MVC)
Franklin G no date - 14 Apr 1922 RG-BL25 (MVC)
Fred 3 Apr 1869 - 24 Aug 1955 4-#6 (CCC2)
Fred no date - 26 Nov 1952 RE-BL12 (MVC)
Freemont 1856 - 28 Jan 1911

SMITH (continued)
R27-BL109 (MVC)
Mrs Freemont K 1857 - 9 Oct 1931 R27-BL109 (MVC)
George 1854 - 1918 (ASC)
George A 1862 - 1929 (WLC)
George J 1835 - 1873 no lot (MVC)
Goldie 1889 - 1895 (EEC)
Grace 1881 - 1882 (EEC)
Harold M 1910 - 1972 (LC)
Harriet no date - 4 Jan 1960 RF-BL20 (MVC)
Harriett 27 Oct 1882 - 19 Sept 1900 "Mother" (WLC)
Harry A s/o A F & M J 17 Sept 1891 1m 27d (OHC)
Harry no date - 17 June 1916 RE-BL3 (MVC)
Maj Gen Harry no date - 29 May 1929 RF-BL20 (MVC)
Helen P 1905 - 23 Dec 1974 RF-BL15 (MVC)
Henry 1846 - 23 Feb 1920 74y (WLC)
Henry A 1865 - 1955 4-#4 (CCC2)
Henry T 1839 - 22 May 1922 RF-BL18 (MVC)
Hetty 1875 - 13 Mar 1905 no lot (MVC)
Howard no date - 26 July 1979 RK-BL14 (MVC)
Hugh no date - 9 May 1922 RE-BL14 (MVC)
Ida 1866 - 14 Mar 1907 RB-BL17 (MVC)
Ida no date - 13 Jan 1967 RE-BL12 (MVC)
inf no date - 1915 (LC)
inf no date - 1887 1d Sec1-L14-#1 (SPC)
Irene C 19 Dec 1903 - 14 Oct 1967 (SMGC)
Irma May no date - 8 Apr 1924 RE-BL10 (MVC)
Iron Eugene 1885 - 18 Oct 1886 no lot (MVC)
Isaac H 1837 - 26 Feb 1892 R48-BL122 (MVC)
Isem no dates Co D 83rd Army (MGC)

SMITH (continued)
- Isidore no date - 14 Jan 1955 (SBAC)
- J B no date - 20 Mar 1930 R32-BL199 (MVC)
- Jacob 2 Feb 1861 - 5 June 1940 4-#5 (CCC2)
- James 1845 - 1914 (MCC)
- James A 1849 - 2 Mar 1932 RG-BL16 (MVC)
- James no dates Sgt Co A 8th Michigan Cavalry (FGC)
- James W no date - 18 May 1944 RE-BL8 (MVC)
- Jennie Bell 1881 - 15 July 1938 RG-BL19 (MVC)
- Jessie I no date - 27 Oct 1926 RE-BL10 (MVC)
- Jessie no date - 20 May 1947 RE-BL12 (MVC)
- John 1892 - 24 Jan 1977 25-NW 1/4-#2 (CCC2)
- John 22 Feb 1913 86y 2m 26d (PDC)
- John E no date - 24 Feb 1937 RA-BL7 (MVC)
- John H no date - 17 Jan 1938 R40-BL326 (MVC)
- John no date - 9 Aug 1971 RK-BL16 (MVC)
- John W 7 Aug 1835 - 20 Aug 1896 W C D A Co A 43rd Missouri Infantry (FPC)
- Johnny 1868 - 25 Apr 1874 (WLC)
- Katie B w/o John 5 Feb 1892 66y 6m 8d (PDC)
- Leonard 1880 - 1884 (MCC)
- Leslie A Sr 25 Feb 1890 - 21 Oct 1964 (SMGC)
- Lillian L 1906 - no date no lot (MVC)
- Lillie P no date - 14 Apr 1922 R45-BL79 (MVC)
- Lilly no date - 24 Mar 1920 RE-BL15 (MVC)
- Lorraine 1905 - 15 Sept 1974 RJ-BL26 (MVC)
- Louie A 26 Aug 1930 - 24 Dec 1975 (SMGC)
- Louis 1874 - 1884 (MCC)
- Louis T 1846 - 26 Aug 1922 RG-BL18 (MVC)

SMITH (continued)
- BL18 (MVC)
- Louis T Jr 1872 - 27 Dec 1928 RG-BL18 (MVC)
- Lula no date - 21 June 1926 R63-BL24 (MVC)
- Lulu no date - 23 Mar 1937 RG-BL25 (MVC)
- Mabel 1901 - 5 July 1902 RB-BL24 (MVC)
- Mabel W 1873 - 16 Aug 1947 RB-BL24 (MVC)
- Margaret no date - 3 Apr 1887 21y Sec1-L14-#2 (SPC)
- Marhta Jane no date - 3 Jan 1935 RD-BL15 (MVC)
- Marie F 9 Aug 1900 - 23 Jan 1978 (SMGC)
- Martha Jean 1919 - 1967 (CWC)
- Martha Lee 1914 - 18 May 1981 RB-BL10 (MVC)
- Marvin R 1907 - 11 Oct 1978 RJ-BL38 (MVC)
- Mary A 1865 - 1944 (WLC)
- Mary E 1845 - 1930 (EEC)
- Mary S 1865 - 1927 (LC)
- Maude 1890 - 1898 (WLC)
- Maude N no date - 12 Nov 1957 RA-BL5 (MVC)
- May B no date - 23 Feb 1963 RA-BL10 (MVC)
- Mellcene T no date - 25 June 1957 RA-BL1 (MVC)
- Milinda Mary 1889 - 1963 (MCC)
- Minnie A 1880 - 1957 (CWC)
- Musa Dora no date - 7 Apr 1913 R28-BL134 (MVC)
- Myrtle 5 June 1897 - 30 Nov 1979 (SMGC)
- Myrtle A 1871 - 1931 (MCC)
- Neal no date - 16 Feb 1916 RE-BL2 (MVC)
- Neal Jr no date - 8 Mar 1916 RE-BL2 (MVC)
- Nettie no date - 28 Jan 1923 RE-BL14 (MVC)
- Nellie H 1865 - 1927 (ASC)
- Sgt/Maj Newcomb 1894 - 18 July 1947 USMC WWI/II RF-B120 (MVC)
- Nina w/o Leslie A Sr 9 Feb 1895 - 26 Aug 1934 (SMGC)

SMITH (continued)
Pauline 1859 - 9 Mar 1932 RB-BL11 (MVC)
Pearl 1888 - 1 May 1890 RG-BL25 (MVC)
Phoebe w/o John 2 Mar 1835 - 2 Dec 1912 (FPC)
Mrs R A no date - 1 Aug 1911 R46-BL87 (MVC)
Rebecca no date - 29 July no lot (MVC)
Robert A no date - 10 Nov 1977 (SMGC)
Roland K 1906 - 24 Jan 1978 RB-BL23 (MVC)
Roy 1 May 1901 17y (MPC)
S D 1833 - 13 Mar 1912 R32-BL129 (MVC)
S T no date - 27 Aug 1922 RG-BL18 (MVC)
Sally no date - 27 Oct 1927 RE-BL10 (MVC)
Samuel no dates 21y no lot (MVC)
Sarah A 1837 - 26 Feb 1898 no lot (MVC)
Sarah w/o Wm P 13 Dec 1844 - 9 July 1875 (OHC)
Susanna S no date - 20 Jan 1912 R18-BL293 (MVC)
Theresa J 1851 - 16 Sept 1913 RG-Bl18 (MVC)
Thomas no date - 13 Dec 1909 RB-BL26 (MVC)
Thos B 1843 - 1914 Co B 93 Illinois Volunteer Infantry (EEC)
W H 1853 - 31 Mar 1922 RG-BL25 (MVC)
Walter 1884 - 1899 (SBAC)
William P 1836 - 1906 Civil War vet (OHC)
Willie J s/o J K & E no dates (MCC)
Wilson H no date - 14 Apr 1914 RB-BL2 (MVC)
Wilson Randolph 28 Apr 1856 - 30 Mar 1935 (EEC)
Wm 1896 - 15 Oct 1960 RJ-BL26 (MVC)
Wm A 1897 - 11 Nov 1956 RK-BL32 (MVC)
Wm Alexander 1882 - 9 Dec

SMITH (continued)
1964 RE-BL21 (MVC)
Wm C no date - 9 Apr 1884 no lot (MVC)
Wm Columbus 1867 - 30 Sept 1903 no lot (MVC)
Wm K no date - 7 Feb 1915 RE-BL3 (MVC)
Wm S no date - 27 July 1971 RK-BL16 (MVC)
Zack no date - 30 June 1933 RE-BL12 (MVC)
SMITHSON, Carrie A 1884 - 1962 (PDC)
Martha W 1899 - 1977 (PDC)
Millard F 1856 - 1913 (PDC)
William Frank 1888 - 1955 (PDC)
SMOTHERS, Wm no date - 13 Feb 1914 RE-BL5 (MVC)
SMULLINS, Esthel S 6 Apr 1885 - 8 Dec 1918 (SNC)
SNAVELY, Anna F 1876 - 1956 (OHC)
Charles 1853 - 1926 (OHC)
Emma E 1860 - 1921 (OHC)
Harry 1896 - 1908 (OHC)
Helen 1899 - no date (OHC)
John L 1869 - 1930 (OHC)
Jolene L 1869 - 1930 (OHC)
Joseph G 1929 - 1931 (OHC)
Nancy E 1873 - 1913 (OHC)
William 1896 - 1965 (OHC)
William H 1834 - 1910 (OHC)
SNEDEGAR, Grae 1894 - 28 Nov 1972 RD-BL3 (MVC)
SNELL, Amanda no date - 4 Feb 1910 RD-BL20 (MVC)
George W no date - 23 June 1935 RG-BL13 (MVC)
Myra no date - 15 Feb 1959 RG-BL13 (MVC)
Myra Verene no date - 4 Jan 1986 85y 2-7-13-G (MVC)
SNELSON, Anna M 9 May 1898 - 28 Apr 1977 (SNC)
Earl 1894 - 1981 (SNC)
James 1835 - 1918 (SNC)
SNODDY, Teresita 15 Oct 1897 - 2 Apr 1928 (MSSCC)
SNODGRASS, ---- w/o Monroe (PDC)

SNODGRASS (continued)
 Anna E 1850 - 1914 mother (PDC)
 Gertrude 1899 - 1963 (PDC)
 Louis R 1886 - 1960 (PDC)
 Lulla M 1891 - 1967 (PDC)
 Monroe no dates father (PDC)
 Robert Jason 12 Mar 1975 - 10 Nov 1977 (baby) (SMGC)
 W A 1882 57y (PDC)
 W A 1882 57y on the trapline (BS)
SNOOK, Laurence T 1898 - 1976 (OHC)
 Minnie 1901 - no date (OHC)
SNOPAK, Ellen Miller 1896 - 9 Apr 1980 (SNC)
 James W 20 Oct 1894 - 4 Feb 1976 (SNC)
SNOW, Betty Ann no date - 1927 inf (ASC)
 Orvile no dates inf (ASC)
SNOWDEN, Ann Rodgers 1895 - 14 Dec 1974 RG-BL36 (MVC)
 Sarah P no date - 22 Sept 1968 R30-BL164 (MVC)
 T E 1880 - 27 Apr 1968 RG-BL36 (MVC)
SNYDER, Ada E 1867 - 11 Dec 1950 (EEC)
 Addie 1844 - 1915 (EEC)
 B F 1843 - 1917 Co E 16th Ohio Infantry (EEC)
 Blanche S 1887 - 7 Mar 1932 45y 17d "Estern Star" (EEC)
 C N no dates (EEC)
 Caroline Mason 1836 - 1917 (EEC)
 Clara 15 June 1894 - 16 June 1894 1d (EEC)
 Dean no date - 1918 (EEC)
 Douglass 1913 - 1919 (EEC)
 Earl no date - 13 July 1975 (EEC)
 Ed 1870 - 25 Nov 1949 RA-BL9 (MVC)
 Ed no date - 3 Oct 1908 RA-BL9 (MVC)
 Ethel no date - 22 Feb 1960 RK-BL24 (MVC)
 George Martin 1 Oct 1857 - 1 Apr 1940 (EEC)

SNYDER (continued)
 H E no dates (EEC)
 Henry 1878 - 11 Aug 1879 1y 7m 28d (EEC)
 Henry Clay 1832 - 1924 (EEC)
 J R 1837 - 1881 (EEC)
 Joe no dates (EEC)
 Jr no date - 5 Dec 1940 (EEC)
 Laura 15 Feb 1866 - 23 Aug 1892 26y 6m 5d (EEC)
 Lee no date - 16 Aug 1977 RK-B24 (MVC)
 Margaret 1902 - 23 May 1969 RA-BL9 (MVC)
 Margaret L 1876 - 10 Sept 1971 RA-BL9 (MVC)
 Mary E 1850 - 1922 (EEC)
 Sarah 10 Nov 1895 - 25 Oct 1895 1y 1m 10d (EEC)
 Warren M 1856 - 1936 (EEC)
SODEN, Louis 1919 - 1973 (LC)
 Ruby 1920 - 1966 (LC)
SOLBERG, Margaret 1871 - 1927 (SACC)
SOLOMON, Henry C 1850 - 1 Jan 1918 RA-BL5 (MVC)
 Hugh no date - 12 June 1910 R13-BL218 (MVC)
 John F 1826 - 28 Dec 1896 no lot (MVC)
 Mabel Elizabeth 1857 - 21 Jan 1885 no lot (MVC)
 Wash 1863 - 30 Apr 1906 R13-BL218 (MVC)
 Wm R 1867 - 9 Aug 1898 R13-BL218 (MVC)
SOMERS, Caroline M 1831 - 1889 (CWC)
SOMMERS, Etta 1874 - 1896 (SACC)
SON, Emily H w/o E W 7 Nov 1879 28y 4d (PDC)
SONDERLAND, Chester no date - 12 Aug 1967 R57-BL279 (MVC)
 Ethel M 1885 - 5 June 1908 no lot (MVC)
SONDERMAN, Symphorosa 18 Oct 1970 - 18 Feb 1968 (MSSCC)
SOPH, Armin E Sr 24 Oct 1904 - 23 June 1981 (SMGC)

SOPH (continued)
Kathryne w/o Armin E Sr no date - 21 Sept 1971 (SMGC)
SORASON, Christian no dates (EEC)
Mr 1864 - 1928 (EEC)
Mrs 1868 - 1948 (EEC)
SORENSON, Annie 1874 - 1928 "Mother" (EEC)
SOTTON, Clifford J 1919 - 1951 (SACC)
SOUKUP, Stanislaus 2 Feb 1888 - 6 Sept 1981 (MSSCC)
SOWERS, Ames Lee 1882 - 25 Aug 1953 RF-Bl23 (MVC)
Carol C 31 Dec 1940 - 13 Apr 1974 (SMGC)
Clarence 16 Dec 1901 - 6 June 1983 (SNC)
Earl H 1892 - 26 Dec 1965 RF-BL23 (MVC)
Elmer H no date - 17 Mar 1969 RG-BL12 (MVC)
Freida W 6 Feb 1897 - 6 Sept 1961 (SMGC)
Hilda Morris 22 May 1901 - 9 Oct 1970 (SNC)
Ida May 1858 - 14 Mar 1952 RF-BL23 (MVC)
J B no date - 31 Mar 1978 RK-BL16 (MVC)
Jamie Lynn no date - 22 Aug 1977 RK-BL16 (MVC)
Juanity Arline 2 July 1933 - 2 Apr 1935 (SNC)
Laura B no date - 21 July 1976 RG-BL12 (MVC)
Mable no date - 13 Oct 1965 RG-BL21 (MVC)
Mary 1913 - 14 Dec 1936 RF-BL25 (MVC)
Paul W 1904 - 2 Dec 1924 RF-BL23 (MVC)
Ralph B 1884 - 22 Sept 1950 RF-BL23 (MVC)
Theodore K no date - 9 Jan 1975 RK-BL16 (MVC)
SOWLE, G W 27 Dec 1832 - 12 Jan 1917 (EEC)
M J w/o G W 3 Dec 1837 - 26 Jan 1930 (EEC)
SPAETH, Inez 19 Nov 1891 - 4

SPAETH (continued)
Nov 1982 (MSSCC)
SPALDING, Azel W 1837 - 2 Jan 1888 no lot (MVC)
James A no date - 3 June 1936 RB-BL8 (MVC)
John no date - 8 May 1929 RB-BL8 (MVC)
Livia 1844 - 31 May 1925 RB-BL8 (MVC)
Minnie W 1868 - 6 Sept 1934 RB-BL8 (MVC)
SPANDER, George no date - 9 Oct 1882 84y (MCC)
SPANGLER, Carey s/o L S & D C 1870 - 1878 (MCC)
Irven E 1873 - 1931 (MCC)
Isaac 1881 57 y (MCC)
Maude Kline 1872 - 1931 (MCC)
SPANGLES, Aude 1877 - 1931 (MCC)
Curtis 1871 - 1940 (MCC)
SPARKS, (only name on stone and no other stones close to it, most likely family name and others may or may not be buried close by) (FGC)
Abraham 1819 - 1894 (RMC)
Adelia Simmons w/o Chas A no date - 22 Apr 1940 (EEC)
Caroline no dates (RMC)
Charles A 15 July 1801 - 16 Sept 1860 (EEC)
Charley no date - 12 Dec 1896 (EEC)
Joseph no dates (RMC)
R F no dates (RMC)
Rebecca no dates (RMC)
W H no dates (RMC)
William no dates (BCC)
William W Sept 1877 - 1877 (EEC)
SPATZ, Arthur J 1876 - 8 Dec 1952 RJ-BL25 (MVC)
Christopher 1846 - 12 Mar 1913 R67-BL94 (MVC)
Fredia no date - 13 Aug 1932 R67-BL94 (MVC)
Wilhelmina 1878 - 20 Nov 1972 RJ-BL25 (MVC)
SPAUN, Bertha 1886 - 15 Feb 1962 RA-BL21 (MVC)

SPAUN (continued)
  Floyd 1884 - 19 Aug 1969 RA-BL21 (MVC)
SPEARS, Melvin 1919 - 29 Mar 1980 RK-BL39 (MVC)
SPECK, Archindes 1829 - 1911 (RMC)
  Ida 1866 - 1900 (RMC)
SPECKS, Sarah 1831 - 1904 (RMC)
SPEER, Cora 1866 - 1943 (MCC)
  Joe R 1895 - 1918 (MCC)
  Leroy 1893 - 1956 (MCC)
  Mary 1833 - 1909 (MCC)
  Nellie 1895 - 1973 (MCC)
  Nicholas 24 Nov 1898 (MCC)
  Ruth 1898 - 1956 (MCC)
  William 1860 - 1939 (MCC)
SPEHRER, Viventia 2 Oct 1889 - 4 Aug 1961 (MSSCC)
SPELTI, Abraham 1834 - 1876 no lot (MVC)
  Barbara 1848 - 3 Aug 1901 RA-BL14 (MVC)
  Mary 1866 - 18 Jan 1937 RA-BL14 (MVC)
SPENCE, Charles C 1868 - 14 Aug 1933 (WLC)
  John W 27 June 1846 - 2 Dec 1914 (GAR Co C Ohio Cavalry) (WLC)
  Margaret 7 Feb 1908 - 5 Feb 1924 75y 11m 28d (WLC)
  Nancy J 1850 - 1947 (WLC)
SPENCER, ---- 1925 - 1982 (MCC)
  Arthur D 1884 - 21 July 1879 (WLC)
  Charles A 1911 - 1977 (LC)
  inf d/o Will & Nioma b&d 25 Jan 1913 (WLC)
  inf no date - 1884 (WLC)
  Jennie no date - 19 Apr 190 R48 (MVC)
  Joseph Apr - 21 July 1879 (WLC)
  Mary 1911 - no date (LC)
  Merle D 27 Sept 1916 (MCC)
  Raymond 26 July 1907 - 31 Oct 1975 (SMGC)
  Wanda Sue 15 Aug 1955 - 1 Jan 1956 (WLC)

SPEUSE, baby 1913 - 1913 (WLC)
  Nioma 1877 - 1973 (WLC)
  Orville 1903 - 1977 (WLC)
  Will 1875 - 1954 (WLC)
SPILMAN, Cathy Alice no date - 13 Dec 1956 RK-BL3 (MVC)
  J W 1867 - 10 Mar 1948 RK-BL3 (MVC)
  Reva H 1900 - 25 Dec 1976 RJ-BL26 (MVC)
  Wayne H 1926 - 4 Mar 1985 59y 12-4-26-J (MVC)
SPINGER, John no date - 30 Jan 1906 66y 6m 27d (WLC)
SPINNER, Leta E 1893 - 27 Sept 1960 RJ-BL27 (MVC)
SPITTLER, R B 1844 - 8 Sept 1909 no lot (MVC)
  Susan J 1844 - 6 Mar 1922 RB-BL12 (MVC)
SPRAGUE, Tabitha 2 Aug 1886 45y (SC)
SPRANG, Thomas 1937 - 1937 (SACC)
SPRATT, Thomas A no date - 10 May 1927 RD-BL14 (MVC)
SPRINGER, Leroy E 1904 - 1907 (MCC)
SPURLING, William 13 Sept 1888 21y (FGC)
SQUIRES, Geo S no date - 13 July 1923 RD-aBL3 (MVC)
ST CLAIR, Belle no date - 14 May 1971 RE-BL20 (MVC)
  Harry no date - 9 Feb 1956 RE-BL20 (MVC)
  John H no date - 3 Jan 1923 no lot (MVC)
  Lizzie no date - 10 Dec 1893 R16-BL259 (MVC)
ST JOHN, Ellen no date - 6 Apr 1953 RB-BL5 (MVC)
STAAB, Digna 7 Jan 1860 - 14 Nov 1942 (MSSCC)
STABBLER, Anna 26 Jan 1854 - 26 July 1934 (OHC)
  Capt George W 4 July 1841 - 12 May 1911 Co C 2nd KS Cav (OHC)
  inf 13 Aug 1890 - 14 Aug 1890 (OHC)

STABBLER (continued)
inf no date - 18 Oct 1917 (OHC)
John R 1869 - 1887 (OHC)
Maud E 1884 - 1947 (OHC)
Nancy E 6 Oct 1877 35y 9m 26d (OHC)
Robert 1915 - 1918 (OHC)
STACEY, Edward R 1868 - 1962 father (PDC)
Mary E 1870 - 1960 mother (PDC)
Rubert Thomas 6 Mar 1912 - 6 Dec 1926 (ASC)
STACK, Alberta 15 Aug 1892 - 8 Dec 1961 (MSSCC)
STADER, John 12 Apr 1850 - 20 May 1919 (SBAC)
STAFFORD, Charles C no date - 21 Apr 1911 RD-BL8 (MVC)
Fred C no date - 21 Sept 1947 RG-BL23 (MVC)
Gary no date - 27 Apr 1953 (inf) RK-BL14 (MVC)
George L 19 Aug 1892 - 9 May 1967 (SMGC)
James H 12 Sept 1915 - 6 June 1981 (SMGC)
Jay Lawrence 19 June 1924 - 21 May 1973 (SMGC)
Jennie M no date - 22 Nov 1957 RG-BL23 (MVC)
Larry Edward 5 Sept 1942 - 21 July 1969 (SMGC)
Malinda no date - 3 Aug 1915 RD-B18 (MVC)
Marie no date - 22 Nov 1957 RG-BL23 (MVC)
Mary A no date - 30 Apr 1956 RG-BL33 (MVC)
STAGEMAANN, Carl no date - 25 June 1920 R12-BL202 (MVC)
Elsie no date - 15 Jan 1953 RK-BL6 (MVC)
STAIR, Amos no date - 1 July 1967 RD-BL8 (MVC)
David C 1847 - 8 Aug 1907 R11-BL185 (MVC)
Elizabeth 1841 - 3 May 1908 R11-BL185 (MVC)
Sarah no date - 24 Jan 1968 no lot (MVC)
STALDER, Mary Etta 30 Apr 1930

STALDER (continued)
- 8 July 1985 55y 8-3-19-J (MVC)
STALEY, Clark no date - 20 May 1908 RD-BL16 (MVC)
STALLBAUMER, Ernest A 5 March 1901 - 1 Dec 1971 (SBAC)
STALLINGS, Catherine consort/o Timothy, d/o S & M Kelly b Pennsylvania 28 Nov 1829 - 1 May 1870 (RMC)
Col Fremont 1858 - 26 Oct 1886 (RMC)
Frenchalk s/o T & CC 1855 - 1870 (RMC)
John H 1885 - 1890 (RMC)
Timothy 1838 - 22 Jan 1866 40y 1m 28d (RMC)
STALONS, Cynthia A no date - 24 Oct 1930 RB-BL6 (MVC)
Julie 1867 - 2 June 1965 RB-BL6 (MVC)
Wm 1866 - 2 June 1936 RB-BL6 (MVC)
STAMPERS, Ruby J 1886 - 26 Jan 1919 RA-BL25 (MVC)
STANBARGER, Fern M 1910 - 1965 (MCC)
STANLEY, Katie Marie no date - 20 May 1960 RK-BL22 (MVC)
Russell L Jr no date - 2 Aug 1961 RK-BL22 (MVC)
STANNA, Dortha 1756 - 1822 (NSC)
Henry 1824 - 1895 (NSC)
Lucy V no date - 14 March 1863 (NSC)
Winnie no date - 1886 (NSC)
STANNARD, Arthur B 6 Feb 1888 - 19 June 1973 (SMGC)
Genevieve L w/o Arthur B 6 Mar 1888 - 16 May 1973 (SMGC)
STANTON, Jane L no date - 26 Apr 1980 RJ-BL37 (MVC)
Jean K 1920 - 19 Nov 1970 RK-BL21 (MVC)
Juanita L w/o Ralph A 13 Feb 1920 - 8 Aug 1973 (SMGC)
Mabel Allen no date - 29 Sept 1934 RF-BL17 (MVC)
Martha 1879 - 6 Aug 1954 RK-

STANTON (continued)
BL21 (MVC)
Ralph A 11 Aug 1917 - 21 May 1978 (SMGC)
Waters no date - 30 Apr 1960 RE-BL21 (MVC)
Wm Jr 1902 - 3 July 1962 RK-BL21 (MVC)
Wm Sr 1869 - 23 Mar 1961 RK-BL21 (MVC)
STANTS, Albert Edward 16 Mar 1884 - 16 Mar 1914 (EEC)
STAPP, Richard G 1916 - 31 Mar 1966 RJ-BL29 (MVC)
STARK, Erma no date - 18 Apr 1970 RG-BL3 (MVC)
Isa S no date - 31 July 1922 RE-BL14 (MVC)
John no date - 31 May 1921 R38-BL300 (MVC)
Mary Louise no date - 9 July 1935 RE-BL14 (MVC)
STARKS, Lou no date - 12 Mar 1948 no lot (MVC)
STARNER, Sally no date - 16 May 1948 RE-BL13 (MVC)
STAUDINGER, Joseph 24 Feb 1898 - 19 May 1978 (SBAC)
STAUFFER, Edna M 1893 - 7 Sept 1976 RJ-BL34 (MVC)
STAWPER, Joseph 1864 - 3 Dec 1947 R62-BL114 (MVC)
STAYER, Lola M no date - 30 May 1964 RG-BL29 (MVC)
Ruth E no date - 7 Nov 1921 RD-BL3 (MVC)
William Joseph 1913 - 6 Sept 1979 RG-BL29 (MVC)
William J 1888 - 30 Jan 1948 RG-BL29 (MVC)
STECKLER, Betty 1921 - 1925 (LC)
Charles 1886 - 1958 (LC)
Luvina 25 Feb 1843 - 24 Aug 1922 "Mother" (LC)
Mabel 1893 - 1915 (LC)
Mary 1867 - 1926 "Mother" (LC)
Roy A 1890 - 1950 (LC)
William 1863 - 8 Sept 1936 73y 4m 27d (LC)
STEIEN, Joseph 10 Jan 1833 - 30 June 1903 (SBAC)

STEIMER, Alexia 29 May 1896 - 22 Aug 1968 (MSSCC)
STEIN, Adelgund 27 Nov 1865 - 29 Dec 1950 (MSSCC)
Edith 26 Nov 1863 - 27 Feb 1947 (MSSCC)
Evelyn 1927 - 6 May 1975 RK-BL11 (MVC)
Frederick Jr 28 Jan 1927 - 17 Apr 1985 58y 10-4-11-K (MVC)
Ignatius 13 Nov 1874 - 3 Aug 1947 (SBAC)
Leo John 1859 - 1947 no lot (MVC)
Leo no date - 29 Jan 1959 RK-BL20 (MVC)
Matthias 11 July 1872 - 26 Jan 1951 (SBAC)
STEINHOUSE, Caroline no date - 3 May 1917 RD-BL3 (MVC)
John no date - 29 Aug 1927 RD-BL3 (MVC)
STENGEL, Generosa 27 Feb 1883 - 29 March 1962 (MSSCC)
Lydia 17 Aug 1890 - 1 July 1980 (MSSCC)
STENGER, Mechtild 1 July 1859 - 1 Apr 1936 (MSSCC)
STENSRUD, George 1893 - 21 Aug 1981 (SNC)
Josephine B 20 Oct 1897 - 27 Oct 1977 (SNC)
STEPHAN, Carl no date - 10 Aug 1954 RA-BL22 (MVC)
Dorthea 1870 - 12 Aug 1929 RF-BL21 (MVC)
Fredrick no date - 19 Mar 1909 R67 (MVC)
George 1853 - 1899 R67-BL90 (MVC)
Mathilda 1862 - 19 Jan 1886 no lot (MVC)
Myron 1860 - 13 Dec 1918 RF-BL21 (MVC)
Ruth Vana 1870 - 13 Aug 1947 RA-BL22 (MVC)
William H 1900 - 1971 (CWC)
STEPHANS, Dorothy 1898 - 26 Apr 1919 RF-BL21 (MVC)
Marie S no date - 10 Oct 1910 R67-BL90 (MVC)

STEPHENS, Frederick P 5 July 1853 - 17 Dec 1887 (LC)
Mrs G W 1840 - 1899 (PGC)
Isabel Pennell 26 Dec 1830 - 28 Dec 1916 (LC)
Luther 1860 - 1870 (MTPC)
Nathaniel 1860 - 1870 (MTPC)
Nathaniel no date - 1863 17y (MTPC)
William 19 Oct 1824 - 18 Feb 1891 66y 4m (LC)
STEPHENSON, Sophie no date - 19 Mar 1911 R39-BL317 (MVC)
STEPHSON, Barba Kay 1938 - 1950 (MCC)
STEPP, Joseph no date - 20 Sept 1877 (MLC)
Mary 7 Nov 1849 - 16 Oct 1904 (LC)
Mary A w/o Joseph 1858 - 1877 (MLC)
W W 4 July 1844 - 15 Oct 1908 (LC)
STERN, Brigitta 2 Nov 1866 - 17 Jan 1905 (MSSCC)
Ursula 9 Sept 1868 - 2 Feb 1955 (MSSCC)
STERNDORFF, Fulda Marie 1904 - 1976 (LC)
Gerhardt 1896 - 1972 (LC)
Matilda 1901 - 1975 (LC)
STERNER, Catherine C 1851 - 14 Jan 1934 RG-BL27 (MVC)
Oliver 1847 - 6 Apr 1920 RG-BL27 (MVC)
STETLER, John A 22 July 1838 - 29 Dec 1910 (EEC)
Lloyd Jay 12 Nov 1876 - 15 Oct 1912 "Husband" (EEC)
Nancy 2 Nov 1843 - 13 Oct 1908 (EEC)
STEVENS, A W 1842 - 9 Aug 1917 RG-BL9 (MVC)
Anna no date - 15 Aug 1936 RG-BL13 (MVC)
Anna C 1886 - 23 May 1973 RK-BL40 (MVC)
Mrs Evan no date - 1845 15 Dec 1935 RG-BL9 (MVC)
Guy 1874 - 12 Oct 1887 no lot (MVC)

STEVENS (continued)
Harry Cline 1878 - 16 June 1936 RG-BL9 (MVC)
Helen S 1909 - 4 Sept 1915 no lot (MVC)
Mary May 1872 - 9 Apr 1938 RA-BL25 (MVC)
Mollie 1876 - 4 Dec 1955 RG-BL9 (MVC)
Nancy Ann 1819 - 16 Nov 1908 RA-BL21 (MVC)
Nellie M no date - 20 May 1912 RG-BL9 (MVC)
Ray no date - 25 Feb 1970 RK-BL40 (MVC)
Sophroma 1850 - 13 July 1919 R67-BL211 (MVC)
W B 1832 - 3 Dec 1906 no lot (MVC)
Wells J L 1819 - 6 Sept 1899 RA-BL21 (MVC)
STEVENSON, Flora D no date - 10 Sept 1959 R19-BL315 (MVC)
George W no date - 25 Jan 1944 RG-BL8 (MVC)
Milton no date - 27 Jan 1915 R39-BL317 (MVC)
Sadie no date - 22 Feb 1932 RG-BL8 (MVC)
Samuel no date - 9 July 1930 R43-BL43 (MVC)
Sarah 1850 - 16 Dec 1937 R43-BL43 (MVC)
Thomas H no date - 24 Jan 1933 RA-BL2 (MVC)
Walter 1866 - 6 Sept 1896 R39-BL317 (MVC)
STEVER, A no dates (EEC)
Arthur C 1869 - 7 May 1934 64y 8m 5d (EEC)
Carrie A 26 June 1870 - 4 Aug 1981 (EEC)
Frank no date - 5 June 1972 (EEC)
Inez 1835 - 21 Apr 1928 93y 5m 11d (EEC)
Mary Maude no date - 17 Sept 1940 65y 6m 20d (EEC)
Ray 1874 - 1962 (EEC)
STEVERS, Abram no date - 1 Sept ? 81y 7m 2d (EEC)

STEVERS (continued)
Abram no date - 27 July 1881 75y 9m 24d (EEC)
Jennie c/o A & S E 1857 - 10 Dec 1879 13y 10m (EEC)
May c/o A & S E 1867 - 24 Jan 1880 13y 5m 21d (EEC)
STEWARD, Helen F 1854 - 1933 (MCC)
Mary no date - 10 Oct 1879 20y (LC)
Susie 1883 - 1976 (MCC)
Walter F 1848 - 1935 (MCC)
William 1878 - 1950 (MCC)
STEWART, Abigal C 1857 - 13 May 1935 RD-BL2 (MVC)
Albert E 1878 - 20 Jan 1965 RA-BL21 (MVC)
Anna Louise 1879 - 23 June 1953 RA-BL21 (MVC)
Bertha w/o James no date - 2 Apr 1901 21y 5m 23d (EEC)
Clifford no date - 15 June 1978 RJ-BL28 (MVC)
Eile 1878 - 1912 no lot (MVC)
Ethel no date - 24 Mar 1938 RA-BL1 (MVC)
Grace L no date - 1 Apr 1957 RD-BL3 (MVC)
inf d/o J & B no date - 28 Mar 1901 21d (EEC)
Mrs Isadore C no date - 27 Apr 1924 RA-BL25 (MVC)
J E no date - 12 Dec 1945 (EEC)
James no date - 21 Feb 1939 (EEC)
Jennie 14 Oct 1873 - 20 Dec 1902 (EEC)
John 14 Nov 1839 - 21 Oct 1881 (EEC)
John 1839 - 1912 (EEC)
Mary A (w/o Wm H Stewart) no date - 10 Oct 1879 20y 6m 21d (LC)
Mary Newland no date - 20 Apr 1937 RA-BL2 (MVC)
Minnie 1885 - 1976 no lot (MVC)
Nettie no date - 8 Mar 1910 RE-BL7 (MVC)
Robert C 1926 - 26 Feb 1951 RK-BL19 (MVC)
Robert no date - 24 June 1928

STEWART (continued)
R46-BL98 (MVC)
Sallie G 1846 - 1922 (EEC)
Sarah 10 Feb 1875 48y (FGC)
Sarah Wiley w/o W H no date - 1875 48y (BCC)
T 1894 - 1976 (EEC)
William H 1812 - 26 Nov 1857 45y 8m 5d (BCC)
William H 26 Nov 1857 42y (FGC)
STEWOURTON, Elleup no date - 12 Dec 1908 RA-BL10 (MVC)
STHEN, Richard G no date - 11 Feb 1949 RG-BL35 (MVC)
STICE, Dora 1887 - 21 Dec 1938 RG-BL19 (MVC)
Edward M 1885 - 31 May 1955 RG-BL19 (MVC)
STICKLER, Allen 1 Mar 1839 - 21 Feb 1909 "Father" (LC)
Carlina no date - 26 Oct 1915 RD-BL5 (MVC)
James 1816 - 1895 (LC)
Lewis M 1846 - 1879 (LC)
Martha (w/o Jas Stickler) 1822 - 1899 (LC)
Newman C 1848 - 1874 (LC)
Osa A 1867 - 1886 (LC)
s/o John no date - 1863 (ASC)
Samuel no date - 4 May 1923 RD-BL5 (MVC)
Sarah Elizabeth 1851 - 1911 (LC)
Thomas J no date - 3 Nov 1917 RF-BL2 (MVC)
STILES, W M no dates Co G 3rd Kansas Infantry (PDC)
STILL, Praxedis 1 Nov 1877 - 14 Feb 1962 (MSSCC)
STILLINGS, Doris 1914 - 1934 (CWC)
Ellabeth no dates (CWC)
Lenna Nestler no date - 24 Sept 1985 5-4-24-J (MVC)
Mamie A 1884 - 1958 (CWC)
Robert 1915 - 1963 (CWC)
Walter K 1881 - 1950 (CWC)
STILLMAN, Asenath w/o Perry 1855 - 11 Nov 1881 (HKC)
Perry 1801 - 28 Feb 1893 (HKC)
Perry 1801 - 28 Feb 1893 (SDLC)
Saenath no date - 11 Nov 1881

STILLMAN (continued) (SDLC)
STILLWELL, Mr S 17 Sept 1820 - 26 Aug 1894 (WLC)
STINEFF, Edward 1838 - 30 Jan 1927 RF-BL25 (MVC)
Mary Louise 1856 - 30 Mar 1928 RF-BL26 (MVC)
STIRRTOS, Mrs Cora no date - 25 Nov 1947 (EEC)
STIRTON, ---- no date - 13 Aug 1911 R67-BL95 (MVC)
Alexander 1870 - 1929 (EEC)
Cecia Jan w/o William, d/o Henry Beven & Jane Maria Gurnett m 30 July 1893, no date - 1917 (BCC)
Chester B h/o Hazel Goodwin, s/o Wm & Celia Bevan 6 May 1896 - 22 Aug 1958 35th Div WWI (BCC)
Cora 1820 - 1909 (BCC)
Ethel Mae no date - 16 Mar 1896 (BCC)
James C 1858 - 11 Aug 1896 (BCC)
Jane Isabelle d/o W & C 13 Mar 1894 - 1950 (BCC)
John 1861 - 1930 (BCC)
Joseph 1866 - 1930 (BCC)
Maude 1887 - 1917 (BCC)
Rev Van 1897 - 1940 (BCC)
William 1822 - 1830 (BCC)
William h/o Celia Bevan, s/o William & Isabella Ellis 31 Dec 1864 - 24 Feb 1924 (BCC)
William Henry h/o Bena Dahl, s/o W & C 11 Mar 1895 - 1946 (BCC)
STITES, Pheoba Aike 1839 - 13 Apr 1937 (EEC)
Maude no date - 24 Aug 1984 4-1-27-K (MVC)
STITRES, Elizabeth Ellen 12 Dec 1831 - 24 Jan 1919 (EEC)
STITZEL, Sarah 1819 - 11 Dec 1907 no lot (MVC)
William 1817 - 19 Feb 1875 no lot (MVC)
STOCKDALE, Leslie E 1878 - 1965 (SACC)
Mary w/o George 1835 - 1888

STOCKDALE (continued) (SACC)
STOCKTON, Alice no date - 10 Nov 1949 RE-BL20 (MVC)
Charles no date - 1 Feb 1920 RE-BL5 (MVC)
Charles no date - 13 Feb 1916 RE-BL7 (MVC)
Grace L no date - 1 Apr 1951 no lot (MVC)
Herbert V no date - 17 Jan 1933 RE-BL12 (MVC)
James no date - 2 Nov 1931 RE-BL15 (MVC)
Dr Lydia 1847 - 26 Feb 1931 no lot (MVC)
Thomas no date - 15 Apr 1930 RD-BL5 (MVC)
STOCKWELL, inf d/o J R & A 20 Dec 1885 (PGC)
STODDARD, G U 19 Sept 1893 64y 24d (MCC)
Harry 21 Apr 1893 - 5 Mar 1894 (WLC)
John 1883 - 1901 (MCC)
STOEREN, Daviel no date - 1944 (LC)
STOLL, Sadie B 1870 - 21 Sept 1909 RB-BL1 (MVC)
STOLP, Albertine 1860 - 7 Jan 1935 R46-BL93 (MVC)
Alfred E 1892 - 28 Mar 1967 RJ-BL24 (MVC)
Bernard 1890 - 17 Mar 1890 no lot (MVC)
Cora M 1893 - 14 June 1978 RJ-BL24 (MVC)
Gustave 1863 - 1 Mar 1936 R46-BL93 (MVC)
Ottile J no date - 25 Aug 1946 RF-BL7 (MVC)
Rev Paul A 1874 - 28 Jan 1961 RF-BL7 (MVC)
STOLSWORTH, Fern 1919 - 30 Sept 1984 (LC)
Floyd 1906 - 1961 (LC)
STONE, Arie no date - 14 July 1913 R38-BL301 (MVC)
Bert L 22 Sept 1902 - 26 Aug 1969 (SMGC)
Emma no date - 3 June 1921 R38-BL301 (MVC)

STONE (continued)
  Gussie M no date - 8 July 1963 RE-BL4 (MVC)
  Harl no date - 20 Apr 1945 RE-BL4 (MVC)
  Harry no date - 15 Feb 1915 RE-BL4 (MVC)
  John H no date - 9 Jan 1946 RE-BL4 (MVC)
  Kathryn E w/o Bert L 27 Aug 1908 - 23 Feb 1970 (SMGC)
  Mary no date - 27 June 1923 RE-BL11 (MVC)
  Paul R 1918 - 1983 (SNC)
  Robt Carroll 14 Feb 1907 - 24 Mar 1962 (SMGC)
  Victor E no date - 25 Feb 1933 RE-BL4 (MVC)
STONECIPHER, Benjamin W 25 Jan 1844 - 20 June 1922 (CWC)
  Phebe (w/o Benjamin J Stonecipher) 5 Feb 1841 - 26 March 1898 (CWC)
STONER, Azubah w/o G B 31 July 1850 - 28 Aug 1909 (WLC)
  Carrie F 1888 - 29 July 1912 23y 10m 17d (WLC)
  Elmer E 8 Apr 1871 - 9 Mar 1882 (WLC)
  Emma A d/o J G & S M Wolverton no date - 13 Apr 1887 31y 6m 22d (EEC)
  "Father" dates not legible (WLC)
  Frank 12 Oct 1859 - 16 Feb 1898 (LC)
  Samuel 15 Aug 1827 - 20 Nov 1893 (LC)
  Sarah 18 Jan 1815 - 18 Jan 1903 (WLC)
  Willie 9 Mar 1882 - 11 Mar 1882 (WLC)
  Wm H 23 Nov 1857 - 25 Mar 1893 (LC)
STOOKEY, Clara S 1889 - 19 June 1939 RD-BL16 (MVC)
STORANT, Leo 1916 - 1982 (MCC)
STORCH, Elizabeth no dates no lot (MVC)

STORCH (continued)
  George no date - 23 July 1911 RA-BL28 (MVC)
  George H no dates no lot (MVC)
STORK, Henry no date - 4 Oct 1922 R23-BL36 (MVC)
  Mary J no date - 7 Oct 1932 RA-BL7 (MVC)
STORKA, Henry 1857 - 24 May 1940 RA-BL7 (MVC)
STOTTS, Mabel Mae 1893 - 1 Sept 1962 RJ-BL34 (MVC)
STOUT, Amanda 1849 - 1906 (MCC)
  Elizabeth G 1889 - 6 Nov 1960 RJ-BL12 (MVC)
  Fred B no date - 24 Aug 1972 RJ-BL12 (MVC)
  Jennie no date - 17 Mar 1941 RD-BL1 (MVC)
  L no date - 1 July 1930 RD-BL1 (MVC)
STRAIN, J Albert 1859 - 10 Apr 1903 RA-BL25 (MVC)
  Mary M 1860 - 19 Feb 1941 RA-BL25 (MVC)
STRAT, Ellen M 1841 - 1918 (MCC)
STRATTON, Alice C 1877 - 21 June 1957 RJ-BL17 (MVC)
  Ansil 1876 - 26 May 1950 RJ-BL17 (MVC)
  Henry no date - 9 July 1924 R47-BL113 (MVC)
  William 1811 - 1875 no lot (MVC)
STRAUB, Anton no date - 8 Aug 1970 RG-BL38 (MVC)
  Joseph 1857 - 21 Aug 1948 no lot (MVC)
  Macrina 24 March 1899 - 13 Oct 1981 (MSSCC)
  Salome 1859 - 21 June 1946 RG-BL39 (MVC)
  Shelton A 1886 - 1956 no lot (MVC)
STREEPER, Alfred O 1874 - 1930 (ASC)
  C M (Woody) no dates (ASC)
  Ellen 1827 - 1902 (MCC)
  Emma w/o Rollin 1848 - 1910 (ASC)

STREEPER (continued)
Geraldine 1900 - 1957 (ASC)
Hannah w/o Rev W 1826 - 1880 (MCC)
Rollin 1848 - 1915 (ASC)
STREETER, B F no date - 1892 R47-BL113 (MVC)
Carl 1901 - 17 Mar 1945 R47-BL113 (MVC)
Frank 1884 - 5 Dec 1949 RG-BL29 (MVC)
Henry 1860 - 9 July 1924 R47-BL113 (MVC)
Ida no date - 19 Apr 1893 no lot (MVC)
John H 1876 - 8 Nov 1888 R67-BL95 (MVC)
Josephine 1867 - 24 Dec 1943 RG-BL29 (MVC)
Lenora H no date - 2 Aug 1891 R47-BL113 (MVC)
Mary 1864 - 29 Apr 1925 R47-BL113 (MVC)
Rose I 1887 - 30 Oct 1888 R67-BL95 (MVC)
Stella K no date - 3 Oct 1890 no lot (MVC)
Susie M no date - 14 Oct 1884 no lot (MVC)
William 1853 - 10 Aug 1911 R67-BL95 (MVC)
STRIBLING, Elizabeth 1800 - 29 Dec 1872 no lot (MVC)
Mary C 1830 - 15 Dec 1972 no lot (MVC)
STRIGL, Milburga 20 Feb 1868 - 31 May 1897 (MSSCC)
STRODTBAUMER, Henry no date - 31 Jan 1924 RF-BL12 (MVC)
Julia 1871 - 7 June 1956 RF-BL21 (Ashes) (MVC)
STRONG, Ida no date - 8 Dec 1954 RJ-BL8 (MVC)
STROPE, Harold E 13 Feb 1929 - 26 Sept 1981 (SMGC)
STROTHERS, Benjamin no date - 8 July 1911 RE-BL5 (MVC)
STRUCH, George R 1856 - 2 July 1918 RB-BL13 (MVC)
Marie B 1854 - 22 May 1904 RB-BL13 (MVC)
STRUCKER, Laverne 1898 - 1965

STRUCKER (continued) (MCC)
STUART, Charles A 1836 - 5 May 1906 RA-BL10 (MVC)
Ellen P 1843 - 11 Dec 1908 RA-BL10 (MVC)
Hayden no date - 3 May 1893 R53-BL206 (MVC)
STUB, Mary Lee no date - 4 Oct 1967 RG0BL10 (MVC)
STUCKER, Bertha no dates (EEC)
Edmund 1854 - 9 Sept 1934 80y 7m 10d (EEC)
Edwards 1878 - 1918 (EEC)
Frank 1900 - 1969 (EEC)
James 1859 - 6 Sept 1953 R51-BL182 (MVC)
James F 1887 - 20 June 1905 R51-BL182 (MVC)
Jess 24 Dec 1883 - 19 June 1959 (EEC)
Loa no date - 1889 (EEC)
Pearl 3 Nov 1889 - 19 May 1959 (EEC)
Sarah E 1864 - 19 Oct 1941 R51-BL182 (MVC)
STUCKS, James R no date - 9 Nov 1967 RG-BL31 (MVC)
STUDDARD, George W 1859 - 1923 (MCC)
STUDDER, Olga 1865 - 1943 (MCC)
STUEBINGER, Charles no date - 28 Jan 1939 no lot (MVC)
Conrad no date - 15 Feb 1931 RG-BL11 (MVC)
Frances no date - 26 Jan 1936 RG-BL11 (MVC)
James no date - 13 Mar 1936 RG-BL11 (MVC)
John 1905 - 9 May 1957 RG-BL19 (MVC)
Walter F no date - 9 July 1955 RG-BL10 (MVC)
STUTA, Grover 1901 - 1972 (LC)
STUTZ, Albert W 1895 - 1979 (LC)
C F no date - 1968 (EEC)
Mrs C W 1895 - 1952 (EEC)
Charles M no dates (EEC)
Christian 13 Jan 1829 - 22 Dec 1888 (MPC) two small stones

STUTZ (continued)
   next to above not marked readable
   Christian 25 Mar 1825 - 28 Dec 1898 (MPC)
   Christian W 1864 - 1928 (EEC)
   Clara 1892 - 1893 (LC)
   Fern no dates (EEC)
   Fred 1862 - 5 Aug 1950 RF-BL6 (MVC)
   Gena 1895 - 1961 (LC)
   Gustine 1867 - 1949 (LC)
   Herbert 1875 - 1979 (LC)
   John 1870 - 1951 (LC)
   Mae no dates (EEC)
   Margaret 1875 - 1966 (LC)
   Margaret 1889 - 3 Sept 1910 RF-BL25 (MVC)
   Martha Frankes 20 Dec 1901 - 10 Nov 1977 (EEC)
   Mary Walz no date - 30 Aug 1951 RF-BL6 (MVC)
   Nora 1876 - 1968 (LC)
   Velma w/o Francis 29 Sept 1910 - 29 Feb 1932 (EEC)
   W C no date - 11 July 1975 (EEC)
STYLER, Charles J no date - 15 Feb 1939 R64-BL43 (MVC)
STYLES, Charles 1877 - 12 Oct 1879 no lot (MVC)
   Mabel no date - 29 Dec 1983 no lot (MVC)
   Mary Jane H 1853 - 29 Dec 1883 no lot (MVC)
SUIDAL, Andrew G 1849 - 1897 no lot (MVC)
SUKON, Chris 1861 - 1951 (LC)
SUKOW, Bertha E 1879 - 11 Aug 1964 R13-BL211 (MVC)
   Carl 1849 - 26 Jan 1897 R13-BL211 (MVC)
   Edward 1866 - 4 June 1940 R13-BL211 (MVC)
   Ernestine 1847 - 4 Jan 1926 R13-BL211 (MVC)
SULLIVAN, Anna C w/o John E 1862 - 1905 (SACC)
   Bonnie 1900 - 1938 (SACC)
   Bridget 1852 - 1902 (SACC)
   Catherine 18 June 1848 - 15 May 1900 47y Sec1-L100-#1 (SPC)

SULLIVAN (continued)
   Catherine 1856 - 12 Jan 1928 70y Sec1-L1-#2 (SPC)
   Catherine 1871 - 1950 (SACC)
   Catherine no date - 1918 inf (SACC)
   Daniel B 1867 - 1941 (SACC)
   Daniel J 1882 - 1958 (SACC)
   Frances no date - 21 Nov 1908 79y Sec1-L41-#1 (SPC)
   Geraldine 1909 - 1958 (SACC)
   Glenn E 14 Feb 1811 - 14 Apr 1864 (EEC)
   Grace M no dates (EEC)
   Gracie d/o J E & A C 1901 - 1902 (SACC)
   infants (2) no names or dates (SACC)
   Jeremias 1855 - 22 Nov 1893 Sec1-L1-#1 (SPC)
   Jessie M 1887 - 1948 (SACC)
   John A 1894 - 1954 (SACC)
   John E 1859 - 1930 (SACC)
   John Lee 1856 - 4 Sept 1914 58y Sec1-L76-#2 (SPC)
   Leo F 1893 - 8 Apr 1940 R65-BL52 (MVC)
   Leo F 1897 - 1962 (SACC)
   M 1829 - 1904 (SACC)
   M 1890 - 1910 (SACC)
   Malachy Robert 21 Aug 1893 - 24 July 1967 (SBAC)
   Margaret 1881 - 15 Feb 1931 47y Sec1-L1-#3 (SPC)
   Mary A 1866 - 1933 (SACC)
   Mary Ann 19 Mar 1932 69y (SACC)
   Mary d/o M & M 1883 - 1912 (SACC)
   Otho 9 Dec 1900 - 5 March 1978 (SBAC)
   Roger 1862 - 1933 (SACC)
   Teresa no date - 16 July 1906 18y Sec1-L55-#4 (SPC)
   William 1909 - 1982 (SACC)
SULTER, Nellie Tanett w/o Frank 27 July 1881 - 30 Dec 1906 (EEC)
SUMMER, Addie 1875 - 1931 (LC)
   Alice 1907 - no date (LC)
   Harlo 1870 - 1963 (LC)

SUMMERFIELD, Earl no date - 1 Nov 1971 (EEC)
Minie no dates (EEC)
SUMNER, Arthur no date - 22 Nov 1978 RG-BL23 (MVC)
Ruth C no date - 15 Mar 1938 RG-BL23 (MVC)
SUNDBY, Ethel K 1916 - 4 June 1983 RK-BL42 (MVC)
Gustav B 1921 - 14 July 1975 RK-BL42 (MVC)
SUNDERLAND, Lillian no date - 6 Oct 1915 RD-BL21 (MVC)
SURRETTE, Joseph M 1891 - 25 Feb 1977 RG-BL15 (MVC)
SURRITT, Marshall R 1896 - 14 Mar 1979 RK-BL22 (MVC)
Merle no date - 30 Apr 1973 RK-BL24 (MVC)
Olive 1890 - 28 Mar 1962 RG-BL15 (MVC)
Ray 1896 - 6 Apr 1976 RJ-BL22 (MVC)
Virginia 1900 - 28 Oct 1980 RJ-BL22 (MVC)
SURRITTE, Anne w/o J H 1858 - 4 July 1883 29y 11m 9d (RMC)
Elisha 15 Apr 1823 - 4 Oct 1888 (RMC)
Frances no dates inf (RMC)
M D s/o E & J 1850 - 21 Nov 1881 31y 10m 12d (RMC)
Mary Williams 1879 - 18-- (RMC)
Stephen W no date - 20 May 1888 31y 9d (RMC)
SUTBIEF, Elizabeth K no date - 26 Jan 1948 RD-BL2 (MVC)
Harvey 1893 - 23 Apr 1959 RC (MVC)
Louise A no date - 8 Mar 1913 RD-BL4 (MVC)
Naomie no date - 8 Mar 1913 RD-BL4 (MVC)
SUTIFF, Dorothy I no date - 29 Oct 1923 RD-BL2 (MVC)
SUTLEY, William no date - 20 Nov 1984 9-1-37-J (MVC)
SUTLIEF, John M 1860 - 1945 (LC)
Mae Irene 1889 - 1892 (LC)

SUTTER, Emily 1899 - 4 May 1974 RJ-BL13 (MVC)
Fred no dates (EEC)
Frederica w/o Frederick Jacob 23 Sept 1838 - 10 Sept 1914 (EEC)
Frederick Jacob 16 July 1828 - 28 Sept 1887 (EEC)
Ida Lula A no date - 6 Nov 1950 RG-BL41 (MVC)
Jacob Randolph 1863 - 1922 (MCC)
Robert 1894 - 22 Aug 1957 RJ-BL13 (MVC)
Sarah S Sebel no date - 1966 (EEC)
Wm E 1919 - 6 Jan 1983 (EEC)
SUTTON, Frank no dates (EEC)
SWALING, Helena no date - 11 June 1929 RD-BL12 (MVC)
SWANK, E W 1887 - 1911 (EEC)
Emma C Humburg w/o Edgar W 1877 - 1911 (EEC)
SWANN, Ivona L 13 July 1913 - 16 July 1973 (SMGC)
SWARD, Dorothy A w/o Ernest H 29 Mar 1890 - 18 Jan 1965 (SMGC)
Ernest H 1 Dec 1888 - 21 Dec 1963 (SMGC)
SWARTZ, W L no date - 7 Oct 1932 R64-BL38 (MVC)
SWEANEY, Laura J 1865 - 1869 (12 Sept) (VWC)
Leroy 1859 - 1868 (VWC)
Marimer L 1851 - 1 Feb 1870 (VWC)
SWEARINGEN, Leona 1884 - 1946 (BCC)
SWEENEY, Marie 1894 - 19 Aug 1931 RA-BL12 (MVC)
SWEET, Clara B M 1855 - 6 May 1899 no lot (MVC)
Effie 1878 - 1923 (MCC)
Herman 1844 - 17 May 1882 no lot (MVC)
SWEETEN, Emery no dates Co D 23 Missouri Infantry (WLC)
SWENDSON, Behtic b&d 16 May 1878 (RMC)
Bertie 1873 - 1879 (RMC)
Sarah A w/o Severt 29 Sept 1840

SWENDSON (continued)
- 29 Sept 1904 (RMC)
Severt 17 Aug 1829 - 27 Mar 1907 (RMC)
SWENNY, Katie 1871 - 8 July 1905 RA-BL12 (MVC)
SWENSON, Dorothy 1905 - 3 June 1972 RJ-BL26 (MVC)
Val no date - 15 Sept 1971 RK-BL13 (MVC)
SWORDY, Robert Duane 1 Apr 1922 - 4 Feb 1986 63y no lot (MVC)
Sundae no date - 31 Jan 1952 RJ-BL13 (MVC)
SYMNS, Andrew B 1831 - 12 Apr 1905 RA-BL4 (MVC)
Mrs Charles 1866 - 22 Jan 1934 RF-BL4 (MVC)
Charles M no date - 24 Feb 1963 RG-BL8 (MVC)
Charles W 1865 - 26 Mar 1930 RF-BL4 (MVC)
Effie 1872 - 11 May 1955 RF-BL4 (MVC)
Elizabeth 1836 - 12 Sept 1900 RF-BL4 (MVC)
Gertrude L 1875 - 4 Mar 1934 no lot (MVC)
Guy B 1874 - 15 Jan 1943 RF-BL4 (MVC)
Helena M no date - 31 Jan 1963 no lot (MVC)
Joseph A 1839 - 21 July 1911 RF-BL8 (MVC)
Joseph B no date - 26 Aug 1981 RG-BL9 (MVC)
Karen Sue no date - 27 Oct 1959 RG-BL18 (MVC)
Mary 1847 - 29 Feb 1908 RG-BL8 (MVC)
Myrtle no date - 9 Feb 1967 RG-BL8 (MVC)
Perrin no date - 21 July 1984 6-2-18-G (MVC)
Perrin Kent no date - 18 Mar 1938 no lot (MVC)
Richard P no date - 2 Jan 1919 RG-BL18 (MVC)
SYPHER, Jay G 1890 - 8 Oct 1960 RK-BL32 (MVC)
Mae F 1895 - 29 June 1956 RK-

SYPHER (continued)
BL32 (MVC)
TABOR, Barbara no date - 16 Aug 1918 RD-BL2 (MVC)
TAFTE, Fred no date - 6 Nov 1942 R28-BL133 (MVC)
TAGGERT, Elsie 1877 - 15 Sept 1970 RJ-BL35 (MVC)
Isabella 1879 - no date no lot (MVC)
Joseph 1867 - 3 Dec 1938 RA-BL25 (MVC)
Paul 1815 - 18 Feb 1904 no lot (MVC)
TAGRANT, William M no date - 4 Dec 1913 R167-BL30 (MVC)
TAIMER, F W no date - 4 Apr 1924 no lot (MVC)
TALBERT, Sara 1837 - 1926 (MCC)
TALBOTT, Benjamin F Jr 1895 - 23 Apr 1903 no lot (MVC)
J H 1876 - 18 Jan 1926 RB-BL15 (MVC)
Judie H 1876 - 1888 no lot (MVC)
M Louise 1832 - 1896 no lot (MVC)
Mary F 1854 - 1865 no lot (MVC)
TALIAFERO, Amelia w/o C A 1868 - 1906 (EEC)
Charles A 1864 - 1915 (EEC)
Col 1860 - 1903 (EEC)
Mrs E P no dates (EEC)
Edwin P 1855 - 1914 (EEC)
Helen L 1894 - 1919 (EEC)
Howard 6 Jan 1866 - 9 Sept 1892 (EEC)
Sarah C 1853 - 1947 (EEC)
TALIAFERRO, Hal 1859 - 1914 (SACC)
Louise 1866 - 1948 (SACC)
P H 1927 - 20 Nov 1908 RA-BL29 (MVC)
TALLENT, Matthew no date - 29 Jan 1968 RE-BL1 (MVC)
TANN, James Rufus no date - 24 June 1948 RE-BL8 (MVC)
TANNER, Edward 1862 - 17 June 1862 no lot (MVC)
Frank Jr 1858 - 1880 no lot (MVC)

TANNER (continued)
Frank W 1848 - 1 Apr 1924 R68-BL116 (MVC)
Harriet no dates no lot (MVC)
Harry no dates no lot (MVC)
Herbert no date - 6 Jan 1967 no lot (MVC)
Martha 1879 - 1954 no lot (MVC)
Martha Ann 1838 - 28 June 1929 no lot (MVC)
Olsa P 1887 - 19 Jan 1972 no lot (MVC)
Tom Duncan 1833 - 30 Aug 1914 no lot (MVC)
TANNY, Archie 1857 - 1971 (MCC)
TAPLE, Chestor no date - 27 Oct 1943 RF-BL8 (MVC)
Esther no date - 10 Jan 1920 RF-BL8 (MVC)
Ralph no date - 10 Jan 1920 RF-BL28 (MVC)
TARANT, Martha no date - 1 July 1926 RA-BL11 (MVC)
TARDY, Eldon B 1806 - 18 Mar 1974 RJ-BL35 (MVC)
TARMAN, Emma L no date - 2 July 1956 no lot (MVC)
Jess M no date - 25 Mar 1923 RA-BL12 (MVC)
TARRELL, inf/o James no date - 24 Aug 1963 RK-BL30 (MVC)
TARRNER, Frank W no date - 5 Feb 1958 R68-BL116 (MVC)
TATE, David A no date - 1 May 1944 RG-BL32 (MVC)
Eva no dates no lot (MVC)
H no date - 24 May 1942 RG-BL32 (MVC)
Hualio no date - 5 May 1978 RK-BL28 (MVC)
Jess I no date - 22 May 1934 no lot (MVC)
Lucille M no date - 13 Feb 1913 RA-BL10 (MVC)
Mary P no date - 29 Sept 1976 RE-BL21 (MVC)
Michael D no date - 22 May 1953 RG-BL5 (MVC)
Millard no date - 18 Jan 1961 RG-BL33 (MVC)
Nellie no dates no lot (MVC)

TATE (continued)
Ralph B no date - 30 Oct 1970 RK-BL28 (MVC)
Ralph Richard no dates no lot (MVC)
Rhoda no date - 22 May 1962 RG-BL32 (MVC)
Ruby Elein no date - 15 Oct 1940 RA-BL10 (MVC)
Ruth no date - 4 Mar 1974 RJ-BL29 (MVC)
Virgil 1887 - 19 July 1952 RA-BL10 (MVC)
William E no date - 3 Sept 1965 RE-BL21 (MVC)
TAUCHMAN, Gus A 1889 - 22 Apr 1965 RK-BL31 (MVC)
Herman M no date - 3 May 1961 RG-BL32 (MVC)
TAUNAHILL, Glenn 1889 - 1966 (LC)
Jane 1896 - 1965 (LC)
TAYLOR, ---- no date - 31 Aug 1937 RF-BL22 (MVC)
Adomia no date - 17 Mar 1931 RD-BL15 (MVC)
Alice H no date - 26 Jan 1962 RG-BL13 (MVC)
Allis d/o S E 6 Sept 1857 - 7 Sept 1858 (TC1)
Amanda (d/o J & S E) 1855 - 7 July 1866 10y 11m (TC2)
Amanda d/o J & S E 1855 - 7 July 1866 (TC1)
Mrs C C no date - 10 Apr 1925 RF-BL22 (MVC)
Caroline (w/o Mark G) 15 Jan 1847 - 1 Apr 1879 (TC2)
Caroline w/o Mark 15 Jan 1847 - 1 Apr 1879 (TC1)
Charles D 1855 - 1924 (CWC)
Chas L 1886 - 1973 (ASC)
Eliza no date - 27 Apr 1909 RD-BL21 (MVC)
Eva no date - 26 Feb 1955 RF-BL22 (MVC)
Francis I no date - 14 Aug 1942 R62-BL17 (MVC)
Fred C 1893 - 1953 (LC)
Garvey C no date - 25 Apr 1929 RF-BL22 (MVC)
George 1852 - 1912 (LC)

TAYLOR (continued)
Gordon no date - 19 Aug 1980 RG-BL13 (MVC)
Heber S 20 - 26 Sept 1866 (TC1)
Heber S 26 - 30 Sept 1866 4d (TC2)
Helen no date - 6 Apr 1911 R39-BL314 (MVC)
Herbert S 21 Aug 1834 - 16 Jan 1889 (TC1)
Herbert S 21 Aug 1834 - 16 Jan 1889 (TC2)
Ida M 1892 - 1893 (LC)
J M 1849 - 1936 (SACC)
Jeff no date - 10 Mar 1961 RG-BL19 (MVC)
Jefferson D 10 Nov 1866 - 25 Oct 1900 (TC2)
Jefferson D 16 Nov 1866 - 25 Oct 1900 (TC1)
Jennie G no date - 5 Feb 1981 no lot (MVC)
Joan Louise no date - 7 July 1936 RG-BL13 (MVC)
John 1 March 1881 - 22 Dec 1900 (SBAC)
John 21 Apr 1826 - 7 Mar 1897 (TC1)
John no date - 19 Dec 1946 RE-BL13 (MVC)
Joseph A no date - 2 Aug 1947 no lot (MVC)
Joseph H 1825 - 15 July 1887 62y 5m (TC2)
Katherine 1853 - 1979 (EEC)
Lewis M no date - 29 Mar 1923 RD-BL21 (MVC)
Lizzie R no date - 13 Nov 1922 RF-BL22 (MVC)
Louisa no date - 11 May 1917 RE-BL11 (MVC)
Mark G 10 Jan 1836 - 19 Apr 1881 (TC2)
Mark G 19 Jan 1836 - 19 Apr 1881 (TC1)
Mark no date - 14 Apr 1937 RF-BL22 (MVC)
Martha A 1819 - 21 May 1904 85y 6m 26d (CWC)
Mary no date - 5 Jan 1940 RF-BL22 (MVC)
Moses no date - 24 Mar 1942

TAYLOR (continued)
RG-BL13 (MVC)
Nancy Ann 1855 - 1931 (LC)
Nancy M 1869 - 15 Sept 1870 (TC1)
Nancy M 1869 - 15 Sept 1870 1y 3m (TC2)
Norah B 1894 - 1972 (LC)
Richard no date - 31 Jan 1953 RG-BL13 (MVC)
Samuel (s/o J & S E) Mar 1864 - 3 Nov 1864 7m 14d (TC2)
Samuel (s/o M G & C) 31 Mar 1875 - 10 Apr 1879 (TC2)
Samuel s/o M G & C 31 Mar 1875 - 10 Apr 1879 (TC1)
Samuel s/o J & S E Mar - 6 Nov 1864 (TC1)
Vera Olive no date - 3 Nov 1964 no lot (MVC)
Walter no date - 22 Feb 1932 RE-BL2 (MVC)
TEARE, Daniel Sr 11 Oct 1889 - 7 Oct 1968 (SMGC)
Julia w/o Daniel Sr 1892 - 20 Aug 1968 (SMGC)
TEEREO, Clarence 1872 - 1950 (OHC)
Nettie 1874 - 1967 (OHC)
TEICHMAN, Adolph A no date - 31 Mar 1971 RK-BL28 (MVC)
Anna P 1858 - 8 Apr 1930 (SNC)
Edwin H no date - 30 July 1952 RG-BL32 (MVC)
Esther M no date - 23 Feb 1953 no lot (MVC)
Hazel no date - 24 Mar 1971 RK-BL28 (MVC)
Hazel no date - 6 June 1973 RK-BL28 (MVC)
Julius 1851 - 21 Sept 1903 (SNC)
Mary Alice no date - 9 Sept 1942 RG-BL32 (MVC)
TEMME, Laura M 1862 - 1 May 1945 RB-BL13 (MVC)
TEMPLETON, Helen no date - 27 Feb 1957 RK-BL5 (MVC)
William Craig no date - 16 May 1916 no lot (MVC)
TEMPRY, Mrs A P no date - 25 Oct 1922 R19-BL320 (MVC)
TENNEY, Asa B 1833 - 1909 no

TENNEY (continued)
lot (MVC)
Edwin P no date - 25 Nov 1930 R19-BL32 (Ashes) (MVC)
Minerva 1838 - 1922 no lot (MVC)
Walter H 1867 - 24 Sept 1879 no lot (MVC)
TENNISON, Bridget no date - 1896 (SACC)
TERRY, Charles 1836 - 16 Nov 1930 RG-BL17 (MVC)
Cora N 1871 - 1922 no lot (MVC)
Edith 1879 - 12 Feb 1949 RG-BL17 (MVC)
Elizabeth 14 Feb 1868 55y (MPC)
Frank M 1900 - 1981 (SNC)
Frieda N 1896 - 2 Jan 1981 (SNC)
Helen Marie no date - 22 Dec 1975 RC-BL3 (MVC)
Mary S 1846 - 15 Nov 1927 RG-BL17 (MVC)
Minnie 1868 - 11 Oct 1960 R32-BL253 (MVC)
Pheobe L w/o R B 1840 - 1897 (PDC)
R B 1834 - (PDC)
Sara 1823 - 1900 (BCC)
Vermont C 1864 - 5 July 1953 R15-BL253 (MVC)
Walter 1891 - 1897 (BCC)
TESCHNER, Raymond 9 Jan 1911 - 11 July 1977 RK-BL28 (MVC)
Rayon no date - 8 Mar 1976 RK-BL28 (MVC)
THADEN, B Louise no date - 2 June 1932 RD-BL12 (MVC)
John Henry no date - 2 June 1932 RD-BL12 (MVC)
Rosine no date - 2 July 1908 RD-BL12 (MVC)
THALMAYR, Meinrada 22 Nov 1900 - 4 Oct 1979 (MSSCC)
THARP, Mildred no date - 10 Jan 1969 RG-BL3 (MVC)
Warren no date - 10 Jan 1969 RG-BL35 (MVC)
THAYER, Charles B Jr no date - 9 Dec 1924 R24-BL58 (MVC)

THAYER (continued)
Charles H 1891 - 28 Dec 1951 RK-BL19 (MVC)
David 1843 - 1915 (MCC)
Grace no date - 9 Nov 1937 RG-BL9 (MVC)
James G 1848 - 14 May 1916 RG-BL15 (MVC)
Katherin E no date - 27 Jan 1936 RG-BL13 (MVC)
Margaret no date - 3 July 1933 R24-BL58 (MVC)
Sarah C no date - 28 Sept 1940 no lot (MVC)
W H 1800? - 13 July 1915 R24-BL585 (MVC)
William Albert no date - 1 Dec 1931 RG-BL9 (MVC)
THEIS, Lawrence 20 Aug 1871 - 28 Oct 1952 (SBAC)
THEURER, Daisy 13 Jan 1905 - 16 Apr 1932 (SNC)
George 3 Aug 1900 - 22 Jan 1977 (SMGC)
THIES, Edward F 1902 - 1935 (LC)
Edward J 1876 - 1956 (LC)
Henry C 1903 - 1971 (LC)
Mary C 1881 - 1962 (LC)
THILLEN, Agnella 9 Apr 1898 - 20 June 1926 (MSSCC)
THISTLE, Irma 1891 - 28 June 1975 RG-BL29 (MVC)
Nellie no date - 18 May 1942 RF-BL7 (MVC)
THOMA, Bertha I no date - 21 Jan 1963 R27 (MVC)
THOMAS, Alfred F 1874 - 1876 (MCC)
Alvin J 15 June 1898 - 27 Dec 1973 (SMGC)
Amanda 1849 - 1911 (MCC)
Barbara Matthias 1928 - 1969 (LC)
Bessie Edith no date - 8 July 1955 RJ-BL15 (MVC)
Clarence A no date - 4 Apr 1929 RG-BL5 (MVC)
E L (Rev) 10 June 1849 - 23 Dec 1911 (EEC)
E L 1913 - no date (EEC)
Ezra 1871 - 1872 (FGC)

THOMAS (continued)
Father 1816 - 1900 (MCC)
Garvin 1846 - 1906 (MCC)
Hannah E no date - 10 Mar 1954 RG-BL5 (MVC)
inf no date - 7 Nov 1912 RD-BL9 (MVC)
J B 1874 - 1907 "Son" (EEC)
John S no date - 23 July 1966 RJ-BL15 (MVC)
Joseph E no date - 24 Dec 1917 RD-BL5 (MVC)
Kenneth no date - 31 Dec 1920 RD-BL5 (MVC)
Lottie 1879 - 1960 (AC2)
Metta no date - 13 June 1963 RJ-BL15 (MVC)
Noel no date - 1 July 1936 68y 4m 9d (WLC)
R 10 June 1849 - 23 Dec 1911 (EEC)
Robert M 19 May 1919 - 11 Nov 1975 (SMGC)
Sara 1837 - 1923 (MCC)
T A 1849 - 1916 (MCC)
Warren no dates (Co D 44 Illinois Infantry) (WLC)

THOMASON, Robert 1890 - 1960 (SNC)

THOMPSON, Albert N 8 Dec 1905 - 10 Jan 1986 80y 1-10-27-K (MVC)
B F no date - 31 Aug 1952 RE-BL12 (MVC)
Benjamin 1879 - 1956 (RMC)
Benjamin J A 18 Feb 1799 - 7 Oct 1861 (RMC)
Benjamin no date - 28 May 1953 RF-BL10 (MVC)
Bertha 1899 - 20 May 1945 RG-BL39 (MVC)
Bessie E 1901 - 8 July 1955 RJ-BL15 (MVC)
Bonnie L 1932 - 20 Dec 1950 (PGC)
Charley no date - 12 Jan 1944 RE-BL8 (MVC)
Clara A 1870 - 1958 (RMC)
Claud 1860 - 1961 (RMC)
Claude Wm s/o J F & E J 7 Nov 1880 - 8 Feb 1881 (RMC)
Donald F 1914 - 1971 "Father"

THOMPSON (continued) (RMC)
Edgar L 1923 - 1978 (PGC)
Effie no date - 18 Feb 1947 RE-BL12 (MVC)
Eliza M no date - 20 Sept 1956 RG-BL23 (MVC)
Eliza w/o John F 22 May 1843 - 10 May 1905 (RMC)
Elizabeth no date - 23 July 1862 32y 8m 14d (MTPC)
Elmer 13 Nov 1888 - 28 Aug 1982 (EEC)
George 1867 - 1947 (RMC)
George 1914 - 20 Jan 1946 RG-BL39 (MVC)
George W 18 Oct 1827 - 11 Nov 1916 (RMC)
Hampton 9 Sept 1867 - 15 Jan 1878 (RMC)
Henson C 10 Sept 1862 - 28 Aug 1863 (RMC)
Herman 10 Sept 1862 - 28 Aug 1863 (RMC)
Ida d/o William & Matilda no dates (RMC)
Ida M no date - 13 Nov 1956 RF-BL10 (MVC)
Ida O 1879 - 1945 (RMC)
inf d/o Wm H & M no date - 7 Aug 1869 (RMC)
inf s/o B A & T no date - 11 Apr 1885 (RMC)
inf son no date - 4 Dec 1907 (WLC)
J D 16 Feb 1864 20y 10m Co D 13th Kansas Infantry (OHC)
James H Jr no date - 17 Mar 1940 RG-BL10 (MVC)
Jean E 1898 - 24 Apr 1971 RG-BL39 (MVC)
Jenny w/o C N 15 July 1882 - 13 Dec 1907 (WLC)
John F 22 Feb 1834 - 30 Apr 1905 (RMC)
John Raymond 1905 - 9 Aug 1971 RK-BL16 (MVC)
Julia 1862 - 1949 (CWC)
Leda 30 Apr 1906 - 12 Oct 1981 (EEC)
Lucille V no date - 1920 "Mother" (RMC)

THOMPSON (continued)
Margaret 1833 - 1956 (RMC)
Marion no date - 31 Oct 1916 R26-BL97 (MVC)
Martha 1886 - 1903 no lot (MVC)
Marvin R 1903 - 1981 (WLC)
Mary E 17 Nov 1916 - 1 July 1977 (SMGC)
Matilda 1842 - 1930 "Wife" (RMC)
Mattie 1854 - 1864 (OHC)
Mattie 1854 - 1872 (OHC)
Myra Davis Baker 1885 - 1960 (RMC)
Rebecca A 18 Apr 1831 - 5 Sept 1917 (RMC)
Robert D 1887 - 27 Jan 1955 RK-BL32 (MVC)
Ruby 1888 - 20 Sept 1968 no lot (MVC)
Shepard no date - 22 Feb 1917 RE-BL11 (MVC)
Sidney 1903 - 1963 no lot (MVC)
Stephen Andrew 1949 - 5 July 1964 RK-BL27 (MVC)
T J no date - 28 July 1860 33y 1m (MTPC)
Talitha w/o B A 1852 - 11 Apr 1885 33y 4m 21d (RMC)
Viva 1916 - 6 Nov 1959 no lot (MVC)
William H 1838 - 9 May 1884 45y 10m 13d (RMC)
THORN, Jackie 24 Feb 1930 - 31 Oct 1932 (EEC)
John Edwin no date - 31 Oct 1932 2y 8m 7d (EEC)
THORNE, Albert J no date - 14 Sept 1978 RG-BL28 (MVC)
Annie E 1868 - 1951 (LC)
Edwin G 1865 - 1942 (LC)
Ernest no date - 28 Mar 1974 RK-BL28 (MVC)
Mrs Ernest no date - 28 Mar 1974 RK-BL28 (MVC)
Henry G no date - 13 Dec 1937 RG-BL23 (MVC)
John O 1903 - 1963 (LC)
William 1896 - 1960 (LC)
THORNING, Elijah no date - 6 Mar 1976 RE-BL15 (MVC)
Hillard no date - 8 Sept 1977

THORNING (continued)
RK-BL18 (MVC)
Lee Ann F no date - 1 Nov 1930 RE-BL15 (MVC)
Nannie no date - 28 Sept 1939 RE-BL10 (MVC)
Pleg no date - 20 Nov 1923 RE-BL10 (MVC)
Rex 1913 - 10 Sept 1957 Kansas RDM USNR WWI RK-BL39 (MVC)
THUMA, J C no date - 17 Oct 1953 R27-BL118 (MVC)
THURMAN, Cecil M 1851 - 12 July 1918 RA-BL1 (MVC)
Effie M 1890 - 29 Sept 1972 RK-BL12 (MVC)
John W 1886 - 3 Aug 1976 RA-BL1 (MVC)
John Wm 1850 - 1931 no lot (MVC)
THURN, Anna (d/o John Hink) no date - 14 Nov 1960 87y (SLC)
George (s/o Anton) no date - 18 Apr 1932 46y (SLC)
George no date - 7 Apr 1926 69y 19m 24d (SLC)
Hattie (w/o George) no date - 13 Aug 1940 72y (SLC)
Joe no date - 1981 82y (SLC)
John (s/o George) no date - 24 Apr 1944 48y (SLC)
Mrs Ora no date - 4 June 1969 69y (SLC)
TIEHEN, Irmena 4 Apr 1866 - 20 Feb 1936 (MSSCC)
TILLER, Anna Ethel 18 Jan 1888 - 18 Apr 1925 (EEC)
TILLMAN, Ann no date - 7 Sept 1966 no lot (MVC)
TILLOTSON, Bonnie no date - 1 Apr 1960 R15-BL244 (MVC)
TIMBY, Delbert F 1913 - 6 Aug 1944 RG-BL34 (MVC)
Elsie no date - 18 Sept 1919 no lot (MVC)
Florence no date - 19 Aug 1975 RD-BL4 (MVC)
George no date - 8 Mar 1933 RD-BL6 (MVC)
Susan Mary no date - 10 Nov 1931 RD-BL6 (MVC)

TIMMINS, Hannora w/o Richard 1796 - 1888 (SACC)
TINKLIN, C E 1877 - 31 Jan 1946 no lot (MVC)
  Effie Ann 1882 - 26 Dec 1942 RG-BL24 (MVC)
  Ernest 30 Sept 1902 - 18 June 1974 (SMGC)
TINSLAR, Anna A w/o W A 21 Mar 1815 - 29 Jan 1886 (EEC)
  W A 1862 - 1941 (EEC)
TINSLER, W A 9 Sept 1812 - 10 Dec 1894 (EEC)
TIPLING, Donald 1864 - 1933 (MCC)
  James 1877 - 1943 (MCC)
  Myrtle 1880 - 1964 (MCC)
TIPTON, Martha no date - 27 Nov 1962 RE-BL20 (MVC)
TODD, Adelphe K no date - 22 Nov 1962 no lot (MVC)
  Florence B 1903 - 27 Mar 1963 RG-BL15 (MVC)
  Frank A no date - 27 Apr 1932 RE-BL30 1/2 (MVC)
  Helda 1848 - 9 Sept 1928 RG-BL15 (MVC)
  Hugh no date - 31 July 1956 RG-BL15 (MVC)
  L L no date - 6 Jan 1887 no lot (MVC)
  N C Jim 1903 - 20 Apr 1978 RG-BL15 (MVC)
  Newell D 1845 - 1929 no lot (MVC)
  Ruth H no date - 8 Apr 1961 RG-BL15 (MVC)
TOFTE, Elizabeth no date - 8 Mar 1916 no lot (MVC)
  Fred 1868 - 6 Nov 1942 R28-BL133 (MVC)
  George 1836 - 23 Jan 1902 no lot (MVC)
TOMASON, Ellen no date - 8 Apr 1976 RF-BL17 (MVC)
TOMKINKEN, Elizabeth no date - 9 Feb 1919 R30-BL161 (MVC)
TOMLINON, Charlotte 1892 - 27 Aug 1968 RK-BL19 (MVC)
  James LeRoy 1892 - 19 Dec 1952 RK-BL19 (MVC)
TOMPKINS, Louise 1845 - 21 Mar 1925 RB-BL4 (MVC)
  Robert 1839 - 5 Sept 1932 RB-BL4 (MVC)
TOMPSON, John no date - 11 Dec 1939 R26-BL97 (MVC)
TONSING, Bess 1895 - 16 Jan 1981 RG-BL34 (MVC)
  Cyril M 1901 - 10 June 1902 no lot (MVC)
  Evan Eugene 1923 - 20 Apr 1943 RG-BL34 (MVC)
  Evan W 1894 - 26 Jan 1947 RG-BL34 (MVC)
  Rev Paul G no date - 3 Mar 1936 RE-BL68 (MVC)
  Ruth 1873 - 23 Mar 1967 R68-BL105 (MVC)
TOOD, Lucille 1883 - 1926 (MCC)
TORBETT, Edolph no date - 26 Oct 1931 RD-BL15 (MVC)
  Jesse E no date - 24 Aug 1930 RB-BL22 (MVC)
  Pearl no date - 21 Sept 1948 RB-BL22 (MVC)
TORKELSON, C E 1893 - 9 Dec 1975 (SMGC)
TORRENCE, Letitia N no date - 9 May no lot (MVC)
TORREZ, Marie no date - 19 July 1915 3h Sec4-L10-#1 (SPC)
TORTAT, Augusta no date - 1 Aug 1944 RF-BL21 (MVC)
  Mollie no date - 28 Oct 1914 R69-BL114 (MVC)
  Nancy D 1816 - 1864 no lot (MVC)
TOSTERUDE, Raymond s/o T no dates Sgt Marine (BCC)
  Sadie E 1891 - 1919 (BCC)
  Theodore 1899 - 1953 (BCC)
TOUSSAINT, Saint John 26 Oct 1872 - 10 July 1942 (MSSCC)
TOWNSEND, Ida no date - 31 Mar 1931 R30-BL158 (MVC)
  Jesse L 1873 - 5 Apr 1955 RK-BL22 (MVC)
  Lewis E 1896 - 20 Apr 1938 RG-BL15 (MVC)
  Lillie 1879 - 3 Nov 1952 RK-BL22 (MVC)

TOWNSEND (continued)
Ruth C 12 July 1902 - 24 Jan 1974 (SMGC)
TRACY, Logan E no date - 15 June 1926 RD-BL7 (MVC)
TRAIL, Alice w/o S D 14 Dec 1886 29y (MCC)
Lloyd 1884 - 1933 (MCC)
Mary S 1854 - 1936 (MCC)
Richard H 1877 - 1943 (MCC)
William H 1877 - 1943 (MCC)
TRAN, William no date - 16 Aug 1937 RA-BL12 (MVC)
TRANBEL, Cleo E no date - 31 Oct 1937 RG-BL32 (MVC)
TRANSILE, Anna M no date - 27 Feb 1920 RA-BL12 (MVC)
TRANSUE, Fred H no date - May 1923 RF-BL17 (MVC)
George no date - 16 Jan 1976 RF-BL17 (MVC)
TRAP, Susanna (d/o Wm & Sarah Trap) no date - 14 Oct 1859 (SNC)
TRAUTLOFF, Elmer 1896 - 11 Apr 1981 (SMGC)
Frank 6 Sept 1890 - 25 June 1976 "brother" (SMGC)
Ida w/o Elmer no date - 28 Aug 1972 (SMGC)
Katherine 23 Nov 1920 - 20 Feb 1969 "dau-in-law" (SMGC)
TREAT, Benjamin L no date - 1 May 1897 no lot (MVC)
Levi S 1814 - 18 Apr 1881 no lot (MVC)
Louis A no date - 5 Apr 1880 no lot (MVC)
Mary D 1839 - 29 Mar 1913 RA-BL20 (MVC)
Stewart A 1837 - 7 Sept 1898 no lot (MVC)
Tom 1865 - 26 Nov 1924 RA-BL20 (MVC)
TREEMAN, Louis no date - 25 Feb 1936 RE-BL10 (MVC)
TREFFY, Anna no date - 16 Apr 1916 R11-BL176 (MVC)
Carl 1841 - 18 Mar 1911 R49-BL105 (MVC)
Elizabeth 1872 - 25 Apr 1890 no lot (MVC)

TREFFY (continued)
Emma 1871 - 13 Oct 1875 no lot (MVC)
Fred 1827 - 4 Apr 1901 no lot (MVC)
Fred O 1877 - 10 June 1951 RA-BL12 (MVC)
Henry no dates no lot (MVC)
Herman 1879 - 23 Dec 1879 no lot (MVC)
Sarah 1887 - 4 Sept 1968 RA-BL12 (MVC)
TRELEAVEN, Alice E no date - 21 Mar 1899 no lot (MVC)
Mary M no date - 7 Apr 1931 R13-BL210 (MVC)
Thomas no date - 3 Apr 1899 R18 (MVC)
TRETLEWAY, Dean George 17 - 22 June 1951 12-S 2/3-#4 (CCC2)
TRIAL, Laura no date - 22 July 1938 RG-BL30 (MVC)
Melvin D no date - 16 Sept 1953 RG-BL30 (MVC)
Richard no date - 31 July 1979 RG-BL31 (MVC)
TRIMBLE, B P Sr 8 Nov 1807 - 7 Sept 1892 (ACC)
J M 10 Sept 1843 - 29 Jan 1911 (ACC)
Joseph Kinney 1874 - 20 Mar 1881 (ACC)
Julia w/o B P 15 Apr 1817 - 17 Apr 1888 (ACC)
Margaret 1851 - 26 Aug 1891 40y 11m 28d "Mother" (ACC)
TRIMMER, Homer V 1857 - 1904 no lot (MVC)
Jane 1831 - 1905 no lot (MVC)
Lou 1856 - 24 Feb 1884 no lot (MVC)
Samuel S 1856 - 16 Oct 1915 R66-BL73 (MVC)
TRISKA, Isabel 16 Oct 1887 - 30 June 1945 (MSSCC)
TRO, Conrad no date - 30 Aug 1917 R63-BL18 (MVC)
TROIOUSKO, Barbara 1864 - 1955 (WLC)
Joseph 1852 - 1897 (WLC)
TROMMER, Clara no date - 25

TROMMER (continued)
Feb 1965 RK-BL23 (MVC)
TROMPETER, John 1894 - 1972 (SACC)
Joseph 1858 - 1915 (SACC)
Louise 1873 - 1941 (SACC)
M George 20 Nov 1903 - 5 May 1982 (MSSCC)
TROTTER, Addie no date - 13 Feb 1939 no lot (MVC)
Charles M no date - 15 Dec 1927 R17 - BL277 (MVC)
TROWER, Grace Louise w/o Rollo 1 Apr 1903 - 5 Apr 1981 (SMGC)
Hazel M 3 Dec 1905 - 22 Apr 1981 (SMGC)
Jesse Dwayne 1 Jan 1969 - 7 Feb 1969 (SNC)
Rollo 6 Dec 1898 - 2 July 1980 (SMGC)
TRUAX, Emeline w/o Joseph 1811 - 1905 (PDC)
Joseph 1821 - 1889 (PDC)
TRUEBLOOD, Capt A C 1838 - 16 Apr 1904 no lot (MVC)
Harriett no date - 21 Jan 1924 RB-BL10 (MVC)
Ida M 1868 - 1 Feb 1933 RB-BL10 (MVC)
Nellie 1879 - 27 Apr 1958 RB-BL10 (MVC)
Victor E 1868 - 23 Oct 1941 RB-BL10 (MVC)
TRUEHART, Henry 1874 - 29 Sept 1947 R39-BL319 (MVC)
Mary 1846 - 29 Apr 1942 R39-BL319 (MVC)
Samuel 1876 - 26 Mar 1947 R39-BL320 (MVC)
TRUESDELL, Emma no date - 4 Feb 1921 RB-BL15 (MVC)
TRULLIEB, Henry 1835 - 29 July 1893 no lot (MVC)
TRUMAN, Pretty 11 Jan 1851 - 22 July 1905 (SDLC)
TRUXAL, Jacob R 3 Jan 1851 - 2 Oct 1888 (WLC)
TSCHORN, Minnie 1953 - 31 July 1955 RD-BL3 (MVC)
TUCHMAN, Laura Jane no date - 9 Apr 1930 RD-BL16 (MVC)

TUCKER, A S no dates father (MPC)
Albert J 1876 - 1933 (EEC)
C Mary 1876 - 1933 (EEC)
J M 1832 - 1896 (MPC)
Maude 1878 - 1953 (EEC)
Maurice 1904 - 1963 (EEC)
Nancy no dates mother (MPC)
Polly 1836 - 1909 (MPC)
Rhonda 1849 - 1899 (EEC)
Ruben E 22 July 1866 - 5 June 1916 (EEC)
Sarah F 4 Sept 1863 - no date (MPC)
T W 1872 - 1918 "O E S" (EEC)
W H 19 Sept 1880 - 30 Dec 1959 (EEC)
William 1843 - 1931 (EEC)
TUGGLE, Clem C 26 May 1902 - 24 Oct 1977 (SMGC)
Ruth J w/o Clem C 20 Aug 1909 - 7 Aug 1979 (SMGC)
TULEY, Agnes no dates (EEC)
Author no dates (EEC)
C B no date - 14 Feb 1890 77y (LC)
Carl no dates (EEC)
Carrie no date - 5 Aug 1873 2d (LC)
Charles 15 Dec 1880 - 19 Sept 1930 (LC)
Charles G no date - 3 Nov 1873 (LC)
Elizabeth 1890 - 28 Oct 1961 71y (LC)
Mrs Ethel no dates (EEC)
Frank no date - 1909 (EEC)
Fred 1882 - 1937 (EEC)
Ida 19 Sept 1881 - 1930 (LC)
James no dates (EEC)
John Edward 9 Oct 1891 - 14 Feb 1911 (EEC)
John F no date - 13 Oct 1870 (LC)
John M 1891 - 1945 (EEC)
Lily Myrtle 20 Dec 1936 60y 6m 12d (OHC)
Lucinda no date - 15 Sept 1871 (LC)
Mary Etta 1880 - 1905 (EEC)
Sarah 1892 - 19-- (EEC)
TULL, Elizabeth R 1881 - 1969

TULL (continued)
"Mother" (RMC)
TURLEY, Alfred E 1882 - 1939 (EEC)
Helen J 1855 - 1929 (EEC)
James Leroy no date - 11 Nov 1939 52y 23d (EEC)
John Edwards 9 Oct 1891 - 14 Feb 1910 (EEC)
John M 1854 - 1927 (EEC)
Mary Etta 1889 - 1905 (EEC)
Sarah M 1892 - 19-- (EEC)
Sophia Vandiver (w/o E E) 15 June 1891 - 2 May 1912 (CWC)
TURNER, Bertha 1872 - 14 Nov 1916 (SNC)
Carey S A no date - 23 Dec 1936 (MVC)
Courtney no date - 28 Sept 1978 RG-BL38 (MVC)
Emma 5 May 1880 - 3 Nov 1939 (SNC)
Fielding no date - 5 Dec 1962 R61 - BL343 (MVC)
Fred 29 Feb 1896 - 28 June 1958 (SNC)
George B 22 Mar 1833 - 14 Sept 1913 Capt F Co 148 Regt O-V-I (EEC)
Georgia no date - 3 Feb 1950 RG-BL38 (MVC)
Goldie no dates (EEC)
Harry 1879 - 1944 (EEC)
Henry T 31 Aug 1867 - 12 Sept 1943 (SNC)
James Madison 30 Jan 1861 - 20 Feb 1937 (EEC)
John Harden 1876 - 22 Dec 1881 (WLC)
Loria 1877 - 1969 (EEC)
Mabel 1883 - 1941 (EEC)
Mary 1859 - 31 Aug 1889 no lot (MVC)
Matilda A w/o W D no date - 23 Mar 1889 34y 5m 9d (WLC)
Roger S 1884 - 1915 (EEC)
Williams no date - 17 Dec 1932 RH-BL4 (MVC)
Winfield 1894 - 14 Dec 1914 (SNC)
TURPIN, Bailous B 21 Aug 1904

TURPIN (continued)
- 11 Nov 1970 (SMGC)
C A no date - 25 Aug 1926 R12-BL302 (MVC)
Emily no date - 30 Apr 1909 RD-BL12 (MVC)
Lucy Ola no date - 10 Aug 1957 RD-BL12 (MVC)
Martin no date - 24 May 1926 RD-BL12 (MVC)
TUTHILL, Charles H no date - 19 Mar 1927 RF-BL15 (MVC)
TUTTLE, Annabel 1893 - 1960 (OHC)
Cary May 1863 - 12 May 1934 no lot (MVC)
Frank D 1885 - no date (OHC)
Mary no date - 30 Aug 1882 no lot (MVC)
Midge Elizabeth no date - 3 June 1943 RG-BL33 (MVC)
unknown stranger d in covered wagon (OHC)
TWIGG, Emily 1841 - 1855 14y (MMC)
George 1848 - 1855 7y (MMC)
John 1845 - 1855 10y (MMC)
Mary Redd 1814 Wales - 1855 (MMC)
TYLER, Alice I no date - 17 Dec 1897 (WLC)
Catherine B 1877 - 1937 (WLC)
Emma no date - 1886 inf (SACC)
Otto Orlando 1869 - 28 Jan 1940 71y 1d (WLC)
Raymond E 1 Sept 1897 - 6 Oct 1976 (WLC)
Twila Mae no date - 25 July 1925 (WLC)
ULRICH, Augusta 1851 - 1931 no lot (MVC)
Bernard C 1883 - 4 Oct 1974 RK-BL39 (MVC)
Ernestine no date - 12 May 1942 R46-BL94 (MVC)
Felex 1889 - 21 July 1890 no lot (MVC)
Mrs Frank J 1885 - 20 July 1922 R51-BL81 (MVC)
Korinna 1892 - 10 May 1892 no lot (MVC)
Wilhelm 1857 - 21 May 1899 no

ULRICH (continued)
lot (MVC)
Willie 1888 - 27 July 1889 no lot (MVC)
UNDERWOOD, Angeletta Clem 1855 - 1915 (ASC)
Artila 1836 - 1919 (ASC)
Carrie no date - 19 Oct 1931 R67-BL87 (MVC)
Charles 1937 - 1939 (AC1)
Charles (Armstrong) 22 Jan 1932 - 30 Jan 1937 (AC2)
Elizabeth 1839 - 1914 no lot (MVC)
Emma no date - 15 Nov 1866 8y (ASC)
Frances Myers 1938 (ASC)
Frank L 1894 - 29 Aug 1980 RF-BL11 (MVC)
Ira C 1844 - 1891 (ASC)
Ira Clem 1885 - 1926 (ASC)
James 1836 - 1921 (ASC)
Janey Nova 1886 - 1922 (ASC)
Jessie H 1893 - 15 Jan 1976 RF-BL11 (MVC)
John Edward 1870 - 16 Sept 1947 RF-BL11 (MVC)
Kirby T 31 May 1885 - 27 Feb 1897 (ASC)
Martha Jane 1896 - 10 Oct 1876 (ASC)
Mary Lou 1927 - 1980 (CWC)
May I no date - 15 May 1972 RK-BL24 (MVC)
Nancy 1896 - 1922 (ASC)
Nellie 1874 - 11 Feb 1931 RF-BL11 (MVC)
Peter no date - 3 Apr 1915 RD-BL17 (MVC)
Pleasant 1836 - 20 June 1920 RF-BL11 (MVC)
Mrs Sarah no date - 22 Sept 1914 RF-BL11 (MVC)
Sarah H 13 Mar 1869 3y 1m 26d (ASC)
Sarah L no date - 22 June 1914 RD-BL17 (MVC)
Sarah Newlin 1806 - 1880 (ASC)
Thomas no date - 30 Jan 1936 R67-BL28 (MVC)
W P 1859 - 1922 (ASC)
William no date - 21 Sept 1966

UNDERWOOD (continued)
RK-BL24 (MVC)
URBAN, Albert (s/o John & Dora) no date - 4 Dec 1904 (SLC)
Anna no date - 1911 (SLC)
David (s/o Thaddeus & Anna) no date - 27 Aug 1913 45y (SLC)
Dora no date - 10 Jan 1959 83y (SLC)
John (s/o Dave) no date - 23 Aug 1948 82y (SLC)
Nancy no date - 1976 72y (SLC)
Thaddeus no date - 1906 (SLC)
UROOM, G B no date - 2 Apr 1922 RD-BL18 (MVC)
UTLEY, William P 1865 - 28 June 1902 no lot (MVC)
UTZ, Benjamin B 17 Oct 1894 - 24 Mar 1971 (SMGC)
John Bart 25 May 1917 - 26 May 1981 (SMGC)
VADER, Abigail 1829 - 1849 no lot (MVC)
William S 1842 - 1904 no lot (MVC)
VAIGHT, Charles W no date - 19 July 1961 RF-BL20 (MVC)
VALENTINE, A G 1880 - 1966 (EEC)
Agnes 1860 - 1945 (EEC)
Aliie M 1905 - 1981 (EEC)
Dorothy no date - Aug 1920 (EEC)
F 1881 - 1914 (EEC)
J C 1892 - 1977 (EEC)
John C 1845 - 1918 (EEC)
Lena 1853 - 1926 (EEC)
Marie Agnes 1860 - 1935 (EEC)
Mattie E 1881 - 1926 (EEC)
VALK, R G no date - 27 May 1968 RK-BL30 (MVC)
VALUYETTE, D 1866 - 1890 (EEC)
VAN, Clyde no date - 21 Feb 1963 RJ-BL23 (MVC)
Grace no date - 4 Apr 1975 RJ-BL23 (MVC)
Jacqueline K no date - 13 Feb 1940 RG-BL9 (MVC)
Russell A no date - 4 Dec 1923 RD-BL1 (MVC)
Sedy 1916 - 1936 (MCC)

VAN (continued)
  Susie 1926 - 8 Nov 1981 RB-BL13 (MVC)
VAN DIVER, Green no date - 8 Aug 1916 RD-BL13 (MVC)
VAN DYKE, Charles R no date - 1 Mar 1921 RF-BL16 (MVC)
  Jerome (Jay) 10 May 1901 - 4 Oct 1981 (SMGC)
VAN HEE, Maria 7 June 1944 - 25 Sept 1983 (MSSCC)
VAN HOOK, Fredrick M 1863 - 1867 no lot (MVC)
VAN HOOSEN, I no date - 12 Dec 1935 RD-BL2 (MVC)
  Mary L no date - 21 Feb 1922 RD-BL2 (MVC)
  Mary S no date - 27 Apr 1935 no lot (MVC)
VAN HOOVER, Mary S no date - 27 Apr 1928 R11-BL177 (MVC)
VAN HORN, Alfred 1896 - 10 Nov 1977 RD-BL3 (MVC)
  Alfred Jr no date - 25 Nov 1920 RD-BL3 (MVC)
  Arthur no dates (SNC)
  Charles no dates (SNC)
  Clara 22 Feb 1881 - 29 Nov 1948 (SNC)
  inf/o Alfred no date - 4 Apr 1935 RD-BL3 (MVC)
  Luther no date - 8 Mar 1921 (SNC)
  Luther R 31 July 1876 - 9 Oct 1952 (SNC)
  Mary C 1898 - 19 Dec 1960 RD-BL3 (MVC)
VAN LANDINGHAM, Henry 14 Nov 1891 - 1 Nov 1957 (SBAC)
VAN LIEW, Annie Laurie 1901 - 1979 (AC2)
  Annie Laurie 1901 - 1979 (AC1)
  Anthony Norman 17 Oct 1961 - no date (baby) (SMGC)
  Earl C 1888 - 26 Jan 1955 RK-BL13 (MVC)
  Minnie w/o Wm James 1893 - 14 Jan 1971 (SMGC)
  Nettie 1890 - 1970 no lot (MVC)
  Wm James 22 Nov 1890 - 17 Apr 1968 (SMGC)

VAN METER, Laura no date - 30 Aug 1924 RE-BL10 (MVC)
  Moses no date - 10 May 1922 no lot (MVC)
  Phillip no date - 8 Dec 1920 R39-BL321 (MVC)
VAN ROSSUM, Anna J 20 Oct 1840 - 27 Nov 1890 (LC)
  Ernest 1880 - 1961 (LC)
  Jane 1852 - 1933 (LC)
  John 1871 - 1931 (LC)
  Lula Mier 1871 - 1948 (LC)
  Peter 15 Jan 1835 - 15 May 1917 (LC)
  Sarah 1853 - 1 June 1935 (LC)
VAN STROM, Hazel 1885 - 16 Sept 1977 RG-BL29 (MVC)
VAN TNYL, Frank no dates (EEC)
VAN VALKENBURG, Minnie 1902 - 13 Sept 1967 RK-BL5 (MVC)
  Peroni 1847 - 6 Mar 1869 no lot (MVC)
VAN WAGNER, A Edna 1902 - 26 June 1975 RK-BL14 (MVC)
  Buris no dates (MCC)
  Elsie A no dates (MCC)
  Elsie D d/o JM & HN 11 May 1872 3y (MCC)
  Floyd E 1885 - 15 Sept 1971 RJ-BL26 (MVC)
VAN WAGONER, Albert Jan 1836 - July 1910 (EEC)
  Charles A s/o Albert & Frances June 1858 - June 1899 (EEC)
  E N 1889 - 1972 (EEC)
  Frances E Aug 1834 - Mar 1913 (EEC)
  J C no dates (EEC)
  Mollie 1875 - 1918 (EEC)
  S A 1883 - 1970 (EEC)
  Stephen 1844 - 28 Nov 1905 "Father" (EEC)
  Stephen 5 Dec 1857 - 13 June 1935 (EEC)
VAN WEY, Fred no date - 4 Oct 1948 RG-BL40 (MVC)
  Harold C no date - 13 Jan 1944 RG-BL40 (MVC)
  Jessie no date - 30 May 1948 RG-BL40 (MVC)

VAN WINKLE, Mary S 20 Dec 1828 - 31 Oct 1911 (VWC)
R A 25 Nov 1818 - 26 Sept 1904 (VWC)
VANCE, Charles no date - 17 Dec 1929 RD-BL15 (MVC)
Florence M no date - 16 Feb 1955 no lot (MVC)
Kathy Jean no date - 14 Dec 1944 RK-BL5 (MVC)
William O no date - 2 Dec 1955 RK-BL5 (MVC)
VANDE, Joseph no date - 2 June 1950 RJ-BL16 (MVC)
VANDEHORST, Phoebe L no date - 4 Nov 1954 RB-BL16 (MVC)
VANDERWEIDE, Joseph 1896 - 15 Oct 1962 RJ-BL16 (MVC)
Joseph A 1926 - 7 Apr 1978 RJ-BL16 (MVC)
Louis B 17 Aug 1910 - 15 Jan 1916 5y Sec2-L69-#1 (SPC)
Marjerie M no date - 1902 no lot (MVC)
Mary Ann 1882 - 9 Feb 1922 40y Sec2-L69-#2 (SPC)
Ronald Arthur 1931 - 4 Sep 1952 Korean War Pfc USA RJ-BL16 (MVC)
Theodore 1874 - 7 Oct 1959 85y Sec2-L69-#3 (SPC)
Viola S 1883 - 1950 no lot (MVC)
William T no date - 1905 no lot (MVC)
VANDEVER, Jacob A 1876 - 1891 (MCC)
William 1872 - 1891 (MCC)
VANDIVER, Angeline V 1821 - 1885 (CSHC)
Edward 1848 - 1920 (CWC)
Elvira 1851 - 1921 (CWC)
Ernest 3 March 1890 - 1928 (CWC)
James 1850 - 1928 "Father" (CWC)
John 1819 - 1891 (CSHC)
Luly 1875 - 1961 (CWC)
Mattie 1857 - 1928 "Mother" (CWC)
VANDRELL, Mildred 1941 - 27 Sept 1962 RJ-BL28 (MVC)
Oleta 1913 - 18 Feb 1985 72y 5-

VANDRELL (continued) 3-28-J (MVC)
VANIDA, Christina no date - 6 Sept 1914 R15-BL249 (MVC)
VANKLEEK, David A no dates Co M 17th Pennsylvania Cavalry (PDC)
Len s/o B B & Alice no date - 29 Sept 1862 (PDC)
Maria w/o David 1837 - 1926 (PDC)
VANSCHOLALLE, Odes 1866 - 1946 (BCC)
Sarah R 1866 - 1951 (BCC)
VANSELL, Eva 1888 - 1912 (MCC)
Glenda 1936 - 1938 (MCC)
John 1883 - 1941 (MCC)
Killa 1888 - 1939 (MCC)
Martin 1854 - 1940 (MCC)
Ralph 1885 - 1917 (MCC)
Susie d/o S & B 1880 - 1897 (MCC)
VANSTRUM, Harry C no date - 27 July 1947 RG-BL29 (MVC)
VANWAY, Sadie 1881 - 1972 (MCC)
William 1873 - 1961 (MCC)
VANWEY, Joseph 1829 - 1896 (MCC)
VARNETTE, Elizabeth no date - 23 Jan 1928 RF-BL8 (MVC)
VAUGHN, Charles R Sr 1832 - 12 Jan 1980 no lot (MVC)
Lucy May no date - 14 July 1939 RE-BL15 (MVC)
Mary 1909 - 5 July 1944 "Sister" no lot (MVC)
Othar H no date - 23 Dec 1943 RE-BL12 (MVC)
William H no date - 3 Nov 1933 RE-BL15 (MVC)
VEIT, Julius A 1874 - 5 Aug 1951 R51-BL118 (MVC)
Martha J 1860 - 19 June 1880 no lot (MVC)
VEIX, Priscilla 11 Jan 1887 - 4 Jan 1967 (MSSCC)
VERHEYEN, Boniface 22 May 1844 - 23 Dec 1923 (SBAC)
VERMETTE, Kimball E 1860 - 8 May 1959 RF-BL8 (MVC)

VERMETTE (continued)
Ruth E 1911 - 9 Sept 1916 RF-BL8 (MVC)
VERMILLION, Alice E no date - 28 Apr 1935 RD-BL4 (MVC)
Mar no date - 20 Sept 1915 RD-BL4 (MVC)
Marcus no date - 27 Nov 1959 RD-BL1 (MVC)
Robert no date - 24 Oct 1928 RD-BL3 (MVC)
Rose E no date - 7 Nov 1937 RG-BL10 (MVC)
VERNON, Edith Bush no date - 14 Aug 1962 no lot (MVC)
Hartizil W no date - 19 May 1939 no lot (MVC)
Hartzill W no date - 7 Feb 1951 RA-BL11 (MVC)
VESSAR, Claude G 20 July 1916 - 30 Aug 1985 (SNC
Terrance 1959 - 12 Nov 1982 (SNC)
VESSER, Walburga 10 Nov 1876 - 1 July 1936 (MSSCC)
VEST, Augusta E 1881 - 1962 (EEC)
Charles E no date - 14 Aug 1962 RK-BL6 (MVC)
Edna no date - 17 Jan 1954 RK-BL6 (MVC)
Glen no date - 30 July 1984 7-1-12-K (MVC)
John Joseph 1889 - 1980 (LC)
Marie R 1876 - 24 Aug 1973 RK-BL6 (MVC)
Olive Reece 1893 - no date (LC)
Raymond William no date - 19 May 1984 8-1-12-K (MVC)
Richard 1894 - 1965 no lot (MVC)
VETH, Martin 25 Sept 1874 - 12 Dec 1944 (SBAC)
VETTER, Katharina no date - 28 Nov 1976 no lot (MVC)
VICKARY, Lilare no date - 24 May 1911 R15-BL239 (MVC)
VICKERY, Dr B W no date - 18 Apr 1953 RG-BL8 (MVC)
Nillie R no date - 7 Nov 1970 no lot (MVC)
VILES, Alson 1890 - 1918 (MCC)

VILES (continued)
Cha 1818 - 1897 (MCC)
Del N w/o Henry 1871 - 1911 (MCC)
Emma H w/o Charles 14 Feb 1894 71y (MCC)
Henry T 1857 - 1928 (MCC)
Herman 1882 - 1952 (MCC)
Jennie A 1854 - 1923 (MCC)
Mabel 1886 - 1972 (MCC)
VOARHEES, Stella no date - 24 Feb 1922 RB-BL18 (MVC)
VOELKER, Charles 1869 - 1952 (LC)
Lydia A 1881 - 1971 (LC)
Raymond G 1910 - 1980 (LC)
Walter Earl d 1949 (LC)
VOGEL, Augusta E no date - 6 Nov 1946 RG-BL24 (MVC)
Julius 1866 - 1883 (SBAC)
VOGL, Ehrentrude 6 Dec 1891 - 2 May 1981 (MSSCC)
VOIGT, Nannie no date - 22 Aug 1950 RF-BL20 (MVC)
Walter 1889 - 14 Sept 1954 RK-BL30 (MVC)
VOLK, Caroline 1893 - 1957 (LC)
Conrad 1858 - 1947 (LC)
Helena 18 Oct 1934 - 30 Jan 1925 5-S 2/3-#4 (CCC2)
John 4 Apr 1828 - 7 Sept 1903 5-S 2/3-#3 (CCC2)
Mabel E no date - 11 Apr 1978 RK-BL30 (MVC)
Mary 1 June 1865 - 16 Sept 1934 (LC)
Robert G 1897 - 17 July 1890 RK-BL30 (MVC)
VOLKER, Christina no date - 12 Feb 1881 no lot (MVC)
Fred 1887 - 22 Oct 1970 RF-BL22 (MVC)
Karl no date - 1 Jan 1889 no lot (MVC)
VOLLE, Patricia A 1939 - 1981 (SACC)
VOLLMAR, Walker Joseph 1 Mar 1911 - 30 Dec 1969 (SBAC)
VOLLMER, Anna C no date - 21 Oct 1949 59y (SLC)
August no date - 9 Oct 1935 (SLC)

VOLLMER (continued)
Caroline no date - 1891 15y (SLC)
Charles P (s/o Herman) no date - 15 March 1948 (SLC)
Colletta 2 Apr 1876 - 13 March 1939 (MSSCC)
Grace (d/o John) no date - 14 Oct 1909 (SLC)
Henry (s/o Herman) no date - 18 Feb 1865 (SLC)
Herman no date - 8 Feb 1897 79y (SLC)
Joe no date - 1981 69y (SLC)
John (s/o Charles & Mary) 1915 - 11 Nov 1925 (SLC)
Joseph (s/o William) no date - 7 Jan 1905 (SLC)
Joseph no date - 1884 29y (SLC)
Mary Helen (d/o Herman) 1883 - 25 Aug 1926 64y (SLC)
Mary no date - 1909 40y (SLC)
Mary no date - 1958 71y (SLC)
Mary no dates 47y (SLC)
Walter (s/o Herman) no date - 10 Oct 1942 72y (SLC)
William (s/o Herman) no date - 29 June 1945 (SLC)
William Joseph (s/o Wm) no date - 6 Nov 1953 (SLC)
Wm no dates 56y (SLC)
VONBRAGEL, Joseph 3 March 1837 - 21 Jan 1883 (SBAC)
VONDERSTEIN, Gabriel 5 Feb 1898 - 7 March 1932 (SBAC)
VON NEIDA, Freida E 1880 - 7 Jan 1950 R41-BL3 (MVC)
VOORHESS, Clara May 1886 - 3 Nov 1962 RK-BL33 (MVC)
VOS, Larnbert no date - 22 Feb 1905 Sec4-L11-#1 (SPC)
VOSSE, George A 1866 - 18 Apr 1941 R48-BL127 (MVC)
Grace I 1890 - 13 Jan 1896 no lot (MVC)
Martha 1870 - 2 Nov 1943 R48-BL126 (MVC)
VOUCHESS, Frank 1882 - 31 Aug 1968 RK-BL33 (MVC)
VOWELS, Charles Sherwood 28 July 1934 - 8 July 1968 (SMGC)

VOYD, William A no date - 8 May 1969 RG-BL25 (MVC)
WACHTEL, Abraham 1839 - 1891 no lot (MVC)
Frank 1815 - 2 Apr 1894 no lot (MVC)
Frank 1874 - 24 Oct 1893 no lot (MVC)
Jennie 1842 - 1891 no lot (MVC)
WADDELL, Jessie M d/o D & M 1861 - 3 May 1863 2y 21d (ACC)
WADE, ---- 1863 - 11 Oct 1864 no lot (MVC)
Joseph L 1834 - 3 Feb 1915 R20-BL324 (MVC)
P 1851 - 1905 (SACC)
Mrs P no dates (SACC)
Quintilla 1847 - 4 June 1903 no lot (MVC)
Sarah Anna no date - 14 Jan 1909 R20 (MVC)
WAGGENER, Baily II 1878 - 29 Oct 1979 RB-BL24 (MVC)
Balie 1847 - 3 Apr 1918 RB-BL24 (MVC)
Emma no date - 18 Sept 1923 RB-BL24 (MVC)
Hattie E no date - 16 Aug 1945 RB-BL23 (MVC)
James W no date - 25 Oct 1923 RB-BL23 (MVC)
Martha 1870 - 14 June 1928 RB-BL23 (MVC)
Wm P 1870 - 13 Oct 1943 RB-BL24 (MVC)
WAGNER, ---- no date - 21 June 1879 49y 4m flat stone (MLC)
Albert 1875 - 1876 no lot (MVC)
Alma K 1885 - 16 June 1978 RB-BL11 (MVC)
Aloysius (student) no date - 21 Feb 1883 (SBAC)
Amelia (w/o Frank) no date - 11 Jan 1935 (SLC)
Anna B no date - 15 Nov 1962 65y Sec2-L91-#1 (SPC)
Anna C no date - 5 July 1958 RG-BL8 (MVC)
Anna no date - 28 May 1944 75y Sec2-L91-#2 (SPC)
Anna F 1881 - 1884 (MLC)

WAGNER (continued)
Anna no date - 4 Oct 1937 RG-BL23 (MVC)
Anna w/o Thos no date - 7 July 1879 74y 8m Sec2-L92-#4 (SPC)
Annie 1811 - 26 Jan 1882 71y Sec2-L102-#3 (SPC)
B P no date - 4 May 1971 RB-BL24 (MVC)
Baptista 3 Aug 1889 - 16 Sept 1936 (MSSCC)
Barbara w/o Peter no date - 11 Aug 1923 81y Sec2-L92-#2 (SPC)
Catherine E no date - 19 Apr 1941 37y Sec2-L91-#4 (SPC)
Christina 1850 - 14 Apr 1912 RG-BL8 (MVC)
Domatilla 26 June 1875 - 29 Aug 1929 (MSSCC)
Edward no date - 1900 (SLC)
Eligia 6 Feb 1901 - 7 Apr 1965 (MSSCC)
Elizabeth no date - 10 May 1947 80y Sec2-L36-#2 (SPC)
Frank (s/o Francis) no date - 17 Oct 1910 (SLC)
Frank 17 Aug 1891 - 28 May 1971 (SMGC)
Frank J no date - 24 June 1950 (SLC)
G A 1859 - 24 Aug 1893 no lot (MVC)
Grace no date - 18 Apr 1955 39y Sec2-L73-#1 (SPC)
Grace E 1831 - 1899 no lot (MVC)
Helen Darlene no date - 10 Apr 1938 R11-BL177 (MVC)
Henry 1840 - 16 May 1907 no lot (MVC)
Henry twin s/o John & Katie E 26 Jan 1910 - 4 Apr 1910 2m Sec2-L70-#5 (SPC)
Howard G no date - 14 Feb 1920 1y 3m Sec2-L70-#4 (SPC)
Inez Dorothy w/o Frank 22 Feb 1897 - 19 Jan 1967 (SMGC)
Irma 2 March 1900 - 10 Apr 1969 (MSSCC)
Jessie E 5 May 1913 - 16 May

WAGNER (continued)
1977 (SMGC)
Johanna no date - 13 May 1957 RB-BL11 (MVC)
John 13 Apr 1902 - 21 Dec 1974 (SMGC)
John 1792 - 1872 (SACC)
John 1819 - 1880 (MLC)
John F no date - 10 Dec 1979 78y Sec2-L36-#1 (SPC)
John T no date - 22 Mar 1933 57y Sec2-L70-#1 (SPC)
Joseph 1850 - 4 Dec 1910 RB-BL11 (MVC)
Josephine no date - 13 Oct 1883 42y Sec2-L92-#5 (SPC)
Julianna no date - 17 Jan 1972 67y Sec2-L51-#1 (SPC)
Katie no date - 30 Aug 1978 94y Sec2-L70-#2 (SPC)
Lawrence no date - 25 Dec 1981 76y Sec2-L51-#2 (SPC)
Lawrence no date - 30 Apr 1934 71y Sec2-L26-#3 (SPC)
Leo twin s/o John & Katie 26 Jan 1910 - 16 Apr 1910 2m Sec2-je L70-#6 (SPC)
Marjorie 1895 - 30 Oct 1895 no lot (MVC)
Mary B no date - 13 July 1938 47y Sec2-L26-#4 (SPC)
Mary E d/o R & E 1871 - 1899 (SACC)
Mary E d/o R & E Cruise 4 Feb 1872 - 17 Aug 1907 (SACC)
Mary w/o John 1816 - 1880 (MLC)
Ned A 1916 - 1958 (LC)
Nicholas 1802 - 30 Aug 1871 69y Sec2-L102-#2 (SPC)
Nick 10 Aug 1872 - 20 Oct 1909 38y Sec 2-L91-#3 (SPC)
Peter 1843 - 1907 no lot (MVC)
Peter no date - 18 Dec 1879 47y Sec2-L92-#3 (SPC)
Peter s/o Peter & Barbra d 25 Aug 1892 18y 4m 13d Sec2-L102-#1 (SPC)
Richard no date - 8 Dec 1949 RG-BL23 (MVC)
Rosemarie 31 Aug 1943 - 22 Aug 1968 (MSSCC)

WAGNER (continued)
Rosina 1843 - 30 Sept 1916 RA-BL28 (MVC)
Sophronia B 1823 - 1904 no lot (MVC)
Susanna d/o Henry & Josephine 1867 - 1889 (SACC)
Victor no date - 16 Jan 1970 57y Sec2-L73-#2 (SPC)
Wilhelmina 1862 - 25 May 1931 RB-BL11 (MVC)
Wm 1823 - 22 Dec 1954 RG-BL8 (MVC)
Wm no date - 17 Sept 1964 no lot (MVC)
WAGONER, Gladys no date - 19 Jan 1976 RD-BL24 (MVC)
WAH, Mary no date - 17 Sept 1964 R57-BL24 (MVC)
WAHLER, Dafrosa 26 Aug 1886 - 4 Aug 1941 (MSSCC)
WAHLS, Andrew J no date - 11 Oct 1933 RG-BL21 (MVC)
Clarence 1889 - 1967 (OHC)
John O no date - 30 July 1964 RG-BL21 (MVC)
Ruby Marie 1890 - 1972 (OHC)
WAINSCOTT, George E 1905 - 29 Dec 1982 no lot (MVC)
Diane 1935 - 4 July 1936 R29-BL153 (MVC)
WAIT, Dr David no dates (ASC)
WAITE, Sara 3 Oct 1898 - 29 Aug 1984 (MSSCC)
WAKEFIELD, baby Lou s/o A B & Alice 29 Sept 1862 1y 11d (PDC)
Rebecca w/o W 20 Dec 1865 56y 9m 15d mother (PDC)
W K 1838 - 1874 (PDC)
Washington 7 Nov 1892 94y 7m 10d father (PDC)
WALIZER, Jonathan no date - 31 Dec 1916 RD-BL3 (MVC)
Mrs Macado no date - 26 Jan 1917 RD-BL3 (MVC)
WALKER, Alexander 25 Sept 1815 - 6 July 1898 (EEC)
Bertie 1932 - 1981 (SNC)
Clara 1864 - 12 Jan 1900 no lot (MVC)
Claudius D no date - 14 Dec

WALKER (continued)
1925 RA-BL27 (MVC)
Eliza 12 Aug 1888 - 21 Mar 1970 (SMGC)
Elizabeth A no date - 10 Nov 1930 RA-BL27 (MVC)
Jacob H 1857 - 26 Apr 1919 RA-BL26 (MVC)
L R 1848 - 1926 (EEC)
Lennie C 1895 - 2 Aug 1981 RA-BL10 (MVC)
Marion D no date - 20 Dec 1937 RA-BL27 (MVC)
Mark 1881 - 1940 (EEC)
Martha d/o Wilson & Lavina 12 Mar 1877 - 28 May 1910 (EEC)
Martha no date - 12 Mar 1919 RF-BL6 (MVC)
Mary L no date - 15 Dec 1939 no lot (MVC)
Maybelle G no date - 15 Apr 1935 RF-BL4 (MVC)
Myrta 1870 - 3 Jan 1946 RA-BL26 (MVC)
Porter no date - 13 Sept 1913 RB-BL16 (MVC)
Queen no date - 14 Jan 1953 RE-BL20 (MVC)
Summer no date - 4 Oct 1954 RE-BL20 (MVC)
Timmy E 14 Sept 1963 - 12 Dec 1980 (SMGC)
Violet 1855 - 1925 (SNC)
Wilson M 31 Jan 1849 - 3 Sept 1916 (EEC)
Wm H 1895 - 20 Jan 1967 RA-BL26 (MVC)
WALL, James 1834 - 15 May 1900 no lot (MVC)
Kate 1897 - 29 Oct 1927 RA-BL15 (MVC)
WALLACE, A F 1908 - 1982 (EEC)
Cassie L no date - 16 June 1982 RE-BL28 (MVC)
E Coraelia 24 May 1863 - 17 Jan 1943 (SNC)
Frank P 1890 - 1974 (LC)
Goldie Pearl 1891 - 8 Feb 1902 (SNC)
Hazel 26 Oct 1916 - 21 Oct 1923 (SNC)

WALLACE (continued)
inf no date - 25 Apr 1910 (EEC)
Jesse J 1886 - 21 Oct 1913 (SNC)
John D s/o H D & Anna 1892 5m 6d (MCC)
John H 11 May 1820 - 10 Jan 1880 (HLC)
Lee (s/o Wm & Martha Wallace) 1876 - 18 Aug 1878 1y 9m 29d (NSC)
Paul Wm 1948 - 8 Oct 1969 RK-BL41 (MVC)
Pearl L 1897 - 1929 (LC)
Virgil 1 Nov 1890 - 30 June 1899 (EEC)
Dr Wayne 1878 - 29 Sept 1978 RK-BL41 (MVC)
Winfield 1860 - 1937 (SNC)
Wm no date - 14 Feb 1964 R61-BL343 (MVC)
WALLACK, Anna E 1860 - 1934 (EEC)
WALLENSTEIN, Howard 1890 - 29 Aug 1938 R36-BL272 (MVC)
Jacob 1865 - 12 May 1950 no lot (MVC)
Nettie B no date - 15 May 1938 RF-BL12 (MVC)
Rose 1865 - 6 Apr 1905 no lot (MVC)
WALLINGFORD, Charles 2 Sept 1879 - 1 Dec 1946 (MGC)
Herbert William 1908 - 1955 (PDC)
Jun Mae no date - 17 June 1922 (MGC)
Lemues W 2 Oct 1884 - 1887 (MGC)
Moses Fontain no date - 22 Mar 1923 (MGC)
Nora w/o Charles 4 Sept 1886 (MGC)
WALLISCH, Vivian 1 Jan 1912 - 11 Nov 1982 (MSSCC)
WALLISH, Anna no date - 28 Jan 1965 88y (SLC)
Ferdinand no date - 1958 63y (SLC)
John (s/o Ferdinand) no date - 1 March 1899 (SLC)

WALLISH (continued)
John no date - 28 Oct 1899 60y (SLC)
John no dates 1y (SLC)
Rose no date - 29 Sept 1900 61y (SLC)
WALSH, Alice M 1860 - 1939 (SACC)
Ambrose 1892 - 1893 (SACC)
Anna no date - 22 Jan 1922 69y Sec1-L36-#3 (SPC)
Catherine no date - 8 Apr 1912 95y Sec1-L36-#2 (SPC)
Edward no date - 10 Oct 1909 51y Sec1-L36-#1 (SPC)
Edwin P 1884 - 1944 (SACC)
Frances C no date - 22 June 1925 no lot (MVC)
Frances Elizabeth 1890 - 10 Jan 1980 RK-BL39 (MVC)
George 1892 - 1893 (SACC)
James 1841 - 1896 (SACC)
James 1882 - 26 Feb 1971 RK-BL39 (MVC)
James J no date - 9 Apr 1915 RF-BL10 (MVC)
Jamie 1880 - 1888 (SACC)
Jannie L 1886 - 1893 (SACC)
John no date - 27 Oct 1903 75y Sec1-L36-#5 (SPC)
Louisa 1881 - 1916 (SACC)
WALT, Florence M 1898 - 17 Oct 1964 RA-BL26 (MVC)
WALTER, Mary Noel 20 Dec 1925 - 8 Dec 1978 (MSSCC)
WALTERS, Amelia w/o Wm 1817 - 1890 (SACC)
Claude B 1882 - 5 Sept 1908 RB-BL14 (MVC)
George R no date - 19 May 1958 RB-BL14 (MVC)
I W (inf s/o G F & E Walters) no dates (CWC)
inf b&d 1899 (SACC)
John 1847 - 1891 (SACC)
John A no date - 17 Jan 1915 RB-BL14 (MVC)
Mae 29 Nov 1895 - 31 May 1985 89y 5-3-29-K (MVC)
Mary no date - 5 Jan 1966 RE-BL21 (MVC)
Matthew L 1893 - 4 July 1954

WALTERS (continued)
RK-BL29 (MVC)
Minnie M 1837 - 29 Apr 1913 no lot (MVC)
Minnie no date - 22 May 1912 RB-BL14 (MVC)
William M 1806 - 1885 (SACC)
WALTHAM, Ollie 1861 - 1952 (LC)
WALTON, Charles E 12 Dec 1901 - 7 Feb 1981 (SMGC)
WALZ, Albert C 1884 - 16 Aug 1968 no lot (MVC)
Anna no date - 18 Sept 1909 RD-BL16 (MVC)
Charles F 1830 - 1873 no lot (MVC)
Charles M 1857 - 28 Nov 1902 no lot (MVC)
Clara w/o William H 6 Aug 1883 - 28 Oct 1965 (SMGC)
Cleopha 25 March 1890 - 16 June 1977 (MSSCC)
Dorothy no date - 10 Jan 1916 R34-BL237 (MVC)
Fred no date - 12 July 1909 (child) RD-BL16 (MVC)
Fred no date - 28 May 1939 RD-BL16 (MVC)
Fredrick 1878 - 1979 no lot (MVC)
George 1872 - 1873 no lot (MVC)
Gustina K 1861 - 2 Dec 1952 RK-BL22 (MVC)
inf no date - 24 Feb 1917 R25-BL80 (MVC)
Jerry G no date - 18 Sept 1936 RG-BL20 (MVC)
John 1872 - 1955 (LC)
Katherine 1836 - 1873 no lot (MVC)
Margaret no date - 20 Dec 1928 R25-BL80 (MVC)
Mary 1886 - 1964 no lot (MVC)
William H 7 June 1881 - 19 Aug 1965 (SMGC)
WAMKUM, Hubertina 16 Dec 1903 - 5 Apr 1971 (MSSCC)
WANSTREET, Catherine no date - 25 Apr 1919 26y Sec1-L75-#1 (SPC)
John W no date - 23 Jan 1954

WANSTREET (continued)
73y Sec1-L75-#2 (SPC)
WAPP, Hermena 1 March 1892 - 9 Nov 1964 (MSSCC)
Hyacinth 25 Feb 1887 - 19 Jan 1963 (MSSCC)
Isidore 29 Dec 1890 - 21 Nov 1943 (MSSCC)
Pelagia 9 March 1883 - 18 Dec 1965 (MSSCC)
WARD, Agnes A 1883 - 1968 (SACC)
Beatrice no date - 20 Apr 1913 RE-BL3 (MVC)
Borma R d/o Henry & Emma 1867 - 5 Oct 1873 6y 7m 11d (ACC)
Bridget w/o Michael 1838 - 1911 (SACC)
C L no dates (SACC)
Catherine M 1866 - 1931 (SACC)
Clara C no date - 19 Aug 1922 RD-BL2 (MVC)
Emma T no date - 9 Sept 1934 R16-BL269 (MVC)
Frances 1850 - 1872 22y (RMC)
Frank L 1877 - 1944 (SACC)
George A 1862 - 1929 (SACC)
Henry 1852 - 26 July 1860 (ACC)
Hiram 1841 - 8 Jan 1901 R16-BL269 (MVC)
Dr J L 1861 - 1927 (SACC)
J R 1879 - 1957 (SACC)
John F 1879 - 3 Nov 1954 RK-BL32 (MVC)
John H Jr 1889 - 1953 (SACC)
John H Sr 1858 - 1941 (SACC)
John W 1889 - 1967 (LC)
Kate D 1862 - 1957 (SACC)
Lucille no date - 8 May 1974 RE-BL5 (MVC)
M V 1864 - 1894 (SACC)
Margaret L 3 Aug 1861 - 18 June 1938 (LC)
Mary E 1872 - 5 Dec 1892 no lot (MVC)
May W 1866 - 1954 (SACC)
Michael b Ireland 1833 - 1918 (SACC)
Robert no dates (SACC)
Rose Kimmi 1879 - 25 July 1957 RK-BL32 (MVC)

WARD (continued)
Sarah 1876 - 1960 (SACC)
William L no date - 19 Apr 1975 RK-BL33 (MVC)
WARE, Rachel 11 Feb 1903 - 6 Oct 1970 (SMGC)
WARNER, Albert 1902 - 1962 (LC)
Alma E 1894 - 8 July 1968 RG-BL28 (MVC)
Alta H 1870 - 13 Nov 1934 RB-BL10 (MVC)
George 1886 - 1961 (LC)
Henry 1846 - 1917 (OHC)
John 1838 - 1907 (LC)
Juhe Beauty no date - 20 Jan 1888 (LC)
Julia A 1857 - 1927 (LC)
Marshall 1864 - 7 June 1949 RG-BL28 (MVC)
Mary 1901 - 196- (LC)
Mary Ann 1844 - 1933 (OHC)
Minnie E 1864 - 22 Apr 1958 RG-BL28 (MVC)
Rhoda 1820 - 1879 (OHC)
Silas D 1848 - 1926 (LC)
WARNOCK, Ida no date - 2 May 1984 3-1-43-K (MVC)
Mr no date - 8 Mar 1979 RK-BL43 (MVC)
Mrs no date - 8 Mar 1979 RK-BL43 (MVC)
WARREN, Jane 1832 - 1915 (MCC)
Lucille 1898 - 1965 (CWC)
WARREY, Ellac 1882 - 1961 (MCC)
Wm T 1876 - 1934 (MCC)
WARRIS, Ernest no date - 22 Jan 1916 RG-BL4 (MVC)
WARTEN, Courteny no date - 30 Mar 1939 RE-BL10 (MVC)
WARTERS, Caroline E no date - 1918 87y (LC)
Joseph no date - 28 June 1909 75y 1m 22d (LC)
Luke b Yorkshire, England came to United States in 1849 - d 6 Mar 1887 57y (LC)
Matilda w/o Joseph no date - 28 Mar 1902 68y 5m 9d (LC)
WASHER, Eva J no date - 8 Jan

WASHER (continued)
1946 RE-BL8 (MVC)
Solomon R 1836 - 2 Mar 1929 R25-BL79 (MVC)
William S 1879 - 1 Dec 1922 R25-BL79 (MVC)
WASHINGTON, Mary 1876 - 21 Jan 1901 (SNC)
WASSON, Anna 1880 - 1968 (MCC)
James 1831 - 1908 (MCC)
John 1879 - 1961 (MCC)
Melissa 1844 - 1915 (MCC)
Thomas P 1873 - 1939 (MCC)
WATERS, Amanda no date - 17 Feb 1925 RE-Bl10 (MVC)
Charles 1888 - 1939 (MCC)
Cora K no date - 1 Sept 1949 RG-BL14 (MVC)
Matilda 1883 - 1 Apr 1924 (SNC)
Rozetta 1891 - 1966 (MCC)
William no date - 9 Dec 1941 RE-BL15 (MVC)
William H 1855 - 18 Sept 1926 RG-BL14 (MVC)
WATERSON, Ann Allen no date - 27 Feb 1944 RF-BL27 (MVC)
Christine 1839 - 2 July 1902 no lot (MVC)
Christine no date - 27 --- 1927 R68-BL107 (MVC)
John A no date - 18 Oct 1926 RF-BL27 (MVC)
John B 1838 - 27 Jan 1907 no lot (MVC)
WATKA, Emilie no date - 2 Dec 1930 RD-BL22 (MVC)
William no date - 11 Feb 1929 RD-BL22 (MVC)
WATOWA, Anna (w/o John Henry) 23 Jan 1866 - 12 March 1936 70y (SLC)
Henry no date - 16 Oct 1961 70y (SLC)
John Henry 12 March 1858 - 28 Feb 1916 56y (SLC)
Pauline no date - 22 March 1965 66y (SLC)
WATSON, Annie M 1885 - 1910 (FPC)
Benjamin s/o Anna 1876 - 1877 (PGC)

WATSON (continued)
Beverly 7 July 1883 35y 13d (OHC)
Claude L 1888 - 21 Nov 1982 (SNC)
Cynthia Ann 1844 - 1928 (OHC)
Edwin C no date - 17 Aug 1964 RK-BL18 (MVC)
Eli 1809 - 1 Mar 1889 79y 2m 25d (OHC)
Ellen 1888 - 4 Dec 1957 RG-BL35 (MVC)
Elva L 10 Jan 1914 - 4 Nov 1917 (SNC)
Eugene 1864 - 14 Oct 1943 RG-BL35 (MVC)
Fredrick 17 Oct 1883 - 27 Oct 1958 (FPC)
Hannah 1792 - 7 Jan 1881 69y 3m 11d (OHC)
Hugh J 1841 - 1918 (OHC)
Irene no dates (SNC)
Isabell 1844 - 30 Aug 1922 R32-BL194 (MVC)
James W 1833 - 9 Mar 1912 78y (OHC)
John W 18 Sept 1866 31y 20d (OHC)
Kenny no dates (SNC)
Lillian 1885 - 1975 (SNC)
Martha no date - 5 Aug 1958 RG-BL11 (MVC)
Nell M no date - 7 June 1954 RK-BL18 (MVC)
Samuel 18 Apr 1855 - 19 Nov 1922 (FPC)
Sarah A 1822 - 1903 71y (OHC)
Sarah A 5 Jan 1860 - 30 June 1931 (FPC)
William James no date - 17 Jan 1929 RG-BL11 (MVC)
Wm 1818 - 1881 (MCC)
WAVADA, DeSales 23 Sept 1895 - 28 Nov 1931 (MSSCC)
Norbet James 25 Aug 1898 - 11 Dec 1966 (SBAC)
WEATHERFORD, Adella Ruth 19 June 1897 - 29 Jan 1972 (SMGC)
Donald H no date - 5 Sept 1922 no lot (MVC)
Donald no date - 25 Jan 1955

WEATHERFORD (continued)
RG-BL12 (MVC)
Ethel M 1901 - 9 Dec 1978 RK-BL34 (MVC)
Jerry no date - 28 Jan 1971 RG-BL12 (MVC)
Leland 1896 - 9 June 1962 RK-BL34 (MVC)
Marie no date - 27 Jan 1975 RG-BL12 (MVC)
Walter R 21 Oct 1885 - 20 Feb 1962 (SMGC)
Wm R 24 Nov 1928 - 12 Feb 1972 (SMGC)
WEAVER, Conrad 1844 - 1924 (MCC)
Elmer C h/o Vila Peabody, s/o Jesse & Minnie Woodward 21 Feb 1904 - 7 Oct 1985 (MCC)
Hattie 1871 - 1936 (MCC)
Jessie L 1870 - 1952 (MCC)
Minnie M no date - 12 May 1960 RJ-BL9 (MVC)
Nettie A 1879 - 1965 (MCC)
Ralph no date - 9 Jan 1920 RD-BL5 (MVC)
Sarah 1844 - 1934 (MCC)
Virginia L no date - 14 Nov 1972 RJ-BL9 (MVC)
WEBB, Acey Jr no date - 24 Aug 1984 10-2-27-K (MVC)
Acey W no date - 7 June 1973 RK-BL27 (MVC)
Agnes C no date - 10 Mar 1967 RA-BL27 (MVC)
Blanche w/o John S 14 Aug 1905 - 14 Nov 1974 (SMGC)
Fannie 1873 - 7 Jan 1954 RA-BL5 (MVC)
Frank H 1885 - 28 Apr 1918 RB-BL12 (MVC)
Gertrude Hinz 1914 - 1979 (LC)
Hallie 1888 - 17 May 1914 RB-BL12 (MVC)
Jesse J 24 Feb 1886 - 28 June 1977 (SMGC)
John S 24 Nov 1890 - 28 Feb 1965 (SMGC)
Lenard W 1911 - 10 Aug 1975 RK-BL15 (MVC)
Nellie no date - 5 Nov 1948 RA-BL5 (MVC)

WEBB (continued)
Rachel 1855 - 23 Mar 1929 RB-BL12 (MVC)
Sarah Mae 20 Dec 1890 - 13 May 1973 (SMGC)
W D no date - 11 Feb 1916 RA-BL5 (MVC)
Mrs W D no date - 6 Mar 1911 RA-BL5 (MVC)
Walter Jr 22 June 1929 - 25 June 1971 (SMGC)
WEBBER, A A no date - 4 Feb 1940 RA-BL26 (MVC)
Clara M no date - 28 June 1919 R66-BL71 (MVC)
Edna L no date - 1 Aug 1951 RA-BL26 (MVC)
Ellen 1827 - 7 Oct 1911 RA-BL26 (MVC)
Thomas 1823 - 4 Dec 1900 no lot (MVC)
WEBER, Anna M 10 Mar 1869 - 18 May 1869 no lot (SPC)
Assumpta 12 Sept 1934 - 13 Sept 1965 (MSCC)
Byle B no date - 20 Apr 1957 RG-BL20 (MVC)
C no date - 9 Aug 1922 R19-BL318 (MVC)
Catherine 26 Apr 1896 - 6 July 1968 (MSSCC)
Charles S 1875 - 27 May 1904 no lot (MVC)
Clarissa 19 Jan 1892 - 28 Dec 1923 (MSSCC)
Conrad 1839 - 1920 no lot (MVC)
Cora P 1839 - 1938 no lot (MVC)
Dominic 21 Oct 1893 - 18 Nov 1964 (SBAC)
Edwin no date - 20 May 1959 RG-BL20 (MVC)
Emma Kloepper 1913 - no date (LC)
Florentine 1895 - 20 Apr 1981 86y Sec2-L34-#1 (SPC)
Freeman W 1866 - 1959 (BCC)
George 1871 - 1 Jan 1950 R19-BL318 (MVC)
George T 1908 - 1977 (LC)
Hans 1905 - 1968 (MCC)
Herman J s/o Jake & Alice 1915 - 20 Sept 1916 10m Sec2-L71-

WEBER (continued)
#1 (SPC)
Jacob 23 Dec 1886 - 1 Oct 1973 87y Sec2-L71-#2 (SPC)
John (twin) 10 Mar 1869 - 20 May 1896 no lot (SPC)
John 3 May 1828 - 19 Jan 1905 77y Sec2-L90-#3 (SPC)
Josephine 24 Oct 1867 - 30 June 1965 (MSSCC)
Marie 1870 - 11 Feb 1905 35y Sec2-L34-#3 (SPC)
Marie 9 May 1830 - 5 Feb 1901 70y 8m 26d Sec1-L90-#2 (SPC)
Mary 1862 - 25 Feb 1944 83y Sec2-L35-#5 (SPC)
Persilla C 1845 - 1889 no lot (MVC)
Peter John 1859 - 21 May 1938 80y Sec2-L35-#4 (SPC)
Susan R 1875 - 1951 (BCC)
Thaddeus 18 Dec 1845 - 23 Nov 1908 (SBAC)
twins no date - 1869 2m Sec2-L89-#5 (SPC)
Walburga 30 Nov 1849 - 19 Nov 1924 (MSSCC)
WEBSTER, Charles no dates (LC)
WECHERLIN, Mary Jane 27 March 1863 - 16 June 1936 (MSSCC)
WEDGEWOOD, Elizabeth no date - 26 June 1924 RD-BL16 (MVC)
John C no date - 20 Feb 1908 RD-BL16 (MVC)
Sarah A 1875 - 24 Jan 1900 no lot (MVC)
WEEDE, Orlin A 1888 - 5 July 1952 RK-BL21 (MVC)
WEHKING, Christ 1877 - 1966 (LC)
Elsie O 1909 - 1970 (OHC)
Rieke 1877 - 1935 (LC)
WEIBEL, Canisia 25 Oct 1885 - 28 Nov 1971 (MSSCC)
WEIDER, James M 5 Jan 1844 - 5 Mar 1866 22y 4m "VCW" 1861 (SNC)
William no dates (SNC)

339

WEIDMANN, Gerhardt no date - 3 May 1984 2-1-11-J (MVC)
WEIK, Ralph no date - 29 Aug 1984 1-2-37-J (MVC)
WEIKE, Christian 1864 - 10 Feb 1911 R48-BL135 (MVC)
Christian 1868 - 1878 no lot (MVC)
Grace no date - 6 Oct 1953 RG-BL29 (MVC)
Grace L no date - 5 Nov 1946 RG-BL29 (MVC)
Johanna no dates no lot (MVC)
John no date - 9 Aug 1961 RD-BL3 (MVC)
Matilda E no date - 17 Nov 1981 RD-BL3 (MVC)
Rosine 1835 - 1880 no lot (MVC)
WEINMANER, Rosa 1860 - 25 July 1935 R15-BL252 (MVC)
Albert no date - 5 Mar 1911 RF-BL1 (MVC)
WEINMANN, Augusta 1870 - 18 June 1951 RJ-BL16 (MVC)
Bridget 1875 - 39? Apr 1911 36y Sec1-L59-#2 (SPC)
Catherine 1836 - 18 Aug 1922 86y Sec1-L4-#2 (SPC)
Catherine no date - 6 Dec 1908 RF-BL1 (MVC)
Charles F 1864 - 3 June 1958 RJ-BL16 (MVC)
Dora no date - 14 Jan 1972 R15 (MVC)
Dorothy no date - 19 Apr 1969 RF-B11 (MVC)
Fred 1893 - 10 Mar 1904 R15-BL252 (MVC)
Freda B no date - 29 Dec 1976 RJ-BL16 (MVC)
inf no date - 8 June 1951 RJ-BL16 (MVC)
Jacob 1868 - 17 Dec 1940 72y Sec1-L59-#3 (SPC)
Jacob no date - 27 July 1887 56y Sec1-L4-#1 (SPC)
John 1858 - 27 Oct 1922 R15-BL252 (MVC)
John 1880 - 29 Nov 1957 77y Sec1-L4-#4 (SPC)
Lawrence 1918 - 18 Oct 1920 1y Sec1-L60-#6 (SPC)

WEINMANN (continued)
Leo 1925 - 1932 7y Sec1-L60-#5 (SPC)
Louis 1865 - 10 Nov 1922 RA-BL18 (MVC)
Maria no date - 4 Feb 1902 27y Sec1-L4-#5 (SPC)
Mary Rose 1873 - 15 Oct 1937 62y Sec1-L59-#1 (SPC)
Matilda Byrne 1881 - 17 Sept 1936 55y Sec1-L60-#3 (SPC)
Minnie 1875 - 1902 no lot (SPC)
Nina no date - 29 May 1964 RG-BL14 (MVC)
Sebastian 1891 - 9 Dec 1891 no lot (MVC)
Wm N 1877 - 23 Nov 1945 67y Sec1-L60-#4 (SPC)
WEIR, Agnes J d/o J B & Minnie 26 Jan 1883 - 3 Aug 1888 5y 7m 9d (MTPC)
WEIRANCH, John no date - 10 Apr 1890 (SLC)
WEISENFELD, Rose M 1882 - 1955 (SACC)
Theodore F 1889 - 1962 (SACC)
WEISER, Harriet 1821 - 29 Aug 1894 (SNC)
WEISPHFENNING, Leonard 1913 - 1958 California Pfc 446 AAA WWII AWENCAL (SACC)
WEISSENBERGER, Octavia 16 Dec 1891 - 16 March 1970 (MSSCC)
Opportuna 25 March 1890 - 29 Jan 1956 (MSSCC)
Sebastian 3 March 1886 - 2 Nov 1977 (SBAC)
WEIT, Calhoun 1832 - 1900 (SACC)
WEITZ, Paul G 1905 - 14 Mar 1943 WWII RG-BL28 (MVC)
WELCH, Amy Ann no date - 30 June 1954 inf (OHC)
Clarence E 1923 - 19 Aug 1950 RJ-BL 14 (MVC)
Emma A F 1896 - 1963 (OHC)
Estella no date - 17 Sept 1949 RK-BL12 (MVC)
George E Sr 1897 - 1982 (OHC)
Ida Lee no date - 24 Oct 1927 RD-BL6 (MVC)

WELCH (continued)
Patrick no date - 25 Mar 1887 66y Sec4-L21-#1 (SPC)
WELD, Virginia no date - 27 June 1945 RC-BL3 (MVC)
WELK, Christian no dates no lot (MVC)
Johanna 1847 - 10 Dec 1925 R45-BL135 (MVC)
WELL, Henry no dates no lot (MVC)
WELLNOURN, H M s/o J B & N A 5 Mar 1877 5m (MPC)
Nancy A 26 Oct 1888 45y 7m 24d (MPC)
WELLS, Amelia no date - 26 July 1951 RA-BL14 (MVC)
Annie no dates no lot (MVC)
Clyde no date - 21 Mar 1947 no lot (MVC)
Dorthea L 1855 - 23 Aug 1891 no lot (MVC)
Eva J 1861 - 18 Aug 1891 R37-BL280 (MVC)
George W 1851 - 27 May 1937 no lot (MVC)
inf/o M W no date - 29 Jan 1909 RA-BL14 (MVC)
J M no date - 25 Aug 1891 R24-BL66 (MVC)
John M 1848 - 11 Mar 1902 no lot (MVC)
Mary Catherine 1855 - 27 Sept 1939 no lot (MVC)
Mary E no date - 21 May 1924 no lot (MVC)
Matthew H no date - 3 Feb 1919 no lot (MVC)
Mattie E no date - 9 Aug 1956 no lot (MVC)
Minnie 1857 - 4 Sept 1949 RG-BL40 (MVC)
Stella 1884 - 1897 no lot (MVC)
William Lewis 1879 - 11 Feb 1950 no lot (MVC)
WELP, Euphemia 22 Aug 1866 - 24 Apr 1955 (MSSCC)
WELSH, Alfred no date - 4 June 1961 RK-BL12 (MVC)
Alphia no date - 16 July 1980 RK-BL12 (MVC)
Estella no date - 17 Sept 1949

WELSH (continued)
RK-BL12 (MVC)
N no date - 2 May 1969 RB-BL18 (MVC)
Nettie no date - 9 Nov 1958 RK-BL12 (MVC)
WENTZ, Cesletia A no date - 23 Jan 1961 RK-BL17 (MVC)
Elmer Ted no date - 1939 (ASC)
John C no date - 7 Mar 1961 RK-BL17 (MVC)
WENZEL, Lawrence 1916 - 1966 father (SACC)
Marcella w/o Lawrence 1915 - 19-- mother (SACC)
WERIAK, Mrs Noah no date - 9 June 1926 RD-BL6 (MVC)
WERKENTHM, inf no date - 20 Oct 1943 R63-BL20 (removed) (MVC)
WERKEUTHINS, inf no date - 11 June 1912 R63-BL20 (removed) (MVC)
WERMER, Kilian 27 Jan 1910 - 29 June 1981 (MSSCC)
WERT, Earl E no date - 11 Oct 1956 RJ-BL3 (MVC)
Edward D 1847 - 20 Feb 1934 RJ-BL3 (MVC)
John 1847 - 29 Oct 1976 RJ-BL3 (MVC)
Margaret C 1906 - 2 Mar 1954 RJ-BL3 (MVC)
Maude A 1874 - 10 Mar 1960 RJ-BL3 (MVC)
WERTZ, Abraham L 1880 - 14 Dec 1950 RG-BL14 (MVC)
David M 1845 - 1908 (PDC)
Elizabeth 1848 - 1908 (PDC)
Florence 1882 - 18 Dec 1946 RG-BL26 (MVC)
Frank 1888 - 8 July 1974 RG-BL26 (MVC)
WERWITZ, Fred no date - 15 Aug 1931 RD-BL1 (MVC)
WESSEL, Freda 1906 - (SACC)
Joe Sr 1896 - 1974 (SACC)
WEST, Bee Walker no date - 27 Aug 1958 RF-BL20 (MVC)
Claudie 1903 - 1982 (MCC)
Ina 1962 - 1974 (MCC)
Josephine no date - 3 June 1892

WEST (continued)
R51-BL186 (MVC)
Louise M no date - 11 Oct 1967 RF-BL13 (MVC)
Richard M no date - 13 June 1965 RK-BL6 (MVC)
WESTERMAN, David 1913 - 1926 (LC)
Ernet H 1913 - 1970 (LC)
Frieda 12 Apr 1878 - 18 Nov 1929 (LC)
Harriet 1916 - no date (LC)
Henry 23 Oct 1876 - 25 Nov 1954 (LC)
Stephen F 1946 - 1983 (LC)
WESTIN, inf no date - 23 June 1920 RD-BL13 (MVC)
WESTON, George no date - 21 Mar 1916 R27-BL108 (MVC)
George no date - 7 Apr 1908 RD-BL13 (MVC)
WETTERMARK, Vincent E no date - 10 Oct 1929 RD-BL6 (MVC)
WETZ, Jennie no date - 5 Nov 1923 RD-BL13 (MVC)
WEYAND, Albert E no date - 15 Dec 1951 RJ-BL14 (MVC)
Lucille no date - 4 Apr 1962 no lot (MVC)
WEYER, Cora D 1876 - 25 Dec 1953 no lot (MVC)
WHALEY, Anna 1877 - 1926 (LC)
Dave no date - 25 May 1953 RB-BL3 (MVC)
Linda 1936 - 8 Aug 1971 no lot (MVC)
Sarah E 1851 - 31 May 1926 RB-BL3 (MVC)
William 1877 - 1946 (LC)
WHEATLEY, Susie 1898 - 11 Oct 1978 RE-BL28 (MVC)
WHEELER, Amy no date - 26 Oct 1938 RJ-BL6 (MVC)
Catherine no date - 6 June 1978 (SLC)
Hale 1885 - 1 Nov 1892 R64-BL41 (MVC)
WHETSETT, Minnie Miller w/o J C 1884 - 1907 (MCC)

WHILLINGTON, Mary 30 July 1900 59y (FGC)
WHISCARSON, inf/o Joseph no date - 15 June 1902 (SNC)
WHITAKER, Alice Taylor 19 July 1879 - 27 Oct 1953 (LC)
Arthur M D 1 Mar 1905 - 14 Jan 1959 (LC)
Eva no date - 11 Feb 1938 RF-BL3 (MVC)
Evelyn Marie no date - 26 Mar 1956 (LC)
Florence B 1876 - 1958 (LC)
Frances 1858 - 13 Mar 1913 R20-BL332 (MVC)
Fredrick E no dates no lot (MVC)
Georgia 18 Feb 1900 - 26 July 1900 (LC)
Harold C 5 July 1904 - 14 Oct 1974 (SMGC)
Harriett W 1 Apr 1837 - 21 July 1910 (LC)
Harry 24 July 1838 - 16 Nov 1902 (LC)
Harry L 1897 - 1899 (LC)
Harry no date - 22 Oct 1948 RF-BL3 (MVC)
Irene 1809 - 1875 (PDC)
Mrs J W no date - 16 Mar 1901 R20-BL332 (MVC)
J Todd 1901 - 1936 (LC)
John L 1871 - 1941 (LC)
John W 1827 - 1 June 1896 R20-BL332 (MVC)
Mary J w/o B F 2 July 1876 33y 10m (PDC)
Mary M no date - 1882 1m (LC)
Maurice D 1899 - 1901 (LC)
May 30 June 1883 (PDC)
Nancy E 1833 - 1901 no lot (MVC)
Nellie d/o F L & Irene no dates (PDC)
Sarah E Frank 1856 - 1893 (LC)
Stephen A 26 Sept 1876 - 8 July 1955 (LC)
WHITE, -- no dates (CWC)
Annie Myrtle 1880 - 1937 (CWC)
baby girl no date - 3 Dec 1973 (SMGC)
Betty Jo no date - 13 July 1966 R59-BL310 (MVC)

WHITE (continued)
Charles E 1901 - 11 Sept 1961 RK-BL33 (MVC)
Churchill J 1846 - 2 June 1916 RB-BL10 (MVC)
Emma 18811 - 1966 (LC)
Emma L no date - 4 Dec 1899 R19-BL307 (MVC)
Fannie E w/o Frank H 1877 - no date (EEC)
Frances no date - 20 June 1933 RF-BL12 (MVC)
Francis S no date - 23 Mar 1909 (inf) R29 (MVC)
Frank H 1875 - 1912 (EEC)
George A no date - 3 Oct 1937 RF-Bl15 (MVC)
George B 1815 - 24 Nov 1900 R19-BL307 (MVC)
Harry 1880 - 1957 (LC)
Mrs J B no date - 10 May 1887 R19-BL307 (MVC)
J W 1858 - 8 Aug 1900 no lot (MVC)
James H 1917 - no date (LC)
Jeslin no date - 9 Dec 1897 R50-BL155 (MVC)
Julia no date - 27 July 1984 4-104-26 (MVC)
Lewis G 1910 - 12 Mar 1964 RK-BL33 (MVC)
Margaret no date - 10 May 1887 no lot (MVC)
Mary A 1835 - 6 Feb 1924 RF-Bl15 (MVC)
Mary A no date - 30 Oct 1962 no lot (MVC)
Mary G no date - 10 June 1952 R27-BL104 (MVC)
Mary Jessie 1873 - 19 Jan 1944 RG-BL8 (MVC)
Mary L 1917 - 1981 (LC)
Mattie no date - 19 Oct 1933 RF-BL15 (MVC)
Nannie E 1842 - 1885 (EEC)
Sarah no date - 18 Sept 1922 RE-BL14 (MVC)
Sarah no date - 23 Aug 1919 RE-BL11 (MVC)
Sharon 21 Oct 1940 - 21 Aug 1967 (SMGC)
T W no date - 29 Sept 1896 R35-

WHITE (continued)
BL255 (MVC)
Thelma I 1914 - 31 Dec 1979 RK-BL33 (MVC)
Thomas no date - 24 Oct 1908 RB-BL15 (MVC)
Thomas L no date - 24 Apr 1925 RB-BL15 (MVC)
Thomas Lindley 1865 - May 1940 RG-BL8 (MVC)
Thomas M 1902 - 27 Mar 1918 RF-BL15 (MVC)
Mrs V no date - Sept 1976 RK-BL34 (MVC)
Walter W no date - 21 Oct 1909 R19-BL307 (MVC)
Warren A no date - 29 July 1978 no lot (MVC)
William F 1904 - 29 Sept 1958 RF-BL15 (MVC)
William no date - 12 Jan 1915 RE-BL3 (MVC)
Willie 1951 - 3 Sept 1976 RK-BL24 (MVC)
WHITEHEAD, Arthur no date - 15 Oct 1961 (SLC)
Catherine no date - ? June 1961 80y (SLC)
Thomas no date - 6 Apr 1965 83y (SLC)
WHITLEY, Charles 1887 - 1972 "Father" (CWC)
Jane no date - 14 Mar 1922 RE-BL14 (MVC)
WHITMANN, Cora O no date - 14 June 1958 RF-BL4 (MVC)
WHITNEY, Bert C no date - 15 Sept 1951 RE-BL13 (MVC)
Maggie S no date - 13 July 1936 RE-BL10 (MVC)
Mattie T no date - 14 Feb 1941 RE-BL13 (MVC)
WHITTIER, Albert no dates (EEC)
Caroline D w/o L R 1851 - 1919 (EEC)
Charles 1850 - 1931 (MCC)
Clyde J 1892 - 1925 (MCC)
Harvey E 1896 - 1920 (MCC)
L R 1850 - 1929 (EEC)
Mary 1896 - 1920 (MCC)
Mary Elizabeth 1850 - 1951

WHITTIER (continued) (MCC)
Trena D 1876 - 1933 (MCC)
WHITTINGTON, Beverly 1848 - 7 July 1883 (OHC)
Lawrence 1850 - 1959 (BCC)
WHORTON, children/o Benjamin no dates (ASC)
James Lloyd 12 Feb 1918 - 15 Nov 1921 (ASC)
WIBBER, Helen L no date - 14 July 1935 RD-BL19 (MVC)
WICK, Elizabeth no date - 21 July 1921 RD-BL3 (MVC)
Fredrick C no date - 27 Mar 1953 RK-BL5 (MVC)
Gladys G no date - 1 Nov 1921 RD-BL3 (MVC)
Howard M no date - 8 Oct 1918 RD-BL2 (MVC)
J U 1862 - 6 Dec 1902 RB-BL5 (MVC)
Martha A no date - 29 Mar 1949 RK-BL5 (MVC)
Otto 1908 - 30 Mar 1979 RK-BL17 (MVC)
Otto M no date - 8 Oct 1918 no lot (MVC)
Phoebe J 1860 - 25 Aug 1935 RB-BL5 (MVC)
WICKAM, Marie W no date - 8 Dec 1953 RG-BL13 (MVC)
WICKER, Elizabeth 1864 - 1954 (WLC)
William Henry 1859 - 1957 (WLC)
WICKERSHAM, Alice no date - 17 July 1960 RD-BL2 (MVC)
Hartford no date - 23 Sept 1950 RD-BL2 (MVC)
WICKMAN, William Warren no date - 19 Dec 1964 RG-BL13 (MVC)
WIDICK, Anna no date - 14 May 1959 RK-BL32 (MVC)
Bud Ralph 1900 - 5 Feb 1968 RG-BL8 (MVC)
Gene 1918 - 26 Apr 1976 US Army WWII RK-BL33 (MVC)
Louise K 1903 - 7 July 1939 RG-BL18 (MVC)
Ray no date - 10 Feb 1968 RK-

WIDICK (continued) BL12 (MVC)
Sarah L 1935 - 13 Oct 1958 no lot (MVC)
WIE, J A N no dates (EEC)
WIENSENTHAL, Anna no date - 10 June 1944 RG-BL12 (MVC)
August 1859 - 30 Sept 1907 R15-BL243 (MVC)
Gottfried 1892 - 26 May 1905 R15-BL243 (MVC)
Henry E no date - 14 Oct 1930 RG-BL12 (MVC)
Herman J no date - 19 Jan 1945 RG-BL12 (MVC)
Rose no date - 16 May 1913 RD-BL8 (MVC)
Wm no date - 13 Mar 1912 (inf) RD-BL8 (MVC)
WIESE, Judith 18 Dec 1890 - 14 Sept 1976 (MSSCC)
WIGAND, Catherine no dates (SACC)
Martin L 1887 - 1959 (SACC)
WIGELSWORTH, Chester L no dates (CWC)
Jessie Budd 1893 - 1964 (CWC)
John 1857 - 1930 "Father" (CWC)
Marry F 1868 - 1955 "Mother" (CWC)
May E 1894 - 1973 (CWC)
WIGGINS, Elizabeth 1834 - 1 Feb 1918 R16-BL266 (MVC)
Grace no date - 25 Sept 1939 RG-BL20 (MVC)
Laura no date - 22 Nov 1893 R16-BL266 (MVC)
Lowell M no date - 5 July1914 RB-BL22 (MVC)
Robert 1830 - 1 July 1911 R16-BL266 (MVC)
Robert no date - 21 Nov 1893 R16-BL266 (MVC)
Roymont no date - 10 Apr 1928 RB-BL22 (MVC)
William G no date - 28 Feb 1925 RB-BL22 (MVC)
WIGLESWORTH, Levi (s/o J H & M F Wiglesworth) 1895 - 11 Nov 1896 1y 8m 11d (CWC)
Nell J 1917 - 1936 (CWC)

WIKE, Grace 1872 - 6 Oct 1953 RG-BL29 (MVC)
WILBURN, Frank M no date - 19 Feb 1933 29y Sec1-L78-#6 (SPC)
  inf b&d 7 May 1925 1h Sec1-L78-#5 (SPC)
  James 1898 - 2 Jan 1914 Sec1-L78-#4 (SPC)
  John 1900 - 2 Mar 1965 Sec1-L78-#1 (SPC)
  Sarah 1868 - 3 Apr 1945 77y Sec1-L78-#3 (SPC)
  Walter V 14 Feb 1942 - 6 July 1975 (SMGC)
WILCOX, A D 1877 - 1919 (MCC)
  Decima L 1870 - 1887 (MCC)
  I P 1834 - 1900 (MCC)
  Nancy J 1836 - 1926 (MCC)
WILD, Ernest 1892 - 1955 (EEC)
  Virginia no date - 27 June 1944 RC-BL3 (MVC)
WILDE, A F no date - 6 June 1935 RC-BL3 (MVC)
  Mrs Earnest no dates (EEC)
  Ernest no date - 11 June 1933 RD-BL2 (MVC)
  Geo no date - 12 Jan 1982 (EEC)
  John no date - 22 Jan 1944 no lot (MVC)
  Letta 1894 - 1957 (EEC)
  Wilhelmina no date - 20 Feb 1923 RD-BL2 (MVC)
WILDERSON, Dewey 1898 - 22 Jan 1955 RK-BL32 (MVC)
  inf no date - 14 Sept 1959 RK-BL14 (MVC)
  Ora 1894 - 30 Mar 1963 RK-BL32 (MVC)
WILEY, Geo 1860 - 1936 (EEC)
  Sarah 1828 - 1876 (BCC)
WILKINS, Anna M 1896 - 1959 no lot (MVC)
  Michael 1827 - 6 Apr 1915 RB-BL21 (MVC)
  Robert M 1892 - 15 Nov 1964 no lot (MVC)
  Sarah 1832 - 10 Mar 1915 RB-BL21 (MVC)
WILL, Benedicta 19 Aug 1853 - 12 Feb 1903 (MSSCC)

WILLARD, Allie d/o L M & B M 1882 - 1882 (SACC)
  Tobin s/o L M & B M 1881 - 1886 (SACC)
  Willis 1882 - 1915 (PGC)
WILLEMS, Beatrice 29 June 1849 - 29 March 1918 (MSSCC)
  Petronilla 25 Jan 1874 - 29 March 1962 (MSSCC)
WILLIAMS, Alva 1897 - 1973 (MCC)
  Annie Elizabeth 19 Sept 1866 - 14 Sept 1900 (EEC)
  Arthur 1919 - 27 Jan 1981 Sgt USA WWII RK-BL34 (MVC)
  Charles 29 Nov 1857 - 19 Mar 1895 (EEC)
  Mrs D no date - 25 Aug 1919 no lot (MVC)
  David no date - 24 Oct 1917 R45-BL80 (MVC)
  Dora M 1883 - 1934 (EEC)
  Edward 15 July 1883 - 27 Apr 1955 (SNC)
  Ella 1879 - 1914 (MCC)
  Esther Ann no date - 25 June 1919 R45-BL80 (MVC)
  George H no date - 11 May 1883 no lot (MVC)
  Harvey A no date - 11 Dec 1934 RG-BL14 (MVC)
  Henrietta no date - 1 June 1930 RD-BL21 (MVC)
  Henry 1880 - 28 Apr 1919 RG-BL14 (MVC)
  inf son no date - Feb 1873 (SNC)
  James Becker 1884 - 1968 (LC)
  James M no date - 13 Sept 1909 RD-BL21 (MVC)
  James W no date - 24 Feb 1943 RG-BL40 (MVC)
  Jarvis 1851 - 1926 father (MCC)
  Jesse 1891 - 1916 (MCC)
  John no date - 23 Sept 1962 RE-BL21 (MVC)
  Lucinda W no date - 3 June 1931 RE-BL15 (MVC)
  Mannie 1895 - no date (MCC)
  Margaret F (w/o Wm H Williams) 17 Apr 1856 - 5 Oct 1881 25y 4m 23d (SNC)
  Minnie 1867 - 1924 (LC)

WILLIAMS (continued)
Pamelia no date - 4 Aug 1916 RD-BL3 (MVC)
Percy A 1885 - 1896 (MCC)
Philip 22 Apr 1869 - 28 Aug 1920 (SBAC)
Rosena 1856 - 22 Dec 1931 RG-BL14 (MVC)
Sarah w/o Jarvis 1830 - 1925 (MCC)
Sizzetta S no date - 28 Apr 1911 RE-BL5 (MVC)
Virginia 1915 - 1974 (CWC)
WILLIAMSON, Anna E 1863 - 1943 (RMC)
Clem A 7 Aug 1907 - 29 Dec 1968 (SMGC)
Edward M no date - 26 Dec 1944 RG-BL41 (MVC)
Loring C 20 July 1901 - 29 Dec 1968 (SMGC)
Melinda K 11 May 1963 - 15 Oct 1963 (SNC)
Pearl N 21 Nov 1915 - 26 Sept 1974 (SMGC)
William M no date - 30 Nov 1946 RG-BL41 (MVC)
WILLIS, Alexander 1864 - 1940 father (MCC)
Arthur 6 Aug 1870 (PDC)
Bertha 1873 - 1903 mother (MCC)
Fred A 1900 - 1978 (MCC)
G K Gandy 1812 - 1905 dad (MCC)
Goren 1900 - 1963 (MCC)
Josephine 1881 - 1934 (EEC)
Robert P 1880 - 19-- (EEC)
WILLISK, Bell 1880 - 1974 (EEC)
WILLMAN, inf no date - 5 Apr 1944 RG-BL33 (MVC)
WILLMING, Edward R 1877 - 1940 (LC)
Emma Pearl 1883 - 1907 (PDC)
Fred 1829 - 1894 (PDC)
Guy 26 Mar 1901 - 1 Oct 1964 (SMGC)
Lydia w/o Fred 1842 - 1912 (PDC)
Rose R 1890 - 1931 (LC)
WILLS, ---- 1st w/o Alexander

WILLS (continued)
no dates (WC)
Alexander b Kentucky 5 July 1819 - d Kansas 18 July 1886 (WC)
Andrew no date - 11 Dec 1915 RE-BL7 (MVC)
Edward S 1833 - 27 Aug 1906 no lot (MVC)
Harold W no date - 29 Apr 1973 RK-BL17 (MVC)
I 1900 - 1962 no lot (MVC)
inf no date - 23 Feb 1910 R54-BL237 (MVC)
James Dale 1842 - 1916 (EEC)
Lizzie Hill d/o Alexander & 1st wife no dates (WC)
Mary Abner 2nd w/o Alexander no dates (WC)
Richard J no date - 26 Feb 1932 R14-BL224 (MVC)
Richard no dates (EEC)
Robert P 1868 - 1951 (EEC)
Rosa no date - 11 Feb 1914 R54-BL237 (MVC)
Sarah Frances Humphry 2nd w/o Alexander 28 Jan 1826 - 1860 (WC)
several c/o Alexander & Sarah H d in infancy but could find no names no dates (WC)
Traci L no date - 14 Aug 1861 (SNC)
W F no dates Co D 2nd Reg KS Cav (WC)
William Frederic 18 Jan 1843 - 26 Mar 1862 Civil War killed in Missouri (WC)
Willie Lee s/o Alexander & 1st wife no dates (WC)
WILSON, Alma 14 July 1889 1m 28d (OHC)
Appalonia 1844 - 1932 (EEC)
Arch 1892 - 1981 (OHC)
Archie no date - 24 Oct 1947 RE-BL10 (MVC)
Dr B F no date - 21 May 1965 RC-BL3 (MVC)
Benjamin F no date - 4 Apr 1936 no lot (MVC)
Beulah M 1894 - 1978 (OHC)
Charles 1827 - 1897 70y (OHC)

WILSON (continued)
Charles no date - 23 Dec 1914 RE-BL7 (MVC)
D G 1872 - 1959 (EEC)
dau 1889? - 14 Jan 1888? 14d (OHC)
David G 1836 - 1921 (EEC)
Delia no date - 21 Oct 1918 RE-BL11 (MVC)
Emma no date - 1 Dec 1955 RC-BL3 (MVC)
Eunice no date - 19 Jan 1974 RC-BL3 (MVC)
Frank E 1896 - 1973 (OHC)
Glenn h/o Bertha Stirton 1906 - 1983 (BCC)
Grace M 1871 - 29 Oct 1929 1y 9m 10d (EEC)
Grandmother ca 1880 (ASC)
H P no dates Corpl Co D 88th Ohio Infantry (EEC)
Hannah no date - 28 Aug 1929 RE-BL10 (MVC)
Harriet B no date - 10 Aug 1912 RE-BL7 (MVC)
Howard 1894 - 1911 (EEC)
inf s/o D G & A no dates (PGC)
inf 31 Dec 1887 - 14 Jan 1888 14d (OHC)
inf no date - 29 July 1915 RD-BL4 (MVC)
Ira P 1890 - 1971 (OHC)
J H no date - 10 Dec 1927 RF-BL9 (MVC)
J S 1852 - 1934 (EEC)
James E 1865 - 1937 72y 15d (OHC)
Jane 1872 - 1942 (WLC)
Janet Ann 1955 - 27 Sept 1956 no lot (MVC)
Janet w/o O G 1868 - 1936 (BCC)
John H 1857 - 1932 (WLC)
John H 28 Feb 1880 22y 11m 16d (OHC)
John W 1881 - 1977 (OHC)
Josephine E 1892 - 1975 (OHC)
Judith Ann no date - 20 Aug 1934 RD-BL4 (MVC)
Katherine 1856 - 27 Sept 1856 no lot (MVC)
Katherine no date - 2 Oct 1956

WILSON (continued)
RK-BL28 (MVC)
Kebenhappugh w/o John 10 Mar 1885 83y 3m 11d (PGC)
Lanna 1879 - 29 Oct 1883 (OHC)
Leslie D 1906 - 1957 (OHC)
Leulah West 1891 - 1928 (MCC)
Lilah B 1903 - 1977 (OHC)
Lucinda 1872 - 1907 (WLC)
M I 1849 - 1925 (OHC)
M I 30 Jan 1949 - 17 Mar 1929 (OHC)
Mamie A w/o Emmett 1881 - 1937 (EEC)
Marie 11 May 1896 - 3 Mar 1985 88y 9-3-9-F (MVC)
Marrinda E 1890 - 1973 (RMC)
Martha 1867 - 1946 (OHC)
Martha E 5 Feb - 5 June 1862 (OHC)
Martha L 1867 - 1936 (OHC)
Mary K 1831 - 1921 (OHC)
Mrs no date - 14 June 1916 no lot (MVC)
Nancy Y 13 Apr 1863 - 5 Feb 1866 (OHC)
O G 1860 - 1951 (BCC)
Ora Lee no date - 11 Sept 1962 RF-BL21 (MVC)
Pauline M 1895 (OHC)
Ray M 19 May 1923 1st Sgt Coast Artillery Corp Missouri (OHC)
Richard no date - 27 Mar 1954 (inf) RF-BL9 (MVC)
Roy Allen 1916 - 1950 (OHC)
Roy Lester 1890 - 23 Mar 1891 R47-BL108 (MVC)
Ruby D 1893 - 1977 (OHC)
Ruby E no date - 20 Apr 1924 RD-BL1 (MVC)
Ruth no date - 27 Aug 1984 8-1-28-K (MVC)
Samuel 1871 - 1913 (OHC)
Troy no date - 23 Feb 1960 RF-BL9 (MVC)
Vernon 1885 - 1885 (OHC)
Vinnie no dates 110y (SNC)
Walter 1852 - 27 Sept 1856 no lot (MVC)
Walter no date - 2 Oct 1956 RK-BL28 (MVC)

WILSON (continued)
William 1868 - 1961 (WLC)
William M 7 Oct 1891 37y 23d (OHC)
Woodrow M 1913 - 1926 (OHC)
WILTZ, Deborah R 1950 - 8 Oct 1980 RK-BL42 (MVC)
Minnie 26 Sept 1877 - 5 Mar 1965 (SMGC)
Peter no date - 17 Nov 1892 40y Sec4-L10-#3 (SPC)
Phillips no date - 9 Dec 1980 no lot (MVC)
WINCHECK, Susie no date - 28 Aug 1880 no lot (MVC)
WINCHEL, Mellita no dae - 5 Sept 1940 RG-BL31 (MVC)
WINCHESTER, inf no date - 30 Oct 1914 (OHC)
James M 1851 - 1922 (OHC)
Loren J 1923 - 4 Sept 1970 RK-BL39 (MVC)
Merton T 1881 - 1967 (OHC)
Pearl E 1887 - 1976 (OHC)
Rebecca Pearl 1877 - 1891 (OHC)
Syrena A 1854 - 1925 (OHC)
WINECAR, Horace G 1853 - 30 Oct 1892 R16-BL270 (MVC)
WINES, Elizabeth 1828 - 1907 79y Sec1-L5-#2 (SPC)
Peter 1813 - 21 Mar 1887 60y "Father" Sec1-L5-#1 (SPC)
Peter 1878 - 1878? 23y Sec1-L5-#4 (SPC)
Peter Jr 1855 - 1879 24y Sec1-L5-#3 (SPC)
WINGER, Emma W no date - 24 Nov 1939 RG-BL23 (MVC)
WINKLER, C F 1819 - 21 Nov 1899 RA-BL14 (MVC)
Carl W 1846 - 31 Dec 1915 R18-BL298 (MVC)
Johanna 1822 - 22 Jan 1905 no lot (MVC)
John Emil 1849 - 8 June 1915 R17-BL281 (MVC)
Louis no date - 1 Mar 1909 R18 (MVC)
Minnie 1866 - 1910 (MCC)
Otillie C 1877 - 21 Dec 1943 RG-BL19 (MVC)

WINKLER (continued)
Paul Herman no date - 24 July 1948 RG-BL20 (MVC)
Pauline 1856 - 2 Feb 1941 R17 - BL281 (MVC)
Rudolph G 5 May 1894 - 30 May 1977 (SMGC)
William H 1877 - 1 July 1941 RG-BL19 (MVC)
WINN, Elsie K 1890 - 4 Mar 1955 RK-BL32 (MVC)
inf/o R O no date - 17 Sept 1931 RD-BL1 (MVC)
Robert Olson 1891 - 24 Apr 1975 RK-BL32 (MVC)
Ruth 1890 - 21 Feb 1949 RE-BL20 (MVC)
WINROW, Audrey D no date - 18 Dec 1934 RE-BL4 (MVC)
Clarence M 15 Jan 1891 - 20 --- 1977 (SNC)
Edwynne 25 Oct 1933 - 17 Dec 1933 (SNC)
George 15 July 1833 - 28 May 1933 (SNC)
Green Will 20 Nov 1888 - 16 Apr 1975 (SNC)
Hannah May 25 July 1919 - 25 Feb 1920 (SNC)
inf/o Thomas 1 Oct 1905 - 1 Mar 1906 (SNC)
James Edward 1925 - 30 July 1966 (SNC)
Lucinda 3 May 1860 - 20 Dec 1938 (SNC)
Velma May 13 Apr 1915 - 1934 (SNC)
Virgil O no date - 22 Jan 1909 no lot (MVC)
WINSOM, Henry M no dates 17th Vermont Infantry Co G GAR (MCC)
Mrs M J no dates (MCC)
Martin M no dates 17th Vermont Infantry Co G GAR (MCC)
WINSON, Dan 1874 - 1925 (MCC)
WINTER, Carl Stephen 8 July 1901 - 12 Mar 1908 (EEC)
Gertrude 23 Aug 1900 - 30 Apr 1948 (MSSCC)
N no date - 28 May 1920 RG-BL19 (MVC)

WINTERRINGER, Edwin 1876 - 1877 no lot (MVC)
George 1872 - 10 Jan 1921 RB-BL11 (MVC)
George 1887 - 3 May 1915 RB-BL11 (MVC)
Henrietta no date - 1874 no lot (MVC)
Kate 1839 - 1915 no lot (MVC)
Katie 1850 - 1888 no lot (MVC)
WINZEMIED, G 1840 - 22 Feb 1916 RB-BL2 (MVC)
WINZENRIED, Mary 1873 - 30 Jan 1944 no lot (MVC)
Nellie M 1888 - 1 June 1917 R24-BL66 (MVC)
Sophia 1845 - 8 Dec 1908 RB-BL2 (MVC)
William B 1870 - 16 Feb 1942 RB-BL2 (MVC)
WINZER, Hannah T no date - 23 Aug 1936 RG-BL22 (MVC)
WINZREID, Charles S 1866 - 9 July 1925 RB-BL2 (MVC)
Ella S 1872 - 4 May 1950 RB-BL2 (MVC)
Eugene S 1900 - 8 June 1906 no lot (MVC)
Laura 1868 - 26 Sept 1913 RB-BL2 (MVC)
WIPPLE, ---- 1864 - 1887 (LC)
WIRTH, Anna 1866 - 1949 (MCC)
Armella 28 Sept 1886 - 16 Feb 1955 (MSSCC)
Cornelia 19 Aug 1904 - 12 Apr 1978 (MSSCC)
George 1885 - 1926 (MCC)
John 1901 - 1953 (MCC)
Lucretia 9 Dec 1909 - 29 Oct 1968 (MSSCC)
Mathias 1857 - 1932 (MCC)
Teresita 2 Jan 1903 - 10 Sept 1959 (MSSCC)
WISE, Stephens 5 Apr 1893 - 6 Dec 1951 (SBAC)
WITHAM, A 1901 - 1929 (EEC)
WITMAN, Russell no date - 16 June 1958 RF-BL4 (MVC)
WITMER, inf (girl) no date - 1903 no lot (MVC)
John Webster 1909 - 1 Dec 1911 RA-BL35 (MVC)

WITNER, inf no date - 5 May 1916 RZ-BL35 (MVC)
WITT, Carl H no date - 5 Jan 1951 RJ-BL1 (MVC)
Carl Herman Jr no date - 29 Mar 1934 RJ-BL1 (MVC)
Edward T no date - 29 Dec 1914 RD-BL8 (MVC)
Elizabeth no date - 14 July 1934 no lot (MVC)
Flora Elizabeth no date - 1 Sept 1931 RJ-BL1 (MVC)
Harriet C no date - 6 Jan 1931 RJ-BL1 (MVC)
Lenora A no date - 13 June 1950 RJ-BL1 (MVC)
Mildred no date - 3 Feb 1920 RA-BL24 (MVC)
Thomas E no date - 9 Aug 1936 RJ-BL1 (MVC)
William no date - 2 May 1934 no lot (MVC)
WITTMAN, Laura Ann no date - 18 Jan 1981 (AC2)
Laura Ann no date - 18 Jan 1981 (AC1)
WOENER, John 1850 - 3 July 1896 RA-BL4 (MVC)
Ligette 1853 - 8 July 1939 RA-BL4 (MVC)
WOHLETZ, Anna M 1896 - 1924 (SACC)
Antone (s/o Joseph) 24 Apr 1835 - 22 Sept 1904 68y (SLC)
Barbara (d/o John Leviart) 26 Nov 1839 - 11 Feb 1904 66y (SLC)
Barbara J 1918 6m (SACC)
Catherine Irene (d/o Raymond) no date - 14 Dec 1946 2d (SLC)
Catherine no dates (SACC)
Dorothy M 1922 - 1922 (SACC)
Edward A 1892 - 1979 father (SACC)
Edward inf s/o A M & E A 1919 (SACC)
Emma L 1900 - 1973 (SACC)
Frank (s/o Anton) no date - 17 Dec 1926 58y (SLC)
Frederika (w/o Lawrence) no date - 4 Oct 1936 23y (SLC)

WOHLETZ (continued)
George Wm (s/o Lawrence) no date - 27 May 1943 1m (SLC)
Gregory J 1911 - 1935 (SACC)
James 1931 - 1932 (SACC)
John J 1901 - 1970 (SACC)
Joseph no date - 1975 73y (SLC)
Lawrence P no date - 22 Feb 1939 17m (SLC)
Lena S 1892 - 1951 (SACC)
Louis (s/o Louis) no date - 6 Jan 1940 32y (SLC)
Louis 1865 - 13 June 1930 65y (SLC)
Mary (d/o Wendel Keeler) 1870 - 10 Apr 1951 80y (SLC)
Robert no date - 16 Apr 1933 (inf) (SLC)
Rose (d/o Wm) no date - 20 March 1902 9d (SLC)
Rose no date - 2 Apr 1968 55y (SLC)
Theresa no date - ? Feb 1959 79y (SLC)
Thomas (s/o John) no date - 12 Feb 1959 (SLC)
William no date - 6 Nov 1953 78y (SLC)
WOHLGEMUTH, Albert no date - 17 May 1981 12-S 2/3 (CCC2)
baby 8 Apr 1922 - 1922 11-W 1/2-#5 (CCC2)
Edward no date - 3 Jan 1980 RJ-BL36 (MVC)
Emil ? Dec 1903 - 26 Nov 1971 11-E 1/2-#1 (CCC2)
Gotfried 4 Jan 1855 - 27 Dec 1921 11-W 1/2-#6 (CCC2)
Henry 1869 - 1955 11-W 1/2-#2 (CCC2)
Jennie no date - 26 Oct 1946 RD-BL4 (MVC)
Lotta 19 July 1904 - 8 Nov 1975 11-E 1/2-#2 (CCC2)
Richard no date - 5 Aug 1914 RD-BL4 (MVC)
Susann 1867 - 1947 11-W 1/2-#3 (CCC2)
Thelma no date - 3 Jan 1980 RJ-BL36 (MVC)
Wm H 23 June 1895 - 25 Dec

WOHLGEMUTH (continued)
1974 (SMGC)
Wm H 8 Oct ---- - 14 Dec 1923 11-W 1/2-#4 (CCC2)
WOHLYEMUTH, baby no date - 6 Apr 1922 (CCC1)
Gotfried 1855 - 1921 (CCC1)
William J Jr no date - 8 Oct 1923 (CCC1)
WOLCOTT, F 1846 - 25 Mar 1901 RA-BL20 (MVC)
Harriet S 1847 - 1907 no lot (MVC)
WOLF, Atlas 1879 - 12 Aug 1972 RK-BL20 (MVC)
Charles A no date - 23 Apr 1918 RD-BL12 (MVC)
Emil 1866 - 1 Apr 1930 RA-BL13 (MVC)
Emma L no date - 10 Mar 1930 RA-BL3 (MVC)
Ferdinand 29 June 1834 - 8 March 1914 (SBAC)
George L 1881 - 1953 no lot (MVC)
Gotlob 1821 - 1953 no lot (MVC)
Innocent 13 Apr 1843 - 14 Oct 1922 (SBAC)
Johanna 1830 - 20 Sept 1914 RA-BL11 (MVC)
Mary no date - 22 Oct 1912 RA-BL11 (MVC)
Minnie no date - 14 Feb 1951 RA-BL11 (MVC)
Peter 1830 - 30 Oct 1916 86y (LC)
William A no date - 26 Jan 1930 RD-BL12 (MVC)
Wolfgang 31 Dec 1808 - 13 Jan 1942 (SBAC)
WOLFE, August J 17 Sept 1862 - 6 Aug 1922 (LC)
Claude 6 Apr 1898 - 22 Dec 179 (SMGC)
Innocence no dates (LC)
John L 1884 - 1954 (LC)
Julia 1831 - 24 June 1926 95y (LC)
Louise H no date - 31 May 1927 R23-BL42 (MVC)
WOLFEY, Mary D no date - 1 July 1929 RG-BL6 (MVC)

WOLFF, Ernest 1828 - 11 Nov 1904 R32-BL191 (MVC)
G no date - 23 May 1904 RA-BL13 (MVC)
H J 1875 - 3 Aug 1944 RF-BL23 (MVC)
Jennie R no date - 30 June 1967 RK-BL8 (MVC)
Leocadia 2 Nov 1880 - 3 June 1921 (MSSCC)
W B no date - 26 May 1954 RJ-BL8 (MVC)
WOLK, Helena w/o John 1834 - 1925 (CCC1)
John 1828 - 1903 (CCC1)
WOLKEN, Alphonsa 24 Apr 1893 - 15 July 1913 (MSSCC)
WOLTERS, Antony 1853 - 1893 (SBAC)
Charles (s/o Henry) no date - 9 Oct 1908 1d (SLC)
inf no date - 1 July 1930 (SLC)
Peter (s/o Peter & Mary) no date - 5 Oct 1927 (SLC)
WOLTMAN, Allie 1861 - 1952 (LC)
John A 1858 - 1933 (LC)
WOLVERTON, J G 14 Sept 1826 - 28 Oct 1910 Co G 7th Illinois Cavalry (EEC)
J G 1904 - 1974 (EEC)
Sarah M w/o J G 16 Dec 1834 - 22 Jan 1917 (EEC)
WOMACH, Abraham 10 Dec 1802 - 20 July 1860 (OYC)
Cindy 29 Jan 1808 - 22 Sept 1873 (OYC)
WOOD, baby no dates (MCC)
Belle M no date - 6 Dec 1893 R64-BL39 (MVC)
Charles no date - 8 Apr 1939 (ASC)
David C no date - 10 Sept 1957 RG-BL6 (MVC)
Dolley Edith no dates no lot (inf) (MVC)
Dolly E 1878 - 3 Oct 1924 RB-BL21 (MVC)
Dorothy 1912 - 1920 (ASC)
Edith no dates no lot (MVC)
Elizabeth no date - 23 Apr 1922 RF-BL14 (MVC)

WOOD (continued)
Forrest G 1902 - 6 Aug 1964 RG-BL38 (MVC)
George no date - 10 Apr 1960 RK-BL14 (MVC)
Grace 1903 - 1918 (ASC)
Grace Lee no date - 15 Jan 1970 RK-BL14 (MVC)
Gussie d/o R G & L W no date - 4 Sept 1884 4y 11m 12d (WLC)
Hugh no date - 17 Aug 1958 RG-BL31 (MVC)
John E 1905 - 1976 (ASC)
John M 1881 - 12 Feb 1919 RF-BL14 (MVC)
Joseph A 1888 - 30 Sept 1967 RK-BL33 (MVC)
Lula Mae 1902 - 18 Dec 1979 RG-BL38 (MVC)
Mary A 5 Feb 1909 85y (MCC)
Nora B 1876 - 1965 (ASC)
Robert E no date - 1 June 1934 11y 4m 28d (WLC)
Roland 1890 - 1970 (ASC)
Warren 14 Mar 1910 - 12 Dec 1963 (ASC)
WOODARD, Fannie no date - 16 May 1921 RA-BL27 (MVC)
Grace Edna 1868 - 1941 (EEC)
H 1904 - 1971 (EEC)
WOODFORD, Emma L 1854 - 19 Oct 1943 RG-BL26 (MVC)
Frank M 1874 - 9 June 1946 RG-BL26 (MVC)
James H no date - 12 Sept 1929 RG-BL26 (MVC)
Mable C 1874 - 20 Feb 1973 RG-BL26 (MVC)
Millard F 1904 - 4 Sept 1939 RG-BL26 (MVC)
WOODHAUSE, John 1887 - 6 May 1971 RG-BL7 (MVC)
Lenard M 1920 - 11 May 1921 RG-BL7 (MVC)
Nadine M 1885 - 24 Nov 1945 RG-BL7 (MVC)
WOODHOUSE, Alice M no date - 15 Mar 1938 R67-BL93 (MVC)
WOODRUFF, Jennie M 1865 - 4 Sept 1880 24y (OHC)
WOODS, Mrs Alice 6 Oct 1874 - 30 Apr 1960 (EEC)

WOODS (continued)
child no dates (EEC)
Dr D H 18 June 1868 - 9 Dec 1931 (EEC)
Joseph Risdon 11 June 1903 - 2 Feb 1977 (EEC)
Mary 1893 - 26 Nov 1962 RK-BL33 (MVC)
Mary no date - 27 Dec 1967 RE-BL28 (MVC)
Minnie Laura no date - 17 Mar 1929 RG-BL6 (MVC)
Nelea 1888 - 30 Mar 1945 RE-BL12 (MVC)
Omie Mae no date - 13 Sept 1942 RG-BL31 (MVC)
William no date - 27 May 1923 RF-BL14 (MVC)
William H no date - 15 Apr 1937 no lot (MVC)
WOODSON, Nellie A 1887 - 1974 (WLC)
WOODWARD, Christina 1861 - 1945 (MCC)
Fannie 1826 - 18 Apr 1903 R26-BL101 (MVC)
Henry 1845 - 1914 "Father" (EEC)
Manson J 1821 - 19 July 1898 R26-BL101 (MVC)
Minnie 1861 - 30 Oct 1887 no lot (MVC)
Nellie 1859 - 31 Jan 1886 no lot (MVC)
Sallie 1851 - 1933 "Mother" (EEC)
Sallie B no date - 10 Sept 1931 82y 4m 21d (EEC)
WOODWORTH, C Ambrose 14 Apr 1838 - 24 Oct 1908 Maj 13th Kansas Volunteer Cavalry (MCC)
Cabeb Ambrose 26 July 1811 - 29 July 1885 (MCC)
Caleb 14 Apr 1840 - 8 Sept 1899 (MCC)
Charles no date - 11 Feb 1924 RD-BL1 (MVC)
Edwin 1874 - 1875 (MCC)
Ellen Gordon 10 May 1812 - 28 Nov 1898 (MCC)
Frank E 1860 - 1921 (MCC)

WOODWORTH (continued)
Gertrude W 1885 - 21 July 1978 RB-BL5 (MVC)
Gilbert 6 Nov 1840 - 8 Sept 1899 Lt Col 12th Kansas Cavalry (MCC)
Hiram E no date - 6 May 1888 R25-BL70 (MVC)
Kate T no date - 29 Jan 1923 RA-BL20 (MVC)
Margaret no date - 28 Jan 1927 RD-BL1 (MVC)
Samuel Kline no date - 1 Oct 1941 RA-BL20 (MVC)
WOODY, Alice w/o Dr T F 1857 - 1909 (ASC)
Louie no date - 6m no date (ASC)
WOOLFOLK, Lewis 1856 - 5 July 1885 no lot (MVC)
Lorella M 1859 - June 1947 R21-BL17 (MVC)
Sarah M no dates no lot (MVC)
WOOLRIDGE, William E no date - 25 Oct 1954 no lot (MVC)
WOOLSTON, Edna Louise w/o Harry Leroy 5 Nov 1893 - 17 Sept 1967 (SMGC)
Frank Sr 22 Aug 1907 - 19 Mar 1972 (SMGC)
Harry Leroy 25 Mar 1890 - 30 Oct 1976 (SMGC)
WORLEY, Elsie 1901 - 1902 (LC)
George R 1864 - 1920 (LC)
Lowell Robert 1927 - 1984 (LC)
Margaret 1923 - no date (LC)
Maude E 1869 - no date (LC)
Samuel E 20 Aug 1921 - 1 Aug 1972 (SMGC)
WORREL, Addie Mae w/o John E 19 Nov 1895 - 29 June 1967 (SMGC)
Betty Dall no date - 1 Oct 1964 no lot (MVC)
Charlotte no date - 10 Aug 1947 RK-BL3 (MVC)
Dorothey M no date - 1 Oct 1981 RK-BL19 (MVC)
John E 14 Feb 1894 - 29 Dec 1978 (SMGC)
Maude 1890 - 29 June 1935 no

WORREL (continued)
lot (MVC)
North 1891 - 22 Sept 1946 RG-BL35 (MVC)
WORTH, Rebecca no date - 24 Oct 1927 R29-BL137 (MVC)
WOTSETT, son no dates 5d (MCC)
WOYDZIAK, Raymond 16 June 1883 - 5 March 1958 (SBAC)
WRIGHT, Adda North no date - 8 Dec 1934 R30-BL169 (MVC)
Albert 17 June 188- (MCC)
Albert E no date - 4 May 1930 RB-BL10 (MVC)
Amelia B no date - 9 Jan 1944 RD-BL9 (MVC)
C A no date - 25 Sept 1929 R30-BL169 (MVC)
Charles Elwyn 14 Aug 1915 - 16 Feb 1986 70y no lot (MVC)
Clara 1907 - 1983 (LC)
Edith 1889 - 13 Aug 1931 RG-BL12 (MVC)
Frank M 1899 - 19 Feb 1982 RK-BL25 (MVC)
Glady Cobb 1890 - 1918 (CWC)
Glen H 1894 - 1970 (SACC)
Grace A 1894 - 1978 (SACC)
inf/o Samuel no date - 1 Nov 1893 (SNC)
infants (s/o & d/o Robt & Mary Wright) no dates (CWC)
James H (c/o H & Mary) no date - 21 Feb 1871? 2y 6m 8d (CWC)
James H 1825 - 22 Apr 1880 55y 1m 23d (CWC)
John R (s/o B E & M E) 10 July 1888 - 18 Dec 1908 (CWC)
Joshua (c/o H & Mary) no date - 21 Feb 1871? 5m 12d (CWC)
Lizzie no date - 3 Jan 1877 (CWC)
Lucy E no date - 8 Aug 1980 RB-BL10 (MVC)
Marjorie no date - 12 July 1976 RA-BL7 (MVC)
Mary A 4 Oct 1837 - 2 Apr 1907 (CWC)
Minnia C no date - 25 Apr 1912 no lot (MVC)

WRIGHT (continued)
Mortha A no dates no lot (MVC)
Robert E 1868 - 2 March 1902 37y 8m 8d (CWC)
Ruth M no date - 4 Apr 1975 RK-BL25 (MVC)
Samuel no date - 13 Dec 1950 RD-BL9 (MVC)
Stephen 6 Dec 1879 75y (MCC)
Vinnie M no date - 7 Jan 1969 RG-BL31 (MVC)
WRITE, Al Roy 1890 - 1970 (CWC)
Edna M no dates "Mother" (CWC)
Gerald Dean no date - 25 Nov 1922 (CWC)
Gladys Cugg 1890 - 1970 (CWC)
James E 1932 - 1933 (CWC)
James H 1885 - 1956 (CWC)
Naoma no date - 1934 (CWC)
WURSTE, Claude no date - 21 Mar 1929 RA-BL2 (MVC)
John 1868 - 16 Sept 1914 no lot (MVC)
Mary I 1871 - 10 Mar 1969 RA-BL20 (MVC)
WYATT, Brooks no date - 30 Apr 1951 RF-BL9 (MVC)
inf s/o J & Margaret 1908 - 1908 (SACC)
Joseph B 1876 - 1945 (SACC)
Margaret C w/o Joseph B 1880 - 1908 (SACC)
WYCOFF, A H no date - 6 Apr 1939 RG-BL12 (MVC)
Alice E B 1916 - 28 Mar 1980 RB-BL11 (MVC)
Clarence A 1909 - 19 Apr 1972 RB-BL11 (MVC)
Emma 1905 - 1975 (ASC)
Omer A 1898 - 1957 (ASC)
Dr T F 1850 - 1930 (ASC)
Theodore no date - 16 Oct 1932 RG-BL12 (MVC)
WYLE, c/o G W & C L no date - 31 Dec 1887 10d (EEC)
Ralph F s/o G W & C L no date - 22 July 1890 21m 20d (EEC)
WYLIE, S C 1837 - 12 Oct 1868 31y 11m 11d (BCC)
Will A no date - 27 Dec 1911

WYLIE (continued) RD-BL9 (MVC)
WYMORE, children no names no dates (ASC)
WYNN, Preston no date - 26 Mar 1934 (EEC)
WYRICK, Raymond 1916 - 1968 no lot (MVC)
YAHN, Augusta no date - 16 July 1923 RD-BL5 (MVC)
 Lillian no date - 16 May 1916 RD-BL5 (MVC)
 Otti no date - 24 May 1964 RD-BL5 (MVC)
 William F 1885 - 23 Nov 1960 RK-BL27 (MVC)
YAPLE, Daniel W no date - 16 Sept 1942 RA-BL21 (MVC)
 Hiram no dates no lot (MVC)
 Nellie S no date - 15 Nov 1962 no lot (MVC)
 Norman no date - 9 May 1947 RA-BL21 (MVC)
 Ralph no date - 9 Jan 1916 RF-BL8 (MVC)
 Sarah no date - 11 June 1915 RA-BL21 (MVC)
 Sarah no date - 24 Oct 1966 RF-BL8 (MVC)
YARGER, Rev H L 1862 - 8 Feb 1921 RG-BL18 (MVC)
 Mildred 1858 - 1 Apr 1948 RG-BL18 (MVC)
 Paul 1894 - 1895 RA-BL3 (MVC)
YATES, Caleo G no dae - 2 Aug 1910 no lot (MVC)
YAZEL, Bennie 1899 - 1901 (MCC)
 Betty 1922 - 1961 (MCC)
 Beulah Inis A Ford w/o Leland C, d/o Pearl & Bessie Ford 15 July 1921 - 31 Oct 1955 (MCC)
 Donnie 1933 - 1938 (MCC)
 Gertrude 1877 - 1907 (MCC)
 Goldie M w/o Joseph 1888 - 1939 mother (MCC)
 Henrietta w/o Richard 1916 - (MCC)
 Homer 1894 - 1926 (MCC)
 Jonnie 1897 - 1901 (MCC)
 Joseph 1883 - 1961 father (MCC)
 Leland Charles s/o Joe & Goldie

YAZEL (continued) 27 Sept 1917 - 16 Aug 1972 (MCC)
 Louis 1886 - 1900 (MCC)
 Mary 1896 - 1901 (MCC)
 Mary J 1850 - 1937 mother (MCC)
 Minnie 1891 - 1901 (MCC)
 Richard s/o J & G 1910 - 1970 (MCC)
 Veva E 1911 - 1944 (MCC)
 Walter 1895 - 1901 (MCC)
 Walter W 1848 - 1927 father (MCC)
YEIGH, Ernest 1919 - 27 Nov 1961 (SMGC)
 Ernest O 21 May 1919 - 5 Aug 1969 (SMGC)
YOAKUM, Aildah E (c/o J G) no date - 5 Apr 1867 2m 2d (YC)
 Leniuel (c/o J G) no date - 22 July 1868 4m 8d (YC)
YOCKEY, Ann Charlotte 1858 - 1952 no lot (MVC)
 Edna 1891 - 10 June 1891 RA-BL9 (MVC)
 Franklin W 1891 - 25 Oct 1928 RA-BL9 (MVC)
 Henry 1883 - 1898 no lot (MVC)
 John H no date - 31 Jan 1899 RA-BL9 (MVC)
 Leroy 1887 - 20 Feb 1899 RA-BL9 (MVC)
 Lillie 1887 - 1887 no lot (MVC)
 Minnie no date - 15 Aug 1887 RA-BL9 (MVC)
YORK, J A 20 Apr 1905 - 19 Dec 1976 (SMGC)
YOST, Anna no date - 27 Feb 1947 RD-BL2 (MVC)
YOUCUM, Claude no date - 23 Oct 1921 RF-BL17 (MVC)
YOUNG, Ada Smith 1870 - 10 July 1947 RG-BL18 (MVC)
 Addiel no date - 13 Dec 1967 RG-BL10 (MVC)
 Mrs Angie no date - 16 Apr 1931 69y (EEC)
 Anna w/o R C 27 Sept 1874 - 12 Feb 1907 (ASC)
 Aug F no date - 6 June 1962 RG-BL10 (MVC)

YOUNG (continued)
Benjamin no date - 4 Sept 1911 R42-BL33 (MVC)
Bertha A 24 Oct 1862 - 23 Apr 1939 (EEC)
Carrie E 1854 - 7 Nov 1947 R21-BL16 (MVC)
Charles E 1886 - 16 Dec 1909 R67-BL95 (MVC)
Charlotte no date - 30 Oct 1903 RE-BL7 (MVC)
Charls W 1853 - 1926 (OHC)
Christina 1814 - 8 Aug 1908 R47-BL104 (MVC)
Clyde B s/o C W & E E 14 Sept 1887 - 14 Dec 1887 2m 14d (OHC)
Corman H 1861 - 20 June 1916 R65-BL56 (MVC)
Crestine no date - 1 Sept 1908 R47-BL104 (MVC)
Cyrus 1856 - 28 Mar 1879 (OYC)
Rev Duke 1794 - 31 Oct 1857 (OYC)
Emma E 1860 - 1921 (OHC)
Emma E no dates (EEC)
Emma W 1860 - 10 July 1938 RJ-BL2 (MVC)
Ena 15 Mar 1873 - 31 Mar 1891 (OYC)
Ernest 1851 - 23 Mar 1928 R47-BL104 (MVC)
Florence C 1858 - 1876 no lot (MVC)
Frank Paul 1857 - 30 Dec 1934 RJ-BL2 (MVC)
George Earl 1881 - 1932 (OHC)
George L no dates (EEC)
Harry Snavely 1896 - 1908 (OHC)
Helena 1848 - 25 Dec 1871 no lot (MVC)
J W M 17 Oct 1816 - 22 Jan 1908 (Initials only on stone) (OYC)
James A 1852 - 6 July 1903 R65-BL56 (MVC)
Mrs John (Emily) 1825 - 1885 no lot (MVC)
Joline W no date - 18 Aug 1910 RA-BL10 (MVC)
Martha 19 Aug 1860 - 23 Oct 1898 (OYC)

YOUNG (continued)
Martin 30 Apr 1830 - 2 Jan 1907 (OYC)
Mary J 28 May 1883 - 13 Sept 1973 (SMGC)
Mother on one stone no dates (OYC)
Nelson Wiley 27 Nov 1857 - 13 June 1935 (EEC)
P(otter?) R M on one stone no dates (initials only on stone) (OYC)
Rachel B 1826 - 1896 (OHC)
Robert D no date - 12 Sept 1935 R21-BL16 (MVC)
Sarah 1794 - 6 July 1857 (OYC)
Mrs T G 27 Nov 1857 - 13 June 1935 (EEC)
Thomas on one stone no dates (OYC)
Tipton s 1863 - 10 Dec 1959 R21-BL16 (MVC)
Ursuela Higley 1898 - 1932 (PDC)
Will 28 May 1858 - 12 Jan 1910 (EEC)
YOUNGBLOOD, Evelyn M no date - 6 Dec 1916 RD-BL5 (MVC)
YOUNN, Ida no date - 23 June 1921 RF-BL17 (MVC)
ZABEL, Julius 10 Mar 1882 - 12 Nov 1968 (SMGC)
Mary 1890 - 13 Aug 1968 (SMGC)
ZABLE, Arthur no date - 10 Sept 1916 RF-BL8 (MVC)
Carl no date - 2 May 1926 RF-BL8 (MVC)
Ernest A 1883 - 6 Jan 1958 RJ-BL26 (MVC)
Frank R no date - 9 Feb 1944 RJ-BL4 (MVC)
Helena no date - 4 Aug 1922 RF-BL8 (MVC)
Henrietta no date - 19 Nov 1922 RF-BL8 (MVC)
Louise 1899 - 12 Jan 1978 RJ-BL26 (MVC)
Marie no date - 18 Aug 1972 RJ-BL4 (MVC)
Marion no date - 18 Jan 1922 RF-BL8 (MVC)
ZACHARIAS, Anna J 1889 - 1950

ZACHARIAS (continued) (LC)
Elzie C 19 Apr 1908 - 10 June 1970 (SMGC)
Frank R 1887 - 1961 (LC)
ZACKOCKE, William 1879 - 22 Dec 1972 RG-BL24 (MVC)
ZAEUNE, Luke 30 Aug 1822 - 15 May 1907 (SBAC)
ZAHN, Abe 1850 - 16 July 1915 RA-BL22 (MVC)
Catherine P 1855 - 1902 no lot (MVC)
Charles no date - 21 July 1914 RA-BL22 (MVC)
inf no date - 4 Jan 1889 R49-BL149 (MVC)
Kate no date - 7 Jan 1902 RA-BL22 (MVC)
ZCHIEGNER, Cora 1861 - 16 June 1881 no lot (MVC)
Emma 1857 - 26 Aug 1881 no lot (MVC)
ZEAH, George 1890 - 19 July 1914 no lot (MVC)
Mary no date - 7 Feb 1917 RD-BL13 (MVC)
ZEH, Mrs Catherine E 6 May 1830 - 21 Mar 1881 50y 10m 14d (CSHC)
Henry 1858 - 1927 (CSHC)
ZEIGLER, A B 4 Jan 1907 - 28 Aug 1979 (SMGC)
Harry Garfield s/o D & E no date - 17 Dec 1884 3y 9m 25d (LC)
Lola I 7 Nov 1905 - 22 Jan 1979 (SMGC)
Mabel d/o O & E no date - 13 Sept 1883 5y 3m 9d (LC)
Ruth Mary Barbara 1880 - 1886 (PDC)
ZEINER, Milburga 5 May 1884 - 26 Dec 1958 (MSSCC)
ZEIT, ---- no date - 1970 (buried in Potters Field) (SLC)
Albert no date - 31 Oct 1983 79y (SLC)
Amelia no date - ? Apr 1962 (SLC)
Anna no date - ? Nov 1925 (SLC)
Anton no date - ? Feb 1928 (SLC)

ZEIT (continued)
Chas no date - ? Feb 1952 (SLC)
Donna no date - 1930 2d (SLC)
Emma no date - ? Aug 1969 (SLC)
Jo no date - 1918 (SLC)
Joe no date - 1978 75y (SLC)
Johanna (w/o Joseph) 14 Jan 1840 - 10 Jan 1917 (SLC)
John no date - 1942 (SLC)
Joseph 6 Aug 1844 - 1 March 1939 85y (SLC)
Joseph no date - Jan 1917 (SLC)
Joseph no date - 1930 (SLC)
Joseph no date - 1938 (SLC)
Mary b&d 1946 1h (SLC)
Mary no date - July 1950 70y (SLC)
Mary no date - Sept 1930 (SLC)
Wm Jo (s/o Charles & Helen) no date - 1978 (SLC)
ZELFEL, Justina 1 Feb 1896 - 8 March 1982 (MSSCC)
ZENDHER, Mary no date - 1894 (SLC)
Oscar no date - 1949 (SLC)
Wm no date - 1904 50y (SLC)
ZENTNER, Fredolin 1844 - 1880 (MLC)
ZEUG, Sybilla 16 Aug 1881 - 12 Sept 1970 (MSSCC)
ZIEGLER, Charlotte M no date - 27 Feb 1936 RF-BL7 (MVC)
ZIMMERLY, Bernhard 31 Jan 1868 40y 6m (OHC)
ZIMMERMAN, A B 1887 - 22 July 1949 R67-BL86 (MVC)
Alma no date - 16 Nov 1974 RJ-BL24 (MVC)
Benjamin D 1857 - 15 Apr 1946 R12-BL221 (MVC)
Clyde 1882 - 15 Jan 1950 R67-BL86 (MVC)
Elizabeth no date - 16 Feb 1954 RG-BL41 (MVC)
Ella 1850 - 5 Jan 1928 R67-BL86 (MVC)
F Olssie no date - 2 Mar 1863 no lot (MVC)
John 23 Nov 1823 - 15 Mar 1903 (WLC)
Martha 8 Sept 1846 - 12 Apr 1917

ZIMMERMAN (continued) (MSSCC)
Mary 11 Nov 1833 - 14 Dec 1890 57y 1m 3d (WLC)
Mary Jane 1856 - 28 June 1937 RB-BL22 (MVC)
Ray P no date - 12 Sept 1970 RJ-BL24 (MVC)
Viola d/o John & Mary no date - 23 Aug 1888 12y 9m 29d (WLC)
Webster W 1881 - 16 Nov 1934 R67-BL86 (MVC)

ZINSER, Eustasia 23 Aug 1895 - 26 Oct 1972 (MSSCC)
ZOLLER, J H no date - 12 Aug 1920 RD-BL3 (MVC)
ZOSCHKE, Arthur no date - 6 Mar 1980 RK-BL37 (MVC)
Mrs Arthur no date - 26 Apr 1978 RK-BL37 (MVC)
ZSCHOCRS, Marie A 1880 - 17 July 1955 RG-BL24 (MVC)
ZWONTIZER, Martha P no date - 31 May 1945 RD-BL1 (MVC)

INDEX

This cross-index lists individuals buried in the text.

ABNER, Mary 346
ALEXAND, Mrs 145
ALLEN, Mabel 309
ARCH, Edna K 129
ARMSTRONG, Sarah 59 W 59
BAGBY, Addie 16
BAILIFF, Etta 299
BAKER, Myra Davis 323 Rose 191
BALDWIN, Marion 51
BALIFF, Aurea 214
BALLARD, Melinda 232
BALLON, Audrey 61
BARE, Maggie 303
BAUGHMAN, Jane E 22
BAXTER, Minnie 267
BECKER, Emma 184
BECKMAN, Pearl 149
BELL, Anna 154 Charity 302 Clara 212 Emma 45 Jennie 304 Marie 40 Mary 180 Minnie 164 Olive 167
BENNETT, Imogene 61
BENTLEY, Clara 33
BENTON, Ethel 302
BERLIN, Wilhelmina 291
BERRY, Anna 108
BEST, Maria 28
BEVAN, Celia 313
BEVEN, Cecia 313 Henry 313 Jane Maria Gurnett 313
BIFFINGER, Opal 35
BOND, Inez 258
BONNELL, Sarah 241
BOONE, Eliza 181
BRIGGS, Amy 16
BROMHALL, Elsie Delle 264 J J G 264
BROWN, Alice 43 Anna 295

BROWN (continued) Elizabeth 23 Nicholas 23
BRUMFIELD, Maggie Alice 272
BUCK, Josephine 202
BUDD, Jessie 344
BURD, Elizabeth 256
BURNS, Grace 231
BUSH, Edith 331
BUTLER, Sybil 148
BYRNE, Mary 152 Matilda 340
CAIN, Nona 12 Ruth 210
CALDWELL, Arthur Lee 55
CALHOUN, Elizabeth D 156
CALKINS, D R 55
CAMERON, Dorothy Mae 112 Jennie 112 John 112
CAMPBELL, Austin 56 E E 56 H N 56 L B 56
CARL, Lorena 142
CARLISLE, Mary 42
CARR, Anna 97
CARRICO, M F 58
CARTER, Mittie 59 T J 59
CASE, James 85 Lorene 85
CHARLES, A L 62 R E 62
CHILDS, Martha 119
CHILES, Fanny 161
CHISM, J A 63 M A 63
CHURCH, Ennis B 64 Mary 64
CLINE, Peter J 66
CLINTON, Fannie 17
CLOUGH, J B 67
CLYDE, Josephine 283
COFFEY, Mary E 15
COLE, Arvy 69 Lester 69 Nellie 69
COLEMAN, John W 70 L 70 Martha 70
COLLINS, Nan 242

COOK, Clara 143
CORDER, Della 45
CORPSTEIN, Rose 269
COTTER, Anna 29 F M 74 J 74
COVERT, Ann 236
CRAWFORD, Lucy 35
CREETZ, Leah 39
CRITES, Barbara 91
CROWELL, Harriet 14 Marion 15
CRUISE, E 333 Mary E 333 R 333
CRUM, Alfred 77
CUGG, Gladys 353
CUMMINGS, Sarah 79
CURTIS, Mary A 263
CUSHMAN, A 284 Amanda 284
DAHL, Bena 313
DALE, Loren 64
DALL, Betty 352
DALTON, H C 80 N I 80
DAVIES, J W 82 T 82
DAVIS, J E 82 Lunottea 227
DEAN, Alice A 62 Julia 242
DELL, Jane 115 Nettie 127
DeLONG, Lula 23
DELORICE, Susie 42
DENNIS, Bessie 223
DENTON, Daisy 42
DIDDLE, Christina 245
DODGE, Alick 35
DONALD, Margaret 206
DOOLEY, Cecelia 108 Ed 90
    James 108
DORGAIN, Daniel 229 Nancy 229
DOWNEY, Dora 170
DUBOISE, Adaline 187
DUNCAN, J D 93 S Y 93 T J 93
DUNCON, Hazel 19
DUNKEL, Winnetta 29
DURKIN, J A 94 Kate 94
DURST, Albert 95
EADS, Bathsheba 66
EASTMAN, N B 96
EBNER, Beulah 60
EDWARDS, Edna Mae 177 Kay
    243
ELAM, Golda 12
ELLIOTT, Alice 43
ELLIS, Isabella 313
ELY, Avis 265 Emma 161
ENZBRENNER, Anna 101
EVANS, Emogene 39
EVENS, Florence 232

FASSNACHT, Mary 266
FENN, J H 283 Nancy 283
FETTER, Minnie 107 N 107
FINNEGAN, Mary Ann 287 Nora
    301 Sam 287 Tim 301 Tom 205
FLIENER, Rosa A 272
FLYNN, Margaret 128
FORD, Bessie 112 354 Beulah
    Inis A 354 Pearl 112 354
FORTUNE, Mary 225
FOSS, Theresa 268
FOX, Edith 174 Virginia 210
FRANKES, Martha 316
FREELAND, Evelyn 261
FREEMAN, May E 295
FRICKETT, Vina 119
FUHRMAN, Emma 101 Julius 101
GARDNER, Margaret 187 188 Wm
    E 187 188
GEYEE, Katie 30
GIGSTAD, Lola 135
GILBERT, Elizabeth 256
GILLILAND, Nellie 34
GILMORE, Effie 259
GLEN, Marian 67
GLENN, Hannah 127
GLIEM, Mary F 289
GOODWIN, Hazel 313
GORDON, Ellen 352
GORE, Helen 16
GORMLEY, Mary 284 Pat 284
GOULD, Emma 42
GREEN, Levina 297
GRIMES, Elsie 164
GUILDER, Dora 29
GURNETT, Jane Maria 28 29 313
HALE, Catherine 59
HALL, Mary Agnes 195
HAM, Jane 123 Mary E 133 Sally
    33
HAMMOND, Hollis 21
HANDKE, Anna 58
HANEY, Pat 128
HARRISON, Ada 302
HARTMAN, Alice 103
HAVENS, Mayme 17
HAY, Annie E 23
HAZLETT, Birdie 44
HEALY, Joseph 218 Marie 218
HEGARETY, D 77 G 77 Ruth
    Marie 77
HEGLAND, Susie 154

HENEKS, Ahelphia 236 E 236 J 236
HERMAN, Mary E 235
HIGLEY, M J 247 Ursuela 355
HILL, Lizzie 346
HINK, Anna 323 John 323
HINZ, Anna 199 Gertrude 338
HOCKER, Clara L 224
HOFFMAN, Cora 58
HOOD, Mary 246
HOSIER, May 25
HOSKETCH, Rachel 166
HOTTLE, Margaret 134
HOWE, Edna 297
HULL, Esther 16
HUMBURG, Emma C 317
HUMPHRY, Sarah Frances 346
HUND, Grace 131
HUNKEY, John 287 Mary 287
HUNT, Mary 215
INGALLS, Ethel 33
JAME, Emma 170
JOHNSON, Mary E 28
KEARNEY, Anna 62
KEEFE, Mary 269
KEEL, Ida 177
KEELER, Anna 109 Clara Rose 109 Mary 350 Wendel 350
KEENEY, Alice M 62
KELLY, Catherine 309 M 309 S 309
KENDALL, Eva 246
KERFORD, Carrie 207 Oletha 177
KLEY, Anna 126
KLINE, Maude 307
KLOEPPER, Freda 123
KNIGHT, Nattie 143
KNOBLE, Alice 195
KNOWLES, Lorene 85
KOCH, Mary 190
KOENIS, Rose 52
LADER, Min Caldwell 258
LANDREY, Bettie 211
LATHAM, Alice 31
LEDERLE, Ernestine 13
LEE, Alice 195 Barbara 245 Betty 271 Grace 351 Ina 233 Martha 304 Mary 242 Ora 347 Thelma 282
LEON, Tabitha 241
LEONARD, Brazilla 149
LEONE, Vira 239

LESTER, May 133
LEVIART, Barbara 349 John 349
LEWIS, Inez Gertrude Jones 245
LLOYD, Jeffette 36
LOLLAR, Mary 136
LORD, Mary 113
LOWE, Josephine 24 May 227
MACKEY, Mary 149
MAJOR, Bele 302 Clara 227
MANN, Mary Catherine 61
MANNING, Mary E 61
MARION, Susan J 130
MARON, Alice 149
MARTIN, Darl 162
MASON, Caroline 306
MATTHIAS, Barbara 321 Clara 130 Dorothy 63
MATTOCK, Bessie 14
McBRIDE, Mary Catherine 20
McCOY, Rosa 23
McNEE, Helen 224
McVEY, Elizabeth 302
MEADOR, Florence 103
MEIER, Gertrude 255
MEYER, Gertie Thompson Kline 238
MIER, Lula 329
MILLER, Ellen 306 Meda 243 Minnie 342
MITCHELL, Mary 258
MIZE, Caroline 177 Elizabeth 181
MOORE, Ella 237 Kelster Ann 43 Minnie 12
MORISSEY, Mary 191 Pat 191
MORRIS, Hilda 307
MORTON, Norma 40
MYERS, Frances 328
NASS, Dolores 48
NEEDHAM, Vera 72
NELSON, Nottie 285
NESBITT, Edith 67
NEWEY, Mrs 125
NEWLAND, Mary 312
NEWLIN, Sarah 328
NIBLO, Ella 252
NIMS, Floy 250 L B 250 O F 250
NOLL, Rosa 224
NORRICK, Celia 302
NORTH, Adda 353
NORTON, Keturah 294
OHIO, Jennie 57
OLNUG, Leah 83

OWEN, Diana 245 Julia Ann 253
PANTLE, Reba Jessie 268
PARKER, Laura 21 Mildred 131
PAUL, Mary 126
PAYNE, Alene 29 Alice 35
PEABODY, Mary Alice 265 Vila 338
PEAL, Dorothy 76
PENNELL, Isabel 311
PERKINS, Alice 54 Edna 54
PHILIP, Jane 222
PHILLIPS, Mattie E 106
PIERCE, Caroline 34
PRIEST, Nina 151 Opal 100
RAYMOND, Perle 55
REED, Elsie 292
RHOLFS, Vela 221
RIPPLE, Henrietta 257
ROCK, Ella 223
RODGERS, Ann 306
ROGERS, Hattie 131
ROMAN, Nina 51
ROUTH, Malinda 73
RUSSEL, Cornelia 187
SCHAAP, Alena 12
SCHWARZER, Bertha 106
SCOFIELD, Helen 17
SCOTT, Rhea 174
SEARLES, Ruby 15
SEBEL, Sarah S 317
SEEVER, Gladys 45
SERVAES, Emma 142
SHOUSE, Mary 37
SHUCK, Rose 288
SHUMAKER, Winifred 142
SIMMONS, Adelia 307
SITTIN, Kate V 264
SMITH, Ada 354 Lettie 29 Maude 174
SNOWDEN, Katherine 239
SOUTHERLAND, Mary 272
SPENCER, Amanda F 176
STEWART, Tillie 244
STIRTON, Celia 56 Jennie Emma 56 William 56
STOCKWELL, Mary 46

STONER, Fanny 245
SUTTER, Augusta 224 Katie 17
SWEDSON, Helen 206
SYLFIND, Phiness E 69 W F 69
TANETT, Nellie 316
TERRY, Susan 28 Susan Mary 29
THOMAS, Julia 241
THOMPSON, Gladys 265 Portia 108
TINKEN, Ellen 90
TRUMBELL, A 195 Rebecca A 195
TULEY, C M 116
TULL, Emma 141
UMBELL, A R 195
VANDIVER, Sophia 327
VAN HELSEN, Rilla 61
VERGIL, Mary 246
VOLLMER, Herman 239 Melissa 239
WALKER, Bee 341
WALZ, Mary 316
WARNER, Vergie 248
WATOWA, Anna 102 Henry 102
WERTZ, Eva 17
WEST, Leulah 347
WHEELER, Ellen 231 Josephine 17 Mary 231 Michell 231
WIGLESWORTH, Ellen 176
WILEY, Sarah 312
WILLIAM, Eliza 45
WILLIAMS, Alfred 230 Alice 230 Gertrude 29 Mary 317
WILLMING, Ruby 263
WILLS, Mary 148
WINSOR, Emma 159
WITT, Anna 145
WOLVERTON, Emma A 314 J G 314 S M 314
WOOD, Ellen 244 Madeline 245
WOODWARD, Minnie 338
WOOLFOLK, Pearl 275
WRIGHT, Mary 53
ZADNER, Amelia 138

www.ingramcontent.com/pod-product-compliance
Lightning Source LLC
Chambersburg PA
CBHW052057230426
43662CB00036B/1094